2026
최신판

2026 행정사 1차 시험대비
행정학개론

/ 행정사 김종욱 편저 /

2026 행정사 1차 합격을 위한 필수 기본서

● 서울대 행정학 석사, 수험행정학 전문강사, 행정직 국가공무원 경력을 보유한 국내 유일 현직행정사의 '합격' 행정학
● 행정사 1차 시험 합격에 최적화된 '정리중심' 학습서
● JW김종욱행정사 사무소 대표 행정사의 '저자직강' 강의 교재

ADMINISTRATIVE
ATTORNEYS

epasskorea

머리말

수험에서 정리되지 않은 지식은 지식의 쓰레기더미에 불과하다. 첫째도, 둘째도 정리 그리고 암기!
행정학 정리와 합격에는 이 책 한 권으로도 충분하다!

저자가 15년간 행정학 강의를 하면서, 가장 안타까웠던 사실은 "시중에 출간되어 있는 행정학 수험서의 내용이 너무나 방대하고 두꺼워, 수험생들이 처음부터 행정학에 질려버리거나 공부를 하면서도 내용의 홍수에 빠져 허우적거리는 경우가 굉장히 많다"는 것이다. 무려 1500쪽이 넘는 행정학 수험서도 존재한다.

행정학에 대한 수험생들의 가장 일반적 평가는 "공부를 거듭할수록 행정학 지식의 파편들이 머릿속에서 둥둥 떠다닌다"라는 것이다. 처음부터 어마어마한 분량의 지식들을 체계 없이 주입식으로 머릿속에 집어넣다보니 당연히 나타나는 현상이다. 이는 정리되지 않은 지식의 쓰레기더미들이 쌓인 때문이며, 결국 공부는 힘들게 하는데 점수는 기대이하로 나오는 씁쓸한 결과만 맞이하게 된다.

행정학 90점 목표달성의 거품 뺀, 필요충분 행정학!!

다른 과목들도 마찬가지이지만, 수험공부는 '정리'에서 시작해서 '정리와 암기'로 끝나야 빠른 시간에 고득점과 합격을 맛 볼 수 있다. 「행정사 행정학개론」은 이러한 정리에 초점을 둔 수험서이다. 정리된 지식을 토대로 최대한의 반복을 통한 내용의 암기가 필수적이다. 그래서 「행정사 행정학개론」은 행정학 이론 파트를 빈출되는 중요내용 중심으로 400여page로 정리하였으며, 지엽적인 내용들은 참고나 각주 등으로 담아서 가벼운 페이지의 수험서임에도 빈틈이 없도록 하였다.

목표시험일 기준 최근 10개년 기출문제를 통한 비교학습(해당문제와 「행정사 행정학개론」 내용의 비교·확인)은 필수적!!!

객관식 수험준비에서 가장 좋은 객관식 문제는 기출문제이다. 잘 정리된 기본서 한 권과 기출문제만 제대로 학습해도 행정학 95점은 충분히 가능하다. '행정사 시험 출제기관'에 있는 최근 10개년 기출문제파일을 반드시 프린트하여 문제와 해설을 모두 공부하여야 한다.

공부방법은 다음과 같다. 문제를 푼 후 정답지문만 확인하지 말고, 정답 이외의 지문들이 "왜 정답이 아닌지"를 「행정사 행정학개론」이론 파트의 해당 내용을 찾아서 반드시 확인·암기해야 한다. 이러한 확인이 빠르게 되기 위해서는 문제풀이 전에 이론서 최소 2회독 이상의 학습이 필요하다. 처음에는 시간도 오래 걸리고 성가신 학습방법일 수 있으나, 객관식 시험 고득점의 비결임이 다수의 합격생을 통해 확인된 것이다.

정리하면,「행정사 행정학개론」으로 인강 2회독(학습능력있는 수험생은 독학 2회독으로도 가능) 후, 최근 10개년 기출문제 풀이와 이론서 비교를 통한 정리와 암기만 하여도 행정사1차 시험에서 행정학개론은 여러분의 합격에 효자과목이 될 수 있다고 확신한다.

2025년 7월

김종욱 씀

출제경향분석

2 0 2 6 행 정 사 1 차 행 정 학 개 론

2025년까지 총 13회에 걸쳐 시행된 행정사 기출문제 분포는 다음 〈표〉와 같다. 행정사 행정학 객관식 시험에서도 문제분포는, 공무원시험과 동일하게 행정학의 전범위에 걸쳐 출제되고 있다는 것이다. 따라서 행정학 학습방법도 특정 파트의 생략없이 행정학의 전범위를 망라하는 학습을 하여야 넉넉하게 합격이 보장된다. 〈표〉에서 보듯이, 특히 총론과 조직이론, 정책학 영역의 출제 빈도가 상대적으로 높은 편이다.

회차 (연도) 출제분야	1회 (2013년)	2회 (2014년)	3회 (2015년)	4회 (2016년)	5회 (2017년)	6회 (2018년)	7회 (2019년)	8회 (2020년)	9회 (2021년)	10회 (2022년)	11회 (2023년)	12회 (2024년)	13회 (2025년)	합계	비중
행정학총론	4	4	4	5	5	8	7	6	4	3	6	5	7	68	22%
정책학	3	3	3	3	3	3	3	2	4	4	3	3	4	41	13%
조직이론	2	4	3	2	4	5	3	5	6	5	4	3	3	49	16%
전자정부와 정보공개	1	1	1	1	1	1	1	1	1	1	1	1	3	36	12%
인사행정	2	2	2	2	3	2	4	3	3	4	3	3	3	36	12%
행정환류	2	1	1	1	1	1	1	2	2	2	2	2	2	20	7%
재무행정	3	2	3	3	4	2	3	3	2	2	3	3	0	12	4%
지방행정	3	3	3	3	4	3	3	3	3	4	3	5	3	43	14%
합계	20	20	20	20	25	25	25	25	25	25	25	25	25	305	100

2025년 제13회 행정사 1차 행정학개론 시험은 행정학의 전범위에 걸쳐 문제가 행정학의 기초적인 주제들이 문제로 구성되어, 기본개념에 충실한 학습을 한 수험생은 80점 정도는 충분히 획득할 수 있는 문제 수준이다. 그러나, 59번 국가재정법, 73번 지방의원의 징계, 74번 국가와 지방자치단체의 관계에 관한 문제는 세세한 내용으로 다소 고난도로 구성된 문제이다.

좀 더 자세한 내용 및 수험정보 등은 당사 홈페이지(www.epass-adm.com) 참조

학습전략

행정학 고득점 전략 : 단 한명을 뽑는 시험에서도 나는 반드시 합격한다는 자신감과 5회독 이상의 반복 암기

첫째, 수험공부에 대한 분명한 목표의식을 세워야 한다. "시험에 합격했을 때, 본인에게 어떤 좋은 일이 생길지를 최대한 자주 상상하라" 이러한 '즐거운 상상' 속에 빠지면, 공부에 대한 흥미와 재미를 찾는 노하우를 본인 스스로 체득한다.

둘째, 일단 행정학의 단편적인 개념과 이론에 대한 암기가 필요하다. 예를 들어, 시장실패에 대한 원인과 정부실패의 원인, 합리성의 유형, 정책의 유형, 조직기술의 유형, 직위분류제와 계급제의 비교 등 학자들에 의해 제시된 객관적인 이론과 유형들은 이해를 토대로 최대한 암기를 하여야 한다. 이런 개념들과 이론들은 행정학의 재료들이다. 재료가 많아야 좋은 행정학 요리가 가능하다. 암기를 쉽게 하기 위해서는 행정학 강의 수강은 기본이고, 해당 개념에서 핵심단어들을 중심으로 수험생 스스로 개념노트를 만들며 직접 글로 쓰면서 반복하는 것이 유용하다.

셋째, 행정학 개념에 대한 숙지를 토대로 행정학의 논리와 체계를 잡고 개별사실들이 행정학의 전체주소체계에 어떻게 배치되는지, 또는 앞뒤의 내용이 어떻게 연결되는 지(연결의 재미-하이퍼링크식 공부)에 초점을 두면서 공부를 하는 것이다. 하이퍼링크식 공부는 특히 문제풀이에서 많은 도움을 준다.

넷째, 이상의 공부가 되면, 또는 병행하면서 기출문제와 예상문제 등 객관식문제를 많이 풀어보아야 한다. 문제를 많이 풀어보는 과정에서 내용에 대한 이해가 입체적으로 이루어지기도 하고, 저절로 내용에 대한 암기가 이루어지기도 한다. 많이 풀어보는 것도 중요하지만, 틀린 내용은 반드시 이론서를 보면서 왜 내가 틀린 것인지를 별도로 확인정리하지 않으면 시험장에서 비슷한 유형의 문제를 틀리는 불행한 사태가 발생한다.

행정학 고득점을 위한 학습 단계

1단계. 기본이론 학습 단계이다. 대개 실강이나 인강을 병행하면서 행정학의 기본 개념과 내용을 숙지한다. 이때 무작정 행정학의 숲을 헤매기보다 행정학 이론 학습의 '나침반'이 필요하다. 「행정사 행정학개론」의 편별 도입부분에 '각 편별 전체 체계와 빈출내용 및 학습포인트'를 한 page의 〈표〉로 수록해두었다. 총 7page 분량이니 복사를 하여 '행정학 이론' 학습하면서 최대한 많이 참고하면, 행정학의 숲에서 나침반을 보며 길을 쉽게 찾을 수 있다. 여기서 2회독 정도 학습을 권장한다.

2단계. '기출문제'를 통한 행정학 전범위 학습 단계이다. 행정학 이론 2~3회독 이상 학습자라면, 전범위 학습이 필요하다. 최근 10개년 기출문제는 무엇보다도 중요한 학습재료이다. 행정사시험 출제기관 홈페이지에서 기출문제 원문을 프린트하여, 학습자 스스로 풀어보고 정답을 통해 채점해보기 바란다. 여기서 틀린 문제는 기본이론서를 찾아서 왜 틀렸는지를 반드시 '핵심지문이나 내용' 중심으로 별도로 정리하여 암기하여야 한다. 거창한 노트정리가 아니라, A4용지에 행정학의 각각의 편별로 나누어(총론편, 정책학편 등) 반드시 암기해야 될 핵심내용만 스스로 써서 정리하면 된다. 합격생들이 많은 도움을 받았다고 평가하는 학습방법이다. 정리된 A4용지가 쌓이면, 나만의 합격 노트가 되고 시험전 최종정리의 최고의 교재가 된다.

이상의 방법으로 시험 전까지 최소 5회독 이상 반복하면, 행정사 1차 행정학 개론은 반드시 고득점이 이루어질 것이다.

Contents

제1편 행정학 총설

제1장 행정의 기초 ········ 17
제1절 행정의 의의 : 정부관의 변화와 행정의 개념 ········ 17
제2절 정치와 행정의 관계, 행정과 경영의 관계 ········ 24

제2장 현대 행정의 이해 ········ 29
제1절 시장실패 : 적극정부론(행정국가론)의 논거 ········ 29
제2절 20C 행정국가 ········ 35
제3절 정부규제 ········ 37
제4절 정부실패 :「작은 정부론」의 논거 ········ 43
제5절 시민사회와 사회적 자본론 ········ 46
제6절 작은 정부론 : 정부실패에 대한 대응 ········ 51
제7절 신행정국가의 대두 ········ 57

제3장 현대 행정학의 이해 ········ 63
제1절 고전파 행정학 : 정치·행정 이원론과 행정관리론 ········ 63
제2절 고전파 행정학에 대한 반발기(신고전 행정학) : 정치·행정 일원론과 행태론, 인간관계론 ········ 67
제3절 발전주의 행정학이론 : 비교행정론(1950's)과 발전행정론(1960's) ········ 69
제4절 가치주의 행정학이론 : 신행정론 ········ 72
제5절 행정학의 학문적 성격 : 과학성과 기술성 ········ 73
제6절 행정학의 접근방법 ········ 75
제7절 공공선택론적 접근방법 ········ 86
제8절 신제도론적 접근방법 ········ 90
제9절 신공공관리론(NPM) ········ 96

	제10절 거버넌스론	103
	제11절 포스트모더니즘(post-modernism) 행정이론	106
제4장	**행정이념(행정이 추구하는 가치)**	**114**
	제1절 공익이론 : 과정설과 실체설	114
	제2절 형평성(Equity)·정의(Justice)·공정성(fairness)	115
	제3절 민주성, 능률성과 효과성, 합리성, 가외성	117

제2편 정책학

제1장	**정책학의 기초**	**127**
	제1절 정책학과 정책	127
	제2절 정책의 유형	129
	제3절 정책결정요인론(정책산출연구)	133
	제4절 정책과정의 참여자와 정책 network	135
제2장	**정책의제설정론**	**140**
	제1절 정책의제설정과 정책의제설정의 유형	140
	제2절 정책의제설정이론 : 정책과정의 권력모형	144
	제3절 정책의제설정을 좌우하는 요인	149

차례

제3장 정책결정론 ·· 152
  제1절 정책결정과 의사결정의 유형 ·· 152
  제2절 합리적·분석적 결정 : 합리모형 ·· 153
  제3절 비용·편익분석과 비용·효과분석 : 능률성의 측정방법 ························· 162
  제4절 합리적·분석적 결정(합리모형)의 한계 ··· 164
  제5절 정책분석 ·· 165
  제6절 정책결정모형(의사결정론) : 다양한 정책결정 방식 ···························· 167

제4장 정책집행론 ·· 181
  제1절 정책결정과 정책집행 : Nakamura와 Smallwood모형 ······················ 181
  제2절 정책집행이론 ··· 184
  제3절 성공적 정책집행을 좌우하는 요인 ··· 187

제5장 정책평가와 정책변동론 ··· 191
  제1절 정책평가의 목적과 종류 ·· 191
  제2절 정책평가와 타당성 ··· 193
  제3절 정책평가의 방법 : 사회실험 ·· 197
  제4절 정책평가결과의 활용과 정책변동 ·· 200
  제5절 한국의 정책평가제도 ·· 201
  제6절 기획이론 ··· 202

제3편 조직이론

제1장 조직이론의 기초 … 209
제1절 조직의 유형 … 209
제2절 조직이론의 전개 … 212
제3절 조직과 환경의 관계에 관한 거시조직이론 … 215
제4절 조직의 목표와 효과성 … 217

제2장 조직의 구조 … 220
제1절 조직구조의 결정요인(기본변수와 상황변수) … 220
제2절 조직구조의 모형 … 225
제3절 고전적 조직구조의 원리(조직원리론) … 230
제4절 관료제이론 : 고전적 조직구조모형 … 234
제5절 탈관료제와 애드호크라시 : 탈고전적 구조형성의 원리 … 236
제6절 지식정보사회형 미래조직 … 240
제7절 계선과 막료, 위원회조직 … 242
제8절 공기업 … 244
제9절 책임운영기관(Agency) … 245
제10절 중앙정부 조직도 … 249

제3장 조직과 인간 … 256
제1절 인간관 … 256
제2절 동기부여의 내용이론(욕구이론) … 258
제3절 동기부여의 과정이론 … 263

제4장 조직의 관리 ········ 268

제1절 현대적 관리모형 : MBO와 TQM ········ 268
제2절 의사전달과 행정PR ········ 270
제3절 리더십 ········ 272
제4절 갈등관리 ········ 276

제4편 인사행정론

제1장 인사행정의 제도적 기반 ········ 283

제1절 엽관주의와 정실주의 ········ 283
제2절 실적주의 ········ 284
제3절 대표관료제 ········ 286
제4절 적극적 인사행정 ········ 289
제5절 직업공무원제 ········ 290
제6절 중앙인사행정기관 ········ 292
제7절 국가공무원법상 공직분류 ········ 294
제8절 직위분류제 ········ 296
제9절 계급제 ········ 299
제10절 고위공무원단제도 ········ 301
제11절 개방형직위제도와 직위공모제 ········ 305

제2장 인적 자원의 관리활동 ········· 312

제1절 임용(공직에의 충원)과 시험 ········· 312
제2절 내부임용 : 승진과 전보·전직 ········· 315
제3절 교육훈련 ········· 317
제4절 근무성적평정 ········· 319
제5절 사기앙양 : 보수와 연금 ········· 325
제6절 공무원의 정치적 중립 ········· 330
제7절 공무원단체(공무원노조) ········· 331
제8절 공무원의 신분보장과 징계 ········· 333

제5편 재무행정론

제1장 재무행정의 기초 ········· 343

제1절 예산과 예산의 기능 ········· 343
제2절 예산원칙 ········· 346
제3절 예산과 법률 ········· 348
제4절 정부회계제도 ········· 349
제5절 예산의 법적 기초 ········· 352
제6절 중앙예산기관 ········· 354
제7절 예산의 종류 ········· 355
제8절 예산의 분류 ········· 362
제9절 한국의 예산과목 분류체계 : 프로그램예산 ········· 364

제2장 예산과정론과 예산제도론 ··· 369
제1절 예산편성 ·· 369
제2절 예산편성 방식의 혁신:4대 재정혁신 ························· 373
제3절 예산심의 ·· 378
제4절 예산집행 ·· 379
제5절 민간자금 투자 방식:임대형 민자사업(BTL)제도 ······ 384
제6절 결산 및 회계검사 ··· 386
제7절 예산제도론(예산제도의 개혁) ····································· 388

제6편 행정책임과 행정개혁론

제1장 행정책임과 행정개혁론 ·· 403
제1절 행정윤리(공직윤리)와 부패 ·· 403
제2절 행정책임과 행정통제 ·· 409
제3절 행정개혁 ·· 412
제4절 정보화와 전자정부 ·· 414

제7편 지방행정론

제1장 지방행정론 425
제1절 지방자치 425
제2절 신중앙집권과 신지방분권 428
제3절 지방자치단체의 종류와 계층구조, 구역 432
제4절 지방자치단체의 기관 437
제5절 주민참여 446
제6절 지방자치단체의 자치권과 자치입법권 450
제7절 지방자치단체의 사무와 기능배분 453
제8절 지방재정 457
제9절 정부 간 분쟁(갈등) 해결제도 464
제10절 광역행정(regional adminstration) 466
제11절 중앙통제(국가의 지방자치단체에 대한 관여):행정통제 469

행정사 1차 행정학개론

PART

01

행정학 총설

제1장 **행정의 기초**
제2장 **현대 행정의 이해**
제3장 **현대 행정학의 이해**
제4장 **행정이념**
 (행정이 추구하는 가치)

제1편 '행정학 총론'의 체계와 빈출내용 및 학습포인트

체계	테마	빈출내용 및 학습포인트
행정의 기초	행정의 의의	• 정부의 역할과 기능 변화에 대한 연혁적 이해(입법국가 → 행정국가 → 신행정국가) • 행정의 양면성(정치와 관리)에 대한 이해를 토대로 정치-행정의 관계 변화(일원론/이원론). 행정의 개념(광의/협의/거버넌스). 공행정과 사행정의 유사점과 차이점
현대행정의 이해 (=정부 vs. 민간)	시장실패	• 시장실패의 원인(5개)과 원인별 정부개입의 방식. 재화의 유형(4개). 공유지 비극
	행정국가와 정부규제	• 행정국가의 특징. 공공재의 규모 확대 논거 • 정부규제의 유형(경제적 규제 vs. 사회적 규제). J. Wilson의 규제정치이론(이익집단/기업가/고객/대중). 지대추구이론
	정부실패	• Wolf의 비시장실패(비/내/파/분). 불가능성 정리와 예산극대화 모형
	사회적 자본	• 시장실패와 정부실패에 대한 제3의 대안으로 시민사회와 NGO의 특징. 정부-NGO 관계론(대체적 관계와 보완적 관계) • 신뢰와 사회적 자본에 대한 논의와 특성
	작은 정부론	• 감축관리의 내용 • 공공서비스 공급방식(일반행정, 책임경영, 민간위탁, 민영화). market-testing • 민영화(특히, 민간위탁)의 방식-계약, 면허, 보조금, voucher, 자원봉사 등
현대행정학의 이해 (=행정학 이론의 발달)	고전행정학	• 정치-행정 이원론과 행정관리론. 과학적 관리론. 행정원리론 • 법률적·제도론적 접근(=구제도론)
	고전행정학에 대한 반발 (신고전행정학)	• 정치-행정 일원론. 행정원리 비과학성 비판(Simon). 인간관계론(vs.과학적 관리론)
	가치주의	• 후기행태주의와 신행정론(Waldo) : 대두배경(행태주의 비판), 내용
	체제론	• Easton의 투입-산출 모형, 구조-기능주의(AGIL), 개방체제의 특징
	행태론 vs. 현상학	• 객관주의(행태론-실증주의) vs. 주관주의(현상학, 비판이론-反실증주의)
	공공선택이론	• 방법론상 특징(합리적 경제인 가정, 방법론적 개체주의, 연역적 이론화) • 공공재의 생산자로서의 정부 – 관료행정 vs. 민주행정 패러다임(Ostrom)
	신제도론	• 구제도론 vs. 신제도론. 신제도론의 3개 분파 • 합리적 선택 제도주의(=현대적 공공선택이론, 신제주의 경제학) : 거래비용이론(Williamson의 시장과 계층제), 주인-대리인이론(역선택과 도덕적 해이) • 역사적 제도주의 : 경로의존성 • 사회학적 제도주의 : 제도동형화
	신공공관리론 (NPM)	• 등장배경(정부실패), Next step(영국)과 NPR(미국) • NPM의 내용 : 시장주의+신관리주의(성과주의). 정부재창조론 • 전통적 관료제 정부 vs. 기업가적 정부. • NPM에 대한 비판 : 신공공서비스론(NPS)
	거버넌스론	• Rhodes의 거버넌스론, Peters의 거버넌스론(시장/참여/신축/탈규제) • 신공공관리론과 신거버넌스론 비교(유사점과 차이점)
행정이념	공익이론	• 과정설 vs. 실체설
	형평성(정의)	• 수평적 형평과 수직적 형평. 정의의 2원리(Rawls)
	기타 행정이념	• 합리성 : Simon(실질적 합리성과 절차적 합리성), Diesing의 합리성(5가지) • 가외성

제1장 행정의 기초

제1절 행정의 의의 : 정부관의 변화와 행정의 개념

▶ 행정 : ① 공공문제 해결을 위해 ② 정부(government)가 ③ 수행하는 활동
　(= public administration)　　　　　　　　　　　　　　┌ 정책결정
　　　　　　　　　　　　　　　　　　　　　　　　　　　　└ 정책집행 및 관리

01 정부의 역할과 기능

1. 시대적 정부관의 변천 : 공공문제 해결을 위한 정부의 역할과 기능의 변천 ★★

　┌ 사회문제의 본질 : 한정된 자원배분의 문제
　• 사회문제 해결(= 자원배분)의 양대 장치 :
　　　　　　　　　　┌ ① 시장 : '개인들 간의 자율적 선택과 경쟁'에 의한 자원배분
　　　　　　　　　　└ ② 정부 : '(공권력에 근거한) 강제적 명령'에 의한 자원배분
　➔ 자원배분의 양대 장치로서 ① '자율적 시장(market) 장치'와 ② '타율적인 정부(government) 장치' 간의 상대적 강조에 따라, 국가관과 정부역할의 변화가 나타나고 있다.

(1) 19C 고전적 자유주의하에서, 입법국가의 '소극정부' : '최소의 행정이 최선의 정부'

　① 시장중심의 사회 : 정부의 역할보다 시장의 자율적 기능을 중시한다.
　② 자유방임국가론(laissez faire), 야경국가론, 값싼 정부론 : 정부는 소극적 질서유지만 담당하고 최대한으로 개인의 자유를 방임하여 중립을 유지하는 데 그쳐야 한다.
　③ 시장의 효율성에 대한 신뢰 : 애덤 스미스(Adam Smith)의 '보이지 않는 손(invisible hands)' ➔ "개인들의 자유로운 이윤극대화 노력(자율적·분산적 경쟁)은 가격기제(보이지 않는 손)의 조정에 의해 사회 전체적으로 바람직한 자원배분(사회적 균형 = 공익달성)을 가져온다."는 것으로, 이는 사회문제(자원배분)에 대한 **가격의 자동조절기능**을 의미한다.

(2) 19C 후반 산업화로 나타난 독점·대공황 등의 '시장실패'에 대한 대안으로 등장한, 20C 행정국가의 '적극정부' : '최대의 봉사가 최선의 정부'

　① 경제안정화 국가 : ㉠ 19C 후반 독점적 산업자본의 등장에 따른 시장질서의 왜곡과 빈부격차 심화에 대한 **정부**

개입과 규제가 이루어지고(미국의 Sherman Antitrust 법 제정 – 1890년), ⓒ 1930년대 대공황 극복을 위한 정부의 New Deal 정책 이후, 케인즈(Keynes) 경제학에 입각하여 거시경제의 호·불황을 조절하기 위해 **정부의 재정정책과 금융정책에 의한 시장개입**(= 경제안정화 기능)이 강화되었다.

② 복지국가 : 2차 대전 이후에는 시장에서 나타나는 소득분배의 불공평성을 교정하기 위해, 복지주의에 입각하여 **정부의 복지정책(소득재분배)에 의한 시장개입**이 이루어지면서 정부기능이 크게 강화되었다. ➔ 미국의 뉴딜 정책(Roosevelt 대통령)과 영국의 사회정책(노동당의 Attlee 내각)의 공통점은 국가의 적극적인 재정지출에 기초한 복지국가의 실현이다.

③ 발전국가 : 제3세계국가(개발도상국가)에서 정부주도에 의한 경제발전을 추진하면서 정부역할이 크게 강화되었다.

> **PLUS 심화** 　케인즈(Keynes)의 유효수요이론 – 「고용, 이자 및 화폐에 관한 일반이론, 1936」
>
> 자본주의 시장경제에서 대량실업 등 대공황 발생의 근본적 원인을 '총수요부족과 가격기구의 경직성'으로 파악하고, <u>가격의 자동조절기능의 불완전성을 정부의 정책개입(재정정책과 금융정책 등 총수요관리정책에 의한 미세조정)</u>을 통해 극복하여 거시경제를 안정화할 것을 처방한다. 특히, 대공황과 같은 불경기의 상황에서 정부는 고전적인 균형재정이 아니라, 적자재정(감세와 정부지출확대)을 통해 정부가 총수요를 창출하여 불경기를 극복하여야 한다고 주장한다.
> Keynes의 이론은 <u>대공황을 극복하기 위한 Roosevelt 대통령의 New Deal 정책의 기초</u>가 되어, 뉴딜 정책을 통해 정부가 여러 방법으로 민간경제에 개입하게 되어 행정의 기능과 규모는 대폭 확대되었다.

(3) '정부실패(70년대 stagflation과 복지국가의 위기)' 이후, 신행정국가

① 신자유주의(시장주의)에 근거한 '신공공관리론(NPM)' = '최소의 정부가 최선의 정부' : 정부기능의 축소, 민영화, 규제완화 등을 내용으로 하는 '작은 정부론과 기업가적 정부론'을 주장한다.

② 공동체주의·참여주의에 근거한 'governance론' = '더 나은 정부가 최선의 정부' : 시장과 정부의 불완전성(시장실패와 정부실패)하에서, 제3의 길로서 'network(시장과 정부의 상호협력·보완)'에 의한 자원배분을 주장한다. 작은 정부와 신자유주의에 대한 비판 속에서 '좋은 정부와 good governance' 개념이 등장한다.

> **PLUS 심화** 　정부실패와 신자유주의 등장, 그리고 '제3의 길'
>
> 1970년대 스태그플레이션(stagflation)과 복지국가의 위기(복지비 지출 증가와 재정적자 - 영국의 IMF 구제금융과 미국의 조세저항운동)로 대표되는 '정부의 실패 내지 비효율'을 경험하면서, 1980년대에 등장한 신자유주의는 다시 정부를 퇴위시키고 시장을 등극시키기 위한 다양한 논리를 전개했다. 20세기 말의 신자유주의는 심지어 시장의 실패까지 시장에 맡겨 해결해야 한다고 주장하면서, 민간화와 민영화 그리고 규제완화를 통한 정부기능의 축소 등 감축관리를 처방한다. '작은 정부, 큰 시장'을 지향하는 이러한 신자유주의 이념은 세계화 사조와 맞물려 자유주의적 국제경제 질서 확산운동으로 전개되었다. 그러나 1990년대 들어 <u>사회민주주의와 신자유주의의 변증법적 통합을 주장하는 '제3의 길'</u>이 모색되면서 정부의 기능이 다시 새로운 조명을 받게 되었다. 특히, 2008년 미국 Wall Street의 금융시스템이 붕괴, 전 세계적 경기후퇴를 초래하게 되자 자유자본주의의 본산인 미국과 영국에서조차 '정부의 귀환'이 공공연하게 주장되기에 이르렀다.

```
┌─────────────┐  1930년대  ┌─────────────┐  1970년대 stagflation과  ┌─────────────────┐
│ 19C 고전적   │  대공황    │ 20C 수정자본주의 │  복지국가의             │ 신자유주의       │
│ 자유주의     │  '시장실패' │ 〈행정국가〉  │  위기(복지병)           │ 〈신행정국가①〉: NPM(시장주의) │
│ 〈입법국가〉  │  →         │ - 서구: 케인즈주의적 복  │  '정부실패'          │ • 정부기능 축소(작은 정부론, 민영화, │
│             │            │   지국가     │  →                      │   규제완화): 시장의 경쟁원리 강조 │
│             │            │ - 한국: 발전국가 │                      │ • 행정운영방식 개선: 작지만 효율적인 │
└─────────────┘            └─────────────┘                          │   정부, 기업가적 정부 │
                                                                    └─────────────────┘
```

〈자유방임국가, 야경국가: 소극정부〉

〈케인즈주의적 개입국가: 적극정부〉

위기에 대한 대안으로, 1980년대 신자유주의 정권의 등장(영국 - Thatcherism, 미국 - Reaganomics)

- 시장중심사회
- 시장 > 정부
- A. Smith의 'invisible hand (= 가격의 자동 조절기능기구)' 중시

- 경제안정화기능과 복지기능 수행
- 시장 < 정부
- 시장실패교정을 위한 정부개입 - New Deal 정책

공동체주의, 참여주의
〈신행정국가②〉: New Governance (참여주의)
• 시장과 정부의 불완전성(시장실패와 정부실패)하에서, 제3의 길로서 'network(시장과 정부의 상호협력·보완)'에 의한 자원배분을 주장

2. 이념에 따른 정부관: 진보주의와 보수주의 ★★

구분	진보주의(좌파)	보수주의(우파)
인간관	• 경제적 인간관 부정 • 오류발생과 상호협동의 여지가 있는 인간	• 합리적이고 이기적인 경제인 (합리적이고 오류불가능한 인간관)
가치관	• 자유(적극적 자유) 강조: 자유 = 개인의 고유한 특성 (자아실현)의 자유 • 자유실현를 위한 전제로, 실질적인 기회균등과 평등을 강조 • 실질적 평등증진을 위한 정부개입을 허용	• 자유(소극적 자유) 강조: 자유 = 일체의 외적 구속(정부)으로부터의 자유❶ • 기회균등(형식적 평등)과 경제활동의 자유를 강조 • 소득 부와 같은 경제적 결과의 평등을 경시 • 배분적 정의가 아닌 교환적 정의관에 입각
시장과 정부에 대한 평가	• 효율과 번영에 대한 자유시장의 잠재력은 인정 • 시장의 효율성 결함과 윤리성 결함(시장실패)을 인식 • 시장실패는 정부의 개입(차유책)에 의해 교정 가능	• 자유시장에 대한 신뢰 • 정부 불신: 정부는 개인의 자유를 제약하며, 시장에 의한 조화로운 자원배분을 왜곡
선호하는 정책	• 소외집단 지원정책 • 조세제도에 의한 소득재분배 • 시장실패의 교정과 공익실현을 위한 정부규제	• 소외집단 지원정책 반대 • 시장중심적 정책: 경제적 규제 완화, 조세감면
이데올로기	• 규제된 자본주의, 혼합자본주의, 복지주의, 사회민주주의	• 자유방임적 자본주의(고전적 자유주의), 신자유주의❷

❶ 자유의 2가지 의미: 이사야 벌린(I. Berlin)
 ① 소극적 자유: "간섭과 제약이 없는 상태" → 절대권력에 대항했던 근대 민주주의 초기의 자유 개념, 개인에 대한 정치권력의 부당한 억압과 강제를 배제하기 위한 법적·제도적 장치마련에 초점
 ② 적극적 자유: "무엇을 할 수 있는 자유" → 소극적 의미의 자유가 아무리 주어지더라도 실제 그러한 자유를 행사할 수 있는 여건이 보장되어야 하며, 이를 위해 정부의 적극적 활동 및 간섭을 요구

❷ 신자유주의 · 신보수주의(신우파)
① 1970년대 말 정부실패(시장실패를 해결하려는 정부개입의 폐해가 오히려 더 크다는 인식)를 주장하며 등장한 사조
② 자원배분장치로서 정부보다 시장의 우월성을 강조(시장자유주의·고전적 자유주의로의 복귀)하고, 케인즈주의적 개입국가의 해체(보수주의적 성향)를 주장
③ 신신자유주의 이념에 입각하여 1979년 Thatcher정부와 1980년 Reagan정부가 등장하여, 케인즈주의적 복지국가의 해체와 시장지향적 정책(국영기업의 민영화에 초점을 둔 Thatcherism과 규제완화에 초점을 둔 Reaganomics)과 정부개혁을 추진

02 행정의 개념 : 행정의 양면성과 행정개념의 변천 ★★

1. 행정의 양면성(행정활동의 내용) : ① 정치로서의 속성과 ② 관리로서의 속성

▶ 행정 : ① 공공문제 해결을 위해 ② 정부(government)가 ③ 수행하는 활동
　　　　　　　　　　　　　　　　　　　　　　　　　정책결정 ➡ 정치의 측면
　　　　　　　　　　　　　　　　　　　　　　　　　정책집행 및 관리 ➡ 기업경영의 측면

(1) 정치

정치란 이해관계의 대립·갈등, 이에 대한 권위적 결정(= 사회의 공공가치실현을 위한 '가치의 권위적 배분 – D. Easton')을 의미한다. ➡ 구체적으로 ① 정당정치, ② 정책결정, ③ 가치판단의 국면으로 나타난다.
행정은 사회의 공공가치 실현을 위한 가치배분의 결정을 담당하는데, 이는 행정과 정치가 서로 공유하는 공통분모에 해당한다.

(2) 관리

관리란 주어진 목표 또는 결정된 정책의 효율적 달성과정(= plan ➡ do ➡ see의 과정)'을 의미한다. ➡ 구체적으로 ① 경영, ② 정책집행, ③ 사실판단의 국면으로 나타난다.
행정은 '인적·물적 자원을 확보하고 관리해서 재화와 서비스를 제공하는 활동'이기도 하다. 이런 점에서 행정은 정치와 차별적이지만 경영과 유사하다.

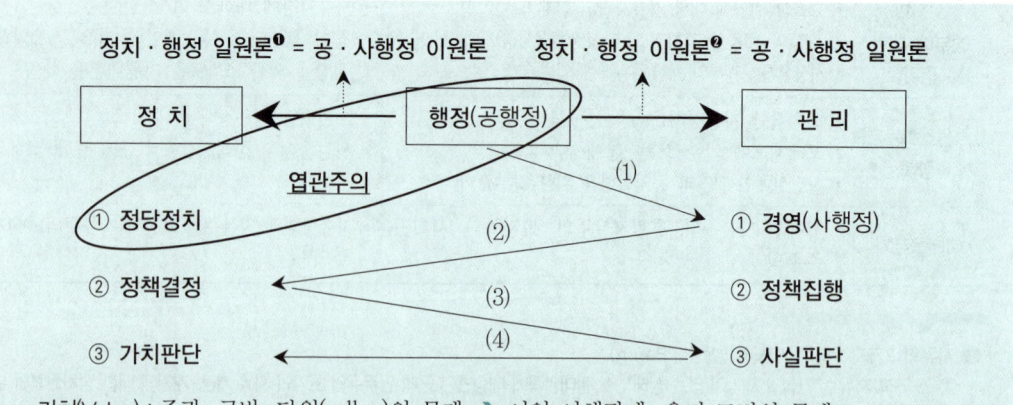

- 가치(Value) : 주관, 규범, 당위(sollen)의 문제 ➡ 이익·이해관계, 윤리·도덕의 문제
- 사실(fact) : 객관, 존재(sein)의 문제 ➡ 진·위의 문제

❶ 정치·행정 일원론 : 행정의 정치적 성격과 정책결정기능을 중시하며, 행정과 경영의 차이를 강조하는 입장이다.
  → 애플비(P. Appleby)와 디목(M. Dimock), 발전행정론자와 신행정론자
❷ 정치·행정 이원론 : 행정과 경영의 유사성을 강조하며, 행정을 기술적 과정으로 인식하고 행정의 과학화를 추구하는 입장이다.
  → 윌슨(W. Wilson), 귤릭(L. Gulick), 어윅(L. Urwick), 페이욜(H. Fayol) 등의 초기 행정학자와 사이먼(H. Simon) 등의 행태론자

2. **행정개념의 변천** : 행정학의 패러다임 변화에 따른 변천

(1) 행정관리설(고전파 행정학, 기술적 행정학, 정치·행정 이원론, 공·사행정 일원론)
  ① W. Wilson의「행정의 연구, 1887」이래, 엽관주의에 의한 부패와 비능률의 탈피를 위해 정당정치로부터 행정의 분리(정치·행정 이원론)를 주장
  ② 행정의 본질을 '**효율적인 정책집행을 위한, 행정관료조직 내부의 관리와 경영의 영역**'으로 규정(공·사행정 일원론)하고, 정책집행을 위한 전문적 관리기술로 이해(기술적 행정학) → Gulick, White, Urwick 등의 행정원리론(행정관리설) 발달

(2) 통치기능설(기능적 행정학, 정치·행정 일원론, 공·사행정 이원론)
  ① 1930년대 New Deal 정책 이후, 행정부가 정책결정에서 적극적인 역할을 수행할 수밖에 없다는 현실적 측면에서 행정의 정치적 기능(정책결정)을 강조하는 정치·행정 일원론이 대두
  ② 행정을 '**정책결정과 집행을 담당하는 정부관료조직의 활동**'으로 이해(Gaus, Dimock, Appleby 등)

(3) 행정행태설(새이원론, 공·사행정 일원론)
  ① 1940년대 후반 Simon은, 조직의 행태(특히, 조직 내의 의사결정)에 초점을 두고, 행정을 **행정관료제 내부의 관리현상**으로 파악하여 '**공동목적을 달성하기 위한 협동적 집단행동**'으로 정의
  ② 행태론 : ㉠ 행정의 정책결정기능을 인정한다는 점에서는 기존의 정치·행정 이원론과 구별되나, **정책결정기능 내에서 가치와 사실의 구분을 강조**하고 행정은 가치판단(정치영역)이 배제된 사실판단의 문제에 국한되어야 한다고 주장하는 점에서는 정치·행정 이원론과 유사, ㉡ 사실판단의 영역에서 논리실증주의에 입각한 과학적 연구를 통해, 행정학의 과학성 확립을 주장

(4) 신행정학과 정책학(새일원론)
  ① 1960년대 말 흑인폭동 등 미국사회의 혼란과 관련하여 행정을 사실판단에 국한하여 파악하는 **행태주의의 현실 적합성 및 사회문제해결능력 결여**에 대한 비판(후기 행태주의 - '적실성과 실천'을 주장)과 함께, 신행정학과 정책학 등장
  ② 신행정학 : 행정을 '**정책결과로서의 사회적 형평성 실현, 적극적 정책결정, 적극적인 가치판단, 시민의 행정참여가 이루어지는 과정**'으로 파악(Waldo, Marini, Frederickson 등) → 행정의 정책결정 기능을 적극적으로 요청하면서도, 행정부의 정책과정에서 관료주의화를 견제하기 위해 사회적 약자를 비롯한 다양한 사회 세력들의 실질적 참여와 정책결과로서의 형평성을 강조
  ③ 정책학 : 행정을 '행정부의 관료조직이 정책결정이나 정책집행만이 아니라, 정책평가와 정책의제설정 활동까지 수행하는 것'으로 확대
  ④ 1960년대 발전행정론 : 기존의 정치우위론과 대비되는 (정치에 대한) 행정우위적 일원론의 관점에서, 행정을

'후진국의 경제·사회발전을 위한 계획형성과 정책결정 및 집행활동'으로 이해(Esman, Weidner 등) ➔ 행정이 정책결정 역할, 즉 정치적 기능을 수행하는 단계에서 더 나아가 정치를 이끌고 심지어 대행까지 할 수 있다는 행정우위론

(5) 최근의 거버넌스(governance)로서의 행정

① 행정이란 일반적으로 '정부(government)가 하는 일'이다. 그렇지만 최근 들어 행정은 정부의 단독행위가 아니라 정부를 포함해서 시민사회, 기업 등 사회의 다양한 주체들이 함께 참여하는 협력행위로 변해 가고 있다. 예를 들어, 정부가 추진하는 '정보화마을 사업'에 기업이 참여하는가 하면, 지역갈등으로 정부가 사업을 추진하지 못하고 있을 때 시민단체가 중재역할을 하며 갈등을 해결하는 경우도 있다. 따라서 거버넌스(governance)로서의 행정에서는 행정의 중요한 의의를 <u>행정의 주체</u>에서 찾기보다는 '사회의 공공가치를 실현하는' <u>행정의 목적</u>에서 찾고자 한다.

② 거버넌스(governance) : 정부 이전에 존재하는 **공공문제에서의 공공성 개념**을 전제로 '**공공문제 해결을 위한, 정부 – 시장 – 시민사회로 구성된 연결망(network)을 통한 집합적 노력**'을 의미한다.

➔ governance 개념에서는 '정부(government)의 행정'에 초점을 두는 전통적 행정개념과 달리, '공공행정에서 공공성(publicness)'을 중시하여 정부의 일과 민간의 일이 엄격하게 구분되는 것으로 보지 않고 **공공(public)이라는 개념을 통해 공·사조직을 모두 포함**하여 행정을 이해하고자 한다.

> **PLUS 심화** government와 governance로서의 행정
>
> 1. "공공문제 해결을 위해, 정부(government)가 수행하는 활동" ➔ 행정국가시대의 행정개념 : government가 공권력에 근거하여 시장과 시민사회를 일방적으로 명령하여 사회문제를 해결하는, <u>정부(국가)의 통치나 지배(rule)</u>를 의미
> 2. "governance로서의 행정" ➔ 최근의 신행정국가시대의 행정개념 : 지역사회·국가·국제사회 수준에서, 공공문제 해결을 위한 다양한 행위주체들이 참여하는 연계망(network)에 의한 활동으로, <u>통치나 지배보다는 국정관리·경영</u>을 의미

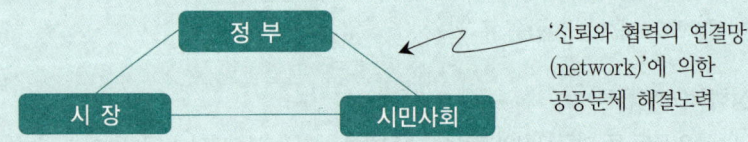

'신뢰와 협력의 연결망(network)'에 의한 공공문제 해결노력

PLUS 심화	행정❶의 개념 유형 – 적용범위와 관련하여 ★★	
(1) 광의의 행정	'조직의 목적달성을 위한 협동적 노력(Simon, Waldo)' ➔ 총칭적 행정(administration) 개념으로, 정부, 공공단체, 기업체, 민간단체 등 모든 형태의 조직에 적용될 수 있는 개념	
(2) 협의의 행정	'정부관료제를 중심으로 이루어지는 활동(정책결정과 집행 및 관리)' ➔ 광의의 개념에서 정부(government) 행정에 초점을 두는 개념, 이 경우에도 행정을 ㉠ 국가목적 실현을 위한 사람과 물자의 관리로 보는 견해, ㉡ 정책결정과 집행을 중심으로 하는 정치과정의 일부로 보는 견해가 있다.	
(3) 최근의 governance 로서의 행정	'공공문제 해결을 위한, 정부 – 시장 – 시민사회로 구성된 연결망(network)을 통한 집합적(partnership) 노력'	

❶ 행정의 일반적 특징
① 규범적으로 공익(= 공공문제 해결이라는 공공 목적 달성, 공공가치 실현)을 지향한다.
② 공공문제 해결을 위한, 공공서비스의 생산·공급·분배와 관련된 모든 활동(= 정책의 형성과 집행, 행정기관의 내부관리, 참여자 간 network의 구축과 관리를 포함)을 의미한다.
③ 행정의 수행은 정치권력을 배경으로 하지만, 공공서비스의 생산과 공급은 정부가 독점하는 것은 아니다.
④ 민주주의 원리상 행정은 정치과정과 밀접히 관련된다. 즉, 공공문제의 해결 및 공공서비스의 생산과 분배과정에서 국민의 의견을 존중하고 국민에 대해 책임을 진다.

3. **행정과정** : 행정이 이루어지는 일련의 과정

(1) 전통적 행정과정	• 전통적인 정치·행정 이원론이나 행정관리론의 행정과정(➔ 집행 및 관리과정) • '계획(plan) ➔ 실시(do) ➔ 통제(see)'의 단계 : Gulick의 POSDCoRB(최고관리자의 기능)로 표현❶ • 특징 ① 행정을 환경과의 상호작용이 결여된 폐쇄체제로 인식 ② 행정과정 내의 기능 하나하나를 정태적(static)으로 파악 ③ 기획이란 정치영역에서 설정된 목표달성을 위해 최적 수단을 선택하는 '조작적 기획'
(2) 현대적 행정과정	• 정치·행정 일원론과 발전행정론의 행정과정 • '목표설정 ➔ 정책결정 ➔ 기획 ➔ 조직화 ➔ 동작화·동기부여 ➔ 평가 ➔ 환류'의 단계 • 특징 ① 행정과 환경과의 상호작용을 중시하고, 시정조치·환류를 중시하는 개방체제적 관점 ② 과정 내의 기능들이 동태적으로 움직여지는 것으로 파악 ③ 정치·행정 일원론의 '정책결정'과 발전행정론의 '발전기획' 도입

❶ 최고관리자의 기능으로서 POSDCoRB : 기획(Planning), 조직화(Organizing), 인사(Staffing), 지휘(Directing), 조정(Coordinating), 보고(Reporting), 예산(Budgeting)

4. 행정의 3대 변수 : 행정현상을 야기·결정하는 요인으로 ① 인간, ② 구조, ③ 환경

구 분	의 미	중심이론과 접근법
행정인	정부관료제를 구성하는 행정관료의 가치관, 태도, 능력, 지식, 행태	① 신고전이론(인간관계론) ② 행태론 ③ 동기부여이론(행태과학) ④ 현상학적 접근, 신행정론, 비판행정이론 ⑤ 발전행정론 : 체제론에 입각한 행정의 사회변동 능력(환경에 대한 행정인의 독립변수성)
행정 구조	구성원들의 행위를 제약하는 권한과 책임, 법규, 절차, 의사전달 등에 관한 공식적 제도	① 고전적 행정이론 : 과학적 관리론, Weber 관료제 이론, 행정원리론 ② 현대적 이론 : 관리과학, 구조적 상황이론, 탈관료제론
행정 환경	정치, 경제, 사회, 문화 등 행정체제외부에서 행정과 상호작용하는 일체의 요소	① 환경유관론적 접근(생태론의 환경결정론) ② 체제이론 : 행정체제와 환경의 교호작용성

제2절 정치와 행정의 관계, 행정과 경영의 관계

01 정치와 행정의 관계

1. 정치와 행정의 의미(전통적인 민주주의 정치체제에서) ★

정치란	행정이란
① 국민들의 의사를 수렴하여 정책을 결정하는 '가치개입적 행위' ② 국민(대의제 민주주의에서는 국민의 대표)에 의한 국가의 목표를 설정(정책결정)하는 과정 ③ 민주성을 확보하는 과정	① 수렴된 의사를 반영한 정책을 실행하는 '가치중립적 행위' ② 관료가 정치에 의해 설정된 목표를 달성하기 위한 효율적인 수단을 모색(정책집행)하는 과정 ③ 능률성을 확보하는 과정

2. 정치·행정의 관계에 관한 이론 ★★

시 대	이 론	특 징	행정이론	대표 인물
19세기 초 ~	정치우위론	행정은 정당정치에 의해 지배(행정의 미분화상태)	엽관주의	잭슨(Jackson)
19세기 말 ~	정치·행정 이원론❶	① 엽관주의 폐단 극복을 위해(규범적·처방적 차원에서) ② 정치(정당정치)로부터 행정의 분리를 주장 ③ 행정을 정책의 효율적 집행을 위한 관리의 영역으로 파악 • 행정 : 관료조직의 정책집행과 관리	행정관리론, 기술적 행정학	윌슨(Wilson), 굿노(Goodnow), 귤릭(Gulick), 어윅(Urwick), 화이트(White)
1930년대 ~	정치·행정 일원론	① 1930년대 경제공황 대처과정에서 행정의 정책결정기능 확대라는 현실적 측면에서(정치·행정 이원론의 비현실성을 비판하면서) ② 행정의 정책결정(정치영역) 기능을 강조 • 행정 : 관료조직의 정책결정과 집행	통치기능설, 기능적 행정학	가우스(Gaus), 디목(Dimock), 애플비(Appleby)
1940년대 ~	새이원론	① 논리실증주의에 입각한 과학적 행정학 수립을 위해 ② 행정의 연구대상을 가치판단(정치영역)이 배제된 사실판단영역으로 국한 → 행정의 정책결정기능을 인정하는 점에서 기존의 이원론과 구별 • 행정 : 조직 내부의 협동적 집단행동(의사결정)	행정행태론	사이먼(Simon), 버나드(Barnard)
1960년대 ~	새일원론	① 국가발전 목표 및 계획수립과 집행을 강조(발전행정론, 행정우위적 일원론) ② 사회적 형평실현을 위한 적극적 정책결정과 가치판단을 강조(신행정학)	발전행정론/ 신행정학	에스만(Esman), 와이드너(Weidner)/ 마리니(Marini), 왈도(Waldo), 프레데릭슨(Frederickson)
1980년대 ~	신정치·행정 이원론❷	행정을 공공관리로 파악하여, 행정국가의 정부기능의 축소(사회문제의 탈정치화)와 시장과 시민사회에 의한 자율적·자치적 해결 ① 행정의 경영화, 시장화(기업가적 정부론) ② 민간의 참여와 협력(network)에 의한 공공문제 해결	신공공관리론(NPM), 국정관리(governance)	후드(Hood), 피터스(Peters), 로즈(Rhodes)

❶ 정치·행정 이원론 : 전통적인 정치·행정 이원론은 정치의 영역인 입법부에서 법률의 형식으로 정책을 결정하면, 행정부에서는 이를 단순히 집행하는 것으로 인식한다. 또한 행정을 정책의 효율적 집행을 위한 전문적인 관리기술로 파악하여 행정에 대한 민주적 통제와 법의 지배를 강조했다.

❷ NPM과 governance(신정치·행정 이원론)에서 정치와 행정의 관계
  ① 신공공관리론(NPM) : 행정과 정치의 관계를 가능한 한 구별(행정의 탈정치화)하고 시장에 의한 공공문제 해결을 도모하는 <u>엄격한</u>

정치·행정 이원론의 관점에 있다.
② governance론 : 정부 – 시민사회 – 시장의 상호협력에 근거한 연계망(network)을 통한 공공문제 해결을 도모하므로, 행정과 정치 그리고 시장의 관계는 구별보다는 상호공생관계에 있다.

02 행정(공행정)과 경영(사행정)의 관계

(1) 행정과 경영의 의미
① 행정(공행정 : public administration) : 정치권력을 배경으로 정부 또는 공공기관이 행정목표달성을 위하여 행하는 활동
② 경영(사행정 : business administration) : 사기업이나 민간단체가 조직목표달성을 위하여 행하는 활동

(2) 유사점 : 수단, 조직내부적 차원 ➜ 공·사행정 일원론에서 강조 ★★
① 목표달성을 위한 수단
② 관료제적 성격(정부와 기업은 규칙에 의한 지배, 계층제, 전문화, 비정의성 등 관료제적 성격을 갖는 대규모 조직이라는 유사성)
③ 관리적 성격(목표달성을 위해 인적·물적 자원을 동원하고 활용하는 방법과 관리기술, 그리고 관리적 측면에서 능률지상주의를 지향하는 유사성)
④ 협동행위(= 조직목표달성을 위한 협동적인 인간의 합리적 행동 – Waldo)
⑤ 의사결정(= 목표달성을 위해 가능한 한 많은 대안 중에서 최선의 대안을 선택하는 과정 – Simon)

(3) 차이점 : 목적·가치, 조직환경적 차원 ➜ 공·사행정 이원론에서 강조 ★★

구 분	행 정	경 영
목 적	• 공익추구(사회의 공공가치 실현)❶ • 국가의 생존과 경제·사회 발전 책임 • 정의와 형평 등의 사회가치 비중이 큼.	• 이윤극대화(효율성)
제공하는 재화와 서비스의 성질	• 비경합성과 비배제성을 지닌 공공재 (예) 국방, 치안, 소방 등)❷	• 경합성과 배제성을 지닌 사용재 (예) 시장에서 거래되는 각종 상품)
법적 규제	• 엄격한 법적 규제(➜ 행정의 경직성을 유발하여 환경에 대한 적응 능력 약화)	• 직접인 법적 규제 적용 안 됨.
정치권력적 성격	• 본질적으로 정치적 성격 • 공권력을 배경으로 행정기능 수행 • 정당, 의회, 이익집단, 국민의 통제	• 정치로부터 분리 • 강제력과 권력 수단 없음.
평등성	• 모든 국민은 법 앞에 평등	• 고객 간 차별대우 용이
독점성	• 경쟁자 없는 독점성 ➜ 서비스 질 저하 우려❸	• 자유로운 시장 진입(경쟁관계) ➜ 고객지향적 제품·서비스
영향 범위	• 모든 국민이 대상	• 고객관계의 범위 내로 한정

❶ 행정과 경영 간의 목적상의 차이 : 양자가 구분되는 가장 핵심적인 차이로서, 행정의 경영화를 논의할 때에는 목적의 차이를 제약조건으로 분명히 인식된다. 그러나 행정도 사익을 추구할 수 있고(공익을 해치지 않는 범위 내에서), 기업에 대해서도 공익을 위한 사회적 책임이 강조되는 등 목적의 차이는 '상대적'이다.
❷ 공공재 : 사용재와 달리 수익자부담원칙과 시장의 수요와 공급원리를 적용하기 어려워 시장에 의해 공급되지 않기 때문에, 공익을 위해 조세를 징수하여 정부가 공급 → 공공재적 특성 때문에 서비스제공과정에 강한 법적 규제, 이해집단의 타협과 조정이라는 정치성, 평등성, 독점성 등의 특성을 야기한다.
❸ 최근 governance 개념의 영향으로 행정서비스의 독점적 지위가 완화되고 있다.

(4) 행정과 경영 구별의 상대화 경향

① 행정의 경영화
② 사행정의 공공성 증대(기업의 사회적 책임성 강조, 기업의 대규모화 등),
③ 공·사부문의 융합(제3섹터, 거버넌스) 등으로 인해, 공행정과 사행정의 차이는 본질적이라기보다는 정도상의 차이를 지니는 것으로 파악된다.

> **PLUS 심화** **공행정과 사행정의 관계에 관한 세이어(Sayre)의 법칙**
>
> "공·사행정은 모든 중요하지 않은 점에 있어서(in all unimportant respects) 근본적으로 같다."는 것이다. 즉, 중요한 점에 있어서 서로 다르다는 것(공·사행정 이원론 관점), 행정의 정체성·정당성 향상은 경영에 대한 행정의 특수성을 인식하는 것에서 출발하여야 한다는 주장(Blacksburg 선언)의 논거가 된다.

빈출 핵심 지문

1. 신공공관리론자들은 하이예크의 『노예에로의 길』에 근거하여 유럽식의 '최대의 봉사자가 최선의 정부'를 강조한다.
   → × / (Why?) 하이예크의 『노예에로의 길』은 개인과 시장에 대한 국가기획을 반대하는 것으로, 하이예크의 신자유주의사상은 1980년대 대처리즘의 철학적 기초가 된다. 그러나 유럽식의 '최대의 봉사자가 최선의 정부'라는 관념은 행정국가시대의 케인즈주의적 복지국가를 반영한다.

2. 신자유주의 정부이념 및 관리수단은 케인즈(Keynes) 경제학에 기반을 둔 수요중시 거시 경제정책을 강조하므로 공급측면의 경제정책에 대하여는 반대 입장을 견지한다.
   → × / (Why?) 케인즈(Keynes) 경제학에 기반을 둔 수요중시 거시 경제정책은 전통적인 행정국가의 특징이다. 신자유주의 경제정책은 공급중시 경제학에 기초한다(Reaganomics).

3. 넓은 의미의 행정은 협동적 인간 노력의 형태로서 정부조직을 포함하는 대규모 조직에서 보편적으로 나타나고, 좁은 의미의 행정은 행정부 조직이 행하는 공공목적의 달성을 위한 제반 노력을 의미한다.

4. 전통적으로 민주주의 정치체제에서 정치는 가치개입적 행위이며 행정은 가치중립적 행위이다. 따라서 정치는 효율성을 확보하는 과정인데 반해 행정은 민주성을 확보하는 과정이다.
   → × / (Why?) 정치가 민주성을 추구한다면, 상대적으로 행정은 효율성을 확보하는 과정이다.

5. 1930년대 경제대공황 이후 행정권의 우월화 현상을 인정한 정치-행정일원론이 등장하였다.

6. 사이먼(Simon) 등 행태주의 학자들은 행정의 정책결정 기능을 인정한다는 점에서 기존의 이원론과 구분된다.

7. 행정은 효과적인 업무수행을 위해 관리성이 강조된다는 것은 경영과 구분되는 행정의 속성이라 할 수 있다.
   → × / (Why?) 관리성은 행정과 경영의 유사성에 해당된다.

제2장 현대 행정의 이해

제1절 시장실패 : 적극정부론(행정국가론)의 논거

01 시장실패의 의미

1. 시장실패의 개념

시장실패란, 시장에 의한 자원배분이, 바람직한 자원배분(사회후생실현)의 조건인 ㉠ 효율성(= Pareto 효율성)❶ 과 ㉡ 형평성(= 소득분배의 공평성)을 달성하지 못하는 현상을 말한다.
이러한 시장실패를 교정하기 위해, 경제와 사회에 대한 다양한 정부개입(행정국가화)이 발생하게 된다.

> ❶ 파레토(Pareto) 효율성·최적
> ① 한 경제에 존재하는 경제적 자원이 전혀 낭비되지 않고 최선의 방식으로 활용되는 상태 즉, 다른 경제주체의 후생을 감소시키지 않고서는 한 경제주체의 후생을 증가시킬 수 없는 더 이상의 사회적 개선이 불가능한 자원배분상태를 의미한다.
> ② A. Smith 등 고전파 경제학은 "완전경쟁시장에서 개별 경제 주체들의 이기적·자율적·합리적 선택이 가격이라는 '보이지 않는 손'에 의해 경제 전체적으로 Pareto 효율적 자원배분을 가져온다(= 가격의 자동조절기능)."고 주장한다.

2. 시장실패의 유형

고전파 경제학에서 주장하는 '시장에 의한 자원배분의 효율성(Pareto 효율성)'은 이상적인 완전경쟁의 시장에서만 가능하다. '이상적 시장(완전경쟁 시장)이 성립되기 위한 조건'으로는 ① 완전경쟁(다수 수요자와 다수 공급자의 존재, 자유로운 진입과 탈퇴, 규모수익불변의 생산기술, 완전정보), ② 공공재의 부재, ③ 외부성의 부재 등이다.
그러나 현실에서의 시장은 이상적인 시장조건을 충족하고 있지 못해, 시장실패가 발생하게 된다.

미시적 차원의 시장실패	㉠ 효율성 실패 : 현실의 시장은 완전경쟁의 이상적 조건이 결여된 경우가 많아, 시장기구에 의해서 자원배분의 효율성이 달성되지 못하는 현상을 말한다. ㉡ 형평성 실패(=분배의 불공평성) : 이상적인 완전경쟁의 시장조건하에서도, 바람직한 자원배분의 또 다른 기준인 소득분배의 형평성이 시장에 의해 실현되지 못하는 현상이다.
거시적 차원의 시장실패	시장 경제는 급격한 경기변동(호황·불황의 주기적 반복으로 인한 inflation과 실업)으로 인한 사회후생 손실에 무력하다.

행정사 1차 행정학개론

02 시장실패의 원인과 원인별 정부개입 ★★★

1. 독점 등 불완전경쟁의 존재

(1) 독점의 문제점

다수의 공급자가 존재하는 **완전경쟁의 상황**(P = MC : 가장 효율적인 가격은 그 재화의 한계비용과 같다)에 비해, **독점에서는** 독점적 지위를 이용한 독점기업의 횡포(적은 양의 재화생산과 한계비용보다 높은 재화가격 형성 : P > MC)로 인해 Pareto 개선(사회후생의 증진)이 가능함에도 사회후생이 낮은 <u>Pareto 비효율적 자원배분</u>이 발생한다.

(2) 정부개입

① 기존 공급자의 진입장벽 구축(인위적 요인)에 의한 독점 : 정부는 독과점을 금지하기 위한 독점금지법(antitrust laws), 공정한 경쟁을 위한 공정거래법을 제정하여 <u>독과점을 규제</u>(예 기업결합의 규제, 담합 등 불공정거래의 규제)

② 규모의 경제(기술적 요인)에 의한 자연독점❶ : 정부는 ⊙ 자연독점산업을 국유화하여 **직접생산**(공적 공급)하거나 ⓒ 자연독점기업의 <u>공급가격이나 이윤을 규제</u>(공급가격의 상한선을 설정하는 가격규제)

> ❶ 규모의 경제(economies of scale)와 자연독점(natural monopoly)
> ① 전력, 철도, 수도 등과 같은 산업에서는 과도한 기본 시설비의 소요로 생산규모(산출량)를 확대할수록 생산비와 가격이 낮아져(= 규모의 경제·규모수익체증), 해당 산업은 생산규모가 큰 한 기업에 의해 자연적으로 독점이 되는 현상이다.
> ② 규모의 경제가 있는 산업을 비용체감산업이라 하는데, 비용체감산업의 존재 역시 시장기능의 장애요인으로 작용한다.

2. 공공재의 존재

(1) 공공재로 인한 문제점 : 시장에 의해 전혀 공급되지 않거나 사회적 적정량보다 '과소공급'

① 공공재의 '배제불가능성(= 비용 미지불자를 재화의 소비에서 배제할 수 없는 성질)'으로 인한 문제점 : 합리적 경제인인 사회구성원들은 ⊙ 공공재에 대한 **자신의 선호를 표출하지 않고**, ⓒ 타인에 의해 생산된 **공공재에 무임승차(free-riding)를 선택**하고 비용을 지불하지 않으려 한다.❶ → 따라서 공공재는 사회적으로 필요함에도 불구하고, 수익이 보장되지 않기 때문에(양의 가격부과의 불가능성 때문에) 시장에 의해 전혀 공급되지 않거나, 과소공급되는 비효율성을 야기한다.

> ❶ 공공재의 공급에서 나타날 수 있는 '무임승차 문제(N-1 문제)'
> ① 무임승차자의 문제는 어떤 재화의 원가를 지불하는 데 공헌하지 않으면서 그 재화를 사용하는 문제이다.
> ② 집단행동의 딜레마 : 무임승차의 문제는 Olson이 주장한 집단행동의 논리(logic of collective action)에서 나타나는 일반적 문제의 일종이다. 집단적 임금교섭과정에서 무임승차자의 문제가 나타나는데, 노동조합이 집단적 임금교섭에 성공할 경우 조합비를 내지 않은 비조합원도 그 교섭의 혜택을 받을 수 있다.
> ③ N-1 문제 : N명으로 구성된 하나의 집단에게 공공재를 제공해야 할 경우, 한 사람만이라도 그 재화를 사용하는 한 N-1명이 무임승차를 할 수 있다. 그런데 모든 사람이 이러한 논리에 따라 행동하는 경우, 공공재는 더 이상 제공받을 수 없게 된다.

② 공공재의 '비경합성(= 한 사람의 추가적 소비가 다른 사람의 소비가능성을 감소시키지 않는 성질)'으로 인한 문제점 : ⊙ 모든 사회구성원들에게 **균등한(동일한 양의) 공공재 소비**가 이루어지며, ⓒ 비경합성으로 인하여 공공재를 한 단위 더 소비하는 데 소요되는 <u>한계비용(MC : Marginal Cost)이 0이 되고</u> 가장 효율적인 가격

(P : Price)은 한계비용과 같아야 하므로(P = MC), 비경합적인 재화의 경우 그 가격은 0이 되어야(누구나 무료로 공공재를 소비할 수 있게 하는 것이) 효율적이 된다. ➜ 따라서 공공재는 사회적으로 **양(+)의 가격을 부과하는 것이 바람직하지도 않게** 된다.

(2) 정부개입

① 공공재(국방, 치안 등)의 직접생산자(공적 공급체제)로서의 정부개입이 이루어지고, 조세라는 강제수단을 통해 공공재의 생산비용을 징수하게 된다.

② 그러나 정부의 기능과 규모가 끊임없이 팽창하듯이, 공공재도 정부에 의해 과다 생산되는 경향이 있다.

PLUS 심화 재화의 유형(Savas의 경합성과 배재성 유무를 기준으로 한 분류) ★★★

구 분	배제가능성	배제불가능성
경합성❶	민간재(private goods) 예 각종 상품, 혼잡한 도로	공유재(common pool goods) 예 강, 목초지, 환경❷❸
비경합성	요금재(toll goods) 예 빈 도로, 전기, 상수도	공공재(public goods) 예 국방, 치안, 등대 불빛

❶ 경합성과 배제가능성
  ① **경합성(rivalry)**: 한 사람의 소비증가가 그 재화에 대한 타인의 소비가능성을 감소시키는 성질로서(혼잡의 문제를 야기), 시장에서 거래되는 대부분의 재화는 '경합성'을 지닌다. 반면, 국방서비스나 비어 있는 도로는 한 사람을 더 소비에 참여시킨다 해도 그 재화에 대한 타인의 소비가능성을 감소시키지 않는다는 측면에서 '비경합성'을 지닌다. ➜ 비경합성만으로 공공부문에서 반드시 그 재화를 공급할 필요는 없고, 비경합적인 재화라도 배제가능하면 시장에서 공급이 가능하다(따라서 공공재의 정의기준으로 비경합성은 비배제성보다 취약).
  ② **배제가능성(excludability)**: 대가 미지불자를 재화의 소비에서 배제시킬 수 있는 성질을 말한다. 반면, 공공재의 전형인 경찰서비스나 공유재인 강과 바다 등의 천연자원은 대가 미지불자를 그 소비로부터 배제시키는 것이 불가능하여, **양(+)의 가격을 매겨 받으려 해도 받을 수 없는** 배제불가능성을 지닌다. ➜ 비용미지불자를 소비로부터 배제시키지 못하면, 시장은 성립되지 않는다. 따라서 배제가능성은 국가에서 이용가능한 법률시스템과 재산권보호 제도에 의하여 뒷받침되어야 한다.
     ❖ 비경합성과 배제불가능성을 완전히 지닌 공공재를 '순수공공재'라 하며, 요금재(비경합성이 있으나 배제가능한)와 공유재(배제불가능하나 경합성이 있는)를 '준공공재'라 한다.

❷ 하딘(G. Hardin) '공유지의 비극' 등 사회적 딜레마(social dilemmas): '개인적인 합리성에 기초한 행동(개인적 차원의 최적 선택)이 사회적인 합리성(사회적 차원의 최적 결과)을 달성하지 못하게 되는 것' ➜ 예 용의자의 딜레마게임, 공공재의 무임승차, 집단행동의 딜레마 상황, 공유지·목초지의 비극(G. Hardin, 1968)
     ❖ A. Smith의 주장(개인들의 자유로운 최적화행위는 가격의 신호기능을 통해 자동적으로 사회적 공익을 달성한다)과 달리, 시장실패를 설명하는 대표적인 사례로서, 정부개입의 필요성을 정당화하는 논리로 활용

❸ 정부의 예산, 인력, 승진자리의 공유재의 성격: 정부의 예산, 인력, 또는 승진자리도 공유재의 성격을 지니고 있어 사람들이 더 먼저 또는 더 많은 재원을 확보하기 위해 힘쓴다.

PLUS 심화	재화의 유형별 정부개입의 근거
(1) 사용재 (민간재·시장재)	① 주로 시장에 의해 공급되어 공공부문의 개입이 최소화되는 부분 ② 정부는 지적 재산권을 포함한 재산권을 보호하고, 시장질서를 유지하여야 함. 또한 시장거래에서 나타나는 거래비용감소(→ 소비자 보호측면에서 안전과 규격 등의 규제)와 '가치재'라는 논거에서 정부개입이 정당화되기도 함.❶
(2) 요금재(toll재)	① 경합성이 없는(= 혼잡의 문제를 가져오지 않는) 도로, 전기, 가스, 상하수도 등 사회기반시설은 배제가능하기에 시장기구를 통해 공급될 수 있으나, 자연독점의 발생가능성으로 정부개입이 정당화 ② 최근 요금재를 생산하는 공공부분의 비효율성을 논거로 민영화의 주된 대상이 되는 부문
(3) 공유재	① 공유지 공급비용회피와 과잉소비로 인해 공유재 파괴라는 '공유지의 비극(= 모든 농민이 목초지에 자신의 소를 무제한 방목하는 행위가 목초지의 불모화를 야기)'이 발생 ② 공급비용부담과 무분별한 사용에 대한 '공유지 이용규칙'을 설정하는 정부개입이 정당화 → 공유재 보호를 위해, 이러한 재화를 둘러싼 기술과 제도를 개발하여 잠재적 사용자들을 배제시킬 수 있도록 재화의 성격을 변화시키는 것이 필요함(예 최대 어획량 규정, 지하수 이용부담금 부과, 산림안식년제도). ③ 그러나 시장주의자들은 공유지 보존도 정부개입이 아닌 시장에 의한 해결을 주장 → 예 코우즈(Coase) 정리
(4) 공공재 (집합재)	시장에 의해서는 과소공급의 문제를 야기하므로, 정부가 직접 생산하거나 계약생산을 통하여 공급하고 그 재원은 조세를 통하여 조달한 정부예산으로 충당

❶ 가치재 : 소비자 주권주의와 대립되는 정부의 온정적 간섭주의에 근거하여, 정부가 생각하기에 어떤 것을 소비하는 것이 그 자체로 바람직하다는 견지에서 정부가 공급 또는 소비를 권장하는 재화(예 주택, 의료 등)

3. **외부효과(externalities)** : 파급효과(spillover effect)·이웃효과(neighborhood effects)

(1) 외부효과로 인한 자원배분의 비효율성

① 외부효과의 개념 : 다른 사람에게 의도하지 않은 이익이나 손해를 가져다주면서도 이에 대한 대가를 받거나 비용을 지불하지 않는 현상으로, 외부경제효과와 외부불경제효과가 있다.
  → 배제불가능성이 존재하는 공유재에서(공공재에서도) 발생

② 외부경제효과(정의 외부효과) : 제3자에게 의도하지 않은 편익을 창출하는 행위를 하면서도 개인적으로 대가를 받지 않는 현상 → 외부적 편익을 야기하는 생산물이 사회적 필요보다 '과소' 생산(예 옆집에 편익을 주는 골목길 청소, 과수원에서 재배한 사과나무 꽃이 옆집의 양봉생산에 주는 혜택)되는 자원배분의 비효율성이 나타난다.

③ 외부불경제효과(부의 외부효과) : 제3자에게 의도하지 않은 손해를 주는 행위를 하면서도 개인적으로 대가를 지불하지 않는 현상 → 외부적 비용을 발생하는 생산물이 사회적 필요보다 '과다' 생산(예 강주변 주민들에게 손해를 야기하는 공장의 오염물질 배출)되는 자원배분의 비효율성이 나타난다.❷

❷ 사회적 비용은 사적·개인적 비용과 외부비용을 합친 개념이다(사회적 비용:100 = 개인적 비용:90+외부비용:10). 그런데 시장기구는 재화의 개인적 비용만을 계산하므로(개인적 비용:90), **외부불경제효과가 생긴 경우(외부비용:10이 존재)** 그 재화의 생산비용(개인적 비용:90)은 사회적 관점에서의 진정한 비용(사회적 비용:100)보다 낮게 책정되어 과잉 공급을 초래하게 된다.

(2) 정부개입

① 정부의 직접통제(정부규제)에 의한 방식 : 정부가 경제주체들에게 특정 행동을 취하도록 직접 통제하는 방식 ➡ 공유지 이용규칙의 설정·규제자로서의 정부(예 어업면허제, 오염배출허가제 등)

② 시장유인을 활용하는 방식 : 정부가 적절한 유인을 제공해 개인 스스로 특정 행동을 하도록 유도하는 방식 ➡ 공적유도자로서의 정부(예 공해세 부과나 보조금 지급을 통해 외부적 비용과 편익을 사적 비용과 편익에 내부화)

> **PLUS 심화 외부성으로 인한 시장실패의 해결방법**
>
> ① 외부성으로 인한 개인적 비용과 사회적 비용의 차이에 대해 조세를 부과함으로써 두 비용을 같게 하여(외부적 비용의 내부화) 효율적 자원배분이 달성될 수 있다. 이를 이론적으로 분석하였던 피구(Pigou)의 이름을 따서 'Pigou 조세(= 시장실패를 교정하는 교정과세)'라 한다.
> ② 정부가 나서서 외부불경제를 야기한 사람들에 대해 강력한 규제를 하는 것이 있다.
> ③ 전통적 시장기구 안에서 외부성 문제를 해결하는 방법이다. Coase는 이러한 논리를 전개한 대표적 학자이다.

> **PLUS 심화 코즈의 정리(Coase Theorem) : 재산권 확립을 통한 자발적 협상에 의한 환경문제 해결**
>
> 외부효과의 존재는 정부개입의 정당화 근거가 된다. 그러나 코즈의 정리에 의하면, "외부효과가 존재하는 경우에도 공유지에 대한 재산권이 명확히 설정되어 있고 거래비용이 존재하지 않는다면, 이해당사자들 간의 자발적 협상에 의해 효율적인 자원배분이 가능하다."고 주장한다. 따라서 외부효과에 대한 정부개입은 배출량 규제나 보조금 지급 등의 직접적 개입이 아니라, '재산권 설정'으로만 한정되어야 한다고 본다.
> 예 강 상류에 위치해 있는 염색공장으로 인해 강물이 오염되었다고 하자. 그런데 맑은 물의 재산권이 하류에 거주하는 시민들에게 있다면, 염색공장은 강물의 오염에 대해 대가를 지불해야 한다. 반대로 강물의 오염권이 염색업자에게 있다면, 하류의 시민들은 염색공장에 대가를 지불하여 오염량을 줄이도록 요청할 수 있다. 염색업자는 오염생산량을 줄이더라도 시민으로부터 충분히 보상을 받는다면 합의한 수준까지 줄이려 할 것이다.

4. 불완전·비대칭적 정보

(1) 불완전·비대칭 정보로 인한 문제점

① 완전경쟁시장 모형은 완전정보를 가정한다. 그러나 현실의 경제활동에서는 상품이나 거래상대방의 성질 등에 대한 정보가 불완전하거나, 거래의 일방 당사자만이 정보를 지닌 비대칭적 상황이 광범위하게 존재하여 자원배분의 왜곡을 초래한다.

② 특히, 비대칭적 정보 상황(= 거래의 일방당사자만이 정보를 보유)에서 정보를 지닌 당사자의 기회주의적 행동(사기나 속임수)으로 인해, ㉠ 정보를 갖지 못한 당사자가 불리한 상품을 선택하는 **역선택**(예 불량중고차 구매,

사고확률이 높은 사람만 보험에 가입)과 ⓒ 정보를 지닌 대리인이 정보를 갖지 못한 주인의 이익실현보다는 자신의 이익실현을 도모하는 **도덕적 해이**(예 보험회사에 피해를 가져오는 보험가입자의 빈약한 사고방지노력)를 통해, 자원배분의 비효율성을 야기한다.❶

> ❶ 주인-대리인 관계(주인인 국민과 대리인인 관료의 관계, 주인인 사장과 대리인인 노동자의 관계)에서 나타나는 역선택과 도덕적 해이는 '정부실패'를 설명하는 이론으로 활용되기도 한다. 즉, 비대칭적 정보를 이용하여, 대리인인 정치인·관료가 주인인 국민 전체의 이익실현보다 자신의 사익 극대화를 도모하는 것(예 Niskanen의 '예산극대화모형')이다.

(2) 정부개입
① 정보유통의 유도자, 규제자로서의 정부개입(예 각종 인증제나 자격증제도, 원산지표시제 등)
② 민간에 의한 보험상품 공급이 역선택과 도덕적 해이의 문제로 시장실패를 야기하는 경우, 정부개입은 '강제가입'을 특징으로 하는 사회보험(social insurance : 고용보험, 건강보험 등)의 공급으로 이루어진다. ➔ 이 경우, 역선택의 문제는 극복할 수 있으나, 도덕적 해이의 문제는 해결이 곤란하다.

5. 소득분배의 불공평성
① 이상적인 시장조건하에서도 발생하는 시장실패 원인('승자독식'이라는 시장의 본질적 특성 때문에)이다. 즉, Pareto 최적 배분이 달성되는 경우에도 소득분배의 불공평성 문제는 해결되지 않는다.
② **정부개입** : 조세와 정부지출에 의한 소득재분배 정책 실시(예 누진세, 최저임금제, 국민기초생활보장제 등 복지정책)

> **PLUS 심화** 시장실패의 원인별 정부개입의 내용·방식 ★★
> 1. **공적 공급(정부의 직접 공급)** : 행정조직을 시장개입의 수단으로 활용
> 2. **공적 유도** : 보조금 등 금전적 수단을 통해 민간의 유인구조를 변화
> 3. **정부규제** : 법적 권위에 기초한 강제
>
> | 구 분 | 공적 공급(조직) | 공적 유도(보조금) | 정부규제(권위) |
> |---|---|---|---|
> | 공공재의 존재 | ○ | | |
> | 외부효과의 발생 | | ○ | ○ |
> | 자연독점 | ○ | | ○ |
> | 불완전경쟁 | | | ○ |
> | 정보의 비대칭성 | | ○ | ○ |

제2절 20C 행정국가

1. 행정국가의 의미

① 행정환경의 변화에 따른 행정의 기능과 역할은 역사적으로 '근대 입법국가 ➡ 20C 현대 행정국가 ➡ 1980년대 이후의 신행정국가'로 변화

② 19C 말부터 등장한 행정국가란, ㉠ 정부가 소극적인 역할을 담당하며 ㉡ 입법·행정·사법 중에서 입법권이 상대적으로 우위에 있는 **입법국가**(legislative state)에 대응되는 개념

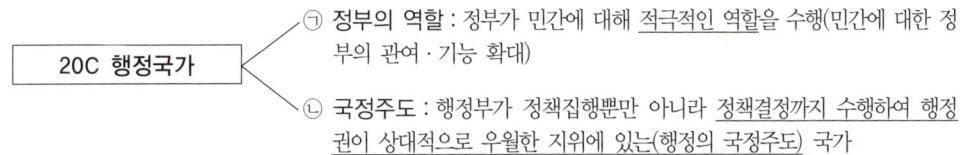

㉠ 정부의 역할 : 정부가 민간에 대해 적극적인 역할을 수행(민간에 대한 정부의 관여·기능 확대)

㉡ 국정주도 : 행정부가 정책집행뿐만 아니라 정책결정까지 수행하여 행정권이 상대적으로 우월한 지위에 있는(행정의 국정주도) 국가

PLUS 심화 | 국가와 시장의 경계에 따른 국가관제완화론

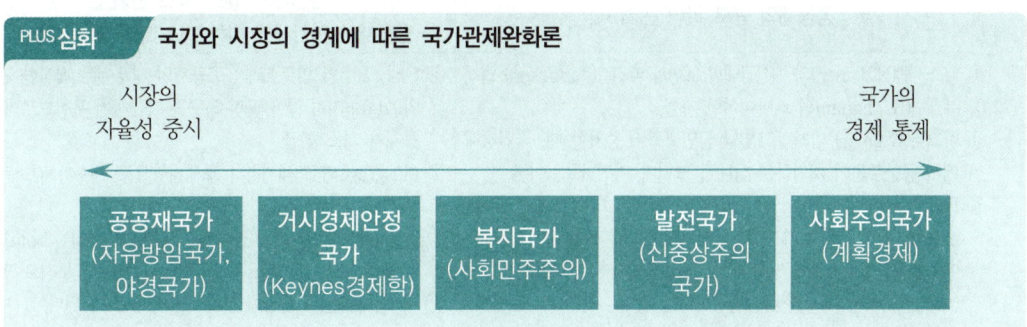

2. 행정국가의 대두배경

(1) 사회·경제적 배경

① 근대 산업자본주의 발전과 부작용(시장실패)에 대한 대처 ➡ 민간에 대한 정부 역할 확대의 근거

② 전통적 정부기능인 법질서 유지·국방·외교·공공토목사업·과세 등의 기능뿐만 아니라, 정부가 경제관리기능·사회복지기능, 환경통제기능, 인권보호 기능 등 적극적 기능을 수행

(2) 정치적·행정적 배경

① 의회의 전문성 약화와 행정부의 전문성·기술성 강화 ➡ 행정의 국정 주도의 근거

② 행정부로 정책결정권(입법권)의 위임확대와 이전 발생 ➡ 예 대통령령과 부령 등의 행정입법의 확대, 골격입법(skeleton legislation : 국회는 법률의 테두리나 골격만을 정하고 법률의 세부적 내용은 행정부에 위임)의 확산, 정부제출입법의 증가

3. 행정국가의 특징

양적 측면	① 행정기구의 확대, ② 공무원 수의 증가, ③ 예산규모의 팽창
질적 측면	① 행정의 전문화·기술화 : 산업화에 따른 사회의 분화와 복잡성 증가에 따라 ② 기획기능의 강화 : 대공황과 세계대전, 개도국의 경제개발과정에서 ③ 동태적 조직의 출현 : 조직의 경직화를 막기 위하여 관료제(계층제)에 구애되지 않으면서 당면과제를 수행할 수 있는 Project Team, Task Force 등 동태적 조직(Adhocracy)을 활용 ④ 다양한 예산제도의 등장 : 전통적인 통제중심주의·전년도답습주의 예산제도(품목별 예산제도 : LIBS)를 탈피하고, 정부사업의 효율성을 높이기 위하여 성과주의예산(PBS), 계획예산(PPBS), 목표관리(MBO), 영기준예산(ZBB) 등 다양한 예산관리기법이 개발·추진 ⑤ 행정의 광역화와 신중앙집권화 : 교통·통신기술의 발달에 따라, 지방행정단위가 광역화되고, 중앙정부의 지방사무흡수와 지방자치단체에 대한 중앙통제의 강화

4. 정부규모팽창(정부지출의 증가·공공재 규모 확대)에 대한 논의

공공재의 규모 확대 논거	공공재의 규모 축소 논거 : 공공재는 민간재에 비해 과소 공급되는 경향성
① 니스카넨(Niskanen)의 예산극대화 모형과 파킨슨(Parkinson) 법칙 ② 뷰캐넌(Buchanan)의 리바이어던 가설 ③ 바그너(Wagner) 법칙 : "1인당 국민소득이 증가할 때, 국민경제에서 공공부문이 차지하는 상대적 크기가 커진다"는 이론 ④ Peacock과 Wiseman의 정부지출의 전위효과(displacement effect) : 전쟁 등의 위기시에는 국민들의 조세부담에 대한 허용수준에 높아져 정부지출이 팽창하여 공적지출이 사적인 지출을 대체(displace)하여 정부재정이 팽창한다는 것 ⑤ 보몰병(Baumol's disease) : 공공서비스의 노동집약적 성격으로 인한 낮은 생산성 하에서, 민간부문의 높은 생산성 향상에 따른 임금상승이 공공부분 임금의 동반상승 야기하여 재정팽창을 초래 ⑥ 브라운과 잭슨(Brown & Jackson)의 중위수투표자의 선택 ⑦ 이익집단의 영향(철의 삼각 : iron-triangle)	① Galbraith의 의존효과 : 공공재의 경우에는 적절한 광고가 이루어지지 않아 공적 욕구를 자극하지 못함으로써 공공재가 과소 공급 ② Musgrave의 조세저항 : 조세저항으로 세수가 감소됨으로써 공공재가 과소공급 ③ Downs의 합리적 정치적 무지(rational political ignorance) : Downs는 "국민들의 합리적 무지로 인하여 실제예산이 적정예산보다 많거나 적게 된다"고 보는데, Downs는 정부축소요인이 정부팽창요인을 압도하여 국민이 모든 정보를 가지고 있을 때 원하게 되는 정부규모보다 작아질 경향이 있다고 주장 ④ Duesenberry의 전시효과 : 다른 사람의 소비행동을 모방하려는 사회심리학적 소비성향을 가리키는 전시효과가 공공재에는 적용에 한계가 있다는 것

제3절 정부규제

01 행정국가의 정부규제

① **정부규제의 개념** : '바람직한 사회·경제 질서를 구현(공익 실현)하기 위하여, 정부가 개인과 기업(민간)의 행위를 제약하는 것'을 말한다.
② 국가가 민간(경제와 사회)영역에 넓고 깊게 관여하는 20C 행정국가는, 경제와 사회에 대한 다양한 정부규제의 확대로 이해된다.

정부규제의 필요성 : 시장실패 교정	시장의 효율성 실패에 대한 교정 : 자원배분의 효율성 제고
	시장의 윤리성 실패에 대한 교정 : 소득분배의 형평성 제고

③ 행정국가에서 정부규제의 확대·재생산의 원인 : ㉠ 행정만능주의, ㉡ 국민의 정부 의존성 증대와 자율성 부재의 악순환, ㉢ 규제의 피라미드 형성(타르 베이비-tar baby 효과 : 잘못 이루어진 정부규제가 다른 정부규제를 불러오는 현상)

02 정부규제의 유형★★

1. 규제의 영역 : 경제규제와 사회규제

(1) 경제적 규제
  ① 개념 : 개인과 기업의 본원적인 경제적 활동의 자유(사업개시, 제품의 가격 결정 등)에 대한 제약
  ② 유형 : ㉠ 진입규제(예) 시장진입을 제한하는 인·허가제, 수입규제)와 ㉡ 가격규제(예) 요금규제) ➔ (자유로운 시장경쟁을 제한하는 불합리성으로) **완화대상**, ㉢ 독과점 및 불공정거래에 대한 규제(예) 담합행위 규제) ➔ (시장경쟁을 촉진하는 것으로) **강화대상**

(2) 사회적 규제
  ① 개념 : 시장에서 적절하게 취급받지 못하는 이익이나 가치를 보호하기 위해, 개인이나 기업의 행위를 통제하는 것
  ② 유형 : ㉠ 소비자 보호규제, ㉡ 환경규제, ㉢ 작업안전 및 보건규제, ㉣ 사회적 차별에 대한 규제 ➔ '삶의 질 증진'을 위해, 비교적 최근(60~70년대)에 등장하여 '새로운 규제'로 표현

경제적 규제와 사회적 규제의 비교

구 분	경제적 규제	사회적 규제
목 적	소비자보호(독과점 횡포 방지, 부당이득 방지)와 생산자보호(과당경쟁방지, 산업육성)	삶의 질 확보(인간의 기본적 권리의 신장, 경제적 약자 보호와 사회적 형평 확보)
이론적 근거	시장경쟁의 효과성에 대한 '불신'에서 비롯	대부분 '시장실패'에 근거❶
규제대상	기업의 본원적 경제활동에 대한 규제이며, 특정한 개별산업이 규제대상	기업활동 과정에서 부수적으로 발생하는 문제에 대한 규제이며, 모든 산업이 규제대상
시장경쟁과의 관계	대개 시장경쟁을 제한하는 속성	시장경쟁과는 직접적 관련이 없음.
규제의 정치경제학적 속성	특정 산업을 규제하는 특성으로 규제기관에 대한 피규제산업의 포획(capture) 발생 → Wilson의 고객정치 상황으로 설명	모든 산업을 대상으로 하기 때문에 포획이 나타나지 않음. → Wilson의 기업가적 정치, 대중정치 상황

❶ 경제적 규제의 이론적 근거가 사회적 규제에 비해 약하고, 따라서 사회적 규제의 경우에는 규제 자체의 필요성은 부정되지 않고 효과적인 규제의 방법과 강도에 관한 논의(예 명령지시적 규제 vs. 시장유인적 규제)가 주를 이룬다.
 ① **명령지시적 규제** : 개인이나 기업이 따라야 할 기준을 명확히 정하고 이를 위반한 행위를 처벌하는 방법(예 시장진입에 대한 인·허가제, 가격인상에 대한 사전승인, 환경·시설·제품의 기준을 정해 위반행위에 대해 법적 제재를 가하고 의무이행을 강제) → 직접적인 규제효과를 담보할 수 있는 장점이 있으나, 통제적·경직적이고 기업에게 불필요한 비용부담을 주는 단점이 있음.
 ② **시장유인적 규제** : 명령지시적 규제의 단점을 보완하기 위해, 개인이나 기업에게 의무를 부과하되 그것을 달성하는 구체적 방법은 이들의 자율적 판단에 맡기는 방식(예 공해배출부담금, 소정의 예치금을 사전에 예치시킨 후 폐기물을 회수처리시 환불해 주는 폐기물처리비예치제도, 보다 시장지향적인 정책수단으로 오염배출권거래제도)

2. 규제의 대상 : 수단규제, 성과규제, 관리규제

(1) 수단규제
 ① 개념 : 정책목표를 달성하기 위해 필요한 기술이나 행위에 대해 사전적으로 규제하는 것(= 투입규제 예 작업안전을 확보하기 위해 안전장비 착용하게 하는 규제)
 ② 정부의 규제 정도와 피규제자의 순응 정도를 파악하는 데 용이하나, 정책목표와 무관한 수단규제를 도입하면 불필요한 규제 준수 비용을 유발

(2) 성과규제
 ① 개념 : 정부가 목표달성 수준을 정하고 피규제자에게 이를 달성할 것을 요구하는 것(= 산출규제 예 대기오염 방지를 위해 대기 중 이산화탄소 농도 수준 규제)
 ② 정부가 제시한 성과 기준만 충족하면 되기 때문에 이를 달성하는 수단과 방법의 선택은 피규제자가 자유롭게 선택할 수 있으나, 사회경제적으로 바람직한 최적의 성과수준을 찾기 곤란

(3) 관리규제
① 개념 : 수단과 성과가 아닌 과정을 규제하는 것으로, 정부는 피규제자가 만든 규제 목표달성계획의 타당성을 평가하고 그 이행을 요구(예) 식품안전을 위한 식품위해요소중점관리기준-HACCP : Hazard Analysis Critical Control Points)
② 수단규제와 성과규제가 갖는 단점을 극복. 피규제자에게 스스로 비용 효과적인 규제를 설계하도록 하여 수단규제보다 피규제자에게 많은 자율성을 부여. 정부는 성과달성여부를 측정하는 것이 아니라 피규제자가 스스로 설계한 규제가 구체적 상황에 적합하며 잘 집행되고 있는가를 평가하기 때문에 성과규제를 적용하기 어려울 때 적합

03 정부규제에 관한 정치경제학(= 공공선택이론)

1. 스티글러(Stigler)의 정부규제이론
① 정부규제란 공익실현을 위한 것이 아니라, 사익추구의 결과로 만들어진 것 → 정부규제는 피규제산업 또는 이익집단의 사익을 위해 수요되고, 규제의 제공으로 정치적 지지나 퇴직 후 일자리 보장 등의 이익을 얻는 정치인에 의해 공급되는, **사익추구의 결과**로 만들어진 것
② 포획이론(Capture theory) : 정부규제의 수요와 공급과정에서, 규제기관이 규제대상산업을 지배하기보다 규제대상산업의 이익에 봉사하는 **포획(capture)현상** 발생

2. 지대추구이론 : 정부개입(정부규제)에 의해 발생하는 비효율성
① 지대(rent) : 지대(rent)란 '**정부의 간섭에 의해 인위적으로 창출되는 지대**'를 의미한다. 정부는 특정인에게 배타적으로 영업을 할 수 있는 권리인 허가를 내주기도 하는데, 정부의 이러한 선별적 허가나 정책에 의해 인위적으로 만들어진 독점적·배타적 이익을 말한다.
② 지대추구(rent-seeking) 행위 : 인위적으로 발생하는 이전수입(= 지대)을 얻기 위한 경쟁을 하는 데 자원을 낭비하는 행위 → 예 특정 기업이나 집단이 정부규제에 의한 특혜를 얻기 위하여 행하는 각종 로비(접대, 뇌물 제공)가 대표적이다. 이러한 비용은 정상적인 경제활동에 쓰일 기회를 잃은 사회적 손실이 되고, 규제 등 정부의 시장개입이 클수록 지대추구활동이 많아지고 그에 따른 사회적 비용도 증가하게 된다.

3. 제임스 윌슨(J. Q. Wilson)의 규제정치이론 : 정부규제가 생성되는 4가지 정치적 상황 ★★★

구 분		(규제로 발생하는) 감지된 편익	
		좁게 집중	넓게 분산
(규제로 발생하는) 감지된 비용	좁게 집중	이익집단 정치 (예 한의사집단과 약사집단에게 편익과 비용이 좁게 집중된 한·약 분쟁) ① 규제로부터 예상되는 비용과 편익이 소수의 동질적 집단에 국한되어, 두 집단이 첨예하게 대립 ② 규제는 갈등하는 이익집단의 타협·조정의 결과로 발생, 정부는 중립적 조정자의 역할	기업가적 정치 (예 환경오염규제)❶ ① 편익이 넓게 분산된 수혜자(일반대중)는 집단행동의 딜레마에 빠지고, 조직화된 비용부담집단(기업)의 강력한 저항으로 규제 발생 곤란 ② 기업가적 정치인(환경운동가, 국회의원 등)의 활동에 의해 규제 발생 ③ 시간이 지나면서, 규제기관은 피규제산업에 의해 포획(= 느슨한 정책집행의 형태로)될 가능성 존재
	넓게 분산	고객 정치 (예 직업면허제, 수입규제 등 진입규제) ① 규제기관에 대한 규제수혜집단(수입업자, 면허취득자 등)의 영향력 행사에 의해 규제 발생 ② 규제기관은 피규제집단에 의해 포획(capture)되는 것이 불가피	대중적 정치 (예 낙태규제, 사회적 차별규제, 독과점규제, 방송규제) ① 규제를 강력히 요구·반대하는 집단이 존재하지 않음. ② 새로운 사상의 확산과 일반국민의 감정변화에 근거한 기업가적 정치인들의 주도적 역할로 규제 발생

❶ 환경규제의 경우는 '기업가적 정치'에 해당되나, 환경규제 완화의 경우에는 비용이 넓게 분산되고 감지된 편익이 좁게 집중되는 '고객 정치'의 상황이 된다.

04 정부규제의 폐단 : '규제완화 또는 작은 정부론'의 논거

(1) **기회의 불평등 야기** : 인·허가 등의 진입규제는 신규사업자의 사업 참여기회를 박탈·제약
(2) **포획(capture)과 관료부패 가능성**
(3) **경쟁의 결여와 기술개혁에의 소홀, 사회·경제적 비효율** : 규제로부터 비롯되는 독점적 지위획득에 의한 이득 즉, 지대추구(rent seeking)를 통한 경제적 비효율성 증가
(4) **규제를 담당하는 정부조직과 인력의 팽창**(정부부문의 팽창과 비효율)
(5) **통상마찰 초래** : 자유무역질서하에서 국내 산업 보호적 차원에서 이루어지는 규제가 국가 간 통상마찰을 초래

지대추구(rent seeking) 과정

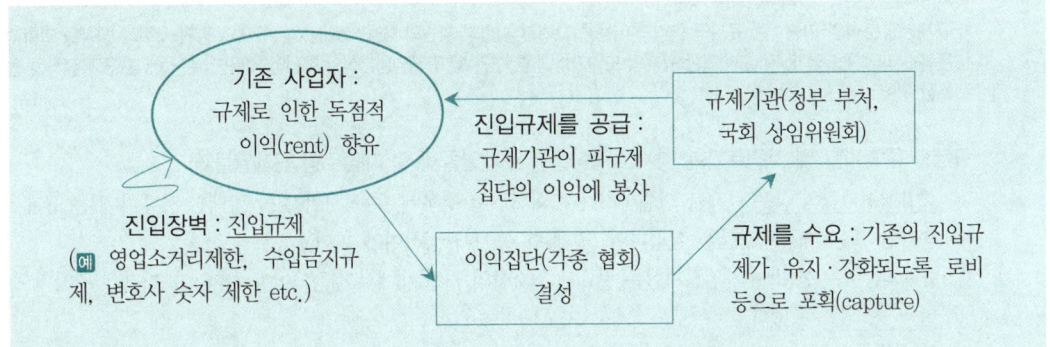

05 규제개혁

1. **규제개혁의 의미**
   ① 규제개혁 : 불합리한 규제를 개선하기 위해 규제의 생성, 운용, 소멸의 모든 과정에서 정부가 체계적으로 개입하는 것
   ② 규제개혁의 단계 : 규제완화(규제의 총량 감소) ➔ 규제품질관리(개별규제의 질적 관리) ➔ 규제관리(국가규제 체계에서의 정합성 확보)

2. **한국의 규제개혁** : 「행정규제기본법」
   ① 규제법정주의와 규제최소한의 원칙 : 규제의 대상과 수단은 규제의 목적 실현에 필요한 최소한의 범위에서 가장 효과적인 방법으로 설정되어야 한다.
   ② 선허용·사후규제 원칙(신기술 서비스·제품에 대한) : ㉠ 규제로 인하여 제한되는 권리나 부과되는 의무는 한정적으로 열거하고 그 밖의 사항은 원칙적으로 허용하는 규정 방식, ㉡ 서비스와 제품의 인정 요건·개념 등을 장래의 신기술 발전에 따른 새로운 서비스와 제품도 포섭될 수 있도록 하는 규정 방식, ㉢ 서비스와 제품에 관한 분류기준을 장래의 신기술 발전에 따른 서비스와 제품도 포섭될 수 있도록 유연하게 정하는 규정 방식, ㉣ 그 밖에 신기술 서비스·제품과 관련하여 출시 전에 권리를 제한하거나 의무를 부과하지 아니하고 필요에 따라 출시 후에 권리를 제한하거나 의무를 부과하는 규정 방식
   ③ 규제개혁위원회에 규제의 등록 및 공표 : 중앙행정기관(= 부·처·청)의 장은 소관 규제의 명칭과 내용 등을 규제개혁위원회에 등록하여야 하며, 위원회는 등록된 규제사무 목록을 작성하여 공표하고, 매년 6월 말일까지 국회에 제출하여야 한다.
   ④ 규제영향분석 및 자체심사제 : 규제의 신설·강화(규제의 존속기한 연장을 포함) 시, 중앙행정기관의 장은 규제영향분석서를 작성하고 그 타당성에 대하여 자체심사를 하여야 한다.❶

---

❶ 규제개혁의 수단 : 규제영향분석
  ① **규제영향분석** : 새롭게 만들어지거나 현존하는 규제의 사회적 편익과 비용을 점검하고 측정하는 체계적인 의사결정의 도구

② 주로 규제의 도입 과정에서 규제의 타당성을 분석하는 것으로, 한국은 1998년 「행정규제기본법」 시행에 의해 규제의 신설·강화 시 규제영향분석 및 자체심사를 의무화하고 있다.
③ **규제영향분석의 기능** : ㉠ 규제의 편익과 비용을 고려한 사회적 자원의 효율적 배분, ㉡ 규제의 경제·사회적 영향을 과학적으로 분석해 타당성을 평가하여 불합리한 규제의 도입가능성을 차단, ㉢ 규제영향분석의 핵심인 비용편익분석에 근거해 정치적 협상과 조정 구현

⑤ 규제의 존속기한 및 재검토기한 명시(효력상실형 규제일몰제 및 재검토형 규제일몰제)
  ㉠ 중앙행정기관의 장은 규제를 신설하거나 강화하려는 경우에, 존속시켜야 할 명백한 사유가 없는 규제는 존속기한 또는 재검토기한을 설정하여 그 법령 등에 규정하여야 한다.
  ㉡ 규제의 존속기한 또는 재검토기한은 필요한 최소한의 기간 내에서 설정되어야 하며, 그 기간은 <u>원칙적으로 5년을 초과할 수 없다.</u>
  ㉢ 중앙행정기관의 장은 규제의 존속기한 또는 재검토기한을 연장할 필요가 있을 때에는, 그 규제의 존속기한 또는 재검토기한의 6개월 전까지 위원회에 심사를 요청하여야 한다.
  ㉣ 위원회는 심사 결과 필요하다고 인정하면 관계 중앙행정기관의 장에게 그 규제의 신설 또는 강화를 철회하거나 개선하도록 권고할 수 있고, 권고를 받은 관계 중앙행정기관의 장은 특별한 사유가 없으면 이에 따라야 하며 그 처리 결과를 대통령령으로 정하는 바에 따라 위원회에 제출하여야 한다.
  → 일몰 기한이 도래했을 때 별도의 조치 없이 자동적으로 효력이 상실되는 '효력상실형 일몰제'는 물론, 규제의 타당성 재검토를 의무화하는 '재검토형 일몰제'를 추가로 도입하였다.
⑥ **규제개혁위원회의 규제심사** : 중앙행정기관의 장은 규제를 신설하거나 강화하려면, 규제영향분석서와 자체심사 의견 등을 첨부하여 <u>규제개혁위원회에 심사를 요청하여야 한다.</u> → 정부제출 법안에 대한 입법과정에서 필수적으로 거쳐야 하는 과정으로, 정부가 신설하거나 강화하려는 규제에 대해, 사전에, 규제의 타당성과 실현가능성 등(규제의 필요성, 규제대안 검토, 비용·편익 분석과의 비교, 규제내용의 적정성과 실효성)을, 규제개혁위원회에서 체계적으로 검토받도록 하는 것이다.
⑦ 규제정책의 심의·조정, 규제의 심사·정비를 위해 대통령소속하에 규제개혁위원회 설치

> **PLUS 심화**   **규제완화론**
> ① 신자유주의 이데올로기의 영향 아래 정부실패의 인식(작은 정부론)에 따라, 현실에 부합하지 않거나 비효율적인 규제의 폐지·축소를 주장한다.
> ② 오늘날, 경제적 규제(독과점 규제를 제외한)는 불합리성 인식에 따라 완화추세에 있는 반면, 사회적 규제는 삶의 질 확보, 인권 신장, 경제사회적 약자의 보호와 형평실현을 목적으로 오히려 강화하는 추세이다.
> ③ 가급적 시장과 사회의 자율규제에 맡기고, 규제방식을 **원칙금지/예외허용 체제(positive system)**에서 **원칙허용/예외금지 체제(negative system)**로 전환한다. → 규제는 개입의 범위에 따라 네거티브 규제와 포지티브 규제로 구분된다. 동일한 규제라 하더라도 '대기업은 프랜차이즈 사업에 진출할 수 없다'와 '대기업은 프랜차이즈 사업에 진출할 수 있다'에서, <u>전자와 같이 네거티브 방식으로 규제설계를</u> 하면 대기업은 프랜차이즈 사업 외에는 다른 모든 사업에 진출할 수 있게 되지만, <u>후자와 같이 포지티브 방식으로 규제설계를</u> 하게 되면 대기업은 프랜차이즈 사업만 할 수 있고 그 밖의 사업에는 진출하지 못하게 되기 때문이다.

제4절 정부실패 : 「작은 정부론」의 논거

01 정부실패의 의미

① **정부실패의 개념** : 시장실패를 교정하기 위한 정부개입이 시장실패의 교정에도 실패하고, 오히려 새로운 비효율과 불공정성을 창출하는 현상이다.
② 정부실패는 공공선택이론가들의 핵심연구주제이다. 공공선택이론가들도 시장실패의 존재는 부인하지 않으나, 개인과 집단의 정치적 선택에 경제적 추론과 분석을 적용하여 정부가 시장실패를 쉽게 교정하지 못하며 대체로 사태를 더욱 악화시킨다고 결론짓는다.
③ 정부실패는 크게 2가지 측면에서 지적되는데, 1970년대 이후 복지병으로 대표되는 복지국가의 위기와 stagflation으로 인한 경제안정화정책의 실패, 그리고 재정적자의 격증 등이 나타나면서 ㉠ **'정부의 정치적 비대응성 측면**(정부의 국민대표성과 민주성)'에서 ㉡ 그리고 정부부문의 낭비와 비효율이라는 **'정부의 경제적 비효율성 측면**(배분적 효율성과 X-효율성)'에서 파악된다.

02 울프(Wolf)의 '비시장(non-market)' 실패이론 : 경제적 비효율성 측면의 정부실패 ★★★

1. 정부실패가 야기되는 원인 : 정부산출물의 수요와 공급 특성

정부산출물의 수요적 차원의 정부실패원인	정부산출물의 공급적 차원의 정부실패원인
① 시장실패에 대한 일반인들의 인식고조와 행정수요의 팽창 ② 정치적 보상구조의 왜곡 : 정치인과 관료에 대한 평가와 보상이 구체적인 성과나 업적에 의존하기보다는 그것의 상징성에 치우쳐 이루어지는 경우 '한건주의'나 '인기관리'에 치중한 문제 제기 ③ 정치인들의 짧은 임기로 인한 정치인들의 단견(= '정치가들의 높은 시간 할인율')으로 장기적 이익보다 단기적 이익을 중시 ④ 정책의 비용부담집단과 편익수혜집단이 다르게 되는 '편익과 비용의 절연(decoupling)'	① 정부산출물의 정의와 측정의 곤란성 ② 정부산출물의 독점생산(경쟁기제의 결여) : 정부산출물은 법률적·행정적으로 독점적 관할권이 위임된 기관에서 공급되는데, 독점생산은 '경쟁의 편익(Pareto 효율성 – 자원배분의 효율성, 창의성, 고객지향주의, X 효율성 – 최저비용에 의한 조직운영이라는 내부적 효율성)'을 박탈한다.❶ → ㉠ Pareto 비효율성, ㉡ X 비효율성-조직운영상의 비효율성, ㉢ 공급자 중심주의라는 문제점 발생 ③ 불확실한 생산기술(생산함수의 부재) ④ 종결 메커니즘(이윤 등)의 결여

❶ X-효율성
① Leibenstein이 제시한 개념으로, 경쟁압력이 존재함으로써 나타나는 조직운영이나 경영상의 효율성(타 경쟁조직보다 조직운영을 효율화하려는 것)
② X-효율성은 '내부적 효율성'으로, Pareto 효율성인 '자원배분의 효율성'과는 구별되나, 양자 모두 경쟁이 존재함으로써 발생한다는 점에서 시장의 효율성에 대한 근거
③ 시장이 독점인 경우나 독점을 특징으로 하는 정부부문에서는 경쟁이 존재하지 않아, X-비효율성이 발생

2. 비시장실패의 4가지 유형(비·내·파·분) : 정부산출물의 수요특성과 공급특성에서 비롯

(1) 비용과 수입 간의 단절(disjointed costs & revenues) : 비용의 중복과 상승
① 조세의 강제적 징수에 근거한 재원조달이 이루어지는 정부활동에서는, 수입과 비용이 단절되어 이윤(= 수입 − 비용) 개념이 부재하여 배분적 비효율성과 X-비효율성이 나타날 수 있다.
② 정부활동에 있어서 비용과 수입이 단절(또는 절연)되는 이유는 시장에서와 같이 가격을 매개로 하여 정부활동이 수요되고 공급되는 것이 아니기 때문이다.

(2) 내부성(internalities) : 조직 내부 목표와 사회적 목표의 괴리
① 내부성의 개념 : 사적 성질의 조직의 내부 목표 추구(조직의 위신이나 조직의 성장과 발전 등)로 인한 사회적 목표(공익)와의 괴리 현상을 의미한다.
② 공공관료제에서 나타나는 내부성의 유형
  ㉠ 예산의 극대화(Niskanen의 예산극대화 모형, Parkinson법칙❶)
  ㉡ 관할정보의 독점적 획득과 통제(비밀성에 의한 정보는 곧 권력이다)
  ㉢ 적합성이나 비용을 고려하지 않은 최신기술에 대한 집착
③ 내부성은 관료조직 내부에서 목표의 대치·전환을 야기한다.

---

❶ 파킨슨(Parkinson) 법칙
① "공무원의 수는 해야 할 업무의 경중이나 양에 관계없이 증가한다"는 법칙으로, 조직관리자가 무작정 자기부하의 숫자를 늘리려는 성향 즉, '관료적 제국주의'를 지적한 것이다. ➔ '부하배증의 법칙'과 '업무배증의 법칙'에서 야기되는 현상
② 부하배증의 법칙 : 공무원은 과중한 업무에 허덕일 때, 자신의 동료의 보충을 받아 업무를 반분하기를 원치 않고, 자신을 보조해 줄 부하를 보충받기를 원한다.
③ 업무배증의 법칙 : 부하가 배증됨으로써, 지시·보고수령·승인·감독 등의 파생적 업무가 창조되어, 본질적 업무의 증가 없이 업무량의 배증현상이 나타난다.

---

(3) 파생적 외부성(derived externalities)
① 파생적 외부성의 개념 : 정부의 개입이 예상치 못한 결과를 야기하여 시장의 자원배분을 오히려 왜곡시키는 현상(정부활동의 결과로서 나타나는 잠재적, 비의도적 파급효과와 부작용)을 말한다.
② 파생적 외부성의 발생원인 : 주로, 조급한 정책결정과 정책결정자의 근시안적 사고방식에서 비롯된다.

(4) 분배적 불공평성(distributional inequity) : 윤리적 범주의 정부실패
① 정부가 시장에서의 분배적 불공평(소득과 부의 측면)을 시정하기 위해 시장에 개입하지만, 정부정책 및 활동은 그 자체가 '특정인이나 집단에 대해 권력과 특혜(= 권력의 편재)를 야기하여' 또 다른 분배적 불공평을 야기한다.
② 편익과 비용의 절연(미시적 절연과 거시적 절연)은 분배적 불공평을 초래하는 주요한 요인이 될 수 있다.

03 정치적 비대응성 측면의 정부실패이론 ★★

1. 합리적이면서 동시에 민주적인, 집단적 선택의 불가능(Arrow의 불가능성 정리)
① Arrow는 "합리성 조건을 만족하는 집단적 선호체계는 민주성 조건에 위배될 수밖에 없다"는 '불가능성 정리(impossibility theorem)'를 주장
② 투표라는 민주적 절차에 의해서는 국민의 합리적인 집단적 선택 자체가 불가능하므로, 이것이 가능하다는 전제하에서 이루어진 행정국가의 정책개입은 국민 전체의 의사를 정확히 반영하지 못하는 비민주적인 정책이 된다.

2. 대의제 민주주의하에서, 대리인의 '도덕적 해이'로 인한 대표의 실패
① 주인-대리인 관계에서 나타나는 도덕적 해이의 대표적 예로는, 정치인·관료(대리인)가 국민(주인)의 이익실현보다, 자신의 사익극대화를 도모하는 것이다.
② 니스카넨(Niskanen)의 예산극대화모형 관료는 최적의 공공서비스 생산을 위한 적정예산이 아니라, 사익에 해당하는 관료적 영향력의 극대화를 위해 '최적수준(=정치인들이 승인하려는 정부예산)'보다 2배나 많은 예산의 극대화를 추구한다.

정부실패의 원인과 정부의 대응방식 : 신자유주의적 시장체제로의 회귀라는 기본방향에 입각

정부실패의 원인 \ 정부의 대응방식	민영화와 민간위탁	보조금 등 정부지원 삭감	규제완화
사적 목표의 설정(내부성)	○		
X-비효율 · 비용체증	○	○	○
파생적 외부효과		○	○
권력의 편재	○		○

제5절 시민사회와 사회적 자본론

01 시민사회와 비정부조직(NGO)

1. 시민사회의 의미
   ① **시민사회 개념** : '공동체적 특성(개인들 간의 자발적 연대와 신뢰)'에 초점을 두어, 정부(국가) – 시장 – 시민사회의 3영역으로 구성된 국가공동체에서, 국가와 시장으로부터 독립된 자율영역으로서, 공익적·자발적·자치적 시민사회의 결사체(NGO, NPO, 자발적 조직 등 시민사회조직)가 활동하는 영역
   ② **시민사회의 역할** : 시민사회는 개인의 자유를 침해할 위험이 있는 국가와 사회의 공동체성을 위협하는 시장의 부당한 힘을 견제·감시하는 역할을 수행한다. 즉 ㉠ 공공서비스의 생산, ㉡ 민주주의적 가치의 재생산, ㉢ 인간소외의 극복방안, 특히, 효율적인 공공서비스 공급장치로서 시장실패와 정부실패에 대한 제3의 대안으로 제시되고 있다. ➔ 치안과 같은 전형적 공공재 생산을 '지역주민들이 자발적 연대에 근거하여 집합행동(시민사회 결사체 구성)'을 통해 스스로 해결하도록 하는 경우(예 시민순찰), 시장실패나 정부개입에 의한 정부실패를 모두 방지

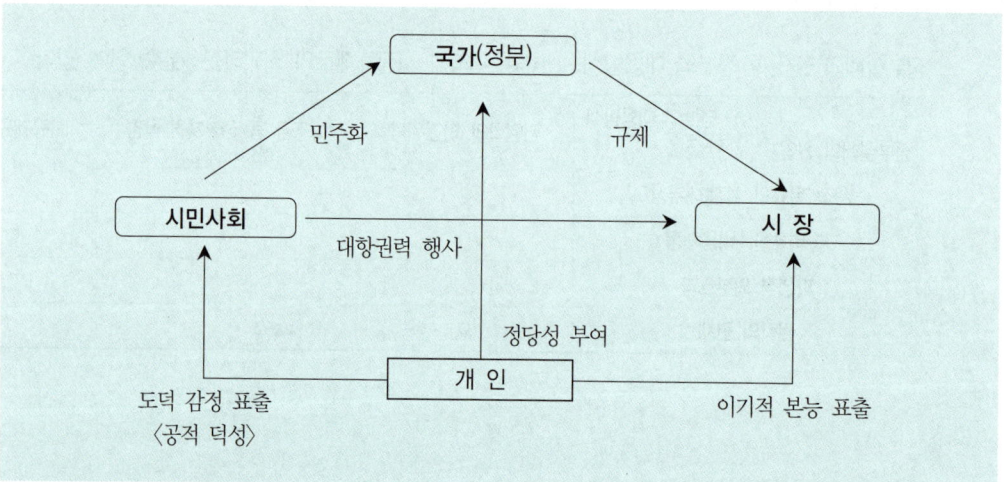

국가(정부)·시장·NGO 간의 특성 비교

구 분	국가(정부)	시 장	NGO
조직이념	국가적 목표	사익, 이윤 극대화	공익(사회적 규범)
행동원리	명령, 지시	자발적 교환, 경쟁	사회규범에의 순응
행동특성	형평성·책임성·민주성	효율성	자발성·신뢰
활동영역	공공영역	민간영역	준공공영역
재 원	조세	판매금액	회비 및 헌금

2. 시민사회 결사체로서 NGO(Non-Governmental Organization)

① 시민사회는 국가·정부와는 독립적으로 존재하는 인간들 간의 연결망(network)으로서, 시민사회의 내부는 다양한 가치관과 다층적 세력들이 존재한다. 이들을 <u>비정부조직(NGO), 비영리조직(NPO ; Non-Profit Organization), 자발적 조직(VO ; Voluntary Organization), 시민사회단체(CSO ; Civil Society Organization)</u>라 한다.
② 모두 '**비정부성과 비영리성과 자발성**'이라는 공통점이 있다.
③ 민간부분의 자원조직 전통이 강한 미국은 주로 비영리조직(NPO)의 개념을 사용하며, 역할의 대정부적 측면과 관련이 있는 유럽과 제3세계에서는 비정부조직(NGO)이라는 용어를 사용

3. NGO(= NPO, 자발적 조직)의 특성

① '제3섹터'의 조직 : 정부영역(제1섹터)이나 시장영역(제2섹터)과 구별되는 제3영역에서 활동하는 조직 ➡ **주체면에서 민간조직이나 목적면에서 비영리조직**
② 비정부적 특성 : 정부의 간섭을 받지 않는다는 점에서 '독립적' 또는 '사적' 특성을 지닌다.
  ➡ 공공 영역(정부)과 사적 영역(기업 및 시민사회) 사이에 존재하면서 상대적인 자발성과 자율성을 가지는 중간매개체로서의 특성
③ 비영리조직 : **이익배분금지 원칙**을 의미하는 것으로, 수익사업의 이익을 구성원에게 배분하지 않고 공익사업에 재투자
④ 공익적 특성 : NGO는 회원들의 사적 이익을 추구하는 이익집단이 아니라, 공공선과 일반시민 전체를 위한 공익 추구적 단체
⑤ 공식적·지속적 조직 : 공식적인 구성원 및 재정과 관련된 규정과 조직을 갖추고, 지속적으로 활동하는 조직을 말한다. ➡ 임시적 모임은 NGO가 아님.
⑥ 자치적, 자원적 특성 : 시민의 자발적·자원적(voluntary) 참여를 통해 구성되기 때문에 '자치적(seif-governing)' 특성을 지닌다.
⑦ 비종교적, 비당파적(비정당적) 조직
⑧ 국제적 연계성

4. NGO의 기능 · 역할

① 개인의 자유를 침해할 위험이 있는 국가권력에 대한 견제와 감시, 정책과정에서 투입기능의 활성화
② 공동체성을 위협하는 시장의 횡포와 과잉(무한경쟁과 승자독식, 사회의 파편화)에 대한 견제와 감시
③ 시민 참여의 촉진, 시민적 덕성 함양
④ <u>NGO의 활성화에 의한 시민들의 자발적 참여네트워크 확대</u>는, 사회 구성원들의 **신뢰(trust)와 사회적 자본(social capital) 축적**을 용이하게 하여, 구성원들 간의 협력을 강화하고 사회에 내재되어 있는 **집단행동의 딜레마와 공유지의 비극을 해소**(Putnam, Fukuyama)

02 신뢰와 사회적 자본(social capital) ★★

1. 의의

① **신뢰(trust)** : 사람들 간의 관계 속에서 형성되는 것으로, '자신의 기대에 대한 예측가능성과 타인의 선의에 대한 믿음(타인들과 협력행위를 할 확률)'
② **사회적 자본론** : 신뢰를 하나의 사회적 실체로 파악하는 시각으로, **사회에 내재되어 있는 집단행동의 딜레마와 공유지의 비극을 해소하기 위한 방안**으로 최근 Putnam(1993), Fukuyama (1995) 등에 의해 활발히 논의
   → Putnam(1993)은 사회자본의 개념을 학술적으로 전파하고 공공정책연구의 담론으로 올려놓는 데 기여
③ **사회적 자본의 종류** : ㉠ 신뢰, ㉡ 사회적 연계망(social networks : 시민들 사이의 협력 관계망으로 사회구조 또는 사회적 관계에서 항상 배태되어 존재), ㉢ 상호호혜의 규범, ㉣ 믿음(구성원들이 공유하는 공통적인 vision, 해석, 의미의 체계). ㉤ 공식적인 제도와 규율(공정한 게임의 법칙 – 법치주의)

2. 사회적 자본에 대한 논의

① **푸트남(Putnam)의「Making Democracy Work, 1993」** : 사회적 자본이란 "**사회구성원 간에 상호이익 증진을 위한 조정과 협력을 용이하게 하는 네트워크, 사회적 규범(호혜성의 규범), 신뢰를 구성요소로 하는 사회조직 자체가 갖는 특성**"이다. Putnam은 지역사회구성원 사이에 협동적 행위가 발생하는 원인을 사회적 자본에서 찾고, 남부이탈리아에 비해 북부이탈리아 지역이 상대적으로 효율적이고, 공동체의식이 강하고, 대응성이 높은 지방정부를 보유하고 있으며, 높은 경제적 활력을 보이는 차이의 원인을 사회적 자본의 시각에서 설명한다.
② **후쿠야마(Fukuyama)의「Trust, 1995」** : 6개국의 사례 비교에 의한 신뢰와 경제발전의 관계를 분석하여, **고신뢰 사회에서는 정보의 획득과 행동의 감시 및 강제에 드는 거래비용을 줄여 효율적 거래를 통한 안정적인 경제성장에 기여**한다고 본다. 그리고 사회적 자본은 물적 자본이나 인적 자본이라는 전통적 자본과 달리, 사회 내에 존재하는 신뢰로부터 나오는 것으로, 종교·전통·관습 등과 같은 문화적 메커니즘에 의해 발생되고 전파되는 성질을 갖는다.

3. 사회적 자본의 특성

① **사회적 관계** : 다른 형태의 자본과 달리 사회자본은 행위자들 안에서 발견되는 것이 아니라(경제적 자본은 개인의 은행구좌 속에, 인적자본은 사람들의 머리 안에 존재), 행위자들과의 관계 속에서 찾아진다.
② **인적·물적 자본과의 관계** : 인적·물적 자본과 같이 사회자본은 유지와 관리가 필요하다. 그리고 사회자본은 인적·물적 자본에 대한 투자의 혜택을 향상시킨다(예 전통적인 자본과 결합하여 생산성이나 만족도를 높일 수 있는 보완기능).
③ **공공재** : 인적·물적 자본은 일반적으로 사적재이나, 사회자본은 공공재로서 일단 만들어지면 한 개인이 배타적으로 소유하거나 나누거나 양도하는 것이 불가능하다. 또한 다른 공공재와 같이 일반 개인들로부터 저평가되고 적게 공급되는 경향이 있다.
④ **사회자본의 도덕적 순환과 악순환** : 사회규범과 사회적 연계망과 같은 형태의 사회자본은 사람들에 의해 사용됨으로써 더욱더 증가하며, 사용되지 않음으로써 감소하는 경향이 있다.

4. 사회적 자본의 기능과 역기능

(1) **사회자본의 기능** : 민주주의 발전과 경제발전을 지지하는 윤리적 기반

① 신뢰적자 극복을 통한 정책효율성 향상 : 신뢰는 정부활동에 대한 예측가능성과 순응을 높여 정책효율성과 성과를 높인다.

② 경제적 효율성 제고 : 불신으로부터의 해방으로 당사자 간의 계약이나 협력관계에서 발생하는 정보획득, 행동의 감시와 강제에 드는 거래비용을 줄이고, 창조적 활동을 촉진하며, 협력에 의한 집단행동의 딜레마 해소를 통해 경제발전(자본주의 발달)에 기여한다.

③ 민주주의 발전의 기반 : 사회구성원들의 자발적 참여와 협동·상호조정을 촉진하여 민주주의 발전에 기여한다.

④ governance의 바탕 : 신뢰는 새로운 국가 운영체제를 의미하는 new governance의 참여자들 간의 협력관계를 유지하기 위한 핵심적 요소로 파악되고 있다.

(2) **사회자본의 역기능**

① 국외자 추방 : 집단회원들에게 혜택을 가져다주는 강한 결속감은 다른 사람들이 그 집단에 접근하는 것을 막을 수 있다.

② 그룹회원에 대한 과도한 요구

③ 개인적 자유에 대한 제한 : 집단 또는 지역사회에의 참여는 결과적으로 순종, 일치 등을 속박을 가져온다.

④ 타락하는 규범 : 사회자본은 경우에 따라서 갈등, 분열, 반민주적 경향을 만들어서 비사회자본을 생성하여 공공악이 될 수 있다.

03 정부 - NGO 관계론

1. 일반적 관계모형 ★

(1) **대체적(supplementary) 관계**

① 정부의 다양한 정치적·기술적 한계(정부실패 - 다수결의 실패)로 인하여 정부에 의해 공급되기 어려운 공공재나 집합재에 대한 수요를, NGO가 정부를 대체하여 수행함으로써 형성되는 관계

② NGO의 생성 원인을 설명하는 이론으로서 **공공재이론(시장실패-정부실패모형)**과 같이, NGO는 정부실패에 대한 공백을 메우는 피동적인 수단으로 이해

③ 공공재공급에 대한 정부역할이 증가할수록 NGO의 역할은 그만큼 줄어들게 되며, 정부와 NGO 간의 협력관계를 충분히 설명하지 못함.

(2) **보완적(complementary) 관계**

정부와 NGO가 서로 긴밀한 협력(partnership) 관계에 있는 경우, ② **제3자 정부이론(보조금 이론** : 정부의 역할은 정책결정 등 관리적인 것으로 한정되고, 정부의 보조금지급에 의해 사회복지서비스 제공기능이 NGO나 비영리기관들에 의해 대행되는 현상)과 **Salomon의 NGO실패이론**이 보완적 관계를 설명

(3) **대립적(adversarial) 관계**

국가와 NGO 간에 공공재의 성격이나 공급에 대해 근본적으로 시각의 차이를 보이기 때문에 긴장상태에 있는 경우

(4) 의존적 관계
① NGO가 재정상·운영상의 자율성이 부족하여 정부에 전적으로 의존하는 종속된 관계
② 개도국에서 많이 나타나며, 우리나라의 관변단체가 해당됨.

2. Salamon의 NGO실패(자원부문실패)이론
① NGO를 정부실패에 대한 공백을 메우는 수단으로 이해하는 공공재이론과는 달리, **정부를 NGO가 실패한 분야에 대한 대안적인 수단**으로 이해
② 시장실패가 존재하는 경우, 공동체문제를 해결하기 위한 책임감이나 자발성은 지역 또는 집단수준에서 더 잘 발휘되므로, NGO는 정부보다 신속하고 효과적으로 개입할 수 있다. 그러나 NGO의 능력·정보·제재수단의 한계 때문에 NGO의 활동이 실패하거나 불충분하게 이루어져, 곧 정부에서 그 일을 맡게 된다는 것
③ NGO실패이론은 NGO의 약점이 정부의 강점(강제성을 바탕으로 한 안정적·지속적인 자원동원 등)으로 보완되고, 정부의 약점을 자원섹터(NGO)의 강점으로 **보완**해서, **양자의 파트너십으로 발전**된다는 논리

04 제3섹터

1. 제3섹터(중간조직)의 개념

(1) **제3섹터(중간조직)**
공공서비스의 제공과 관련된 사회의 영역에서, 순수한 공적 업무를 수행하는 정부부문(제1섹터)과 이윤추구를 목표로 하는 민간부문(제2섹터)의 중간에 위치하는 부문

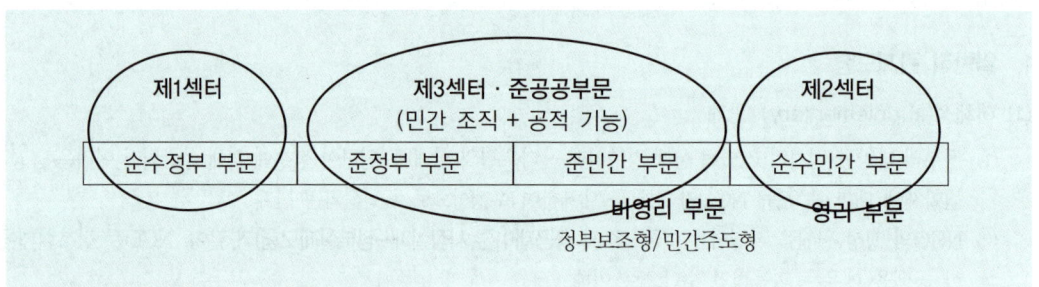

(2) **중간조직**: 국가와 사회의 중간에 위치하여 국가의 기능을 수행하는 조직
① QUAGO(QUAsi-Governmental Organization : 준정부조직, 준자율적 정부조직) : 정부기관은 아니지만 공공부문에 속하며 국가기능을 수행하는 기구들(예 공기업과 정부출연기관 등)
② QUANGO(QUAsi-Non-Governmental Organization : 준비정부조직, 준자율적 비정부조직) : 사적부문의 조직이지만 국가와의 긴밀한 관계 위에서 국가기능을 수행하는 기구들(예 NGO와 NPO 등)
→ QUANGO(QUAsi-NGO)를 공적부분으로부터의 재원조달에 의존하는 유사비정부조직으로 보아, 순수한 NGO와 구별

(3) **일본에서의 제3섹터** : 지방자치단체와 민간기업이 혼합된 '민관공동출자회사'

2. 중간조직의 형성요인

공공부문의 한계	① 다원화된 사회에서 행정기관(정부조직)에 의한 공공서비스의 효율적 배분에의 한계성 : 다양한 공공서비스에 대한 사회의 수요를 법적 규제를 받아 경직적인 정부조직의 제공하기에는 비효율적·비신축적 ② 정부활동의 비효율성과 정부팽창의 한계에 대한 대응 방안으로 정부활동을 보조하는 준정부조직(그림자정부, 대리정부❶) 활용의 필요성 ③ 정부관료의 퇴직 후 자리보장 등과 같은 관료세력의 영향력 확대노력
민간부문의 한계	시장에 의존하는 경우, 공공서비스(공공재) 생산에 있어서 무임승차의 문제가 해결되지 못하여, 이에 대한 대안으로 NGO 등의 중간조직이 등장

❶ **대리정부(government by proxy)** : 정부가 정책집행을 비영리단체 등 '제3자 정부'를 통해 수행하는 방법. 즉, 중앙정부의 재정적 지원을 토대로 정책집행을 민관협력, 민간위탁(계약) 등의 방식을 통해 외부기관에게 재량권과 함께 위임하는 방식

제6절 작은 정부론 : 정부실패에 대한 대응

20C의 행정국가는 1970년대 이후 정부실패론과 함께 비판받기 시작하여, 1980년대에는 **작은 정부론(small government : 정부기능의 축소와 민간부분의 확대)**이 등장한다.

작은 정부론은 ① **규제완화론**(신자유주의 이데올로기의 영향 아래 정부실패의 인식에 따라, 현실에 부합하지 않거나 비효율적인 정부규제를 폐지·축소), ② **감축관리**, ③ **민간화**(privatization : 공기업민영화와 민간위탁) 등을 내용으로 전개된다.

01 감축관리(cutback management) ★

1. 감축관리의 의미
① 감축관리의 개념 : 70년대 석유파동으로 인한 자원난, 재정적자 격증, 조세저항운동을 배경으로 행정의 전반적인 효율성 향상을 위해, 역기능적이거나 불필요한 기능과 조직을 정비·종결하기 위한 관리방식
② 감축관리는 **단순한 정책이나 조직의 폐지가 아니라, 조직전반의 전체적인 효과성을 높이기 위한 정비운동** → 이러한 목적하에서, **감축관리는 가외성(redundancy)과 충돌되지 않음.**

2. 감축관리의 대두배경
① 자원의 희소성에 대한 인식 증대(예 1970년대 석유파동과 경기침체-stagflation)와 재정난 발생, 조세저항운동(예 California 주의 '주민제안 13')
② 비대한 행정국가의 한계 : 정부실패론의 대두
③ 사회변동에 따른 정책유효성의 변화로 실효성 없는 정책 등의 폐지 요구

④ 정치적 취약성과 환경적 세력의 쇠퇴 : 조직의 정치적 취약성이 존재하거나 조직의 존립목적이 되는 환경적 세력이 쇠퇴하는 경우, 당해 조직에 대한 감축을 촉진하게 된다.

> **PLUS 심화** **주민제안 13(Proposition 13)**
>
> 1978년 California 주민에 의해 발의되어 통과된 규정으로, 행정국가시대의 거대정부에 대한 국민의 불만을 상징하는 대표적 사건이다. 동 조항은 고율의 재산세에 불만을 가진 주민들이 세율 30% 인하와 상한선을 정한 것으로, 5년 사이에 미국의 거의 절반의 주에서 유사한 조항을 만들게 되었다.

3. 감축관리의 방법

① 정책종결 – 일몰법(sun-set law : 정책이나 조직이 일정 기간이 지나면 자동적으로 종결되도록 하고, 존속시키려면 의회의 승인을 얻도록 하는 법률조항)
② 정부기능의 민간이전
③ 예산의 감축(ZBB : Zero Base Budgeting)
④ 조직과 정원의 정비

4. 감축관리의 저해요인

① 조직의 생존본능과 동태적 보수주의 : 조직의 존립목적인 목표가 달성되었거나 또는 달성 불가능한 경우 새로운 목표를 추구하거나 환경의 변동을 시도하여 조직의 생존을 지속시키려는 성향
② 이해관계자의 반대와 저항 : 정부조직의 폐지나 축소는 조직구성원의 이해관계를 침해, 고객집단(예 농림부의 경우, 농민)의 저항 유발

02 정부기능 재분배

1. 공공서비스의 공급주체 ★

공공부문							민간부문	
정부부문❶			준정부부문(공공기관)❷				비영리부문	영리부문
정부부처	정부기업(우편사업 등)	책임운영기관(국립중앙극장 등)	준정부기관		공기업		시민단체(참여연대 등)	기업(민간위탁기업)
			위탁집행형(한국소비자원, 한국연구재단)	기금관리형(국민연금공단, 예금보험공사)	준시장형(한국철도공사, 한국마사회)	시장형(한국전력공사, 한국공항공사)		시민(자원봉사자)

❶ 정부부문
① 정부부처 : 부·처·청
② 정부기업 : 정부부처형태의 공기업으로, 정부기업예산법이 적용(우편사업, 우체국예금사업, 조달사업, 양곡관리사업)

③ **책임운영기관** : 정부사무 가운데 단일 사업적 성격이 강한 업무(정책집행 또는 서비스 전달 업무)에 대해, 기관의 장에게 예산·인사 등 관리상의 자율성을 부여하고 그 운영 성과에 대해 책임지도록 하는 행정기관 <예> 한국의 국립중앙극장 → 한국의 책임운영기관의 특징으로 ㉠ 기관장은 공개경쟁을 통해 채용되고, ㉡ 책임운영기관 특별회계기관의 예산은 책임운영기관특별회계로 운영되고, ㉢ 직원은 공무원의 신분을 유지하며, ㉣ 책임운영기관 특별회계기관의 사업은 '정부기업'으로 간주한다.

❷ **준정부부문** : 「공공기관의 운영에 관한 법률」상 '공공기관'
정부조직법에 의해 설립된 정부기관은 아니지만 공공성을 지닌 업무를 수행하는 기관들을 말한다. 동 법률상 ① 정부출연기관, ② 정부지원액이 총수입의 1/2을 초과하는 기관, ③ 정부가 50% 이상의 지분을 가지고 있거나, ④ 30% 이상의 지분을 가지고 임원임명권한 행사 등을 통하여 당해 기관의 정책결정에 사실상 지배력을 확보하고 있는 법인·단체·기관 등이 기획재정부장관에 의해 공공기관으로 지정된다.

2. 공공서비스의 공급 방식의 유형 ★★

① **일반행정 방식** : <u>공공부문이(주체), 권력적 수단으로(수단)</u> 직접 생산하는 정부의 기본업무로서(<예> 경찰, 국방 등) → 공익성이 우선되어 민간의 참여가 배제
② **책임경영 방식** : 서비스 소비에서 배제가능성은 존재하지만 사회적 차원에서 중요성이 부각되어 정부의 직접생산이 필요한 경우에는, 정부조직 내 또는 산하에 단일 서비스의 생산만 담당하는 독립조직(<예> 공기업이나 책임운영기관)을 설치해 서비스에 대한 생산과 공급을 담당 → <u>공공부문이(주체), 권력적 수단이 아닌 시장논리에 따라(수단)</u> 수행
③ **민간위탁생산 방식** : 소비가 배제가능하고 공공성 기준이 상대적으로 완화될 수 있는 공공서비스 가운데, 서비스 공급의 '책임'은 정부에 귀속되지만 '생산' 기능은 민간에서 수행하는 것이 바람직하다고 판단될 경우, 민간에 위탁하여 생산하는 방식(<예> 교도소 운영, 쓰레기 수거) → <u>민간부문이 생산하나(주체), 일정 규모나 안정적인 서비스 공급이 필요하다고 판단되는 경우, 정부계약이나 면허에 의해 민간생산자에게 독점적 지위를 부여(권력적 수단)</u>
④ **민영화 방식** : <u>민간부문의 책임하에(주체), 시장탄력적으로 공급되도록 하는 방식(수단)</u> → 단, 시장에 의해 사회적으로 필요한 만큼의 서비스가 공급되지 않을 가능성이 우려되면, 보조금이나 세제혜택을 활용해 최적 수준의 서비스 공급을 유도

구 분		주 체	
		공공부문	민간부문
수 단	권 력	① 일반행정 방식 〈정부의 기본 업무〉	③ 민간위탁 방식 〈안정적 서비스 공급〉
	시 장	② 책임경영 방식 〈공적 책임이 강한 경우〉	④ 민영화 방식 〈시장 탄력적 공급〉

사바스(E. Savas)의 공공서비스 공급 유형

정부의 공급결정	정부의 서비스 생산	① 정부서비스, ② 정부 간 협정❶
	민간의 서비스 생산	③ 계약(contracting out), ④ 면허(franchises), ⑤ 보조금
민간의 공급결정	민간의 서비스 생산	⑥ vouchers, ⑦ 시장공급(markets), ⑧ 자원봉사, ⑨ 자기생산(self-service)
	정부의 서비스 생산	⑩ 정부판매(government vending)❷

✤ Savas는 ① 서비스의 공급결정자가 정부냐 민간이냐, ② 서비스의 생산자가 정부냐 민간이냐에 따라, 공공서비스의 공급 방식을 분류하고 있다.

❶ 정부 간 협정 : 지방정부 간 협의를 통하여 공공서비스가 제공되는 것으로, 한 지방정부가 다른 지방정부에 서비스의 공급과 생산을 위탁

❷ 정부판매 : 정부가 운영하는 연수원에서 기업직원들에게 교육하고 수수료를 받는 행위

공공서비스 공급의 가치지향 변화

구 분	복지국가의 공공서비스	신공공관리주의에서 공공서비스
행정활동에 대한 관심	민주·효율적 관리	최종산출물의 사회경제적 성과
공공서비스 배분의 준거	형평적 배분(복지시혜적 성격)	효율적 배분(재정효율화 성격)
민간부분에 대한 공공서비스의 기능	조정·관리·통제	경쟁력 지원
공공서비스의 형태	국가 최저 수준이 표준화된 서비스	시민사회의 다양한 선호부응과 차별적으로 상품화된 서비스
성과관리의 초점	시설·기관 중심의 공급자 관점 (투입과 과정 감독)	수요자 중심의 맞춤형 서비스 공급 (산출과 결과에 대한 품질 책임)

3. Next Steps(영국)에서 사용한 시장성 테스트(market testing) : 정부개입의 정도를 정하는 기준

① NPM(신공공관리론)은 정부의 기능을 정책·통제(steering)와 관리·서비스(rowing)로 구분하여, ㉠ 정부는 steering에 역량을 집중해야 하고, ㉡ rowing은 시장성테스트를 통해 정부의 개입정도를 정할 것을 주장한다.

② 시장성 테스트(market testing)는 다음의 일련의 기준에 따라 업무를 평가한 뒤, 시장성이 강한 순서에 따라 ㉠ 민영화, ㉡ 민간위탁(계약), ㉢ 공기업화, ㉣ 사업부서화(책임운영기관화) 등의 대안을 선택하는 것이다.

Market testing(시장성 테스트)의 기준

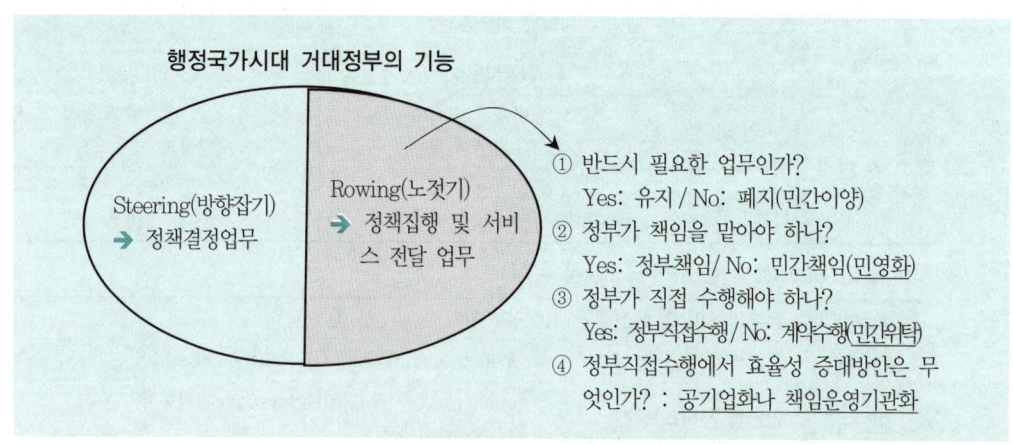

03 민간화 ★★★

1. 민간화의 의미

① 민간화(privatization : 광의의 민영화)의 개념 : **주식을 포함한 자산이나 서비스 기능을 공공부문에서 민간부문으로 이전시키는 것**을 말한다. ➜ 협의의 민영화는 정부가 보유하고 있는 주식을 민간에 완전 매각하는 동시에 정부규제를 철폐하는 것을 의미하고, 광의의 민영화는 정부 보유의 주식의 일부를 매각하는 부분민영화, 민간위탁(계약제도), 정부의 규제완화까지를 포함한다.

② 정부조직의 독점성으로 인한 폐단을 극복하기 위하여, 민간화는 경쟁성(시장의 경쟁원리)을 높여 서비스 공급을 개선하려는 것이다. ➜ 민간화에 경쟁원리가 수반되지 않으면, 정부독점이 민간독점사업으로 전환될 뿐이다.

③ 민간화의 형태 : ㉠ 협의의 민영화(= 공기업이나 국영기업 민영화), ㉡ 민간위탁, ㉢ 정부규제 완화(정부개입의 완화)

구 분	협의의 민영화	민간위탁(contracting-out)
형 태	공기업·정부업무를 민간기업에게 담당시키는 것으로, 주로 국영기업(공기업)을 민간기업에게 매각하는 형태	외부계약 방식을 통해 국가 및 지방자치단체가 자신들의 사무를 민간부문(민간기업이나 비영리조직)에서 대신 수행하도록 위탁하는 것 ➜ 서비스 공급의 '책임'은 정부에 귀속되지만, '생산' 기능은 민간에서 수행
정부와 민간부문의 관계	행정기능이 민간으로 완전히 이관되며, 민영화가 일단 완결되면 정부와 민간부문과의 특수한 관계는 단절	위탁자(정부)가 서비스 공급에 책임을 지기 때문에, 수탁자의 업무수행에 대한 관리·감독을 필요로 함.

2. 민간위탁(contracting-out)의 방식 : 사바스(E. Savas)

① 계약 방식(contracting out) : 좁은 의미의 민간위탁으로, 기업들 간의 경쟁입찰을 통해 서비스 생산주체를 결정하여 정부재정부담 경감하고, 인력운영의 유연성을 제고해 관료조직의 팽창을 억제(특히, 실질적으로 해당분야에 필요한 전문기술 인력을 상시 확보하는 효과) – 공공사업 및 교통사업, 건강 및 대민서비스 사업 등에서 활용

② 면허 방식(franchise) : 민간조직에 일정 구역 내에서 서비스 제공 권리를 인정하는 협정으로, 이용자는 서비스 제공자에게 비용을 지불하며 서비스의 수준과 질은 정부가 규제. 정부가 서비스의 수준 및 요금체계를 통제하면서도 서비스 생산을 민간부문에 이양하는 장점이 있으나 서비스제공자들 사이에 경쟁이 미약하면 이용자의 비용부담이 과중되는 부정적 효과 – 폐기물 수거, 자동차 견인, 구급차 서비스 등에서 활용

③ 보조금 방식(subsides) : 민간의 공공서비스 제공활동에 대한 정부의 재정·현물 지원. 공공서비스에 대한 요건을 구체적으로 명시하기 곤란하거나 서비스가 기술적으로 복잡하고 서비스의 목표를 어떻게 달성할 것인지가 불확실한 경우에 사용되는 방식 ➜ '보조금 폐지'도 민간화의 방법 – 보조금에 의한 사업수행을 민간의 완전한 자율에 맡기는 것

④ 구입증서 방식(vouchers) : 공공서비스의 생산을 민간부문에 위탁하면서 시민들의 서비스 구입부담을 완화시키기 위해 금전적 가치가 있는 쿠폰을 제공 – 교육, 아동복지서비스 분야에서 활용❶

❶ 바우처 제도 : 수요자 중심의 사회서비스 전달 방식
① 시민들은 구입증서를 활용하여 어느 조직으로부터 서비스를 제공받을 것인가를 스스로 선택하는 것으로, 잠재적 소비자에게 국가가 구매력을 보전하여 유효수요가 창출되어 시장기능이 형성되도록 하는 간접관리 방식 ➡ 보건복지부에서는 노인돌봄서비스, 장애인 활동보조서비스 등을 전자바우처로 운영
② 사회서비스 시장에서의 소비자 선택과 제공기관들 간의 경쟁에 의해 서비스가 공급되어 소비자 중심의 정책 운용이 가능하며, 전통적인 공급자 지원 방식(보조금 방식)에 비해 수요자와 공급자에 의한 자발적 거래가 이루어지기 때문에 행정관리 부담을 줄이는 장점이 있다.

⑤ **자원봉사자 방식(volunteers)** : 서비스의 생산과 관련된 현금지출에 대해서만 보상받고 직접적인 보수는 받지 않으면서 정부를 위해 봉사하는 사람들을 활용하는 방식. 공공서비스의 생산과 관련해 신축적인 인력운영이 가능하고 서비스 수준이 개선 – 레크리에이션, 안전 모니터링, 복지사업 등에서 적용 ➡ **공동생산(co-production)** : 공공부문과 민간부문(특히, 자원봉사자나 NGO)의 협력적 분업관계를 형성해 공공서비스를 제공, 주민참여 원리를 바탕으로 행정의 성과를 제고
⑥ **자조활동 방식(self-help)** : 공공서비스의 수혜자와 제공자가 같은 집단에 소속되어 서로 돕는 형식의 활동(고령자가 고령자를 위해 서비스를 제공하는 방식). 정부의 서비스 생산 업무를 대체하기보다는 보조하는 성격 – 주민순찰, 보육사업, 고령자 대책 사업에서 활용
⑦ **규제 및 조세유인 방식** : 보조금 지급과 동일한 효과를 창출하면서도 비용은 상대적으로 적게 소요되는 방식 – 대중교통수단 장려 규제, 쓰레기수거에 대한 조세감면 등

3. 민간화의 장점과 단점

민간화의 장점 (시장의 경쟁에 근거한 효율성 제고)	민간화의 단점
① 작은 정부의 구현 ② 행정서비스의 효율성 제고(Why : 민간·시장의 경쟁원리에 노출됨으로써) ③ 행정서비스의 질 향상 ④ 민간경제의 활성화 ⑤ 행정서비스 공급의 신축성 향상 ⑥ 주민의 선택폭 확대	① 공공서비스 생산에 대한 행정책임 확보의 곤란(적정 서비스의 질 확보 곤란) ② 공급중단의 우려와 서비스 가격 상승 ③ 계약절차에 있어서 부정의 개입 소지 ④ 공공성의 침해 – 특히, 구매력 없는 소비자의 소외를 통한 형평성 저해

제7절 신행정국가의 대두

① 1970년대부터 정부주도의 행정국가가 <u>변화된 행정환경(1980년대 이후 민주화와 시민사회화, 세계화와 시장화, 지방화, 정보화, post-modernism화 등)</u>하에서 정치적 비대응성과 경제적 비효율성의 주범이라는 비판이 제기
② 이러한 비판을 통해 기존의 행정국가는 신행정국가(the neo-administrative state)로 이행

1. 국가의 '역할과 권한' 측면

① 적극국가에서 규제국가로 : 규제국가는 간접적 방식으로 국정을 수행하려는 새로운 경향을 말한다. 즉 국가는 정책결정만 담당하고, 정책집행은 사적/준공공부문과 계약의 형태로 대행시키되 그 결과에 대한 책임을 감독·규제하는 '친시장국가(pro-market state), 계약국가(contract state)'를 의미한다.
② 시장이 신뢰되고 국가감축이 주장되는 신자유주의 이데올로기하에서, 국가의 권위와 능력은 계속 유지
③ '복지혜택 제공자'에서 '시장 형성자'로의 권력이동

구 분	적극국가	규제국가
주요기능	소득재분배, 거시경제 안정화	시장실패의 시정
도 구	정부재정(세입과 세출)	규칙제정과 금융정책
정치적 갈등영역	예산배분	규칙제정에 대한 심의 및 통제
특징적 제도	의회, 행정부처, 공기업, 복지기관	의회위원회, 독립적 규제기관, 심판소
정책 유형	재량적	규칙기속적, 법률적

2. '국정운영방식'의 변화 측면 : 의회정체에서 분화정체로(영국의 예)

① 정책 network 발전과 단일중심적 정부 간 관계에서 중앙 없는 정부 간 관계로 진화
② '공동화 국가(hollowing out state : 위로는 유럽연합과 같은 국제기구로, 아래로는 구체적 목적을 위한 행정단위로, 외부로는 책임운영기관이나 지방정부로, 국가의 기능과 조직이 방출)' 출현
③ 핵심행정부(외부화·공동화된 정부기능을 통합·조정하는 행정부 내 최종 조정자로서 행동하는 모든 조직과 구조들 – 행정수반, 내각, 감사원이나 기획재정부 등의 총괄기구)의 역할 강화
④ 뉴거버넌스 : 신국정관리

빈출 핵심 지문

1. 시장실패를 초래하는 요인은 공공재의 존재, 외부효과의 발생, 불완전한 경쟁, 정보의 비대칭성 등이다.

2. 무임승차자 문제가 발생하는 근본 원인으로는 비배제성을 들 수 있다.

3. 집합재(collective goods)에서는 '무임승차'의 문제가 생길 수 있고, 공유재(common pool goods)에서는 과잉소비의 문제가 발생할 수 있다.

4. 국방의 경우는 경합성은 있지만 배제는 불가능한 서비스로서 대표적인 공유재의 예가 된다. 따라서 과소비와 공급비용 귀착문제가 야기된다.
   → × / (Why?) 국방은 비배제성과 비경합성을 갖는 대표적인 공공재이다.

5. 공유재는 잠재적 사용자의 배제가 불가능 또는 곤란한 자원이며, 공유지의 비극(tragedy of commons)은 개인의 합리성과 집단의 합리성이 충돌하는 딜레마 현상이다.

6. 의료, 교육과 같은 가치재(worthy goods)는 경합적이므로 시장을 통한 배급도 가능하지만 정부가 개입할 수도 있다.

7. 외부효과를 교정하기 위한 방법으로, ① 교정적 조세(피구세:Pigouvian tax)는 사회 전체적인 최적의 생산수준에서 발생하는 외부효과의 양에 해당하는 만큼의 조세를 모든 생산물에 대해 부과하는 방법이며, ② 코우즈(R.Coase)는 소유권을 명확하게 확립하는 것이 부정적 외부효과를 줄이는 방법이라고 주장했고, ③ 직접적 규제의 활용사례로는 일정한 양의 오염허가서(pollution permits) 혹은 배출권을 보유하고 있는 경제주체만 오염물질을 배출할 수 있게 허용하는 방식이 있다.
   → × / (Why?) ③만 잘못된 내용이다. ③ 오염허가서(pollution permits) 혹은 배출권제도는 오염배출권거래제도를 의미하는 것으로, 시장유인적 규제의 대표적 사례에 해당한다.

8. 시장실패 원인에 대응하는 정부의 방식으로, ① 외부효과 발생에 대해서는 보조금 혹은 정부규제로 대응할 수 있으며, ② 자연독점에 대해서는 공적공급 혹은 정부규제로 대응할 수 있다.

9. 정부규제를 사회적 규제와 경제적 규제로 나눌 경우, 진입규제는 가격규제와 더불어 경제적 규제 영역에 속한다. 그러나 환경규제, 산업재해규제, 소비자안전규제, 사회적 차별에 대한 규제는 사회적 규제의 영역에 속한다.

10. 경제적 규제에서는 피규제산업에 의한 규제기관의 포획현상이 나타날 수 있다.

11. ① 정부규제를 수단규제와 성과규제로 구분할 경우, 수단규제는 성과규제에 비해 규제대상기관의 자율성이 크고, ② 정부규제를 포지티브(positive) 규제와 네거티브(negative)규제로 구분할 경우, 포지비트(positive) 규제는 네거티브(negative) 규제에 비해 규제대상기관의 자율성이 크다.
→ × / (Why?) ① 수단규제는 목표달성을 위한 구체적인 방법을 규제하므로 목표달성수준만 규제하고 방법은 민간의 자율성에 맡기는 성과규제보다 규제대상기관의 자율성이 작다. ② Positive 규제(원칙금지/예외허용)는 Negative 규제(원칙허용/예외금지)에 비하여 규제대상기관의 자율성이 작다.

12. 포지티브 규제는 '원칙 허용·예외 금지'의 형태를 취하는 것으로서, 명시적으로 금지하는 것 이외의 모든 것을 허용한다.
→ × / (Why?) '원칙 허용·예외 금지'의 형태를 취하는 것으로서, 명시적으로 금지하는 것 이외의 모든 것을 허용하는 것은 네거티브 규제에 해당한다.

13. 환경규제를 위한 정책수단을 명령지시적 규제와 시장유인적 규제로 나눌 경우, ① 부과금제도, ② 공해권제도, ③ 성과기준제도, ④ 보조금제도는 시장유인적 규제수단에 해당된다.
→ × / (Why?) ③은 틀린 내용이다. 성과기준제도는 시설이나 제품의 기준을 정해 의무이행을 강제하는 제도로 명령지시적 규제에 해당된다.

14. 시장유인적 규제는 규제효과를 담보할 수 있다는 장점이 있으나 기업에 불필요한 비용부담을 주는 단점이 있다.
→ × / (Why?) 규제효과를 담보할 수 있다는 장점이 있으나 기업에 불필요한 비용부담을 주는 단점이 있는 것은, 시장유인적 규제가 아니라 명령지시적 규제이다.

15. 윌슨(J.Q.Wilson)의 규제정치이론에서 ① 대중적 정치 - 각종 위생 및 안전규제, ② 기업가적 정치 - 낙태규제, ③ 이익집단 정치 - 농산물에 대한 최저가격 규제이다.
→ × / (Why?) ① 각종 위생 및 안전규제는 기업가적 정치의 사례에 해당한다. ② 낙태규제는 대중적 정치의 사례이다. ③ 농산물에 대한 최저가격 규제는 고객정치의 사례에 해당한다.

16. 정부규제로 인해 발생되는 비용은 상대적으로 이질적인 불특정 다수집단에 부담되나, 그 편익은 매우 크며 동질적인 소수집단에게 귀속되는 상황의 사례는 원자력발전규제이다.
→ × / (Why?) 정부규제로 인해 발생되는 비용은 상대적으로 이질적인 불특정 다수집단에 부담되나, 그 편익은 매우 크며 동질적인 소수집단에게 귀속되는 상황은 고객정치이다(예 수입규제, 직업면허 등 진입규제). 원자력발전규제는 기업가적 정치의 사례에 해당된다.

17. 지대추구이론은 규제나 개발계획과 같은 정부의 시장개입이 클수록 지대추구행태가 증가하고 그에 따른 사회적 손실도 증가한다고 주장한다.

빈출 핵심 지문

18. 규제영향분석은 불필요한 정부규제를 완화하고자 할 때 현존하는 규제의 사회적 편익과 비용을 점검하고 측정하는 체계적인 의사 결정도구이다.
    → × / (Why?) 규제영향분석은 비용편익분석을 핵심으로 하는 것으로, 불필요한 정부규제를 완화하고자 할 때 현존하는 규제를 대상으로 하는 것이 아니라, 규제를 신설하거나 강화하려는 경우에 규제의 사회적 편익과 비용을 점검하고 측정하는 체계적인 의사결정의 도구이다.

19. X-비효율성은 과열된 경쟁에서 나타나는 정부의 과다한 비용발생을 의미한다.
    → × / (Why?) X-비효율성은 경쟁이 아니라 독점 때문에 발생한다.

20. 선거를 의식하는 정치인의 시간할인율은 사회의 시간할인율에 비해 높아, 단기적 이익과 손해의 현재가치를 낮게 평가하는 경향이 있다.
    → × / (Why?) 선거를 의식하는 정치인의 시간할인율은 사회의 시간할인율에 비해 높아, 단기적 이익과 손해의 현재가치를 높게 평가한다.

21. 파킨슨 법칙은 공무원의 수는 업무량과 관계없이 증가한다는 것으로 새로운 행정수요에 상관없이 정부규모는 확장된다는 것이다.

22. 니스카넨(W. Niskanen)에 의하면 예산결정에 있어 관료의 최적수준은 정치인의 최적수준보다 낮다.
    → × / (Why?) 니스카넨(W. Niskanen)에 의하면 예산결정에 있어 관료의 최적수준은 정치인의 최적수준보다 높다.

23. 정부실패는 관료나 정치인들의 개인적 요인 때문에 발생하며, 정부라는 공공조직에 내재하는 구조적 요인 때문에 발생하는 것은 아니다.
    → × / (Why?) 정부실패는 관료나 정치인들 때문에 발생하는 것이 아니라 정부라는 공공조직에 내재하는 구조적 요인 때문이다. 즉, 관료들의 공직윤리와 교육훈련 강화로는 대응하기 힘든 구조적 한계가 있다는 것이다.

24. 정부실패, 시장실패 등의 경제학 이론은 NGO의 존립근거를 설명하는 이론이 될 수 있다.

25. 비정부조직(NGO)은 높은 전문성을 보유하고 있어 정책과정에서 영향력이 크다.
    → × / (Why?) NGO는 비전문가로 구성되어 행정문제해결에 실패할 수 있다(Salamon의 NGO실패원인 중 박애적 아마추어리즘).

26. 사회적 자본은 신뢰를 통해 거래비용을 감소시키는 기능이 있다.

27. 사회적 자본과 관련하여 ① 사회자본은 행위자들 간의 관계 속에 존재하는 자본이고, ② 사회자본의 사회적 교환관계는 동등한 가치의 등가교환이며, ③ 사회자본은 거시적 차원에서 공공재의 속성을 가지고 있다.
    → × / (Why?) ②는 틀린 내용이다. 사회적 자본은 호혜성의 특징을 지닌다. 구성원들은 자기에게 필요할 때 언젠가는 보답을 받을 것이라는 일반적 기대와 믿음을 갖고 다른 사람들 그리고 공동체를 위해 봉사한다. 따라서 사회자본의 사회적 교환관계는 시장에서 상품거래와 같은 동등한 가치의 등가교환과는 다른 특징을 지닌다.

28. 비정부조직이 생산하는 공공재나 집합재의 생산비용을 정부가 지원하는 경우에는 정부와 대체적 관계를 형성한다.
    → × / (Why?) 정부-NGO 관계론의 유형에서 정부의 역할은 정책결정 등 관리적인 것으로 한정되고, 정부의 보조금 지급에 의해 사회복지서비스 제공 기능이 NGO에 의해 대행되는 현상(보조금 이론)은 정부와 NGO 관계에 관한 '보완적 이론'에 해당된다. 보완적 관계는 정부와 NGO가 서로 긴밀한 협력관계에 있는 경우이고, 반면 대체적 관계는 NGO와 정부의 역할이 상호 대체관계에 있는 것으로 양자간의 협력관계를 충분히 설명하지 못한다.

29. 비영리조직이 지닌 특징으로는 자발성, 자율성, 이익의 배분성 등이 있다.
    → × / (Why?) NGO는 비영리 조직으로 이익의 비배분성을 특징으로 한다.

30. 감축관리(cutback management)의 방법으로는 영기준예산(ZBB) 도입, 일몰법(sunset law) 시행, 정책종결(policy termination) 등이 있다.

31. 사바스(E.S.Savas)의 분류에 따르면, 계약·허가·보조금 등은 지방정부가 공급을 결정하고 민간부문이 생산을 담당하는 공급유형에 속한다.

32. 민간화(privatization) 방법으로, 진입규제 강화, 바우처 제공, 정부계약(contracting out) 활용, 공동생산(co-production) 등이 있다.
    → × / (Why?) 진입규제 강화는 정부개입의 확대를 말한다. 민간화의 방법은 규제완화이다.

33. 최근 쓰레기 수거와 같이 전통적으로 정부의 고유영역으로 간주되어 온 서비스를 민간에 위탁하는 경우가 있는데, 그 목적은 ① 행정의 효율성 향상, ② 행정의 책임성 확보, ③ 경쟁의 촉진이다.
    → × / (Why?) ② 민영화와 민간위탁의 문제점으로 행정의 책임성 확보가 곤란해진다.

빈출 핵심 지문

34. 민영화의 프랜차이즈(franchise) 방식은 정부가 서비스 제공자에게 서비스 비용을 직접 지불하여 이용자의 비용부담을 경감시키는 장점이 있다.
→ × / (Why?) 정부가 서비스 제공자에게 서비스 비용을 직접 지불하여 이용자의 비용부담을 경감시키는 장점이 있는 것은 보조금 방식이다.

35. 바우처(voucher)제도의 특징으로, ① 시장에 존재하는 다양한 공급주체를 활용하며, ② 소비자가 아닌 공급자에게 서비스의 선택권을 부여하고, ③ 공급자 간 경쟁을 촉진시켜 서비스의 질을 제고하며, ④ 민간부문을 활용하지만 여전히 최종적인 책임은 정부에 있다.
→ × / ②는 틀린 내용이다. 민간위탁의 방식으로 바우처는 행정서비스의 소비자를 지원하여 소비자 선택권을 부여하는 것이다.

제3장 현대 행정학의 이해

제1절 고전파 행정학 : 정치·행정 이원론과 행정관리론

'고전파 정통행정학'의 학문적 정체성
- 1. 정치·행정 이원론 : 엽관제 극복을 위한 실천적 정치개혁으로부터 **출발**
  +
- 2. 행정관리론 : 과학적 관리론 및 고전적 조직원리론과 **합류**

01 고전파 행정학(= 관리과학으로서의 행정학)의 성립 배경

(1) **산업화와 행정국가의 등장** : 행정 역할의 확대와 행정의 전문화·복잡화
(2) **엽관주의의 폐해(부패와 비능률)** : 기존의 엽관제는 ① 행정에 대한 전문성 없는 정당인들을 공직에 채용하여 행정의 비효율성을 유발하고, ② 정당에 대한 충성을 기준으로 공직을 배분하는 과정에서 정치적 부패를 야기
(3) **엽관주의 폐해극복을 위해 Wilson 등 지식인들이 중심이 된 진보주의 운동(progressive move- ment) 전개, 그 결과로 Pendleton Act 제정(1883)** : 펜들턴법에 의해 행정의 정치적 중립과 실적주의 인사제도를 도입
(4) **과학적 관리운동의 영향으로 행정의 능률성 요구**

> **PLUS 심화   미국 행정학 태동의 사상적 배경 : 민주주의의 규범적 관료제모형**
>
> ① **Jefferson주의(자유주의 · 反연방주의)** : 개인적인 자유의 극대화를 위해, 행정책임을 강조하는 가운데 소박하고 단순한 정부와 분권적인 참여과정을 중시("최소의 행정이 최선의 정부")
> ② **Hamilton주의(연방주의)** : 중앙정부의 적극적인 역할을 통해 행정의 유효성을 지향
> ③ **Madison주의** : 이익집단의 요구에 대한 조정을 위해 견제와 균형을 중시(파벌의 해악을 주장)
> ④ **Jackson주의 - 엽관주의(spoils system)❶** : 1829년 Jackson이 대통령에 당선되면서 본격적으로 도입된 제도로, '선거에서 승리한 정당이 공직을 전리품(spoils)처럼 차지하여 공직담당자가 선거결과에 따라 바뀌는 교체임용주의'를 통해 공직에 대한 기회균등과 행정의 정치적 책임성 확보라는 민주주의 실현을 강조한 정치제도 ➡ 정당에 대한 충성의 대가로 관직을 차지하는 전문성 없는 정당인들에 의한 아마추어적 행정이 출현하게 됨.

❖ 건국 후 한 세기 동안 미국의 정치체제는 자유주의와 민주주의 이념을 상징하는 제퍼슨-잭슨철학이 지배(단순하고 소박한 정부에서 아마추어리즘과 공직순환이 지배하는 양상)했다. 그러나 19C 후반으로 접어들면서 급격한 산업화와 도시화로 인한 사회전반의 위기 속에서 정부역할과 정치·행정의 변화가 발생하게 된다.

❶ Jackson 민주주의 철학(Jacksonian idea of democracy) : 미국의 7대 대통령이기도 했던 A. Jackson은 권력은 되도록 국민 가까이 있어야 하며, 또 국민에 의해 직접 행사되어야 한다고 믿었다. 그리고 이러한 믿음을 바탕으로 투표권의 확대를 주장하는 한편, 되도록 많은 공직을 주민이 직접 선출하도록 해야 한다고 주장했다. 이러한 Jackson 민주주의의 한 요소로서 "전리품은 승자에게(To the Victor, Goes the Spoils)"라는 엽관주의가 1829년에 본격적으로 이루어졌다 (1832년 Marcy 상원의원이 엽관제도라는 명칭을 처음으로 부여하면서, 전리품이 승자에게 귀속되는 것이라고 설파).

02 정치·행정 이원론

1. 우드로 윌슨(W. Wilson)의 정치·행정 이원론

Pendleton법으로 대표되는 反(반)엽관주의적 공무원제도개혁의 이론적 뒷받침으로, W. Wilson의 「행정의 연구(The Study of Administration), 1887」 발표

① '정당정치로부터 행정의 분리'라는 정치·행정 이원론을 주장 : 유럽 행정과의 비교연구를 통해, 유럽에서 절대군주의 통치를 위한 도구로 등장한 비민주적이지만 선진적인 행정기술을 받아들여 미국의 민주적인 정치체제와의 조화를 강조, 양자의 조화로운 결합을 위해서는 정치와 행정이 분리되어야 함을 주장 ➔ Wilson의 미국 행정학의 시각과 유럽의 Weber적 관료제 방법이 결합된 'Weber-Wilson적 패러다임'이 형성

② 행정의 본질을 '가치중립적인 정책집행을 위한 관리와 경영의 영역, 그리고 전문적·기술적 영역'으로 규정 : 능률을 실현하기 위해 과학적 관리의 방법을 개발하고, 관리상의 원리를 연구하는 기술적 행정학 등장

2. 정치·행정 이원론의 체계화 : 굿노(F. Goodnow)

① 정치는 국가의 의지를 표명하고 정책을 구현하는 것이며, 행정은 이를 실행하는 것
② 행정은 정치다툼(정당정치)에서 분리되어야 할 뿐만 아니라 정책결정과정으로부터도 분리되어야 함.

03 행정관리론(기술적 행정학) ★★★

> **행정관리론의 2가지 계보**
> ① 하나는 과학적 관리법의 직접적인 영향을 받아 발전한 '사무관리론'이고, ② 또 다른 하나는 모든 조직에 공통적으로 적용될 수 있는 일반론적인 조직원리를 탐구했던 '조직관리론(행정원리론)'이다. 이와 같은 행정관리론은 최초의 행정학 교과서인 화이트(White)의 「행정학 입문(1926)」이나 윌로비(Willoughby)의 「행정의 원리」에서 학문적으로 종합되어 정통행정학을 구축하게 되고, 20C 초 지방정부의 능률성을 높이기 위한 도시개혁운동에서 과학적 관리론의 영향을 받은 '시정관리관제·시지배인제(city-manager plan : 1912년 Sumter시)'가 확산되는 계기가 되었다.

1. 테일러(Taylor)의 과학적 관리론 –「과학적 관리의 제원리(The Principles of Scientific Management), 1911」

(1) 과학적 관리론의 의의
① 과학적 관리론의 개념 : 20C 초 주먹구구식 기업경영의 합리화와 능률화를 위해, **시간과 동작 연구**(time & motion study)와 같은 과학적 관찰·분석을 통해 노동자들의 과업수행에 관한 유일·최선의 방법을 규정함으로써 조직의 기계적 능률(= 최소한의 경비로 최대한의 산출량 실현)의 극대화를 도모하는 관리이론
② '절약과 능률에 관한 대통령위원회(Taft위원회, 1912)'의 행정개혁에 적용되어, **각종 사무관리의 표준화**에 기여
　　예 정부의 사무표준화와 관련제도를 마련한 '사무관리론'
③ 과학적 관리론의 발전 : 기능적·기술적 합리성에 입각한 기계적 조직의 설계와 관리의 발전에 공헌, '과학'에 입각한 조직관리의 이론(= **관리과학**)으로 발전

(2) 과학적 관리론의 내용
① 조직의 편성과 관리(과업기준의 설정, 조직구성원의 선발과 훈련, 과업수행의 방법 등)는 **엄격한 과학적 분석**(time & motion study에 의한 직무과정분석)에 근거한 유일·최선의 방안에 따라 이루어져야 한다.
② 조직관리를 **기계적 사고의 적용**에 따라 **공식화·표준화**한다(= 기계적 조직관).
③ 조직 속의 인간이란 '**합리적 경제인**'이다. 따라서 **금전과 같은 경제적 유인(성과급)**에 의해 동기를 부여한다. → 과학적 관리학파는 생산성과 임금을 연계시키는 능률급체계를 개발하였다.
④ 조직이 추구하는 이념은 '투입에 대한 산출의 비율을 극대화(= **기계적 능률**)'하는 데 둔다.
⑤ 결국, 과학적 방법에 의한 생산성 향상은 사용자와 노동자 모두에게 이익이 되므로 노사갈등을 해소한다고 보았다.

(3) 과학적 관리론의 한계
① 조직과 조직구성원들의 합리성에만 초점을 두어, **조직과 구성원을 기계화·도구화**(노동자를 '훈련된 원숭이'로 치부) → 근로자와 노동조합의 저항 유발
② 조직을 공식적인 측면에서만 인식함으로써 조직 내에 자생하는 **비공식집단들에 대한 관리를 경시**
③ 폐쇄체제적 관점에 입각하여 환경적 요인을 고려하지 못하고, 모든 조직이 동일하다는 가정하에 생산성 증진을 위한 유일·최선의 관리방안을 탐구 → 환경 등의 상황을 고려할 때 조직관리에 유일·최선의 방안이 존재할

수 없고, 각 조직이 처한 상황적 조건에 의해 적합한 관리방안이 결정될 수밖에 없다는 점을 인식하지 못함.

2. 베버(Weber)의 관료제이론

관료제란 '고도로 분화된 대규모의 복잡한 조직으로, 기능적 합리성·합법성·계층제·분업과 전문화·몰인간성(impersonality)에 입각하여 구성되고 관리되는, 합리적인 조직구조'를 의미한다.

3. 조직관리론(행정원리론·조직원리론)

(1) 의 의
① 정치·행정 이원론에 의거하여 행정을 '관리의 영역'으로 규정한 후, 고전파 행정학은 과학적 관리론의 과학주의 신념(과학적 방법에 의한 능률향상을 위한 연구가 가능)하에, 공·사조직 모두에 공통으로 적용될 수 있는 **관리상의 '유일최선의 방법(one best way)인 원리'를 도입**하고자 함.
② 조직관리론에 입각한 행정개혁은 1937년의 루즈벨트(Roosevelt) 대통령이 설치한 '행정관리에 관한 대통령위원회(Brownlow위원회)'의 활동으로 이어짐.

(2) 조직관리론의 내용 : 분업의 원리와 조정(계층제)의 원리
① 테일러(Taylor)의 「과학적 관리의 제원리」: 시간과 동작연구를 통해 생산의 극대화를 가져올 수 있는 최선의 길을 규명하고자 함.
② 윌로비(Willoughby)의 「행정의 제원리」
③ 귤릭(Gulick)과 어윅(Urwick)의 「행정과학 논문집, 1937」 ➔ 고전파 정통행정학의 집대성 : 조직 연구를 통해서 귀납적으로 얻어지는 일종의 보편적인 원리로, 명령통일의 원리, 통솔범위의 원리, 분업과 조정의 원리 등을 제시
④ 페이욜(Fayol)의 「일반 및 산업관리론」: 모든 산업조직의 기본적 활동을 6가지로 구분하고, 이 중 '관리활동'을 가장 중요한 것으로 인식하여 최고관리자의 관점에서 관리에 관한 일반원칙을 제시 ➔ '11가지 관리의 원칙'
⑤ 무니(Mooney)와 라일리(Reiley)의 관리의 일반원리

(3) 조직관리론에 대한 비판 : 가치중립적인 행정원리의 보편성과 과학성에 대한 비판
① Waldo의 비판
  ㉠ 정통행정학에 근본적인 결함이 있음을 논증하면서 행정학에는 참다운 원리가 없다고 비판했다(사기업부문에서 개발된 원리를 공공부문의 상황에 적용하는 데서 문제가 발생).
  ㉡ Waldo는 가치중립적인 행정원리의 정치적 이데올로기성을 폭로했다(Waldo는 「행정국가론, 1948」에서 Gulick을 비판하면서 행정에 관련된 모든 문제는 정치철학적 틀에서 이해되어야 한다고 강조).
② Simon의 비판 : 행정관리론에서 개발된 행정원리 간의 상호모순성을 지적하면서 "이러한 원리들은 한 번도 과학적인 검증을 거치지 않은 격언(proverb)에 불과하고 기껏해야 기준이나 개념에 불과하다."고 하여 행정원리의 비과학성을 지적했다.

제2절 고전파 행정학에 대한 반발기(신고전 행정학) : 정치·행정 일원론과 행태론, 인간관계론

01 정치·행정 일원론(기능적 행정학)

① 1930년대 뉴딜정책을 추진하는 과정에서 행정기능 확대와 더불어 대통령의 리더십 강화 개혁추진, 행정의 정책형성기능 확대, 행정부가 입법부에 대해서도 지도력을 발휘하는 입법부와 행정부의 권력관계 변화
② 기존의 정치·행정 이원론은 규범에 기초해 성립된 잘못된 이론으로 행정이 정치화하는 현실을 정확히 인식할 수 없다는 비판과 함께, **행정의 정책결정활동(정치기능)을 인정**하는 '정치·행정 일원론'이 등장(Gaus, Dimock, Appleby 등)
③ 정치·행정 일원론의 특성 : ㉠ 행정의 정치권력성, ㉡ 정치·행정 융합론, ㉢ 절약과 능률이 약화되고, 행정에 대한 민주적 통제와 행정책임 등 민주성(= Dimock이 주장한 '사회적 능률') 가치 중시, ㉣ 행정학의 정치학적 성향 강조

02 행태론적 방법론의 등장

① Simon은 정통행정이론(행정원리론)에 대한 비판과 함께, 행태과학을 행정학에 도입
② Simon은 「행정행태론(Administrative Behavior), 1949」에서, 경험적으로 확인된 원칙을 발견하자는 주장과 함께 **자연과학적 연구방법(실증주의)에 입각한 과학적 행정학 연구를 강조**하고, 과학으로서의 행정학은 **가치와 사실을 구분**하여 **사실만을 다루어야 한다**고 주장 ➡ 1950년대에는 행태주의 혁명이 사회과학을 지배
③ 행태론의 주제 : 관리기술이 아닌 '조직 내 개인 간 행태(= 행정행태)'를 경험적 조사방법을 통해 분석 ➡ 다양한 제도와 구조 속에서 발현되고 있는 행정의 규칙성 탐구를 목표로 행정원리를 추구

03 인간관계론 : 정통행정학에 대한 비판기의 조직이론(= '신고전기의 조직이론')★★

1. 인간관계론의 의미

① 인간관계론의 개념 : 인간을 비인간적인 합리성과 기계적인 도구로 관리하는 과학적 관리론에 대한 반발로 제기(➡ 과학적 관리론과 행정원리론으로 대표되는 정통행정학에 대한 반발기의 조직이론)되어, **조직의 능률향상을 위하여**(목적) 인간의 정서적·감정적 요인에 역점을 주는 관리기술
② 메이요(Mayo)의 호손(Hawthorne)실험(1927~1932) : **작업집단의 사회적·심리적 요인이 조직의 생산성향상에 중요한 요인임을 규명** ➡ 인간을 생리적·기계적 존재가 아닌, 사회적·심리적 존재로 간주
③ 인간관계론의 이론형성 : Mayo 이외에 Lewin(집단역학, 태도변화, 리더십 등의 행태적 연구를 선도), Follett(조직연구에서 인간적 요소의 중요성과 조직 내 비공식적 인간관계 강조) ➡ 인간관계론에 의해 인간행동에 대한 지식이 축적되면서 **Barnard의 조직이론**(버나드는 「경영자의 역할, 1938」에서 조직을 인간협동시스템으로 이해)이 등장

④ 호손실험과 같은 과학적 방법을 통해 조직의 능률성 추구가 가능하다는 고전파 행정학의 과학주의에 대한 신념을 강화
⑤ **인간관계론의 발전**: 인간의 행태에 대한 과학적 연구를 통해 인간문제의 개선을 도모하는 **행태과학**(후기 인간관계론, 성장이론, 동기부여이론, OD 및 MBO 등 인간주의적 접근)으로 발전

> **PLUS 심화   호손(Hawthorne) 실험과 Hawthorne 효과**
>
> Hawthorne 공장의 연구는 원래 과학적 관리론의 시각에서 작업장의 조명, 휴식시간 등 물리적 작업조건과 물질적 보상방법의 변화가 근로자의 동기유발과 노동생산성에 미치는 영향을 분석하고자 실시된 것이다. 대표적으로 연구자들은 작업장의 조명도를 높이면 노동자의 산출량이 증가할 것이라는 가정하에 조명도실험을 하였으나, 조명도의 변화와는 상관없이 산출량이 증가하는 현상이 나타났다. 이에 연구자들이 작업의 물리적 조건의 변화에 추가하여 노동자들의 행태적·인간적 요인에 대한 연구를 하여 발견한 것이 'Hawthorne 효과'이다.
> Hawthorne 효과란, 작업환경의 변화와 같은 물리적 조건의 변화가 아니라, 실험대상이 되는 노동자들에게 쏟은 연구자들의 관심 때문에 "노동자들이 자신들도 그 공장의 중요한 존재다."라고 느끼게 된 심리적 요인이 노동자들의 생산성에 영향을 미쳤다는 것이다. Hawthorne 효과에 대한 포착에서 시작하여, 연구자들은 감독자의 인정(리더십)이나 비공식적 집단의 압력 등 사회적 요인이 작업능률에 더 많은 영향을 미친다는 것을 발견하였다.

2. 인간관계론의 내용

① 조직은 공식적·기술적·경제적 체제일 뿐만 아니라 **인간들로 구성된 비공식적·사회적 체제**이다.
② 조직 속의 인간은 **사회적 욕구를 지닌 사회심리적 존재**이며, 따라서 사회적·심리적 만족과 같은 비경제적 보수가 조직구성원의 동기부여에 중요한 역할을 수행한다.
③ 조직구성원은 개인으로서가 아니라 **집단성원으로서 조직의 규범과 보수에 반응**한다.
④ 조직규범의 형성과 그 수행에 있어서 **비공식집단 및 비공식적 리더의 역할**이 중요하다.

3. 인간관계론의 한계

① 지나친 감정주의 지향으로 조직의 합리적 운영과 의사결정을 저해
② 조직관리의 인간화를 주장하지만, 이는 **오히려 교묘하게 조직구성원을 착취하는 도구**로 사용되었다는 점에서 '**젖소 사회학**'이라는 혹평을 제기(만족한 젖소가 더 많은 우유를 생산해 내듯이, 만족한 근로자들이 더 많은 생산을 한다는 식의 논리를 주장한다는 점에서, 인간관계론은 '젖소 사회학'에 불과하다는 비판) ➜ 여전히 근로자들은 조작대상으로 파악하여 조직목적을 위한 수단이지 그 자체가 목표는 아님.
③ 조직에 대한 **지나친 이원주의**에 입각(경제인 vs. 사회인, 공식조직 vs. 비공식조직)하여, 과학적 관리론이 조직의 기술적·구조적 측면만을 중시했다면 인간관계론은 조직구성원의 심리적·사회적 측면만을 강조 ➜ 여전히 조직에 대한 제한적 시각으로, 조직의 전체적인 모습을 설명하는 데 실패
④ 조직외부환경을 무시하는 **폐쇄체제적 관점**에 입각해, 조직 내의 여러 가지 관계를 맺는 데에는 최선의 방법이 존재한다고 파악

과학적 관리론과 인간관계론의 비교

과학적 관리론과 인간관계론의 유사점	차이점	
	과학적 관리론	인간관계론
① 최종목표 : 조직의 능률·생산성 증진 ② 인간을 조직목표 달성을 위한 수단·조작대상으로 파악(인간의 피동성, 동기부여의 외재성 등) ③ 연구대상 : 하위직·작업계층 ④ 조직목표와 개인목표는 대립되나, 교환에 의한 양립성 인정 ⑤ 조직을 폐쇄체제로 인식	구조중심	인간중심
	공식적 조직관	비공식적 조직관
	합리적 경제인관 (경제적 욕구)	사회인관 (사회적 욕구)
	기계적 능률	사회적 능률(내부관리의 민주화·인간화)

제3절 발전주의 행정학이론 : 비교행정론(1950's)과 발전행정론(1960's)

01 비교행정론(1950's)

1. 비교행정론의 의의

① 2차 대전 이후, 미국의 후진국발전을 위한 대대적인 원조(정치행정제도 수출 등)가 기대만큼의 효과를 내지 못하는 현상 발생

② 그 원인규명의 필요성과 함께 **미국행정학의 문화기속적 속성과 보편타당성의 한계**(공간적 제약성)가 제기되고, **선·후진국을 모두 포괄하는 보편타당한 일반이론적 행정학을 정립**하기 위해 '국가들(특히, 선진국과 후진국) 간의 행정을 비교·연구하여 국가들 간 행정상의 차이를 찾아내고 그 원인을 규명하는 문화횡단적인 과학적 연구' ➔ 행정의 내용이나 현상은 행정 외적인 환경적 요인들에 의해서 영향받고 결정된다는 생태론적(환경론적) 관점에 입각하여, 현상과 현상 간의 인과관계 분석에 초점을 두는 가치판단이 배제된 실증적·과학적 비교연구

2. 리그스(Riggs)의 비교행정이론 ★

(1) **사회 3원론** : 구조-기능주의 분석에 의한 일반체제모형

구조-기능주의 분석을 활용한 연역적 비교연구모형으로 '농업사회(Agraria) – 전이사회(Transitia)인 프리즘적 사회 – 산업사회(Industria)'를 제시

➔ 각 사회의 특성과 관료제적 특징(= 행정현상)을 설명할 수 있는 **환경적 요인**을 ① 경제적 기초, ② 사회구조, ③ 이념적 요인, ④ 의사소통, ⑤ 정치체제로 제시

구 분	농업사회(Agraria)	산업사회(Industria)
① 경제적 기초	농업, 자급자족적 폐쇄경제	산업, 교환경제
② 사회구조	1차 집단 중심, 귀속·연고중심	2차 집단 중심, 업적 중심
③ 이념적 요인	주관적 직관에 의한 인식, 지식의 단일성	객관적 경험에 의한 인식, 지식의 다양성
④ 의사소통	제약된 의사전달	원활한 의사전달
⑤ 정치체제	하늘의 의사에 근거	국민동의에 근거

구 분	농업사회(Agraria)	전이사회(Transitia)	산업사회(Industria)
사회의 특성	융합(fused) 사회	프리즘적(prismatic) 사회	분화된(diffracted) 사회
관료제적 특성	안방(chamber)모형	사랑방(sala)모형	사무실(office)모형

(2) 사랑방(sala)모형의 특징 : 프리즘적 사회의 특징으로 인해 나타나는 개발도상국 행정체제의 특징
   ① 양초점성(bifocalism) : 관료의 권력이 법적으로는 상당히 제약되어 있으나, 실제로는 상당히 큼(관료들의 상대적 권한 확대).
   ② 이질혼합 : 전통적 요소와 현대적 요소가 혼합(의식구조의 이중화)
   ③ 다규범성 : 전통적 규범과 현대적 규범이 공존하면서, 상황적 편의에 따른 규범의 적용으로 규범의 일관성 결여 (가치규범의 이중화)
   ④ 가격의 불확정성(부정가성-bazaar canteen) : 시장의 가격메커니즘 외에 권력·명성·연고·신분 등에 따라 상품가격이 자의적으로 결정
   ⑤ 기능중복, 정실·연고주의, 형식주의(법규와 실제 간의 괴리), 다분파주의(파벌형성)
   → 개도국의 사회문화적 환경(X : 원인)에 의해 결정되는 이러한 행정체제의 특성(Y : 결과)들 때문에, 행정부패의 제도화 등 많은 행정적 병리현상이 발생하게 되었다.

3. 헤디(Heady)의 비교행정론 : 중범위의 비교관료제이론

Heady는 구조-기능주의적 접근이 아니라 중범위의 관료제모형에 근거하여, Weber의 관료제 모형을 이념형으로 하여 선진국과 후진국의 행정관료제를 비교하였다.

4. 비교행정론의 한계와 발전행정론의 등장
   ① Riggs는 생태론에 입각하여 **개도국의 행정행태(Y : 결과)를 사회문화적 환경의 맥락(X : 원인)에서 파악**하여, 개도국의 행정현상에 대한 정확한 묘사와 환경의 중요성을 인식하는 데 기여
   ② 그러나 환경의 지나친 강조로 행정의 독자성을 과소평가하는 **생태론적 결정론**에 치우쳐서, **개도국의 발전에 대한 비관주의를 결과**한다는 한계 → 비교행정론의 한계에 대해, 행정의 독자성을 인정하고 행정이 환경에 미치는 영향도 아울러 고찰할 필요에서 발전행정론이 대두

02 발전행정론(1960's)

1. 발전행정론의 의의
① 발전행정의 개념 : ㉠ 발전도상국에서 **행정체제(정부)가** 국민형성과 경제성장이라는 국가발전을 선도·관리(발전목표를 달성하기 위한 **발전계획의 수립 · 집행**)하고, ㉡ 이를 위한 행정체제 스스로의 발전(행정발전)도 추구하는 활동
② 여기서 발전은 경제발전, 서구화, 근대화로 인식 ➡ 서구중심의 이론적 편향성
③ 발전행정이론가로는 에스만(Esman)과 와이드너(Weidner) 등

2. 발전행정의 특성
① 정치·행정 일원론(행정 우위론)
② 행정의 목표설정과 정책결정기능 강조, 효과성(= 발전목표의 달성도) 중시
③ 행정인의 적극적 역할 강조(국가주의적·엘리트주의적 관점) : 발전지향적 가치관을 지닌 행정인의 독립변수의 역할 강조
④ 사회체제적 접근방법에 입각한 불균형적 사회발전전략의 강조 : 국가사회가 정치체제·사회체제·경제체제·행정체제 등 상호의존적인 하위체제들로 구성되고 상호작용한다는 전제에서, 행정이 주도적인 역할을 취하여 다른 분야의 발전을 유도하는 행정의 독립변수적 성격을 강조 ➡ 발전행정의 전략으로 추진되는 기관형성(institution building)❶

> ❶ Esman의 '기관형성'
> 국가발전의 교두보가 될 수 있는 새로운 경향의 조직을 만들고 강화하여 그 조직으로 하여금 새로운 가치관·규범·역할의 정립을 확산시켜 사회변동을 유도하는 것

3. 발전행정의 문제점
① 지나친 처방적·규범적 성격으로 과학성 결여
② 서구중심의 이론적 편향성
③ 발전목표의 달성을 위한 관료주의적 합리성만의 강조와 민주성 결여
④ 국가권력·행정권력의 비대화를 초래(➡ 민간부문의 창의적·자율적 성장 저해)
⑤ 불균형발전전략에 의한 사회적 부작용(➡ 환경오염, 정신적 가치 저해, 소득분배의 불공정성)

4. 발전행정론과 비교행정론의 비교
① 비교행정론 : 각국의 행정의 실제를 비교·분석하는 것으로 다분히 **실증적이고 가치판단을 배제한 사실분석**에 초점을 둔 연구
② 발전행정론 : 개발도상국의 국가발전을 위한 행정체제 구축을 목적으로 행정체제가 어떻게 국가발전을 선도·관리할 것인가에 관한 **가치판단과 전략 및 처방을 제시하는 연구**(규범적·정책지향적 연구)

비교행정론과 발전행정론의 비교

구 분	비교행정	발전행정
행정이념	1950년대 발전주의 패러다임 일반성, 능률성, 민주성	1960년대 발전주의 패러다임 전문성, 효과성, 생산성
목적·방법론	보편타당한 일반이론의 정립, 체제의 특성(균형성)을 중시하는 구조-기능주의에 입각	실용주의적 발전 전략의 수립, 체제의 능력(사회변동능력)을 중시
변수로서의 행정	종속변수로서의 행정, 발전에 대한 비관주의	독립변수로서의 행정, 성장에 대한 낙관주의
이론의 성향	균형이론	불균형이론, 변동이론
과학성과 기술성	과학성 추구, 분석·진단 차원	처방성 추구
정치와 행정	정치·행정 이원론	정치·행정 일원론(행정우위론)
분석의 차원	공간적·문화횡단적 차원의 분석	시간적·발전지향적 차원의 분석

제4절 가치주의 행정학이론 : 신행정론 ★★

01 신행정론의 의의

① **행태주의의 한계 대두** : ㉠ 1960년대 월남전과 흑인폭동 등의 다양한 사회문제에 대해, 논리실증주의에 입각한 행태주의의 사실중심적(가치문제 배제된) 연구가 당면한 사회문제에 대한 해결능력을 상실, ㉡ 또한, 이론중심의 행태주의가 존슨(Johnson) 정부의 '위대한 사회' 건설정책에 대한 지적 토대 제공에도 미흡

② **행태주의에 대한 비판과 함께 행정학에서 학문적 방향전환이 요구** : ㉠ '적실성과 실천'으로 대표되는 후기 행태주의 혁명이 제기되고, ㉡ 행정학의 실천성과 적실성 회복을 위해, 정통행정학의 내부관리중심적 기술주의·능률지상주의·전문직업주의·가치중립적인 논리실증주의에 대한 집착을 비판하면서(➜ 이런 점에서 **현상학적 접근방법** 및 **비판이론**에 근거), 행정문제 해결을 위한 정책지향적 행정학 연구와 사회적 형평, 행정윤리와 철학, 분권화와 참여, 인본주의에 입각한 능동적 행정실현 등 규범적·처방적인 **가치주의**를 강조하는 신행정학 운동이 등장

③ 1968년 **미노브루크(Minnowbrook) 회의**에 참여하였던 젊은 학자들(Waldo 주관하에, Marini, Frederickson 등)을 중심으로 하여 주장되었던 **행정학 연구의 새로운 방향에 관한 이론**

02 신행정론의 내용

① 정책결과로서의 사회적 형평 강조 : 사회적 불평등의 제거를 위해, 흑인 등 사회경제적으로 불리한 위치에 있는 계층에 대한 우선적인 배려(Rawls의 정의론)
② 행정인의 적극적 역할 강조 : 사회적 형평실현을 위해 행동주의자·실존주의자로서 정책결정과 집행에서 적극적 역할과 가치판단(= 인본주의에 입각한 능동적 행정)
③ 고객지향성·대응성(responsiveness) 있는 행정과 시민참여 : 특히, 사회적 약자에 대한 대응성과 시민의 참여
④ 사회적 형평 달성을 위한 변화(change) 강조와 반(反)계층제·탈관료제를 주장 – Kirkhart의 연합적 이념형 : 조직구성원과 시민의 참여를 촉진하는 분권화된 구조와 변화에 대한 적응을 도모하는 동태적 구조(Adhocracy)
⑤ 합의(consensus)에 의한 의사결정의 강조
⑥ 행정의 중립성 지양과 행정책임 강화
⑦ 행태론의 지양과 규범주의·가치주의 추구

03 신행정론의 문제점

① 행정권의 비대화와 관료주의화의 문제
② 비전문가인 고객참여로 인한 행정의 전문성 저해와 참여자의 특수이익 추구
③ 형평개념의 구체적 기준성 결여

제5절 행정학의 학문적 성격 : 과학성과 기술성

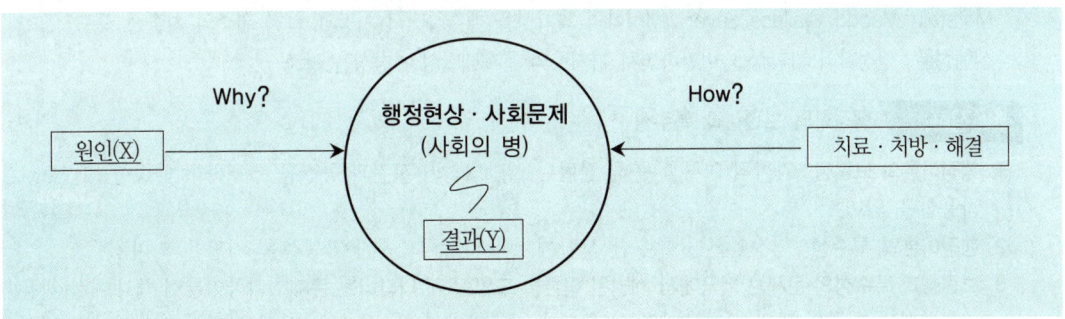

01 행정학의 과학성 ★

1. 과학성의 의미
① 왜(Why)에 대한 대답을 중심으로, **결정론에 기초**하여 **행정현상(fact)에 대한 원인(X)과 결과(Y)라는 객관적 인과관계 파악을 중시**하는 학문의 성격(인과성, 경험성, 규칙성, 예측성을 중시)
② 과학으로서의 행정학 연구는 행정현상의 여러 변수 간의 관계를 논리적·실증적·체계적으로 구성하는 **경험적 이론화 작업(일반이론과 규칙성 도출)**에 전념

2. 과학성에 초점을 두는 행정학 연구
① Simon의 행태주의 : 실천적인 기술이나 처방은 객관적인 지식보다 연구자의 주관적인 가치와 편견에 의해 좌우되므로, 가치와 사실을 준별하는 논리실증주의에 입각한 행정행태에 대한 경험적 연구를 주장
② Landau : 실천적 기술 위주의 행정학은 즉각적인 문제해결에 대한 처방만을 일삼기 때문에 단편적인 지식은 될 수 있어도 축적성과 일관성을 띤 과학적 지식은 될 수 없다고 주장

02 행정학의 기술성 ★

1. 기술성의 의미
① 어떻게(How)에 대한 대답을 중심으로, **문제해결을 위한 실용성·실천성·처방성을 중시**하는 학문의 성격
② Waldo가 'art' 또는 'professional'로 표현하는 기술성 : 행정활동 자체를 처방하고 치료하는 행위를 의미
③ Simon이 'practice'로 표현하는 기술성 : 정해진 목표를 어떻게 하면 효율적으로 성취하는가의 방법을 의미

2. 기술성에 초점을 두는 행정학 연구
① W. Wilson 이후의 고전파 행정학(행정관리론) : 과학주의 신념에 근거하여 '과학적' 원리 발견을 주장하고는 있으나(➔ 과학성 추구의 형식성과 허구성이 Simon에 의해 비판됨), 행정의 능률증진이라는 처방을 위한 원리발견에 관심을 두는 기술성을 강조
② Morstein Marx와 Wallace Sayer : 행정학의 과학성을 배격하면서 처방과 실천 위주의 기술성 강조
③ 신행정론 : 행정학의 과학성을 비판하면서 가치주의·문제해결성·처방성을 강조

> **PLUS 심화 | 행정학의 보편성과 특수성**
> 1. **행정이론의 보편성** : 과학적 연구를 통해 정립된 일반법칙이 시간과 공간을 초월하여 타당한 법칙으로 작용함을 의미
> 2. **행정이론의 특수성** : 행정이론이 특수한 상황에서만 타당성과 적용가능성을 지님을 의미
> 3. **보편성과 특수성의 문제는 외국에서 개발된 이론을 도입할 때 나타나는 문제** : 외국이론이 국내에서 적용가능하다면 이론의 보편성 때문이고, 적용이 불가능하다거나 상황의 유사성을 확인해야 한다면 행정이론의 특수성 때문임.

> **PLUS 심화** | 행정학의 기타 학문적 성격
>
> 1. 응용사회과학으로서의 행정학
> 2. 전문직업적 학문으로서의 행정학(professionalism으로서의 행정학) : 행정학의 정체성 위기에 대한 극복 대안으로 Waldo가 강조한 것으로, 전문직업인 의사를 양성하는 '의학'과 같이 전문직업인인 행정가를 양성하는 학문의 성격
> 3. 종합학문적(학제적 : inter-disciplinary) 성격으로서의 행정학

제6절 행정학의 접근방법

01 행정학 접근방법(approach : 행정에 관한 지식을 얻어내는 방법)의 유형

1. 분석수준·연구대상에 따라 ★★

① 미시적 접근방법(방법론적 개체주의, 환원주의) : 고전 과학의 기본적 분석단위와 수준으로, 모든 집단의 속성은 개인(개체)의 속성과 속성들 간의 관계에 의하여 구성(composition)될 수 있다는 주장이다. 즉, 개인의 행태를 통해 전체를 이해할 수 있다는 입장으로, 집단현상은 개인현상의 단순 합으로 이해한다. 따라서 모든 집단이론은 개체이론으로 환원될 수 있고(환원주의 ; reductionism), 반대로 개체이론으로부터 모든 집단이론을 구성할 수 있다고 주장한다.

② 거시적 접근방법(총체주의 ; wholism, 형이상학적 신비주의 ; holism) : 집단은 그 자체수준의 독특한 속성이 있고 이런 속성 중에는 개체속성으로 구성될 수 없는 것이 있다고 주장한다. 즉, 부분의 합이 전체와는 다르다는 입장으로, 부분의 합이 전체로 이행하면서 알 수 없는 신비로운 '생성속성'이 나타나기 때문에 전체는 전체 자체로서 별도로 분석되어야 한다고 주장한다.

2. 연구방법에 따라

① 기술적(descriptive)·실증적(positive) 접근방법 : 주어진 현상(존재 – sein의 영역)을 있는 그대로 설명하는 접근방법

② 규범적(normative) 접근방법 : 바람직한 방향과 가치(당위 – sollen의 영역)를 제시하는 접근방법

연구대상(행정변수) \ 연구방법	기술적·실증적 방법	규범적·처방적 방법
인간(행태)	행태론적 접근, 공공선택론적 접근	현상학적 접근방법
구조(제도)	제도론적 접근	법률적 접근방법
환 경	생태론적 접근, 체제론적 접근	

02 행정학의 전통적 접근방법

1. 역사적 접근방법
① 역사적 발생순서에 따라 있는 사실을 그대로 기술하는 접근방법
② 주로 어떤 사건, 기관, 제도 등의 기원과 발전과정을 파악하고 설명하는 데 많이 사용되며, 소위 발생론적 설명(genetic explanation) 방식을 주로 사용

2. 법률적·제도론적 접근방법

행정학 연구의 초기 접근방법으로, 행정과정의 합법성과 법률에 기반을 둔 '공식적 제도'를 연구하여 행정을 파악하려는 접근방법

(1) 법률적 접근방법
① 헌법, 법률 및 각종 법령을 중심으로 행정과 정치를 연구하는 접근방법으로, 주로 법의 지배원리하에, 일반시민에 대한 행정의 책임성을 확보하기 위해 정부의 3부에 대한 헌법적 권한과 책임에 관한 공식적 분석에 초점
② '법률에 따른 행정이라는 책임의 규범적 측면'에 초점

(2) 제도론적 접근방법
① 정치의 역사나 법률조항이 아니라 정치의 실제(정치제도)에 대한 연구로, 권력분립제도, 대통령의 권력·역할·기능 등 '공식적인 기관이나 직제(= 공식적 제도)에 대한 자세한 기술(記述)'에 초점 → 이상적인 정치제도를 주장하고 그것을 법제화하면, 사람들은 그 제도에 잘 적응하고 개인의 권리가 보장되는 안정적인 정치질서·사회질서가 유지된다고 봄.
② 제도론적 접근방법에서 관심을 두는 각종 제도가 대부분 법률에 기반을 두고 있다는 점에서, 2가지를 통틀어 '법률적·제도론적 접근방법(= 구제도론)'이라 지칭

(3) 제도론적 접근의 한계
① 공식적 제도의 이면에 존재하는 행정의 동태적 측면(미시적인 행태나 거시적인 환경)과 비공식적 측면의 파악이 곤란
② 특히 2차 대전 후 신생국으로 미국의 각종 제도가 도입되었으나 성공하지 못하고 오히려 제도와 실제 간의 괴리를 초래하는 한계
③ 연구가 지나치게 기술적(descriptive) 수준에 머물고 정태적이라는 비판이 제기됨.

03 생태론적 접근방법

1. 생태론적 접근방법의 의의
① '행정체제를 하나의 유기체로 파악하여, 행정현상을 사회적·자연적·문화적 환경과 관련시켜 이해하려는 접근방법' → 행정이 환경에 의해 결정된다는 **환경결정론적 입장**(행정을 환경에 의해 영향받는 종속변수로 파악)

② 생태론에서는 **제도론적 접근방법의 한계**(정태적인 제도의 설명에 의존한 나머지, 실제적인 행정현실과 행태를 밝히는 데 한계)를 **인식**함에 따라, 서구의 행정제도가 후진국에서 잘 작동되지 않는 이유를 사회·문화적 환경이 다르기 때문으로 파악

2. 생태론의 특징

(1) 행정환경의 강조(환경에 대한 행정의 개방성과 의존성 강조)
① Gaus의 생태론(행정에 영향을 미치는 환경적 요인 7가지) : 국민, 지리, 물리적 기술, 사회적 기술, 욕구와 사조, 재난, 개성을 제시하며, 생태론적 접근방법을 행정연구에 도입
② Riggs의 생태론(행정의 5가지 환경변수) : 경제적 기초, 사회구조, 이념적 요인, 의사소통, 정치체제라는 5가지로 제시하고, 이들 환경요소가 Agraria와 Industria의 행정에 각각 어떻게 영향을 미치는가를 설명

(2) 거시분석의 성격
행위자중심의 미시분석보다, 집합적 행위수준에서 행정현상을 설명하는 거시분석의 성격(전체적·집합적 설명)

(3) 과학적·실증적 분석
현상과 현상 간의 인과관계(행정현상을 환경변수에 의해 설명)에 대한 과학적 진단과 설명에 초점

3. 생태론의 한계
① 환경결정론적 시각과 행정환경에 대한 행정의 독립변수성을 경시
② 정태적 균형이론 : 환경결정론의 전제에서, 환경과 행정체제의 관계를 정태적 균형관계로 파악하여, 동태적 변동의 설명 곤란
③ 행정학의 규범성 결여 : 행정현상을 환경과 관련시켜 진단과 설명은 잘하지만, 행정이 추구해야 할 바람직한 목표나 방향을 전혀 제시하지 못함.

04 체제론적 접근방법

1. 체제론적 접근방법의 의의
① Bertalanffy의 「일반체제이론」에 기반하여 발전된 것으로, '체제'라는 개념을 통해 조직이나 행정을 연구하는 접근방법
② 체제(System) : ㉠ '공동의 목표달성을 지향하는 상호 관련되고 상호작용을 하는 부분요소들로 구성된 하나의 전체'로서, ㉡ 환경과 경계를 지니며, ㉢ 항상 균형을 유지하려는 기본적 속성(= 항상성 : homeostasis)을 지님.❶

> ❶ 균형은, 현상유지만을 위한 정태적 균형(static equilibrium)일 수도 있고, 일정한 방향으로 변화하면서 균형을 유지하는 동태적 균형(dynamic equilibrium)일 수도 있다.

③ 정치현상이나 행정현상에 대한 체제적 접근방법을 도입한 대표적인 학자는 이스턴(Easton)과 샤칸스키(Sharkansky)임.

> **PLUS 심화** 　체제론적 연구의 기본적 특징
>
> 1. **전체성을 강조하는 총체주의(holism)적 관점, 총체로서 체제에 대한 거시적 분석** : 체제론에서 전체란, 단순히 부분의 합이 아니라 체제 전체의 목표달성을 위한 부분들의 유기적 관계에 의하여 구성된 것으로, 개별 부분의 속성으로 환원시켜 설명할 수 없고 전체로서의 통합관계 측면에서 파악하여야 한다.
> 2. **목표론적 관점** : 모든 존재는 목표를 가지도록 설계되었거나 목표를 가진 것으로 본다.
> 3. **환경의 영향 중시와 환경요구에 대한 기능주의적 설명(필수다양성)** : 체제는 환경과의 전체적 맥락에서 주어진 역할을 얼마나 잘 수행하느냐에 따라 체제의 생존력이 결정되는 것이다(체제의 역할은 환경으로부터 투입된 요구와 기대에 의하여 결정되며, 역할의 수행정도는 환경으로 내보내는 산출로 평가된다). 이러한 환경적 요구에 대응하여 체제의 생존과 목표달성을 위하여 체제는 일정한 필수인 기능(AGIL)을 수행하며, 환경의 다양성이나 복잡성에 비례하여 체제의 구조와 기능이 더욱 분화된다(환경변화에 대한 구조와 기능의 신축적·합리적 적응). → 필수다양성(requisite variety : 조직 내의 하위체제는 그 조직이 직면해 있는 환경의 다양성만큼 다양하여야 함을 의미)

❖ 사회현상과 자연현상(조직, 정부, 사회, 유기체 등)을 System이라는 관점으로 파악

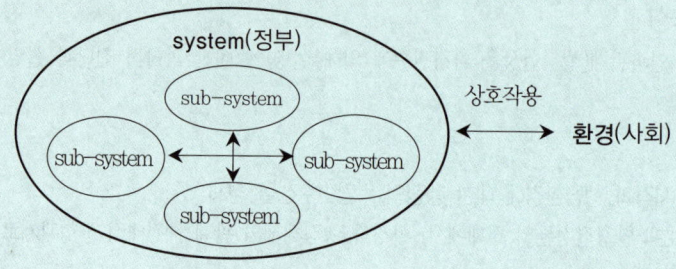

2. 체제(개방체제)의 특징

① **체제의 유형** : ㉠ 환경과의 상호작용이 없는 자급자족적 실체인 폐쇄체제(closed system)와 ㉡ 생존을 위해 환경으로부터 필요한 자원을 받아들이고 환경의 변화에 적절히 적응해가는 개방체제(open system)로 파악
② 일반적으로 체제란, 개방체제를 의미하며 개방체제는 시간선상에서 변동해 나가는 동태적 현상

(1) **체제와 환경과의 상호작용** : 이스턴(D. Easton)의 정치체제론(투입-산출모형)
모든 사회체제는 정치체제·경제체제·협의의 사회체제·행정체제 등의 하위체제로 구성되어 있으며, 개방체제로서 행정체제가 환경과 갖는 교호작용은 '투입(input : 사회문제해결 요구와 물질적·정신적 지지) → 전환(conversion) → 산출(output : 정책) → 환류(feed back)'의 동태적 과정을 통해 이루어진다. → 체제와 환경의 상호작용을 거시적으로 이해하는 데 유용한 체제와 환경과의 관계분석모형

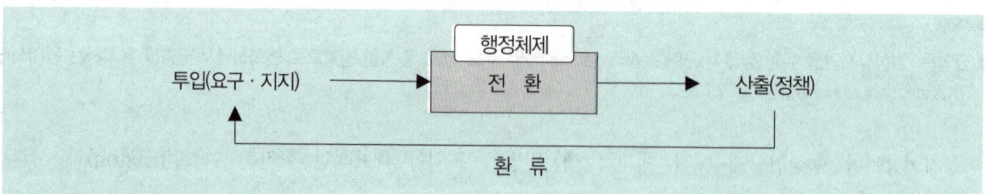

(2) 체제의 능(AGIL) : 구조-기능주의

파슨즈(T. Parsons)에 따르면, 모든 체제는 환경 속에서 그 생존을 위하여, ① **적응(Adaptation – 경제영역)**, ② **목표달성(Goal attainment – 정치영역)**, ③ **통합(Integration – 사법·경찰)**, ④ **잠재적 유형유지 및 긴장관리(Latent pattern maintenance – 교육·문화)** 라는 4가지의 '필수적인 기능적 요건'을 수행한다고 파악한다. ➔ 체제 내의 하위체제들이 어떠한 기능을 수행하는 지의 분석모형으로, 사회에 존재하는 모든 형태의 집단이나 조직에 공통으로 적용 가능한 이론 모형

① 모든 체제에는 4가지의 기능을 수행하는 하위체제(제도나 구조)가 존재하며, 기능적 요구에 맞게 구조도 분화
➔ 환경요구에 대한 기능주의적 설명(필수다양성), 환경변화에 대한 구조와 기능의 신축적·합리적 적응

② 국가들의 행정체제 비교연구에 일반적인 틀을 제공 : 모든 체제는 그 존속 및 목표달성을 위하여 필수적인 기능(AGIL)을 수행하며, 체제 내에는 이러한 기능을 수행하는 구조 또는 하위체제가 존재한다는 것이다. 따라서 국가 간 행정체제 비교에서, 행정기능을 파악하여 비교하고 행정기능을 수행하는 구조나 하위체제(기능적 상응치-functional equivalence)를 비교하면 된다고 봄.

(3) 개방체제의 특성

① **항상성(homeostasis)과 동태적 균형 유지** : 개방체제는 환경과의 교호작용을 통해 시간선상에서 변동해가나, 항상성으로 인하여 '동태적 균형상태'를 유지

② **체제의 변화와 성장** : 체제의 변화나 성장은 기존 균형상태에서 일어나지 않고 구성요소 중의 어느 하나에 변화가 생기거나 새로운 이질적 요소가 투입될 때 일어남.

③ **동일 종국성(equifinality)·이인동과성(異因同果性)** : 같은 종국상태나 목표상태가 서로 다른 출발조건과 경로를 거쳐서도 나타날 수 있다는 것 ➔ 개방체제 내부의 신축적인 전환과정을 통한 목표달성의 다양성을 의미(목표달성과정에 있어서 유일·최선의 방법을 부정), 체제 내부의 전환과정은 black box(암흑상자)로 파악

④ **부정적 엔트로피(negative entropy)** : 개방체제는 '시간이 지남에 따라 에너지가 소멸되어 붕괴되는 현상(entropy)'을 막는 부정적 엔트로피 기능을 수행

⑤ **전체성(부분들 간의 상호의존성 강조)** : 개방체제는 전체를 부분들로 나누어 부분들의 구조와 기능 또는 이들 간의 선형적 인과관계를 분석함으로써 전체의 이해가 가능하다는 입장(환원주의-reductionism)에 반대함. 체제는 구조, 기능, 분화, 통합 등이 서로 복잡하게 엉켜 있는 것으로 단순한 구조나 기능으로 환원시킬 수 없고, 전체로서의 통합관계를 분석해야 올바로 이해가 가능하다고 봄.

⑥ **구조와 기능의 다양성(필수다양성)** : 개방체제는 다양한 환경에 적응할 수 있도록 내부의 구조나 기능 또한 환경에 적합하게 다양성을 유지할 것이 요구됨. 체제는 환경의 다양성에 비례하여 하위체제의 구조와 기능이 더욱 분화되어야 함. 환경의 다양한 변화 요구(도전)에 대응하지 못하는 체제는 생명력을 상시하고 쇠퇴하게 됨.

⑦ **체제의 진화** : 개방체제는 환경으로부터의 도전에 대응하고 기회를 활용할 수 있도록 다양성을 갖추고, 특수한 기능을 수행할 수 있도록 구조와 기능이 더욱 분화되어 가며, 분화된 부분들을 전체로서 통합할 수 있는 능력에 따라 끊임없이 진화되어 감.

3. 체제론의 한계

① 급격한 변동 속에 있는 발전도상국가보다 안정된 선진국사회의 연구에 적합 : 변화를 설명하는 '동태적 균형'의 개념을 지니고 있으나 기본적으로 환경과의 관계에서 균형과 안정유지(환경변화에 대한 신축적 적응)를 강조하는 '균형이론'으로, 현상의 정태적인 측면을 분석하는 데 유용하지만, 복잡한 변동이나 발전을 설명하는 데 한계

② 행정의 독립변수성 설명 곤란 : 행정과 환경의 상호작용을 강조하지만, 환경적 영향의 강조로 체제가 환경을 적극적으로 유도·발전시켜 나가는 환경에 대한 행정의 독립변수적인 성격을 충분히 설명하지 못함.

③ 개인 차원의 미시적 현상 경시 : 거시적 접근방법에 근거한 거대이론(grand theory)으로, 체제의 구체적인 운영이나 행태적인 측면(권력, 의사전달, 정책결정의 문제, 이데올로기나 가치문제 등)의 설명에 한계

> **PLUS 심화** **체제론적 접근과 생태론적 접근의 차이점**
> 1. **체제론** : 선진국·후진국 등 모든 사회체제에 적용될 수 있는 보편적 일반이론(체제와 환경과의 관계는 투입-산출 모형으로, 체제 내부의 가공과정은 구조-기능주의로 모든 체제를 이해)
> 2. **생태론** : 환경적 요소(경제적 기초, 사회구조, 이념적 요인, 의사소통 및 정치체제)가 선진국과 후진국의 행정에 각각 어떻게 영향을 미치는가를 설명하는 것으로, 특정한 환경적 맥락하에 존재하는 행정체제의 행정현상을 설명하는 중범위이론의 특성 → 행정의 보편적 이론보다, 유사한 문화권이나 환경 하에서 적용가능한 중범위이론 구축에 자극을 주어 행정학의 과학화에 기여

05 행태론적 접근방법 ★★

1. 행태론적 접근방법의 의의

(1) 행태론적 접근방법의 개념

① 정치현상·행정현상·사회현상의 연구에서, 연구대상을 이념·제도·역사·구조보다 제도 내의 인간행태(= 행정인의 실제행위나 활동, 개인·집단·조직차원에서 이루어지는 인간행태)에 두고,

② 경험적·과학적·실증적 방법을 통해 연구하여 인간행태에 존재하는 법칙성(인과관계에 관한)을 발견하여,

③ 이를 통해 인간행태를 기술·설명·예측하려는 접근방법이다.

✱ ㉠ 실증주의로 대표되는 주류 사회과학 방법론에 입각하여, 사회현상의 연구에도 자연과학적 방법론을 적용하여 사회현상 속에 존재하는 법칙성을 발견하고, 이를 통해 사회현상을 설명·예측해야 한다고 주장하고, ㉡ 따라서 사회현상을 관찰가능한 객관적 대상으로 보아 인간의 주관이나 의식(가치)이 배제되어야 한다고 주장한다. ㉢ 그리고 행태의 규칙성은 공조직이나 사조직이 서로 다른 것이 아니고 두 조직에 공통된 것으로 보아 행정과 경영을 동일시하는 경향이 강하다.

- 개인, 집단, 조직의 가치관·태도·사고방식
  - ① 행태론의 Behavior(행태) : 관찰·실험·질문 등을 통해 파악할 수 있는 '객관적이고 외면적 요소'
  - ② 현상학의 Action(행위) : 객관적이고 외면적 요소(행태) + '행위자의 의도나 동기(주관적이고 내면적 요소)'

(2) Simon의 「행정행태론(Administrative Behavior), 1949」
  ① 행정행태에 대한 **논리실증주의에 입각한 경험적 연구**를 통해 행정학의 과학화를 기할 수 있다고 보았고,
  ② 행정행태 중 '**의사결정**'을 행정의 핵심으로 파악하여, 의사결정에 관한 과학적 연구가 행정학 연구의 중심이라고 보았다.

2. 행태론적 접근방법의 특징

(1) 연구대상 – '행태'에 초점
  ① 행정의 구조적·제도적 측면보다, 행정인의 실제 행동과 행동에 영향을 미치는 가치관·사고방식·조직문화(= 객관적·관찰가능한 행태) 분석에 초점
  ② 행태주의(behavioralism)는 명백한 자극과 반응으로 볼 수 있는 행위 또는 행동만을 연구대상으로 삼는 심리학적 행동주의(behaviorism)와는 달리, 특정 질문에 따른 반응을 통해 파악할 수 있는 태도, 의견, 개성 등도 행태에 포함

(2) 분석수준 – '**방법론적 개체주의**(methodological individualism)'
  집단이나 전체의 고유한 특성을 인정하지 않고, 개인의 행태를 통해 전체를 이해할 수 있다는 방법론적 개체주의(= 환원론 : 집단현상을 개인수준으로 환원하여 설명)에 근거

(3) 연구방법 – '논리실증주의'에 근거한 인과성 입증과 규칙성 발견
  사회현상도 자연과학과 마찬가지로 엄밀한 과학적 연구가 가능하다고 보아, 자연과학적 방법을 이용하여 '가설제시 → 자료수집(경험적 관찰, 면접, 실험) → 가설검증'이라는 과학적·경험적 절차에 의한 일반 이론(법칙) 정립을 중시

(4) 가치와 사실의 분리와 사실중심적·가치중립적 연구

(5) 개념의 조작적 정의를 통한 객관적인 측정, 계량적 분석

(6) 순수과학적 성격과 동시에 종합과학적(학제적) 성격, 사회과학의 통합

3. 행태론의 한계

(1) 연구대상·범위의 지나친 제약
  ① 행태론의 지나친 방법론적 엄격성으로 인해, 과학적 연구가 불가능한 것(가치문제)을 배제하여 연구대상과 범위를 지나치게 제약
  ② 인간의 외면적인 객관적 행태는 관찰·설명하지만, 그 행태 이면의 진정한 의미를 파악 못함
  ③ 방법론적 개체주의에 입각하여, 조직과 환경의 관계나 제도적 요인 경시

(2) 연구방법과 기술에 지나친 치중
  행태론은 연구방법과 기술에만 급급한 나머지, 정치나 행정의 본질보다는 오히려 그 설명에만 치중

(3) 가치판단 배제의 비현실성과 경험적 보수주의화

06 反(반)실증주의적 관점 : 후기 행태주의와 현상학적 접근방법, 비판이론적 접근방법

1. 후기 행태주의적 접근방법

(1) 등장배경

1960년대 중반 미국사회의 다양한 사회문제(흑인폭동과 월남전)와 Johnson 행정부의 '위대한 사회(Great Society)' 정책추진에 대해, 인간행태에 대한 경험적·실증적 연구를 통한 사실(fact)의 객관적 분석에 치중하였던 **행태주의의 현실처방성과 정책지향성 결여에 대한 비판**으로 '후기 행태주의(post-behavioralism) 혁명' 제기

(2) 후기 행태주의의 성격(D. Easton) = ① 적실성의 신조와 ② 실천

① 과학으로서의 행정학보다는 당면 사회문제를 해결하기 위한 기술(art)로서의 행정학 더 중시 ➔ 과학적 지식과 기술을 급박한 사회문제 해결에 사용할 것을 주장
② 가치중립적인 과학적 연구보다 가치판단을 포함한 가치평가적인 정책연구를 지향

(3) 후기행태주의의 영향

① 이론중심으로부터 실천적인 사회문제 해결 중심으로 전환되면서 **정책학이 재출발**
② 사실중심에서 규범적·가치 중심적 연구를 강조하는 차원에서 **신행정학 운동이 등장**

PLUS 심화 　행정연구에서 객관주의와 주관주의(Burrell & Morgan) : 사회과학방법론 논쟁 ★★

1. 행정에 관한 주류적 접근방법(= 논리실증주의) : <u>객관주의(objectivism)에 입각</u> ➔ 행태주의
2. 反(반)실증주의적 접근방법 : <u>주관주의(subjectivism)에 입각</u> ➔ 현상학과 비판이론
　• Burrell과 Morgan은 사회과학에서 지식을 추구하는 방법(사회과학의 성격에 관한 논쟁)을 ① 객관주의적 시각과 ② 주관주의적 시각으로 나누어 비교

구 분	객관주의(➔ 행태론)	주관주의(➔ 현상학)
존재론❶	실재론	유명론(명목론)
인식론❷	실증주의	反(반)실증주의
인간본성❸	결정론	주의주의·임의론
방법론❹	일반법칙적	개별사례적

✤ 주류적 사회과학방법론(행태주의)과 대립하는 反실증주의의 기본적 시각은 <u>사회과학의 연구대상인 사회현상은 그 속성상 자연과학의 연구대상으로서의 자연현상과 같은 것으로 볼 수 없다고 주장</u>. 따라서 <u>사회현상의 연구를 위해서는 자연현상의 연구와는 다른 방법론을 필요로 하거나, 실증주의에 입각한 방법만으로는 불충분하다는 것</u>

❶ 존재론적 차원 : ① 객관주의는 실재론(realism : 사회현상이나 사물은 인간의식 외부에 존재하는 객관적 실체)을 따르지만, ② 주관주의는 유명론(nominalism : 사회현상은 인간의식에 의해 의미가 부여된 명목·언어)을 취하여 인간의 의식·행위를 중요시하고 사회세계는 인간의 의식의 산물로 본다.

❷ 인식론적 차원 : ① 객관주의는 실증주의(객관적 실체에 대한 과학적·경험적 관찰과 실험을 통해 파악)의 입장을, ② 주관주의는 反(반)실증주의의 입장을 취한다.
❸ 인간본성적 차원 : ① 객관주의는 사회현상은 인과법칙의 지배를 받는다는 결정론(determinism)적 입장을 취하여 인간의 행동이 환경 등 인과적 요인에 의하여 설명될 수 있다고 보며, ② 주관주의는 주의주의(主意主義 : voluntarism)적 입장에서 인간의 자율성·능동적 측면을 중시한다.
❹ 방법론적 차원 : ① 객관주의는 일반 법칙적 방법을, ② 주관주의는 개개의 사례나 문제 중심적 방법을 추구한다.

2. 현상학적 접근방법 – 해석학, 행위(action)이론❶ ★★

❶ 해석학 : 언어를 '명제'나 '기호'로 보기보다는 '상징(symbol)'으로 본다. 즉 해석학에서 언어는 문자 그대로의 의미 외에 '숨겨진 의미'를 담고 있는 상징이다. 해석학은 이 숨겨진 의미를 읽어내는 해석의 방법에 관한 것이다.

(1) 현상학의 의미(Husserl, Schutz)
① **현상학의 개념** : 외부 관찰자의 입장에서 관찰할 수 있는 요소나 명백한 외견적 행태에 대한 인과적 설명에 관심을 갖는 것이 아니라, **외부로 나타난 현상 너머에 있는 근본적인 것(본질적인 것)을 서술**함으로 **불변적·근원적·절대적 지식을 얻으려는 철학**
② **현상학에서 보는 사회현상 또는 사회적 실재(social reality)** : 자연현상처럼 삶과 동떨어진 객체로 존재하는 것이 아닌, 그 속에 참여하는 사람들의 의식·생각·언어·개념 등으로 구성되며 그들의 상호주관적인 경험으로 형성되는 것(= 구성주의)이기 때문에 사회과정에서는 형성하는 사유 대상 또는 정신적 구성물은 자연과학의 그것과는 본질적으로 다르다.
③ 인간이란, 사회적 세계에 수동적으로 반응하여 행동하는 객체(수동적·원자론적 자아)가 아니라 사회적 세계 속에서 능동적으로 행위하는 주체(능동적·사회적 자아)로서 연구되어야 하며, '해석'이란 의도를 가진 행위(action)의 의미를 이해하는 것이다.
④ 따라서 '현상'에 대한 경험적 관찰에 한정하기보다는, 일상생활의 상식적인 생각 속에서 인간행위를 이해하고, 행위 이면에 깔린 행위자의 주관적 의도·의미를 고려할 때, 인간 행위에 대한 진정한 이해가 가능하다.

(2) 현상학의 주요내용
① **생활세계를 중시** : '일상생활의 세계'란 의식이 깨어 있는 모든 인간들이 일상을 살아가면서 경험하고 관여하면서 나름대로의 의미를 부여하는 상호주관적 세계이다. 따라서 사회과학의 연구대상인 생활세계로서의 사회현실을 제대로 이해하기 위해서는 사회 속에 살고 있는 사람들의 관점에서 그 사회를 이해하는 방식을 연구해야 한다.
② **괄호 안에 묶어두기(현상학적 판단정지)** : 현상의 본질에 관한 근원적 지식을 서술하려면 겉으로 나타난 현상만을 보고 성급한 판단을 내리는 것을 중지(현상학적 판단정지)하고, 적어도 잠정적으로는 이를 거부하는 조심성을 보여야 한다.
③ **物化(물화) 문제** : 인간이 만든 조직이 대규모화·전문화·복잡화됨에 따라 인간의 정신적이고 심리적인 것을 떠나버리게 되어 인간상실을 유도한다. ➔ 현상학은 '조직의 탈물화'를 강조

④ 상호주관성(inter-subjectivity) : 현상학에서는 인간은 의식과 의도를 가진 능동적 존재로서 파악된다. 그리고 **사회적 현실로서 인식되는 조직**은, 인간이 조직에 부여하는 의미의 맥락에서 그 존재의의를 갖게 되며, **개개인이 상호주관적·간주관적(間主觀的)으로 나누어 갖는 경험을 바탕으로 구성**된다고 파악한다. ➔ **신행정론의 조직관** : 탈관료제로 주장한 Kirkhart의 '연합적 이념형'❶

> ❶ **연합적 이념형** : 상호주관적으로 공유된 의미의 집합으로서 여러 가지 행위유형에 부여된 의미의 흐름에 의해 다스려지는 조직형태(反관료제) ➔ 비경쟁성과 상호신뢰를 토대로 하여, ① 프로젝트 팀이 작업의 기초단위가 되고, ② 권위구조는 다양한 권위유형에 의존함으로써 고정된 계층구조를 내포하지 않으며, ③ 사회적 인간관계는 항시 개방적이며, ④ 고객의 대표성이 조직 내에서 보장되는 특성을 갖는다.

⑤ 하몬(Harmon)의 행위이론(Action Theory) : Harmon은 인간의 의도된 행위(action)와 표출된 행위인 행태(behavior)를 구별하고, 의도된 행위에 관심을 기울임으로써 행동의 의미를 좀 더 근본적으로 이해할 수 있다고 주장한다. ➔ Harmon은 **결과보다 과정을 더욱 중시**하는데 이때의 과정은, 합리주의에서 말하는 목표달성으로 가는 단순한 도구가 아니라, 문제의 본질이 구성원 간에 이해되고 공유되며 상호신뢰가 이루어진 가운데 문제가 해결되는 과정을 의미

(3) 현상학적 접근방법에 대한 평가
① 과학적 연구방법을 통해서 규명하지 못하였던 인간의 주관적인 의식·동기 등의 의미를 더 잘 이해할 수 있게 한다.
② 사회현상으로서 조직을 이해하는 데 보다 폭넓은 철학적 사고방식과 준거의 틀을 제공하지만, 지나치게 사변적·주관주의적 철학에 너무 의존한다.
③ 관리의 원칙이나 기술을 명시하지 못하고, 경험적으로 증명할 수 있는 가설을 제시하지 못한다.
④ 개별적인 인간행위와 개인 간의 상호작용의 해석에 초점을 두어 접근방법이 지나치게 미시적이다.

3. 비판이론

(1) 비판이론의 의의(Horkheimer, Habermas 등 Frankfurt학파)
① 도구적 이성(= 어떤 행위의 정당성 여부를 주어진 목표에 대한 수단의 관점에서 파악하는 합리성)에 바탕을 둔 실증주의적 연구방법에 대하여, **인간의 비판적 이성(critical reason)을 중요시**하며 **가치비판적 입장**을 취하는 접근방법
② 현대사회에서 사회관계의 지나친 합리화(= 도구적 합리성 추구)를 비판함으로써 **합리화로 초래된 사회지배기구로부터의 인간해방**에 초점을 두는 접근방법
③ 비판의 의미 : 현존하는 사상·행위·사회적인 조건들을 아무런 생각 없이 습관적으로 수용하지 않고, 인간 사회생활을 지배하는 근원이 무엇인지를 밝혀내고(**비판적 성찰**), 이러한 제반 근원적 요인들에 대한 변화를 통해 궁극적으로 사회지배기구로부터의 인간해방과 자유실현(**실천-Praxis**)을 이룩하려는 지적·실천적 노력

(2) 비판이론의 기본개념
① **총체성** : 세계사회에 대한 이해는 고립적·부분적으로 이해되어서는 안 되며, 전체적이며 연관적으로 이해되어야 한다.
② **의식** : 의식은 사회적 현실을 규정하고, 궁극적으로 사회적 세계를 창조하고 유지하는 힘이다.
③ **소외** : 인간은 자신이 살고 있는 세계와 자신의 실존을 다만 수동적으로 경험함으로써, 인간 자신 속에서 주체와 객체 또는 의식과 객관화된 세계 간의 분리라는 인간소외를 경험하고 있다.
④ **비판** : 비판이성의 회복을 강조한다.

구 분	도구적 이성	실천적(해석적) 이성	비판적 이성
사회적 실재	조직이나 전체질서 속에 도구로서의 인간, 목적 -합리적 행동의 강조	사회적 행위자 간에 공유하는 의미에 바탕을 두는 상호작용(의사소통행위)	사회적 권력관계에 대한 비판적 통찰을 통한 해방
사회과학의 접근방법	경험적·분석적 과학 (실증주의)	해석학적 과학(의미의 해석)	비판지향적 과학(비판에 의한 사회의 성찰과 이해, 변화를 추구)
지식의 목적	통제(자연과 사회를 통제하고 지배하기 위한 이성적 활동으로서의 지식)	이해(단순한 설명이 아닌 어떤 사상이나 행위의 의미를 이해)	인간의 성장과 발전을 제한하는 사회적 제약으로부터 인간해방
행동방법	조직이나 체제의 목적에 도달하는 도구적 행동	Action(사람들 간의 상호이해를 증진하기 위한 행동)	Praxis(실천 : 사회적 행위자인 개인으로 하여 자율과 책임, 의사소통과 합의, 이성과 실제를 자신과 타인들을 교육할 행동양식으로 결합)

제7절 공공선택론적 접근방법

01 공공선택론(= 정치현상에 관한 경제이론)의 의의

1. 공공선택론의 의미 ★★

① 공공선택론(public choice theory)의 개념 : **'비시장적 의사결정(non-market decision-making)에 대한 경제학적 연구** 또는 **정치학에 경제학을 응용하는 것'**이라 정의(Mueller)한다. ➔ 즉, 공공선택론은 국가이론, 투표규칙, 투표자행태, 정당정치, 관료행태, 이익집단 등(= 비시장적 의사결정의 문제들, 정치·행정현상)의 연구에 경제학적 분석을 적용하고 있다.❶

② 공공선택론은 정치·행정현상을 경제학 이론을 통해 연구하여(일반적으로 신고전주의 경제학의 원리를 정치행태에 적용하여), 주로 공공재 공급과정에서 나타나는 **정부실패를 규명**하고, 시민 개개인의 선호와 선택을 존중하는 공공재의 효율적 공급이 이루어지기 위한 방안으로 **시장의 경쟁원리(공공부문의 시장경제화)를 강조**한다.

❶ 경제학적 접근의 기본적 특성
① 관료와 정치인을 포함한 모든 개인을 합리적 경제인으로 파악하며, 이러한 경제인은 주어진 제약조건하에서 자신의 효용·이윤을 극대화하고 비용을 극소화하는 최적 선택을 한다.
② 이러한 개인의 최적선택의 결과로 재화에 대한 수요와 공급이 이루어진다.

2. 공공선택론의 확립

(1) 공공선택론의 발전과정(공공선택 연구의 다양성)

① 공공선택론의 정체성은 뷰캐넌(Buchanan)과 털록(Tullock)의 「국민합의의 분석, 1962」에 의해서 확립되기 시작하였다.

② 이후, Downs는 정당과 시민 등의 민주주의하의 모든 행위자들의 행동을 경제학적으로 분석하고, Buchanan과 Tullock은 전원일치의 규칙과 같은 투표를 통한 공공선택이론을 전개한다. 나아가 Niskanen은 관료의 예산극대화를, Olson은 합리적 경제인의 관점에서 '집단행동의 논리'를 설명한다.

③ 오늘날에는 Stiegler, Posner 및 Pelzman 등에 의한 '규제의 경제이론'이 전개되고 있다. 또한 오스트롬(V. Ostrom)은 「미국행정학의 지적 위기, 1973」에서 행정학분야에 공공선택론을 도입하여 '민주행정의 패러다임'으로써 공공선택론을 전개한다.❷

❷ 행정학 분야에 공공선택론을 도입 : V. Ostrom(「미국행정학의 지적 위기, 1973」)
① 미국행정학의 '지적 위기' 문제에 대한 극복대안으로 행정학의 정체성은 관료제와 Wilson행정모형에서 '서비스전달체제(행정학은 서비스전달체제와 분리될 수 없다)'로 전환되어야 함을 주장하면서, 행정행태에 대한 설명에서 정치경제학(공공선택론)의 관점을 수용할 것을 강조한다.
② 또한, 수요-공급의 원리에 의해 정부를 공공재의 생산자로 시민들은 공공재의 소비자로 규정하여, 공공재의 최적 공급을 위한 정책결정방식과 조직배열의 연구에 초점을 두고 있다('민주행정 패러다임').

02 공공선택이론의 방법론상의 특징

① **방법론적 개체주의(정치행위자 개인을 분석단위로 함)** : 대표적이라고 생각되는 개인의 행동을 기본적 분석단위로 하여, 정치·경제·행정현상을 분석(모든 사회현상이나 규칙성은 개인들의 합리적 선택행위로 환원될 수 있다는 환원주의적 관점에 근거)한다. ➡ 사회적 규칙성에 관한 미시적 기초를 제공
② **합리적·이기적 경제인 가정** : 공공선택론의 출발점은 정치에서의 인간은 시장에서의 개인과 같이 이기적인 합리적 경제인이라는 것이다. ➡ 따라서 개인들은 공공재를 최소의 비용으로 향유하려고 하기 때문에 공동으로 사용할 재화와 용역의 공급과 개선에는 자발적인 의욕을 보이지 않을 것이며, 동시에 공익 추구를 위해 자발적으로 단체를 구성하지도 않을 것이라 가정
③ **연역적 이론화와 수학적 공식의 사용** : 행위자들의 합리적·이기적 선택행위에 관한 연역적 추론을 통하여 일관성을 지닌 이론을 구축
④ **교환으로서의 정치** : 정치라는 작용도 시장에서의 거래처럼 본질상 '교환'에 불과
⑤ **정치행정체제와 제도의 조정** : 공공재의 효율적인 공급과 생산은 사람들의 합리적 선택에 영향을 미치는 정부구조나 제도적 장치의 마련(예 Ostrom이 제시한 관할권의 중첩)을 통해서 가능 ➡ 이러한 견해의 공공선택론을 '합리적 선택 제도주의'라 부름.

03 공공선택론의 주요 이론

1. 집합적 선택과 애로우(Arrow)의 불가능성 정리 ★★

① Arrow는 「사회적 선택과 개인적 가치, 1951」에서, 국민 전체의 의사나 선호를 표현하는 바람직한 사회후생함수(사회적 선택 규칙)가 갖추어야 할 공리적 조건으로, ㉠ 합리성(완비성과 이행성 : 범위의 무제한성), ㉡ 파레토 원칙(사회의 모든 사람이 A보다 B를 선호하면 사회도 A보다 B를 선호해야 한다), ㉢ 무관한 대안으로부터 독립성(A와 B의 두 사회상태를 비교할 때, 관련이 없는 제3의 선택가능성 Z의 존재가 이들 사이의 선호순위에 영향을 주지 말아야 한다), ㉣ 보편성(개인의 선호에 대한 비제약성), 그리고 ㉤ 비독재성(한 사람의 선호가 사회전체의 선호를 좌우해서는 안 된다)을 제시하고 있다.
② **합리이면서 동시에 민주적인, 사회적 선택의 불가능** : Arrow는 이상의 윤리적 조건을 모두 만족시키는 사회후생함수가 존재하지 않는다는 '불가능성 정리(impossibility theorem)'를 주장한다. 즉, ㉠ 합리성, ㉡ 파레토원칙, ㉢ 무관한 대안으로부터 독립성, ㉣ 보편성을 만족시키는 사회적 선택은, 독재적인 것이 된다(㉤ 비독재성을 충족하지 못함)는 것이다.
③ **불가능성 정리의 함의** : 다수결 원칙과 같은 민주적 절차를 적용하여 바람직한 사회후생함수(사회적 선택)를 도출할 수 없음을 입증하는 것으로, 다수결 원칙을 채용한 민주적 정치체계에서 실제 행해지는 집단적 선택은, Arrow의 바람직한 조건의 하나 또는 그 이상을 만족시킬 수 없다는 의미에서 차선의 선택이 될 수밖에 없다.

2. 집합적 의사결정 규칙의 분석

(1) 과반수 투표제에서, 투표의 역설·투표의 순환

① 민주주의하에서 가장 널리 사용되는 집합적 선택규칙은 과반수투표제이나, '투표의 역설과 투표의 순환'으로 어떤 대안도 선택되지 못하는 문제가 있고, 다수의 횡포와 중간선호를 가지는 집단이 결정에 중대한 영향을 미치는 문제가 나타난다(= 중위수 투표자 정리).

② 투표의 역설 : 집합체의 선호가 이행성의 원칙을 충족하지 못함으로 인하여, 짝짓기 투표가 아무런 결론을 도출하지 못하고 무한정 반복되는 현상 ➜ 예 「A안, B안, C안」의 3개의 대안에 대해 '과반수 투표'에 붙일 때 : A < B이고, B < C라면, 이행성의 원칙에 따라 당연히 A < C가 되어야하나, (이행성원칙이 충족되지 않아) 투표결과 A > C가 되는 역설현상 → 3개의 대안 중 가장 좋은 대안이 무엇인지 알 수 없어서 투표가 무한히 반복됨

(2) 투표담합(log-rolling)·투표거래(vote trading)

① 과반수를 달성하지 못하는 집단들이 과반수를 달성하기 위하여 표를 거래하는 것으로, 투표거래 때문에 다수의 투표자가 반대하는 대안들이 채택될 수도 있다.

② 만약 투표거래가 없다면, 각 안건에 대해 상대적으로 강한 선호강도를 갖는 소수는 다수에 의해 압도당하고 만다. 그러나 X사업에 강한 선호강도를 가진 B의원과 Y사업에 강한 선호강도를 지닌 C의원이 서로 찬성표를 던지기로 담합하면, 두 사업은 모두 통과되고, 담합은 세 명으로 이루어진 공동체 전체의 후생수준을 향상시킨다.

구 분	X 사업	Y 사업
A 국회의원	-2	-2
B 국회의원	5	-2
C 국회의원	-2	5

(3) 효율적인 집합적 의사결정규칙 ★★

① Buchanan과 Tullock은 「국민합의의 분석(The Calculus of Consent), 1962」에서 집합적 의사결정에 사용되는 결정규칙을 의미하는 '헌법적 선택(constitutional choice)'에 대해 논하면서, 직접 민주주의 하에서 이루어지는 **집합적 의사결정의 최적 규칙**을 제시한다.

② 공공재공급을 위한 집합적 의사결정에서 어떤 대표적 개인도 **의사결정비용**뿐만 아니라 **외부비용**을 고려하여야 한다.❶

---

❶ 의사결정비용과 외부비용
  ① **의사결정비용** : 의사결정과정 자체에 소요되는 자원, 시간, 노력 등 ➜ 만장일치와 같이 동의자의 수를 많이 요구할수록 의사결정비용은 커짐.
  ② **외부비용** : 개인들이 자신의 선호에서 벗어나는 결정으로 인하여 부담하게 되는 비용 ➜ 독재와 같이 동의자의 수가 적게 요구될수록 외부비용은 커짐.

③ ㉠ 만장일치를 요구하면 외부비용은 최소화되나 의사결정비용은 최대화되며, ㉡ 단독적(독재적) 의사결정의 경우에는 반대이다. ➜ 따라서 Buchanan과 Tullock은 직접 민주주의 하에서 이루어지는 집합적 의사결정의 최적 규칙(= 헌법)은 두 가지 비용함수의 수직적 합이 최소로 되는 점(= 2가지 비용을 합한 총비용이 최저인 점)의 구성원의 동의를 얻는 것이다.

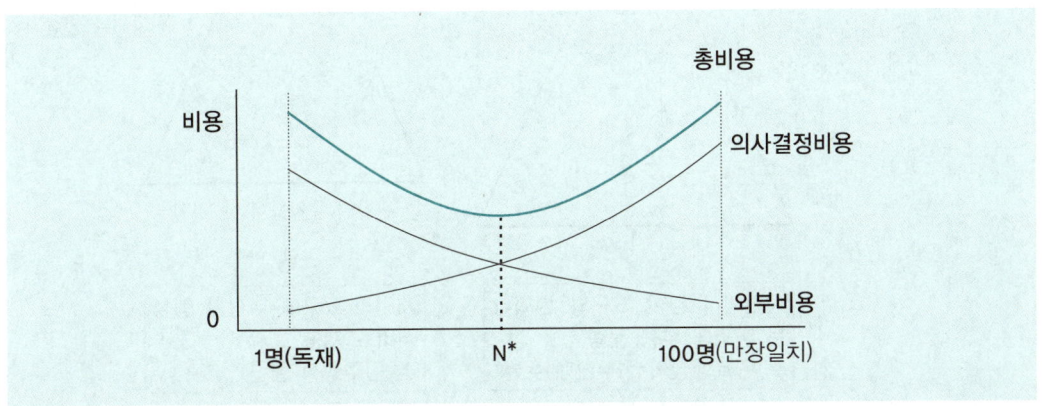

3. 관료제의 예산결정행태 분석이론 : 니스카넨(Niskanen)의 예산극대화모형

4. 정부규제 및 지대추구이론(Tullock)

5. 오스트롬(V. Ostrom)의 민주행정 패러다임 : 공공서비스 공급체계 개편 ★★★

(1) Wilson류 행정패러다임(관료행정)에 대한 비판

① <u>Wilson류 행정패러다임에 의하면,</u> 행정은 가치중립적인 것이고 효율적 집행을 담당하기 때문에 정치의 영역 밖에 있으며, 이러한 정부에서는 전문적으로 훈련된 공무원을 계층적으로 완벽히 서열화하는 것이 '좋은 행정'을 위한 구조적인 조건이 된다.
② <u>V. Ostrom은</u> 단일의 권력중추에 귀속되도록 공무원을 계층제안에 완벽하게 서열화하면, 시민의 다양한 요구와 변화하는 환경에 부응하지 못하여 **정부실패의 원인이 된다**고 본다. 즉, 권력이 분산되지 않거나 권력 상호간에 제약과 통제가 없으면 이기적인 목적을 위해 권력을 남용하려는 관료에 의해 권력이 독점된다는 것이다.

(2) 민주행정 패러다임

① 공공재와 공공서비스의 효율적 공급을 위한 조직적 장치로, ㉠ '**권한의 분산**(어떤 관할권에서 복수의 거부권을 지닌 다양한 결정체 사이에 권한을 분산)과 ㉡ **관할권의 중첩**(다양한 규모의 다수의 중첩적 관할권의 개발)'을 제시
② 관할권의 중첩이 이루어진 **다원조직체를 활용**하면, 각 권력기관은 경쟁을 통하여 고객에 대한 서비스를 만족시킴으로써 자신의 관할권을 유지하려 할 것이라고 주장

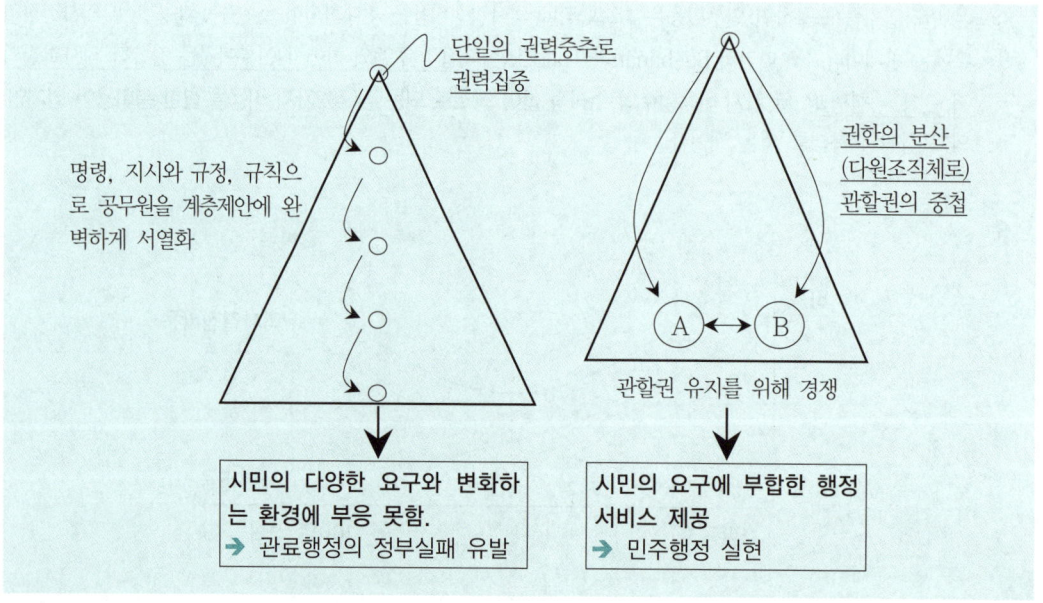

제8절 신제도론적 접근방법

01 신제도론적 접근방법의 의의

1. 신제도론의 의미
① 1990년대 이후 대두된 '제도'를 중심으로 정치·경제·사회현상을 설명하려는 학문분파
② 인간의 행위와 정치·경제·사회현상을 설명하는 데 있어서 ㉠ '제도의 중요성·독립변수성(Institutions do matter)을 인식'하고,❶ ㉡ '제도와 개인의 행태 간의 관계', 그리고 '제도의 발생·변동'에 초점을 두는 일련의 연구방법

❶ 신제도주의의 등장배경: 행태주의의 원자적 설명(인간행태중심의 방법론적 개인주의와 환원주의적 설명)에 대한 반작용으로서, 제도의 중요성 인식에 있다.

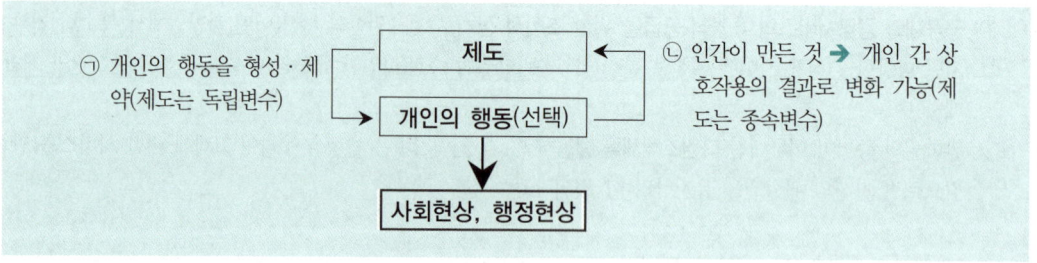

③ 신제도론의 분파 : 독자적인 학문분야에서 독자적인 배경 하에 등장하여 ㉠ 경제학에 기초한 합리적 선택 신제도주의, ㉡ 정치학과 정책연구 분야의 역사적 제도주의, ㉢ 사회학과 조직연구 분야의 사회학적 신제도주의

2. 구제도론(= 행태주의 이전의 법률적·제도론적 접근방법)과 신제도론의 차이점 ★★

구 분	구제도론	신제도론
연구대상인 제도	헌법, 의회, 내각, 법원, 관료조직 등 공식적·법적인 정부제도 ➜ 유형적인 개별 정치제도(법으로 규정된 유형적 정부기관)	인간의 행태를 제약하기 위해서 고안된 일단의 규칙, 절차, 규범 등 공식적·비공식적 제약 ➜ 제도들의 동태적인 관계 또는 전체적 패턴(정부제도와 민간제도들의 역동적 관계를 포함하는 정치적 네트워크의 개념으로 무형적인 것까지 포함)
제도 연구방법	① 제도를 문화의 산물로서 외생적으로 주어진 것으로 보고, 특정 정치제도의 공식적·법적인 개념과 속성을 단순히 기술(describe)·묘사 ➜ 제도에 대한 정태적 기술 위주 ② 정치체제를 둘러싼 도덕적·규범적 원칙을 논의	① 제도 자체가 수행하는 독립적인 기능이나 제도가 인간의 유인체계에 미치는 제약을 '분석적 틀'에 기반한 '설명'과 '이론의 발전'에 초점 ➜ 제도를 중심개념으로 정책현상 등 다른 변수들과의 인과관계 분석과 가설검증을 추구 ② 제도를 통해 개인행위를 설명하며, 동시에 개인의 행위가 어떻게 제도를 변화시키는지에 대해서도 주목 ③ 경험적 분석에 초점

✤ **구제도론에 대한 신제도론의 차별성** : ① 구제도주의와는 달리 제도의 개념을 동태적으로 파악, ② 구제도주의와 달리 제도적 틀을 독립변수로 간주해서, 정책 현상의 차이를 밝히고자 하는 인과관계를 검증하는 분석적 접근을 채택

3. 신제도주의에서 바라보는 제도(institution)의 의미

① 제도란 '**사회의 구조화된 어떤 측면**'을 의미하며, 사회현상을 설명할 때는 이러한 구조화된 측면에 초점을 맞추어야 한다는 점에서 제도의 중요성을 강조한다.
② 이러한 제도는 **개인의 행위를 형성·제약하는 맥락** 역할을 한다. 그리고 제도적 맥락 하에서 이루어지는 개인의 행위는 규칙성을 띤다.
③ 제도는 개인의 행위를 제약하지만, 인간이 고안한 제약이며 개인 간 상호작용의 결과로 변화한다. ➜ 제도는 **독립변수인 동시에 종속변수**이다.
④ 제도에는 **공식적인 측면**(헌법, 법률, 공식적 규칙 등)뿐만 아니라, **비공식적 측면**(관례, 관행, 규범, 문화 등)이 모두 포함된다.

02 합리적 선택 신제도주의 ★★

1. 합리적 선택 신제도론의 의미

합리적 선택 신제도주의란, 경제학에서 출발한 것으로 사회현상을 설명함에 있어서, ① 사회현상을 '만들어 내는 존재'로서 경제적 인간의 합리적 선택에 초점을 두면서도, ② 인간의 선택을 틀 짓는 여러 가지 제약(제도)들에 관심을 갖는 이론이다.

2. 합리적 선택 신제도론의 특징

① 제도 : 자신의 이익 극대화를 도모하는 합리적인 행위자들간의 전략적 상호작용의 결과물(균형점을 이루는 공유되는 전략, 규칙, 인간행태의 지속적인 규칙성 = 게임의 규칙)이다.
② 제도 형성 : 제도는 효용극대화라는 주어진 선호체계하에서 개인들이 집단행동의 딜레마를 해소하기 위하여, 합리적 계산에 의해 의도적으로 만든 것(행위자들이 집합적으로 더 나은 결과를 가져오는 행동이나 대안을 선택하지 않는 이유는 적절한 제도적 메커니즘이 존재하지 않기 때문이라고 보아, 집단행동의 딜레마를 해결하기 위한 방편으로 의도적인 '제도' 설계를 강조)으로 본다.
③ 제도가 인간행위에 미치는 영향 : 합리적 개인의 의식적 설계의 결과로서 만들어진 제도는, 합리적 행위자의 전략이나 보상함수를 변화시켜 인간의 행위를 제약하는 방식으로 인간행위에 영향을 미친다.

03 합리적 선택 신제도론의 주요이론

1. 던리비(Dunleavy)의 관청형성모형

(1) Niskanen의 관료제 분석

관료들의 합리적 선택행위(모든 국가기관을 계층제적 계선관료제로 간주, 기관 내 모든 관료들의 행동을 동질적인 것으로 간주하여)로만 관료제를 분석하여 '**예산극대화의 결론**'을 도출 ➜ 관료들의 합리적 선택을 제약할 수 있는 구조적 측면(관료의 지위나 기관의 성격 등)을 고려 못하는 한계

(2) Dunleavy의 관청형성모형

관료들의 합리적 선택을 기본 전제로 하면서도, 그들의 선택행위를 제약할 수 있는 '제도로서의 구조적 상황(관료의 지위나 기관의 성격)'을 강조하여, 예산극대화 모형에서와 달리 합리적인 고위직 관료는 예산극대화를 추구할 동기를 별로 갖지 않는다. 그 이유로서 ① 관료제 내에 집합행동의 문제가 존재하며, ② 예산증가와 관련된 관료의 효용 정도가 예산의 유형과 기관의 유형에 따라서 몹시 다르며, ③ 고위직 관료들은 금전적인 효용보다는 업무와 관련된 효용을 더 추구한다는 점이다.

① 관료제 내에서의 집합행동의 문제 : 예산극대화 전략은 관료들의 개인적인 전략이라기보다는 집단적인 전략에 속한다고 볼 수 있다. 따라서 예산극대화와 관련하여 개별 관료는 '무임승차'하고자 하는 욕구를 갖게 된다.
② 예산의 유형에 따른 예산극대화의 변이 : 중·하위직 관료는 봉급 등 기관자체의 운영비와 같은 '핵심예산'의 증대에 관심을 지니나, 고위직 관료는 해당기관이 민간부문에 지불하는 지출액인 '관청예산'에 더 큰 관심을 지니며 또한 다른 정부관청으로 이전되는 자금인 '사업예산'의 증대는 고위관료에게 큰 이득을 가져다주지 않는다.
③ 관청형성 전략 : 합리적인 고위직 관료들은 예산과 같은 금전적인 효용보다는 업무와 관련된 효용을 더 추구 ➜ 소규모의 엘리트 중심적이고 정치권력의 중심에 접근해 있는 동료적(collegial)성격을 지닌 부서에서 참모기능을 수행하기를 원하여, 그들의 부서를 참모기능에 근접하고 중앙에 위치해 있는 기관의 형태로 변화시키고자 하는 **관청형성전략**예 민영화나 분봉-hiving off- 등을 통해, 고위관료의 선호에 맞지 않는 기능을 준정부

기관 등에 넘김)'을 통해, 자신의 이익극대화를 도모
④ 예산극대화 전략에 따를 때에는 대규모 계선관료제의 팽창을 통한 국가기구의 성장이 이루어지나, 관청형성전략이 이루어지는 경우 고위직 관리들에 의해 계선책임이 없는 소규모 중앙정부기구들이 주도하는 국가기구 형태가 발달(➔ 분산화된 국가구조의 발전)

2. 거래비용이론(Coase, Williamson, North)

① **거래비용이론의 개념** : 거래비용이론의 기본원리는, 시장거래에는 필연적으로 다양한 거래비용이 존재하며, 기업조직 등의 경제적 제도(지배구조)들은 거래비용을 절약하기 위해 발전된 것이라는 점이다. 즉, 기업의 조직이나 형태는 결국 기업의 거래비용을 최소화하는 방향으로 결정된다는 것이다. Williamson의 거래비용이론에 따르면, 현실의 시장실패가 발생하는 시장거래에는 다양한 거래비용이 존재하는데, ㉠ 거래에 수반되는 불확실성이 높고, ㉡ 합리성의 제한정도가 심하고, ㉢ 거래상대방의 기회주의가 크고, ㉣ 거래대상의 자산전속성이 높을수록, 시장의 거래비용은 높아져 시장보다는 기업내부조직(= 수직적 통합)을 통한 거래가 거래비용을 최소화한다고 본다.

② **경제제도의 유형 결정** : 이러한 시장실패의 상황에서 누가 기회주의에 입각해서 행동할지 알 수 없다. 따라서 거래의 안전장치가 필요한 바, 이러한 안전장치를 확립하는 데 드는 비용이 '거래비용'이다. 이러한 거래비용이 관료제적 조정비용보다 크면, 거래비용을 최소화하기 위하여 가격메커니즘(시장거래-markets)보다 계서제적 조직의 행정조정을 통한 수직적 통합(거래의 내부화-hierarchies)이 더욱 효과적이라는 것이다.

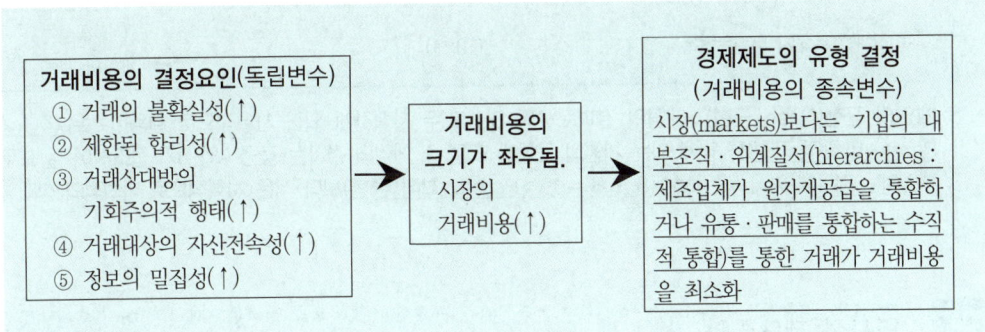

3. 주인(본인) - 대리인이론 ★★★

(1) 주인-대리인 관계(국민 - 국회의원 - 관료, 주주 - 경영자)의 특징
① 본인과 대리인 각자 자신의 이익을 극대화하려는 합리적 경제인(제한된 합리성)
② 당사자 간에는 정보의 불균형이 존재
③ 더 많은 정보를 지닌 대리인은, 비대칭적 정보 상황을 자신에게 유리하게 이용하려는 기회주의(opportunism)적 속성을 지님.
④ 따라서 ㉠ '역선택·불리한 선택'과 ㉡ '도덕적 해이'라는 대리인 문제가 발생❶

❶ 역선택(불리한 선택)과 도덕적 해이
  ㉠ **역선택·불리한 선택**(adverse selection) : 위임계약 체결 시 대리인의 자질에 대한 정보를 갖지 못한 주인이 평균적인 기대치에 입각하여 대리인을 선택하여 우수한 대리인은 모두 시장에서 이탈하고 열등한 대리인만이 시장에 남아, 결국 주인은 열등한 대리인과 계약을 체결할 수밖에 없게 되는 현상 → 거래대상의 '감추어진 특성'으로 인한 정보의 비대칭성이 역선택의 원인
  ㉡ **도덕적 해이**(moral hazard) : 위임계약 체결 후 대리인의 업무수행에 대한 정보를 주인이 갖지 못하고 있다는 점을 이용하여 대리인이 자신의 이익을 추구함으로써, 대리인이 주인의 이익실현을 방해하는 현상 → 거래상대의 '감추어진 행동'으로 인한 정보의 비대칭성이 도덕적 해이의 원인

(2) 대리인 문제 해결책
  ① 신호발송(signalling)이나 선별방법(screening), 행정정보공개제도 등을 통해 **정보의 비대칭성 자체를 완화**하는 방법
  ② 대리인의 이익이 본인의 이익과 일치되도록 **적절한 유인구조**(incentive structure-제도설계)를 대리인에게 제공 (예 성과급제도)

4. 게임이론(= 상호의존적인 선택에 관한 접근법)

prisoner's dilemma(죄수의 딜레마) 게임과 공유지의 비극(tragedy of the commons)

A \ B	범죄부인/목초지 제한방목	범죄자백/목초지 무제한방목
범죄부인/목초지 제한방목	(8, 8)	(1, 10)
범죄자백/목초지 무제한방목	(10, 1)	(4, 4) → 게임의 균형

✤ **게임의 균형**(Nash 균형) : 게임의 결과로 A와 B는 모두 자백하게 되어 사회적으로 열등한 보수(4 + 4 = 8 : Pareto 비최적 균형)를 얻게 되는 게임의 균형에 도달 → 게임의 결과는 공범 A와 B가 협조하여 둘 모두 범죄를 부인하는 경우에 얻게 되는 보수(8 + 8 = 16 : Pareto 최적 균형)보다 작은 사회적으로 비최적의 상태

04 역사적 제도주의

1. 역사적 제도주의의 의미

역사적 신제도주의는 개인행동을 형성하고 제약하는 제도를 연구하면서 제도의 지속성과 그것이 형성되는 역사적 과정을 중시하는 접근방법이다. 즉, ① 제도와 개인 행위와의 관계에서, 개인의 행위는 제도적 맥락 속에서 형성되고 제약되며 '개인의 선호와 그에 따른 의사결정'은 제도의 산물로 간주하고, ② 국가를 다원주의적인 중립적 중재자가 아니라, 집단간 경쟁의 결과와 구조에 영향을 줄 수 있는 자율적인 '제도들의 집합체'로 보며, ③ 정책결과의 국가간 상이성 및 불평등성을 설명하기 위해, 각국의 제도가 가지는 특수성 및 제도의 역사적 경로의존성(path-dependency)을 강조하는 문화적 접근(cultural approach)을 취한다.

2. 역사적 제도주의의 특징

① **제도** : '장기간에 걸쳐 형성된 인간행동의 정형화된 패턴'을 의미한다. 이러한 제도에는 ⊙ 가장 포괄적인 수준에서 민주주의나 자본주의와 관련된 기본적인 조직구조, ⓒ 중범위적 수준에서 사회집단간 세력관계나 정책의 형성과 집행에 영향을 미치는 조직적 특성, ⓒ 협의적 수준에서 공공조직의 표준화된 관행, 규정, 절차 등이 있다. → 중범위수준의 제도분석에 초점

② **제도가 수행하는 역할** : 역사적 과정을 통해 형성된 독립변수로의 제도는, ⊙정책을 형성하고 집행하는 정부의 능력을 제약(역사적으로 형성되는 각국 제도의 특수성으로 국가간 정책결과의 차이가 발생)하고, ⓒ 행위자들간의 권력배분에 영향을 주며, ⓒ 행위자들이 자신의 이익이나 선호를 어떻게 정의할 것인가(선호형성)에 영향을 준다. 특히, 이윤극대화라는 주어진 선호를 출발점으로 삼는 합리적 선택 신제도주의와 달리, 선호나 이익은 제도적 맥락에서 형성된다고 본다.

③ **방법론적 전체주의** : 역사적 제도주의는 분석수준에서 방법론적 개인주의(환원주의)보다 전체주의(holism : 개별 행위의 합으로 사회현상을 설명하기에는 한계가 있고 개별행위의 합을 초월하는 실체가 존재하기 때문에 사회현상에 대한 이해는 그 실체 자체로 파악해야 한다는 것)의 입장

④ **제도의 역사성 강조** : ⊙ 사건발생의 시간과 순서, 경로의존성과 제도의 지속성, 외적 충격에 의한 급격하고 간헐적 제도변화(중대한 전환점을 통한 역사발전과정의 새로운 경로 채택 - 역사적 우연성), ⓒ 결국, 제도란 상황에 가장 적합하게 기능하도록 의도적으로 만들어진 것이 아니며, 의도한 결과를 가져오지 못할 수도 있다는 비합리성을 인정

> **PLUS 심화** 제도의 지속성(안정성)을 설명하는 경로의존성(path dependency)
>
> 경로의존성이란, 특정 시점에서의 선택이 미래의 선택을 지속적으로 제약한다는 것(t시점에서 형성된 제도는 t+1시점에서의 선택과 변화방향을 제약)이다. 즉 t시점에서의 기능적 요구에 부응하기 위해 형성된 제도는, 사회적 환경이 변화하여 전혀 새로운 요구가 제기된다 할지라도 그 자체가 지속되는 경향을 지녀, t+1시점에서의 문제를 해결하는 데 오히려 비효율적·역기능적 역할을 수행(의도하지 않았던 결과를 야기)할 수도 있게 된다. ➔ 환경의 변화에 따른 최적 대응으로서 제도의 지속적 변화를 강조하는 기능주의적 시각을 부정(즉, 현재의 제도 및 구조가 정치행위자들로 하여금 이미 확립된 정책경로를 따르도록 하기 때문에, 비점증적인 대규모의 변화가 일어날 가능은 희박하다는 것)한다.

05 사회학적 제도주의

1. 사회학적 제도주의의 의미

사회학적 제도주의는 조직현상연구와 관련하여 발전한 조직사회학의 학파로서, 제도의 특성과 형성과정을 문화적으로 설명하려는 이론이다. 신제도주의를 표방하는 사회학자들은 베버의 관료제 모형에 근거한 근대적 조직들이 사용하고 있는 제도적 형태는 효율적이기 때문에 채택된 것이 아니라 사회마다 고안되어 조직내에 동화된 신화나 의식처럼 극히 문화적인 특성을 지닌 관행이라는 점을 강조한다.

2. 사회학적 제도주의의 특징

① **제도** : 사회의 문화와 같이 공동체의 구성원들이 지극히 당연시하면서 공유하고 있는 의미의 체계(= 문화)를 말한다.

② **제도적 영향의 인지적 차원** : 제도는 사회적 존재인 개인을 둘러싸고 있는 사회적 환경과 상황에 대한 의미와 해석의 '인지적 틀'을 제공함으로써 개인행위에 영향을 준다.

③ **제도 형성**(제도화의 논리) : 제도는 인간활동의 결과물이긴 하지만, 인간의 의도와는 관계없이 사회문화적 정당성 측면에서 생성·동형화(즉, 제도형성에 있어서 목적-수단합리성·능률성 논리보다, 사회적 정당성의 논리를 강조)된다고 본다. 따라서 제도는 인간의 합리적·의식적 설계의 산물이 아니며, 인간은 제도를 자신의 목적에 따라 변화시킬 수 없다고 파악한다(문화적 접근). → 이러한 현상을 Powell과 DiMaggio의 동형화로, Meyer와 Rowan의 신화와 의식(myths and ceremonies)라 표현함

신제도주의의 3분파의 특징

구 분	제 도	선호형성	강조점	제도변화	방법론
합리적 선택 제도주의	공식적 측면	외생적	전략적 행위 균형	비용-편익의 비교 전략적 선택	연역적 일반화된 이론
역사적 제도주의	공식적 측면	내생적	권력 불균형 역사적 과정	단절적 균형 외부적 충격	사례연구 비교연구
사회학적 제도주의	비공식적 측면	내생적	인지적 측면	동형화 적절성의 논리	경험적 연구 해석학

제9절 신공공관리론(NPM)

01 신공공관리론의 의의 ★★

1. 신공공관리론의 의미

① 정부실패에 대한 대응 – '**작지만 효율적인 정부**' 실현을 위한 정부혁신이론

② 1980년대 이후 Thatcher 정부와 Reagan 정부로 대표되는 앵글로색슨계 나라들에서 추진된 시장지향적인 정부 개혁에서 '시작' ➔ ㉠ **영국**의 Next Step(시민헌장제도와 책임운영기관), ㉡ **미국**에서 Osborne & Gaebler의 「정부재창조론 : 기업가적 정부운영의 10대 원리」와 Clinton 정부의 행정개혁에 관한 대통령위원회인 NPR(National Performance Review)의 보고서 및 GPRA (Government Performance and Result Act), ㉢ **OECD의 노력**에 의해 전 세계적으로 확산

✜ 이러한 시장지향적 정부개혁의 흐름을 C. Hood가 NPM(New Public Management)이라 명명

③ 일반적 의미의 신공공관리론(NPM) : '<u>시장주의</u>'와 '<u>신관리주의</u>'의 결합 ➔ ㉠ 작은 정부 구현(시장의 경쟁원리를 도입해 정부의 역할과 규모 축소)과 ㉡ 전통관료제의 행정운영방식 개선(기업경영방식을 도입해 성과주의 실현)

2. 신공공관리론의 등장배경

① 공공부문의 비대화와 비효율(정부실패현상), 전통관료제에 대한 국민들의 불신(관료 후려치기 현상)
② 신자유주의·신우파(new right) 이념의 등장
③ 무결점(zero-defect) 행정의 요청
④ 세계화에 따른 국가경쟁력 제고 노력
⑤ 공공관리론(public management, 신관리주의)의 등장
⑥ 합리적 선택 신제도주의(신제도주의 경제학)

❖ ① 공공관리론에 ② 신제도주의 경제학(공공선택론, 대리인이론, 거래비용경제학 등)이 결합되면서, 신공공관리론(New Public Management)으로 체계화

02 신공공관리론의 원리적 내용 ★★★

※ 논의의 출발로서 시장성 테스트(market-testing) : <u>정부의 기능을 정책·통제(steering)와 관리·서비스(rowing)로 구분하여</u>, market-testing을 통해 ① 민영화, 민간위탁, 공-사경쟁성(의무적 경쟁입찰정책 - CCT)을 도입하거나 ② 공기업화나 사업부서(책임운영기관)화를 통해, 정부의 개입 정도를 정할 것을 주장

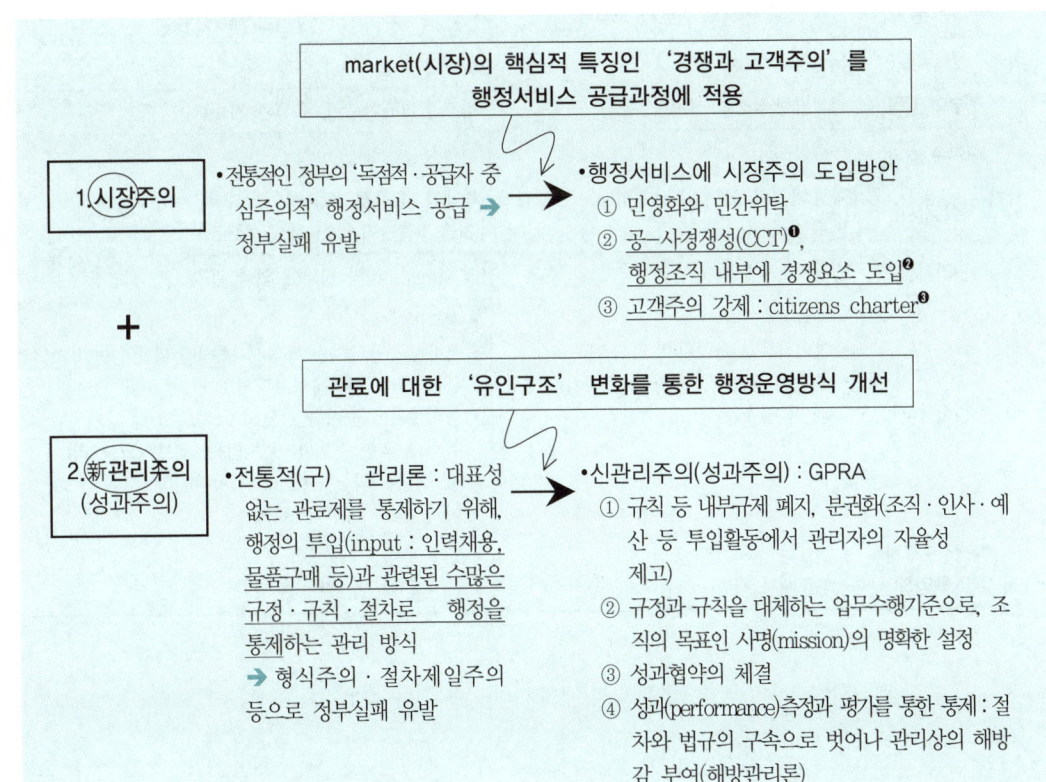

❶ **의무적 경쟁입찰제(CCT : Compulsory Competitive Tendering)**
영국에서 지방정부를 대상으로 공공서비스 공급의 경쟁화를 통한 질적 수준 향상과 생산성 제고를 위해 도입된 제도. 기존에 공공서비스 공급을 독점하던 지방정부 관련부서를 민간부문과 경쟁입찰을 하도록 하여, 민간부분보다 지방정부가 직접 제공하는 것이 더 효율적이라는 사실이 입증되었을 경우에만 직영으로 공공서비스를 제공 ➔ 2000년도부터는 의무적 경쟁입찰제를 '최고 가치 정책(Best Value)'으로 전환 : 공공서비스를 단순히 저렴한 비용으로 제공하는 것만이 능사는 아니며 그 품질에서도 최고의 가치를 지향해야 한다는 것

❷ **내부시장(internal market)의 도입**
정부 내 거래에도 비용개념과 경쟁원리를 적용하여 외부시장의 효과를 내는 것으로, 집권적 단일조직을 다수의 분권적 행정단위로 나누고 각 단위별로 관리의 재량과 책임을 부여하여 경쟁토록 함.

❸ **영국의 시민헌장제도(citizens charter) : 고객주의의 강제**
① 공공서비스 공급에 경쟁원리를 적용하는 것은 고객의 선택권을 통해 자동적으로 고객주의가 보장되도록 하는 것. 그러나 경쟁원리를 적용하지 못하는 경우에도, 행정서비스의 고객인 국민을 위한 행정이 이루어지도록 시장에서의 고객주의를 강제할 필요 ➔ 시민헌장제도와 주민만족행정
② 시민헌장(한국의 행정서비스 헌장) : 시민들에게 공공서비스의 내용과 수준, 그리고 제공방법 등을 계약방식으로 제시하고, 이를 이행하지 못할 경우 시정조치와 보상을 쌍방향적으로 약속하는 장치(예 한국의 우편서비스 헌장)
③ 시민헌장제도의 기본 원칙 : 고객중심의 원칙, 최고 수준의 서비스 제공 원칙, 행정서비스의 기준 설정에 고객참여의 원칙, 서비스 구체성의 원칙, 비용편익 형량의 원칙, 체계적 정보제공의 원칙, 시정 및 보상조치 명확화의 원칙

전통적 관리이론(관료제 정부)과 신관리이론(기업가적 정부)의 비교

구 분	전통적 관료제 정부	기업가적 정부
정부역할	노젓기(rowing)	방향잡기(steering)
정부의 활동	정책집행(직접적 서비스 제공)	정책결정(권한부여, 유도와 지원)
서비스 공급	독점적 공급	경쟁적 공급
행정가치	형평성(서비스제공의 단일성), 민주성	경제성, 효율성, 효과성 (3E : 지출가치-value for money)
관리기제	법령, 규칙에 의한 관리	임무(mission)와 성과에 의한 관리
관리방식	• 투입중심예산 • 단일직무에 특화된 분업시스템 • 명확한 계층제 : 하향식 통제원리(명령과 통제)	• 성과연계예산 • 서비스 공급의 효율화와 성과향상을 위한 유연한 조직설계(자율팀제, 책임운영기관 등) • 업적평가에 근거한 자율적 소규모 조직 간의 계약에 의한 관리(참여와 팀웍, 네트워크 관리) • 지방정부로의 권한이양(신지방분권)과 정부 간 파트너십(중앙 없는 정부 간 관계)
행정주도주체 및 책임성	• 관료와 행정기관 중심 • 계층제적 책임	• 고객 중심 • 참여적 대응성 확보

> **PLUS 심화** 오스본(Osborne)과 개블러(Gaebler)의 '기업가적 정부운영의 10대 원리' - 「정부재창조론」
>
> ① 촉진적 정부 : 노젓기보다는 방향잡기에 주력
> ② 지역사회가 주도하는 정부 : 지역주민에게 권한을 부여하여 서비스 공급주체로 참여
> ③ 경쟁적 정부 : 서비스제공에 경쟁도입
> ④ 사명지향적 정부 : 규칙중심의 조직을 임무중심으로
> ⑤ 성과지향적 정부 : 투입이 아닌 성과와 연계된 예산배분
> ⑥ 고객지향적 정부 : 관료제가 아닌 고객 요구의 충족
> ⑦ 기업가적 정부 : 지출보다는 수익창출
> ⑧ 예방적 정부 : 사고 수습보다는 예방에 초점
> ⑨ 분권적 정부 : 위계조직에서 참여와 팀워크로
> ⑩ 시장지향적 정부

> **PLUS 심화** Osborne과 Plastrick의 '정부재창조를 위한 5C 전략'
>
> – 정부의 유전자라 할 수 있는 5가지 핵심적 요소(목표, 유인, 책임, 권력, 문화)를 변화시키는 전략
> ① 핵심(core)전략 : 공공조직의 목표를 대상으로, 목표·역할·정책방향의 명료화
> ② 성과(consequence)전략 : 유인을 대상으로, 업무유인의 향상을 위해 경쟁도입하고 실적관리 추진
> ③ 고객(customer)전략 : 정부조직의 책임을 대상으로, 고객에 대한 정부의 책임확보
> ④ 통제(control)전략 : 권력을 대상으로, 중앙에서 지방으로/상층부에서 하층부로 권한 이양(계층제상 하급계층에 힘실어 주기)
> ⑤ 문화(culture)전략 : 조직문화를 대상으로, 구성원들의 가치·규범·태도 변화

03 신공공관리론의 한계 ★★

① 영미식 개혁논리의 적용상 일반화의 한계, 신자유주의의 이데올로기적 편향성(시장에 대한 지나친 이상화와 정부에 대한 지나친 폄하)
② 행정의 민주성 저해 : 행정의 정치적 책임성 확보의 곤란(대표성이 없는 관료를 통제하기 위한 내부규제의 폐지로), 형평성 악화, 고객주의(국민을 행정서비스의 객체로 취급)에 근거하여 국민의 주체적·참여적인 시민의식 약화
③ 공행정과 사행정의 근본적 차이 무시 : 공행정에서 목표의 다원성으로 인한 능률지상주의의 적용곤란, 성과측정의 어려움으로 인한 성과통제·관리의 기술적 애로
④ 유인기제의 획일성 : 모든 개인을 합리적 경제인으로 파악하여 정부감축과 성과급과 같은 경쟁중심 유인기제의 획일적 적용은 공무원의 사기를 떨어뜨려 장기적 생산성 제고에 지장

04 탈신공공관리(post-NPM) ★★

① 개념 : 신공공관리론에 대한 비판에 기초하여 신공공관리 개혁의 부작용 및 한계를 보완하기 위한 조치들 → 크리스텐센(Christensen)과 래그레이드(Laegreid)의 「신공공관리를 넘어(Transcending New Public Management)」에서 본격화
② 탈신공공관리의 기본적 목표 : 신공공관리의 역기능적 측면을 교정하고 통치역량을 강화하며, 정치·행정 체제의 통제와 조정을 개선하기 위해 재집권화와 재규제를 주창하는 것 → 신공공관리론에 기반한 전문화된 기관으로의 분절화는 책임과 기능 배분의 명확한 경계 설정에는 기여했지만, 조정 및 정치적 통제 훼손의 문제를 초래
③ 탈신공공관리론의 내용(신공공관리의 대체가 아닌 조정) : ㉠ 구조적 통합을 통한 분절화 축소, ㉡ 재집권화와 재규제의 주창, ㉢ 총체적 정부(通 정부 : whole-of-government) 또는 합체된 정부(joined-up government)의 주도, ㉣ 역할 모호성의 제거 및 명확한 역할 관계의 안출, ㉤ 민간·공공부문의 파트너십 강조, ㉥ 집권화, 역량 및 조정의 증대, ㉦ 중앙의 정치·행정적 역량의 강화(공공책임성 중시), ㉧ 환경적·역사적 문화적 요소에 유의

05 NPM에 대한 반발적 시각

1. 시민재창조론(Schachter)

정부재창조 운동(NPM)이 시민을 정부의 고객(customer)으로 본다는 것의 문제점을 지적하면서, **시민을 정부의 고객이 아니라 정부의 소유주(owners)로 간주해야** 하며 **시민의 능동적 참여가 행정기관의 효율성과 대응성 제고에 필수적**이라 주장

구 분	정부재창조론	시민재창조론
기본 모형	'고객으로서의 시민' 모형	'소유주로서의 시민' 모형
주요 목표	'정부가 어떻게 일을 하는가?'의 규명	'정부가 무엇을 해야 하는가?'의 규명
개혁 방안	정부구조, 업무절차 및 관료제 문화의 재창조	시민의식의 재창조(공공부문의 의제설정에 시민들의 능동적 참여)

2. 블랙스버그 선언(Blacksburg Manifesto) : 행정재정립론

① 1980년대 기업가적 공공개혁의 철학적 토대가 되었던, 미국사회에 만연한 행정과 직업공무원제에 대한 필요이상의 과도한 공격(관료후려치기 : bureaucrat bashing)·反관료적 시각을 비판하고, ② 그 원인으로 행태주의와 실증주의적 행정학 연구경향의 문제점(행정의 정당성 규명에 있어 행정학의 토대를, 규범적 문제는 간과한 채 관리과학의 원리에 근거한 정부기능에 초점)을 지적하면서, 행정이 스스로 정당성과 위상을 회복할 수 있는 규범적·윤리적 방안을 제안하려는 학문적 개혁운동

→ 행정의 정당성을 규명하는 데 있어서 행정학의 토대는 '국정운영의 규범성(입헌주의)'에 기초하여야 한다는 것, 나아가 기업가적 관리패러다임에 근거한 공공개혁을 비판하면서 관료제옹호론 제기 : Wamsley의 「행정재정립론 : Refounding Public Administration, 1990」, Goodsell의 「관료제 옹호론」등

3. 신공공서비스론(NPS) : 신공공관리론(NPM)에 대한 반작용 ★★★

(1) 신공공서비스론(NPS ; New Public Service)의 의미
① NPM이 정부의 효율성과 대응성을 제고하는 데 있어 정부의 소유주가 시민임에도 불구하고 주체인 시민은 배제된 채, 지나친 시장주의와 '고객'지향성에 입각하여 관료의 권력만 강화시켜 왔다고 비판
② NPM이 주력해 왔던 피동적인 고객에 대한 관료중심적 권한을 **정부의 소유주인 시민에게 위임하고 시민에게 봉사**하는 **시민중심 공직제도의 구축**을 주장
③ '시민'은 정부의 주체이자 소유주(owner)이기 때문에 소유주인 시민의 권리를 회복시키고, 고객주의와 기업가적 관리에 의한 '능률성' 대신 지역공동체에 기초한 시민정신과 시민 민주주의에 토대를 둔 담론에 의한 '민주성'을 추구

> **PLUS 심화** 신공공서비스론의 배경
> 1. **민주적 시민이론** : 개인이익의 극대화라는 전제에서 출발하는 공공선택이론의 대의민주주의 투표제도의 한계를 극복하기 위해, 공익적 관점에서 시민의 참여와 지역사회에 대해 소속감을 갖는 민주적 시민성을 요구한다.
> 2. **지역공동체주의와 시민사회모델** : 완전한 인간이 되기 위해서는 공동체적 삶에 중요한 영향을 미치는 의사결정 과정에 시민의식을 갖고 참여하여야 된다.
> 3. **포스트모더니즘에 입각한 담론이론(discourse theory)**

(2) 신공공서비스론의 내용(Denhardt)
① **정부의 역할** : NPM이 주장하는 **방향잡기**(steering : 시민들을 통제하고 사회를 새로운 방향으로 이끌어가는)가 아니라, **서비스 제공**(봉사 : 지역사회가 직면한 문제를 해결하기 위해 관련 당사자들을 한 자리에 불러 모아 문제해결을 촉진하고 조정과 중재를 하는 역할)이다.
② **공익관** : 공익은 정치지도자나 관료들에 의해 설정되는 것이 아니고, **폭넓은 공적 담론을 통해 형성**된다.
③ **행정의 역할 방식** : 시민들의 담론에 의해 합의된 공익 실현을 위한 책임설정과 구체적 행동단계를 개발하는 것(= 집행과정에의 참여촉진과 시민교육·시민의식 강화를 위한 지원적 역할)이다.
④ **시민에 대한 시각** : 관료는 시민을 고객으로 대하지 말고, 봉사하는 입장(= 시민의 욕구와 이해관계에 반응하는)에서 **시민들에게 신뢰와 협동의 관계를 구축**하는 데 초점을 둔다.
⑤ **조직 내 인간주의 실현** : 인간보다 생산성을 지나치게 중시하는 NPM의 시각을 비판하면서, **생산성**보다 **인간에게 가장 높은 가치와 초점**을 부여한다.

전통행정이론, 신공공관리론, 신공공서비스론의 비교

구 분	전통행정이론	신공공관리론(NPM)	신공공서비스론(NPS)
이론과 인식토대	• 초기 사회과학	• 경제이론 • 실증적 사회과학에 기초한 정교한 토의	• 민주주의 이론 • 실증주의·해석학·비판이론·포스트모더니즘을 포괄하는 다양한 접근
합리성과 행태모형	• 개괄적 합리성 • 행정인	• 기술적·경제적 합리성 • 경제인(자기 이익에 기초한 의사결정)	• 전략적 합리성 • 정치적·경제적·조직적 합리성에 근거한 다원적 검증
공익관	• 법률로 표현된 정치적 결정	• 개인 이익의 총합 (집합체)	• 공유가치에 대한 담론의 결과
관료의 반응대상	• 고객과 유권자	• 고객	• 시민
정부의 역할	• 노젓기(정치적으로 결정된 단일목표에 초점을 맞춘 정책의 입안과 집행)	• 방향잡기(시장의 힘을 활용한 촉매자)	• 봉사(시민과 지역공동체 내의 이익을 협상하고 중재, 공유가치의 창출)
정책목표 달성기제	• 기존 정부기구를 통한 프로그램	• 개인 및 비영리기구를 활용해 정책목표를 달성할 기제와 유인체계 창출	• 동의된 욕구를 충족시키기 위한 공공기관, 비영리기관, 개인들의 연합체
책임에 대한 접근양식	• 계층제적 – 행정인은 민주적으로 선출된 정치지도자에 반응	• 시장지향적 – 개인이익의 총화는 시민 또는 고객집단에 바람직한 결과 창출	• 다면적 – 공무원은 법, 지역공동체 가치, 정치규범, 전문적 기준, 시민들의 이익에 참여
행정재량	• 관료에게 제한된 재량만 허용	• 기업적 목적 달성을 위해 넓은 재량	• 재량이 필요하지만 제약과 책임 수반
기대하는 조직구조	• 상명하복으로 움직이는 관료적 조직과 고객에 대한 규제와 통제	• 기본적 통제를 수행하는 분권화된 공조직	• 조직 내외적으로 공유된 리더십을 갖는 협동적 구조
관료의 동기유발	• 임금과 편익 • 공무원 보호	• 기업가 정신 • 정부규모를 축소하려는 이데올로기적 욕구	• 공공서비스 • 사회에 기여하려는 욕구

❖ 출처 : Denhardt & Denhardt

제10절 거버넌스론

1. 거버넌스의 일반적 의미

거버넌스란, 달라진 환경(1980년대 이후의 세계화, 지방화, 시장화, 시민사회화 etc.)과 정부 역할 변화(큰정부 ➔ 작은정부), 공동체운영주체들 간의 관계변화에 따라 나타난 '새로운 국가운영체제'를 의미한다.

① 전통적인 국가 운영체제인 government : 국가의 배타적 지배에 근거한 정부의 단독행위에 의한 행정 수행체제 ➔ '지배·통치'의 의미가 강함.

② 새로운 국가 운영체제로서의 governance : 국가 이외의 시장, 시민사회 등 공동체 운영주체들의 참여에 근거한 이들 간의 network 또는 partnership을 통한 행정 수행체제 ➔ '국가경영·국정관리'의 의미가 강함.

2. 행정학에서 파악되는 (뉴)거버넌스 : 협의의 거버넌스 ★★

- '공공서비스 연계망(network)'으로서의 governance : 공공서비스 연계망에는 ① 정부기관만이 아니라 **다수의 비정부조직과 개인들이 공공서비스 공급에 참여**하고, ② 이들 간에 **계층제적 위계가 아닌 연계망(network)**이 형성되고, ③ 연계망의 참여자들은 **상호신뢰(trust)의 기반 위에 협력의 관계**를 유지하며, 상호신뢰에 근거한 positive sum 게임 또는 win-win 게임을 시도한다.

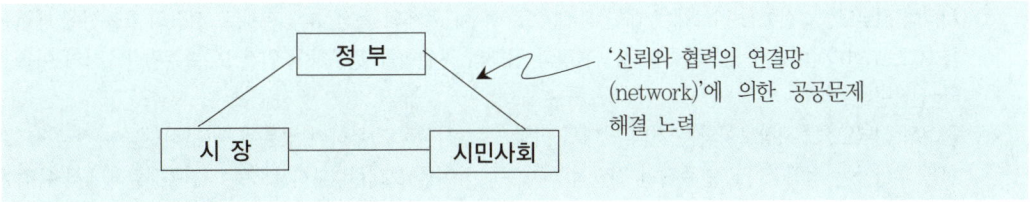

거버넌스 또는 뉴거버넌스의 이해

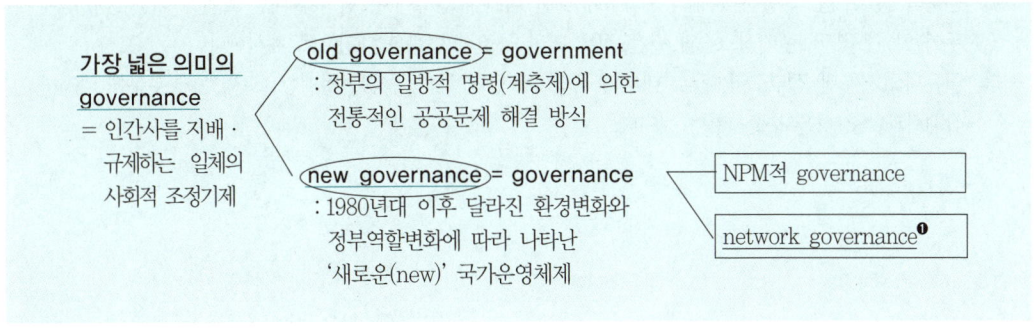

❶ network governance(신거버넌스)란 거버넌스의 새로운 대안 중에서, 시장과 계층제의 중간적 형태를 갖는 하나의 독특한 사회적 조정 방법의 유형으로 네트워크(민주주의)를 의미하며, 이는 협의의 거버넌스로 파악된다. 신거버넌스는 시장이나 계층제를 통한 결정보다 많은 사람들의 숙고와 토론을 통해 내려진 결정이 훨씬 우월하다는 가정에 근거하여, 자율적인 개인·조직 간의 자발적인 협동에 의한 사회적 조정을 강조하는 특수한 형태의 거버넌스라 할 수 있다. 따라서 신거버넌스에서는 '함께 방향잡기(co-steering), 함께 규제하기(co-regulation), 함께 안내하기(co-guidance)'를 논리의 핵심으로 하며, 이런 점에서 신거버넌스(협의의 거버넌스)는 신공공관리론이나 신자유주의 거버넌스와 구별된다.

3. 로즈(Rhodes)의 거버넌스이론 ★★

정부(government)가 변화하고 있음을 암시하는 새로운 통치과정으로 7가지의 서로 다른 의미로 거버넌스개념을 사용한다. 중요한 5가지는 다음과 같다.
① 기업 거버넌스(기업지배구조 : corporate governance) : 조직들이 지시, 통제되는 체계
② 신공공관리(new public management) : 민간부문의 경영방식을 공공부문에 도입하려는 '관리주의'와 시장경쟁과 같은 유인체계를 공공서비스 제공에 도입하려는 '신제도경제학'의 결합
③ good governance : 세계은행이 제3세계 국가들에 대한 대출정책에서 요구하는 개념으로, 자금수령국의 정치권력 행사(governance)가 좋은(good) 것이 되어야 한다는 것 ➔ good gover-nance란 NPM과 자유민주주의를 결합한 의미
④ 사회적 사이버네틱 체제(socio-cybernetic systems) : 단일권력 중추를 부정하고, 사회문제 해결을 위한 사회정치체제 내 모든 행위자들의 상호작용 노력의 결과로서 출현하는 하나의 유형 또는 구조를 의미
⑤ 자기 조직화 네트워크(self-organizing networks) : 시장과 계층제에 대한 대안적인 사회적 조정메커니즘으로서 network은, 공적 조직과 사적 조직 및 자발적 조직들이 혼합된 참여자들 간의 수평적·상호의존적 구조(➔ 교환 및 상호협력, 공통의 이해와 신념, 신뢰와 상호조정 등의 특징)

4. 피터스(Peters)의 거버넌스이론 ★★★

'전통적' 거버넌스인 전통적 정부모형에 대한 대안으로, '뉴' 거버넌스에 기초한 4가지의 정부개혁모형을 제시한다.
① **시장적 정부모형** : 전통적 관료제에 대한 불신(주로 정부관료제의 독점성)을 전제로, 시장의 효율성에 대한 신뢰를 기초로 한다. 따라서 정부개혁은 정책결정과 집행의 분권화를 추구하며 민간 또는 준민간조직의 이용을 적극 권장한다.
② **참여적 정부모형** : 시장모형과는 거의 반대의 입장으로, 시장을 거부하며 정부에 대해 시민들이 적극적으로 의견을 투입하는 정치적이고 민주적인 집단적 기제, 즉 참여를 모색한다. 시장모형이 전통관료제에서 독점이 가장 중요한 저해 요인으로 지적하는 반면, 참여모형은 계층제를 최대의 해악으로 지적한다.
③ **신축적 정부모형** : 전통 관료제의 영속성에 대한 비판적 입장에서, 변화에 대한 효과적 대응(신축성)에 초점을 두어 임시조직 또는 가상조직과 같은 정부 내의 구조적 변화를 대안으로 제시한다.
④ **탈규제적(저통제) 정부모형** : 정부 내부의 규정이나 규칙 등의 규제를 철폐함으로써, 공공부문에 내재하고 있는 잠재력과 독창성을 분출시키는 것이다.

구 분	전통적 정부모형	시장적 정부모형	참여적 정부모형	신축적 정부모형	탈규제적 정부모형
문제의 진단기준	전근대적 권위	독점	계층제	영속성	내부규제
구조의 개혁방안	계층제	분권화	평면조직	가상조직	(제안 없음)
관리의 개혁방안	직업공무원제 절차적 통제	성과급 민간기법	총품질관리 팀제	임시적 관리	관리적 재량의 확대
정책결정의 개혁방안	정치·행정의 분리	내부시장 시장적 유인	협의협상	실험	기업가적 정부
공익의 기준	안정성 평등	저비용	참여협의	저비용조정	창의성

5. 신공공관리론(= 시장주의 + 신관리주의)와 신거버넌스(= network 거버넌스) ★★

구 분	신공공관리론	신거버넌스론
유사점	① 서비스전달이라는 노젓기(rowing)보다는 정책결정이라는 방향잡기(steering)를 위한 도구와 기법의 개발을 중시 ② 투입보다는 산출에 대한 통제를 강조 ③ 공공부문과 민간부문의 구분 필요성에 회의적 ④ 대리인 체제의 불필요성 → NPM에서는 시장 메커니즘을 통한 고객으로서의 직접적 선호표출, 신거버넌스에서는 시민들의 직접 참여	
차이점	① 결과에 초점 ② 조직 내 관계를 다룸 : 정부관료제를 조직·관리하는 새로운 형태(신자유주의에 근거한 행정관리시스템으로의 전환) ③ 시장과 경쟁 및 소비자들의 개별적 선택에 의한 조정(신자유주의에 기초), 고객으로서의 국민, 비정치적 개념	① 과정에 초점(신뢰가 이루어지는 과정) ② 조직 간 관계를 다룸 : 정부와 사회 간의 새로운 상호작용의 형태(수평적 협력관계로의 전환) ③ 신뢰, 협조, 상호의존에 의한 조정(공동체주의에 기초), 시민으로서의 국민, 정치적 개념

구 분	신공공관리	뉴거버넌스
인식론적 기초	신자유주의	공동체주의
관리기구	시장	연계망(network)
관리 가치	결과(outcomes)	신뢰(trust)
정부 역할	방향잡기(steering)	방향잡기(steering)❶
관료 역할	공공기업가(public entrepreneur)	조정자(coordinator)
작동 원리	경쟁(시장 메커니즘)	협력 체제(partnership)
서비스	민영화, 민간위탁 등	공동 공급(시민, 기업 등 참여)
	고객 지향	임무 중심
관리 방식		
분석 수준	조직 내(intra-organizational)	조직 간(inter-organizational)

❶ NPM과 뉴거버넌스는 모두 정부의 방향잡기(steering) 역할을 중시하지만, NPM은 정부를 방향잡기의 중심부에 놓는다. 이에 반해 뉴거버넌스는 기본적으로 권위·집권·주도와 같은 불평등한 힘의 관계가 아니라 평등한 관계에서 함께(co-)하기를 추구한다.

제11절 포스트모더니즘(post-modernism) 행정이론

01 포스트모더니즘(post-modernism)의 의의

1. 주류 행정이론이 근거한 모더니즘(modernism)
① 계몽주의 이후, 인간의 주체성과 이성 및 합리적 사고에 대한 무한한 믿음에 근거하여 사회를 통일적으로 설명할 수 있는 '근본주의적 메타이론·메타설화(사회현상을 통일적으로 설명할 수 있는 절대적 진리나 역사적 법칙)가 가능'하다는 사고
② 사회과학도 자연과학과 같이 과학적으로 연구할 수 있다는 경험주의적 접근방법이 태동하여, **합리주의·과학주의·기술주의**가 지배

2. 최근의 포스트모더니즘(post-modernism) ★
① 이성과 합리성 및 과학으로 압축되는 모더니즘의 사조를 전면적으로 거부하고 해체하려는 反(반)근대주의적 정신자세 → '진리의 기준은 맥락 의존적'이라고 보고 있으며, 주체가 중심에 서 있다는 것, 근본주의적인 연구사업과 인식론적인 연구사업, 이성의 성격과 역할, 거시이론, 거대한 설화, 거시 정치 등을 부인
② 이성을 토대로 정립된 보편적 원리나 법칙, 이에 근거한 진보와 지식이 오히려 인간을 억압하고 폐쇄적인 울타리에 가두어 두었다고 주장(이성과 합리성이 인간의 정서적·표출적·미학적 가치와 욕구를 억압)
③ 억압의 울타리에서 벗어나는 길은 '이성중심의 과학적 사고에서 해방되는 것', 즉 ㉠ 이성을 토대로 한 보편적 가치를 거부하고 개별적 가치나 신념, 다양성, 개별적 자아, 감상을 강조, ㉡ 탈중심성, 탈집권성, 탈권위주의를 주장, ㉢ 전체성 해체·독자적 개체 인정·주체와 객체의 구별 해소 등 '해체와 해방'을 강조

02 post-modernism 행정이론 : 反(반)관료제론을 상징하는 관료제 비판

1. 파머(Farmer)의 反(반)관료제론 ★
관료제를 중심으로 한 modernism의 행정이론이 과학주의, 기술주의, 기업주의 등에 기초한 것으로 비판하면서, post-modernism의 행정이론을 '상상, 해체(탈구성), 탈영역화(학문영역 간의 경계파괴), 타자성'으로 제시
① 상상(imagination) : 이론적 언명의 발견이나 정당화를 위해, modernism에 있어서 '합리성(목적-수단 간의 도구적 합리성)'이 촉매적 역할을 수행했다면, post-modernism에 있어서는 '상상'이 1차적 역할을 수행하고 '합리화'가 2차적 역할을 수행 → '상상'은 합리성으로부터 벗어나는 직관이나 가능성(현실의 규칙이나 관례에서의 해방과 가능성이라는 미지의 세계로 나가게 하는 역할)

② 해체(deconstruction : 탈구성) : 이론·설화가 되었던 텍스트(언어, 몸짓, 이야기, 설화, 이론)의 근거를 파헤쳐 보는 것 ➡ **예** "행정의 실무는 능률적이어야 한다."라는 것은 하나의 설화인데, 이러한 설화들을 당연한 것으로 받아들이지 않고 해체해 보면, 그러한 설화의 근거가 불확실해지면서도 동시에 설화를 더 잘 이해할 수 있게 됨.
③ 탈영역화(영역해체) : 학문 간의 경계를 파괴하는 것 ➡ modernism은 지식을 계층적인 방식으로 뿌리에서 출발하여 줄기와 가지로 분할하여 학문영역이 위계질서를 형성하였으나, post- modernism은 뿌리를 파괴하며 지식은 분산되어 다원적 차별성을 보유
④ 타자성(alterity) : 다른 사람들과의 관계에서 행정가가 취해야 할 행동으로서, 타인을 modernism에서와 같이 **객관적인 관찰 대상으로서 '인식적 타인'으로 보는 것**이 아니라 **인격체로서 존중받아야 할 '도덕적 타인'으로 인식**하는 것

2. 폭스(Fox)와 밀러(Miller)의 민주행정을 위한 담론이론

(1) modernism하에서 민주주의의 이론

관료제도의 기초가 되는 환류모형에 입각한 민주주의(**대의제 민주주의**) ➡ 오늘날 '대의민주적 책임환류선(여러 개인들의 선호가 표명되면, 그것이 국민적 의지로 집약되어 입법과정에서 법제화되고, 법제화된 법령과 정책은 중립적인 관료제에 의해 집행된 다음, 유권자들에 의해 평가)'이 대표의 실패 등으로 비민주적으로 작동되는 문제가 발생

(2) 민주적 이상에 부합하는 정책과정과 행정을 위한 새로운 틀로서 '담론이론(discourse theory)'

① 담론 : 행정기구를 담론의 장소로 파악하고, 비공식적 정책참여자들까지 광범위한 참여를 도모하여 의사결정과정에서 **참여자들 간의 평등한 의사소통이라는 '논증적 행위(토의·토론·공적인 대화)'**를 통해 공익을 실현하는 것
② 정책결정을 위한 토론 과정을 민주화하는 담론이 중요

빈출 핵심 지문

1. 19세기 이후 엽관제의 비효율 극복을 위해 제퍼슨-잭슨철학에 입각한 진보주의 운동과 행정의 탈정치화를 강조한 정치-행정이원론이 전개되었다.
   → × / (Why?) 자유주의와 민주주의 이념을 상징하는 제퍼슨-잭슨철학은 19세기 동안의 미국 정치철학이다. 그러나 19세기 이후 잭슨주의(엽관제)의 비효율 극복을 위해 진보주의 운동과 행정의 탈정치화를 강조한 정치-행정이원론이 전개되었다.

2. 윌슨(Wilson)의 '행정연구(The Study of Administration, 1887)'는 정부개혁을 통해 특정지역 및 계층중심의 관료파벌을 해체하고자 했다.
   → × / (Why?) 정부개혁을 통해 특정지역 및 계층중심의 관료파벌을 해체하고자 한 것은 Jackson의 엽관주의의 특징이다. 즉, 엽관주의는 건국 후 미국 행정부 내에 누적됐던 특정 지역 및 계층 중심의 관료파벌을 해체(주로 동부 상류계층에 독점됐던 공직을 서부개척민을 포함한 일반대중에 공개)하기 위한 유용한 혁신 수단이었다.

3. 행정학의 발달과정에서 애플비(Appleby)는 정치는 국가의 의지를 표명하고 정책을 구현하는 것이며 행정은 이를 실천하는 것으로 정치와 행정의 차이를 명확히 구별했다.
   → × / (Why?) 애플비(Appleby)는 행정의 정책결정을 강조하는 정치-행정 일원론을 주장한다. 정치는 국가의 의지를 표명하고 정책을 구현하는 것이며 행정은 이를 실천하는 것으로 정치와 행정의 차이를 명확히 구별하는 것은, 정치-행정 이원론을 체계화한 굿노우(Goodnow)의 이론이다.

4. 행정관리학파에 대표적인 학자로는 귤릭(Gulick), 어윅(Urwick), 페이욜(Fayol) 등이 있으며, 비공식 집단의 생성이나 조직 내의 갈등 등에 대한 설명을 용이하게 해준다.
   → × / (Why?) 행정관리학파(과학적 관리론, 조직원리론, 관료제론 등 고전적 조직이론)는 '공식적·합리적 구조(one best way)중심의 이론'으로, 합리적인 조직내에서 갈등은 '악'으로 파악하여 제거되어야 하는 것으로 이해하고, 인간관계론 등 신고전기 조직이론에서 강조하는 비공식 집단에 대해서는 철저히 무시한다.

5. ① 테일러(F.W.Taylor)는 시간과 동작에 관한 연구를 통해 최선의 방법(one best way)을 추구하였고, ② 사이먼(H.A.Simon)은 행정 원리의 보편성과 과학성을 강조하였다.
   → × / (Why?) ②는 틀린 내용이다. 사이먼(H.A.Simon)은 귤릭(L.H.Gulick)이 주장한 행정 원리의 비과학성을 지적하였다.

6. 호손실험은 ① 인간관계론의 이론적 틀을 마련하였고, ② 테일러의 과학적 관리법을 계승하며, ③ 개인의 생산성 향상을 위해서는 물리적 작업환경이 중요하다는 점을 발견하였고, ④ 본래 실험 의도와 다르게 작업의 과학화, 객관화, 분업화의 중요성을 발견하였다.
   → × / (Why?) ①만 올바른 서술이다. ② 과학적 관리론에 대한 비판이론으로 의미가 있으며, ③ ④ Hawthorne 공장의 연구는 원래 과학적 관리론의 시각에서 작업장의 조명, 휴식시간 등 물리적 작업조건과 물질적 보상방법의 변화가 근로자의 동기유발과 노동생산성에 미치는 영향을 분석하고자 실시된 것이다. 그러나 개인의 생산성 향상을 위해서는 인간관계 등 비공식적인 요인이 더 중요하다는 것이 발견된 것이다.

7. 고전적 조직이론의 기계적 조직관을 비판하고 조직 내 인간의 사회적 관계의 중요성을 주장하며 등장한 인간관계론의 궁극적인 목표는 조직의 성과 제고이다.

8. 비교행정론의 대표적 학자 리그스(F. W. Riggs)의 프리즘적 모형은 농경국가도 산업국가도 아닌 제3의 국가 형태인 개발도상국을 연구하는 데 적합하다.

9. 비교행정의 한계로서 ① 환경과 행정의 교류적 관계를 경시한 정태적 접근이며, ② 처방성과 문제해결성을 강조함에 따라 행정의 비과학화를 초래하였고, ③ 행정을 지나치게 과소평가함으로써 행정의 독자성을 무시하고 행정의 종속성을 강조하고 있다.
→ × / (Why?) ②는 틀린 내용이다. 처방성과 문제해결성을 강조함에 따라 행정의 비과학화를 초래한 것은 발전행정론의 특징이다. 비교행정연구는 각국의 행정의 실제를 비교·분석하는 과학적이고 실증적인 연구이다.

10. 신행정학(new public administration)에서는 정치적 중립성을 강조하고, 정치행정일원론보다는 정치행정이원론에 가까운 입장이다.
→ × / (Why?) 신행정론은 행정의 적극적 정책결정과 가치판단을 위해 '행정의 중립성 지양'을 주장한다. 또한 신행정론은 공무원의 적극적인 정책결정과 가치판단을 강조하므로 정치행정일원론의 입장에 있다.

11. 신행정학(New Public Administration)의 핵심 내용은 ① 효율성 강조, ② 실증주의적 연구 지향, ③ 적실성 있는 행정학 연구, ④ 고객중심의 행정, ⑤ 기업식 정부 운영이다.
→ × / (Why?) ①, ②, ⑤는 틀린 내용이다. 신행정학은 ① 정통행정학이 강조했던 효율성이 아니라 사회적 형평성을 강조하며, ② 실증주의(행태주의)적 연구 지향이 아니라 행태론의 지양과 가치주의 추구이며, ⑤ 1980년대 이후에 제기되는 기업식 정부 운영과는 관계가 없다.

12. 법률적·제도론적 접근방법은 공식적 제도나 법률에 기반을 두고 있기 때문에 제도 이면에 존재하는 행정의 동태적 측면을 체계적으로 파악할 수 있다.
→ × / (Why?) 법률적·제도론적 접근방법은 공식적 제도나 법률에 기반을 두고 있기 때문에 제도 이면에 존재하는 행정의 동태적 측면을 파악할 수 없다.

13. 행태론의 접근방법은 후진국의 행정현상을 설명하는데 크게 기여했으며, 행정의 보편적 이론보다는 중범위이론의 구축에 자극을 주어 행정학의 과학화에 기여했다.
→ × / (Why?) 서술은 행태론적 접근방법이 아니라 생태론적 접근방법에 대한 것이다.

14. 생태론적 접근방법은 행정현상을 자연적·사회적·문화적 환경과 관련시켜 이해하려고 하며 행정체제의 개방성을 강조하는 특성을 가지고 있으나 행정환경에 대한 행정의 적극적이고 주체적인 역할을 경시했다는 비판을 받고 있다.

빈출 핵심 지문

15. 생태론적 접근방법은 정치학 및 문화인류학 등에서 발전된 것으로 이를 행정학에 도입한 학자는 가우스(J. M. Gaus)이다.

16. 개방체제는 ① 등종국성(equifinality), ② 정(+)의 엔트로피, ③ 항상성, ④ 선형적 인과관계, ⑤ 구조 기능의 다양성, ⑥ 체제의 진화를 특징으로 한다.
→ × / (Why?) ②와 ④는 틀린 내용이다. ② 개방체제는 '시간이 지남에 따라 에너지가 소멸되어 붕괴되는 현상(entropy)'을 막는 부정적 엔트로피 기능을 수행한다. ④ 개방체제는 전체를 부분들로 나누어 부분들의 구조와 기능 또는 이들간의 선형적 인과관계를 분석함으로써 전체의 이해가 가능하다는 입장에 반대한다. 체제는 구조, 기능, 분화, 통합 등이 서로 복잡하게 엉켜 있는 것으로 단순한 구조나 기능으로 환원시킬 수 없고, 전체로서의 통합관계를 분석해야 올바로 이해가 가능하다고 본다.

17. 이스턴(D. Easton)이 정치체제(political system)모형에서 주장하는 '가치의 권위적 배분'과 가장 관련이 깊은 것은 정책으로서 산출(output)이다. 또한 정책과정 중 정책결정단계는 이스턴(D. Easton)의 체제이론에서 전환(conversion)에 해당된다.

18. 파슨스(T. Parsons)는 사회체제가 생존하기 위한 필수적인 4가지 기능으로 적응기능, 목표달성기능, 통합기능, 체제유지기능을 제시하였다.

19. 행정과 환경의 교호 작용을 강조하지만 개발 도상국과 같이 변화하는 행정현상을 연구하는데 한계를 지니고, 거시적인 접근 방법을 취함으로써 구체적인 운영의 측면을 다루지 못하고, 현상유지적 성향으로 인해 정치·사회적 변화를 설명하지 못하는 것은 체제론적 접근방법의 한계에 해당된다.

20. 행태주의는 사회과학이 행태에 공통된 관심을 갖고 있기 때문에 통합된다고 보며, 행정의 실체는 제도나 법률이 아니라고 주장하며 행정인의 행태에 초점을 맞춘다.

21. 행태주의는 행태의 규칙성 및 인과성을 경험적으로 입증하고 설명할 수 있다고 보며 가치와 사실을 통합하고 가치중립성을 지향한다.
→ × / (Why?) 행태주의는 가치-사실 이원론에 근거하여 사실에 초점을 둔 연구를 한다.

22. 후기 행태론자들은 과학적 연구를 반대하고 사회적 가치를 파악하여 사회적 적실성을 확보해야 한다고 주장하였다.
→ × / (Why?) 후기행태주의자들은 과학적 연구를 반대한 것이 아니라, 가능한 한 과학적 방법과 기법을 현실의 중요한 사회문제 해결에 적용할 것을 주장한다.

23. 공공선택론에서는 공공서비스를 독점 공급하는 전통적인 정부관료제가 시민의 요구에 민감하게 대응할 수 없는 장치라고 보고, 공공서비스의 효율적 공급을 위해서 분권화된 조직 장치가 필요하다는 입장이다.

24. 공공선택이론은 관할 중첩을 타파하여 공공재 공급의 효율성을 높여야 한다고 주장하고, 현상학적 접근방법은 가치와 사실의 구분을 거부하고 현상을 본질적인 전체로 파악해야 한다고 주장한다.
    → × / (Why?) 공공선택이론은 효율적인 공공서비스 공급장치로 권한의 분산과 관할권의 중첩이 이루어진 '다원조직체'를 강조한다.

25. 신제도주의는 비공식적인 제도나 규범도 넓은 의미에서 제도로 규정하고, 행태주의적 접근방법을 지지한다.
    → × / (Why?) 신제도주의는 행태주의적 접근방법을 비판하면서 등장하였다.

26. 구제도주의와 신제도주의의 공통점은 제도의 개념을 동태적인 것으로 파악하면서, 국가 간 차이에 대한 설명을 시도하는 것이다.
    → × / (Why?) 구제도주의는 공식적 제도에 초점을 두어 제도의 특성을 기술, 묘사하는 정태적 특징을 지니며, 신제도주의는 제도의 개념을 동태적인 것으로 파악하면서, 국가 간 차이에 대한 설명을 시도한다.

27. 합리적 선택의 신제도주의 계열에는 공공선택이론, 거래비용경제학, 대리인 이론, 공유재이론 등이 있다.

28. 거래비용이론은 생산보다는 비용에 관심을 가지며 조직을 거래비용 감소를 위한 장치로 파악하며, 조직통합이나 내부 조직화는 조정비용이 거래비용보다 클 때 효과적이다.
    → × / (Why?) 후문은 틀린 내용이다. 조직통합이나 내부 조직화는 내부적 조정비용이 거래비용보다 작을 때 효과적이다.

29. 역사적 신제도주의는 경로의존적인 사회적 인과관계를 강조하므로 특정 제도가 급격한 변화에 의해 중단될 수 있는 가능성을 부정한다.
    → × / (Why?) 역사적 신제도주의에서 제도는 경로의존성에 의해 지속성을 지니나, 외적 충격에 의한 급격하고 간헐적인 제도변화가 이루어진다고 본다(중대한 전환점과 단절적 균형).

30. 역사적 신제도주의에서 행정기관, 의회, 대통령, 법원 등 유형적인 개별 정치제도가 주된 연구대상이다.
    → × / (Why?) 행정기관, 의회, 대통령, 법원 등 유형적인 개별 정치제도, 특히 공식적 제도를 주된 연구대상으로 하는 것은 구제도주의의 특징이다.

빈출 핵심 지문

31. 사회학적 신제도주의는 경제적 효율성이 아니라 사회적 정당성 때문에 새로운 제도적 관행이 채택된다고 주장한다.

32. 사회학적 신제도주의는 문화가 제도의 형성에 미치는 영향을 간과한다.
→ × / (Why?) 사회학적 신제도주의는 제도적 요인으로서 문화를 강조한다.

33. 합리적 선택 신제도주의는 방법론적 전체주의(holism)에, 사회학적 신제도주의는 방법론적 개체주의(individualism)에 기반을 두고 있다.
→ × / (Why?) 반대로 서술되어 있다.

34. 조직의 제도적 동형화는 특정 조직이 환경에 있는 다른 조직을 닮는 것을 말하며, 제도적 동형화에는 강압적 동형화, 모방적 동형화, 규범적 동형화 등이 있다. 또한 제도적으로 조직이 동형화될 경우 조직이 교란되는 것을 막을 수 있다.

35. 신공공관리론의 이면에는 공공선택론, 주인-대리인이론, 거래비용이론 등이 자리 잡고 있으며, 관료제는 비효율적이므로 다른 수단으로 대체되어야 하며, 혁신을 통해 기업형 정부로 변화되어야 한다고 본다.

36. 신공공관리론은 정부의 역할(steering)을 시장에 맡겨야 한다는 이론이다.
→ × / (Why?) 신공공관리론은 정책(steering)-관리(rowing) 이원론에 근거하여, 정부의 역할은 steering에 초점을 두고 rowing은 시장에 맡겨야 한다는 이론이다.

37. 신공공관리 행정개혁의 방향은 정책기능과 집행기능의 통합에 의한 책임행정체제 확립이다.
→ × / (Why?) 신공공관리론에서는 정책기능(steering)과 집행기능(rowing)의 분리를 통한 책임경영체제 확립을 강조한다. 대표적으로 책임운영기관이 여기에 해당된다.

38. 신공공관리적 개혁은 경제적 효율성과 민주주의 책임성을 제고한다.
→ × / (Why?) 신공공관리적 개혁은 시장주의에 근거하여 경제적 효율성(3E)만을 중시한다. 따라서 민주주의 책임성문제를 유발한다.

39. 영국에서는 의무경쟁입찰제도가 최고가치 경쟁으로 전환되었다.

40. 탈신공공관리론은 신공공관리론의 결과로 나타난 재집권화와 재규제를 경계한다.
→ × / (Why?) 탈신공공관리론은 재집권화와 재규제를 경계하는 것이 아니라 재집권화와 재규제를 주장한다.

41. 신공공서비스론은 신공공관리론의 오류에 대한 반작용으로 대두되었으며, 주로 민주적 시민이론, 조직인본주의와 담론이론 등에 기초하고 있다.

42. 신공공서비스론에서는 시민을 주인이 아닌 고객의 관점으로 볼 것을 강조하였다.
→ × / (Why?) 신공공서비스론에서는 시민을 고객이 아닌 주인으로 본다.

43. 피터스(B. G. Peters)는 전통적 형태의 정부모형에 대한 대안으로서 시장적 정부모형, 참여적 정부모형, 신축적 정부모형 및 내부규제 정부모형 등을 제시하였다.
→ × / (Why?) 내부규제를 축소하는 탈내부규제 모형이다.

44. 신공공관리론의 인식론적 기초는 신자유주의라면, 뉴거버넌스론은 공동체주의이다. 또한 신공공관리론은 관료의 역할로 조정자(coordinator)의 역할을 강조한다면, 뉴거버넌스론은 공공기업가(public entrepreneur)의 역할을 강조하였다.

45. 신공공관리론에서는 부문 간 협력에, 뉴거버넌스론에서는 부분 간 경쟁에 역점을 둔다.
→ × / (Why?) 반대로 서술되어 있다. 작동원리에서 신공공관리론은 경쟁에, 뉴거버넌스론은 협력에 초점을 둔다.

46. 서비스공급에서 신공공관리론은 공동공급에, 뉴거버넌스론은 민영화, 민간위탁 등에 초점을 둔다.
→ × / (Why?) 반대로 기술되어 있다.

47. 신공공관리 이론과 뉴거버넌스 이론은 모두 투입보다는 산출에 대한 통제를 강조하고, 모두 정부실패를 이념적 토대로 하지만, 신공공관리는 조직내부 문제, 뉴거버넌스는 조직간 문제를 다룬다.

48. 뉴거버넌스는 참여자 간 신뢰와 협력을 강조하며, 정치적 과정은 중요하게 인식되지 않는다.
→ × / (Why?) 신공공관리론이 시장과 기업경영방식을 강조하는 비정치적 개념이라면, 뉴거버넌스는 신뢰와 참여가 이루어지는 정치적 개념이다.

제4장 행정이념(행정이 추구하는 가치)

> ▶ 행정이 추구하는 가치(= 행정이념)의 분류
> 1. 본질적 행정가치 : 행정을 통해 이룩하고자 하는 궁극적 가치 ➡ 예 정의, 공익, 복지, 형평, 자유, 평등
> 2. 도구적·수단적 행정가치 : 행정이 추구하는 본질적 행정가치를 달성하기 위한 수단이 되는 가치로서, 실제적인 행정과정에서 구체적 지침이 되는 규범적 기준 ➡ 예 민주성, 능률성, 효과성, 합법성, 합리성, 투명성 등

행정이념의 역사적 변천

시대 구분		행정이념
19세기	입법국가시대	합법성
19세기 말	고전파행정학 시대(행정관리설, 과학적 관리론, 정치·행정 이원론)	기계적 능률성
1930년대	기능적 행정학 시대(인간관계론, 정치·행정 일원론)	민주성 (사회적 능률성)
1960년대	발전행정론 시대	효과성
1960년대 말	신행정론 시대	사회적 형평성
1980년대	신공공관리론 시대	생산성·효율성
1990년대	뉴거버넌스 시대	민주성·참여

제1절 공익이론 : 과정설과 실체설 ★★★

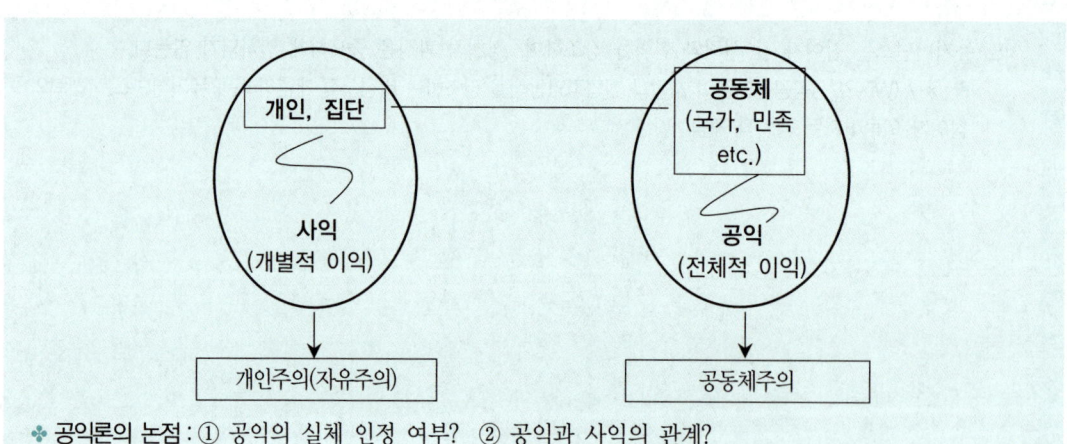

❖ 공익론의 논점 : ① 공익의 실체 인정 여부? ② 공익과 사익의 관계?

1. **과정설(소극설)**
   ① **개인주의·자유주의·다원주의**에 입각한 공익관, 공익을 **방법론적 개체주의**(methodological individualism)의 관점에서 규정한다.
   ② 공동체 또는 정부를 정치과정에 참여하는 개인들의 집합체로 보고, **사익을 초월한 별도의 공익이란 존재할 수 없**으며(= **공익의 실체를 부정**) 공익이란 ㉠ **사익의 총합**(공리주의 : 최대다수의 최대행복을 주장하는 Bentham)이거나 ㉡ **사익 간의 타협·집단 상호작용의 산물**(다원주의적 이익집단론)이다. ➜ 이러한 관점에서 공익은 과정적·제도적·절차적 국면을 통해서 '형성'되며, 여러 사회집단이 대립·투쟁·협상·타협을 벌이는 과정에서 결과적으로 다수 이익에 일치되는 공익이 도출된다.
   ③ 이러한 공익관에서 **정부와 관료의 역할은 소극적**이고(사회에서 결정된 공익을 정부는 그대로 받아들여 정책으로 집행할 뿐 – '중립적 심판자'로서의 정부), **정책결정은 점증주의적**으로 이루어진다. ➜ 개인의 효용을 중시하는 개인주의적 관점은 정부기능의 축소를 주장하는 정부기능제한론자·시장주의자들의 주장과 연결된다.
   ④ 관련 학자로는 Hobbes, Hume, Bentham으로부터 Samuelson, Arrow 등의 경제학자와 Bentley, Truman, 슈버트(Schubert), Sorauf 등이 있다.

2. **실체설(적극설)**
   ① **공동체주의**적 공익관, 공익을 **형이상학적 전체주의**(metaphysical holism)의 관점에서 규정한다.
   ② 공동체 또는 정부를 그 자체의 공공의지(public will, 선호)와 집단적 속성을 지닌 하나의 유기체적 실체(unitary being)로 보고, **공익이란 단순한 사익의 집합이 아니라 사익을 초월한 실체적·규범적·도덕적 개념으로 존재**(= **공익의 실체를 긍정**)한다. ➜ 이러한 관점에서 공익은 객관적으로 존재하며, 따라서 정책결정자들은 객관적 실체로서의 공익의 내용이 무엇인지를 '발견'하는 데 중점을 두며, **공익과 사익의 갈등이란 있을 수 없고 언제나 공익이 우선시**된다.
   ③ 실체로서 공익의 구체적 내용 : 자연법, 정의, 형평, 복지, 인간존중, 공동체의 기본적 가치 등이다.
   ④ 공동체적 공익의 발견·실현과정에서 **국가나 정부의 역할을 강조**한다. ➜ 전체주의적 관점은 정부기능의 확대를 지향하는 적극정부론자·개입주의자들의 주장과 연결된다.
   ⑤ 관련 학자로는 Plato, Aristotle, Rousseau, Hegel, Marx로부터 Held, Lippmann, Oppenheim 등이 있다.

제2절 형평성(Equity) · 정의(Justice) · 공정성(fairness)

1. **형평성(= 사회적 정의)의 의미** ★★

(1) 형평성의 개념
   ① 사회적 형평성이란, 사회적으로 '**동일한 경우에는 동일하게 취급하고**(= **수평적 형평**), **서로 다른 경우에는 서로 다르게 취급하는 것**(= **수직적 형평**)'. 사회적 형평의 개념 속에는 정당한 불평등이나 합리적 차별이 내포되어 있음.
   ② 행정에서 형평의 문제는 대부분 수직적 형평(= Aristoteles의 '배분적 정의')에 초점
   ③ 1960년대 **신행정론**의 등장과 더불어 강조된 행정이념

④ 사회적 형평성 확보 방안 : 소득재분배정책(정책결정기준상의 공평성), 대표관료제(조직내부관리상의 공평성)

(2) 수평적 형평과 수직적 형평

수평적 형평 (horizontal equity)	① "동등한 여건에 있는 사람을 동등하게 취급"하는 것, 모든 인간이 존엄과 인격면에서 동등하기 때문에 정부정책에서 동등하게 취급받아야 한다는 것 → 절대적 평등 ② 예 한 사람에게 하나의 투표권 부여(one man, one vote), 법률 앞에서 평등, 동일한 혜택에 대한 동일한 대가 지불(수익자 부담원칙) 등
수직적 형평 (vertical equity)	① "동등하지 않은 여건에 있는 사람들을 동등하지 않게 취급"하는 것, 인간의 존엄과 인격의 면에서는 동일하지만 다른 측면에서는 차이가 있으므로 차이가 있는 경우에는 '차이 있는 취급(서로 차이 있는 상황에 있는 사람들을 보다 평등하게 만들기 위해 행해지는)'이 있어야 함 → 상대적 평등 ② 예 사람들은 능력면에서 최상층에서 최하층까지 수직적인 계층을 이루고 있는데 부자로부터 가난한 사람에게 소득을 이전해주는 것(소득재분배 정책)

2. 롤즈(Rawls)의 정의론 ★★★

(1) 내 용

롤즈(J. Rawls)는 사회의 모든 가치, 즉 자유와 기회, 소득과 부, 인간적 존엄성 등은 기본적으로 평등하게 배분되어야 하며, <u>가치의 불평등한 배분은 그것이 사회의 최소수혜자에게 유리한 경우에만 정의롭다고 주장하면서</u> **사회정의실현을 위한 사회구성의 2가지 원리**를 제시한다.

① 정의의 제1원리(= 기본적 자유의 평등 원칙) : 모든 개인은 다른 사람의 유사한 자유와 충돌하지 않는 범위 내에서, 최대한의 기본적 자유에 대한 평등한 권리가 인정되어야 한다.

② 정의의 제2원리(= 조정의 원리) : 기본적 자유의 평등원칙하에서 발생하는 사회경제적 불평등은 다음 2가지 원리에 의해 조정되어야, 정당한 불평등으로 확립된다. 즉, ㉠ 사회경제적 불평등은 그 원천이 되는 모든 직무와 직위에 대한 공평한 기회균등하에서 발생한 것이어야 한다(= 공정한 기회균등의 원리). ㉡ 그리고 사회경제적 불평등은, 불평등이 가장 불리한 입장에 있는 사람에게도 이익이 되는 경우에만 정당화될 수 있다(= 차별의 원리).

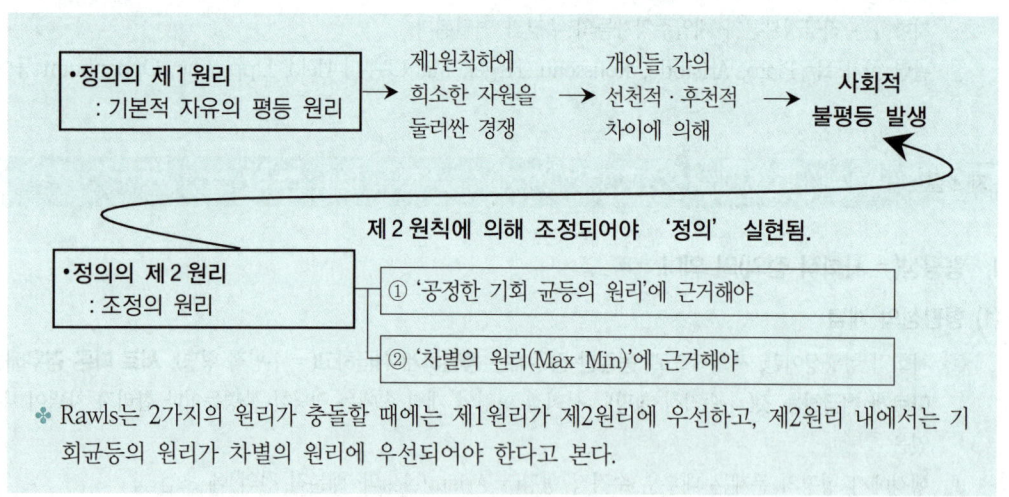

✤ Rawls는 2가지의 원리가 충돌할 때에는 제1원리가 제2원리에 우선하고, 제2원리 내에서는 기회균등의 원리가 차별의 원리에 우선되어야 한다고 본다.

(2) 정의의 원리의 정당화 근거

Rawls는 자신이 설정한 가설적 상황인 '원초적 상태'에서, 인간은 무지의 베일(veil of ignorance)에 가리어져 자신과 사회의 미래에 대한 불확실성하에 있다고 본다. 이러한 상황에서, **합리적 인간인** 사회구성원들은 **최소극대화(Maxmin) 원칙에 입각해 행동**하게 되므로, 자신이 제시한 정의의 원칙은 사회구성원들이 합의하는 정의실현을 위한 사회의 기본적 구조규칙으로 정당하다고 본다.

제3절 민주성, 능률성과 효과성, 합리성, 가외성

01 민주성

1. 민주성의 2가지 차원
① 행정과 국민과의 관계라는 대외적 민주성 차원 : 인민의 지배(rule of the people)
② 행정조직 대내적 민주성 차원 : 부하들의 의사결정에의 참여와 분권화, 인간주의적 관리

2. 대외적 민주화 방안과 대내적 민주화 방안의 비교

대외적 민주화 방안	대내적 민주화 방안
① 행정윤리의 확립 ② 행정책임확보를 위한 효과적 행정통제 확립 ③ 일반국민의 행정참여 확대 ④ 부당한 침해에 대한 행정구제장치의 확보 　(행정쟁송제도, 옴부즈만 제도 등) ⑤ 행정과 국민 간의 빈번한 의사전달체제 정립(행정정보공개와 행정PR의 활성화) ⑥ 관료제의 대표성 확립	① 권위주의적인 상의하달적 의사전달의 지양과 자유로운 의사전달 확립(하의상달 촉진, 제안제도, 고충심사) ② 행정의 분권화 ③ 자발적 의사결정의 기회확대 ④ 능력발전의 기회부여 ⑤ 자아실현의 욕구가 충족되도록 조직관리 　(Y이론적 인간관에 입각한 인간관리)

02 능률성과 효과성

1. 능률성(Efficiency)
① 좁은 의미의 능률 : 투입(input)에 대한 산출(output)의 비율 $= \dfrac{산출}{투입}$

② 넓은 의미의 능률(= 효율성, 생산성) : 비용에 대한 효과(effect)의 비율 $= \dfrac{효과}{비용}$

　→ 산출(output)은 행정활동의 직접적인 결과로서 가시적이고 물리적인 것인데 비해, **효과(effect)**는 목표 – 수단의 계층제에서 산출보다 한 차원 높은 수준에 있는 것

기계적 능률과 사회적 능률의 비교 **

기계적 능률	정치·행정 이원론과 과학적 관리론에서 중시된 능률관 ➜ 능률을 수량적으로 명시할 수 있는 기계적·금전적 측면에서만 파악한 개념(대차대조표식 능률)
사회적 능률 (Dimock)	인간관계론과 통치기능설에서 강조된 능률관 ➜ 과학적 관리론에 입각한 기계적·금전적 능률관을 비판하고, ① 행정의 사회목적 실현과 다원적인 이익들 간의 통합·조정하고, ② 행정조직 내부에서 구성원의 인간적 가치의 실현 등을 내용으로 하는 능률관(민주적 능률)

2. 효과성(Effectiveness)

① 효과성이란 '**목표의 달성 정도**'를 의미 ➜ 1960년대 발전행정에서 중시된 행정이념
② 효과성은 비용이나 투입을 전혀 고려하지 못하는 약점이 있으나, 비용이나 투입이 일정하게 주어진 것으로 본다면 능률성과 동일한 의미를 지님.
③ 능률성은 행정관리적 가치의 중심개념으로 산출에 대한 비용의 관계라는 조직 내의 조건으로 이해되나, 효과성은 조직과 그 효과가 나타나는 환경과의 관계를 나타냄.
④ 능률성과 효과성의 개념 속에는 비용이나 산출(효과)의 총량만을 고려할 뿐 비용이나 효과의 구체적 구성(비용부담자와 효과향유자가 누구인가의 가치배분 – 형평성)에 대해서는 고려하지 않음.

03 합리성

- 합리성의 개념 : '어떤 행위가 목표달성의 최적 수단이 되느냐'의 여부를 가리는 개념으로, '주어진 목적에 대한 수단의 적합성'을 의미 ➜ **수단의 목적에 대한 합리성(= 도구적 합리성)**

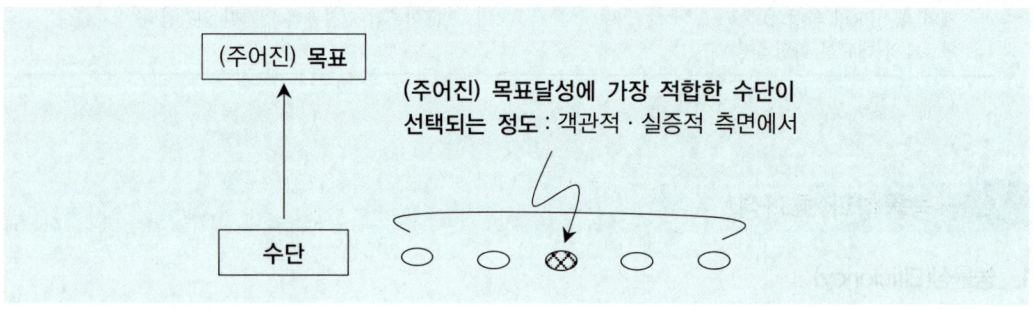

Simon ★★	실질적 합리성	주어진 목표에 비추어 가장 적합한 수단이 선택되는 정도(효용·이윤의 극대화를 가져올 수 있는 가장 능률적인 행위를 선택할 때 나타나는 합리성) ➔ 전지전능한 인간이 추구하는 내용적 합리성·완전한 합리성
	절차적 합리성	어떤 행위가 의식적인 사유과정의 산물이거나 인지력과 결부될 때 나타나는 합리성 ➔ 선택의 결과가 아닌 선택의 과정을 중시하는 것으로 현실의 제한된 합리성 하에서 추구
Diesing ★★	기술적 합리성	목표달성에 적합한 수단을 찾는 것 ➔ 목표-수단의 계층제는 기술적 합리성의 골격을 형성
	경제적 합리성	최소비용으로 최대효과를 달성하는 것 ➔ 둘 이상의 목표들이 경쟁을 벌이고 있을 때, 비용에 비해서 효과가 큰 목표를 선정하는 것
	사회적 합리성	사회체제의 구성요소들 간의 조화 있는 통합성
	정치적 합리성	보다 나은 정책을 추진할 수 있는 구조적 장치가 마련되는 것
	법적 합리성	인간과 인간 간에 권리·의무관계가 성립하여 인간행위를 예측가능하게 하고 공식적 질서를 만드는 것

04 가외성(redundancy) ★

① **가외성의 개념** : 란다우(M. Landau)에 의해 행정학에 도입된 것으로, '행정에서 초과분·잉여분'을 의미
② 초과분이나 잉여분은 능률성과는 대칭되는 개념이나, 가외성은 '불확실성하에서 정보의 정확성을 높이고 오류발생을 방지하여 행정의 신뢰성 및 안정성을 제고한다.'는 측면에서 타당성이 인정됨.
③ **가외성의 적용상황** : 불확실한 상황, 분권적 구조, 잉여자원의 존재
④ **가외성 장치의 사례** : 권력분립, 양원제, 법원의 삼심제, 연방제도 등

> **PLUS 심화 가외성의 내용**
>
> 1. **중첩성(overlapping)** : 어떤 사업이나 기능을 명확하게 분화시키지 않고, 여러 행정기관들이 상호의존성을 지니면서 공동관리하는 것(예 위와 장 등 소화기관들이 소화작용에 참여)
> 2. **중복성(duplication)** : 완전히 분리·독립된 상태에서 여러 기관들이 독자적 상태에서 동일한 기능을 수행하는 것(예 자동차의 이중브레이크 장치)
> 3. **등전위현상(동등잠재력 : equipotentiality)** : 기관 내에서 주된 조직단위의 기능이 작동하지 않을 때, 동일한 잠재력을 지닌 다른 지엽적·보조적인 조직단위가 주된 단위의 기능을 인수해서 수행하는 것(예 주된 조명장치 고장 시 보조조명장치 사용)

05 행정원리들 간의 관계 ★

(1) 넓은 의미의 민주성	① 좁은 의미의 민주성, ② 형평성, ③ 합법성
(2) 넓은 의미의 능률성	① 좁은 의미의 능률성, ② 효과성, ③ 효율성, ④ 중립성

① **민주성과 능률성의 관계** : 민주성과 능률성은 상호대립되는 것으로 이해되나(본질적으로 대립적 관계), 상호보완적 관계로 추구된다(민주적 행정을 실현시키는 수단·기술로서의 능률성).
② **좁은 의미의 민주성과 합법성의 관계** : 합법성은 법치행정의 구현이라는 측면에서 민주성과 기본적으로 조화관계에 있으나, 합법성이념이 지나치게 강조되면(법령의 형식적 준수로) 국민의 변화하는 요구에 부합하지 못하는 행정(변화에 대한 저항과 목표의 전환)을 가져와 민주성과 정면으로 대립될 가능성이 있다.
③ **좁은 의미의 능률성과 효과성의 관계** : 비용이나 투입이 일정하게 주어진 것으로 본다면 효과성은 능률성과 동일한 의미를 지니나, 효과성은 비용이나 투입을 전혀 고려하지 못하는 측면에서 상충될 수도 있다.
④ **능률성과 중립성의 관계** : 기본적으로 기술성과 도구성을 강조한다는 점에서 동일차원에서 조화된다.

빈출 핵심 지문

1. 행정의 본질적 가치로는 능률성, 책임성 등이 있으며 수단적 가치로는 정의, 형평성을 들 수 있다.
    → × / (Why?) 반대로 서술되어 있다. 행정의 본질적 가치로는 정의, 형평성 등이 있으며 수단적 가치로는 능률성, 책임성 등을 들 수 있다.

2. ① 공익개념의 실체설은 집단 간 상호작용의 산물이 공익이라고 보며, ② 과정설의 대표적인 학자에는 플라톤(Plato)과 루소(Rousseau)가 있고, ③ 과정설은 공익과 사익이 명확히 구분된다는 입장이다.
    → × / (Why?) ① 집단 간 상호작용의 산물이 공익이라고 보는 것은 과정설이다. ② 플라톤(Plato)과 루소(Rousseau)는 실체설을 주장하였다. ③ 공익과 사익이 명확히 구분된다는 입장은 실체설이다.

3. 공익에 대한 실체설에서는 공익을 현실의 실체로 존재하는 사익들의 총합으로 이해한다.
    → × / (Why?) 공익을 현실의 실체로 존재하는 사익들의 총합으로 이해하는 것(공리주의)은 공익의 과정설이다.

4. 공익개념을 설명하는 접근방법들 중에서 정부와 공무원의 소극적 역할과 관련 깊은 것은, 사회의 다양한 집단 간에 상호이익을 타협하고 조정하여 얻어진 결과가 공익이라는 것이다.

5. 수익자 부담원칙은 수평적 형평성, 대표관료제는 수직적 형평성과 각각 관계가 깊으며, 장애인들에게 특별한 세금감면 혜택을 부여하는 것은 모든 국민이 동등한 서비스를 제공받아야 한다는 사회적 형평성에 어긋나는 제도이다.
    → × / (Why?) 장애인들에게 특별한 세금감면 혜택을 부여하는 것은 수직적 형평성에 해당되는 제도이다.

6. 롤스(J. Rawls)가 제시한 정의론(Justice theory)에서, ① 롤스는 사회계약론의 입장에서 정의의 원리를 도출하며, ② 전제조건으로 원초상태란 무지의 베일에 가리어져 있는 상태를 말하고, ③ 제1의 원리는 사회적 약자의 편익을 최대화하는 것이며, ④ 롤스의 정의관은 자유와 평등의 조화를 추구하고 있다.
    → × / (Why?) ③은 틀린 내용이다. 제1의 원리는 기본적 자유의 평등원칙이다. 사회적 약자의 편익을 최대화하는 것(차별의 원칙)은 제2의 원리에 속한다.

7. 롤즈의 사회정의론에서 정의의 제1원리가 제2원리에 우선하고, 제2원리 중에서는 차등원리가 기회균등의 원리에 우선되어야 한다.
    → × / (Why?) Rawls는 2가지의 원리가 충돌할 때에는 제1원리가 제2원리에 우선하고, 제2원리 내에서는 기회균등의 원리가 차별의 원리에 우선되어야 한다고 본다.

빈출 핵심 지문

8. 민주성과 합법성은 항상 조화의 관계에 있다.
   → × / (Why?) 합법성은 법치행정의 구현이라는 측면에서 민주성과 기본적으로 조화관계에 있으나, 합법성이념이 지나치게 강조되면(법령의 형식적 준수로) 국민의 변화하는 요구에 부합하지 못하는 행정(변화에 대한 저항과 목표의 전환)을 가져올 수도 있다.

9. 사회적 효율성(social efficiency)은 과학적 관리론의 등장과 함께 강조되었다.
   → × / (Why?) 사회적 효율성(social efficiency)은 인간관계론에서 강조된 수단적 행정가치이다. 과학적 관리론의 등장과 함께 강조된 것은 기계적 효율성이었다.

10. 능률성(efficiency)은 떨어지더라도 효과성(effectiveness)은 높을 수 있다.
    → O. 비용이나 투입이 일정하게 주어진 것으로 본다면 효과성은 능률성과 동일한 의미를 지니나, 효과성은 비용이나 투입을 전혀 고려하지 못하는 측면에서 상충될 수도 있다.

11. 효율성은 어떤 행위가 궁극적인 목표 달성의 최적 수단이 되느냐의 여부를 가리는 개념이다.
    → × / (Why?) 합리성에 대한 개념이다.

12. 사이먼(Simon)은 합리성을 목표와 행위를 연결하는 기술적·과정적 개념으로 이해하고 내용적 합리성(substantive)과 절차적 합리성(procedural rationality)으로 구분하며, 어떤 행위가 의식적인 사유과정의 산물이거나 인지력과 결부되고 있을 때의 합리성을 절차적 합리성이라 한다.

13. 디징(P. Diesing)은 정치적 합리성을 의사결정 구조를 합리화하는 것으로 여겼다.

14. 행정에서 불확실성의 문제를 해소하기 위해서는 주요 정책결정에 있어서 가외성(redundancy)을 감안할 수 있는 제도적 장치를 준비한다.

15. 가외성의 특성 중 중첩성(overlapping)은 동일한 기능을 여러 기관들이 독자적인 상태에서 수행하는 것을 뜻한다.
    → × / (Why?) 가외성의 특성 동일한 기능을 여러 기관들이 독자적인 상태에서 수행하는 것은 중복성(duplication)이다. 중첩성(overlapping)은 여러 행정기관이 상호의존성을 지니면서 기능을 공동관리하는 것이다.

memo.

행정사 1차 행정학개론

PART

02

정책학

제1장 **정책학의 기초**
제2장 **정책의제설정론**
제3장 **정책결정론**
제4장 **정책집행론**
제5장 **정책평가와 정책변동론**

제2편 '정책학'의 체계와 빈출내용 및 학습포인트

체계	테마	빈출내용 및 학습포인트
정책의 기초	정책의 유형	• Lowi의 정책유형(배분/규제/재분배/구성). • Almond와 Powell의 유형(배분/규제/추출/상징)
	정책 network	• 하위정부 vs. 이슈네트워크, 정책공동체 vs. 이슈네트워크
정책의제 설정론	의제설정 유형	• 의제설정의 3유형(외부주도형/동원형/내부접근형). Kingdon의 정책흐름모형
	권력모형	• 엘리트이론 vs. 다원주의 • 신엘리트론 : 무의사결정론
	의제설정 요인	• 3 요인(주도집단, 정치체제, 문제). 문제의 외형적 특성
정책결정론	합리적·분석적 결정(합리모형)	• 제3종 오류 : 정책문제의 정의의 오류. 정책문제의 구조화기법(분류/계층/시넥틱스/가정/경계 분석 • 정책대안의 탐색 : 델파이와 정책델파이 • 정책대안의 결과예측 : 추세연장적/이론적/주관적 미래예측
	비용·편익분석	• 현재가치 계산과 할인율의 의미 • 평가기준 : B/C ratio, 순현재가치(NPV), 내부수익률(IRR)
	정책결정 모형	• 합리모형(분석적 결정) vs. 사이버네틱스모형(습관적 결정) • 합리모형(완전한 합리성, 경제적 합리성)에 대한 비판모형 : ① 만족모형(제한된 합리성) → ② 점증모형(제한된 합리성+정치적 합리성) • 합리모형과 점증모형의 절충 : ① 혼합탐사모형(근본적 결정+세부적 결정), ② 최적 모형(경제적 합리성+초합리성) • 집단적 의사결정모형 : 회사모형(연합모형), 쓰레기통모형 • 집단적 의사결정모형의 정리 : Allison 모형 3개(Model Ⅰ, Ⅱ, Ⅲ)
정책집행론	정책집행이론	• 현대적 집행연구의 출발 : Pressman과 Wildavsky의 Oakland사업 분석 • 고전적 집행론 vs. 현대적 집행론 • Nakamura와 Smallwood의 정책집행 유형 : 고/지/협/재/관 • 현대적 집행연구의 접근방법 : 하향식(top-down) vs. 상향식(bottom-up)
	성공적 집행요인	• 정책변수, 집행체제변수, 환경변수 • 정책변수와 관련하여, 정책유형별(분배/경쟁적 규제/보호적 규제/재분배) 집행과정의 특징 : Ripley와 Franklin
정책평가론	정책평가 종류	• 총괄평가(정책결과의 평가)와 과정평가(집행과정의 평가)
	정책평가의 타당성	• 내적 타당성의 개념, 저해요인 : 성숙/역사/선발/상실/회귀/측정/측정도구변화 → 허위변수와 혼란변수 • 외적 타당성의 개념, 저해요인 : 표본의 대표성 결여, 호오손 효과, 다수적 처리에 의한 간섭 • 구성적 타당성 • 통계적 결론의 타당성
	사회실험	• 비실험 : 정책실시전후 비교설계 • 준실험 : 비동질적 통제집단 설계, 선정과 성숙의 상호작용, creaming 효과 • 진실험 : 동질적 구성, 호오손 효과 발생
	정책변동	• 정책변동의 유형 : 혁신/유지/승계/종결 • 정책변동 모형 : Sabatier의 정책지지연합

제1장 정책학의 기초

제1절 정책학과 정책

01 정책학의 등장배경

- 라스웰(H. Lasswell)의 「정책지향(Policy Orientation), 1951」에서 출발 : 정책 연구 주장
  → 그러나 1950년대 사회과학을 지배하던 행태주의에 의해 경시

- 1960년대 후반 라스웰(Lasswell)과 드로어(Dror)의 노력으로 재등장
  1. 1960년대 미국사회의 혼란(월남전과 흑인폭동)과 Johnson 정부의 '위대한 사회' 정책 추진 :
     → 사회문제 해결을 위한 처방적 학문의 필요성 대두
  2. 행태주의의 한계 : 인간의 행태 연구 + 가치의 배제 → 사회문제 해결능력 결여
  3. '적실성과 실천'을 주창하는 후기 행태주의 등장 : ① 과학적 방법을 적용할 수 있는 것만을 연구대상으로 하기보다, 현재 급박한 사회문제의 해결에 적절한 연구수행, ② 가치에 대한 연구와 새로운 가치의 개발, ③ 인류의 가치를 보호하고 사회를 개혁하는 데 관여
     → 과학적 방법에 대한 포기가 아니라, 가능한 한 과학적 방법과 기법을 현실의 중요한 사회문제 해결에 적용할 것(정책지향적 연구)을 주장

02 정책(policy)

1. 정책의 의미

① 정책이란, '바람직한 사회상태를 이룩하려는 정책목표와 이를 달성하기 위해 필요한 정책수단에 대하여, 권위 있는 정부기관이 공식적으로 결정한 기본방침'을 의미한다.

② 구체적으로 정책은 ㉠ 바람직한 사회상태를 실현이라는 '정책목표'와 목표달성을 위한 '정책수단'을 내용으로 하고, ㉡ 결정과 집행의 주체가 '정부'이며, ㉢ '권위(강제력) 있는 결정'의 산물이고, ㉣ 법률·계획·사업 등과 같이, 공식적인 절차와 방법에 의해 결정된 기본방침(행동방침)이다.

2. 정책의 (3대) 구성요소 : 정책목표, 정책수단, 정책대상집단

(1) **정책목표** : 정책을 통해 이룩하고자 하는 바람직한 미래상태

(2) **정책수단** : 정책목표를 달성하기 위한 행동방안(정책의 실질적인 내용)❶

❶ 정책목표와 정책수단, 그리고 정책대안
  ① 목표 - 수단의 계층제 : 하위목표는 상위목표에 대해서는 정책수단이 되고, 하위수단에 대해서는 정책목표가 되는 관계
  ② 정책대안 : 정책목표와 정책수단을 배합하여 놓은 하나하나의 조합을 의미

정책대안 A	정책대안 B
교통의 원활화(정책목표) - 도로망의 확대(정책수단)	교통의 원활화(정책목표) - 지하철 노선 확대(정책수단)

(3) **정책대상집단** : ① 정책수혜집단과 ② 정책비용부담집단

3. 정책수단의 유형 ★

(1) **정책수단(= 행정의 활동 수단)의 개념**
  ① 정책수단·정책도구·통치도구(= 행정의 활동 수단) : 정부 또는 정책결정자가 정책목표를 달성하기 위하여 활용할 수 있는 도구(= 공공문제를 해결하기 위해 집단행동을 구조화할 수 있는 식별가능한 방법 - Salamon의 개념)를 의미한다. ➔ 특정한 정책목표를 달성하기 위한 구체적인 수단 또는 정책의 구체적인 내용이나 세부 프로그램을 의미하는 '정책수단'과는 구분되는 개념이다.
  ② 정책수단에 대한 전통적 3분법 : ㉠ 규제(regulation : 채찍), ㉡ 유인(incentives : 당근), ㉢ 설득(persuasion : 설교)

(2) **살라몬(Salamon)의 정책수단 분류** : 뉴거버넌스의 대두에 따른 간접적 정부개입까지 포착하여, '직접적 정책수단과 간접적 정책수단'으로 분류

구 분	정책수단	산출·활동	전달수단	전달체계
직접수단	정부소비(정부의 직접지출)	재화 또는 서비스	직접제공	공공기관
	경제적 규제	공정가격	진입 또는 가격규제	규제위원회
	직접대출 (정부자금의 민간대출)	현금	대출	공공기관
	공기업	재화 또는 서비스	직접제공/대출	준공공기관
간접수단	사회적 규제	금지	규칙	공공기관·피규제자
	계약(contracting out)	재화 또는 서비스	계약 및 현금지급	기업, 비영리기관
	보조금(grant)	재화 또는 서비스	보조금제공	지방정부, 비영리기관
	대출보증 (기업대출에 대한 정부보증)	현금	대출	민간은행
	공적 보험	보호	보험정책	공공기관
	조세지출(조세감면)	현금, 유인기제	조세	조세기관
	사용료, 과징금	금전적 제재	조세	조세기관
	손해책임법(제조물책임법)	사회적 보호	손해배상법	사법제도
	바우처	재화 또는 서비스	소비자 보조	공공기관·소비자

4. 정책의 기본적 성격 ★

① 사회문제 해결지향성
② 미래지향성과 의도성 : 미래의 바람직한 사회상태실현을 위해, 사회의 어떤 대상(사회구조, 가치관, 행태 등)에 대해 의도적 변화 추구
③ 인과성 : 정책을 원인(X)으로 하여 바람직한 사회상태라는 결과(Y)를 의도적으로 가져오려는 인과관계에 근거
④ 가치배분성(= 사회적 가치의 권위적 배분) : 정책과정의 정치성을 야기하는 근본원인
⑤ 합리성과 정치성의 조화 : 정책은 바람직한 목표설정과 최선의 정책수단 선택이라는 '합리성'을 강조. 동시에 정책은 편익과 비용을 사회 구성원들에게 일정한 기준에 따라 불평등하게 배분하는 성질(부분이익 선택성 : policy selectivity)을 지니므로 이해관계를 달리하는 집단들 간의 정치적 상호작용의 산물이라는 '정치성'을 지님.

제2절 정책의 유형 ★★★

▶ **정책유형 분류의 의의 - 정책의 종류를 왜 분류하는가?**
정책의 유형에 따라 정책결정이나 집행과정 등의 정책과정상의 특징이 달라지기 때문이다. 이러한 연구는 Lowi에 의해 시작되었는데, 종래(체제론) 정책이란 정치체제의 산물로서 정치과정에 의해 결정된다는 종속변수로 보았으나, Lowi는 "정책내용 또는 정책유형에 따라 정책과정이 달라질 수 있다(policies determine politics)."고 하여 정책을 정책과정에 대한 독립변수로 전환시켰다. Ripley와 Franklin은 Lowi의 주장을 더욱 발전시켜 "정책의 유형에 따라 정책결정과정뿐만 아니라 정책집행과정의 특징(SOP에 의한 원만한 집행)에도 영향을 미친다."고 주장하였다.

01 로위(Lowi)의 분류

1. Lowi 정책유형 분류의 의의

① Lowi는 1960년대 대논쟁이 되었던 다원주의와 엘리트주의의 주장을 상황론적으로 통합하려는 의도로, "정책내용 또는 정책유형에 따라 정책결정과정상의 특징이 달라진다."고 주장한다.
→ **규제정책의 경우에는** 다원론의 주장이 옳고, **재분배정책의 경우에는** 엘리트론의 주장이 옳다고 파악한다.
② Lowi는 '정책이 사회에 미치는 영향과 정책결정과정에 관여하는 참여자들 간의 관계적 특성'을 기준으로, 정책을 4가지 유형(배분, 규제, 재분배, 구성 정책)으로 분류한다.

2. 배분정책

(1) 개념
① 배분정책의 개념 : 국민들(다수의 국민 또는 **특정한 개인·집단·지역**)에게 권리나 이익, 서비스를 배분하여 주는 정책이다.

② 배분정책의 사례 : 국방서비스와 국립교육서비스, 고속도로나 항만 등 사회간접자본(SOC)건설, 기업에 수출보조금 지원, FTA에 따른 농민피해 지원, 지방자치단체에 대한 국가보조금 지급, 주택자금 대출 등이 있다.

(2) 배분정책의 정책과정상 특징

① 정책수혜집단은 개인·집단·조합·지역사회 등으로 **특정적**인 반면, 비용부담집단은 일반국민(국민의 세금으로 비용충당)으로 **불특정적**이다. 따라서 **재원부담자의 저항이 크지 않고, 수혜집단과 비용부담집단 간 갈등이 적다.**
② 다만, 제한된 자원을 더 많이 배정받기 위해 **수혜집단들 간에 경쟁은 치열**할 수 있다.
③ 정책의 내용이 쉽게 세부사업들로 분해되고 각 단위는 다른 단위사업과는 별개로 처리될 수 있기 때문에, 정책수혜집단들 간에 정책을 둘러싼 정면대결보다는 갈라먹기 정치(pork-barrel politics)나 상부상조(log-rolling : 투표거래·투표담합)가 발생한다.❶❷
④ 분배정책의 과정은 '**조용한 과정**'으로 진행되며, 비수혜집단의 반발이 제한적이기 때문에 철의 삼각(iron-triangle)이 견고하게 형성되어 있을 때 기존수혜집단의 혜택은 안정적으로 지속된다.

> ❶ 갈라먹기·돼지구유통 정치(pork-barrel politics) : 분배정책의 수혜자들이 결정과정에서 서비스와 편익을 더 많이 배분받으려 다투게 되는 현상
> ❷ 투표담합·투표거래(log-rolling) : 국회의 입법활동에서 국회의원들 간의 투표거래나 투표담합을 통해, 의원들이 원하는 정책에 대한 지지를 서로 교환하는 현상

3. 규제정책

(1) 개 념

① 규제정책의 개념 : **특정 개인이나 집단의 재산권행사나 행동의 자유를 제약함으로써 대중의 이익을 보호**하려는 정책이다.❶
② 규제정책은 정책 중 가장 많은 영역을 차지하고 있고, 관련 집단들 사이에 갈등이 많이 나타난다.

> ❶ 보호적 규제정책과 경쟁적 규제정책(Ripley & Franklin)
>
> | 보호적
규제정책 | 사적인 활동을 제약하는 조건을 설정함으로써 일반대중을 보호하려는 정책
(예 개발제한구역 설정, 독과점규제, 식품안전 및 환경규제, 과대광고규제, 근로기준규제 등) |
> |---|---|
> | 경쟁적
규제정책 | 많은 수의 경쟁자 중에서 몇몇 개인이나 집단에게만 일정한 재화·용역을 공급할 수 있도록 허락하면서, 동시에 그들에게 공익상 필요한 일정한 규제를 가하는 정책(예 이동통신 사업자 선정, 항공노선 및 버스노선 지정 등) |
>
> ✤ Ripley & Franklin은 정부관료제가 달성하려는 사회적 목적의 특성을 기준으로, ① 배분정책, ② 경쟁적 규제정책, ③ 보호적 규제정책, ④ 재분배정책으로 분류한다. 그리고 각 정책유형별로 정책집행과정의 특성(SOP에 의한 원만한 집행)을 설명한다.

(2) 규제정책의 정책과정상 특징

① 비용부담집단은 개인이나 기업으로 **특정되어** 있으나 수혜집단은 일반대중이기 때문에 **불특정적**이다. 규제정책에서는 배분정책과 달리, 피규제자와 수혜자가 명백히 구분되고 (정책의 수혜자와 피해자를 정책결정 시에 선택함) 이해관계가 정면으로 배치되기 때문에, 특히 **비용부담집단의 강한 저항으로 양 집단 간 갈등이 치열**하다.
② 따라서 정책과정에서 수혜집단과 비용부담집단 간에 **지지세력 확대를 위한 정치적 연합이 전개**되고, 흥정·타

협이 발생한다. ➔ 이런 측면에서는 Lowi는 규제정책의 경우에는 다원론자들의 주장이 옳다고 본다.
③ 규제대상집단(비용부담집단)의 저항극복을 위해 강제력이 필요하며, 인권 및 재산권 침해라는 국가권력의 남용을 막기 위해 법률의 형태를 취한다. ➔ 규제정책에서는 배분정책과는 달리 개인이나 집단의 행위를 통제하기 위하여 정부의 강제력이 직접 동원되는데, 강제력의 직접 동원이 규제정책의 특징이다.

4. 재분배정책

(1) 개념
① 재분배정책의 개념 : 고소득층으로부터 저소득층으로의 **소득이전을 목적으로 하는 정책**이다.
② 재분배정책의 사례 : 누진소득세, 사회보장지출, 임대주택건설 등이 있다.

(2) 재분배정책의 정책과정상 특징
① 수혜집단과 비용부담집단이 **계층분화에 따라 특정적**이고, **이데올로기적 논쟁과 계급갈등**이 심하다. 따라서 재분배정책은 zero sum 게임(win-lose게임)으로 인식된다.
② 정책형성과정에서 **계급별 정상조직**(peak organization : 노조대표, 기업대표 등 계급별 elite) 간의 사회적 합의가 중요하고, 이 과정에서 대통령 등의 정치지도자의 역할이 중시된다. ➔ 이런 측면에서 재분배정책의 경우에는 엘리트론자들의 주장이 옳다고 본다.

5. 구성정책
① **구성정책의 개념** : 정치체제에서 투입을 조직화하고 체제의 구조와 운영에 관련된 정책이다.
② **구성정책의 사례** : 선거구의 조정, 정부의 새로운 조직이나 기구의 설립, 공직자의 보수변경 등이 있다.

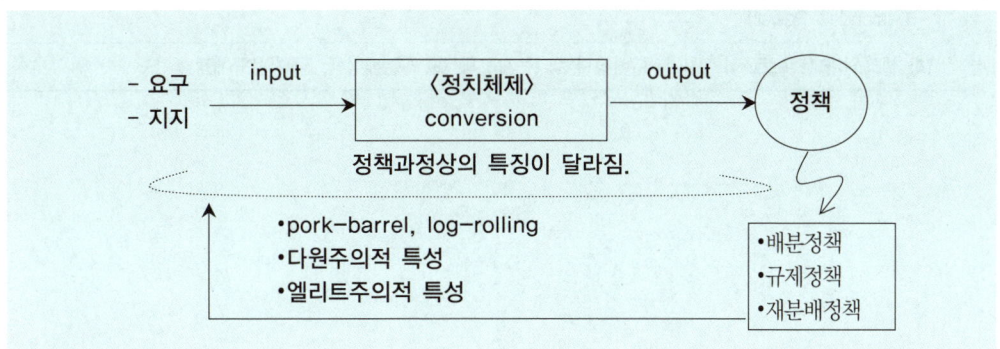

Lowi의 강제력의 행사방법과 강제력의 적용대상

구 분		강제력의 적용대상	
		개별적 행위	행위의 환경
강제력의 행사방법❶	간접적 사용	배분정책	구성정책
	직접적 사용	규제정책	재분배정책

❶ 강제력의 직접적(immediate) 사용과 간접적(remote) 사용 : Lowi는 정치적 관계에서 가장 중요한 사실은 정부가 강제력을 행사한다는 것인데, 서비스 제공이나 보조금을 지급하는 프로그램은 강제력의 요소가 일반 세입체계로 흡수되므로 강제력의 간접적 행사에 해당된다.

02 알몬드와 포웰(Almond & Powell)의 분류

① Almond와 Powell은 구조-기능주의적 관점에서 정책을 정치체제의 산출물(output)로 보고, 정치체제의 산출활동의 기능적 특성을 기준으로 배분정책, 규제정책, 추출정책, 상징정책의 4가지로 분류한다.
② Easton의 투입-산출모형에 의하면, 정치체제에 대한 투입은 '요구와 지지'가 있으므로 정치체제의 산출물로서 정책은 요구대응정책(배분정책과 규제정책)과 지지획득정책(추출정책과 상징정책)으로 구분된다.

추출정책	민간부문으로부터 인적·물적 자원을 확보하는 정책(예 징병, 조세, 토지수용 등)
상징정책	이념에 호소하거나 미래의 업적 또는 보상을 약속하는 정책(예 국경일 행사, 의전행사, 평창올림픽 경기, 남대문 복원 등) ➔ 정치체제의 정통성에 대한 인식을 좋게 하고, 다른 정책에 대한 순응을 확보하기 위해서 이용

정책학자들의 정책유형 분류 정리

(1) 로위(Lowi)	① 분배정책, ② 규제정책, ③ 재분배정책, ④ 구성정책
(2) 리플리와 프랭크린 (Ripley & Franklin)	① 분배정책, ② 경쟁적 규제정책, ③ 보호적 규제정책, ④ 재분배정책
(3) 알몬드와 포웰 (Almond & Powell)	① 분배정책, ② 규제정책, ③ 추출정책, ④ 상징정책
(4) 샐리스버리(Salisbury)	① 분배정책, ② 규제정책, ③ 재분배정책, ④ 자율규제정책

제3절 정책결정요인론(정책산출연구)

> **PLUS 심화** 　정책과 환경의 상호작용 : 이스턴(Easton)의 투입-산출모형
>
> 체제론의 관점에서 볼 때, ① 환경으로부터 정치체제로의 투입(input)이 ② 정치체제의 전환과정(conversion : 정책결정행위)을 거쳐 ③ 산출(output)로서 정책이 나타나고, ④ 정책은 다시 환류(feedback)되어 재투입된다.

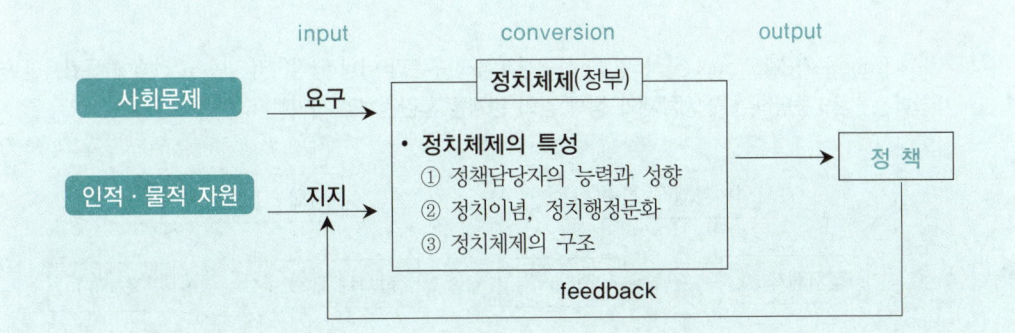

01 정책결정요인론의 의의

'정책의 산출과정에서 정책의 내용을 결정하는 것이 ① 환경으로부터의 투입(사회경제적 요인 : 1인당 국민소득, 인구밀도, 도시화 등)인지, ② 정치체제의 특성(정치적 요인 : 정당 간 경쟁, 투표율 등❶)인지'에 관한 연구

❶ Key-Lockard모형(참여경쟁모형)
정치적 변수가 정책의 내용을 결정한다고 보는 견해로, 정치학자 키이(V.O. Key)는 "경제가 발달할수록 정당 간 경쟁은 심화되고, 증대된 정당 간 경쟁에 의해 가난한 계층을 위한 복지정책이 확대될 것"이라고 주장('사회경제적 변수 ➡ 정치적 변수 ➡ 정책'으로 3개의 변수가 순차적 관계를 유지)

02 정책결정요인론의 전개 ★

(1) 경제학자들의 환경연구

정책결정요인론은 1950년대 경제학자들에 의해 '**정책의 내용을 결정하는 것은 사회경제적 요인이라는 주장**'에서 시작된다. ➡ 대표적으로 Fabricant는 미국 주정부의 예산을 분석하여 1인당 소득, 도시화, 인구밀도 등 사회경제적 요인(특히, 1인당 소득)이 주정부의 예산지출 결정요인이라고 주장하였다.

(2) 정치학자들의 환경연구

경제학자들의 주장은 **일단의 정치학자들의 연구에 의해서도 판명**되어, 대표적으로 도슨(Dawson)과 로빈슨(Robinson)은 정당 간 경쟁과 같은 정치적 변수가 정책에 의미 있는 영향을 미치지 못한다고 제시하였다. 이러한 연구결과는 정책개선을 위해 정치적 변수의 역할에 중요성을 부여해 온 정치학자들에게 큰 충격을 주었다.

① Dawson과 Robinson(경제적 자원모형)은 V. O. Key의 명제를 검증하여, 정당 간 경쟁이 치열(X)할수록 사회복지비는 증가(Y)하지만, 이것은 도시화, 산업화, 소득 등 사회경제적 변수(Z)가 작용했기 때문이라고 주장한다. 즉, 사회경제적 변수(Z)가 정치체제(X)와 정책(Y) 모두에 영향을 미쳐서, 정치체제와 정책 간에 허위의 상관관계(spurious relation)를 초래했다는 것이다.❶

❶ 허위의 상관관계(spurious relation)에서는 사회·경제적 변수를 통제하게 되면 정치체제와 정책 간의 관계가 사라지는데, 이렇게 되면 정치체제는 사회·경제적 환경의 투입을 정책으로 연계하는 매개변수의 역할도 하지 못하게 된다('사회·경제적 변수 ➔ 정치적 변수 ➔ 정책'의 순차적 관계 부정).

② 그러나 Cnudde와 McCrone(혼합모형)은 사회경제적 변수뿐만 아니라 정치적 변수도 정책에 독립적인 영향을 미친다는 것을 증명하여, **정치체제와 정책 간의 관계를 혼란관계로 파악**한다.

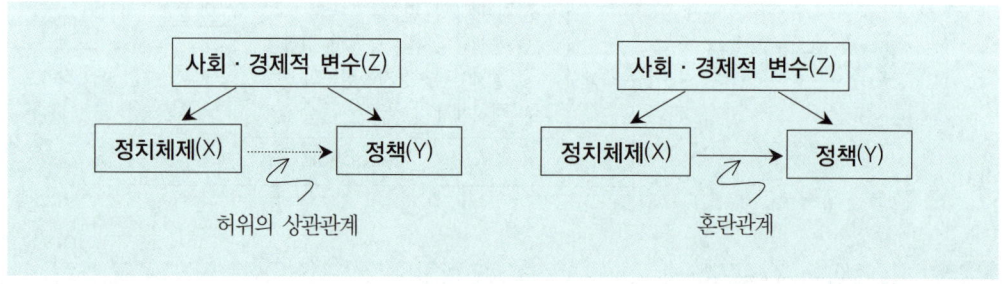

제4절 정책과정의 참여자와 정책 network

01 정책과정의 의의

(1) 일반적인 정책과정

① 정책의제설정 ➡ ② 정책결정 ➡ ③ 정책집행 ➡ ④ 정책평가

(2) 정책과정의 특성
① 각 단계가 단일방향적으로 이루어지는 것이 아니라, 상호작용을 하면서 영향을 주고받는 순환적인 과정이라는 순환성·연계성
② 분석적 측면과 정치적 측면이 내포된 합리성과 정치성의 융합

02 정책과정의 참여자

1. **참여자의 유형** : ① 공식적 참여자와 ② 비공식적 참여자 ★

(1) 공식적 참여자

정책과정에의 참여가 법적·제도적으로 보장된 자들
① 의회(입법부) : 국민의 대표기관으로서 가장 중요한 정책결정기관 ➡ 행정국가화 현상으로 행정부의 결정을 통과시키는 통법부의 역할을 담당하거나, 골격입법(skeleton legislation)으로 구체적 결정권은 행정부에 위임
② 대통령과 대통령비서실 : 정책결정권, 정책집행권, 국군 통수권, 비상대권 등 행사
③ 행정기관 : 공식적 권한은 '정책집행' ➡ 행정국가화로 인해 행정관료는 정책결정과 집행 및 평가에 이르기까지 정책과정의 실질적인 주체로서 역할을 수행
④ 사법부(법원과 헌법재판소) : 재판에 대한 판결을 통해 사후적·수동적 역할 수행

(2) 비공식적 참여자

정책과정에의 참여가 법적·제도적으로 보장되지는 않지만 어떤 방식으로든 정책과정에 참여하여 영향력을 행사하는 자들
① 정당(➡ 공약·정강에 의해 사회의 각종 요구를 정책대안으로 전환하는 '이익결집기능' 수행), ② 이익집단(➡ 이익표출기능 수행), ③ 시민단체(NGO), ④ 일반국민, ⑤ 전문가, ⑥ 언론기관

2. **이익집단(interest group)**
① 이익집단의 개념 : 집단 구성원들의 공동이익 증진을 목적으로, 자신들의 이익을 정책과정에 반영하려고 압력을 행사하는 집단(= 압력집단)
② 노동조합, 중소기업연합회, 대한의사회 등 이익집단은 사회 내 다양한 이익의 표출기능을 담당

(1) 이익집단 정치의 순기능과 문제점

이익집단의 정치적 기능(집단이론)	이익집단의 문제점
'집단과정이론(고전적 다원주의)'에서, 이익집단의 활동은 민주주의에서 필수적인 기능을 수행한다고 주장 ① 이익집단이 자신들의 이익을 스스로 정부에 요구하는 것이야말로 진정한 그 집단의 요구 ② 개개인들보다는 집단을 구성하여 공동으로 요구하는 것이 이익표출에 있어서 보다 효과적 ③ 이익집단의 활성화는 정치체제에 대한 투입기능을 강화	① 이익집단 간의 힘의 불균형이 존재하여, 강한 이익집단이 사회적 약자집단을 희생(예) 기업집단 vs. 소비자 집단) ② 이익집단의 사익 추구 성향으로, 개별적인 특수이익이 전체적인 공공이익을 침해하는 상황이 초래

(2) 이익집단이론에서 주장하는 이익집단정치의 정당화 논거

Bentley와 Truman은 "미국의 이익집단정치체제는 특수이익 추구와 집단 간 힘의 불균형이라는 이익집단정치의 문제점을 스스로 해결하는 자기수정기제를 지니고 있다."고 주장한다.

① **잠재이익집단론** : 이익이 존재하는 곳에는 항상 잠재이익집단(보통의 경우에는 집단화하지 않고 조용히 있다가 특수이익이 자신들의 이익을 침해한다고 느낄 때 집단화하는)이 존재하며 정책결정자들이 잠재집단을 염두에 두기 때문에, 소수의 특수이익이 정책을 완전히 좌우할 수는 없다.

② **중복회원현상** : 집단의 구성원들은 하나의 집단에 소속되어 있지 않고 여러 집단에 소속되어 있기 때문에, 일정 집단의 특수이익 추구로 소속된 다른 집단의 이익을 희생시키려 하지 않는다는 것이다.

→ 이를 통해 자유로운 이익집단의 활동이 특수이익의 독점적 지배가 아니라, 사회 내 다양한 이익의 자유로운 표출, 이익 간의 견제와 균형을 결과

---

03 정책 네트워크모형 : 정책결정구조와 과정에 관한 연구

1. 의의

① 정책 네트워크의 개념 : 정책문제를 대상으로 다양한 공·사부문의 참여자들 간에 형성되는 자원의존적인 교환관계를 중심으로 하는 연결망(network)을 말한다.

② 정책 네트워크모형의 의의 : 현실의 정책과정이 더 이상 공식적 참여자들만에 의해 이루어지는 것이 아니라 다양한 집단과 참여자들 간의 공식적·비공식적 상호작용을 통해 이루어진다는 측면에서, 이들 간의 관계를 포괄하는 **정책과정의 동태성을 설명하는 이론모형**으로 등장했다.

2. 정책 네트워크의 유형 ★★

(1) 하위정부(sub-government)

① **이익집단, 의회의 상임위원회, 해당 관료조직의 3자 연합**이 철의 삼각(iron-triangle)을 구성하여, 각 정책영역에서의 정책결정을 좌우한다는 이론이다.

② **미국적 다원주의에서** 정책분야별로 실질적 정책결정권을 공유하는 network를 설명하는 이론으로 **1960년대에 등장**했다. → 정책과정에서 이익집단의 역할을 강조하는 것으로, 이익집단이 활성화되지 못한 정치체제에는 적용이 곤란하다.

(2) 정책공동체(policy community)
① 특정 정책분야에서 **전문지식 있는 사람들**(교수, 연구원, 공무원, 국회의원, 기자 등)이 공식적·비공식적 접촉을 통해 형성하는 연계망
② 정책과정에서 지식제공자(think-tank)의 역할을 수행 → 정책분야별로 전문가들의 지식을 활용할 수 있으므로 정책내용의 합리성이 제고된다.

(3) 이슈망(issue network)
① 미국에서 **1970년대 후반에** Heclo는 보다 참여적인 정치행태로의 변화, 이익집단의 폭발 등으로 **기존의 폐쇄적이고 안정적 상호작용 구조인 하위정부체제(철의 삼각)가 깨지고 있다고 주장**하면서, **정책이슈에 따라 유동적·개방적인 참여자들의 상호작용을 설명하는 대안적 틀**로서 이슈네트워크모형을 제시하였다.
② 이슈네트워크는 정부부처의 고위관료, 의원, 기업가, 로비스트, 학자, 언론인 등을 포함하는, 즉 특정영역에 이해관계나 관심을 가지는 사람들 간의 의사소통 네트워크이다.

하위정부, 정책공동체, 이슈네트워크의 비교

구 분	하위정부	정책공동체	이슈네트워크
행위자	의회 상임위원회, 이익집단, 관료(정부부처) → iron-triangle	하위정부의 참여자 + 전문가집단	관료, 이익집단, 정치인, 전문가 + 이해관계자, 관심 있는 시민
행위자들 간 관계구조	① 빈번한 상호작용을 통하여 합의·협력에 의한 정책 결정 ② 공통된 이해를 반영하기 때문에 갈등관계는 아님.	① 상호협력적 관계 ② 정책문제의 해결방안을 둘러싸고 이해관계와 아이디어가 다르기 때문에 갈등이 발생 → 비교적 안정적·지속적인 관계, 참여자들 간에 비교적 균등한 권력을 보유하고, 관계의 속성은 positive-sum 게임	경쟁적·갈등적 관계 → 불안정하고 유동적인 관계, 행위자들 간의 권력배분의 편차가 심하며, 관계의 속성도 negative sum 게임의 경우가 많음.
경 계	폐쇄적이고, 경계가 명확	제한적 폐쇄성 (전문가 참여 가능)	경계가 불분명, 개방적·유동적

빈출 핵심 지문

1. 후기 행태론자들은 과학적 연구를 반대하고 사회적 가치를 파악하여 사회적 적실성을 확보해야 한다고 주장하였다.
   → × / (Why?) 후기행태주의자들은 과학적 연구를 반대한 것이 아니라, 가능한 한 과학적 방법과 기법을 현실의 중요한 사회문제 해결에 적용할 것을 주장한다.

2. 정책수단(policy tools)에 대해, 샐러몬(Salamon)은 형평성에 대한 고려가 특히 중요한 경우에는 간접적 수단이 직접적 수단보다 적절하다고 주장한다.
   → × / (Why?) 샐러몬(Salamon)의 직접적 정책수단(정부소비, 공기업, 경제적 규제, 직접대출)과 간접적 정책수단(계약, 바우처, 대출보증, 보조금, 손해책임법 등) 분류에서, 형평성에 대한 고려가 특히 중요한 경우에는 직접적 수단이 간접적 수단(보조금이나 바우처 등)보다 적절하다.

3. 배분정책은 재화와 서비스를 사회의 특정 부분에 배분하는 정책으로 수혜자와 비용부담자 간 갈등이 발생한다.
   → × / (Why?) 배분정책의 가장 중요한 특징은 정책수혜집단은 특정적이고 정책비용부담집단은 불특정적이어서, 특히 불특정적인 비용부담집단의 정책에 대한 저항이 약해서 수혜자와 비용부담자간의 갈등이 적어 조용하게 진행된다는 것이다.

4. 정책유형 분류에서 ① 로위(Lowi)는 정책을 강력력의 행사방법과 강력력의 적용대상에 따라 분배정책, 구성정책, 규제정책, 재분배정책으로 구분하였고, ② 분배정책은 참여자들 간의 정면대결보다는 갈라먹기식(log-rolling)에 의해 이루어지며, 이해관계보다는 이데올로기가 작용하며, ③ 규제정책은 분배정책에 비해 피규제자(피해자)와 수혜자가 명백하게 구분된다.
   → × / (Why?) ②는 틀린 내용이다. 이해관계보다는 이데올로기가 작용하는 것은 재분배정책의 특징이다.

5. 저소득층을 위한 근로장려금 제도와 임대주택건설은 재분배정책이며, 재분배정책에서의 갈등은 규제정책보다 가시적이다.

6. 정책결정요인론 중 도슨과 로빈슨(R. Dawson & J. Robinson)이 주장한 '경제적 자원모형'에서 ① 소득, 인구 등의 사회·경제적 요인이 정책내용을 결정하며, ② 정치적 변수는 정책에 단독으로 영향을 미치지 못하며, ③ 정치체제는 환경변수와 정책내용 간의 매개변수가 아니며, ④ 사회경제적 변수, 정치체제, 정책은 순차적 관계에 있다.
   → × / (Why?) ④는 틀린 내용이다. 사회경제적 변수, 정치체제, 정책은 순차적 관계에 있는 것은 Key-Lockard 모형(참여경쟁모형)의 내용이다. Dawson과 Robinson(경제적 자원모형)은 V. O. Key의 명제를 검증하여, 정당 간 경쟁이 치열(X)할수록 사회복지비는 증가(Y)하지만, 이것은 도시화, 산업화, 소득 등 사회경제적 변수(Z)가 작용했기 때문이라고 주장한다. 즉, 사회경제적 변수(Z)가 정치체제(X)와 정책(Y) 모두에 영향을 미쳐서, 정치체제와 정책 간에 허위의 상관관계(spurious relation)를 초래했다는 것이다. 허위의 상관관계(spurious relation)에서는 사회·경제적 변수를 통제하게 되면 정치체제와 정책 간의 관계가 사라지는데, 이렇게 되면 정치체제는 사회·경제적 환경의 투입을 정책으로 연계하는 매개변수의 역할도 하지 못하게 된다('사회·경제적 변수 → 정치적 변수 → 정책'의 순차적 관계 부정).

7. 하위정부론은 정책분야별로 이익집단, 정당, 해당 관료조직으로 구성된 실질적 정책결정권을 공유하는 네트워크가 존재한다고 주장한다.
    → × / (Why?) 하위정부론 구성원은 정당이 아니라 의회 상임위원회이다.

8. 정책네트워크 모형에 대한 연구에서, 미국의 경우 정당과 의회중심의 정책과정 설명이 한계에 부딪히면서 등장하였다.
    → × / (Why?) 정당과 의회중심의 정책과정 설명이 한계에 부딪히면서 정책네트워크 모형이 등장한 것은 영국이다.

9. 이슈 네트워크(issue network)와 비교한 정책공동체(policy community)의 상대적 특성으로 ① 정책결정을 둘러싼 권력게임은 공동의 이익을 추구하는 정합게임(positive-sum game)의 성격을 띠고, ② 참여자들이 기본가치를 공유하며 그들 간의 접촉빈도가 높으며, ③ 참여자의 범위가 넓고 경계의 개방성이 높고, ④ 모든 참여자가 교환할 자원을 가지고 참여한다.
    → × / (Why?) ③은 틀린 내용이다. 정책공동체가 아니라 이슈네트워크의 특징이다. 정책공동체의 참여자는 전문가로 제한적이다.

10. 합의와 관련하여 정책커뮤니티는 어느 정도의 합의는 있으나 항상 갈등이 있고, 이슈네트워크는 모든 참여자가 기본적인 가치관을 공유하며 성과의 정통성을 수용한다.
    → × / (Why?) 반대로 되어 있다. 합의와 관련하여 정책공동체는 모든 참여자가 기본가치를 공유하고 결과의 정통성을 수용하나, 이슈네트워크는 일정한 합의가 있으나 갈등이 역시 존재한다.

제2장 정책의제설정론

제1절 정책의제설정과 정책의제설정의 유형

01 정책의제설정 과정

1. 정책의제설정의 의미
① 정책의제설정(agenda-setting)의 개념 : 정부가 정책적 해결을 위하여, 사회문제를 정책문제로 채택하는 행위
② 정책문제(정책의제) : 정부가 여러 사회문제 중에서 정책적 해결을 의도하여 공식적으로 채택한 문제(정책담당자가 공식적으로 다루기로 결정한 정책문제)

2. 일반적인 정책의제설정 과정(Cobb과 Elder) ★★

사회문제 → 사회적 쟁점 → 체제의제 → 정부의제

① 사회적 쟁점(이슈) : 문제의 성격이나 해결방법에 대해서 사회집단들 간에 의견의 일치를 보기 어려운 사회문제(집단들 간에 논쟁의 대상이 되어 있는 사회문제)
② 체제의제(Eyestone의 공중의제-public agenda, Anderson의 토의의제) : 일반대중의 주목을 받을 가치가 있고, 정부가 문제해결을 하는 것이 정당하다고 많은 사람들이 믿고 있는 사회문제(= 정책적 해결 필요성의 문제)
③ 정부의제·제도적 의제·공식의제(Anderson의 행동의제) : 정부의 공식적인 의사결정에 의하여 그 해결을 위해서 심각하게 고려하기로 명백히 밝힌 문제(= 좁은 의미의 정책의제), 체제의제는 대개 추상적이고 일반적임에 비해 제도의제는 보다 구체적이다.

02 주도집단에 따른 정책의제설정의 유형(Cobb, Ross & Ross) ★★★

1. 외부주도형(정부외부의 국민이 주도) : 사회문제 → 사회적 쟁점 → 공중의제 → 정부의제
2. 동원형(정부 내의 정책결정자가 주도) : 사회문제 → 정부의제 → 공중의제
3. 내부접근형(양자의 성격이 혼합) : 사회문제 → 정부의제

1. 외부주도형(Outside Initiative Model)

(1) 의미
  ① **정부 외부에 있는 집단들(국민)이 주도**하여 정책의제 채택을 정부에 강요하는 유형 ➔ Hirshman이 말하는 '강요된 정책문제'
  ② 외부의 이익집단들이 자신들에게 피해를 주고 있는 사회문제를 정부가 해결해 줄 것을 요구하여 이를 사회쟁점화하고, 공중의제로 전환시켜 결국 정부의제로 채택하도록 한다.

(2) 특징
  ① 이익집단이 발달된, 다원화되고 민주적인 선진국에서 많이 나타나는 유형
  ② 주도집단과 반대집단 간의 갈등·타협이 정책과정 전반에서 계속(muddling through)
  ③ 따라서, 정책내용이 상호 충돌 모순적이며 단기적·단편적인 성격

2. 동원형(Mobilization Model)

(1) 의미
  ① **정부 내의 정책결정자들에 의하여 의제화가 주도**되는 유형 ➔ Hirshman이 말하는 '채택된 정책문제'
  ② 정치지도자의 지시에 의하여 사회문제가 바로 정부의제로 채택되고, 일반대중의 지지를 얻기 위해 **정부의 PR활동을 통해 공중의제로 확산**시키는 유형 ➔ 예 한국의 새마을운동과 가족계획사업, 제2건국운동, 경부고속철도 건설, 미국 Bush대통령의 이라크전쟁 결정
  ③ 그렇지만 일방적으로 의제화하는 것이 아니라 일반 대중이나 관련 집단들의 지원을 유도하기 위한 노력을 수행한 뒤에 의제를 채택

(2) 특징
  ① 정부의 힘이 강하고 민간부문이 취약한 후진국에서 주로 나타나는 유형
  ② 정책결정이 분석적으로 이루어지며, 정책의 내용도 종합적·체계적·장기적 성격

외부주도형과 동원형의 비교

구 분	외부주도형	동원형
주도집단	언론, 이익집단 등	정책결정자
의제설정과정	일반적 과정	사회문제 ➔ 정부의제 ➔ 공중의제
적용국가	선진국	후진국
정부의 역할	수동적	능동적
정책과정의 특징	타협·갈등·조정(muddling through : 진흙탕 헤쳐나가기)	분석적·합리적·체계적
정책의 내용	상호모순·충돌, 단기적·단편적	체계적·종합적·장기적

3. 내부접근형(Inside Access Model)

(1) 의미
① **정부 내의 관료집단**이나 **정책결정자에게 쉽게 접근할 수 있는 외부집단**에 의하여 주도되어, 이들이 최고 정책결정자에게 접근하여 사회문제를 정부의제화하는 유형
② 사회문제가 정책 담당자들에 의해 바로 정책의제로 채택되나, 공중의제화가 억제되는 유형
   ➜ 동원형과 다른 것은 정부 밖의 이해관계자와 접촉 없이 정부관료제 내부에서만 정책의제화의 움직임이 있다는 점임.

(2) 특징
① 부나 권력이 집중된 나라에서 흔히 발생(선진국의 경우 특수이익집단이 비밀리에 정부의 혜택을 보려는 **배분정책**이나 **외교·국방정책** 등에서 나타나며, 후진국의 경우에도 관료들이 주도하는 경제개발계획에서 나타남)
② 공중의제화가 억제되는 '음모형'

4. 공고화·굳히기형(Consolidation Model) : 3가지 기본모형에 대한 추가 모형(May)
① 국가의 유형과는 무관하게 정책결정자가 주도하는 모형이지만, 이미 민간집단의 광범위한 지지를 받고 있다는 점에서 동원형과 대비됨.
② 이미 민간집단(대중)의 광범위한 지지가 형성된 이슈에 대하여 정책결정자가 지지의 공고화를 추진하여, 동시에 정부의제와 공중의제로 설정

의제설정의 4가지 유형

구 분		대중의 관여정도	
		높음	낮음
의제설정의 주도자	민 간	**외부주도형** ① 자유민주주의 국가 : 시민집단이 주도 ② 민간집단에서 이슈가 제안되고 확산되어 먼저 공중의제가 되고 뒤이어 정부의제에 이른다.	**내부접근형** ① 관료적 권위주의 국가 : 상당한 전문적 지식과 이해관계가 있는 전문가 집단 또는 정부기관이 주도 ② 정책결정에 특별한 접근권이 있는 영향력을 가진 집단이, 정책을 제안하지만 공개적으로 확대되고 경쟁하는 것을 바라지 않는다.
	정 부	**공고화형** ① 국가의 유형과 관계 없음 : 정책결정자가 주도 ② 민간집단의 광범위한 지지가 형성된 이슈에 대하여 정책결정자가 지지의 공고화를 시도하여 동시에 정부의제와 공중의제로 설정된다.	**동원형** ① 일당제 국가 : 정책결정자가 주도 ② 이슈는 정부에 의해 정부의제에 오른 다음, 일반대중에게 확산된다.

03 킹돈(Kingdon)의 정책흐름(policy stream)·정책의 창(policy window)모형 ★★

1. 개념

정책흐름모형은 Kingdon이 쓰레기통모형을 근거로 제시한 이론으로, 서로 무관하게 자신의 규칙에 따라 흘러 다니는 ① 정책문제흐름, ② 정치의 흐름(여론의 변화나 이익집단의 압력 등), ③ 정책대안의 흐름 등 3가지 흐름이 우연한 계기로 만나는 경우, 정책의제설정이 이루어진다는 것이다.

2. 점화장치(triggering device)

3가지의 흐름이 사회적 사건(대형사고 등)이나 정치적 사건(정권교체 등)의 발생이라는 점화장치(triggering device)에 의해 결합되는 현상을 Kingdon은 정책의 창(policy window)이 열린 것으로 표현한다. 정책의 창은 정책참여자들이 자신들의 이해관계가 걸린 문제에 정부의 관심을 집중시키거나 그들이 옹호하는 정책대안을 관철시키는 기회를 의미한다.

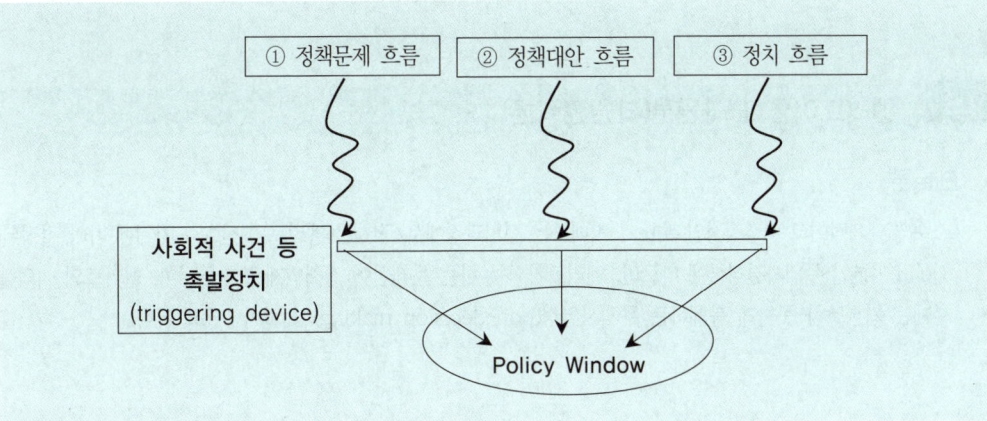

제2절 정책의제설정이론 : 정책과정의 권력모형 ★★★

01 Simon의 의사결정론

인간과 조직은 의사결정활동에서 '주의집중력의 한계'로 인하여 한꺼번에 많은 문제에 대해 주의를 기울일 수 없기 때문에, 일부의 문제만이 정책문제로 채택된다고 본다.

02 Easton의 체제이론

정치체제는 능력상의 한계를 지니고 있으며, 따라서 과도한 사회문제 투입(input)으로 인한 체제의 과부하를 회피하기 위해 정치체제의 문지기(gate keeper)가 선호하는 문제만 정책문제로 의제화된다고 본다.

03 엘리트이론과 다원론(다원권력론)

1. Elite론

소수의 폐쇄적이고 비경쟁적인 elite가 지배하는 정치과정에서, 정책은 엘리트의 선호와 가치에 따라 결정된다. 특히 신elite이론인 무의사결정론에 따르면, 엘리트가 허용하는 문제만이 정책의제로 거론되며, 엘리트의 이익을 해치는 문제는 거론조차 못하게 봉쇄하는 무의사결정(non-decision making)이 일어난다고 본다.

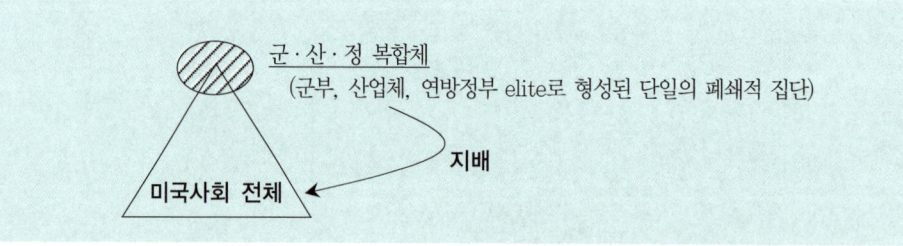

2. 다원론(다원권력론)

Dahl, Polsby, Lindblom, Wildavsky 등이 주장한 이론으로, 정치적 영향력이나 권력은 이슈에 따라 널리 분산되어 있고 권력을 얻기 위한 elite간 상호경쟁이 존재하는 정치과정에서, elite들은 국민의 요구에 민감하게 반응하기 때문에 모든 문제는 정책의제로 형성될 가능성을 갖고 있다고 본다. 그리고 어떤 사회문제가 정책문제로 되는가는 어느 누구의 의도와 상관없이 무작위적으로 이루어진다고 본다.

다원주의이론은 ① 이익집단의 활동을 정책과정의 중심으로 보는 Bentley, Truman 등의 이익집단론(초기 다원주의)과 ② 통치엘리트론에 대한 대안적 권력이론으로 제시된 Dahl 등의 다원권력론으로 대별된다.

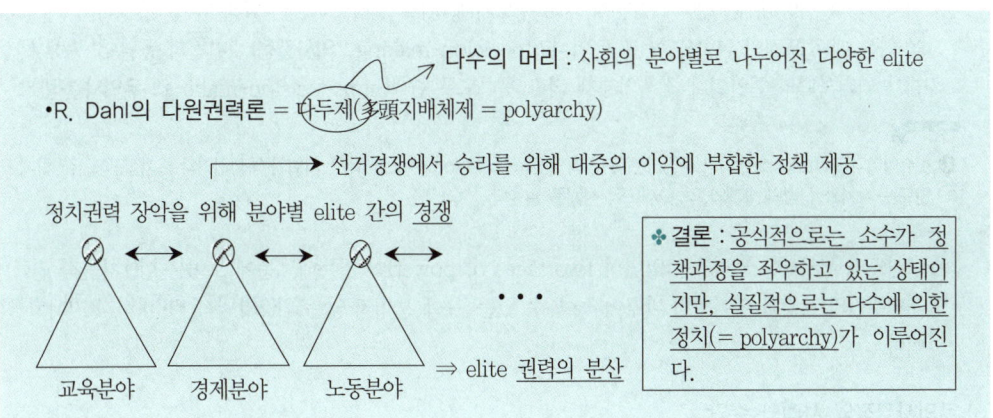

3. 신엘리트이론 : 무의사결정론(non-decision making theory) ★★★

(1) 무의사결정의 의미

① Elite이론에서는 소수의 폐쇄적이고 비경쟁적인 elite가 지배하는 정치과정에서, 정책은 엘리트의 선호와 가치에 따라 결정된다고 보며, 특히 **신elite이론**에서는 **엘리트 지배의 수단으로 무의사결정**(non-decision making)**을 주장**한다.

② 무의사결정의 개념 : 정책과정(특히, 정책의제설정)에서 지배엘리트의 이해관계와 일치하는 사회문제만 정책의제화되고, 엘리트의 이익에 방해가 되거나 잠재적 도전이 되는 문제는 거론조차 못하게 억압하고 방해하는 '**현상유지적 비결정**'을 말한다.

③ 무의사결정은 정책의제의 선택적 설정을 설명하는 이론이지만, 정책의제설정뿐만 아니라 정책과정 전반에서 발생한다고 주장한다.

(2) 바흐라흐(Bachrach)와 바라츠(Baratz)의 무의사결정론 : Dahl의 다원권력론(1차원적 권력론)에 대한 비판

- 엘리트가 행사하는 권력의 양면성 : Bachrach와 Baratz의 「Two faces of power」
  - 1차원적 권력 : 정책문제해결을 위한 정책결정(decision-making)에서 명시적·가시적으로 행사되는 권력
  - 2차원적 권력 : 정책의제의 채택에서 엘리트들에게 불리한 문제는 거론조차 못하게 봉쇄(non decision-making)하는 데 암묵적·비가시적으로 행사되는 권력 → Dahl의 다원권력론에서 무시된 elite의 권력행사 측면

① 지역사회와 지방정부는 엘리트집단에 의해 주도되며, 이들 엘리트집단은 정책의제를 설정하고 이에 대한 결정을 하는 데 주도적인 역할을 할 뿐만 아니라(decision-making : **의사결정**), '편견의 동원'을 통해 특정 사회문제가 지역사회의 현안이나 정책의제가 되지 못하도록 한다(non decision-making : **무의사결정**)고 주장❶

> ❶ 샤슈나이더(Shattsschneider)가 주장하는 '편견의 동원(mobilization of bias)'이란, 사회가 특정인이나 특정집단에 유리하게 작동하도록 만드는 가치와 신념의 체계와 각종 제도적 장치를 말한다.

② 엘리트가 행사하는 권력에는 양면성(Two faces of power)이 있는데, '눈에 보이는 힘(1차원적 권력)'과 함께 지역주민의 생각과 인식까지 바꾸어 놓을 수 있는 '눈에 보이지 않는 힘(2차원적 권력)'까지 지니고 있다는 것이다.

(3) 무의사결정의 사례와 수단
① 한국에서 1970년대까지 노동문제, 환경문제, 사회복지문제 등이 경제성장제일주의라는 정치이념에 억눌려 정책 의제화되지 못한 현상
② 크렌슨(Crenson)이 제시하는 **보호적 규제정책에서 나타나는 전체적 문제는 강력한 이익집단에 의해 주도되는 무의사결정** 현상(예 거대한 철강회사 – U.S. Steel 때문에 지역사회의 정치체제가 공장공해문제를 거론조차 못했던 경우)

무의사결정의 수단	① 기존질서의 변화요구가 제기되지 못하도록 테러행위 등 폭력의 행사 ② 변화주장자에 대해 현재 부여된 혜택 박탈, 새로운 이익으로 매수 ③ 애국심 등 지배적인 규범·가치·절차를 강조하는 '편견의 동원'

4. **린드브롬(Lindblom), 피터슨(Peterson)의 신다원론** : 다원론과 엘리트론의 수렴
① 다원론에 대한 비판 속에서, **다원론이 주장하는 정책과정의 공개성과 지역주민의 영향력에 대한 믿음을 견지**하면서도 **특정 집단이 지역사회를 주도함을 인정**
② 자본주의국가에서 자본주의의 구조적 제약으로 특정 집단(특히, 기업)이 다른 집단에 비해 특별한 지위와 강한 영향력을 행사 → 집단 간 권력과 영향력의 불균형으로 거대 이익집단이 정책과정을 지배(= 왜곡된 다두제)
③ 기업과 개발관계자 등 엘리트집단이 갖는 특별한 지위와 영향력은, 엘리트론에서 주장하는 바와 같이 엘리트집단의 의도적인 노력의 결과가 아니라 **자본주의 구조 아래서 이루어지는 지역주민과 지방정부의 합리적 선택의 결과**로 발생 → 즉 지역주민 등 지역사회 구성원들은 지역 간 경쟁에서 이기기 위해, 또 이를 위한 재정적 기반의 마련을 위해 기업과 개발관계자들에게 특별한 영향력과 지위를 인정

권력모형 – "정책과정을 누가 지배하는가?"에 대한 논의 ***

19C 고전적 Elite론 (elite 존재 인정, 엘리트에 의한 지배)		고전적 다원주의 : 이익집단론 (elite 존재 부정, 이익집단에 의한 지배)
V. Pareto(엘리트 순환론), G. Mosca, R. Michels(과두제의 철칙) ① 사회는 지배계급인 elite와 피지배계급인 대중으로 구분되며, 어떤 조직체나 사회에서도 소수의 동질적이고 폐쇄적인 엘리트가 다수 대중을 지배하는 과두지배체제가 필연적으로 나타날 수밖에 없다(피할 수 없는 철칙). ② elite들은 자율적이며 다른 계층에 책임을 지지 않고, 중요한 정치적 문제는 대중이나 사회전체의 이익과 상관없이 자신들의 이해관계에 따라 결정한다.		Bentley, Truman 이익집단론 (이익집단 자연발생설, 파도이론과 확산이론) 정치과정의 핵심은 자유로운 이익집단의 활동이며, 정책이란 결국 다양한 이익집단의 경쟁과 타협의 산물이며, 그 결과 이익의 균형화가 이루어진다. 〈이익의 균형화기제〉 ① 중복회원이론 : 이익집단 구성원은 여러 집단에 중복 소속되어 특수이익의 극대화가 곤란 ② 잠재적 이익집단론 : 결정자는 가시화되지 않은 이익집단의 이익을 염두에 두므로 활동적 소수를 위한 특수이익만을 추구하기 곤란

실증연구

1950년대 통치Elite론 (단일의 비경쟁적·폐쇄적 elite 존재와 지배)		R. Dahl「다두제(Polyarchy)」: 다원권력론 (elite 존재 인정하나, 경쟁으로 대중이 지배)
① Hunter의 지역사회(Atlanta시) 권력구조 : 강한 응집성을 갖는 지역사회의 elite들이 담배연기 자욱한 방에서 Atlanta 시의 기본정책을 결정하고, 일반 대중은 이를 조용히 수용 ➡ 평판연구에 의한 조사 ② C. W. Mills의 권력elite론 : 전국적 차원에서 미국 사회를 지배하는 '군·산 복합체'라는 단일의 폐쇄적이고 통합된 소수의 권력엘리트를 제시하고, 최고정책결정 수준에서 권력elite들이 모든 것을 결정한다.	⇒ 비판	① New Haven city 연구를 통해, elite 존재를 인정하나, 엘리트들은 이슈에 따라 분산되어 있고 상호 경쟁함. ② 이러한 elite 간의 상호경쟁으로 인하여, 엘리트들은 선거에서 권력을 얻기 위해 국민의 요구에 민감하며, 따라서 엘리트의 이익이 아니라 대중의 선호가 최대한 정책에 반영됨. ③ 그러나 elite가 행사하는 권력을 '표면화된 권력(1차원적 권력)'으로 한정하여, 분석하였다는 한계를 지님.

비판

신Elite론		신다원주의론 : 다원론과 Elite론의 수렴
Bachrach & Baratz :「Two faces of power」에서, 무의사결정론(2차원적 권력론)을 주장 즉, elite가 행사하는 권력에는 ① 정책문제를 해결하기 위해 정책결정과정에서 행사되는 '명시적인 권력'뿐만 아니라 ② 정책결정과정에 선행하는 정책문제의 채택과정에서 행사되는 '암묵적인 권력'도 존재	⇒ 일부수용	다원주의에 대한 비판을 수용하는 다원주의의 새로운 관점 ① 자본주의국가에서 자본주의의 구조적 제약으로 기업은 타이익집단에 비해 특권을 보유 ➡ 이익집단 간 권력과 영향력의 불균형으로 거대 이익집단이 정책과정을 지배(왜곡된 다원제) ② 고전적 다원주의론과 달리 정부는 이익집단의 투입활동에 수동적으로 반응하는 존재(중립적 조정자)가 아니라 전문화된 체제를 갖추고 능동적으로 기능하는 존재로 파악

04 기타 권력모형

(1) 계급이론

① Marxism : 사회는 자본가계급과 노동자계급으로 나누어져 있으며, 여기서 국가는 지배계급인 자본가계급의 이익을 유지하기 위한 도구

② Neo-Marxism : 정통 맑스주의와 달리, 자본주의 체제유지와 계속적인 자본축적을 위해 국가가 지배계급인 자본가계급으로부터 어느 정도 자율성(자본주의의 구조적 제약하에서 '상대적 자율성')을 보유

(2) 신베버주의

① 국가를 '이상을 실현하는 이념체로서 국가권력을 합리적으로 행사하는 주체'로 보는 Weber의 관점에서, '국가 자체의 이익을 위해 행동하는 자율적인 의사결정의 주체'로 파악(Krasner) : 국가중심적 국가관

② ㉠ 다원주의(국가를 사회에 존재하는 다양한 이익집단의 이익을 반영하는 수동적 심판자로 파악) ㉡ Marxism (국가를 사회의 지배세력인 자본가계급의 대변자로 파악) 등의 사회중심적 국가관과 대비됨.

(3) 조합주의(Corporatism) ★

① 조합주의의 개념 : '국가가 중심이 되어' 사회 각 분야(특히 자본과 노동)의 위계적·독점적 이익대표를 조정하는 메커니즘이다. → 정상조직들의 삼자협상체(tripartism)를 통해 정책결정을 이끌어 내는 제도적 장치(= 기업가단체 대표, 노동자단체 대표, 정부의 대표가 3자 연합을 통해 주요 경제정책을 결정하는 3자 협의체제)이다. 여기서 정부는 자체이익을 가지면서 이익집단의 활동을 규정하고 포섭 또는 억압하는 독립적 실체로 간주된다.

② 코포라티즘은 ㉠ 사회분야별 다양한 이익집단의 자율적·경쟁적 이익표출을 전제하는 **다원주의적 이익대표와 대비**되고(Schmitter는 다원주의에 대한 대안적 이익대표의 한 유형으로 조합주의를 논의), ㉡ 국가엘리트와 사회분야별 엘리트들의 주도적 역할이 강조된다는 점에서 **elite이론의 성격**을 지님.

제3절 정책의제설정을 좌우하는 요인

1. 주도집단의 특성(규모, 응집력, 재정력, 구성원의 명망 등)

2. 정치체제의 특성 - 정치적 요소
(1) 정치체제의 구조와 운영양식(정치문화)

(2) 정치적 분위기와 이념

(3) 정치적 사건

3. 문제의 특성과 사건 ★
(1) 문제의 중요성

① 사회적 유의성(사회문제로 인한 피해자가 많거나 피해의 강도가 크거나 피해의 사회적 의미가 중대한)이나 ② 시간적 적실성(근본적이고 장기간 지속될 것으로 예상되는)이 큰 문제일수록, 정부의제로 채택되기가 쉽다. 그러나 근본적인 문제이지만 이를 해결할 대책이 없으면 정부의제로 채택될 가능성은 오히려 적게 된다.

(2) 문제의 외형적 특성

문제가 ① 단순하여 복잡하지 않을수록, ② 구체적일수록, ③ 선례가 존재하거나 유행성있는 문제일수록, 정책 의제화가 용이하다. ④ 또한 관련 집단들에 의해 예민하게 쟁점화된 것일수록 의제화가능성이 크다(갈등해결이란 측면에서 중요성이 부각되어). 그러나 정책문제의 구체성이 높으면 지지세력이 감소하여 정부의제화의 가능성을 줄일 수도 있다(내용이 추상적이고 모호할수록 지지세력이 많아져서 정책으로 채택이 용이).

(3) 극적 사건과 위기

문제를 극적으로 부각시키는 사건·위기 또는 재난은, 정치적 사건과 더불어 문제를 정부의제화시키는 양대 점화장치(triggering device)이다.

빈출 핵심 지문

1. 콥(R.W.Cobb)과 엘더(C.D.Elder)의 이론에 의하면 정책의제 설정과정은 사회문제-사회적이슈-체제의제-제도의제의 순서로 정책의제로 선택됨을 설명하고 있다.

2. 아이스톤(Eyestone)이 제시한 공공의제(public agenda)는 일반대중의 주목을 받을 가치는 있으나, 아직 정부가 문제해결을 하는 것이 정당한 것으로 인정되지 않는 상태를 말한다.
   → × / (Why?) 공공의제(public agenda)는 일반대중의 주목을 받을 가치가 있으며, 정부가 문제해결을 하는 것이 정당한 것으로 인정된 상태를 말한다.

3. 올림픽이나 월드컵 유치 등 국민들이 적극적인 관심을 보인 사례는 외부집단이 주도한 외부주도형이다.
   → × / (Why?) 올림픽이나 월드컵 유치 등은 정부가 주도하여 국민들의 지지를 이끌어 내었다는 점에서 동원형의 사례에 해당된다.

4. 외부주도형은 정책담당자가 아닌 외부 사람들의 주도에 의해 정책문제의 정부 귀속화가 이루어지는 유형이고, 내부접근형은 정책담당자들에 의해 자발적으로 정책의제화가 진행되는 유형이다.

5. 킹던(Kingdon)의 정책의 창(정책흐름)모형에서 문제의 흐름, 정책의 흐름, 정치의 흐름의 세 가지 흐름은 상호의존적 경로를 따라 진행된다.
   → × / (Why?) 세 가지 흐름은 서로 무관하게 자신의 규칙에 따라 흘러 다니며, 어떤 계기로 서로 결합함으로써 새로운 정책의제로 형성되는 것을 말한다.

6. 사이먼(H. Simon)의 의사결정론에서는 조직의 주의 집중력은 한계가 있어 일부의 사회문제만이 정책의제로 선택된다고 보며, 체제이론에서는 문지기(gate-keeper)가 선호하는 문제가 정책의제로 채택된다.

7. 다원주의는 사회중심적 접근방법이고, 정부가 적극적인 역할을 수행한다고 본다.
   → × / (Why?) 다원주의에서 정치과정의 핵심은 자유로운 이익집단의 활동이며, 정책이란 결국 다양한 이익집단의 경쟁과 타협의 산물이며, 여기서 정부는 소극적인 이익집단간의 경쟁과 타협의 결과를 정책으로 받아들이는 '중립적 심판자'의 역할을 한다고 본다.

8. 달(R. Dahl)은 다원론(pluralism) 관점에서 미국은 민주주의 국가이기 때문에 특정한 어느 개인이나 집단도 주도권을 행사하기 어렵다고 주장하였다.

9. 밀스(Mills)의 지위접근법은 사회적 명성이 있는 소수자들이 결정한 정책을 일반대중이 수용한다는 입장이다.
→ × / (Why?) 밀스(Mills)의 지위접근법은 사회적 명성이 아니라 사회적 지위(군대의 장성, 거대기업의 간부, 정치가)에 근거하여 엘리트의 실체를 실증적으로 규명하고 있다. 반면, 사회적 명성(평판)에 의해 엘리트의 실체를 실증적으로 규명하고 있는 것은 Hunter의 명성접근법이다.

10. 무의사결정(non-decision making)은 정책문제 채택과정에서 기존 세력에 도전하는 요구는 정책문제화하지 않고 억압하는 것으로, 집행과정에서는 무의사결정이 일어나지 않는다.
→ × / (Why?) 좁은 의미의 무의사결정은 정책의제설정과정에서 나타난다. 그러나 정책문제채택과정에서 개혁적 주장을 저지하지 못했을 경우에, 정책결정과정에서 고려되는 대안의 범위를 한정하거나 상징에 그치는 대안이 채택되도록 하며, 정책결정단계에서도 실패하면 집행단계에서 필요한 인적·물적 자원을 사용하지 못하게 하거나 집행자를 매수하여 집행을 실질적으로 막는 등 정책과정전반에 걸쳐 무의사결정이 나타난다.

11. 무의사결정(non-decision making)은 기득권 세력이 그 권력을 이용해 기존의 이익배분 상태에 대한 변동을 요구하는 것이다.
→ × / (Why?) 무의사결정이란 엘리트나 기득권 세력이 주도하여 변화를 요구하는 것이 아니라 오히려 기득권을 위한 현상유지적 비결정을 의미한다.

12. 신다원론(neo-pluralism)는 기업이나 개발관계자들의 우월적 지위를 주민이나 지방정부가 용인하지 않는다고 본다.
→ × / (Why?) 린드브롬(Lindblom), 피터슨(Peterson)의 신다원론에서는, 기업과 개발관계자 등 엘리트집단이 갖는 특별한 지위와 영향력은, 엘리트론에서 주장하는 바와 같이 엘리트집단의 의도적인 노력의 결과가 아니라 자본주의 구조아래서 이루어지는 지역주민과 지방정부의 합리적 선택의 결과로 발생한다고 본다. 즉 지역주민 등 지역사회 구성원들은 지역간 경쟁에서 이기기 위해, 또 이를 위한 재정적 기반의 마련을 위해 기업과 개발관계자들에게 특별한 영향력과 지위를 인정한다.

13. 조합주의는 국가의 독자성, 지도적·개입적 역할을 강조한다.

14. 정책문제가 정책의제로 채택될 가능성은 ① 정책문제의 해결가능성이 높은 경우, ② 이해관계자의 분포가 넓고 조직화 정도가 낮은 경우, ③ 선례가 있어 관례화(routinized)된 경우, ④ 정책의제화를 요구하는 집단의 규모가 큰 경우에 높다.
→ × / (Why?) ②는 잘못된 문장이다. 이해관계자의 분포가 넓고 조직화 정도가 낮은 경우는 조직비용이 가장 높은 경우로서, 정책의제화가 상당히(가장) 어렵다.

제3장 정책결정론

제1절 정책결정과 의사결정의 유형

01 정책결정의 의미

① **정책결정(policy making)의 개념**: 정책문제를 해결하여 달성할 **목표를 설정**하고, 이 목표를 달성할 수 있는 여러 대안들을 고안·검토하여 **하나의 정책수단을 채택**하는 활동

구 분	의사결정(decision making)	정책결정(policy making)
공통점	논리구조측면의 동일성: 양자는 '목표를 설정하고, 그 목표를 달성하기 위한 대안을 탐색·선택한다'는 점에서 동일	
차이점	공·사를 막론하고 모든 개인이나 조직의 문제해결·목표달성을 위한 수단의 선택	의사결정의 특수한 형태로서, 공공문제 해결을 위한 권위 있는 정부기관의 의사결정

② **정책분석(policy analysis)**: 정책결정과 밀접한 관련을 지닌 것으로, '바람직한(합리적인) 정책결정이 이루어지도록 필요한 지식과 정보를 창출·제공하는 지적 활동'
③ **합리적·분석적 결정(합리모형)**: '정책분석의 논리나 절차에 따라 합리적으로 이루어진 정책결정'

02 의사결정의 유형: 인지적 측면에서 개인이 얼마나 합리적으로 의사결정하는가를 기준

1. 분석적 결정

(1) 완전분석에 의한 결정

결정이 합리적으로 되기 위해 거쳐야 할 단계들(문제의 파악·정의 ➜ 목표 설정 ➜ 대안의 탐색·개발 ➜ 대안의 결과 예측 ➜ 비교·평가 ➜ 최선의 대안 선택)을 의식적으로 밟아서 의사결정을 하는 것

❖ 완전분석이란 특히 모든 가능한 대안을 탐색하고, 나타날 수 있는 모든 결과들을 다 예측하는 이상적인 정책결정 방법

(2) 불완전분석에 의한 결정

합리적인 결정을 위해 필요한 단계를 거치지만, 완전분석과의 차이는 인간의 인지 및 예측능력의 한계로 중요한 대안만을 탐색하고 중요한 결과만을 예측❶한다는 것

❶ 완전분석에 의한 의사결정을 흔히 '합리모형'이라고 하나(합리모형을 비판하는 Simon이나 Lindblom 등은 모든 대안을 탐색하고 모든 결과를 예측하여 최선의 대안을 선택하는 '포괄성'이 합리모형의 핵심이라 주장), 불완전분석에 의한 결정도 합리모형에 속한다고 주장하는 이도 있다.

2. 정치적 결정

정책결정에 참여하는 행위자들 간의 협상, 설득, 강제 등의 상호작용을 통해 정책을 결정하는 유형

3. 직관적 결정

순간적인 판단에 의하여 의사결정의 단계들을 무의식적으로 밟아서 결정하는 것으로, 비교적 짧은 시간에 비교적 한정된 주어진 정보를 이용하여 의사결정(주먹구구식 결정 : rules of thumb)

4. 습관적 결정

반복적으로 등장하는 문제의 경우, 대안을 고려해 보지도 않고 '선례(SOP ; Standard Operating Procedure-표준운영절차나 대안목록)에 따라' 습관적·무의식적으로 의사결정

제2절 합리적·분석적 결정 : 합리모형 ★★

- 합리적·분석적 정책결정 : 정책의 내용인 정책목표와 정책수단을 합리적으로(바람직하게) 결정하기 위해, 이상적·연역적·합리적 단계(정책분석의 절차)를 거쳐 이루어지는 정책결정

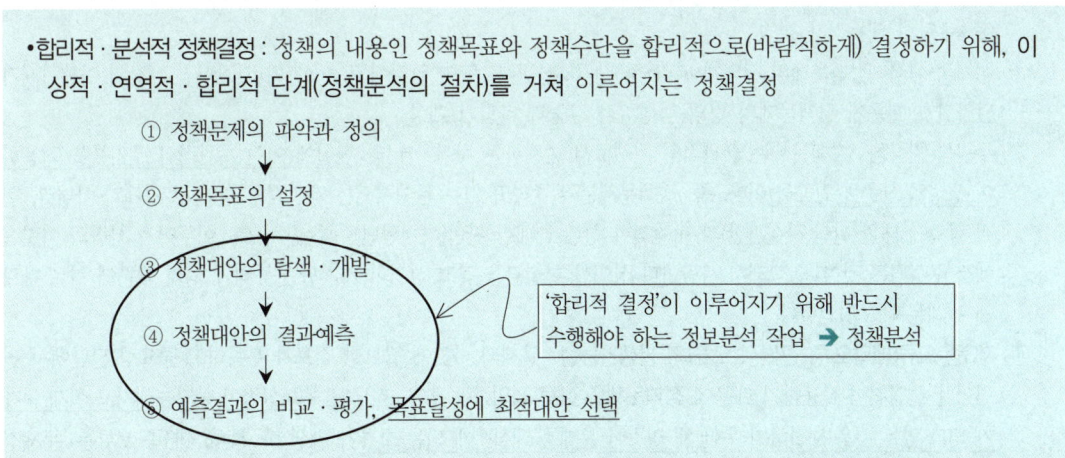

01 정책문제의 파악과 정의

> - 정책을 합리적으로 결정한다는 것은 정책목표와 정책수단을 합리적으로 결정한다는 것을 말한다. 그러나 '엄밀한 의미에서 합리모형'은 '도구적 합리성'에 초점을 두어, 정책목표는 이미 결정되어진 것으로 전제하고 최선의 정책수단의 탐색·선택하는 작업(분석적 작업)에 초점을 둔다. 따라 합리모형에서는 정책분석의 첫 번째 작업이 '정책문제의 확인(정책문제 분석) 또는 정책목표의 명확화'이고, 이후에 최선의 정책수단을 찾는 작업을 진행시킨다. ➜ 합리모형의 2가지 가정 : ① 의사결정자는 효용극대화라는 목표를 지니며(자신의 선호는 의사결정 상황 이전에 설정된), ② 최선의 수단을 선택할 수 있는 지식과 능력을 보유하고 있다(완전한 합리성)는 것이다.

1. 개념
① **정책문제의 파악** : 정책문제의 원인과 결과, 이들 간의 인과관계를 파악하는 것(**사실판단활동**) ➜ 정책문제의 객관적 파악을 위해서 정책문제의 내용을 분석하는 체계적 작업을 '정책문제의 분석'이라 함.
② **정책문제의 정의(definition)** : 정책문제의 파악을 토대로 무엇이 정책문제의 핵심인지를 규정하는 것(**가치판단활동**)'

2. 정책문제 정의의 특성 및 중요성
① **정책내용(정책목표와 수단)의 1차적 규정** : 교통문제의 핵심적 내용을 ㉠ 버스의 만원사태로 규정(➜ 대중교통 확대정책)할 것인지 ㉡ 도로부족으로 규정(➜ 도로확대정책)할 것인지에 따라, 추구하는 정책목표와 채택되는 정책수단의 테두리가 결정
② **정치적 성격** : 정책문제의 정의에 따라 정책목표와 정책수단이 달라지고, 이에 따라 관련집단 간의 이해관계가 달라지기 때문에 정책문제의 정의는 정치적 갈등과 타협의 대상
③ **주관성·인공성** : 정책문제는 객관적인 실체로서 존재하는 것이 아니라 현실에 어떤 주관적인 준거틀을 적용하여 생성된 산출물(인공물)이다. 즉, 정책문제는 실존하고 있는 문제시되는 객관적인 상태 그 자체가 아니라, 현실 상황에 대한 판단(사실판단)과 바람직한 상태에 대한 판단(가치판단)이 복합적으로 이루어져 사람의 머릿속에서 구성되는 것이다. 그래서 사람마다 상이한 현실감을 갖고 상이한 가치판단을 하게 되기 때문에 서로 다르게 정책문제를 정의한다.
④ **제3종 오류(메타오류, 근본적 오류)의 발생가능성** : 문제의 파악에 필요한 정보가 부족하고 중요성 판단에서 편견이나 선입견이 작용하기 때문에 **정책문제를 잘못 정의**하는 경우, 타당한 목표설정이 불가능해지고 실제 문제가 되고 있는 것을 해결하지 못한 채 엉뚱한 문제를 해결하게 되는 오류가 발생 ➜ 특히, 제3종 오류는 '문제정의나 목표설정을 주어진 것으로 보고 가치중립적인 최선의 수단선택'에만 초점을 두는 '**수단적 기획관**'에서 나타날 가능성이 크다. ★★

> **PLUS 심화** 정책분석의 오류(통계적 가설검증의 오류)
>
> ① 제1종 오류 : "정책대안이 실제로 효과가 없는데 있다고 판정하는 오류"(실제로는 모집단의 특성이 영가설과 같은데=영가설이 참인데, 그 가설을 기각하는 경우의 오류)
> ② 제2종 오류 : 정책대안이 실제로 효과가 있는데 없다고 판단하는 오류(실제로는 모집단의 특성이 영가설과 같지 않은데 = 영가설이 참이 아닌데, 그 가설을 채택하는 오류)
> ③ 제3종 오류 : 정책문제 정의(진단) 자체가 잘못되어 잘못된 정책목표 설정으로 연결되는 오류

3. 정책문제의 분석기법(정책문제의 구조화기법) - W. Dunn ★

① 분류분석(classificational analysis) : 문제상황을 정의하는데 사용되는 각종 개념들을 명확히 하는 기법(문제상황을 나타내는 추상적인 개념들을 구체적 상황이나 대상으로 나타내는 귀납적 추론을 통하여, 당면문제를 그 문제의 구성요소들로 분해) → 예 빈곤문제는 부적절한 소득, 문화적 박탈, 심리적 동기 등의 여러 가지 인과적 가정들로 분류

② 계층분석(계서분석 : hierarchy analysis) : 문제의 원인(가능한 원인, 개연적 원인, 통제가능한 원인)을 발견하기 위한 분석기법 → 예 화재의 원인을 밝혀내기 위하여, 가능한 원인을 계층적 관계(사람의 행동에 의한 사건, 사람이외의 사건, 사람의 행동에 의한 사건에는 직접적인 것, 간접적인 것 등)를 통해 분석

③ 시넥틱스(synectics) : 비교경험에 의한 유추법(analogy)을 이용

④ 가정분석(assumption analysis) : 문제 상황의 인식을 둘러싼 여러 대립적인 가정들을 창조적으로 종합(상충적 가정들 간의 합의도출)하기 위한 기법

⑤ 경계분석(boundary analysis) : 다른 문제들과의 관계에서 현재 분석하고 있는 문제의 범위를 정의하기 위하여, 그 문제의 위치, 문제가 존재했던 기간, 문제를 형성해온 역사적 사건들을 구체화하는 것

⑥ 주관적·직관적 방법(브레인스토밍, 델파이, 정책델파이 등)

정책문제 분석의 기법

방 법	목 적	절 차	초 점	성과측정기준
분류분석	개념의 명시	개념들에 대한 논리적 분할과 분류	개인	논리적 일관성
계층분석	원인이 될 만한 요인에 대한 검증	요인들에 대한 논리적 분할과 분석	개인	논리적 일관성
시넥틱스	문제들 사이의 유사성 인식	개인적, 직접적, 상징적, 가상적 유추의 구성	개인	비교의 적절성
가정분석	갈등 있는 여러 가정들의 창조적 종합	이해관계집단의 인지, 가정색출, 가정들 사이의 경쟁과 합작, 가정통합	개인 (집단)	갈등
브레인스토밍	아이디어, 목표, 전략 등 창안	아이디어의 개발과 평가	개인	의견의 일치 여부

02 정책목표의 설정

1. 정책목표의 개념
① 정책목표란 '정책을 통해 달성하고자 하는 바람직한 미래상태'를 의미
② 치유적·소극적 목표(문제발생 이전에 존재하던 상태를 정책목표로 삼는 경우 예 공해정책의 목표)에서는 **정책문제의 정의가 바로 정책목표를 설정하는 것**이 됨.
③ 정책목표가 달성되어 나타나는 결과를 정책효과(policy effect)라 함
④ 정책목표의 특성 : 정책목표는 ㉠ 방향성과 미래성을 가지고, ㉡ 정책의 존재이유가 되며, ㉢ 가치판단에 의존하기 때문에 주관성과 규범성(바람직한 상태에 대해서는 사람들마다 가치에 따라 서로 다르게 판단), 정치성을 지니며, ㉣ 정책과정에 대한 지침성(최선의 정책수단 선정의 기준, 정책집행에 대한 지침, 정책평가의 기준)을 지닌다.

2. 바람직한 정책목표의 요건 : 적합성과 적절성 ★
① 적합성(appropriateness) : 달성할 가치가 있는 여러 가지 요소들 중에서 가장 바람직한 것을 목표로 채택했는지의 여부 ➡ 결국 정책문제의 여러 요소 중에서 가장 중요한 요소를 선택했는지의 여부를 의미하는 것으로 '정책문제의 정의'와 표리의 관계
② 적절성(adequacy) : 정책목표의 달성수준이 지나치게 높거나 낮지 않고 적당한 수준인지의 여부

3. 정책목표들 간의 상호관계 ★
포괄적·추상적인 목표를 구체화하는 과정에서 여러 개의 하위 목표들이 등장

(1) 상·하관계 (종적 관계)	'목표-수단의 계층제 관계'를 구성하고 있는 경우(하나의 정책목표가 다른 목표의 상위목표인 경우) ➡ 가장 바람직한 목표들 간의 상호관계
(2) 보완관계	동일한 상위목표 달성을 위해 몇 가지 하위목표들이 서로 보완관계
(3) 모순·충돌관계	하나의 정책문제를 해결하면 다른 문제가 더욱 악화되는 상충관계(trade-off)에 있는 경우 ➡ 예 실업문제 해결과 인플레 억제를 목표로 삼는 경우
(4) 경쟁관계	제한된 자원의 획득을 위하여 목표들 간의 경쟁이 이루어지는 경우

03 정책대안의 탐색과 개발

1. 정책대안의 원천(Source) : ① 점증주의적 대안탐색과 ② 창조적 대안탐색

(1) 점증주의적 대안탐색	• 이미 알려진 대안들을 중심으로 선택적 모방에 의해 정책대안을 탐색하는 방법 ① 과거 또는 현존의 정책 : 유사한 정책문제에 대하여 과거에 채택해 보았던 정책대안들의 집합으로서 정책대안목록(program repertory)을 활용 ② 다른 정부의 정책 : 다른 지방정부나 다른 국가의 정책경험(정책대안목록)을 활용

(2) 창조적 대안탐색	• 점증주의적 방법은 새로운 상황변화에 대응할 수 있는 정책대안탐색에 한계를 지니므로, 가변적이고 복잡한 시기에 발생하는 새로운 정책문제의 해결을 위해 기존의 틀을 뛰어넘는 새로운 정책대안을 창조·개발하는 방법이 요구된다. ① 과학적 지식과 기술(= 이론 : theory) 또는 계량적 모형에 의한 대안 개발 : 과학적 지식이나 기술은 정책목표와 수단 간의 인과관계를 파악하거나 적절한 관계구성에 필요한 모형을 창출하는 데 기초를 제공한다. ② 주관적·직관적 판단에 의한 대안 개발 : 개인 또는 집단의 판단력·직관력·통찰력을 기초로 하는 것 → 방법 : ㉠ 대면적 토론법, ㉡ 집단자유토론법(brain storming), ㉢ brain-writing, ㉣ 정책 delphi, ㉤ 교차영향분석, ㉥ 시나리오작성, ㉦ 실현가능성 검토

2. 모형(model)의 설정

(1) 모형(model)의 개념

① 모형이란, 현실의 추상적 표현으로서, 현실을 있는 그대로 완전히 나타내는 것이 아니라 필요하고 중요한 측면만을 뽑아서 현실을 단순화시킨 것(인과관계모형)이다.

② 예 경제학의 수요-공급이론에 따라 물가상승에 관한 모형의 구성이 가능하며, 모형에 포함된 변수들 간의 적절한 인과관계를 설정하면 물가상승을 억제시킬 수 있는 정책대안의 개발과 결과예측이 가능하다.

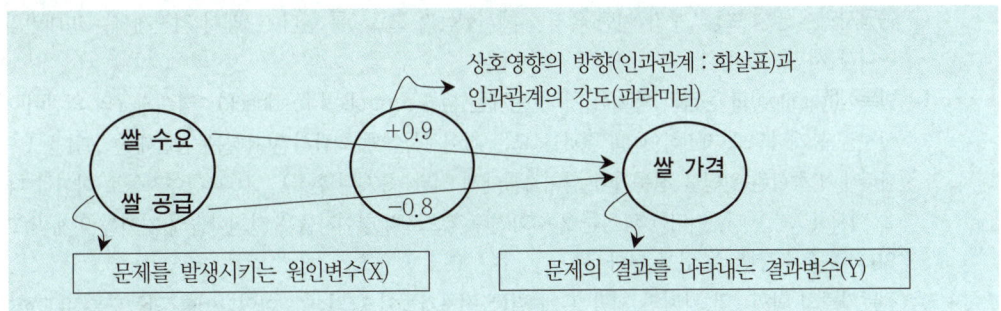

(2) 정책분석에서 모형의 역할

① 정책대안의 탐색과 창출에 도움 : 모형작성을 통해 정책문제의 원인이 파악되면 그 원인들을 통제가능한 원인과 통제불가능한 원인으로 구분하여, 전자에 대해서는 그 원인을 통제·제거·조작하는 방법으로 정책수단을 고려하고, 후자에 대해서는 원인자체에 대해서는 손대지 않고 문제의 심각성을 완화·감소하는 다른 방법을 정책수단으로 고려

② 정책대안이 가져올 결과를 예측 : 1만석의 정부미 방출이라는 정책대안이 현재의 공급량을 10% 증가시키는 것이라면 쌀가격은 8% 하락될 것으로 예측

✤ 정책대안의 창출은 모형에 나타난 원인변수를 조작하는 것이고, 예측되는 결과는 모형에 나타난 결과변수의 상태이다.

3. 주관적·직관적 방법 : brain storming과 delphi 기법을 중심으로

(1) 집단 자유토론법(Brainstorming) ★

① (관련 분야의 전문가만이 아니라) 여러 사람들을 모아서 **기발하고 다양한 아이디어를 제안**할 수 있도록 함으로

써 **가능한 많은 아이디어를 얻기 위해 활용**되는 방법이다.
② Brainstorming의 절차 : ㉠ 브레인스토밍 집단을 구성(다양한 아이디어를 많이 얻기 위하여 관련 분야의 전문가 뿐만 아니라 독창성이 있는 사람, 그리고 정책관련자를 포함하여 5~12명의 소규모로 집단을 구성)한다. ➔ ㉡ 아이디어 제안단계와 제안된 아이디어 대한 평가단계를 엄격히 분리한다. 먼저, 아이디어 제안단계에서는 허심탄회하게 의견을 개진할 수 있도록 가능한 한 자유롭고 개방적인 토론분위기를 마련하여, 실현성이 희박한 또는 엉뚱한 아이디어들도 거침없이 제시될 수 있게 한다(각자가 자신의 아이디어만을 제시하고, 다른 아이디어에 대해서는 비판이나 평가를 하지 않도록 한다). ➔ ㉢ 모든 아이디어가 제안되면, 비슷한 아이디어의 통합, 실현가능성 없는 대안의 제거, 아이디어에 대한 서열매김 등을 통해 평가와 종합을 함으로써 토론이 끝난다.

(2) 전통적 델파이(Delphi) ★★
① 델파이 기법의 의미 : 위원회나 전문가 토론 등 대면적 접촉을 통한 의견수렴 방법이 지닌 한계(= 소수인사에 의한 토론과정 지배, 동료집단에 대한 의견통일의 강요, 상급자의 의견에 반하는 의견개진의 곤란 등으로 합리적인 의견도출의 곤란성)를 극복하기 위하여, Rand연구소에서 개발된 **전문가들의 의견을 체계적으로 종합하는 직관적 기법**이다. ➔ 전문가들의 주관적 판단에 의한 미래예측을 위해 주로 사용한다.
② (전통적) 델파이의 특징
㉠ 응답자의 익명성 보장 : 누가 어떤 의견을 제시했는지 모르도록 한다. 그래서 의견제시는 면대면의 토의가 아니라 서면으로 한다.
㉡ 반복성(iteration)과 응답의 통계적 처리, 통제된 환류(controlled feedback) : 참여자들의 의견이 개진되면 이것을 통계적으로 처리하여 그 결과를 모든 참여자들에게 회람시킨다(질문지에 대한 응답을 요약수치로 나타내어 종합된 판단을 전문가와 참여자들에게 전달-통제된 환류). 그 후 참여자들로 하여금 다시 의견을 제시하도록 한다. 이러한 과정을 2~3회 반복함으로써 참여자들은 사회학습의 기회를 얻게 되고 자신들의 의견을 수정할 수 있게 된다.
㉢ 전문가들의 합의 : 몇 차례의 회람 후에 결국 전문가들이 합의하는 아이디어를 만들도록 유도한다.

(3) 명목집단기법(Nominal Group Technique : 記述式 집단 자유토론법)
① 집단적 문제해결에 참여하는 개인들이 개별적으로 해결방안에 대해 구상하고 그에 대해 제한된 집단적 토론만 한 다음 해결방안에 대해 표결을 하는 문제해결기법이다(Brainstorming과 매우 유사하나, 아이디어 제시나 아이디어를 평가할 때 구두가 아니라 종이에 써서 하는 점에서 다르다. 따라 말로 의견교환을 하는 것은 명시된 때에 한정된다).
② ㉠ 집단구성원 각자가 아이디어를 구상하고 이를 종이에 쓴다. ➔ ㉡ 기록된 아이디어를 집단모임에서 발표한다. 이때에 토론을 하지 않는다. ➔ ㉢ 제시된 아이디어를 간결하게 요약하여 칠판 등에 적어 참여자들이 함께 볼 수 있도록 한다. ➔ ㉣ 요약된 해결방안들의 명료화 및 평가에 필요한 범위 내에서 토론을 한다. ➔ ㉤ 표결에 의해 해결방안을 선택한다.

(4) 정책 델파이(delphi) ★★
① 정책 델파이의 의미 : 전통적 delphi가 이해관계와 상관없이 객관적인 입장에서 어떤 특정 분야의 동질적인 전문가들의 합의를 도출해 보고자 하는 의도에서 개발된 것이라면, 정책 delphi는 정책문제의 해결방안을 둘러싸

고 정반대 입장에 있는 관련자로서 서로 대립되는 의견을 표출시키고자 하는 의도에서 개발된 것이다(➔ 목적상 차이). 따라서 정책 delphi는 전통적 delphi의 특징이라 할 수 있는 반복과 통제된 환류라는 두 가지 원칙에 기초를 두고 있지만, 다음의 새로운 원칙을 추가하고 있다.

② 정책 delphi의 특징
  ㉠ 정책관련자의 의견 중시(식견 있는 다수의 창도-informed multiple advocacy) : 참가자들을 선발하는 과정은 전문성 자체보다 이해관계와 식견이라는 기준에 바탕을 둔다. 따라서 정책 델파이 집단을 구성함에 있어서는 여러 입장을 대표하는 관련자들을 참여시킨다.
  ㉡ 선택적 익명성 : 참가자들은 초기단계에만 익명으로 응답하고, 정책대안들에 대한 주장들이 표면화된 이후에는 공개적으로 토론을 벌이게 한다.
  ㉢ 의견차이를 부각시키는 통계처리(polarized statistical response)와 의도적인 갈등조성(structured conflict) : 개개인의 의견을 종합할 때에는 의견의 불일치 부분에 초점을 맞추어 참여자들 간의 어떤 부분에 차이가 있는지를 부각시키는 방향에서 통계처리를 함으로써 의도적으로 갈등을 조성한다. 즉, 일부러 갈등을 조성하고 그것으로부터 대안이나 대안의 결과에 대한 창의가 나오도록 기대한다(유도된 의견대립).

델파이와 정책 델파이의 비교

구 분	(일반적) 델파이	정책 델파이
목 적	객관적인 입장에서 전문가들의 의견 종합	정책관련자들의 대립되는 의견 표출
응답자	전문가	전문가와 이해관계자 등 정책관련자
익명성	철저한 격리성과 익명성	선택적 익명성
중시의견	의견의 평균치(중위값) 중시	의견차이나 갈등을 부각(극단적이거나 대립된 견해도 존중하고 이를 유도)

04 정책대안의 결과예측

1. 정책대안 결과예측의 의미
① 결과 예측의 개념 : 탐색된 정책대안들이 집행되었을 경우에 나타날 결과들(정책효과와 정책비용)을 미리 예상하는 것
② 결과예측의 방법 : ㉠ 과거의 정책 및 외국의 정책에 의한 예측, ㉡ 모형의 이용, ㉢ 정책실험, ㉣ 직관적·주관적 방법으로, brain storming과 정책 delphi, ㉤ 시계열분석을 통한 경향분석, 회귀분석, 선형계획 등

2. 정책대안의 결과예측 방법(W. Dunn) - 미래예측의 근거에 따른 구분 ★★

(1) 추세연장적 미래예측 : 투사(projection)
① 과거로부터 지속되어 온 역사적 경향을 '투사'하여 미래의 변화를 예측하는 방법 ➔ 외삽법(extrapolation : 과거의 추세가 장래에도 그대로 지속되리라는 전제 아래 과거의 추세선을 연장해 미래 일정 시점에서의 상황을

예측)에 의한 예측, 귀납의 논리(다수의 시점에서 관찰된 개별적인 결과들이 종합적으로 보여주는 일정한 경향을 일반화시켜 미래를 설명)
② 기법 : ㉠ 전통적 **시계열분석**, ㉡ 최소자승 경향 추정, ㉢ 자료전환법

(2) **이론적 미래예측** : 예견(prediction)
① 다양한 이론들이 구조화하고 있는 원인과 결과에 대한 가정(인과관계에 관한 가정)들에 근거하여 미래를 '예견'하는 방법 ➜ 연역의 논리(이미 일반화된 이론적 가정들에 의해서 미래를 예측)
② 기법 : ㉠ **인과관계모형**, ㉡ **회귀분석**, ㉢ **선형계획**(주어진 제약조건하에 있는 독립변수와 종속변수의 관계에 관한 이론을 단순화한 모형), ㉣ **경로분석**, ㉤ **상관관계분석**, ㉥ **모의분석**(simulation : 정책대안을 현실적으로 직접 실행해서 그 결과를 예측할 수 없는 상황에서 정책대안을 현실적으로 실행해서 얻는 것과 같은 결과를 예측하기 위해, 물리적인 체제를 사용하는 대신 자료의 조합과 수학적인 모형을 사용)

(3) **주관적 미래예측** : 추측(conjecture)
① 예측하는 사람의 통찰력·직관 등 주관적 판단에 근거하여 미래를 '추측'하는 방법 – 직관적·주관적·질적 미래예측, 회귀적 논리(retroductive logic : 미래에 대한 어떤 주장을 해 놓고 이러한 주장을 뒷받침할 수 있는 정보나 가정을 찾아가는 추론)에 기초
② 기법 : ㉠ **브레인스토밍**, ㉡ **델파이 기법**, ㉢ **교차영향분석**(= 미래의 어떤 사건이 일어날 확률에 대해서 식견 있는 판단을 이끌어내는 기법, 즉, 여러 사건을 놓고 한 가지 사건이 일어날 확률을 구하고 그 사건이 선행되었을 경우 나머지 사건이 일어날 확률을 구하는 방법-조건확률이론에 기초-으로, 전통적 델파이를 보완하기 위해 고안된 방법이며 주로 사건들의 연결관계를 파악하는 데 이용), ㉣ **실현가능성 분석**(= 정책관련자들의 행태를 예견 또는 투사할 관련 이론이나 경험적 자료가 없는 경우에, 정책대안을 지지하거나 반대함에 있어서 정책관련자들의 예상되는 미래행태를 추측해 내는 방법) 등

정책 대안의 결과예측 방법의 비교

접근 방법	근 거	기 법	산 물
추세연장적 예측	경향 투사	시계열분석, 최소자승 경향 추정, 자료전환법	투사(projection)
이론적 예측	이론(인과관계)	선형계획, 회귀분석, 경로분석, 상관관계분석	예견(prediction)
주관적 예측	주관적 판단	델파이 기법, 교차영향분석, 가능성평가기법	추측(conjecture)

05 정책대안의 비교·평가, 최선의 정책대안의 선택

• 정책대안의 비교·평가기준
  ① 소망성 기준
  ② 실현가능성 기준

1. 소망성(desirability) 기준

정책대안이 얼마나 바람직스러운가를 나타내는 것 ➔ ① 효과성, ② 능률성, ③ 형평성, ④ 정치적 합리성 등이 소망성에 대한 판단기준이다.

(1) 효과성(effectiveness)

정책목표 달성의 정도 ➔ 정책목표달성의 극대화를 가져오는 정책대안을 선정할 수 있는 장점이 있으나, 정책비용을 무시한다는 단점이 있다.

(2) 능률성(efficiency) : 능률성 측정기법으로 비용·편익(B/C)분석

- 좁은 의미 능률성 = 산출(output)/투입(input)
- 넓은 의미 능률성 = 정책효과(effect)/정책비용(cost) = 편익(benefit)/비용(cost)

(3) 공평성

정책효과와 정책비용의 배분이 사회정의로서의 배분적 정의(수직적 공평성)에 합치되는 정도 ➔ 효과성이나 능률성 기준과 충돌될 가능성이 크다.

(4) 정치적 합리성

인권·민주성·공평성 등 정치적으로 바람직한 가치를 실현하거나, 이의 손실을 극소화하는 것 ➔ 효과성과 능률성 등 경제적 합리성과 대비되는 기준이다.

2. 실현가능성(feasibility) 기준

정책대안이 ① 정책으로 채택될 가능성과 ② 그 내용이 정책으로서 충실히 집행될 가능성

실현가능성의 종류	내용
정치적 실현가능성	정책대안의 채택과 집행에서 정치적 지지 가능성
기술적 실현가능성	정책수단이 현재 이용가능한 기술로 실현가능한 정도
재정적(경제적) 실현가능성	정책의 실현을 위해 재원(예산)의 이용가능성
행정적 실현가능성	필요한 집행조직, 집행인력 등의 이용가능성
법적 실현가능성	정책이 타 법률과 모순되지 않을 가능성

제3절 비용·편익분석과 비용·효과분석 : 능률성의 측정방법

01 비용·편익분석(cost-benefit analysis)

1. B/C분석의 개념

비용·편익 분석(B/C분석)은 정책분석의 고유한 기법으로서, 공공투자사업에 대한 정책결정에 있어서 투자사업의 효과(편익)가 비용보다 많은지의 여부를 체계적으로 분석하여 공공사업의 경제적 타당성을 검토하는 기법이다.

2. B/C분석의 절차 ❶★★

❶ 비용-편익 분석의 절차
① 정책대안의 식별과 분류 → ② 사업기간과 할인율 결정하여 현재가치로 환산하여 총비용과 총편익 추정 → ③ 대안의 비교 기준의 설정(NPV, B/C ratio, IRR 등) → ④ 민감도 분석을 시행하고 최적 대안 선택

(1) 정책대안의 분류

(2) 각 대안들의 장기적 비용(Cost)과 편익(Benefit) 추정

C_0 : 현재년도의 비용, C_1 : 1년 후의 비용, C_2 : 2년 후의 비용 · · ·

B_0 : 현재년도의 편익, B_1 : 1년 후의 편익 · · ·

(3) 각 대안들의 비용과 편익의 현재가치(PV : Present Value) 계산

- 비용의 현재가치(PV) = $C_0 + \dfrac{C_1}{1+r} + \dfrac{C_2}{(1+r)^2} + \cdots + \dfrac{C_n}{(1+r)^n}$
- 편익의 현재가치(PV) = $B_0 + \dfrac{B_1}{1+r} + \dfrac{B_2}{(1+r)^2} + \cdots + \dfrac{B_n}{(1+r)^n}$

→ 1년 후에 발생하는 110만 원이라는 미래이익(B_1)을 현재의 가치(PV)로 환산하기 위해서는 미래이익을 이자율(r =10%라 가정)로 할인 : $\dfrac{110만원}{1+10\%} = \dfrac{110만원}{1.1} = 100만 원(PV)$

(4) 할인율(discount rate : r)의 결정

① 할인율 : 미래에 발생하는 비용과 편익을 현재가치로 환산할 때 사용하는 이자율
② 할인율 결정의 중요성 : 어떤 할인율을 적용하느냐에 따라 사업의 효과가 달라짐. → 높은 할인율은 편익이 단기간에 걸쳐 집약적으로 발생하는 단기투자에 유리하고(미래로 갈수록 복할인되어 미래편익의 PV가 작아지므로), 낮은 할인율은 장기간에 걸쳐 편익이 발생하는 장기투자에 유리

(5) 대안의 비교·평가 ★★★

평가기준	계산방법	결 론
편익비용비 (B/C ratio)	$\dfrac{\text{편익의 현재가치}}{\text{비용의 현재가치}}$	어떤 대안의 B/C ratio가 1보다 크면 그 사업은 추진할 만한 가치가 있고, 대안이 복수일 경우 그 값이 가장 큰 대안이 가장 타당
순현재가치 (NPV : Net Present Value)	편익의 현재가치 − 비용의 현재가치	어떤 대안의 NPV가 0보다 크면 그 사업은 추진할 만한 가치가 있고, 대안이 복수일 경우 그 값이 가장 큰 대안이 가장 타당
내부수익률 (IRR : Internal Rate of Return)	NPV = 0이 되도록 하는 할인율(ρ), 즉 옆의 수식을 만족시키는 미지수의 ρ값	• $\{C_0 + \dfrac{C_1}{1+\rho} + \dfrac{C_2}{(1+\rho)^2} + \cdots + \dfrac{C_n}{(1+\rho)^n}\}$ 　$-\{B_0 + \dfrac{B_1}{1+\rho} + \dfrac{B_2}{(1+\rho)^2} + \cdots + \dfrac{B_n}{(1+\rho)^n}\} = 0$ • 내부수익률(ρ)은 '투자가가 주관적으로 기대하는 투자수익율'로서, 투입된 자금의 기회비용에 해당하는 시장할인율(r) 또는 의사결정자가 적절하다고 생각하여 설정한 기준할인율보다 크다면 그 투자사업은 타당성 있는 것으로 평가되고, 내부수익율이 클수록 경제적 타당성이 큼.❶ • 내부수익률은 할인율이 존재하지 않는 경우에도 구해지기 때문에, 할인율이 알려져 있지 않은 경우 기준할인율과 비교하여 사업을 평가할 수 있는 유용한 기준

❶ 투자원금에 대한 투자자의 주관적 수익률(내부수익률)이 투자원금의 기회비용인 시장이자율보다 높다면, 투자자는 금융시장에서 대부를 하여 이자수입을 얻는 것보다 투자를 해서 IRR만큼의 기대수익을 얻는 것이 유리하다.

02 비용·효과분석(cost-effectiveness analysis) ★

① 비용·편익분석은 공공사업의 비용과 편익이 모두 화폐가치로 측정되고, 양자의 크기를 NPV나 B/C ratio 등과 같은 동일한 기준으로 비교할 수 있는 것을 전제로 한다. 그러나 ㉠ 편익의 화폐가치 계산(계량화)이 힘들거나, ㉡ 비용과 편익의 측정단위가 달라 동일한 기준으로 양자를 비교하기가 힘들 때 이용되는 분석기법이 비용·효과분석이다.

② 비용·효과분석에서는 ㉠ 일정 수준의 효과를 정해 놓은 뒤, 이를 달성하는 데 소요되는 비용이 최소인 대안을 선정하거나(= 최소비용기준), ㉡ 일정 수준의 비용을 정해 놓은 뒤, 이를 통해 달성되는 효과가 최대인 대안을 선정(= 최대효과기준)한다.

제4절 합리적·분석적 결정(합리모형)의 한계 ★

합리모형은 '전지전능한 정책결정자가 고도의 이성과 합리성에 근거하여 목표달성을 위한 최선의 대안을 탐색·선택한다는 이상적·규범적 접근방법'이다.
그러나 현실에서의 정책결정은 분석적 결정의 다양한 제약요인들로 인해 비분석적·정치적 결정으로 진행된다.

1. 분석논리와 기법상의 측면
① 문제상황의 복잡성으로 정책문제의 정확한 파악·정의가 어렵고, 이해관계의 대립으로 정책목표에 대한 합의가 곤란하다.
② 정책대안의 비용과 효과에 대한 양적 측정이 어렵고(계량화의 문제점), 양적 측정이 가능한 경우에도 이를 동일한 사회후생의 척도로 측정하기가 어렵다.
③ 정책대안의 소망성 평가기준 간에 모순이 있을 때(예 능률성 vs. 공평성), 객관적인 해결책이 없다.
④ 완전한 합리성을 추구하기 위해서는 정보비용이나 전문능력, 시간 등의 비용이 과다히 소요된다(분석적 결정 비용의 과다).

2. 정책결정자의 측면
① 인간의 인지능력의 제약 : 합리적 결정은 많은 시간과 고도의 분석능력을 요구하는데, 현실에서 정책결정자는 시간 및 전문지식과 분석적 능력의 부족(이를 Simon은 '제한된 합리성'으로 표현)으로 분석적 결정이 곤란
② 정책결정자의 가치관, 편견, 동기에 의한 제약

3. 조직구조적 측면
① 의회 : 서로 다른 선호와 이해관계를 지닌 구성원 개개인들이 분석적 결정을 거부하고 정치적 결정을 통해 자신들이나 선거구민의 이익을 추구
② 행정조직
  ㉠ 조직자체의 분석적 결정을 위한 능력의 제약으로, 조직 내의 의사결정은 SOP나 대안목록과 같은 선례에 따른 관습적 결정이 주를 이룸(조직모형).
  ㉡ 관료제적 특성에 의한 제약으로, 관료제의 분업구조로부터 발생하는 부처할거주의(부처 간 정보교류나 조정이 어려워 범정부적 차원의 합리적인 결정을 저해)와 계층제적 구조(의사전달의 지연과 왜곡으로 완전정보에 근거한 합리적 결정을 저해)는 분석적 정책결정을 제약

4. 환경적 측면
① 정책결정자도 사회의 일원으로서 사회적 규범이나 관습 등에 의해 영향을 받기 때문에 사회관습과 배치되는 대안의 탐색이나 선택은 제약
② 정책과정에서 이루어지는 이해관계자들의 정치적 반대나 흥정·타협은, 객관적인 정책분석결과의 활용을 제약

제5절 정책분석

01 정책분석의 의의

① **정책분석**(policy analysis)의 개념 : 보다 바람직한(합리적인) 정책결정을 위해 필요한 지식과 정보를 창출·제공하기 위한 분석적 활동
② **합리적·분석적 결정(합리모형)** : 정책분석의 논리나 절차에 따라 합리적으로 이루어진 정책결정
③ **정책분석의 목적** : 최선의 대안선택에 필요한 지식과 정보를 정책결정자에게 제공하여 정책결정의 합리성(주어진 목표달성을 위한 수단적 합리성)을 제고

02 합리적 결정을 위한 분석 기법 : 정책분석 > 체제분석 > 관리과학 ★

바람직한 의사결정을 위해 각종 대안을 탐색하고 비교·평가하는 합리적인 분석기법들은 ① <u>정책분석에 가까울수록</u> 분석의 수준이 거시적이고 정치성을 더 포함하며, ② <u>관리과학(OR)에 가까울수록</u> 분석은 미시적이고 수리적·계량적이다.

1. 관리과학·운영연구(OR : Operation Research)

① 조직 전체적 관점(체제적 관점)에서 당면한 문제를 해결하기 위한 최선의 방안(계량적으로 도출된 최적해)을 규명하려는 과학적·체계적인 기법 ➔ 주로 기업의 생산이나 유통결정에서 계량적 분석을 통해 최적해(최소의 자원을 가지고 최대의 효과를 구하는 자원배분의 기술적 효율성)를 구하는 데 사용
② 계량적·수리적 모형과 원리를 사용(➔ 비용과 효과의 계량화가 가능한 영역에서만 적용)
③ 관리과학의 주요기법

선형계획법(LP : Linear Programming)	주어진 제약조건 아래서 산출을 극대화하거나 비용을 극소화할 수 있는 최적의 자원 결합점을 찾는 방법(심플렉스기법을 이용)
PERT & CPM	계획 내용인 프로젝트 달성에 필요한 전 작업을 작업내용과 순서를 기초로 하여 네트워크로 파악하여, 어떤 작업공정이 자원의 낭비없이 공기를 단축할 수 있는가를 규명하는 공정관리의 기법(= <u>최적의 업무공정을 찾는 기법</u>) • PERT(Program Evaluation and Review Technique - 계획의 평가 및 검토기법) : 프로젝트에 필요한 전체작업의 상호관계를 네트워크로 표시 • CPM(Critical Path Method - 임계경로기법) : 프로젝트 완성에 필요한 작업을 나열(Critical Path)하고, 작업에 필요한 소요시간을 예측하는 데 사용하는 기법

2. 체제분석

① 체제적 관점에서, 당면한 문제를 하나의 체제(system)로 보아 문제와 상호관련된 요소를 체계적으로 분석(계량화가 가능한 비용과 효과에 대해 분석을 하고, 여기에 직관이나 통찰력에 의해 파악한 비계량적인 부분을 종합하여 분석)하여, 정책결정자의 판단을 도와주는 체계적·과학적 방법

② 가능한 한 계량적·미시적 분석방법들이 활용되나(관리과학의 내용을 포함), **계량화가 어려운 상위수준의 정책문제까지 취급** ➜ 예 댐건설이 쌀생산에 기여하는 계량적 효과뿐만 아니라 경제발전을 통한 국민복지에 기여하는 계량화 곤란한 효과

③ 기본적으로 경제적·계량적 결정모형으로, **비용 · 편익분석과 비용 · 효과분석**을 중심으로 **경제적 효율성과 부문의 최적화**를 강조
- 체제분석 = OR(관리과학) + 상위수준의 정책문제 분석

3. 정책분석의 특징(체제분석에 대비된)

① 체제분석(system analysis) : 정책문제를 체제적 관점에서 파악하여, 대안들을 광범위하게 탐색하고 B/C분석으로 대안을 비교·평가한 후, 최적대안을 선택하는 과학적·체계적인 접근방법 ➜ 주로 경제적 능률성에만 초점을 두어 능률적인 대안의 선택에만 관심을 가져, 정책대안이 가져올 비용과 효과의 분배적인 측면이나 실현가능성 측면에 대해서는 소홀

② 정책분석(policy analysis) : 체제분석의 기본논리를 받아들이면서 **체제분석이 고려하지 않았던 정치적 · 제도적 맥락도 고려하여, 계량적 분석뿐만 아니라 질적 분석까지도** 이루어지는 접근방법
- 정책분석 = 체제분석 + 정책대안이 가져올 비용 · 효과의 분배적 측면 분석, 정책대안의 실현가능성 분석, 정책대안의 정치 · 행정 · 사회적 영향 분석

③ **정책분석의 특징** : ㉠ 정책의 기본가치 중시, ㉡ 자원의 사회적 배분 중시, ㉢ 정치적 요인의 고려, ㉣ 정책의 선호화와 정책대안의 쇄신을 강조, ㉤ 계량적 분석 외에 질적 분석을 중시

제6절 정책결정모형(의사결정론) : 다양한 정책결정 방식

01 의사결정론의 제유형 : 합리모형에 대한 대비를 기초로 전개

1. 의사결정론의 연구목적에 의한 분류

구 분	연구목적	모 형
처방적·규범적 모형	바람직한 의사결정을 위해서 따라야 할 논리나 방법을 제시하는 데 목적	합리모형
경험적·실증적 모형	현실적으로 이루어지는 의사결정을 설명·기술하는 데 목적	만족모형, 점증모형, 회사모형, 쓰레기통모형 등

2. 의사결정자의 지적 합리성 여부에 의한 분류

구 분	지적 합리성 여부	모 형
합리모형	의사결정자의 완전한 지적 합리성을 전제하여, 목표달성의 극대화수단과 문제해결의 최적해를 구함.	합리성하의 규범론(의사결정자가 합리적인 의사결정을 하려고 할 때 따라야 할 논리나 절차를 제시하는) : 관리과학적·정책분석적 논리 - 선형계획, B/C분석
		합리성하의 실증론(의사결정자가 합리적인 의사결정을 한다고 가정하면 나타나리라 예상되는 것을 유추하여 실제의 의사결정을 설명) : 경제이론의 논리 - 가격이론, 게임이론, 공공선택론
인지모형	인간능력의 한계로 완전한 지적 합리성을 부정	불완전성하의 규범론 : 점증주의
		불완전성하의 실증론 : 만족모형, 점증주의, 회사모형

❖ 합리모형은 규범론적 측면이 강하고, 인지모형은 실증적·경험적 측면이 강하다.

3. 의사결정주체의 수에 의한 분류

구 분	모 형
개인적 의사결정론	합리모형, 만족모형, 점증모형, 혼합탐사모형, 최적모형
집단적 의사결정론	회사·조직모형(Allison 모형Ⅱ), 쓰레기통모형, 공공선택모형

02 합리모형(합리적·종합적 모형) ★★

1. 합리모형의 의미

① 정책결정자가 고도의 이성과 합리성에 근거하여, 목표달성을 위한 최선의 대안을 탐색·선택한다고 보는 이상적·규범적 접근방법 ➔ 인간을 합리적 사고방식을 따르는 '**경제인**(완전한 정보를 가지고 효용·이윤극대화라는

경제적 목적달성을 위한 최적대안을 선택하는 존재'으로 전제하면서, **정책결정자는 전지전능한 존재라는 가정 하에** '완전한 합리성(포괄적·종합적 합리성, 실질적·내용적 합리성, 경제적 합리성, 객관적 합리성)'을 추구한다.
② 의사결정에서 논의되는 합리모형은 경제이론과 관리과학에서의 여러 모형을 지칭하며, 합리성도 Diesing의 합리성 가운데 기술적 합리성(수단의 효과성)이나 경제적 합리성(능률성)을 의미한다.

2. 합리모형의 2가지 기본가정

① 행위자는 효용극대화라는 목표를 가지고 있다.
→ 목표(가치)와 수단(사실)이 엄격히 구분되며, 대안선택의 기준이 정해져 있다. 즉, 정책과정상의 가치기준이 명확하여, 가치갈등이 존재하지 않는다.
② 행위자는 합리적 선택을 할 수 있는 지식과 능력을 보유하고 있다.
→ 결정자는 시간과 비용의 제약 없이 목표를 달성하기 위한 구체적인 대안뿐만 아니라 각 대안이 초래할 결과(비용과 편익)를 정확히 알 수 있는 예측능력을 가지고, 최선의 대안을 선택한다.

3. 합리모형의 특성

① 목표와 수단의 관계에 대한 체계적 구성과 계량화 : 목표와 수단의 연속적인 관계(목표−수단의 계층제)를 종합적이고 체계적으로 구성할 뿐만 아니라 이들 관계를 계량적으로 분석하여 극대화 대안을 찾아가는 지침을 제공한다.
② 선형모형 : '목표의 명확화 → 대안개발 → 대안비교 → 최적대안의 선택'의 단계를 선형(linear)의 과정으로 파악한다.
③ 객관적 모형 : 결정에서 주관적이고 감정적인 요소를 배제하고, 정치적 현실의 역동성을 고려하지 않는다.

4. 합리모형에 대한 평가

보다 나은 정책결정을 위한 규범적인 기준을 제시하여 현실의 정책결정의 개선에 기여하나, 그 전제와 내용이 지나치게 이상적·규범적이어서 현실의 정책결정상황 설명하는 데 비현실적이라는 한계

03 사이버네틱스모형(J. Steinbruner) ★★

1. 사이버네틱스모형의 의의

① 개념 : **자동온도조절장치**와 같이, '설정된 목표를 달성하기 위해 자신의 행동을 정보와 환류과정을 통해 스스로 조정해 나간다.'고 가정하는 cybernetics 관점의 의사결정모형이다.
② 사이버네틱 메커니즘 : '제한된 정보검색과 제한된 행동대안으로 문제를 해결(= **단순화의 접근방법**)'하는 것이다. 즉, 정책문제의 복잡한 변수 가운데서 중요변수에 관한 정보만을 대상으로, 미리 정해진 표준적 절차(SOP)에 따라 처리하고 미리 개발된 대안목록(program repertory)에서 해결책을 선택한다.
③ 정부조직의 방대성과 복잡성, 정책문제의 복잡성, 정보과다 등의 상황에서, 정책결정상황과 정책문제에 관한 정

보를 단순화하고 정책결정과정을 단순화하는 것이 합리모형보다 효과적이라고 파악한다.
④ 분석적 합리성이 완전히 존재하지 않는 '**습관적 의사결정**'을 가장 잘 설명(➔ 합리모형과 가장 극단적으로 대립)한다.

2. 사이버네틱스 의사결정의 내용(합리모형·분석적 패러다임에 대비된)

① **적응적 의사결정(비목적적 적응)** : ㉠ 합리모형에서는 의사결정을 통해서 달성하고자 하는 목표나 가치가 먼저 존재하는 것(**가치통합** : 각축하는 가치들이 언제나 하나의 계서적 체계로 통합)으로 전제하며, 결정자의 기대가치의 극대화를 위한 치밀한 분석을 수행, ㉡ 사이버네틱스 모형에서는 고차원의 목표가 반드시 사전에 존재하는 것으로 전제하지 않고(**가치분할** : 오히려 각축하는 복수의 가치들이 하위가치체계로 분할되어 따로 따로 추구), 일정한 중요변수의 유지를 위한 끊임없는 적응(= 비목적적 적응)에 초점 ➔ 예 자동온도조절장치

② **단순화에 의한 불확실성의 통제** : ㉠ 합리모형에서는 새로운 정보를 얻어 추가되는 정보에 따라 대안의 결과예측을 수정하여, 대안의 결과에 대한 불확실성을 감소, ㉡ 사이버네틱스 모형에서는 환류채널을 통해서 들어오는 정보에 따라 시행착오적 적응만이 관건이며, 이외의 불확실성은 통제된다고 가정(= **단기적 환류에 의한 불확실성의 통제**) ➔ 한정된 범위의 변수들에만 주의를 집중하고 나머지 정보는 무시함으로써 불확실성을 통제

③ **집합체에 의한 의사결정에 적용** : ㉠ 합리모형에서는 모든 정책결정단위를 한 사람의 합리적 개인으로 간주하여 개인적 의사결정의 논리가 집합체의 의사결정에도 동일하게 적용되는 것으로 파악, ㉡ 사이버네틱스 모형에서는 개인적 의사결정과 집단적 의사결정을 동일시하지 않고 '조직·집단'을 다양한 목표를 가진 하위단위들의 연합체(조직 내에서 복잡한 정책문제는 부분적인 하위문제들로 분할되어 하위조직단위들에 할당)로 보며, 하위조직 단위에서의 문제해결은 표준적 절차(SOP)에 따른다고 파악(조직모형, Allison 모형Ⅱ)

④ **사이버네틱스모형에서의 학습 – 도구적 학습** : ㉠ 합리모형에서는 새로운 정보가 나타나면 기존의 의사결정 모형이 수정되는 '**인과적 학습**(인과관계에 관한 지식을 습득)'이 이루어지나, ㉡ 사이버네틱스모형에서는 의사결정자가 가지고 있는 대안목록(SOP)들 가운데 어떤 문제에 대하여 어떤 것이 보다 나은 해결도구가 되는가를 습득하는 '**도구적 학습**'이 이루어짐. ➔ 도구적 학습을 통해 표준적 절차가 변화되나, 매우 느리게 일어나 SOP는 쉽게 변경되지 않음.

합리모형과 사이버네틱스모형의 비교

구 분	합리모형	사이버네틱스모형
목표체계와 결정방식	가치통합과 결정자의 기대가치 극대화를 위한 치밀한 분석	가치분할과 중요변수의 유지를 위한 끊임없는 적응(비목적적 적응)
불확실성에의 대처	새로운 정보에 따라 대안의 결과예측을 수정하여 불확실성을 감소	단순화에 의한 불확실성의 통제
집단적 의사결정에 적용	개인적 의사결정의 논리가 집합체의 의사결정에도 그대로 적용	조직을 다양한 목표를 가진 하위단위들의 연합체로 파악하여, 개인적 의사결정과 구별
학 습	인과적 학습	도구적 학습

04 Simon의 만족모형 : 제한된 합리성모형 1 ★★

① **만족모형(satisficing model)의 개념** : 사이먼(Simon)과 마치(March)에 의해 사회심리학적으로 접근된 이론으로서, 실제의 의사결정에서 인간의 인지능력, 시간, 경비의 부족으로 합리모형의 포괄적 합리성이 아닌 '**제한된 합리성(bounded rationality)**'하에 있으며, 제한된 합리성하에서 '**최선·최적의 대안이 아니라 만족할 만한 대안을 선택하게 된다.**'는 이론
② **만족모형의 특징** : ㉠ 개인의 심리적 제약요인을 고려하는 인지모형이며, ㉡ 실제의 의사결정을 설명하는 실증모형

만족모형의 장·단점 비교

장 점	단 점
① 실제 의사결정을 설명하고 기술하는 경험적·실증적 연구 ② 의사결정은 비용이 들어가는 작업임을 명시	① 만족할 만한 수준에서 대안탐색을 중단하기 때문에 중요한 대안이 무시 ② 개인에 따라 만족수준이 다르기 때문에, 만족화의 객관적 기준이 존재하지 않음(= 만족화 기준의 주관성) ③ 만족수준에서 대안을 선택하기 때문에 현상유지적·보수적이며, 쇄신적·창조적 대안이나 최선의 대안발굴을 포기

합리모형과 만족모형의 비교

구 분	합리모형 = '경제인'의 의사결정	만족모형 = '행정인'의 의사결정
목표설정	극대화	만족수준
대안탐색	모든 대안	몇 개의 대안(무작위적이고 순차적으로)
결과예측	복잡한 상황 모두 고려	복잡한 상황을 단순화 시켜 중요한 결과만 예측
대안선택	최적대안	만족할 만한 대안

05 점증모형 : 제한된 합리성모형 2 ★★★

1. 점증모형(incremental model)의 의의

① 린드블롬(Lindblom)과 월다브스키(Wildavsky)는 현실에서의 정책은 ㉠ 정책결정자의 인지능력상의 한계(=합리모형의 사실판단상의 한계를 지적하는 것으로, Simon의 만족모형에서 '제한된 합리성'으로 강조)와 ㉡ 정책을 둘러싼 이해관계의 대립이라는 정치적 속성(=합리모형의 가치판단상의 한계를 지적하는 것으로, 점증모형에서 특별히 강조되는 정책결정의 속성)으로 인하여, "점증적으로 결정될 뿐만 아니라(**실증적 모형**) 더 나아가 점증적으로 결정되는 것이 바람직하다(**규범적·처방적 모형**)."고 주장
② 점증모형은 **정치적 다원주의사회**를 배경으로, 다양한 이해관계의 조정·타협을 중시하는 **정치적 합리성**을 추구
③ **점증적 결정** : 현재의 정책에서 소폭적인 변화만을 대안으로 고려하여 정책으로 결정하고, 시간이 흐름에 따라 환류되는 정보를 분석하여 잘못된 점을 수정·보완하는 식으로 연속적인 정책결정을 하는 것(Muddling Through : 진흙탕 헤쳐나가기식 결정)

2. 점증주의의 현실적 타당성

① **제한된 합리성** : 정책결정자의 제한된 합리성 때문에 제한된 범위 내에서만 정책대안을 고려
② **매몰비용** : 기존의 정책은 이미 상당한 정도의 인적·물적 자원이 투자되어 있기 때문에 정책결정자는 과거의 정책을 계속 유지하려 함.
③ **정치적 실현가능성** : 기존의 정책이란 다양한 정치세력들 간의 타협의 소산물 ➔ 따라서 정책결정자는 과거의 타협을 근본적으로 부정하는 새로운 정책을 만들기보다는, 과거의 정책과 유사한 정책을 제시하여 계속적으로 정치적 지지를 확보

3. 점증주의의 내용

① **'현존정책 ± a' 식 결정** : 현존의 정책에서 소폭적인 변화(a)만을 가감한 것을 정책대안으로 하여 새로운 정책을 결정
② **분석의 대폭적 제한** : 모든 대안을 분석하지 않고 일부(a)만을 분석
③ **계속적 정책결정** : 정보·시간·능력의 부족을 극복하는 전략으로 한꺼번에 획기적인 정책을 결정하지 않고, 환류되는 정보를 이용하여 조금씩 수정
④ **목표와 수단의 상호의존성** : 명확히 설정된 목표를 전제로 최선의 수단을 선택하는 합리적 결정이 목표나 가치에 대한 합의곤란성 등으로 현실적으로 곤란하다는 점에서, 목표와 수단을 상호조절하는 방식으로 결정(= 고리형 결정모형) ➔ 명확한 목표가 존재하지 않음으로 '좋은 정책'에 대한 판단기준도 정책목표를 극대화하는 최선의 대안(합리모형)이 아니라, 정책에 대한 정책관련자들의 동의(= 정치적 합리성)가 기준❶

> ❶ 합리모형의 결정이 '선형적 과정'을 통한 경제적 합리성을 추구하는 것이라면, 점증모형은 '고리형의 상호작용'을 통한 참여자들 간의 합의(= 정치적 합리성)를 중시한다.

⑤ **부분적·분산적 정책결정(= 분할적 점증주의 ⇔ 합리모형의 총체주의)** : 정책결정이 사회의 곳곳에서 상호조정이나 통합 없이 부분적·분산적으로 이루어지며, 이 과정에서 한 기관의 정책결정에서 무시되었던 중요한 가치나 정책수단이 다른 기관에서 취급될 가능성이 커지기 때문에, 사회 전체적으로 볼 때 중요한 모든 대안이 고려

합리모형과 점증모형의 비교

구 분	합리모형(근원적 방법 : 합리적-포괄적)	점증모형(지엽적 방법: 계속적-제한적)
정책목표(가치)와 정책수단(사실)의 관계	• 정책목표(가치)를 명확히 하는 것은 정책수단에 대한 경험적 분석과는 구분되고, 경험적 분석에 선행된다. • 정책은 목표-수단 분석을 통해서 작성(목표는 수단과 분명히 분리되고, 목표와 가치가 명백히 결정된 후, 이를 달성하는 수단이 탐색)	• 목표 및 가치를 선택하는 것과 수단의 분석은 밀접히 연결되어 분리가 곤란(목표와 수단의 상호의존성) • 따라서 목표-수단의 관계분석은 부적절
훌륭한 정책에 대한 판단 기준	• 목표달성에 가장 적합한 정책수단(경제적 합리성)	• 다수 행위자들 간의 합의(정치적 합리성)
분석 수준	• 모든 요소를 고려하는 '포괄적 분석'	• 잠재적 대안, 가능한 결과, 중요한 가치를 모두 고려하지 못하는 '제한적 분석'

이론과 정책	• 이론 의존도가 높아, 정책의 정당성을 이론에 찾음	• 약간씩의 연속적인 변화과정을 거치면서 정책에 진화하므로, 이론 의존도가 낮음
의사결정의 특징	• 총체적 결정	• 부분적·분산적·계속적 결정

4. 점증모형에 대한 평가 : 점증모형의 장점과 단점

구 분	장 점	단 점
실증적 모형의 측면	합리모형의 비현실성을 비판하고 현실의 정책결정과정을 정확히 기술	① 점증적 변화정도의 기준이 모호 ② 실제로 비점증적 결정이 존재 ③ 다원이고 안정적인 사회에는 적용가능성이 높으나 급격히 변동하는 사회에 적용 곤란
규범적 모형의 측면	① 인지적 측면에서, 계속적·순차적 결정은 새로운 정보의 환류를 통해 불확실성을 극복하는 훌륭한 방안 ② 정치적 측면에서, 정치적 실현가능성과 안정성을 도모하고 정치적 갈등을 완화	① 기존정책이 잘못된 경우 잘못된 정책결정이 반복될 가능성 ② 분산적 결정으로 정책의 일관성이 상실 ③ 위기상황의 정책이나 장기적 정책에는 부적절한 결정방법 ④ 반혁신적 보수주의를 옹호하는 도구

06 혼합탐사모형과 최적모형

1. 에치오니(Etzioni)의 혼합탐사모형(mixed-scanning model) ★

① 합리모형의 비현실성과 점증모형의 보수성을 탈피하여 **양자의 장점을 결합**(변증법적 통합)하고자 제시한 의사결정모형
② Etzioni는 합리모형은 전체주의 사회에, 점증모형은 민주주의 사회에 적합한 모형이라고 보고, 혼합모형은 능동적 사회(active society)에 적용

(1) 혼합탐사모형에서의 정책결정 : 근본적 결정과 세부적 결정의 지속적인 교호작용

① 근본적 결정 : 세부적 결정이 이루어질 테두리나 맥락을 결정하는 것
② 세부적 결정 : 근본적 결정이 설정한 맥락 안에서 이루어지는 근본적 결정의 구체화 내지 집행에 관한 결정

유 형	대안탐색	대안의 결과예측
근본적 결정	⟨A⟩ 중요한 대안을 포괄적으로 모두 고려(합리모형의 포괄성)	⟨C⟩ 중요한 결과만 개괄적 예측하고 미세한 세목은 무시(합리모형의 지나친 엄밀성 극복)
세부적 결정	⟨B⟩ 근본적 결정의 테두리 내에서 약간의 수정이나 보완만 필요한 대안을 탐색(점증주의)	⟨D⟩ 여러 가지 결과의 세밀한 분석(합리모형의 포괄성)

(2) 혼합탐사모형에 대한 평가

합리모형과 점증모형의 장점을 결합한 모형으로서 의미를 지니나, ① 이론적 독자성이 없고 합리모형과 점증모형의

단순한 절충에 불과하며, ② 근본적 결정과 세부적 결정의 구별기준을 제시하지 못하고 있다는 비판

2. 드로어(Dror)의 최적모형(optimal model) ★★

합리모형과 점증모형 모두에 불신을 품고(특히 점증주의의 보수성을 비판), **합리모형의 이상주의와 점증모형의 현실주의를 종합**하면서 **새로운 요소를 가미**하여 '현실에 적합하면서도 현실의 개선을 도모하는 규범적 최적모형'으로 제시

(1) **경제적 합리성과 초합리성의 융합** : 양적인 동시에 질적인 모형
   ① **경제적 합리성의 강조(양적 모형)** : 합리모형은 합리적 결정의 효과가 합리적 결정의 비용보다 큰 경우에만 적용하여야 함을 강조
   ② **초합리성의 강조(질적 모형)** : 경제적 합리성과 아울러, 정책결정자의 직관·판단·통찰력 등과 같은 인간의식 저변에 존재하는 반무의식적인 요소(초합리적 요소)가 정책결정에 중요함을 강조
      ✤ 결국, 경제적 합리성과 초합리성이 모두 이용되어야 보다 바람직한 정책결정이 이루어지며, 이것이 최적 모형의 지적 근본이 된다고 파악

(2) **정책결정의 단계** : 상위정책결정 ➡ 정책결정 ➡ 후정책결정
   ① **'상위'정책결정단계(Meta-Policymaking Stage)** : 정책결정을 어떻게 할 것인가에 대한 결정(정책결정에 대한 정책결정) ➡ ㉠ 정책과 관련된 정책문제, 가치, 자원 등을 확인하고 이들을 정책결정기관들에게 할당하며, ㉡ 현존 정책결정체제의 분석과 평가, 보다 바람직한 정책결정을 가능하게 하는 정책결정체제의 설계, ㉢ 합리모형, 점증모형 등 정책결정의 주된 전략에 대한 수립
   ② **정책결정단계(Policymaking Stage)** : 일반적인 의사결정과정 ➡ ㉠ 자원의 배분과 ㉡ 목표의 명확화 및 우선순위 결정, ㉢ 정책대안의 탐색, 정책대안의 결과예측과 비교평가, 최선의 대안을 선택
   ③ **'후'정책결정단계(Post-Policymaking Stage)** : 결정이 이루어진 이후에 집행준비와 집행과정에서 나타나는 정보에 따른 결정의 수정작업 ➡ ㉠ 집행준비, ㉡ 정책집행, ㉢ 정책평가, ㉣ 환류

07 집단적 의사결정 모형 : 회사모형, 쓰레기통모형, Allison모형

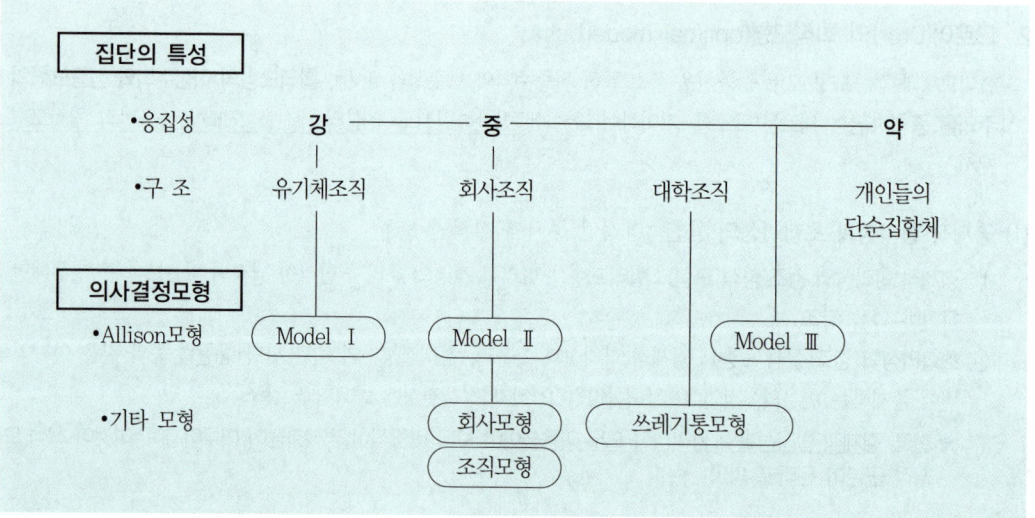

1. 회사모형(firm model : 연합모형) ★★

(1) 회사모형의 의미

① 조직모형에서 발전된 이론으로, 사이어트(Cyert)와 마치(March)가 실제 기업체의 의사결정에 관한 집단적 의사결정모형으로 제시한 이론
② 실제의 조직(기업체) : 각 단위 부서별로 준독립적인 운영이 이루어지는 '느슨하게 연결된 조직들의 연합체', 하위조직들은 국지적 합리성을 추구하면서 조직 전체의 합리성을 추구(Allison모형 Ⅱ와 동일) ➔ 예 기업체에서 사업부서 vs. 예산부서, 정부조직에서 산업개발부 vs. 환경부

(2) 회사모형의 내용

① 갈등의 준해결 : 상이한 목표를 가진 하위조직들 간에 목표달성을 위한 갈등이 발생하며, 이러한 갈등을 하나의 기준으로 통합하는 완전한 해결은 불가능하고, 타협을 통해 만족할 만한 상태에서의 준해결로 귀결 ➔ 조직의 의사결정과정이란 이러한 갈등을 준해결하는 것(예 갈등하는 목표들에 대한 순차적 관심)
② 문제중심의 탐색 : 조직은 적극적으로 문제를 발견하고 목표를 설정하는 것이 아니고, 문제가 발생한 후 그 문제를 해결하기 위한 대안을 탐색
③ 불확실성의 회피 : 조직은 문제상황의 복잡성과 동태성 때문에 직면하게 되는 불확실성을 미리 예측하고 적극적으로 대응하기보다는, 단기적인 환류를 이용한 단기적인 대응책을 강구하거나 환경과 타협함으로써 그러한 불확실성을 회피
④ 조직의 학습 : 인간이 경험을 통하여 학습하는 것과 같이, 문제해결 과정에서 조직도 그 구성원들의 학습을 통하여 전체로서 학습을 하게 됨.
⑤ 표준운영절차(SOP) : SOP는 조직이 장기적인 적응과정에서 경험적으로 터득하게 된 '학습된 행동규칙'으로서, 조직업무수행의 기준이 되는 표준적인 규칙 또는 절차 ➔ 조직구성원의 통제수단이 되어 단기적인 의사결정을

완전히 좌우하며 조직의 장기적인 합리성을 도모

2. 쓰레기통모형(Garbage Can Model) ★★

(1) 쓰레기통모형의 의미
① 조직구성원 사이에 응집성이 아주 약한 '**조직화된 무정부상태**'에서 이루어지는 **비합리적인 집단적 의사결정모형**(Cohen, March와 Olsen) ➔ 상하계층제적 관계를 지니지 않는 참여자들의 의사결정(예 대학조직, 다당제하의 의회, 의회·사법부·행정부가 모두 관련되거나 행정부의 여러 부처가 관련되는 결정) 등에 적용
② 혼란상태에서 의사결정은, 합리모형에서와 같이 체계적('문제인식 ➔ 대안탐색 ➔ 최선책의 선택'이라는 선형적 과정)으로 이루어지는 것이 아니라, 의사결정의 요소들(쓰레기)이 서로 독립적으로 표류하다가 쓰레기통 안에 들어와 우연히 동시에 만날 때 의사결정이 이루어짐. ➔ 합리모형에서는 '문제가 해결책을 추적하고 문제가 의사결정의 기회를 추적'한다고 보나, 쓰레기통모형에서는 '해결책이 문제를 추적하고 의사결정의 기회가 문제를 추적'하는 경우도 있음을 주장

(2) 조직화된 무정부상태의 특징: 합리성을 극도로 제약하는 3가지 조건
① **문제성 있는 선호**: 참여자가 목표와 수단에 대해 자신이 무엇을 좋아하는지조차 모르면서 의사결정에 참여하는 것
② **불명확한 기술**: 어떤 목표를 달성하기 위해서 무엇을 수단으로 선택해야 하는지 모르는 상태
③ **수시적 참여자**: 참여자가 의사결정에 어느 때는 참여하고 다른 때는 참여하지 않는 현상
❖ 불확실성과 혼란이 심한 정상적인 권위구조와 안정된 결정규칙이 작동하지 않는 마치 쓰레기통과 같은 상태

(3) 쓰레기통모형에서 나타나는 무형의 우연적·비합리적 결정과정
① 문제, ② 해결책, ③ 의사결정의 참여자, ④ 의사결정의 기회라는 의사결정의 4요소가 독자적으로 흘러다니다가 어떤 계기로 교차하여 만나게 될 때, 결정이 이루어진다는 것❶ ➔ 4가지 요소가 합쳐져 의사결정이 이루어지도록 하는 계기(점화장치 : triggering device)로는, ㉠ 문제를 부각시키는 극적 사건(대구지하철 참사)이나 ㉡ 국가적 분위기·정치이념의 변화를 가져오는 정치적 사건(정권변동)이 있음.
❖ 이러한 쓰레기통모형은 사회 내의 신념체계·가치체계가 바뀌거나 정치체제가 바뀌는 혼란상태의 의사결정행태를 설명하는 데 도움

> ❶ 쓰레기통모형에 근거하여 Kingdon은 서로 무관하게 자신의 규칙에 따라 흘러 다니는 ① 정책문제흐름, ② 정치의 흐름, ③ 정책대안의 흐름 등 3가지 흐름이 만나는 경우, 정책의제설정이 이루어진다는 정책흐름모형을 제시하고 있다.

3. 앨리슨(Allison)모형 ★★

'쿠바미사일위기'와 관련된 외교정책과정의 분석(= 소련이 쿠바에 미사일을 반입하려는 시도에 대해 미국 케네디 정부가 해상봉쇄결정을 내린 과정을 사례분석)을 통하여, '집단의 특성(응집성)'에 따른 3가지의 집단적 의사결정모형을 제시

(1) Model Ⅰ(합리모형)
① 정책결정의 주체인 정부를 '단일의 합리적인 행위자'로 파악하여, 국익을 극대화를 위한 최선의 대안을 선택하는 합리적 결정을 한다고 파악 ➜ 개인적 차원의 합리모형의 논리가 적용
② 정책결정의 참여자들은 조직 전체의 목표를 공유하며 강한 응집성을 갖고 있으며, 국가전체의 이익을 위하여 개인의 이익은 고려하지 않음.
③ 국가의 존립과 관련된 외교·국방정책의 결정과정에 설명력이 있음.

(2) Model Ⅱ(조직과정모형)
① 정책결정의 주체인 정부를 '느슨하게 연결된 반독립적인 하위조직들의 연합체'로 파악하여, 정책은 하부조직들의 내부절차(SOP)에 의해서 결정되는 조직의 산물 ➜ 회사모형과 조직모형의 논리가 적용됨.
② 참여자들은 국가적 목표(전체조직의 목표)보다는 자신이 소속해 있는 하위조직의 목표를 우선시하며, 따라 문제해결을 둘러싸고 발생하는 갈등은 협상과 타협을 통해 준해결

(3) Model Ⅲ(관료정치모형)
① 국가정책을 결정하는 주체는 '극도로 다원화된 참여자 개개인'으로 파악
② 정책은 조직 전체(단일주체로서의 정부 전체 또는 하위조직들의 연합체)가 부딪친 문제의 해결책이라기보다는, 참여자들 간의 갈등과 타협·흥정으로 이루어지는 정치적 결과물

구 분	합리모형(Model Ⅰ)	조직모형(Model Ⅱ)	정치모형(Model Ⅲ)
조직관	조정과 통제가 잘 된 유기체로서, 응집성이 강함.	느슨하게 연결된 하위조직들의 연합체로서, 응집성이 약함.	독립적인 개개인들의 집합체로서, 응집성이 매우 약함.
권력의 소재	조직의 두뇌와 같은 최고지도자가 보유	반독립적인 하위조직들이 분산 소유	개인적 행위자들의 정치적 자원에 의존
행위자의 목표	조직 전체의 목표	조직 전체의 목표 +하위조직들의 목표	조직 전체의 목표 +하위조직들의 목표 +개별행위자들의 목표
목표공유도	매우 강	약	매우 약
정책결정의 양태	최고지도자가 조직의 두뇌와 같이 명령하고 지시	SOP(프로그램목록)에서 대안 추출	정치적 게임의 규칙에 따라 타협, 흥정, 지배
정책결정의 일관성	매우 강 (항상 일관성 유지)	약 (자주 바뀐다)	매우 약 (거의 일치하지 않는다)
적용가능성	조직의 전계층	조직의 하위계층	조직의 상위계층

빈출 핵심 지문

1. 정책문제의 특성으로 ① 가치판단의 함축성(= 정책문제는 바람직하다고 여겨지는 가치와 불일치된다고 여겨지는 부분이므로, 단순히 실현가능성에만 입각해서 정의되는 것이 아니라 바람직하다고 여겨지는 '당위적인 가치관과 연결됨으로써' 사회의 질적 변화를 도모), ② 주관성·인공성(= 정책문제는 객관적인 실체로서 존재하는 것이 아니라 현실에 어떤 주관적인 준거틀을 적용하여 생성된 산출물·인공물), ③ 상호연관성·복잡성, ④ 차별적 이해관계성(= 어떤 문제가 채택되어 해결이 되면 그것은 관련된 사람들 사이에 이익 또는 불이익을 차별적으로 배분)이 있다.

2. 합리적 정책결정 과정에서 정책문제를 정의할 때의 주요 요인으로는 ① 관련 요소 파악, ② 관련된 사람들이 원하는 가치에 대한 판단, ③ 정책대안의 탐색 등이 있다.
   → × / (Why?) ③은 틀린 내용이다. 정책대안의 탐색은 정책문제의 정의와 정책목표의 설정 이후에 이루어지는 작업이다.

3. 정책이나 프로그램의 효과가 실제로 발생하지 않았음에도 불구하고 통계적으로 효과가 나타난 것으로 결론을 내리는 경우는 제1종 오류이고, 정책의 대상이 되는 문제 자체에 대한 정의를 잘못 내리는 경우는 제3종 오류이다.

4. 정책대안이 아무리 훌륭하더라도 정책문제를 잘못 인지하고 채택하여 정책문제가 여전히 해결되지 않은 상태로 남아있는 현상을 2종 오류라 한다.
   → × / (Why?) 문제선택 자체가 잘못된 경우의 오류는 제3종오류(Type Ⅲ error)이다.

5. 정책문제의 구조화기법에서 ① 분류분석(classification analysis) - 문제의 구성요소 식별, ② 계층분석(hierarchy analysis) - 문제 상황의 원인 규명, ③ 가정분석(assumption analysis) - 상충적 전제들의 창조적 통합, ④ 경계분석(boundary analysis) - 문제의 위치 및 범위 파악에 기초한다.

6. 집단의 의사결정 기법 중 미래 예측을 위해 전문가 집단의 반복적인 설문조사 과정을 통하여 의견 일치를 유도하는 방법은, 델파이 기법(Delphi method)이다.

7. 정책 델파이는 일반적인 델파이와 달리 개인의 이해관계나 가치판단이 개입될 수 있으며, 대립되는 정책대안이나 결과가 표면화되더라도 모든 단계에서 익명성이 보장되어야 한다.
   → × / (Why?) 모든 단계에서 익명성이 보장되어야 하는 것은 일반적 델파이의 특징이다. 정책델파이에서는 초기단계에만 익명으로 응답하고, 정책대안에 대한 주장들이 표면화된 이후에는 공개적으로 토론을 벌이게 된다.

빈출 핵심 지문

8. 집단적 의사결정기법으로 ① 브레인스토밍(brain storming)을 통하여 새로운 아이디어를 만들기 위해서는 초기 단계에서 타인의 아이디어를 비판하거나 평가하지 말아야 하며, ② 지명반론자기법(devil's advocate method)이 성공하려면 반론자들이 고의적으로 본래 대안의 단점과 약점을 적극적으로 지적하여야 하고, ③ 명목집단기법(normal group technique)은 집단구성원 간 의사소통을 원활하게 진행할 수 있다는 장점이 있다.
   → × / (Why?) ③은 틀린 내용이다. 명목집단기법(normal group technique)은 집단적 문제해결에 참여하는 개인들이 개별적으로 해결방안에 대해 구상하고 그에 대해 제한된 집단적 토론만 한 다음 해결방안에 대해 표결을 하는 문제해결기법이다. 제한된 집단적 토론으로 집단구성원 간 의사소통을 원활하게 진행하기 어렵다.

9. ① 판단적 미래예측에서는 경험적 자료나 이론이 중심적인 역할을 하며, ② 교차영향분석은 연관사건의 발생여부에 따라 대상사건이 발생할 가능성에 관한 주관적 판단을 구하고 그 관계를 분석하는 기법이고, ③ 이론적 미래예측은 인과관계 분석이라고도 하며 선형계획, 투입·산출분석, 회귀분석 등을 예로 들 수 있다.
   → × / (Why?) ①은 틀린 내용이다. 판단적 미래예측에서는 직관과 통찰력을 중시한다. 경험적 자료를 중시하는 것은 추세연장적 미래예측이고, 이론을 중시하는 것은 이론적 미래예측이다.

10. 비용편익분석(cost-benefit analysis)에서 높은 할인율을 적용하면 장기간에 걸쳐 편익이 발생하는 장기투자에 유리하다.
    → × / (Why?) 틀린 내용이다. 효과나 편익이 장기적으로 발생할 때 할인율이 높다면(미래로 갈수록 복할인되어 미래편익의 PV가 작아지므로), 순현재가치는 작아져 해당사업의 경제적 타당성은 낮아진다.

11. 여러 가지 정책대안들을 비교할 때, 내부수익률이 낮은 대안일수록 좋은 대안이다.
    → × / (Why?) 내부수익률(IRR : Internal Rate of Return)이 높은 대안일수록 능률적인 대안이다.

12. 내부수익률(IRR)은 순현재가치(NPV)를 1로 만드는 할인율을 의미한다.
    → × / (Why?) 내부수익률(IRR)이란 순현재가치(NPV)를 0으로 만드는 할인율을 의미한다.

13. 비용효과분석은 비용과 효과가 서로 다른 단위로 측정되기 때문에 총효과가 총비용을 초과하는지의 여부에 대한 직접적 증거는 제시하지 못하며, 비용효과분석은 산출물을 금전적 가치로 환산하기 어렵거나, 산출물이 동일한 사업의 평가에 주로 이용되고 있다.

14. 정책분석은 체제분석과는 달리 가치의 문제를 포함하며, 정책대안이 가져올 비용과 효과의 분배적 측면을 분석하고, 정책대안이 가져올 정치·경제·사회적 영향을 분석한다. 또한 정책분석은 협상이나 타협 그리고 권력 작용이 이루어지는 정치적 접근을 포함한다.
    → × / (Why?) 정책분석은 합리적이고 이성적인 접근에 근거한다. 따라서 협상이나 타협, 권력적 작용이 이루어지는 정치적 접근과 구별된다.

15. 합리모형은 정책결정자가 확실성을 갖고 행위 결과를 예측할 수 있다고 전제한다.

16. 사이버네틱스(cybernetics)모형은 습관적 의사결정을 설명하는 데에 활용된다.

17. 만족모형은 모든 대안을 탐색한 후 만족할 만한 결과를 도출하는 것이다.
→ × / (Why?) 만족모형은 제한된 합리성 때문에 모든 대안이 아니라 중요한 대안만을 탐색한다.

18. 점증모형을 주장하는 논리적 근거로는 ① 정치적 실현 가능성, ② 정책 쇄신성, ③ 매몰비용, ④ 제한적 합리성 등이 있다.
→ × / (Why?) ②는 근거가 아니다. 점증모형에서는 보수성으로 인하여 정책 쇄신성이 나타나지 못한다.

19. 점증주의에서 목표와 수단이 뚜렷하게 구분되지 않기 때문에 목표-수단에 대한 분석은 부적절하다.

20. 점증모형은 정책결정의 상황적 특성에 초점을 맞추고 있다.
→ O. 점증주의 모형은 합리모형의 비현실성을 지적한 점에서는 만족모형과 공통점이 있으나, 만족모형에서는 주로 개별적인 정책결정자의 인지능력의 한계에 초점을 맞추고 있는 반면에 점증모형에서는 Simon이 지적하는 인간의 인지과정의 제약의 기초위에서, 다수의 정책결정자들로 구성되는 정책결정의 상황적 특성(정치적 결정에 내재된 가치판단·사실판단의 상호작용, 정책결정 상황의 복잡성, 정책결정의 정치적 의미와 제약 등 정책결정 자체)에 초점을 맞추고 있다는 점에서 구분된다.

21. 합리모형의 훌륭한 정책은 완벽한 대안의 비교·분석에 의한 정책이라고 한다면, 점증모형의 훌륭한 정책은 다자간의 타협 및 조정에 의해 생산된 것이다.

22. 정책결정의 혼합모형(Mixed Scanning Model)은 거시적이고 장기적인 안목에서 대안의 방향성을 탐색하는 한편, 그 방향성 안에서 심층적이고 대안적인 변화를 시도하는 것이다.

23. 정책결정 모형 중 합리적인 요소와 초합리적인 요소의 조화를 강조하는 모형은 드로어(Dror)가 제시한 최적모형(Optimal Model)이다.

24. Dror가 주장한 최적정책결정모형의 주요단계 중 '상위정책 결정(Meta-policymaking) 단계'의 내용으로는 ① 가치의 처리, ② 현실의 처리, ③ 문제의 처리, ④ 정책결정전략의 결정 등이 있다.

빈출 핵심 지문

25. 사이어트와 마치가 주장한 회사모형은 조직이 단일한 목표를 지닌 구성원들의 연합체라고 가정한다.
→ × / (Why?) 회사모형은 조직이 단일한 목표가 아니라 서로 상이한 목표를 지닌 구성원들의 연합체라고 가정한다.

26. 회사모형은 ① 회사조직이 서로 다른 목표를 지닌 구성원들의 연합체(coalition)라고 가정하고, ② 조직이 환경에 대해 장기적으로 대응하고 환경 변화에 수동적으로 적응한다고 하며, ③ 문제를 여러 하위문제로 분해하고 이들을 하위조직에게 분담시킨다고 가정한다.
→ × / (Why?) ②는 잘못된 내용이다. 회사모형에서 조직은 문제상황의 복잡성과 동태성 때문에 직면하게 되는 불확실성을 미리 예측하고 적극적으로 대응하기보다는, 단기적인 환류를 이용한 단기적인 대응책을 강구하거나 환경과 타협함으로써 그러한 불확실성을 회피하고자 한다.

27. 쓰레기통모형은 위계적인 조직구조의 의사결정과정에 적용되며 정책갈등 상황해결에 유용하다.
→ × / (Why?) 쓰레기통모형은 상하 계층제적 관계를 지니지 않은 참여자들의 의사결정에 적합하다.

28. 쓰레기통 모형의 내용으로, 진빼기 결정, 의사결정을 구성하는 네 가지의 흐름, 조직화된 무정부 상태 등이 있다.

29. 앨리슨(G.Allison)에서 ① 관료정치모형은 조직 하위계층에의 적용가능성이 높고, 조직과정모형은 조직 상위계층에서의 적용가능성이 높다. ② 실제 정책결정과정에서는 어느 하나의 모형이 아니라 3가지 모형이 모두 적용될 수 있다.
→ × / (Why?) ①은 반대로 서술되어 있다. 관료정치모형은 조직 상위계층에, 조직과정모형은 조직 하위계층에서의 적용가능성이 높다.

제4장 정책집행론

제1절 정책결정과 정책집행 : Nakamura와 Smallwood모형

01 나카무라(Nakamura)와 스몰우드(Smallwood)의 정책집행유형 : 정책결정자와 정책집행자의 권한배분·연계관계를 기준으로 (고·지·협·재·관) ★★

1. 고전적 기술관료형(classical technocrats)

정책결정과 집행이 업무성격 및 담당주체 측면에서 엄격히 분리된다는 가정하에, **정책결정자가 결정한 정책내용을 정책집행자가 충실히 집행**하는 유형

(1) 가정 및 전제조건
① 정책결정자가 **정책목표를 명확히 설정**하고, 집행자는 이러한 목표를 지지
② 엄격한 계층제적 통제하에, 정책집행자에게 **정책목표달성을 위한 '기술적 권한'**만을 위임

(2) 집행실패의 원인
집행자가 정책의 효과적인 집행을 위한 기술적 능력을 보유하고 있지 않으면, 집행은 실패

(3) 성공적 정책집행의 판단기준
정책결정자가 제시한 명확한 **정책목표의 달성도(효과성)**

2. 지시적 위임자형(instructed delegates)

정책결정자가 정책목표를 제시하고 집행자도 정책목표를 지지한다는 점에서는 고전적 모형과 유사하나, 목표달성을 위해 필요한 범위 내에서 집행자가 정책수단을 결정하는 데 더 많은 재량(기술적 권한 + 관리적 권한 + 협상적 권한)을 보유

(1) 가정 및 전제조건
① 정책결정자가 **명확한 정책목표를 제시**하고, 집행자들은 이러한 목표를 지지
② 결정자는 집행자에게 **목표달성을 위한 기술적 권한**뿐만 아니라 **관리적 권한을 위임**하여 집행자는 정책수단 선택에 관한 재량권을 가지고 있으며, 다수의 집행기관이 관여하는 경우 '**집행자들 간에 수단선택에 관해 협상과 합의**'가 필요

(2) 집행실패의 원인

집행자의 기술적 역량부족이나 다수집행기관들 간의 정책수단에 관한 합의 불성립에서 비롯

(3) 성공적 정책집행의 판단기준

정책목표의 달성도(효과성) 또는 **능률성**

3. 협상자형(bargainers)

(1) 가정 및 전제조건
① 공식적인 정책결정자가 정책목표를 설정
② **결정자와 집행자 간**에 정책의 소망성에 대한 합의가 이루어지지 못하여, **정책목표와 정책수단에 대해 협상**(예 결정자인 연방정부와 집행자인 주정부 사이에서 자주 나타나는 유형)

(2) 집행실패의 원인

집행자의 기술적 역량부족이나 협상실패로 인한 교착상태, 협상에 불만을 가진 집행자의 불응·부집행

(3) 성공적 정책집행의 판단기준

집행과정에서 관련집단 간의 갈등을 조정하여 정책목표의 타협과 수정에 초점을 두는 **정책지지 및 관련집단(유권자집단)의 만족도**

4. 재량적 실험가형(discretionary experimenters)

(1) 가정 및 전제조건
① 지식부족이나 불확실성으로 인하여 **공식적 결정자는 추상적·일반적 목표만을 설정**
② 목표 구체화와 목표달성을 위한 수단의 개발에 관한 광범위한 재량을 집행자에게 위임

(2) 재량적 실험가형이 나타나는 이유

① 여론 등으로부터 강한 문제해결압박을 받고 있으나 정책결정자가 문제와 해결책에 대한 지식이 없거나, ② 치열한 정치적 갈등의 소재가 되는 문제에 대해 결정자가 집행자에게 떠넘기기 때문

(3) 집행실패의 원인

집행자의 전문성과 지식부족, 모호한 정책결정으로 인한 집행상의 혼란, 집행자의 결정자 기만, 실험적 정책에 대한 결정자와 집행자 모두의 책임회피

(4) 성공적 정책집행의 판단기준

정책을 직접 전달받는 **정책수혜집단의 만족성**

5. 관료적 기업가형(bureaucratic entrepreneur)

집행자가 정책결정자의 결정권을 장악하여 정책과정 전반을 완전히 통제하는 유형(예 8명의 대통령 밑에서 FBI 국장직을 수행한 Hoover)

(1) 특징 및 전제조건
① 정책집행자가, 정책목표를 결정하고 **공식적 정책결정자를 설득 또는 강제**
② 정책집행자는, 정책목표달성에 필요한 수단을 확보하기 위해 **정책결정자와 협상**
③ 정책집행자는, 자신이 설정한 정책목표를 달성하려고 하고 달성에 필요한 능력을 보유

(2) 성공적 정책집행의 판단기준
정책집행이 국가체제나 정부, 집행기관의 유지·발전에 기여하는 정도인 **체제유지**

구 분	정책결정자의 역할	정책집행자의 역할	성공적 집행의 기준
1. 고전적 기술관료형	• 구체적인 목표를 설정 • 집행자에게 기술적 권한 위임	• 정책결정자의 목표를 지지하고 목표달성을 위한 기술적 수단을 강구	목표달성도
2. 지시적 위임형	• 구체적인 목표를 설정 • 집행자에게 행정적 권한 위임	• 정책결정자의 목표를 지지하고 목표달성을 위해 집행자 상호 간에 행정적 수단을 강구	능률성
3. 협상형	• 목표 설정 • 집행자와 목표 또는 수단에 관해 협상	• 정책결정자와 목표달성수단에 관해 협상	주민 만족도
4. 재량적 실험가형	• 추상적 목표 제시 • 집행자가 목표 및 목표달성 수단을 구체화하도록 광범위한 재량권 위임	• 정책목표가 불명확하기 때문에 정책결정자를 위해 목표와 수단을 명확히 함	정책수혜집단의 만족도
5. 관료적 기업가형	• 집행자가 설정한 목표와 목표달성 수단을 지지	• 정책목표와 정책수단을 형성하여 정책결정자로 하여 그것을 받아들이도록 설득	체제유지

제2절 정책집행이론

01 고전적 정책집행론과 현대적 정책집행론 ★

1. 고전적 정책집행론

고전적 행정학(정치·행정 이원론, 과학적 관리론, Weber관료제론)의 관점에서 '행정'을 의미하는 정책집행이란, '정치에 의해 결정된 정책을 관료제를 통해 **하향적·일방적으로** 추진하는 **기술적·비정치적·기계적인 것** ➔ 집행과정은 특별한 관심의 대상이 되지 않음(정책결과에 대한 집행과정의 독자성 부정).

① 이질성 : 정책결정과 집행은 상호구분(정책결정은 정치적 성격을 갖는 반면, 집행은 비정치적·기술적·전문적 성격)
② 일방향성 : 정책결정이 먼저 이루어지고 다음에 결정된 정책이 집행되는 식으로 결정과 집행을 단일방향적으로 진행
③ 기계적 자동성 : 정책결정자와 정책집행자는 엄격히 분리되며, 정책결정자가 결정하고 지시한 내용에 따라 정책집행자는 전문적 기술을 가지고 충실히 집행한다고 파악(예 Nakamura와 Smallwood의 고전적 기술관료형)

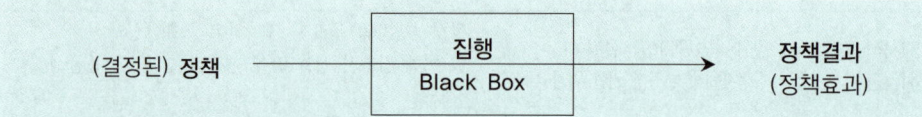

➔ 정책을 결정하여 집행하면 바로 의도된 정책의 효과가 나오는 것으로 가정하여 집행과정을 black box(암흑상자)로 파악

2. 현대적 정책집행론

고전적 집행관은 1960년대 Johnson 행정부의 「위대한 사회(Great Society)」 건설정책의 집행과정에서 나타난 대다수 사업의 실패현상을 설명할 수 없었음. 이후, 많은 연구자들은 **정책실패의 원인**을 정책 자체의 문제보다는 **집행과정에서의 문제와 연관시켜 논의하기 시작**하였으며, 1970년대 초 현대적 집행연구가 등장 ➔ 정책결과에 대한 집행과정의 독자성 인정

① 동질성 : 집행도 정치적 성격을 띠므로 결정과 집행은 그 성질면에서 본질적 차이가 없음.
② 쌍방향성 : 집행과정에서 정책이 결정·수정되는 경우도 있기 때문에 양자는 서로 영향을 주고받는 쌍방향적으로 진행
③ 복합성과 순환성 : 정책결정자도 집행자의 능력과 태도를 고려하는 상호 적응적이며, 정책집행은 복합성과 순환성을 지님.

> **PLUS 심화** Pressman과 Wildavsky의 「집행론(Implementation), 1973」: 현대적 집행연구의 출발 ★
>
> '위대한 사회(Great Society) 정책'의 하나였던 Oakland 사업(실업자 구제사업)의 집행실패원인을 분석
> ① 공동행동의 복잡성(complexity of joint action) : 집행과정에 참여기관 및 참여자의 수가 너무 많아, 이들이 의사결정점에서 거부점(veto point)의 역할을 수행
> ② 중요한 지위에 있는 자들의 빈번한 교체로 인하여 정책집행에 대한 기존의 협조·지지를 상실
> ③ 정책결정시 집행수단에 대한 고려 부족
> ④ 경기회복을 담당하는 기관(EDA : 경제개발처)이 복지사업의 집행을 담당하여, 집행기관이 부적절

02 현대적 집행론의 접근방법 : 하향식 접근방법과 상향식 접근방법 ★★

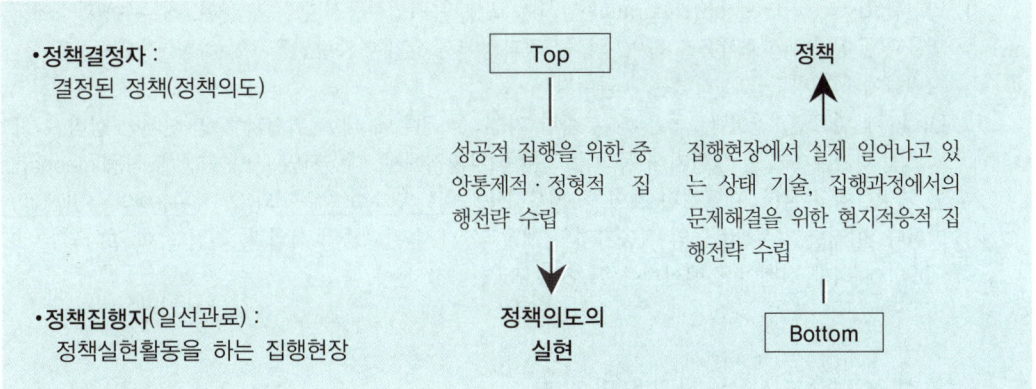

1. 하향식 접근방법(top-down approach), 전방향적 접근(forward mapping)

① 1970년대 초기의 정책집행연구로 ㉠ 정책결정자의 의도나 정책내용의 명확한 기술을 출발점으로 하여 정책목표달성을 위한 집행자들의 행위를 구체화한 다음, 마지막으로 집행현장으로 연구대상을 이동시키면서(top-down, forward mapping) ㉡ 성공적 정책집행을 좌우하는 요인을 탐구할 목적으로 이루어지는 '**정책·정책결정자 중심**' 집행연구이다.

② 대표적으로 Van Meter와 Van Horn, Sabatier와 Mazmanian의 이론이 있다.

③ 하향식 접근방법은 정책의도에 따른 집행관료와 대상집단의 행태변화(순응) 정도를 집행성공의 판단기준으로 파악하여, 성공적 집행의 조건을 중앙통제적·사전적·정형적 집행전략의 수립과 관련하여 체계적으로 규명하고 있다는 장점이 있다. 그러나 집행현장의 중요성을 간과하고 있다는 한계를 지닌다.

> **PLUS 심화** 사바티어(Sabatier)와 마즈마니언(Mazmanian)의 '효과적 집행을 위한 조건들'
>
> ① 명확하고 일관된 목표, ② 적절한 인과이론, ③ 집행관료와 대상집단의 순응을 강화할 수 있는 법적으로 구조화된 집행과정, ④ 헌신적이고 숙련된 집행관료의 확보, ⑤ 이익집단과 입법적·행정적 고위직의 지지, ⑥ 사회경제적 환경의 변화가 정치적 지지나 인과이론을 실질적으로 침해하지 않을 것

2. 상향식 접근방법(bottom-up approach), 후방향적 접근(backward mapping)

① 1970년대 말~1980년대 초반의 집행연구로 ㉠ 집행현장의 일선관료로부터 출발하여 이들과 상호작용하는 정책대상집단이나 지방정부기관을 파악하고, 나아가 상부집행조직과 정책의 내용으로 연구대상을 이동시키면서(bottom-up approach, backward mapping), ㉡ 집행현장에서 실제 일어나고 있는 상태(집행에 참여하는 행위자들 간의 상호작용)를 기술·설명하는 데 초점을 두는 집행연구이다.

② 대표적 이론으로는 ㉠ 립스키(Lipsky)의 일선관료제 이론, ㉡ 엘모어(Elmore)의 후향적 서술(backward mapping), ㉢ 미시적 집행과 적응의 관점에서 집행현장의 중요성을 강조하는 Berman의 연구 등이 있다.

③ 상향식 접근방법은 정책목표의 실현(정책결정자의 의도에 대한 집행관료와 대상집단의 순응) 대신 현지적응적 집행을 통한 집행문제의 해결(주어진 상황에 따른 집행자의 충실한 역할 수행)을 집행성공의 판단기준으로 파악하고, 집행과정에 가장 큰 영향을 주는 것은 **일선집행관료와 대상집단**이라고 본다.

> **PLUS 심화** 립스키(Lipsky)의 일선관료제이론(일선관료의 집행행태연구)
>
> 1. 일선관료(street-level bureaucrats)란 경찰, 교사, 복지업무종사자 등과 같이, 직무수행과정에서 시민들과 끊임없이 상호작용을 하며, 의사결정과정에서 상당한 재량권을 보유하며, 직무수행을 통하여 시민들에게 영향력을 행사하는 자들이다.
> 2. Lipsky에 따르면, 일선관료들은 ㉠ 부족한 자원, ㉡ 권위에 대한 위협과 도전(신체적·심리적 위협), ㉢ 상충되거나 모호한 역할기대 등의 불리한 직무환경에서, 재량권의 행사를 통해 적응 mechanism을 개발한다고 본다. 대표적인 것이 ① 업무대상에 대한 단순화(범주화)와 ② 직무수행의 루틴(SOP) 개발이다. 이러한 일선관료들의 적응기제의 개발과정에서 관료들의 선입관, 편견 등이 결합되어, 또는 SOP만에 의한 집행이 집행실패를 야기하기도 한다고 본다.

하향식 접근방법과 상향식 접근방법의 비교

구 분	하향식 접근방법	상향식 접근방법
연구목적	성공적 집행을 좌우하는 요인 탐구	집행현장에서 실제 일어나고 있는 상태 기술
연구중점	정책결정자의 정책의도 실현을 위한 집행체제의 수립·운영(집행과정에 대한 법적 구조화)	집행현장에 참여하는 다수 행위자들의 전략적 상호작용
연구방향	정부의 정책결정에서 시작	일선현장에서 활동하는 집행요원에서 시작
집행전략	성공적 집행을 위해 집행과정에서 정책결정자의 의도를 구현하기 위한 중앙통제적인 정형적 집행전략을 강조(정책집행자의 순응 강조)	성공적 집행을 위해 현지적응적 집행전략을 강조하고, 일선관료의 재량을 적극 인정
집행성공 판단기준	공식적인 정책목표의 달성도 (정책결정자의 의도에 대한 순응정도)	집행과정에서의 적응을 통한 집행문제의 해결
적용상황	하나의 정책이 집행현장을 좌우하는 상황, 구조화된 정책상황	중요도가 비슷한 여러 정책이 집행되는 상황, 다수의 행위자가 개입하는 동태적 상황
Berman	정형적 집행	적응적 집행
Elmore	전향적 집행(forward mapping)	후향적 집행(backward mapping)
Nakamura	고전적 기술관료형, 지시적 위임형	재량적 실험형, 관료적 기업가형

3. 종합적 접근방법 : Sabatier의 통합모형(= 정책변동모형으로서 정책지지연합모형)

① 기본적인 방법은 상향식 접근방법의 분석단위를 채택하고, 여기에 영향을 미치는 요인으로 하향적 접근방법의 여러 가지 변수와 사회경제적 상황과 법적 수단들을 결합시킨 것이다.
② 즉, 상향적 접근에 의해 기본적인 분석단위를 정책하위체계로 설정하고(정책하위체계 내에는 공공부문과 민간부문의 행위자로 구성되는 복수의 정책지지연합이 존재), 정책하위체계 참여자들의 활동에 영향을 미치는 요인을 하향식 접근에 의해 도출하고자 한다(안정적 요인과 외부적 사건).

제3절 성공적 정책집행을 좌우하는 요인

1. 정책변수

(1) 정책의 내용

① 소망성과 실현가능성, ② 정책내용의 일관성과 명확성(하향식 집행론자들은 집행자들의 재량권남용으로 인한 정책내용의 변질을 막기 위해 정책내용의 명확성을 강조하나, 상향식 집행론자들은 명확하고 구체적인 정책내용은 집행상의 신축성과 집행현장에서의 적응적 집행을 저해한다고 파악), ③ 정책의 중요성

(2) 정책집행수단(자원이나 순응확보수단)의 구비 여부

(3) 정책문제의 상황

문제상황이 복잡하고 동태적이고 불확실한 경우에는 수많은 요인들의 개입으로, 집행의 성공을 어렵게 한다.

(4) 정책의 유형별 집행과정의 특징(Ripley와 Franklin) ★★

구 분	SOP확립에 의한 원만한 집행가능성	참여자들 간 관계의 안정성	집행에 대한 갈등의 정도	정부관료의 집행에 대한 반발의 정도	이념적 논쟁 (작은 정부론의 요구)
분배정책	가장 크다.	높다.	낮다.	낮다.	낮다.
경쟁적 규제정책	보통이다.	낮다.	보통이다.	보통이다.	다소 높다.
보호적 규제정책	아주 작다.	낮다.	높다.	높다.	높다.
재분배정책	아주 작다.	높다.	높다.	높다.	매우 높다.

① Ripley와 Franklin은 관료들의 입장에서 정책이 원만하게 집행되면(= 집행활동을 위한 표준운영절차 – SOP 확립에 의한 집행과정의 안정성과 정형화) 성공적 집행이라고 가정한다.
② 분배정책의 경우 집행에 장애가 되는 요인이 가장 작다. 하지만 경쟁적 규제정책, 보호적 규제정책, 재분배정책으로 갈수록 집행에 대한 갈등이나 정부관료의 반발은 물론 이념적 갈등이 심해지고 정부활동에 대한 거부감도 커지기 때문에 정책집행은 그만큼 어려워진다고 볼 수 있다.

2. 집행체제변수

(1) 집행자의 능력(전문적·관리적·정치적 능력), 태도(정책에 대한 순응도) 및 재량

구 분	하향적 접근방법	상향적 접근방법
일선관료의 재량인정 여부	재량 통제 → ① 일선관료의 자의적 재량행사의 가능성 ② 행정편의적 집행으로 정책내용의 변질	재량 부여 → ① 집행현장의 특수성에 적응 ② 추상적인 정책내용의 구체화 ③ 집행과정상 관련집단과의 협상·타협을 통한 집행관련자의 협조 확보

(2) 집행조직의 분위기와 규범(집행조직의 관료규범에 대한 정책의 부합도)

(3) 집행조직의 구조

하향식 집행론에서는 세밀한 감독과 통제를 통한 집권화된 계층적 구조를 집행의 성공요인으로 파악하는 반면, 상향식 집행론에서는 하급기관에 더 많은 권한을 부여하는 분권화된 구조를 집행의 성공요인으로 파악한다.

(4) 집행절차(SOP)

집행상 필요한 표준화된 절차인 SOP는 복잡한 상황에서 시간과 노력을 절약하고, 공정한 집행을 확보하는 장점이 있으나, 조직이 타성에 젖게 되어 신축적 집행을 저해하는 단점이 있다.

3. 환경변수

① 사회경제적·정치적 상황의 부합성, ② 정책결정자의 지지와 태도, ③ 대중 및 매스컴의 태도, ④ 정책대상집단의 태도(순응 여부)

빈출 핵심 지문

1. 프레스만(J. Pressman)과 윌다브스키(A. Wildavsky)는 정책집행연구의 초기 학자들로서 집행을 정책결정과 분리하지 않고 연속적인 과정으로 정의한다.

2. 나카무라와 스몰우드(Nakamura & Smallwood)의 정책집행자 유형 중 관료적 기업가형은 정책의 대략적인 방향을 정책결정자가 정하고 정책집행자들은 이 목표의 구체적 집행에 필요한 폭넓은 재량권을 위임받아 정책을 집행하는 유형이다.
   → × / (Why?) 정책의 대략적인 방향을 정책결정자가 정하고 정책집행자들은 이 목표의 구체적 집행에 필요한 폭넓은 재량권을 위임받아 정책을 집행하는 유형은 관료적 기업가형이 아니라 재량적 실험가형이다.

3. 하향적(top-down) 접근방법이 중시하는 효과적 정책집행의 조건으로는 ① 일선관료의 재량권 확대, ② 지배기관들(sovereigns)의 지원, ③ 집행을 위한 자원의 확보, ④ 명확하고 일관성 있는 목표이다.
   → × / (Why?) ①은 틀린 내용이다. 일선관료의 재량권 확대는 상향식 접근에서 강조되는 요인이다. 오히려 하향식 접근에서는 법적 구조화를 강조한다.

4. 정책집행연구의 하향론자들은 복잡한 조직구조가 정책의 성공적 집행을 도와준다고 주장한다.
   → × / (Why?) 정책집행연구의 하향론자들은 하나의 정책이 집행현장을 좌우하는 상황과 구조화된 정책상황을 강조한다. 반면, 상향론자들은 중요도가 비슷한 여러 정책이 집행되는 상황과 다수의 행위자가 개입하는 동태적 상황을 강조한다.

5. 집행현장에서 일선관료의 재량과 자율을 강조하는 상향식(bottom-up) 정책집행은, 정책결정과 정책집행은 뚜렷하게 구분된다고 보며, 안정되고 구조화된 정책상황을 전제로 한다.
   → × / (Why?) 하향식 접근방법의 특징이다. 상향식 정책집행은 결정과 집행이 뚜렷하게 구분된다고 보지 않으며, 다수의 행위자가 개입하는 동태적 상황을 강조한다.

6. 정책집행에 대한 연구방법 중 상향적 접근방법(bottom-up approach)은 집행의 성공 또는 실패의 판단기준은 '일선집행관료의 바람직한 행동이 얼마나 유발되었는가'가 아니라 '정책결정권자의 의도에 얼마나 순응하였는가'이다.
   → × / (Why?) 반대로 기술되어 있다. 상향적 접근방법에서는 집행현장과 일선관료 중심으로 접근으로서 집행 성공의 기준도 집행현장에서 일선집행관료의 바람직한 행동을 유발하여 현지 적응적 집행을 하는 것이다. '정책결정권자의 의도에 얼마나 순응하였는가'를 성공적 집행의 판단기준으로 보는 것은 정책이나 결정자 중심의 하향식 접근의 특징이다.

빈출 핵심 지문

7. 엘모어(R. F. Elmore)는 일선현장에 종사하는 공무원이 정책집행에 가장 큰 영향을 미치는 행위자라고 하면서, 이를 전방접근법(forward mapping)이라고 했다.
→ × / (Why?) 엘모어(R. F. Elmore)는 일선현장에 종사하는 공무원이 정책집행에 가장 큰 영향을 미치는 행위자라고 하면서, 이를 후방접근법(backward mapping)이라고 했다. 후방접근법(backward mapping)은 정책집행의 상향식 연구이다. 전방접근법(forward mapping)은 하향식 집행연구이다.

8. 배분정책은 규제정책이나 재분배정책에 비하여 표준운영절차(SOP)에 따라 원만한 집행이 이루어질 가능성이 더 크다.
→ O. (Why?) 정책유형에 따른 집행상의 특징에 따르면(Ripley와 Franklin), 재분배정책의 경우에는 계급갈등과 이데올로기적 갈등으로 인하여 성공적 집행가능성이 약하다고 본다.

제5장 정책평가와 정책변동론

제1절 정책평가의 목적과 종류

1. 정책평가의 개념

정책이 결정되고 집행된 후에(집행 중에 하는 형성평가도 있지만), 집행과정과 정책결과를 대상으로 ㉠ 집행과정에서 의도한 대로 능률적으로 집행되었는지, ㉡ 정책결과가 설정된 정책목표를 달성했는지를 사후적으로 검토하는 것

> **PLUS 심화 정책평가와 정책분석**
>
> 정책평가와 정책분석은 정책의 합리성 제고를 위한 정책과정의 전반에 대한 지적인 평가활동이라는 점에서 상호포함개념으로 이해되기도 하나, ① 정책분석은 합리적 정책결정을 위한 사전적 분석활동(정책의제설정, 정책결정 활동에 대한 평가)이라면 ② 정책평가는 정책이 결정된 후 집행과정이나 집행결과를 대상으로 사후적으로 검토하는 것을 의미한다.
> → 우리나라의 환경영향평가제도와 교통영향평가제도는 그 명칭과는 달리, 학문적 의미에서 볼 때 정책평가가 아니라 정책결정 전에 이루어지는 정책분석활동이다.
>
>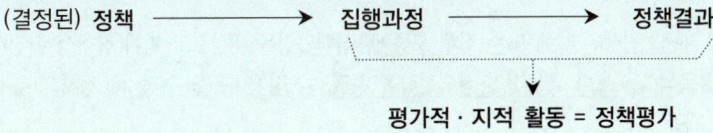

2. (과학적·체계적 방법에 의한) 정책평가론의 대두배경 – 1960년대 후반에 등장

① Great Society 건설을 위한 사회정책적 사업들이 실패했다는 지적에 따라(특히, 국립무료유아원사업–Head Start Program–에 대한 비판적 평가보고서 발간 이후), 사회복지사업에 대해 비판적인 보수주의적 사조의 등장과 함께 정부사업전반에 대한 평가가 추진됨으로써 정책평가 이론과 기법이 체계적으로 개발
② 계획예산(PPBS)의 도입실패의 경험에 따라 기존 정책의 집행과 효과에 대한 경험적 정보의 필요성을 절감하면서, 여러 가지 평가방법들이 개발되기 시작

3. 정책평가의 목적 ★

① 관리적 관점 – 정책결정과 집행에 필요한 정보를 제공(= 정책과정상의 환류기능) : 정책의 추진 여부 결정과 정책의 내용수정, 효과적인 집행전략 수립에 필요한 정보 제공

② **책임성 관점 – 정책담당자의 책임성을 확보** : 집행요원들의 법적 책임성 확보, 관리자들의 관리상 책임성 확보, 국민에 대한 정책담당자들의 정치적 책임성 확보
③ **학문적·지식적 관점 – 이론발전에 의한 학문적 기여** : 정책수단과 정책결과 간의 인과관계 검증을 통해 인과법칙(이론)정립에 기여

4. 정책평가의 유형 – 평가대상을 기준으로 ★★

(1) **총괄평가** : 정책결과의 평가
  ① **총괄평가의 개념** : 정책이 집행된 후에, 정책이 사회에 미친 영향(impact)을 추정하고 판단하는 활동(= 정책영향을 대상으로 과연 의도했던 정책효과가 발생했는지를 평가)❶

  > ❶ 정책목표가 달성되어 나타나는 결과를 정책효과(effect)라고 하며, 정책결과·영향(outcome·impact)이란 정책집행의 결과로 나타나는 것으로 정책효과, 부수효과, 부작용, 정책실현을 위해 지불한 사회적 희생을 모두 포함하는 개념이다.

  ② **총괄평가의 목적** : ㉠ 정책내용의 수정, ㉡ 정책의 추진 여부 결정에 필요한 정보제공
  ③ **총괄평가의 종류** :
   ㉠ **효과성평가** : 정책목표의 달성 정도를 판단하는 것(총괄평가의 핵심) ➔ 의도했던 정책효과가 발생했는지, 정책효과가 과연 그 정책 때문에 나왔는지, 정책효과의 크기가 원래의 정책문제해결에 충분한 것인지(효과의 적절성)를 평가
   ㉡ **능률성평가** : 정책효과뿐만 아니라 정책비용까지도 고려하여 평가
   ㉢ **공평성평가** : 정책효과와 비용의 사회집단 간 배분이 공정한지의 여부를 평가

(2) **과정평가** : 집행과정의 평가
  ① **과정평가의 개념** : 집행된 후에 또는 집행 도중에, 집행과정을 대상으로 평가(집행설계·집행절차·집행활동 분석)
  ② **과정평가의 목적** : ㉠ 보다 효율적인 집행전략을 수립, ㉡ 정책내용을 수정, ㉢ 정책의 추진 여부의 결정에 필요한 정보를 제공
  ③ **과정평가의 종류(시간을 기준으로)**
   ㉠ **협의의 과정평가(사후적인 과정평가)** : 총괄평가(효과성평가)의 완성을 위해서, 정책이 구체적으로 어떠한 경로를 거쳐서 정책효과를 발생시켰는지를 파악(= 원인인 정책과 결과인 정책효과 간에 개입되는 매개변수도 확인하는 '인과관계의 경로'를 확인·검증)하는 것
   ㉡ **형성평가(집행분석·집행과정평가)** : 집행전략이나 집행설계의 수정·보완을 위해, 원래의 집행계획이나 집행설계에 따라 정책이 의도했던 대로 집행이 되었는지를 집행 도중에 점검(monitoring)하는 것 ➔ 성과모니터링

미국 정책평가학회의 정책평가유형	
(1) 착수직전분석	주로 새로운 프로그램의 개시를 결정하기 바로 직전에 수행되는 평가작업으로, 프로그램에 대한 사회적 수요, 운영적 측면의 실행가능성, 재정적 지원의 소스 등을 재확인하는 것
(2) 평가성 검토·평가성 사정	본격적인 평가에 앞서 이루어지는 일종의 예비평가로서, 평가의 소망성(유용성)과 실행가능성을 검토하는 것
(3) 형성평가·과정평가	집행과정에서 정책이나 프로그램이 공식화된 지침에 따라 집행된 정도를 평가
(4) 정책영향평가·효과성 평가·총괄평가	정책이나 프로그램의 집행이 종료된 후, 그 정책이 초래한 결과가 의도한 정책목표를 어느 정도 성취했는지를 평가하는 것
(5) 프로그램 모니터링	프로그램 집행의 능률성과 효과성을 확보하기 위한 평가 ➡ ① 프로그램 집행의 모니터링(프로그램 활동이 프로그램 설계에 구체적으로 명시된 대로 수행되고 있는지를 평가), ② 프로그램 성과의 모니터링(프로그램이 그 목표를 향해서 진행되어 나가는 성과를 주기적으로 측정하는 것)
(6) 평가종합·Meta 분석 (평가의 평가, 평가결산, 2차적 평가)	• 평가종합·메타분석 : 기존의 평가문헌들을 수집하고, 연구결과들을 종합하여 해석하는 과학적 방법. 평가종합은 양적 방법과 질적 방법을 포함하는 데 반해, 메타분석은 주로 통계적 방법을 사용. • 메타분석(계량적 연구종합) : 분석들의 분석(평가의 평가)으로서, 개별 연구결과들을 종합할 목적으로 다수의 개별적 연구결과들을 통계적 방법을 사용하여 분석하는 것. ➡ ㉠ 수많은 연구결과들을 종합하기 위하여 계량분석의 방법을 사용(원시자료 대신 요약통계를 사용), ㉡ 효과의 크기를 계산하기 위해 서로 상이한 연구들을 종합하며, ㉢ 메타분석을 통해 일반적인 결론을 도출.

제2절 정책평가와 타당성

01 정책의 인과성, 그리고 정책평가(조사연구)의 타당성

① 정책은 정책수단(X)과 정책목표(Y) 간의 가설적 인과관계에 입각해 추진되는데, 정책평가의 핵심이 되는 총괄평가는 '정책집행 후에 의도했던 정책효과가 발생했는지, 정책효과가 과연 그 정책 때문에 나왔는지, 정책효과의 크기가 원래의 정책문제해결에 충분한 것인지를 평가하는 것'이다. ➡ 즉 정책평가는 본질적으로 정책수단(X)과 정책목표(Y) 간의 인과관계를 검증하는 것이며, 이와 같은 가설의 진위를 검증하기 위해서는 설명적 조사방법에 의한 실증적인 연구(= 정책수단과 정책목표 사이에 인과관계가 존재하는지의 여부를 경험적으로 검증)가 필요하다.

② **정책평가(조사연구)의 타당성** : 정책평가(설명적 조사연구)에서 인과관계의 추론이 정확하게 이루어지면 그 조사연구는 타당성이 높다고 할 수 있다.

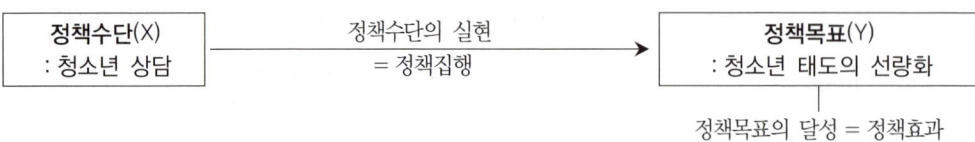

02 평가(조사연구)의 타당성의 종류(Cook & Campbell의 분류) ★★★

1. 내적 타당성(internal validity)

(1) 내적 타당성의 의미

① 원인변수(정책수단)와 결과변수(정책효과) 간의 인과적 추론의 정확도 ➜ 정책이 집행된 후에 결과변수상의 변화(Y)가 일어났을 때, 이 변화가 정책(X) 때문에 발생했는지 아니면 다른 경쟁적 요인(제3의 요인 : Z)에 의해서 발생했는지를 명백히 하게 되면 정책평가는 내적 타당성이 있게 된다.

② 인과관계 입증을 위한 3조건 : ㉠ 원인의 시간적 선행성(원인변수 X가 결과변수 Y보다 시간적으로 선행해야 함), ㉡ 공동변화(원인변수 X와 결과변수 Y 간의 공동변화가 있어야 함), ㉢ 제3의 변수의 통제(결과변수 Y는 원인변수 X에 의해서만 설명되어야 하며, 원인변수와 결과변수 사이에 영향을 미치는 제3의 변수가 없어야 함)

(2) 내적 타당성의 저해요인(제3의 요인 : Z)

1. 대상집단의 특성변화와 관련된 요인	성숙요인 (maturation)	정책실시기간 동안의 시간경과로 인해 발생하는 대상 집단의 자연적 특성 변화가 결과변수에 영향을 미치는 경우
	역사요인 (history)	조사기간 중 대상집단에 영향을 미치는 외재적인 사건(history)이 발생하여 결과변수에 영향을 미치는 경우
2. 대상집단의 동질성과 관련된 요인	선발요인 (selection)	실험집단과 비교집단을 구성할 때 두 집단에 서로 다른 개인들을 선발하여 할당함으로써 집단의 차이가 결과변수에 영향을 미치는 경우 ➜ '비'무작위적 배정 규칙이 사용되는 경우에 나타남.
	상실요인 (mortality)	조사기간 중 대상집단의 일부가 탈락·상실(이사·전보 등)됨으로써 남아 있는 집단이 최초의 집단과 다른 특성을 갖는 경우
3. 관찰 및 측정방법과 관련된 요인	회귀인공 요인 (regression)	실험 전 단 1회의 측정에서 극단적인 점수를 얻은 것을 기초로 조사대상을 선발하는 경우, 이런 사람들은 실험이 진행되는 동안에 자신의 원래 점수로 돌아가게 되는데 그렇게 되면 실험결과에 대한 해석이 달라짐.
	측정요소 (testing)	조사 전에 대상집단이 유사한 검사를 경험한 경우가 있을 때, 이러한 사전검사가 조사대상에 영향을 미쳐 사후 검사에 영향을 주는 것
	측정도구의 변화	정책집행 전과 집행 후에 측정하는 절차나 도구가 변화할 때, 결과가 정책에서 비롯된 것인지 측정도구의 변화로부터 비롯된 것인지 애매해지는 것

4. 여러 요인의 상호작용	선정(선발)과 성숙의 상호작용	선발요인이 성숙속도에 영향을 주어 실험집단과 비교집단 간의 성숙정도가 다르게 나타나는 것 → 실험대상이 자원(volition)에 의하여 실험집단을 선택하고, 자원하지 않은 자로서 통제집단을 구성하는 경우(이를 '자기선발에 의한 배정'이라 함)에 발생
	처리와 상실의 상호작용	실험집단과 통제집단이 동질적으로 구성된 경우라도, 실험집단과 통제집단에 서로 다른 처리를 가함으로써 구성원의 상실률이 다르게 나타나는 것

❖ 내적 타당성 저해 요인은 ① 외재요인(연구수행에 선행해서 발생되는 요인 - 예 연구수행 이전에 실험집단과 통제집단을 구성할 때 두 집단에 차이를 야기하는 '선발요인')과 ② 내재요인(정책을 집행하는 동안에 평가과정에 스며들어 나타나는 변화로, 역사적 요인, 성숙효과, 피실험자의 상실, 측정요소, 통계적 회귀, 측정도구의 변화 등)이 있다.

> **PLUS 심화** 정책평가의 내적 타당성을 저해하는 제3의 변수(허위변수와 혼란변수)
>
> 1. **허위변수** : 원인변수(X)와 결과변수(Y) 간에 전혀 관계가 없는데도, 두 변수 모두에게 영향을 미쳐서 두 변수 사이에 인과관계가 있는 것처럼 보이게 작용하는 제3의 변수(Z)
> 2. **혼란변수** : 원인변수(X)와 결과변수(Y) 간에 부분적으로 인과관계가 존재하는 상황에서, 두 변수 모두에게 영향을 미쳐 두 변수 간의 인과관계의 정도를 과대추정하도록 혼란을 가져오는 제3의 변수(Z)
>   ❖ 선정효과나 성숙효과 등은 허위변수나 혼란변수로 작용 가능
>
>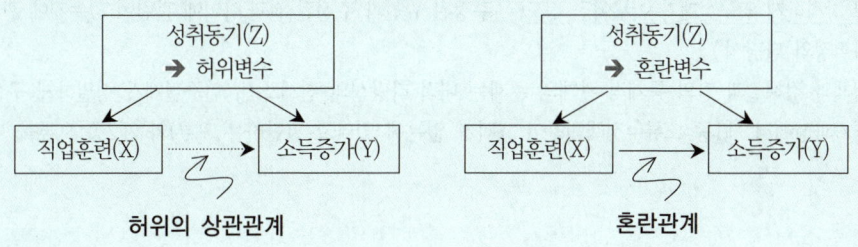

> **PLUS 심화** 평가의 신뢰성
>
> ① 측정도구의 일관성에 관한 것으로, 측정도구가 어떤 현상을 되풀이해서 측정했을 때 동일한 결과를 얻을 확률
> ② 타당성과 신뢰도의 관계 : 신뢰성이 높다고 해서 반드시 타당성이 높은 것은 아니다. 그러나 신뢰성이 낮다면 타당성은 말할 필요도 없이 무의미하게 됨. → 신뢰성은 타당성을 위한 필요조건이지 충분조건은 아님.

2. 외적 타당성(external validity)

(1) 외적 타당성의 의미

① 어떤 특정한 상황에서 내적 타당성을 확보한 평가연구결과가 다른 상황에서도 적용될 가능성(평가연구결과의 일반화 가능성)

② 내적 타당성을 높이기 위해 실험조건을 엄격이 통제한다면 실험상황이 현실과 동떨어질 수 있기 때문에, 그 실험결과를 현실적인 상황에 일반화시키는 데 문제가 발생함(내적 타당성과 외적 타상성이 서로 상충되는 측면).

(2) 외적 타당성의 저해요인
① 모집단 전체에 대해 추출된 표본의 대표성 결여로 인한 외적 타당성 저해
② 실험연구의 인위적 설정에 대한 반응에서 나타나는 외적 타당성 저해 - 진실험에서 발생하는 호오손 효과(Hawthorne effect) : 호오손 실험에서와 같이 실험대상자들이 실험의 대상이라는 사실을 알게 되어 평소와 다른 행동을 하게 되는 현상으로, 결국 인위적인 실험환경에서 얻은 실험결과의 일반화를 저해함.

3. 구성타당성(construct validity)
① 처리, 결과, 모집단 및 상황들에 대한 이론적 구성개념들이 성공적으로 조작화된 정도(= 조사연구에 사용된 이론적 구성개념과 이를 측정하는 측정수단이 얼마나 일치하느냐의 정도)
② 개념에 대한 구성타당성이 있어야 내적 타당성이 가능하다는 측면에서, 구성타당성은 내적 타당성의 전제조건

4. 통계적 결론의 타당성(statistical conclusion validity)
① 정책의 결과가 존재하고 이것이 제대로 조작되었다고 할 때, 이에 대한 효과를 찾아내기에 충분할 만큼 정밀하고 강력하게 연구설계가 이루어진 정도(= 추정된 원인과 추정된 결과 사이에 관련이 있는지에 관한 '통계적 의사결정의 타당성')
② 정책과 정책결과 간의 통계적 관계의 존재는 내적 타당성의 전제조건, 연구설계가 정밀하게 구성되지 못하면 평가과정에서 제1종 오류(=정책대안이 효과가 없는데 있다고 판단하는 오류)와 제2종 오류를 범하게 된다.

제3절 정책평가의 방법 : 사회실험 ★★

정책평가의 주된 관심은 정책대상집단에 대해 정책 이외의 다른 요인들(허위변수와 혼란변수)의 작용을 통제함으로써 <u>정책의 순효과를 추정하는 것</u>(내적 타당성 확보)이다. 타당성 있는 정책평가를 위해서 사용하는 정책평가의 방법은 '과학적 조사방법'과 완전히 동일한데, 크게 <u>(1) 실험적 방법</u>과 <u>(2) 비실험적 방법</u>이 있다.

- 조사설계 (사회실험)의 종류
  - (1) 실험적 방법 : 실험적 조사설계를 하는 경우(사전에 실험집단과 비교집단을 구성한 상태에서 평가연구가 진행)❶ → ① 진실험(동질적 구성), ② 준실험(비동질적 구성)
  - (2) 비실험적 방법 : 전실험적(pre-experimental) 설계 또는 비실험적(non-experimental) 설계로서, 진실험과 준실험을 제외한 모든 평가방법. 엄밀한 의미의 비교집단이 없다는 특색이 있음.

❶ 사회실험의 기본논리는 ① 대상을 실험집단과 통제집단으로 나누어, ② 실험집단에게는 일정한 처리(정책집행)를 가하고, 통제집단에게는 처리를 가하지 않게 하여, ③ 일정시간이 지난 후에 양 집단에 나타나는 결과변수상의 차이를 처리의 효과(정책효과)로 판단하는 것이다.

1. 비실험적 방법

① **비실험적 방법의 의미** : 진실험이나 준실험적 방법에서 사용하는 비교집단의 구성이 되지 않는 경우에 활용되는 원인과 결과의 관계를 추론하는 방법으로, 인과적 추론을 위한 비실험적 방법에는 통계적 통제에 의한 방법, 인과모형에 의한 방법 등이 포함된다. → 실험설계에 의해 허위변수나 혼란변수의 영향을 제거하려는 방법이 '실험적 방법'인 데 비해, <u>실험설계 없이 통계적 분석에 의해 허위·혼란변수의 영향을 제거하려는 방법이 '비실험적 통계적 방법'</u>이다.

② **대표적 비실험설계** : 정책실시 전후비교설계(전실험적 설계)

정책실시 전후비교설계

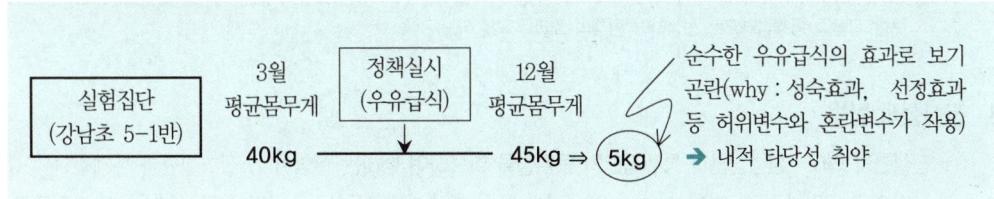

2. 준실험적 방법

① **준실험의 의미** : 무작위 배정에 의한 집단구성이 곤란한 경우에, **동질성이 확보되지 않은 상태에서 실험집단과 비교집단을 구성**하여 정책효과를 평가하는 실험적 방법이다.

② **대표적 준실험 설계** : 비동질적 통제집단 설계, 사후 측정 비교집단 설계, 회귀불연속 설계, 단절적 시계열 설계

③ 준실험의 약점보완 방법
  ㉠ 비교집단의 합리적 선택 : 가급적 실험집단과 비교집단이 동질적으로 되도록 구성하는 방법(진실험에 가깝도록). 무작위배정이 아닌 '짝짓기(matching) 방법' 등을 사용하여 비동질적이라도 가능한 한 유사한 집단으로 구성하려고 노력(예 실험집단을 서울의 강남 초등학생으로 구성했다면, 비교집단은 낙도나 농촌지역이 아닌 여의도 초등학생으로 구성)
  ㉡ 실험집단과 통제집단에 실험대상을 배정할 때 어떠한 명백한 기준을 이용하는 방법 : 회귀불연속설계와 단절적 시계열분석 등

비동질적 통제집단 설계

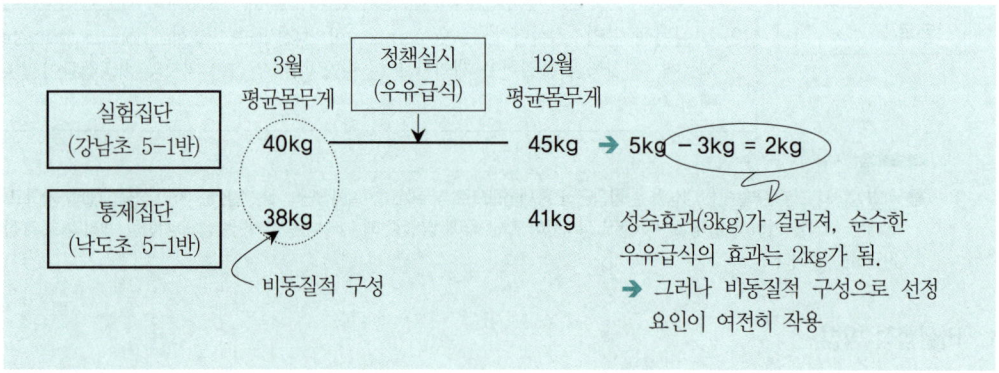

준실험의 장점	진실험에 비해, 외적 타당성(호오손 효과 미발생으로)과 실행가능성은 높다.
준실험의 단점	① 내적 타당성 약함 : 선정과 성숙의 상호작용(선정효과로 인한 두 집단 간 성숙의 차이), 집단 특유의 역사요인의 작용 ② creaming 효과❷ : 내적 타당성을 저해하는 선정요인이 평가결과의 일반화(외적 타당성)를 저해

❷ 크리밍(creaming) 효과 : 실험의 효과가 비교적 잘 나타날 가능성이 있는 조건이 좋은 집단을 실험집단으로 선정하고, 그렇지 못한 집단을 통제집단으로 선정하여 정책의 효과를 과장하는 것

3. 진실험적 방법

① 진실험의 의미 : **실험집단과 통제집단의 동질성을 확보하여 행하는 실험**이다. 실험집단과 통제집단의 동질성(평균적으로 동일한 구성·경험·성향)을 확보하기 위하여 평가대상들을 두 집단에 **무작위(random)적으로 배정**(= 어떤 대상이 실험집단이나 통제집단에 배정될 확률을 동일하도록 하는 조건하에서 배정)한다.
② 진실험설계의 대표적 유형 : '실험 전후 실험집단–통제집단 비교실험'

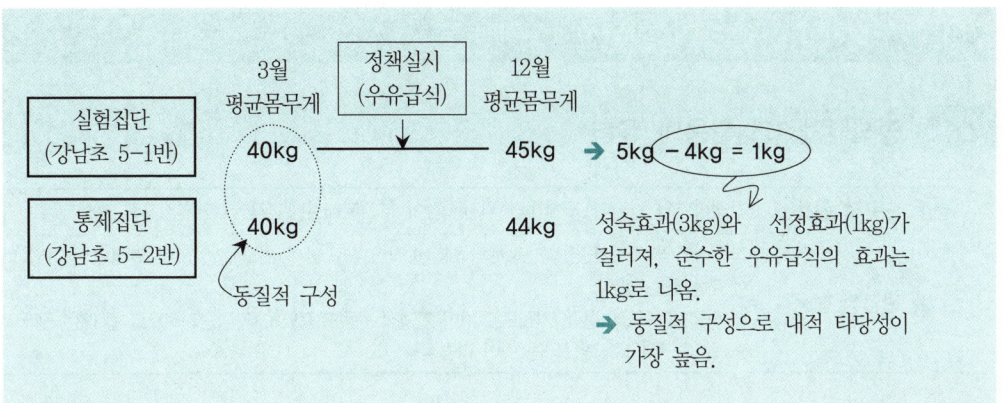

진실험의 장점	동질성 확보로 선정효과와 성숙효과, 역사요인을 배제 ➡ 내적 타당성이 가장 높음
진실험의 단점	① 내적 타당성 저해요인의 존재 : ㉠ 실험 도중에 구성원 일부가 불균등하게 빠져나가는 불균등한 상실이나, ㉡ 정책의 내용이 통제집단에게 누출(leakage)되거나 통제집단이 실험집단의 태도를 모방(imitation)하는 오염현상 또는 확산효과가 존재하는 경우, ㉢ 실험이 통제집단에 나쁜 영향을 미쳐서 통제집단이 실험집단에 압력을 가하여 실험대상이 부자연스런 반응을 일으키는 경우 ② 외적 타당성을 저해하는 호오손 효과 발생 ③ 실행가능성 문제 : 막대한 시간과 비용의 소요, 한 집단에 대해서만 정책을 집행하는 것에 대한 윤리적·정치적 반대

제4절 정책평가결과의 활용과 정책변동

01 정책평가결과 활용의 유형

1. 도구적 활용	정책평가의 결과가 구체적인 의사결정이나 문제해결에 직접적·단기적으로 활용
2. 관념적 활용	정책평가의 결과가 정책결정자의 사고방식이나 관념의 변화를 일으켜 간접적·장기적으로 정책에 활용하는 것 ✤ 정책평가의 결과는 장기적으로 보아 관념적 활용도 중요하지만, 단기적으로 볼 때는 원래의 목적대로 도구적으로 활용되는 것이 바람직함.

02 정책변동의 유형(Hogwood & Peters) ★

① **정책혁신**(policy innovation) : 정부가 관여하지 않고 있던 분야에 개입하기 위해 새로운 정책을 도입하는 것
② **정책유지**(policy maintenance) : 현재의 정책(목표와 수단)을 기본적으로 유지하면서, 예산액수, 집행절차 등 정책수단의 부분적인 변화만 이루어지는 경우(이 경우 기존 정책, 프로그램, 조직은 이전과 같이 지속된다)
③ **정책승계**(policy succession) : 정책의 목표는 크게 변하지 않는 가운데, 그 수단을 크게 변경하는 경우(이 경우 프로그램, 예산, 담당조직이 변경된다)
④ **정책종결**(policy termination) : 정책(목표와 수단)을 완전히 종료하는 것으로, 이를 담당하는 프로그램, 예산, 조직이 없어지는 경우

03 정책변동모형 : Sabatier의 정책지지연합모형 ★

① 정책변화과정을 이해하는 데에는 10년 이상의 장기간을 필요로 한다.
② 정책변화를 이해하기 위한 분석단위로서 '정책하위체계(policy subsystem)'를 설정하였다.
③ 정책하위체계에는 다양한 수준의 정부(연방정부, 주정부, 지방정부)에서 활동하는 행위자들을 모두 포함한다.
④ 정책하위체제 내부에는 신념체계를 공유하는 정책지지연합이 있으며, 이 정책지지연합들이 그들의 신념체계에 입각한 정책을 추진하기 위해 경쟁하는 과정에서 정책변동이 발생한다.❶

> ❶ 한국의 의약분업정책의 변동과정이 그 예가 된다. 1963년 약사법 개정으로 시작된 의약분업에 관한 논쟁이 40여 년간 지속되었는데, 의약분업정책과 관련된 정책하위체제 안에 있는 다양한 수준의 행위자들이 '정책지지연합(의약분업 찬성연합과 반대연합)'을 형성하고 있다. 그리고 이들 정책지지연합들은 그들의 신념체계 및 가치선호를 정부의 의약분업 정책으로 구체화시키기 위하여 서로 경쟁하고 있으며, 그 결과 의약분업 정책의 변화가 나타나고 있다.

제5절 한국의 정책평가제도

01 정부업무평가 제도 : 「정부업무평가기본법」

1. 정부업무평가의 기본원칙 ★
① '자체평가' 중심의 자율적 평가역량 강화 : 중앙행정기관장은 국무총리가 정한 매년도 '정부업무평가 시행계획'을 토대로 자체평가계획을 수립, '자체평가위원회'를 구성하여 자체평가 실시
② 성과관리의 원칙 : ㉠ 5년 단위 성과관리전략계획 수립(중앙행정기관장은 당해 기관의 임무·전략목표를 설정하고, 전략목표를 달성하기 위한 중·장기계획을 수립하고, 최소 3년마다 그 계획의 타당성을 검토하여 수정·보완) ➔ ㉡ 1년 단위 성과관리시행계획 수립(중앙행정기관장은 성과관리전략계획에 기초하여 당해 연도의 성과목표를 달성하기 위한 연도별 시행계획을 수립)

2. 정부업무평가의 종류 ★
① 자체평가와 재평가 : 중앙행정기관 또는 지방자치단체가 소관 정책 등을 자체평가위원회(평가의 객관성과 공정성확보를 위해 민간위원 2/3 이상으로 구성)를 통해, 매년 스스로 평가하는 것(= 자체평가) ➔ 국무총리는 중앙행정기관의 자체평가결과를 확인·점검 후 평가의 객관성·신뢰성에 문제가 있어 다시 평가할 필요가 있다고 판단되는 때에는, 정부업무평가위원회의 의결을 거쳐 재평가를 실시할 수 있음(= 재평가 : 이미 실시된 평가의 결과·방법 및 절차에 관하여 그 평가를 실시한 기관 외의 기관이 다시 평가하는 것).
② 특정평가 : 국무총리가 중앙행정기관을 대상으로 국정을 통합적으로 관리하기 위하여 필요한 정책 등을 평가하는 것 ➔ 국무총리는 2개 이상의 중앙행정기관 관련 시책, 주요 현안시책, 혁신관리 및 대통령령이 정하는 대상부문에 대하여 특정평가를 실시하고, 그 결과를 공개하여야 함.
③ 지방자치단체 합동평가 : 지방자치단체 또는 그 장이 위임받아 처리하는 국가사무, 국고보조사업 등에 대해, 행정안전부장관은 관계 중앙행정기관의 장과 합동으로 평가를 실시
④ 공공기관평가 : 기관의 특수성과 전문성을 고려해 개별법(공공기관의 운영에 관한 법률)에 따라 평가

02 재정사업 성과평가(재정사업 자율평가) : 「국가재정법」

1. 재정사업 성과관리제도(「국가재정법」 제85조의2)
정부는 성과중심의 재정운용을 위하여 ① 성과목표관리(=재정사업에 대한 성과목표, 성과지표 등의 설정 및 그 달성을 위한 집행과정·결과의 관리) 및 ② 성과평가(= 재정사업의 계획 수립, 집행과정 및 결과 등에 대한 점검·분석·평가)를 내용으로 하는 재정사업의 성과관리를 시행한다.

2. 재정사업 성과평가의 종류(「국가재정법」 제85조의8)
① 재정사업 자율평가 : 사업 수행부처가, 소관 재정사업을 자율적으로 평가하고, 평가결과를 재정운용에 활용하는 평가 ➔ 평가대상 : 원칙적으로 예산, 기금이 투입되는 모든 재정사업

② 재정사업 심층평가 : 기획재정부장관이, 재정사업자율평가 결과 추가적인 평가가 필요하다고 판단되는 사업, 부처간 유사·중복 사업 또는 비효율적인 사업추진으로 예산낭비의 소지가 있는 사업 등 대해 수행하는 평가

제6절 기획이론

1. 기획과 정책

① 기획(planning)의 개념 : 특정한 목표를 달성하기 위하여 최상의 이용가능한 방법·절차를 개발하는 과정
② 기획과 정책의 관계 : '목표설정 ➜ 정책결정 ➜ 기획 ➜ 조직화 ➜ 동작화·동기부여 ➜ 평가 ➜ 환류'의 단계로 이루어지는 '행정과정'에서 볼 때, 행정목표가 있고 이에 따라 일반적인 지침으로서의 정책이 수립된 후 이를 구체화하는 것을 기획으로 파악

2. 기획관의 변천 ★

전통적인 '수단적 기획관'	현대적인 '규범적 기획관'
① 수단적 기획 : 외부에서 수립된 목표(정치지도자가 설정한 목표)를 달성하기 위한 객관적·합리적 수단의 강구 ② 실증주의 철학의 반영 : 가치·사실 이원론에 근거하여, 기획가는 목표설정이나 가치지향적인 기능과는 유리된 사실적인 자료를 수집·분석하는 가치중립적인 기술자의 역할 ③ 사회과학분야에서 선형계획, 회귀분석 등 분석모형과 기법의 발전에 기반 ④ 기획의 이념 : 목표-수단의 연쇄에 의한 합리성, 효율성 ⑤ 문제점(= '제3종 오류' 유발) : 수단적 기획관에서 기획이란, 주어진 목표를 달성하기 위한 객관적·합리적 수단의 강구하는 것으로, 개인적인 선호와 판단에의 의존이 불가피한 문제정의나 목표설정에서 목표설정이 잘못된 경우 합리적인 수단의 선택이 무의미해지는 '제3종 오류'를 유발할 수 있음.	① 목표설정·가치판단을 중시하는 규범적 기획 : 기획과정에서 정치적 절충에 의한 이해집단의 조정, 가치판단에 의한 목표설정의 불가피성 ② 기획가의 역할 : 기획과정에서 장기목표를 결정하거나 구체화하는 실질적인 기능 수행 ③ 기획의 이념 : 윤리적·정치적 측면을 고려한 이해갈등의 조절

3. 기획과 민주주의 ★

(1) 국가기획 반대론

하이에크(Hayek)은 1944년 발간된 「노예로의 길(The Road to Serfdom)」에서 국가기획과 개인의 자유는 양립 불가능하고, 국가기획은 국민을 노예로의 길에 접어들게 할 것이라고 하면서 국가기획을 반대하였다.

(2) 국가기획 찬성론

① 파이너(Finer)는 1945년 발간된 「반동으로의 길(The Road to Reaction)」에서 하이에크의 이론을 사실, 역사, 이론 등으로 나누어 조목조목 비판하면서, 기본적으로 자유와 기획은 양립할 수 있다는 주장을 하고 있다.
② 만하임(K. Mannheim)도 민주주의와 기획이 양립 가능함을 강조하고 있다.

빈출 핵심 지문

1. 정책평가의 목적은 정책결정과 집행에 필요한 정보제공 및 정책과정의 책임성 확보에 있다.

2. 형성평가(formative evaluation)는 정책집행과정에서 나타난 문제점을 해결함으로써 집행전략이나 집행설계를 수정·보완하는데 도움을 준다.

3. 인과관계 추론의 조건으로 연관성(association), 시간적 선후성(time order), 비허위성(non-spuriousness)을 들 수 있다.

4. 정책평가의 타당성 검토에서 ① 청렴 이라는 이론적 구성요소에 대한 측정지표가 성공적으로 조작화되어 있는가를 살펴보고, ② 까마귀 날자 배 떨어진다는 속담에서처럼 정책의 효과가 우연히 나타난 것은 아닌지, 다시 말해서 오직 정책에 기인한 것인지를 살펴보며, ③ 서울특별시를 대상으로 시범실시하여 효과적으로 나타난 A사업을 전국 광역시를 대상으로 확대 실시한 경우에도 효과적인지를 검토한다.
   → O. ①은 이론적 구성개념의 성공적 조작화 정도인 구성적 타당성을 말하며, ②는 인과관계 판단의 정확성인 내적 타당성, ③은 평가결과의 일반화 가능성인 외적 타당성을 말한다.

5. "( )는 독립변수인 정책수단과 함께 종속변수인 정책효과를 가져오는 요인으로 정책수단과 정책효과 사이의 인과관계를 과대 또는 과소평가하며, ( )는 독립변수인 정책수단의 효과가 전혀 없을 때, 숨어서 정책효과를 가져오는 변수로 정책수단과 정책효과 사이의 인과관계를 완전히 왜곡하는 요인이다"에서, ( )에 들어갈 개념은 혼란변수(confounding variable)와 허위변수(spurious variable)이다.

6. 정책평가의 내적 타당성을 저해하는 요인들 중 외재적 요인은 선발요인이다.

7. 실험조작의 반응효과, 표본추출의 대표성 문제, 다수 처리의 간섭, 실험조작과 측정의 상호작용은 모두 외적 타당성 저해요인이다.

8. 진실험설계의 주요 형태 중 하나인 단일집단 사전사후측정설계는 동일한 정책대상집단에 대한 사전측정과 사후측정을 통해 정책효과를 추정하는 방식이다.
   → × / (Why?) 단일집단 사전사후측정설계는 진실험설계가 아니라 비실험적 통계적 방법이다.

빈출 핵심 지문

9. 준실험설계는 자연과학 실험과 같이 대상자들을 격리시켜 실험하기 때문에, 호손효과(Hawthorne effect)를 강화시킨다.
   → × / (Why?) 자연과학 실험과 같이 대상자들을 격리시켜 실험하기 때문에, 호손효과(Hawthorne effect)를 강화시키는 것은 진실험설계이다.

10. 크리밍(creaming) 효과, 호오손(Hawthorne) 효과는 내적 타당도를 저해하는 요인이다.
    → × / (Why?) 호오손(Hawthorne) 효과는 외적 타당도를 저해하는 요인이다. 또한 크리밍(creaming) 효과는 내적 타당성을 저해하는 선정요인이 평가결과의 일반화(외적 타당성)를 저해하는 요인이다.

11. 정책변동의 유형 중 정책목표는 유지하면서 정책수단을 새로운 수단으로 대체하는 것은 정책승계이다.

12. 정책옹호연합모형(advocacy coalition framework)은 정책문제나 쟁점에 적극적으로 관심을 가지는 공공 및 민간 조직의 행위자들로 구성되는 정책하위체계(policy subsystem)라는 개념을 활용하며, 신념체계별로 여러 개의 연합으로 구성된 정책행위자 집단이 자신들의 신념을 정책으로 관철하기 위하여 경쟁한다는 점을 강조하는 정책변동모형이다.

13. 「정부업무평가 기본법」에 의한 정부업무평가 대상은 중앙행정기관과 지방자치단체를 포함하며, 공공기관은 제외된다.
    → × / (Why?) 정부업무평가에는 1) 자체평가(중앙행정기관 또는 지방자치단체), 2) 특정평가, 3) 지방자치단체 합동평가 4) 공공기관 평가가 있다.

14. 정부업무평가제도에서 특정평가는 국무총리가 중앙행정기관을 대상으로 국정을 통합적으로 관리하기 위하여 필요한 정책 등을 평가하는 것을 말한다.

memo.

행정사 1차 행정학개론

PART

03

조직이론

제1장 **조직이론의 기초**
제2장 **조직의 구조**
제3장 **조직과 인간**
제4장 **조직의 관리**

제3편 '조직이론'의 체계와 빈출내용 및 학습포인트

체계	테마	빈출내용 및 학습포인트
조직이론의 기초	조직의 유형	• Blau와 Scott의 유형(호혜/기업/봉사/공익) • Mintzberg의 유형(단순구조/기계적관료제/전문적관료제/사업부제/애드호크라시)
	조직이론의 전개	• 고전적 조직이론 → 신고전적 조직이론 → 현대적 조직이론 • 상황적응이론
	거시조직이론	• 결정론(구조적 상황이론, 조직군생태학, 조직경제학) vs. 임의론(전략적 선택이론, 자원의존이론, 공동체생태학)
	조직의 목표	• 조직목표의 변동 : 승계, 전환–동조과잉/유형목표추구/내부문제중시 • 경합가치모형 : 개방체제/인간관계/내부과정/합리목표
조직의 구조	기본변수와 상황변수	• 조직구조의 기본변수 : 복잡성/공식성/집권성, 집권화(분권화)촉진요인 • 상황변수 : 규모, 기술, 환경, Perrow의 기술유형(일상/공학/장인/비일상)
	조직구조의 모형	• 기계적 구조 vs. 유기적 구조 • 조직구조의 모형 : 기능구조 → 사업구조 → matrix구조 → 수평구조 → network구조
	고전적 기계적 구조의 원리	• 분화의 원리(분업, 부성화, 계선과 참모 분리, 동질성, 기능명시) vs. 통합·조정의 원리(계층제, 명령통일, 통솔범위, 명령계통, 집권화)
	관료제 (기계적 구조)	• Weber의 이념형적 관료제의 특징, 관료제의 역기능(병폐)
	탈관료제 (유기적 구조)	• 견인이론(vs. 억압이론). 이음매 없는 조직. 애드호크라시 • 지식정보사회형 조직 : 학습조직
	기타 조직구조	• 계선(line – 보조기관) vs. 막료(staff : 자문형 막료 – 보좌기관) • 위원회(합의제) vs. 독임제. 위원회 구조의 장점과 단점 • 책임운영기관(NPM의 조직원리, 성과기반조직)
조직의 인간	인간관	• Schein의 4가지 인간관 : 합리적 인간 → 사회적 인간 → 자기실현적 인간 → 복잡인
	동기부여의 내용이론	• 욕구5단계론, ERG이론, X·Y이론, 욕구충족요인 2원론(불만·위생 vs. 만족·동기), 미성숙·성숙이론, 학습된 욕구이론(성취동기이론), 직무특성이론
	동기부여의 과정이론	• 기대이론 : Vroom의 기대이론(VIE), Porter와 Lawler의 기대이론(EPRS) • 형평성 이론 • 목표설정 이론 • 학습이론(강화이론) : 수단적 조건화 이론(A → B → C), 강화/처벌/중단
조직의 관리	현대적 관리이론	• 목표관리(MBO) : 부하의 참여에 의한 단기적·구체적·계량적 목표 설정 • 총체적 품질관리(TQM) vs. MBO
	리더십	• 리더십이론의 전개 : 자질론 → 행태론(관리 grid) → 상황론 • 리더십 상황론 : Fiedler의 상황적합 리더십, Hersey와 Banchard의 상황론 • 새로운 리더십으로 변혁적 리더십(카리스마, 개인적 배려, 영감, 지적 자극) vs. 전통적 리더십인 거래적 리더십(합리적 교환관계)
	갈등관리	• 갈등관의 변천 : 전통적 관점(갈등=악으로, 제거대상) → 행태적 관점(갈등의 용인·수용) → 상호작용적 관점(긍정적 갈등의 적극적 조장) • 복수주체간 갈등의 원인과 갈등의 해소방안

제1장 조직이론의 기초

제1절 조직의 유형

① 조직의 개념 : 인간의 집합체로서, 일정한 공동목표를 달성하기 위하여 의식적으로 구성한 사회적 체제
② 조직의 특성 : ㉠ 조직자체의 **목표**를 지니며, ㉡ **인간**으로 구성되나 별개의 사회적 실체, ㉢ 조직목표의 효과적 달성을 위한 분화와 통합에 관한 **공식적인 구조와 과정**이 존재(동시에 비공식적이고 자생적 관계가 형성)하고, 이에 따라 구성원이 상호작용, ㉣ 사회적 체제로서 **환경**과 상호작용, ㉤ 지속성을 지니며 시간선상에서 변동해 가는 동태적 현상

1. 블라우와 스콧(Blau & Scott)의 조직유형 ★

기준 : 조직의 주요 수익자	호혜적 조직	조직구성원이 수혜자(정당·노조·종교단체) ➡ 이러한 유형의 조직에서 가장 중요한 문제는, 구성원의 참여와 구성원에 의한 통제를 보장하는 민주적 절차를 조직 내에서 유지하는 것
	기업조직	조직소유자가 수혜자(사기업·은행) ➡ 이러한 조직에서 중요한 문제는, 경쟁적인 상황 속에서 운영의 능률을 극대화하는 것
	서비스(봉사) 조직	고객집단이 수혜자(병원·학교·사회사업기관) ➡ 이러한 조직의 중요한 특징은, 고객에 대한 봉사와 행정적 절차 사이의 갈등
	공익조직	일반대중이 수혜자(행정기관·경찰·군대조직) ➡ 이러한 조직에서 가장 중요한 문제는, 국민에 의한 외재적 통제가 가능하도록 민주적 장치를 발전시키는 것

2. 카츠와 칸(Katz & Kahn)의 조직유형❶

기준 : 조직 전체의 기본적 기능	생산·경제조직	재화와 용역을 제공하는 기능 : 1차·2차·3차산업조직, 공기업
	유지기능조직	사람들을 사회화시키는 기능 : 학교·교회·가정
	적응조직	지식을 창출하고 이를 실제문제에 적용하는 기능 : 대학·연구소
	관리·정치조직	사람과 자원 및 하위체제의 조정·통제기능 : 국가(정부조직), 정당·노조·압력집단

❶ Katz와 Kahn의 분류는 T. Parsons의 분류와 유사한데, Parsons는 체제로서 '조직이 수행하는 사회적 기능(AGIL)'에 따라 조직유형을 경제조직, 정치조직, 통합조직, 형상유지조직으로 분류하였다.

3. 에치오니(Etzioni)의 조직유형

기준 : 복종의 구조 (① 부하를 통제하기 위해 상급자가 행사하는 권한과 ② 이에 대한 부하의 태도)	강제적 조직	강제적 권한과 소외적·굴종적 관여(교도소)
	공리적 조직	공리적 권한과 타산적 관여(생산조직-사기업체)
	규범적 조직	규범적 권한과 도덕적 관여(이념정당·종교단체)

4. 민츠버그(Mintzberg)의 조직유형론 ★★★

① 분류의 기준 : ㉠ 지배적 구성부분(핵심부문), ㉡ 조정기제, ㉢ 상황적 특성 ➜ 상호영향관계에 있는 3가지 요인을 고려한 '복수국면적 접근'에 의한 조직유형분류
② 조직의 구조에 영향을 미치는 독립변수로 상황적 요인(역사, 규모, 기술, 환경, 권력체제 등)을 제시하고, 이들 상황변수와 조직구조 간의 적합성이 높아야 조직의 효과성을 제고한다고 봄.

구 분	단순구조 (예 소규모의 신생조직)	기계적 관료제 (예 대량생산체제)	전문적 관료제 (예 종합대학, 종합병원)	사업부제·할거적 양태(예 대기업의 계열사체제)	애드호크라시 (예 연구소, 광고회사)
핵심부분	최고관리층	기술구조	작업계층	중간계선	지원참모
조정수단	직접감독 (직접지시와 감독에 의한 조정)	작업과정표준화 (작업방법과 순서의 표준화에 의한 조정)	기술표준화 (직무교육에 의한 업무수행의 일관성유지)	산출물표준화 (부서별 산출의 종류와 양의 표준화)	상호조정 (지속적인 비공식적 의사전달)
〈상황요인〉					
역사	신생조직	오래된 조직	다양	오래된 조직	신생조직
규모	소규모	대규모	다양	대규모	다양
기술	단순	단순	복잡	가변적	매우 복잡
환경	단순, 동태적	단순, 안정적	복잡, 안정적	단순, 안정적	복잡, 동태적
권력체제	최고관리자	기술구조	전문작업자	중간관리층	전문가
〈구조특성〉					
분화수준	낮음	높음(종적·횡적)	높음(수평적)	중간	높음(횡적)
공식화	낮음	높음	낮음	높음	낮음
집권/분권	집권화	수직적 의사결정의 집권화(기술구조에 대한 수평적 분권화)	수평적·수직적분권화	제한된 수직적 분권화(각 사업부의 자율적 활동)	선택적 분권화
통합/조정	낮음	낮음	높음	낮음	높음

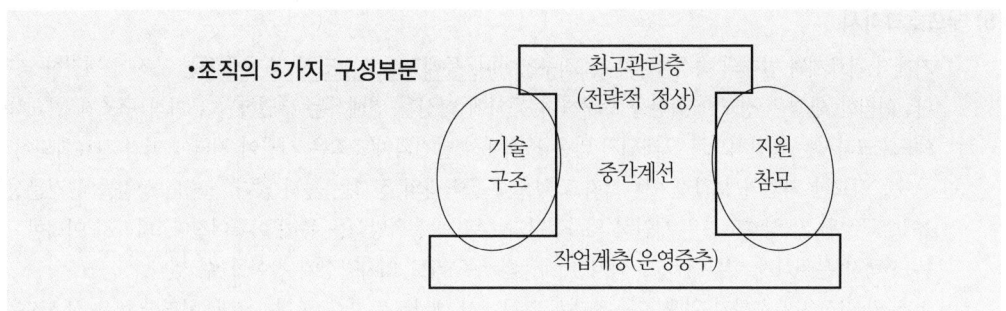

(1) 단순구조
① 단순구조는 상대적으로 소규모이고 주로 초창기 조직에서 발견되는데, 복잡하지 않은 기술을 사용한다. 단순구조는 '집권화된 유기적 구조'라 할 수 있다.
② 단순하고 동태적인 환경에서 주로 발견할 수 있고, 일반적으로 환경이 적대적이거나 최고관리자가 의사결정권을 집권화해야 할 필요가 있을 때 적합한 조직구조이다.

(2) 기계적 관료제
① 기계적 관료제는 전형적으로 단순하고 안정적인 환경하에서 적절한 조직구조이다.
② 작업의 반복과 표준화가 필요하기 때문에, 작업의 양이 충분히 많고 작업의 표준을 정착시킬 수 있는 오래되고 성숙된 조직에서 찾아볼 수 있다.
③ 기계적 관료제는 작업을 일상화시키고 표준화시킬 수 있는 '규제적인 기술체계(자동화와 같은 복잡한 기술을 제외한 매우 단순한 기술)'를 갖는 조직에 적절하다.
④ 기술구조에 대한 수평적 분권화는 어느 정도 이루어져 있으나 수직적인 의사결정은 집권화되어 있다(= 제한된 수평적 분권화).

(3) 전문적 관료제
① 전문적 관료제는 수평·수직적으로 분권화된 조직형태로서, 복잡하고 안정적인 환경에서 적절한 조직구조 형태이다. 즉 광범위한 훈련프로그램에 의해서만 학습되고 복잡한 절차를 사용해야 할 만큼 환경이 복잡하면서, 표준화된 지식과 기술 및 운영절차를 사용할 수 있을 정도로 안정된 경우에 적합하다.
② 이러한 구조는 전문가들로 구성된 핵심운영층이 주요부분으로 등장하고, 이들은 오랜 훈련과 경험으로 표준화된 기술을 이용해 과업을 조정하기 때문에 많은 자율권을 부여받는다.

(4) 사업부제·할거적 양태
① 중간계선을 구성하는 관리자들은 소관부서를 준독자적으로 관리한다. 시장의 다양성 때문에 각 사업부는 스스로의 책임 하에 있는 시장을 중심으로 자율적인 영업활동을 전개한다.
② 사업부제 구조는 어느 정도의 수직적 분권화가 이루어진 조직형태로, 상대적으로 단순하고 안정된 환경 하에서 운영되는 오래되고 대규모의 조직에서 발견된다. 그러나 본부조직에서 요구하는 성과통제 메커니즘은 사업부 내에서의 기계적 관료제 구조를 요구한다.

(5) 애드호크라시

① 기계적 관료제와 반대의 속성을 갖는 조직구조이며, **동태적이고 복잡한 환경**에 처한 조직이 적절한 조직구조이다. 이러한 환경은 정교한 혁신을 요구하며 동시에 혁신을 위해서는 분권화된 유기적 구조가 필요하다.
② 애드호크라시는 일반적으로 오래되지 않은 조직에서 발견되며(조직은 시간이 지남에 따라 관료화되어 가기 때문에), 정교한 과업의 분화가 이루어지고 있으나 공식화의 정도는 높지 않다. 조직구성원들의 전문성은 매우 높고, 구성원 간 상호조정은 개인적 의사전달과 수평적 통합방식을 통해 이루어진다. 따라서 이러한 구조에서는 선택적 분권화가 이루어지고, 어떠한 계층의 누구라도 의사결정에 참여할 수 있다.
③ 협조 및 혁신을 수행하기 위해 지원 스태프 부문에서 행사하는 힘이 존재하는데, 이러한 힘은 상호적응에 의한 조정을 통해 발휘된다.

제2절 조직이론의 전개

01 Waldo의 조직이론 분류 ★★

구 분	고전적 이론 (19C 말~1930)	신고전적 이론 (1930~1950)	현대적 이론 (1960~)
인간관	합리적·경제적 인간 (인간은 기계의 부속품)	사회적 인간	자아실현인·복잡인
주된 가치	기계적 능률	사회적 능률	다원적 목표·가치·이념
연구대상	공식적·합리적·기계적 구조 (= 기계적 조직관)	비공식적 관계와 구조	유기적 구조(환경적응성)
주요변수	구조	인간(행태)	환경
환경과 관계	폐쇄체제 (환경은 도외시하고 조직 내부의 합리적·능률적 관리에 초점)	폐쇄체제 또는 환경유관론 (환경에 관심을 갖는 정도)	개방체제
연구방법	원리접근 (형식적 과학성)	경험적 접근 (경험적 과학성)	학제적 접근 (경험과학, 관련과학 활용)
관련이론	Taylor의 과학적 관리론, Weber의 관료제이론, 행정관리(원리)론	Mayo의 인간관계론, Simon의 경험주의이론, Selznick의 환경유관론	관리과학, 체제이론, 상황적응론, 행태과학(후기 인간관계론), 후기 관료제론, 비교조직론

02 Scott의 조직이론 분류 ★

- **분류기준** : ① 조직이 환경과의 관계에서 개방적인가 폐쇄적인가, ② 인간이나 조직을 합리적인 존재로 또는 자연적 존재(조직구성원의 사회심리적 욕구를 강조하고, 조직의 합리적 목표달성보다는 조직의 생존과 조직 속에 흐르는 비합리성에 초점)로 보는가

폐쇄 · 합리모형 (1900~1930)	폐쇄 · 자연모형 (1930~1960)	개방 · 합리모형 (1960~1970)	개방 · 자연모형 (1970~)
(1) 조직을 외부환경과 단절된 폐쇄체제로 보면서, (2) 조직구성원은 합리적으로 사고·행동하는 것으로 간주	(1) 조직을 아직도 외부환경과 단절된 폐쇄체제로 보지만, (2) 합리적이 아닌 자연적·사회적 관점에서 조직구성원의 심리·사회적 측면(조직의 비공식적 요인)에 중점	(1) 비로소 조직환경의 중요성을 인식하지만, (2) 조직이나 인간의 합리성을 추구	(1) 조직환경의 중요성을 강조하지만, (2) 조직의 합리적 목적 수행보다 조직의 존속이나 비합리적 동기적 측면을 강조
→ 조직의 능률성 증진이라는 조직목표달성을 위해, 합리적인 유일·최선의 관리방식규명에 초점	→ 조직의 생산성 향상을 위해, 조직구성원들의 사회적 욕구를 이용한 조직 내 관계에 관한 최선의 방법규명에 초점	→ 조직목표의 효과적 달성을 위해, 환경변화에 대한 구조와 기능의 신축적·합리적·의도적 적응에 초점(유일·최선의 방법을 부정하고, 상황에 적합한 조직설계와 관리방식 규명 : 등종국성, 필요다양성)	→ 조직의 효과적 생존을 위해, 주관적 환경에 대한 조직관리자의 전략적 선택, 제도적 환경에 대한 정당성 확보, 조직과 자연적 환경 간의 동질성(isomorphism) 유지, 자기조직화
① 과학적 관리론 (Taylor) ② 관료제론(Weber) ③ 행정관리론 (Fayol 등)	① 인간관계론 (Mayo 등) ② 환경유관론 (Parsons, Barnard, Selznick 등) ③ McGregor의 X·Y 이론	① 체제이론 ② 구조적 상황이론 (Burns와 Stalker, Lawrence와 Lorsh, Woodward 등) ③ 제한된 합리성 (Simon) ④ 조직경제학 (Williamson)	① 자원의존이론 (Pfeffer와 Salancik) ② 사회적 제도화이론 (Meyer와 Rowan, DiMaggio와 Powell) ③ 조직군생태학(Hannan과 Freeman, Aldrich) ④ 혼돈이론 : 자기조직화 ⑤ 조직화이론(Weick) ⑥ 쓰레기통모형

03 상황이론·상황적응이론(contingency theory) ★★

(1) 상황이론의 의미

관료제이론과 행정원리론(= 고전적 조직이론)에서 추구한 모든 상황에 적합한(보편적인) 유일 · 최선의 조직구조나 관리방법(원리 : one best way)은 없다는 전제하에, 효과적인 조직구조나 관리방법은 환경 등의 상황요인에 따라 달라지기 때문에 '구체적 상황(예 환경, 기술 등)에 적합한 효과적인 조직구조 설계나 관리방법을 규명'하려는 이론이다.

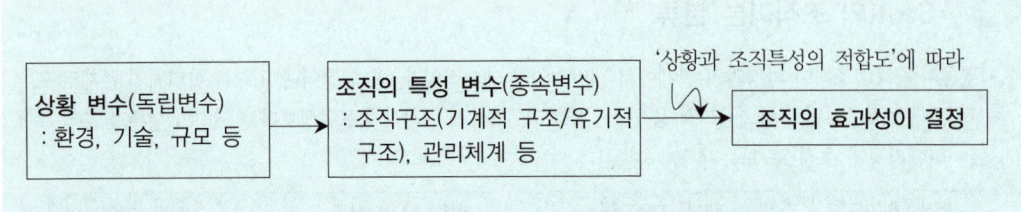

(2) 상황이론의 특징
① 체제론적 관점 : 조직의 능률성에 영향을 미치는 중요한 요소로서 환경을 고려하며, 조직은 환경에 적응하는 목표추구적인 합리적 존재로 파악한다.
② 중범위 수준의 분석(일반체제이론의 거시적 관점을 실용화하려는 중범위이론) : 고찰변수를 한정하고 상황적 조건들을 유형화하여 제한된 범위 내의 일반성과 규칙성을 발견·처방한다.
③ 양극이론의 부정, 상황에 따라 융통성 있는 조직관리

(3) 상황이론의 사례
① Burns와 Stalker의 환경과 조직구조에 관한 연구 : 비교적 안정된 환경에서는 기계적 구조가 적합하고, 변동이 심한 환경에서는 유기적 구조가 적합하다.
② Woodward의 기술과 조직구조의 관계 : 대량생산기술을 사용하는 조직에서는 관료제적 구조가 적합하고, 소수단위상품생산기술이나 연속적 생산기술을 사용하는 조직에서는 비관료제적 구조가 적합하다.
③ Fiedler의 상황적합적 리더십이론
④ Lawrence와 Lorsch의 연구

04 혼돈이론(Chaos theory) ★

(1) 혼돈이론의 의미
① 혼돈이론 : '결정론적인 비선형적·동태적 체제에서의 불규칙적인 행태(= 결정론적 혼돈)'에 대한 질적 연구이다.
② 혼돈이론이 대상으로 하는 혼돈상태는 예측과 통제가 어려운 복잡한 현상이다. 혼돈상태는 시간의 흐름에 따라 비선형적으로 변동하는 동태적 체제이며, 그리고 불안정적이고 불규칙하기 때문에 고도로 복잡하다. 그러나 여기서 혼돈은 결정론적 혼돈(deterministic chaos)로서, 완전한 혼란이나 무질서가 아니라 한정적인 혼란이며 '질서가 있는 무질서(orderly disorder)'이다.
③ 혼돈이론은 혼돈상태에 숨겨진 규칙성과 질서를 발견하여 혼돈의 변화상태를 설명·통제하고자 한다.

카오스 현상의 발생원인	① 나비효과(초기치의 민감성), ② 비선형적(불규칙적) 변화
혼돈 속에서 질서를 찾는 과정	① 자기조직화(비선형적 변화를 일으키는 사물과 현상들이 스스로의 구조와 질서를 갖추어가는 것) ② 공동진화(각 개체들이 끊임없이 서로에게 적응하면서 상호진화)

(2) 행정학적 시사점
① 전통과학의 단순화와 달리, 사소한 조건까지 고려하여 복잡한 현상에 대한 통합적 접근을 시도한다.
② 혼돈을 발전의 불가결한 조건으로 인식한다.
③ 혼돈상태에서 행정의 자기조직화 능력의 제고를 위한 반관료제적 처방한다(구성원의 자율성·창의성, 학습능력 제고 등).

제3절 조직과 환경의 관계에 관한 거시조직이론

거시조직이론의 체계 ★★★

분석수준 \ 환경인식	결정론❶	임의론❷
개별 조직	체제구조적 관점 - 구조적 상황이론	전략적 선택 관점 - 전략적 선택이론 - 자원의존이론
조직군	자연적 선택 관점 - 조직군 생태학이론 - 조직경제학	집단적 행동 관점 - 공동체 생태학이론

출처 : 애스틀리와 반 데 벤(Astley & Van de Ven)

❶ 결정론(환경결정론) : 개인이나 조직의 행동은 환경의 구조적 제약에 의해 결정되고, 이에 수동적으로 반응한다는 관점
❷ 임의론(자유의지론) : 개인이나 조직이 환경에 수동적으로 반응하는 것이 아니라 자율적으로 환경에 대해 행동을 취함으로써 적극적으로 환경을 형성한다는 관점

01 결정론적 관점(환경결정론)

1. 구조적 상황이론
① 개별조직이라는 미시적 수준에서 조직구조나 조직관리에 있어서 유일·최선의 방법은 없으며, 효과적인 조직구조는 환경 등 상황에 따라서 달라진다는 이론이다.
② 개방체제로서 조직은 환경을 바꿀 수 없기 때문에, 내부의 조직구조를 바꾸어 환경과의 관계를 적합하게 해야 조직의 능률성이 제고된다는 것 ➜ 객관적 환경에 대한 조직의 합리적 적응

2. 조직경제학(대리인이론을 기반으로 발전한 거래비용경제학, markets and hierachies theory)
① 조직의 환경을 경제적 관점에서 정의하여, 거래비용과 거래의 특성(제한된 합리성과 기회주의, 불확실성과 자산전속성 등)으로 구성된 경제적 환경에 의하여 거래비용을 극소화시키는 조직유형이 선택되어 제도화된다는 것이다.

② 생산보다는 비용에 관심을 갖고 조직을 거래비용을 감소하기 위한 장치로 본다. 시장의 자발적인 교환행위에서 발생하는 거래비용이 관료제의 조정비용보다 크면, 거래비용의 최소화를 위해 거래를 내부화(조직통합, 내부조직화 : insourcing)하는 것이 효율적이 된다.

3. 조직군 생태학(극단적인 환경결정론의 관점) ★★

① 상황이론이 조직을 환경적 상황에 적합한 조직구조를 설계하여 적응할 수 있는 존재로 보는 반면, 조직군 생태학은 조직을 환경에 적응하기보다 기존의 조직구조를 그대로 유지하려는 '구조의 타성(조직의 역사적 전통이나 매몰비용에 의한)'에 빠지게 된다고 보아 **조직의 적응능력에 회의적**이다.
② 생태론적 분석은 개체, 개체군, 공동체라는 3가지 수준에서 이루어지나, 개별 조직이 아닌 특정 환경하에서 생존을 유지하는 '유사한 조직구조를 갖는 조직들(개체군, 조직군)'에 관심을 갖는다.
③ 어떤 유형의 조직들은 생존·발전하고 어떤 유형의 조직들은 소멸하는가의 원인을, **조직의 환경적 적합성 여부에 따른 환경의 선택**에 의한다고 파악 ➡ 생물학의 자연선택이론(적자생존이론)을 조직연구에 응용한 것이다.

> **PLUS 심화**　환경의 선택과정(변이 ➡ 선택 ➡ 보존)
> 1. **변이** : 변이로서 조직의 변화란, 기존의 구조·기술·절차·관행 등이 다른 것으로 대체되는 것(새로운 조직 유형의 형성)
> 2. **선택** : 조직 형태상에 변이가 발생하면, 환경과의 적합수준에 따라(조직구조와 환경적 적소 간에는 일대일의 동질성이 존재 : 동일성의 원칙 – principle of isomorphism) 환경적 적소로부터 선택되거나 아니면 도태 ➡ 환경적소(niche)는 특정한 조직군의 생존을 허용하는 자원공간이자 활동공간(개별 조직이 영향을 미칠 수 없는 거시적 요인들의 상호작용에 의하여 형성되는 것)으로, 환경적 적소의 크기(width)와 밀집도(density)에 따라 선택된 조직변화의 모방을 통한 확산은 한정된다.
> 3. **보존** : 선택된 특정 조직유형의 무리(조직군)가 환경에 제도화되고 그 구조를 상당기간 동안 유지하는 것

02 임의론적 관점(자유의지론)

1. 전략적 선택이론

일반적 환경을 주요 분석대상으로 삼아, 상황이 조직구조를 결정하는 것이 아니라(상황이론에 대한 비판), 조직내 정치과정을 통해 형성되는 전략적 선택에 의해 결정된다고 주장(Chandler, Child). 그러나 관리자의 자율성을 강조한 나머지 환경의 영향을 무시하는 문제(→ 자원의존이론 등장)

2. 자원의존이론 ★

① 조직과 환경과의 관계(조직 간 관계 : 조직과 조직 간의 양자관계, 조직집합, 조직망)는 자원의존관계이며, ② 자원의존 정도에 따라 조직의 생존능력이 좌우되기 때문에, 조직은 **자원의존도와 불확실성을 줄이기 위하여 환경이 자신에게 유리하도록 관리·조작하는 실체**(➡ **조직관리자의 적극적인 전략적 역할**)

3. 공동체 생태학 : 환경에 대한 조직의 공동 대응전략을 분석

제4절 조직의 목표와 효과성

▶ **조직목표의 개념** : 조직이 실현하고자 하는 바람직한 미래의 상태로, 조직이 존재하는 이유가 된다.
▶ **조직목표의 특징(기능)** : 조직목표는 ㉠ 조직의 존재와 활동의 정당화 근거, ㉡ 조직활동의 방향과 조직구성원 행동의 기준 제시, ㉢ 조직의 효과를 평가하는 기준, ㉣ 조직설계의 준거가 된다.

01 조직목표의 변동(조직 내외의 상호작용 속에서 목표의 변동이 발생)

(1) 목표의 승계 (succession) ★★	① 개념 : 조직이 본래 추구하던 목표가 달성되었거나 달성이 불가능한 경우, 조직이 생존을 위해 '본래의 목표와 동일한 유형의 다른 목표로 교체'함으로써 조직의 정통성을 확보하는 것 ② 사례 : ㉠ 미국의 소아마비재단은 소아마비 퇴치 후에 장애아병 극복으로 새로운 목표를 채택하여 조직을 존속, ㉡ 원래 1차 세계대전 중의 원정군의 정신을 기념하기 위해 설립된 미국재향군인회는 목표가 달성되자 예비역 군인들의 권익보호로 목표를 교체
(2) 목표의 전환·대치 (displacement) ★★★	① 개념 : 조직의 목표추구가 왜곡되는 현상(공식목표와 실질목표의 괴리)으로, 조직이 정당하게 추구하는 종국적 목표가 다른 목표나 수단과 뒤바뀌는(displace) 것 → 수단적 가치가 종국적 가치로 변화하는 현상(목표와 수단의 전도) ② 사례 : ㉠ 미헬스(Michels)의 유럽의 사회주의 정당과 노동조합 연구(과두제의 철칙), ㉡ 머튼(Merton)의 관료조직의 특성에 따른 관료들의 '과잉동조'행태 연구, ㉢ Etzioni와 Gross의 지나친 유형목표 추구로 인한 목표의 과잉측정
(3) 목표의 추가·확대, 감소·축소	① 목표의 추가(multiplication) : 동종목표의 수(가짓수)가 늘어나거나 이종목표가 추가되는 것 → 사례 : 종교단체가 종교적 목표 이외에 사회봉사를 단체의 목표로 추가하는 것 ② 목표의 확대(expansion) : 동일 목표의 범위가 넓어지는 것 ③ 목표의 감소와 축소 : 동종 또는 이종목표의 수나 범위가 줄어드는 경우
(4) 목표 간의 비중변동	전체적인 조직목표는 변동이 없고, 동일한 유형의 목표 간에 비중이 변하거나 우선순위가 변동되는 것

> **PLUS 심화** 목표전환의 유형 ★
>
> ① **과두제의 철칙(R. Michels)** : 유럽의 사회주의 정당과 노동조합의 지도자들이 급진적인 사회변혁의 추구라는 조직의 본래 목표보다 수단인 권력을 유지하기 위하여 조직 자체의 보존에 급급하게 되는 현상을 지칭하면서 제시한 elite지배이론이다.
> ② **규칙·절차에 대한 집착** : 수단이 되는 규칙과 절차에 지나치게 집착하여 그 자체가 목표가 되어, 관료적 형식주의나 동조과잉(R. Merton)현상이 초래된다(= 관료제의 역기능).
> ③ **유형적 목표의 추구** : 행정목표의 추상적·비계량적 성격으로 인해 행정인이 측정가능한 유형적 목표(하위목표)에 더 치중하는 경우, 상위목표를 등한시하는 현상이 나타나게 된다.
> ④ **조직 내부문제의 중시** : 조직 내부문제만을 중시하고 전체목표나 조직 외부환경의 변화를 과소평가하는 경우 목표의 전환이 일어난다.

02 조직의 효과성 측정모형

(1) 목표모형	조직의 목표(공식적으로 표방된 생산목표)를 조직평가의 기준으로 삼는 것
(2) 체제모형	조직을 하나의 체제로 보아, 체제의 기능적 요건을 수행하는 능력(AGIL)을 조직의 효과성으로 파악
(3) 이해관계자모형	조직 내·외부 이해관계자의 욕구를 만족시키는 것을 조직의 효과성으로 파악
(4) 경합가치모형 (경쟁가치모형)	① 효과성 평가기준의 선택은 가치판단의 대상이 될 수밖에 없으며, ② 조직의 효과성 평가기준은 상황적합적으로 적용❶

❶ Quinn & Rohrbaugh는 (30가지의 조직효과성 국면과 측정지표에서 도출된) 조직이 추구하는 가치의 차원을 ① 조직 전체의 발전을 추구하는가 아니면 조직 내 개인의 발전에 초점을 두고 있는가와, ② 조직구조가 통제(안정)를 강조하는가 아니면 변화와 융통성을 강조하는가를 기준으로 하여, 조직효과성에 관한 4가지 경쟁가치모형을 도출하였다.

경합가치모형

구조의 융통성

인간관계모형
- 효과성의 목표 : 인적자원개발
- 효과성의 수단 : 응집력, 사기유지
→ 공식화 직전의 집단화단계에 적용

개방체제모형
- 효과성의 목표 : 성장, 자원획득
- 효과성의 수단 : 유연성, 신속성
→ 조직의 창업단계에 적용

(조직 내 개인의 발전) ←→ (조직 전체의 발전)

내부과정모형
- 효과성의 목표 : 안정성, 균형유지
- 효과성의 수단 : 정보관리, 조정
→ 조직의 공식화단계에 적용

합리목표모형
- 효과성의 목표 : 생산성, 이윤
- 효과성의 수단 : 기획, 목표설정, 평가
→ 조직의 공식화단계에 적용

구조의 통제성

빈출 핵심 지문

1. 민츠버그(Mintzberg)의 조직유형에서 전문적 관료제는 ① 높은 수평적 분화 수준, ② 복잡하고 불안정적인 환경, ③ 낮고 불명확한 공식화 수준을 특징으로 한다.
   → × / (Why?) ②는 틀린 서술이다. 전문적 관료제의 조직환경은 복잡하나 안정적인 환경(= 중저불확실성)이다.

2. 신고전적 조직이론은 인간의 조직 내 사회적 관계와 더불어 조직과 환경의 관계를 중점적으로 다루었다.
   → × / (Why?) 신고전적 조직이론도 기본적으로 환경을 고려하지 못하는 폐쇄체제의 관점에 있다.

3. 거시조직이론의 체계에서 분석 수준에 따라 조직군 이론으로 조직군생태학이론, 조직경제학이론, 공동체생태학이론, 전략적 선택이론이 있다.
   → × / (Why?) 전략적 선택이론은 분석수준에 있어서 개별조직에 초점을 두고 있다.

4. 상황론적 조직이론은 모든 상황에 적합한 최선의 조직화 방법은 존재하지 않는다고 전제하며, 효과적인 조직설계와 관리방법은 조직환경에 달려있다고 주장한다.

5. 조직군생태이론(population ecology theory)에서는 조직과 환경의 관계를 분석함에 있어 조직의 주도적·능동적 선택과 행동을 강조한다.
   → × / (Why?) 조직군생태론은 환경결정론에 속하는 이론이다.

6. 조직군생태이론은 조직변화는 종단적 분석에 의해서만 검증 가능하다고 전제하고, 조직이 생겨나고 없어지는 원인을 환경적 적합도에서 찾으나 전략적 선택이나 집단적 행동의 중요성을 경시한다.

7. 자원의존이론은 조직이 생존과 발전에 필요한 자원을 환경에 의존하기 때문에 조직을 환경과의 관계에서 피동적 존재로 본다.
   → × / (Why?) 자원의존이론은 임의론(자율론) 관점의 이론으로 조직을 환경과의 관계에서 환경에 적극적으로 대처하고 환경을 관리하는 실체인 능동적인 존재로 본다.

8. 조직목표 변동의 한 유형으로 조직이 추구하고자 하는 원래의 목표가 다른 목표로 뒤바뀌어 조직의 목표가 왜곡되는 현상은 목표의 대치이다.

9. 퀸과 로보그(Quinn & Rohrbaugh)의 경합가치모형에서 조직의 외부에 초점을 두고 통제를 강조하는 경우 성장 및 자원 확보를 목표로 하게 된다.
   → × / (Why?) 조직의 외부에 초점을 두고 통제를 강조하는 경우는 합리목표모형으로서, 효과성의 목표는 생산성과 이윤에 있다. 성장 및 자원 확보를 목표로 하는 경우는 개방체제모형에서의 특징이다.

제2장 조직의 구조

제1절 조직구조의 결정요인(기본변수와 상황변수)

01 조직구조와 조직구조의 특성

① **조직구조의 개념**: 조직목표의 효과적 달성을 위해 확립된 역할 및 행위의 체계(= 조직구성원들 간의 유형화된 상호작용)
② **조직구조의 특성**: 조직구조의 특성은 ㉠ 기계적 구조와 ㉡ 유기적 구조로 나누어진다.

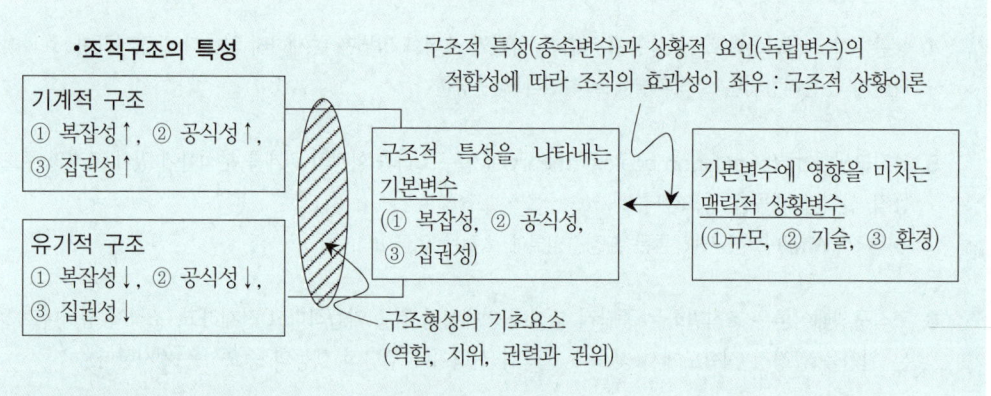

> **PLUS 심화 조직구조의 구성요소로서 권력과 권위**
>
> 1. **개념의 구분**: 권위 < 권력 < 영향력
>   ① 권위(권한: authority): 조직의 규범에 의하여 정당성이 승인된 권력
>   ② 권력(power): 한 행위자가 상대방의 의사와는 관계없이 상대방의 행동에 자신의 의사를 관철시킬 수 있는 가능성(M. Weber)
>   ③ 영향력(influence): 수용과 거부에 관계없이 상대방의 판단이나 행동에 영향을 줄 수 있는 포괄적인 힘
> 2. **권력의 기초를 기준으로 한 권력의 분류**(French와 Raven)
>   ① 정당한 권력(합법적 권력): 상대방이 권력행사 주체의 영향력 행사를 인정하고 그에 추종해야 할 의무가 있다고 생각하는 것에 기초 ➡ 권한(authority)과 유사한 개념으로, 상사가 보유하고 있는 <u>직위에 기반</u>
>   ② 보상적 권력: <u>보상을 줄 수 있는 능력</u>에 기초
>   ③ 준거적 권력: 상대방이 권력 주체를 좋아해서(<u>자신보다 뛰어나다고 생각해서</u>) 본받으려는 것에 기초 ➡ 카리스마 개념과 유사하다. 준거적 권력이 있는 사람은 추종자들의 신뢰를 받고, 추종자들이 그 사

람과 유사해지려고 하고, 의견을 수용하고, 애정을 느끼며, 감정적으로 연관을 맺고자 한다.
④ 전문적 권력 : 상대방이 시인하는 <u>전문적 지식</u>에 기초 ➔ 전문적 권력과 준거적 권력은 조직 내의 공식적 직위와 항상 일치하는 것은 아니다.
⑤ 강압적 권력 : 권력행사 주체가 <u>처벌의 배분을 좌우</u>할 수 있다고 믿는 상대방의 지각에 기초 ➔ 인간의 공포에 기반을 둔 권력으로 권력의 강도는 처벌의 부정적 유인이 클수록, 복종 시 처벌의 회피 가능성이 클수록 커진다.

02 조직구조의 특성을 나타내는 기본요소 ★

① 조직구조의 기본요소(기본변수) : 조직의 구조적 특성을 나타내는 기본적 요소·지표
② 조직구조의 기본변수 : ㉠ 복잡성, ㉡ 공식성, ㉢ 집권성

1. 복잡성(complexity) : 조직 내에 존재하는 분화의 정도 ➔ 복잡성의 3차원

① 수평적 분화 : 조직이 수행하는 업무를 그 성질에 따라 조직구성원들이 횡적으로 분할하여 수행하는 정도 ➔ 일의 분화(분업), 사람의 전문화, 조직단위의 분화(부문화·부서화) 등
② 수직적 분화 : 계층에 따라 권한과 책임이 수직적으로 분화된 것 ➔ 조직 내 계층의 수
③ 장소적 분산

2. 공식화(formalization) : 정당하게 문서화된 규정·규칙·절차의 정도

공식화의 순기능	공식화의 역기능
① 조직구성원의 행동 규제 ② 표준운영절차(SOP)를 통해 조직의 활동비용 축소 ③ 행정의 예측가능성과 안정성 제고 ④ 조직 활동의 혼란을 막는 기능	① 구성원의 자율성 제약 ② 엄격한 규칙준수에 집착으로 관료들의 형식주의적 행태와 수단에 의한 목표의 대치(R. Merton의 동조과잉) 야기 ③ 관료들의 변동저항성 조장

3. 집권화(⇔ 분권화) : 권력중추로부터 권력(의사결정권)이 위임되는 수준 ★★

집권화 촉진 요인	분권화 촉진 요인
① 동원·배분하는 재정자원의 규모 확대 ② 규칙과 절차의 합리성과 효과성에 대한 신뢰 ③ 횡적 조정이 어려운 경우 ④ 조직활동의 통일성·일관성이 요청되는 경우 ⑤ 조직의 역사가 짧을 경우(신설조직) ⑥ 전시 등 위기상황에 처한 경우 ⑦ 최고관리층의 권력욕(권위주의 문화) ⑧ 특정 행정부문에 관심이 집중되는 경우 ⑨ 교통·통신기술의 발달(정보화 촉진)로 효과적인 의사소	① 기술과 환경의 역동적 변화의 경우 ② 조직의 규모가 확대되는 경우 ③ 사회의 민주화가 촉진된 경우 ④ 조직구성원의 자발성과 창의성을 고무 ⑤ 유능한 관리자의 훈련·양성 ⑥ 기술수준이 고도화되고 인적으로 전문화되는 경우(예 전문적 관료제) ⑦ 고객에 신속하고 상황적응적인 서비스를 해야 하는 경우 ⑧ 사무처리의 신속화가 필요한 경우

통이 가능한 경우 ⑩ 대외적 경쟁이 심화되는 경우 ⑪ 사람의 전문화나 능력향상을 수반하지 않는 분업의 심화 　(예) 기계적 관료제) ⑫ 관리부문의 전문화	⑨ 최고관리층이 일상적이 업무부담에서 벗어나 장기계획이나 정책문제에 더 많은 노력과 시간을 바치고자 하는 경우

03 조직구조의 특성에 영향을 미치는 상황변수

① **조직구조의 상황변수** : 조직의 구조적 특성을 나타내는 기본요소(복잡성, 공식성, 집권성)에 영향을 미치는 맥락적 상황요인들 ➜ ① 조직의 규모, ② 기술, ③ 환경, ④ 조직전략 등
② **상황이론** : 상황적 요인(독립변수)과 구조적 특성(종속변수 : 기계적 구조 vs. 유기적 구조)의 적합성에 따라 조직의 효과성이 좌우된다고 파악

1. 조직의 규모(= '조직구성원의 수' 등으로 측정)와 조직의 구조적 특성과의 관계

① 규모가 커지면, 기본변수인 복잡성(분화촉진), 공식성, 분권성이 높아진다.
② 규모가 커지면, 분업과 업무수행의 일상화가 촉진된다.
③ 규모가 커지면, 업무상황의 비개인성(impersonality)이 높아지고 구성원들의 직무만족도와 직무몰입도가 떨어진다.
④ 규모가 커지면, 조직이 보수화되고 쇄신성이 저하된다.

2. 기술

① **기술(technology)의 개념** : 조직의 투입(자원)을 산출(상품 및 서비스)로 전환시키는 데 쓰이는 지식·방법이다.
② **기술 상황이론** : 조직이 어떠한 기술을 사용하느냐(독립변수)에 따라 효과적인 조직의 구조적 특성(종속변수)은 달라진다고 본다.

(1) **톰슨(Thompson)의 기술 유형론** : '단위작업 간의 상호의존성형태'를 기준

기술유형	상호의존성의 형태	의사전달의 빈도	부서 간 활동의 조정형태
① 중개기술	집합적 상호의존성	낮음	부서 간 업무의 표준화(규정과 규칙)
② 연속기술	연속적 상호의존성	중간	정기적 회의, 수직적 의사전달, 계획
③ 집약기술	교호적 상호의존성	높음	직접 대면에 의한 상호조정 (부정기적 회의, 수평적 의사전달)

(2) **페로(Perrow)의 기술 유형론** : 기술과 조직구조에 관한 상황이론 ★★
　문제의 분석가능성이 높아 표준화되기 쉬운 일상적 기술과 공학적 기술을 사용하는 조직은 기계적 구조가, 문제의 분석가능성이 낮아 경험과 훈련을 통해 적응적으로 문제를 해결해야 하는 비일상적 기술과 장인기술을 사용하는 조직에는 유기적 구조가 적합하다.

구 분		과업다양성 (= 업무과정에서 예외적 사건의 발생 정도)	
		낮음	높음
문제의 분석가능성 (= 표준화된 절차에 따라 업무 수행이 가능한 정도)	낮음	③ 장인(기예적) 기술 예 공예제품 생산, 예술연주 → 대체로 유기적 구조가 적합	④ 비일상적 기술 예 원자력추진장치, 연구 → 유기적 구조가 적합
	높음	① 일상적 기술 예 표준화된 제품의 대량생산 → 기계적 구조가 적합	② 공학적 기술 예 주문에 따른 전동기 생산, 회계업무 → 대체로 기계적 구조가 적합

3. 환경 : 조직의 경계 밖에서 조직에 영향을 미치는 모든 요소

(1) Burns와 Stalker의 구조적 상황이론

① 변화가 낮은 정태적이고 일상적인 환경하에서는 집권화된 기계적·관료제적 조직구조가 효과적이고, ② 동태적이고 격변하는 환경하에서는 분권화된 유기적 조직구조(adhocracy)가 효과적이다.

(2) 조직환경과 조직구조 : 정태성-동태성 차원과 단순성-복잡성 차원 ★★

① 환경의 불확실성은 2가지 차원, 즉 단순성-복잡성 차원과 정태성(안정)-동태성(불안정) 차원으로 이해된다. ㉠ 환경의 복잡성은 의사결정을 할 때에 고려해야 할 환경요소가 그만큼 많다는 것이고(→ 환경의 복잡성 증가에 대해, 부서의 분화가 증가하여 수가 많고 이에 비례해 통합의 역할이 증가), ㉡ 환경의 동태성은 환경요소들의 특징이 자주 변한다는 것이다(→ 환경의 동태성 증가에 대해, 계획과 예측 등 경계관리활동이 활성화 되어 신속한 계획과 모방을 강조).

② ㉠ 단순하고 안정적인 환경(낮은 불확실성)에서는 공식화되고 집권화된 기계적 구조가 적합하고, ㉣ 복잡하고 불안정적 환경(높은 불확실성)에서는 분권적인 유기적 구조가 적합하다. ㉡ 복잡하나 안정적인 환경(다소 낮은 불확실성)에서는 기계적 구조가 효과적이고, ㉢ 단순하지만 불안정한 환경(다소 높은 불확실성)에서는 유기적 구조가 효과적이다.

조직환경과 조직구조

구 분		환경의 복잡성	
		단순	복잡
환경의 역동성	안정	낮은 불확실성 → 기계적 구조 : 공식적, 집권적 ① 적은 부서(낮은 분화), 통합 역할이 없음. ② 적은 경계관리(적은 모방, 현재의 운영 지향)	다소 낮은 불확실성 → 기계적 구조 : 공식적, 집권적 ① 부서의 수 증가(높은 분화 : 복잡성 증가에 분화로 대처), 비례된 통합 역할 증가 ② 약간의 경계관리(약간의 계획, 약간의 모방)
	불안정	다소 높은 불확실성 → 유기적 구조 : 참여적, 분권적 ① 적은 부서(낮은 분화), 적은 통합역할 ② 많은 경계관리(불안정성 증가에 경계관리 활동으로 대처, 신속한 모방과 계획)	높은 불확실성 → 유기적 구조 : 참여적, 분권적 ① 많은 부서(높은 분화), 많은 통합 역할 ② 광범한 경계관리(광범위한 계획과 예측, 광범위한 모방)

조직구조의 상황변수와 기본변수의 관계

상황변수 \ 기본변수	복잡성	공식성	집권성
규모가 큰 경우	복잡성 커짐	공식성 커짐	집권성 작아짐
기술이 일상적인 경우 ❶	복잡성 작아짐	공식성 커짐	집권성 커짐
환경이 불확실한 경우 ❷	복잡성 커짐	공식성 작아짐	집권성 작아짐

❶ 기술이 일상적인 경우 : ① 단순반복적인 업무수행으로 과업의 다양성이나 전문성이 낮아 복잡성은 작고, ② 정형화된 업무처리지침의 구체적 개발이 가능해 공식성은 커지고, ③ 집권적 통제가 가능해진다.

❷ 환경이 불확실한 경우 : ① 환경의 이질적 요소에 대응하기 위한 조직의 다양성 요구 때문에 복잡성은 커지고, ② 환경에 대응할 유연성의 필요 때문에 공식성은 낮아지고, ③ 최고관리자의 집중적 정보수집과 관리의 곤란성, 각 하위부서의 탄력적 대응의 필요성 때문에 집권성은 낮아진다.

제2절 조직구조의 모형

01 조직구조의 특성 : 기계적 구조 vs. 유기적 구조 ★★

1. 기계적 구조

엄격히 규정된 직무, 많은 규칙과 규정(높은 공식화), 집권적 권한, 분명한 명령체계, 좁은 통솔범위, 낮은 팀워크를 특징으로 하는 조직구조로, 내적 통제에 따른 예측가능성의 장점
➔ Weber의 관료제모형, 기능구조

2. 유기적 구조

적은 규정과 규칙(낮은 공식화), 분권적 권한, 광범위한 직무, 넓은 통솔범위, 높은 팀워크를 특징으로 하는 조직구조로, 환경에 대한 뛰어난 적응성의 장점
➔ 팀제, 네트워크조직, 학습조직

기계적 구조와 유기적 구조의 비교

구 분	기계적 구조	유기적 구조
주안점	예측 가능성	환경변화에 대한 적응성
조직 특성	① 좁은 직무범위 ② 표준 운영절차 ③ 분명한 책임관계 ④ 계층제 ⑤ 공식적이고 몰인간적 대면관계	① 넓은 직무범위 ② 적은 규칙과 절차 ③ 모호한 책임관계 ④ 채널의 분화 ⑤ 비공식적이고 인간적인 대면관계
상황조건	① 명확한 조직목표와 과제 ② 분업적 과제 ③ 단순한 과제 ④ 성과측정이 가능 ⑤ 금전적 동기부여 ⑥ 권위의 정당성 확보	① 모호한 조직목표와 과제 ② 분업이 어려운 과제 ③ 복합적 과제 ④ 성과 측정이 어려움 ⑤ 복합적 동기부여 ⑥ 도전받는 권위

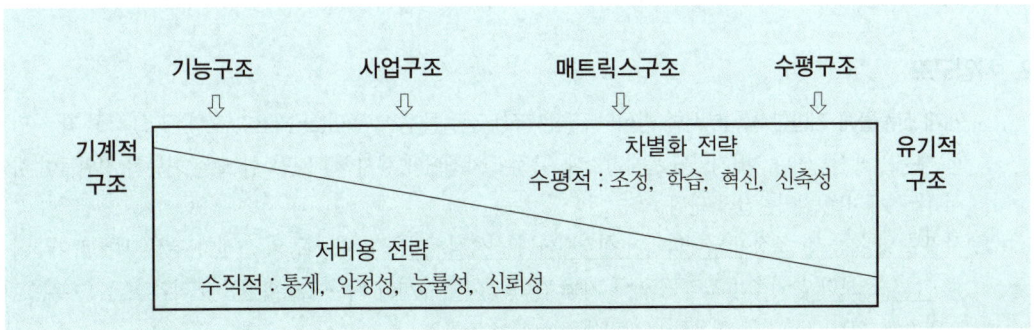

❖ 구조적 특성에 따른 구체적인 조직구조의 모형에서, '① 기능구조 ➔ ② 사업구조 ➔ ③ 매트릭스구조 ➔ ④ 수평구조 ➔ ⑤ 네트워크 구조'로 갈수록 '유기적 구조'의 모습을 지닌다.

02 조직구조의 모형 ★★★

1. 기능구조

① **기능분립주의에 근거**하여 조직의 전체 업무를 공동 기능별로 부서화한 구조(= Williamson의 U형 구조) ➜ 수평적 조정의 필요성이 낮을 때 효과적인 조직구조, 특정 기능에 관련된 조직구성원들의 지식과 기술이 통합적으로 활용되므로 그 분야의 '기술적 전문성'을 제고

② 집권적 권한(수직적 계층제에 의한 통제와 조정), 좁고 전문화된 직무와 부서 간 팀워크가 적게 요구되는 '대표적인 기계적 구조'

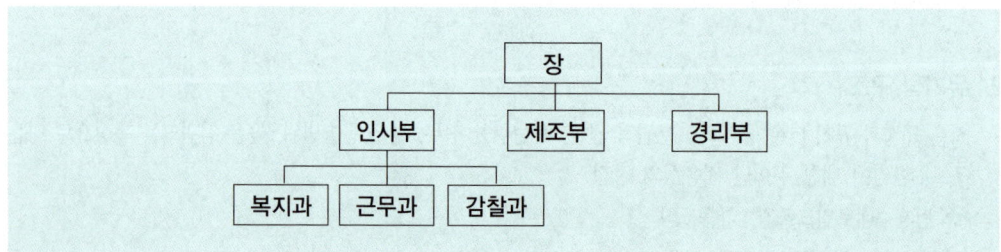

기능구조의 장·단점

장점	① 기능 내에서 규모의 경제를 추구(같은 기능적 업무를 묶어 자원을 공유하여, 중복·낭비방지) ② 비슷한 기능을 수행하는 조직구성원 간의 분업을 통해 전문기술을 발전 ③ 비슷한 기능을 수행하는 구성원들 간에 응집력이 강해 부서 내 의사소통과 조정이 용이
단점	① 기능분립주의에 따른 할거주의(sectionalism)로 인하여 부서들 간의 수평적 조정과 협력 곤란❶ ➜ 부서별 상이한 기능수행에 따라 각각 독특한 목표관을 갖게 되어, 부서들 간의 조정과 협력이 요구되는 환경변화에 둔감 ② 계층제에 따른 의사결정권의 상위 집중화로 고위관리자들의 업무 과부하

❶ 할거주의(sectionalism): 하위조직들이 자신들의 업무에만 매몰되어 자신들의 중요성을 강조하여 타하위조직 또는 조직 전체에 대항하려는 성향 ➜ **부처할거주의 발생원인**: ① 분업화와 전문화, ② 부처의 독자성·폐쇄성, ③ 부처들 간의 수혜집단·정치적 지지집단의 차이, ④ 행정조직 전체의 최적화가 아닌 부처수준의 목표달성을 극대화하려는 국지적 합리성의 추구(예 환경부의 보존논리 vs. 지식경제부의 개발논리) 등

2. 사업구조

① **개개 산출물에 기반한 사업부서화 방식**의 조직구조(= 산출물구조, Williamson의 M형 구조) ➜ 각 사업부는 한 제품을 생산하거나, 한 지역에 봉사하거나, 특정 고객집단에 봉사할 때 필요한 모든 기능적 직위들이 사업부서 내로 배치된 자기완결적 단위

② 사업부 내 기능 간 조정이 극대화되어 환경변화에 신축적·대응적, 각 기능의 조정이 부서 내에서 이루어지므로 기능구조보다 분권적인 조직구조 ➜ 기능 간 조정이 우수하기 때문에 불확실한 조직환경, 높은 부서 간 상호의존성, 외부 지향적 조직목표의 상황에 적합한 조직구조

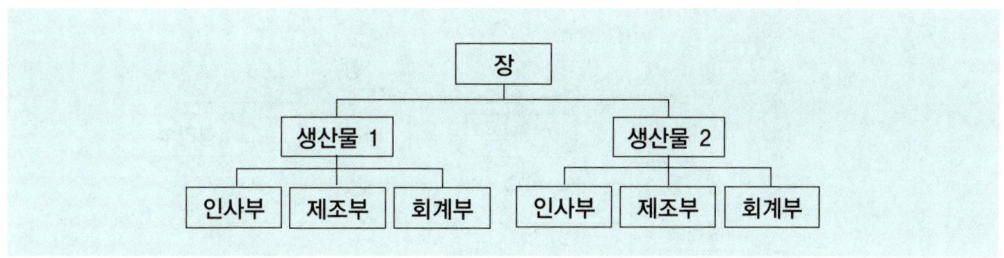

사업구조의 장·단점

장 점	① 사업부서 내의 기능 간 조정이 용이하므로 환경변화에 좀 더 신축적 대응 ② 특정 산출물별로 운영되기 때문에 다양한 고객만족도 제고 ③ 성과책임의 소재가 명확해 성과관리체제에 유리 ④ 조직구성원들에게 기능구조보다 포괄적인 목표관을 갖게 함
단 점	① 산출물별 생산라인의 중복에 따른 규모의 불경제와 비효율 ② 사업구조의 부서 내 조정은 촉진되나, 자율적으로 운영되는 사업부서 간 조정 곤란 ③ 사업부서 간 경쟁이 심화될 경우 조직 전반적인 목표달성 곤란 ④ 기능 직위가 부서별로 분산되어 기술적 전문지식 발전에 불리

3. Matrix구조(행렬조직, 복합조직)

① **수직적인 기능구조**(인사, 예산, 회계 등과 같은 전통적인 계서적 특성을 갖는)**와 수평적인 사업구조의 화학적 결합**을 통해, 조직의 신축성을 확보하도록 하는 혼합적·이원적 구조(예 대사관조직, NASA)
→ 기능구조의 '기술적 전문성'과 동시에 사업부서의 '신속한 대응성'의 필요가 증대되면서 양자의 장점을 채택한 조직구조

② 매트릭스(Matrix)구조의 기본적 특성 : 이원적 권한 체제(= 수직적으로는 기능부서 통제권한이 구성되고, 수평적으로는 사업부서 간 조정권한이 구성)
→ ㉠ 명령계통이 다원화되어 조직구성원은 기능과 사업의 양 조직에 중복 소속되어 동시에 두 명의 상관에 보고하는 체계(전통적인 명령통일의 원리에 위배), 따라서 두 권한체계 간의 적절한 권력균형이 요구됨, ㉡ 두 상관의 갈등적인 요구를 해결해야 하는 구성원들은 탁월한 인간관계기술이 필요, ㉢ 상관은 부하에 대한 완전한 통제력을 갖지 못하며, 상관들 간에 대면, 협력, 갈등조정의 관리능력이 요구

③ 매트릭스(Matrix) 구조가 적합한 조건 : ㉠ 생산라인 간 부족한 자원의 공유압력이 존재하는 경우, ㉡ 두 개 이상의 핵심적 산출물에 대해 기술적 품질성과 수시적 제품 개발의 압력이 있는 경우(→ 이중 압력은 기능부서의 장점과 사업부서의 장점이 필요하고 두 권한 체계 간의 권력균형이 요구), ㉢ 조직 환경이 복잡하고 불확실할 때(→ 조직의 수평적·수직적인 방향으로 정보처리와 조정의 필요), 적절한 조직

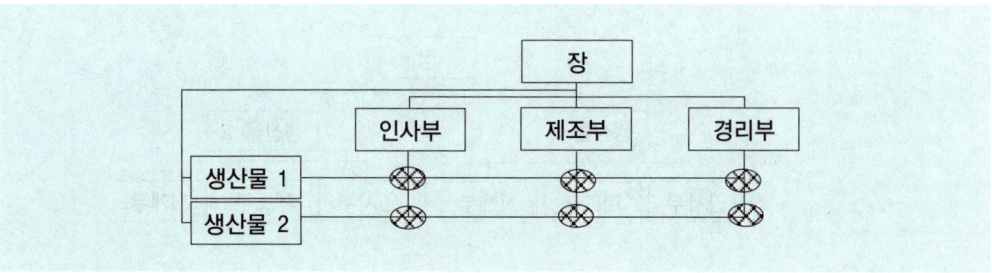

Matrix구조의 장·단점

장 점	① 신축성과 적응성이 요구되는 불안정하고 급변하는 조직환경에 효과적인 구조 ② 잦은 대면과 회의를 통해 예상치 못한 문제를 파악하고 새로운 해결책을 찾는 데 기여 ③ 매트릭스 구조 내 조직구성원들을 부서 간에 공유함으로써 자원의 효율성 제고 ④ 개인들은 다양한 경험을 통해, 전문기술의 개발과 더불어 넓은 시야와 목표관을 보유 ⑤ 조직단위 간에 정보흐름을 활성화
단 점	① 이중 구조 속에서 책임과 권한의 한계가 불명확하여, 개인에게 혼란·갈등·좌절을 유발 ② 기능부서와 사업부서 간 갈등발생, 갈등해결을 위한 노력과 시간의 낭비 ③ 객관성·예측가능성 확보가 곤란하여 상황이 유동적·복잡한 경우에만 효과적

4. 수평구조(팀구조)

(1) 수평구조의 의미

① 수평구조의 개념 : 조직구성원을 **핵심업무과정 중심으로 team으로 조직화**하는 방식(= 특정한 업무과정에서 일하는 개인을 '팀으로 모아' 의사소통과 조정을 쉽게 하고, 고객에게 직접적으로 가치를 제공) ➜ **수직적 계층과 부서 간 경계를 실질적으로 제거하고 의사소통을 원활하게 만든** 매우 유기적인 조직구조

② 수평구조는 리엔지니어링을 통해 기능중심의 분절화된 수직적 구조를 핵심업무 과정 중심의 수평적 작업 흐름으로 재조직화해 형성된다.

(2) 수평구조의 특징

① 조직구조가 과업, 기능에 기반하지 않고 핵심업무과정에 기초함(예 개발, 구매, 생산, 주문처리 등). ➜ 수평구조는 먼저 조직목표 달성에 핵심적인 업무과정을 분석해야 하는 준비가 필요하고, 이에 따른 직무설계, 관리철학, 보상체계 등에 관한 대대적인 조직 혁신(= 리엔지니어링)이 요구되는 즉, 업무의 처리 방식 자체에 변화를 주는 구조개혁이다.

② 기본 구성단위는 과업수행에 필요한 자원에 접근하고 의사결정 권한을 갖는 '자율팀(self-managed team)'

③ 핵심과정에 대한 전체적인 책임은 각 과정 조정자에게 부여

④ 다양한 직무를 수행할 수 있게 훈련받는 팀 구성원(넓은 직무범위)

⑤ 핵심과정별 최종 성과지표, 고객만족도, 종업원 만족도 등을 통한 조직효과성 평가

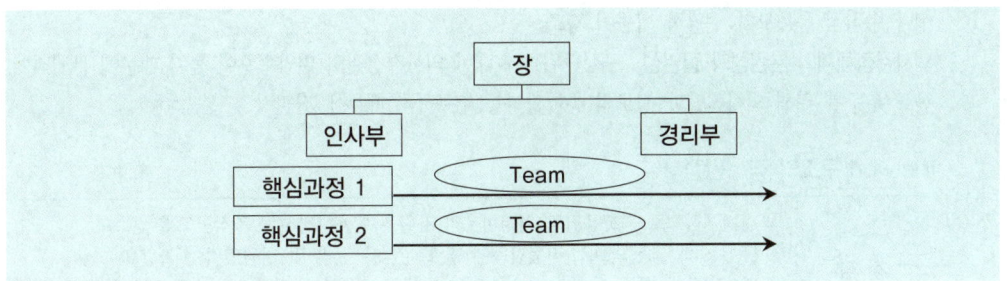

(3) 수평구조의 장점
① 구조자체가 모든 구성원들의 관심을 고객만족도의 증진에 두게 되어, 고객수요 변화에 신속히 대응할 수 있는 조직의 신축성을 제고
② 부서 간의 경계가 없어 개인들은 조직 전체의 관점에서 업무를 이해하게 되고, 팀워크와 조정이 유리
③ 조직구성원들에게 자율관리, 의사결정 권한과 책임을 위임함으로써 사기와 직무동기에 기여

5. 네트워크구조

(1) 네트워크구조의 개념
① 조직의 자체기능은 **핵심역량**(전략, 계획, 통제) 위주로 합리화하고, 여타 기능은 외부기관들과 계약관계를 통해 **수행**하는 조직구조 방식(= 공동조직 : hollow organization)
② 한 조직에서 모든 기능을 수행하는 방식을 탈피하여, 회계, 제조, 포장, 유통기능 등을 외부기관에 outsourcing (외주)하고 정보기술(IT)에 기반한 network를 통해 운영하여, 환경변화에 따라 신속하게 외부계약관계를 재조정

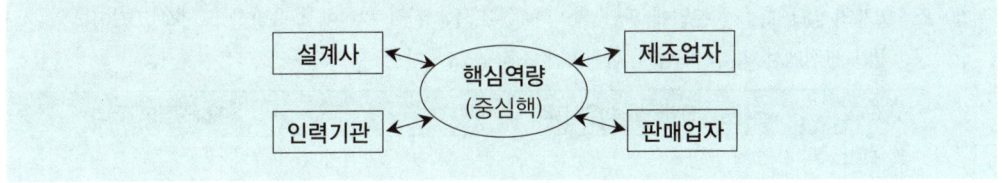

(2) 네트워크구조의 특성
① 각기 높은 자율성을 지닌 조직단위나 조직들 사이의 협력적 연계장치로 구성 : 연계장치는 계서적인 통제가 아니라 수평적 협력관계에 바탕
② **가상조직과 임시체제(Adhocracy)의 속성을 내포** : ㉠ 임시적 관계, 유연성과 신속한 적응이 강조되므로 임시체제적 특성, ㉡ 조직의 물리적 차원이 위축·소멸하고 인지적 차원이 부각되어 가상조직적 특성
③ **통합지향성** : 구성단위들의 활동은 공동목표 추구를 위해 통합 ➔ ㉠ 비계서적인 연계작용에 의해 수직적 통합을 도모하고, ㉡ 분화된 기능들의 수평적 통합을 추구하며, ㉢ 지리적 분산의 장애를 극복함으로써 공간적 통합을 추구
④ 수평적·공개적 의사전달의 강조와 정보공유, 유기적이며 수직적 계층의 수가 최소화된 구조설계 : 구조설계는 ㉠ <u>중심-주변형</u>(중심에는 관리작용을 담당하는 핵심부분이 있고, 주변에는 업무를 수행하는 부문들이 있는 구조)과 ㉡ <u>군집형</u>(다수의 독자적인 구성단위들이 잠정적으로 연계하여 이루는 구조)으로 대별되는데, 어느 경우

에나 수직적 통제보다 수평적 협동이 강조
⑤ **의사결정체제의 분권성과 집권성** : 구성단위들에 대한 의사결정권의 위임수준이 높기 때문에 분권적이며, 공동목표 추구를 위해 의사전달과 정보의 통합관리를 추구하기 때문에 집권적

Network구조의 장·단점

장점	① 전지구적으로 최고품질과 최저비용의 자원을 활용하면서도 조직구조를 간소화 ② IT에 의해 조정되므로 직접감독에 필요한 많은 관리 및 지원인력이 불필요 ③ 환경변화에 대한 신축적 대응이 가능(거대한 초기투자 없이도 신속히 새로운 제품 출시) ④ 조직 내 개인들은 도전적인 과업을 수행하면서도 직무확장과 확충에 의한 동기 유발
단점	① 계약·협력관계에 있는 외부기관에 대한 직접통제가 어려워, 대리인문제(도덕적 해이 등) 발생에 따른 조정·감시비용증가 ➜ 제품의 안정적 공급과 품질관리 곤란 ② 모호한 조직경계에 따른 조직응집력 약화, 구성원의 충성심 약화(빈번한 이직 발생) ③ 행렬형태를 취하여 각 조직 간 갈등을 해결할 수 있는 최고 권위 부재로, 단일 조직을 협동조직으로 규합 곤란

제3절 고전적 조직구조의 원리(조직원리론)

① **조직의 원리** : Fayol, Urwick, Gulick, Mooney 등의 전통적인 조직이론가들이 조직의 편성·관리에 있어서 적용될 유일·최선의 방법(one best way)을 탐색하는 과정에서 정립
② **조직설계의 양대 축** : ㉠ **분업**에 관한 원리와 ㉡ **조정**에 관한 원리에서 출발한 고전적 조직이론은, 기계적이고 공식적인 관점에서 피라미드형의 집권화된 조직구조를 처방

구 분	분화(전문화)의 원리	통합(조정)의 원리
특 징	수평적 조직 분화	수직적 조직 분화
원 칙	부성화의 원칙, 동질성의 원칙(부성화의 기준), 계선과 참모의 분리원칙, 기능명시의 원칙	계층제의 원칙, 명령통일의 원칙, 통솔범위의 원칙, 명령계통의 원칙, 집권화의 원칙
장 점	전문성, 균형과 견제의 제고	기능조정과 효율성 제고
단 점	과대분화는 조직의 비효율 유발, 조정기능의 미흡	집권화의 문제, 관료제의 문제

1. 분업(전문화)의 원리

(1) 분업의 원리의 의미
조직 전체의 업무를 종류와 성질별로 가능한 한 세분하여 조직의 구성원에게 가급적 한 가지의 단일 업무만을 전담시키도록 하는 조직구성의 원리

분업의 장·단점

장 점	단 점
① 분업이 이루어지면 작업능률이 향상 ② 분화된 업무처리를 위한 도구 및 기계의 발달을 촉진 ③ 전문가의 양성을 촉진	① 직무의 단조로움과 낮은 중요성을 유발 → 이러한 문제 극복을 위해, 수평적으로 직무범위를 확대하는 직무확장(job enlargement)과 수직적으로 직무의 깊이를 확대하는 직무확충(job enrichment)을 처방 ② 자신의 업무에만 매몰되어 할거주의(sectionalism)를 유발하여 직무 간·부서 간의 조정과 통합을 어렵게 함. ③ 자신의 분야만 잘 알고 다른 분야에 대해서는 시야가 좁은 '전문화된 무능(trained incapacity)'

(2) 업무의 성격에 따른 수평적·수직적 전문화
전문화는 ① 수평적 측면에서 '직무의 범위'를 결정하고, ② 수직적 측면에서 '직무의 깊이'를 결정하는데, 직무의 범위와 깊이는 업무의 성격에 따라 달라진다.

구 분		수평적 전문화	
		높음	낮음
수직적 전문화	높음	비숙련직무 (예 생산부서의 단순직무)	일선관리직무
	낮음	전문가적 직무	고위관리직무 (예 조직의 전략과 정책결정업무)

2. 부처편성의 원리(부서화의 원리) : 분업에 의해 분할된 업무의 집단화 원리

① Gulick의 부처편성의 4가지 기준 : ㉠ 목표·기능, ㉡ 과정·절차, ㉢ 봉사나 처리의 대상이 되는 고객·물건, ㉣ 업무수행 장소
② 부서화(departmentation)의 방식 : ㉠ 기능별 부문화, ㉡ 제품별 부문화, ㉢ 지역별 부문화, ㉣ 공정별 부문화, ㉤ 프로젝트별 부문화, ㉥ 고객별 부문화, ㉦ 혼합형 부문화

3. 조정의 원리

(1) 조정의 원리의 의미

조직목표의 효과적 달성을 위해 '세부적으로 분화된 조직의 활동을 통합하는 것'

→ 고전적 조직원리에서 중시되는 조정의 방법은 '**권한의 계층제 형성을 통한 조정**'

조정 방법	조정의 저해요인
① 명백한 조직목표의 설정(조직구성원이 조직의 공통목표가 무엇인지 알도록) ② 계층제에 의한 조정 ③ 조직의 정책, 업무처리절차·규칙의 정형화 ④ 의사전달의 촉진으로 상호이해 증진 ⑤ 조정위원회 설치 ⑥ 객관적인 조정기구설치(국무조정실, 막료기관을 활용한 조정) ⑦ 사전적 계획수립에 의한 조정(→ 상황이 안정적인 경우), 환류에 의한 조정 (→ 상황이 가변적인 경우 새로운 정보 전달로 조정)	① 행정의 전문화 ② 조직의 규모 확대 ③ 조직 내의 할거주의(sectionalism) ④ 횡적 의사전달의 미흡 ⑤ 조직목표나 이해관계의 차이가 있는 경우

(2) 조정기제로서의 수직연결과 수평연결

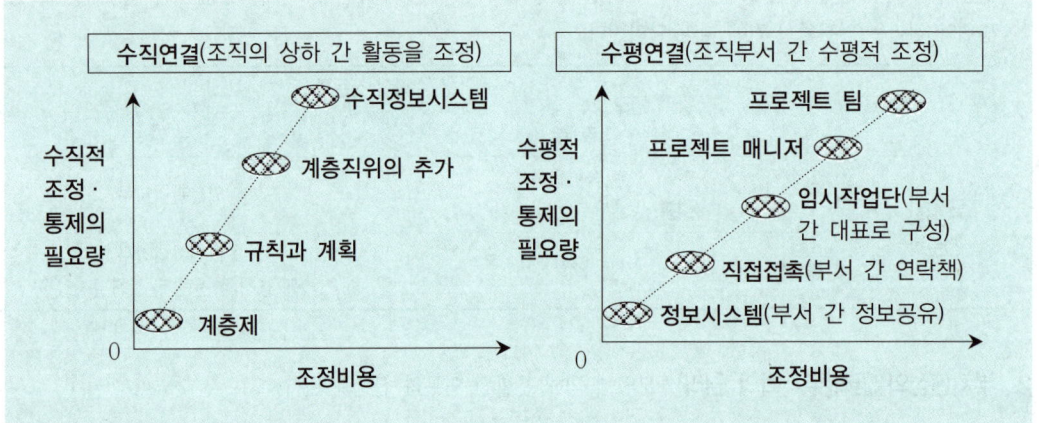

4. 계층제의 원리

(1) 계층제의 원리의 의미

조직 내의 권한과 책임 및 의무의 정도에 따라 조직구성원들 간에 상명하복의 계층이나 등급을 설정하는 것

(2) 계층제의 특징 ★

① 계층제와 분업 : 계층제는 업무의 곤란도나 책임도를 기준으로 하는 수직적 분업(분화)
② 계층제와 통솔범위의 역관계 : 통솔범위가 넓어지면 계층의 수는 적어지는 반면, 통솔범위가 좁아지면 계층의 수는 많아짐.

③ 계층제에서 계선·참모의 관계 : '참모조직의 원리'에 따르면, 계선과 참모를 구별하고 참모는 일반적 계층제의 명령계통으로부터 분리한다. ➔ 계층제는 계선조직(line)을 중심으로 형성되며, 참모조직(staff)은 계층제 형태를 띠지 않음.
④ 계층제의 형성에 관한 원리 : 고전적인 계층제의 형성을 위해서는, ㉠ 통솔범위의 원리, ㉡ 명령통일의 원리(조직구성원은 오직 한 사람의 상관으로부터만 지시와 명령을 받고, 보고해야 한다는 것), ㉢ 명령계통의 원리(조직 내에서 명령의 전달이나 기타 수직적 의사전달은 반드시 각 계층을 포함하는 공식적 통로를 거쳐 이루어져야 한다)를 요구

계층제의 순기능과 문제점

계층제의 순기능	계층제의 문제점 ★
① 지휘·명령 등 의사소통(특히 상의하달)의 통로 ② 권한위임의 통로가 되며, 행정책임의 한계를 분명히 함. ③ <u>계층제를 통해 갈등과 분쟁이 해결되고 조정이 가능하기 때문에 조직의 통일성과 안정성을 유지</u> ④ 행정목표 설정과 업무배분의 통로 ⑤ 승진기회를 제공하여 구성원의 사기앙양	① 지나친 수직관계는 <u>조직의 경직성을 초래하여 신축적인 조직운영 저해</u> ② 환경변화에 신속한 대응 곤란 ③ 계층수가 증가하면서 <u>의사전달의 지연과 왜곡초래</u> ④ 조직성원의 개성과 창의성 저해 ⑤ <u>Peter의 법칙</u>(= 계층제에서 승진이 '연공서열' 중심으로 이루어지는 경우 자격과 능력이 미달한 사람도 선임자이기 때문에 승진하여, 모든 직위가 무능력자로 채워지는 현상)

5. 통솔범위의 원리

① **통솔의 범위** : 한 사람의 상관이 직접 효과적으로 통솔할 수 있는 부하의 수
② **통솔범위의 원리** : '인간의 주의능력의 한계로 인하여 상관의 능률적인 감독을 보장하기 위해서는 상관이 통제하는 부하의 수가 적정하게 제한되어야 한다.'는 것
  ➔ Graicunus는 일정한 공식을 통해 6명이 적절한 규모의 통솔의 범위라고 주장
③ **통솔범위의 한계**로 인하여, 조직 내 감독권한의 위임이 발생하고 **피라미드형의 계층제가 형성**

> **PLUS 심화** 통솔범위와 조직구조의 유형 : 고층(tall)조직 vs. 저층(flat)조직
>
> 통솔범위는 조직의 계층의 수와 조직구조의 형태를 결정한다.
> ① **직접감독에 의한 통제를 강조하는 고전적 조직이론** : 6명 이내의 좁은 통솔범위를 주장하여, 계층의 수가 많은 고층(tall)조직의 형태를 띤다.
> ② **최근의 조직이론** : 신속한 의사결정, 관리권한의 위임을 위해 30~40명의 더 넓은 통솔범위를 주장하여, 계층의 수가 적은 저층(flat)조직의 형태를 띤다.

제4절 관료제이론 : 고전적 조직구조모형

① 관료제(bureaucracy ➜ bureau ; 사무실 + cracy ; 지배)의 의미 : 고도로 분화된 대규모의 복잡한 조직으로, 미리 정해진 법규정과 절차에 따른 업무수행·기능적 합리성·계층제·분업과 전문화·몰개인성에 입각하여 구성·관리되는 합리적인 조직구조 ➜ 하나의 조직형태 또는 조직을 지배하는 원리(구조적 측면에서 파악한 관료제)
② 정부조직(관청)·군대·정당·회사·대학·교회 등 대규모 공식적 조직들은 대부분 관료제적 성격을 지님.

01 베버(M. Weber)의 관료제이론 ★★

1. 근대 관료제의 이념형

관료제 유형 (조직지배 장치의 형태)	지배의 유형	지배의 정당화 근거 (권위의 유형)
카리스마적 관료제	카리스마적 지배	지배의 정당성 원천(카리스마적 권위)은 지도자 개인의 초월적 비범성이나 선천적 자질
가산적(家産的) 관료제	전통적 지배	전통을 지배의 정당성 원천(전통적 권위)으로 본 중세시대나 조선시대의 관료제 ➜ 권한행사의 자의성과 예측불가능성, 미분화된 기능, 공·사 구분의 결여, 전인격적인 지배, 관료의 특권성
합법적 관료제	합법적 지배	근대적 관료제로서, 지배의 정당성 원천(합법적 권위)이 법규 ➜ Weber는 합법적 관료제를 이념형적인 관료제로 파악

❖ 근대관료제의 이념형(ideal type) : 합법적 권위에 기초한 지배를 근간으로 하는 합법적 관료제
  ➜ 설정된 목표를 가장 효과적으로 달성하는 최고의 능률성과 합리성을 이루는(전근대적인 조직에 비해 기술적 우월성을 지니는) 조직구조·조직형태이며, 현대사회의 복잡한 조직에 가장 효과적으로 적용되는 조직지배의 원리라고 Weber는 주장

2. 이념형적 관료제의 특징

① 권한과 관할권의 법규화(법과 규칙에 의한 지배) : 모든 직위에 부여되는 권한과 관할범위는 공식적 규범(법과 규칙 및 절차)에 의해 규정된다. 권한은 사람이 아니라 직위에 부여된다.
② 계층제적 조직구조 : 권한의 계층이 뚜렷하게 구분되는 상명하복의 계서제 질서 속에 모든 직위들이 배치된다. 하급자는 상급자의 엄격한 감독과 통제하에 임무를 수행한다.
③ 문서주의 : 모든 직위의 권한과 임무는 문서화된 법규에 의하여 규정된다. 또한 직무수행은 문서에 의해 이루어지며, 그 결과는 문서로 기록·보존된다.
④ 임무수행의 비정의성(impersonality ; 몰개인성) : 관료는 개인의 자의적인 행동 개입 없이 법규에 정해진 바에 따라 공정하게 업무를 처리한다(Sine ira et studio ; without anger and fondness).
⑤ 분업과 전문화, 관료의 전임화 : 조직은 분업화되고, 분업화된 직무는 전문지식과 기술을 지닌 관료가 담당하며, 이들은 시험 또는 자격심사 등을 통해 공개적으로 채용된다. 또한 관료로서의 직업은 잠정적인 직업이 아니라 항구적인 생애의 직업이며 또한 전임직업(full-time job)이다.

⑥ **실적주의(연공서열과 업적에 따른 승진)** : 관료제하에서 사람을 충원하고 승진시킬 때 시험성적, 경력 등과 같은 실적을 근거로(혈연, 학연, 지연과 같은 개인적 연고가 아니라) 한다. 또한 관료들은 계급과 근무연한에 따라 고정된 보수와 연금을 받으며, 승진의 기준은 주로 연공서열·선임순위(seniority)이다.
⑦ **관료제의 항구성** : 관료제는 한 번 형성되면 파괴되기 어려운 실체가 된다.
⑧ **고용관계의 자유계약성** : 관료제에서 고용관계는 전통적인 신분관계가 아닌 평등한 관계에서 자유로운 고용계약에 근거한다.

02 관료제의 순기능과 역기능(병폐)

특 징	관료제의 순기능(효용)	역기능(병폐)★★
법과 규칙의 강조	① 조직구조의 공식성 제고 ② 조직 활동절차의 정확성 향상 ③ 공평·공정·통일적인 업무 수행 ④ 조직활동의 객관성과 예측가능성 확보	① 동조과잉과 목표전환 : 수단인 법과 규칙 및 절차(SOP)의 지나친 강조로 인해, 법규적 요청에 대한 과잉동조(Overconformity-R. Merton)와 목표와 수단의 대치 현상을 야기, 또한 양적 복종만을 중요시(조직의 궁극적 성공보다 양적 실적에만 몰두) ② 획일성과 경직성 ③ 변화에 대한 저항 및 고객에 대한 대응성(responsiveness) 결여 ④ 형식주의·무사안일주의(법규의 테두리 안에서 수동적·소극적 업무수행) ⑤ 비인간화(조직성원의 기계화) ⑥ 의식주의(ritualism : 규칙과 절차에 열중하여 왜 규칙이 마련된 것인가를 망각하고 절차를 儀式的으로 수행하는 일에만 전념)
계층제	① 조직 내의 수직적 분업의 발달 ② 조직의 질서유지와 조정체계 확립 ③ 수직적 권한 계층을 통한 책임수행의 용이	① 조직 내 의사소통의 왜곡과 지연 ② 상급자의 권위에의 지나친 의존으로 의사결정의 교착, 상층부로의 책임회피와 전가 ③ 상층부의 권력 집중현상(Michels의 과두제의 철칙) ④ 권력구조의 이원화와 갈등(상관의 계서적 권한과 부하의 전문적 권력은 이원화되어 갈등을 야기)
분업과 전문화	① 전문행정가의 충원 ② 행정능률 증진	① 훈련된 무능(trained incapacity : Veblen이 주장)과 전문직업적 정신이상(전문적인 일에 종사하는 사람이 더 편협해짐 : J. Dewey가 주장) ② 반복적인 일에 대한 일의 흥미 상실 ③ 할거주의(sectionalism)에 따른 조정과 협조의 곤란 ④ 구성원의 기계화·소외
업무수행의 몰개인성	① 객관적 사실과 법규에 근거한 행정발전 촉진, ② 공평무사한 업무처리	① 비인간적인 관료 양성
문서주의	① 직무수행의 공식성 확립 ② 직무수행의 객관성과 그 결과의 보존	① 형식적 서면주의 ② 불필요하거나 번거로운 문서처리가 늘어나는 번문욕례(red-tape)

연공서열과 업적에 의한 승진	① 직업공무원제 발전 ② 행정의 안정과 재직자 보호	① Peter's principle에 따른 무능력자 승진과 무자격자 보호❶

❶ 피터의 원리(Peter's principle)란, Peter와 Hull이 개척한 이론으로, 계층제적 관료조직에서 연공서열과 업적을 기준으로 승진을 결정하는 경우, 구성원이 각자의 능력을 넘는 수준까지 승진하여 모든 직위가 무능력자로 채워지는 현상이다.

> **PLUS 심화**   **Weber 이후 학자들에 의한 관료제 비판(관료제 역기능에 대한 연구)**
> 1. **Merton의 모형** : 관리자는 관료의 행동을 통제하기 위한 규칙을 마련하는데, 이러한 규칙의 준수는 관료행태의 경직성을 초래하게 된다(규칙의 엄수로 인한 형식주의·동조과잉이나 목표전환이라는 역기능 발생, 관료제의 역기능이 최고관리자의 통제욕구에서 비롯된다고 보았다).
> 2. **Blau와 Thompson의 모형** : 관료조직 내 사회관계에서 개인의 불안정성이, 동조과잉이나 변동에의 저항과 같은 관료제의 역기능을 유발하는 원인이다.
> 3. **Selznick의 모형** : 관료제에 있어서 권한위임과 전문화는 불가결하지만 그 결과 조직 내 하위단위 간의 이해관계가 대립되고 전체목표보다 하위목표만을 주장하는 역기능이 초래된다.
> 4. **Gouldner의 모형** : 부하들을 통제하기 위한 규칙으로 인하여 관료들이 규칙의 범위 내에서 최소한의 행태만을 추구하여 무사안일주의를 초래한다고 본다.

제5절   탈관료제와 애드호크라시 : 탈고전적 구조형성의 원리

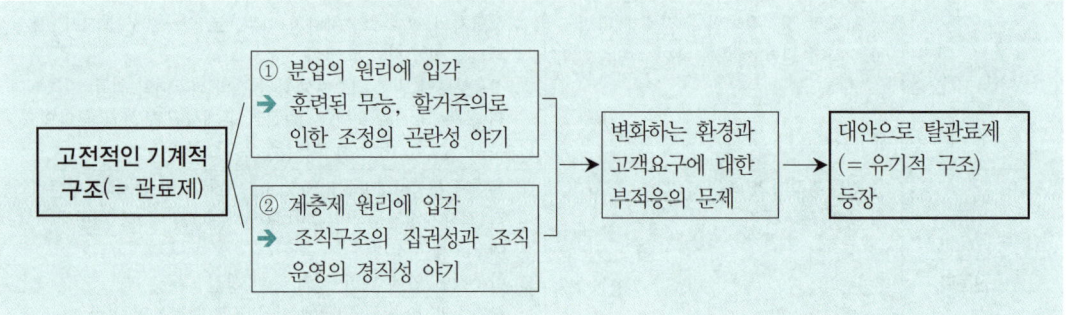

01   탈관료제화의 원리(I) : 고전적 원리의 수정이론

1. **매트릭스구조** : 고전적 기능구조와 탈고전적 사업구조를 결합
2. **견인이론(Golembiewski)** ★★
    ① 억압이론(push theory) : 사람들에게 고통스러운 결과를 피하기 위해 일하도록 만드는 방안을 처방하는 전통적 이론

② 견인이론(pull theory) : 자유스러운 분위기를 조성하고 사람들로 하여금 일하면서 보람과 만족을 느끼게 하는 방안을 처방하는 탈관료제적 조직이론 ➡ 예 분권화된 조직, Project team, Task Force, 행렬조직, 팀제 조직, MBO 등

견인이론의 원리	① 분화보다는 통합에 역점 ② 억압보다는 구성원의 자율성을 강조 ③ 안정보다는 새로운 것과 창의성 중시 ④ 기능보다는 일의 흐름을 중시
견인이론에 입각한 조직구조의 특성	① 일의 흐름을 기준으로 한 수평적 분화 ② 상호적인 권한의 흐름과 상하 좌우로 형성되는 권한관계 ③ 업무성과에 대한 평가 ④ 자율규제를 촉진하여 통솔범위를 확대 ⑤ 외재적 통제와 억압을 최소화 ⑥ 변동에 대한 적응용이성

02 탈관료제화의 원리(Ⅱ) : 반관료제·후기 관료제모형(고전적 조직구조의 근본적 배척)

① 탈관료제론의 등장배경(1970년대) : 사회과학 전반의 인간주의적 연구경향, 격동하는 환경, 지식·기술의 고도화, 고도의 인적 전문화, 민주화·자율화에 대한 요청, 불확실성
② 탈관료제의 기본적 특성(McCurdy) : ㉠ 계서제 타파, ㉡ 구조적 배열의 잠정성, ㉢ 조직의 경계관념 타파, ㉣ 계서제의 지위와 권한 대신 임무와 능력 중시, ㉤ 상황적응성의 강조, ㉥ 집단적·협동적 노력의 강조, ㉦ 직업적 유동성 등

탈관료제이론의 유형 **

적응적·유기적 구조 (W. Bennis)	급변하는 환경조건에 신속하게 적응하도록 유기적으로 구조화된 조직
경계를 타파한 변증법적 조직(O. White)	조직의 경계 안에 고객을 포함시켜 조직구성원과 고객이 동료와 같은 관계를 유지
연합적 이념형(L. Kirkhart)	1960년대 '신행정학' 운동의 조직관(반관료제적 조직)을 반영
구조화된 비계층제이론 (F. Thayer)	계서제를 소멸시키고, 비계층제적인 집단적 의지형성 장치 고안
이음매 없는 조직 (R. M. Linden)	관료제 구조(분업·전문화, 계층제, 개인별 책임에 의해 분할된 조직·조각난 조직)와 대조되는 총체적·유기적으로 구성된 조직(이음매 없는-seamless- 조직) ➡ 조직구성원들은 고객에게 보다 온전한 서비스 제공을 위해 일반능력가주의적·복수기술적 직무를 수행하며, 기능별·조직단위별로 조각난 업무를 경계가 없는 네트워크로 재결합, 고객에게 원활하고 투명한 서비스를 제공

03 애드호크라시(Adhocracy) : 조직의 동태화 ★★

① 임시구조(Adhoc ; 임시의 + cracy ; 지배)의 개념 : 탈관료제화로 나타난 평면조직의 일종으로, 환경변화에 대한 신축적 대응능력을 가진 쇄신적·유기적 구조
② 기계적 구조인 관료제(bureau ; 영속성과 고정성을 갖는 사무실 + cracy ; 지배)에 대비되는 개념

1. 동태적 조직의 특징

① 낮은 수준의 복잡성 : 수평적 분화가 높은 반면 계층제적 수직적 분화는 낮다(➔ 고도의 전문적 기술을 지닌 전문가로 구성되기 때문에 높은 수평적 분화를 지니며, 수직적 분화는 미미하여 계층은 거의 존재하지 않는다).
② 낮은 수준의 공식성 : 조직구조의 공식화와 표준화는 낮다.
③ 분권적 의사결정 : 분권적 의사결정구조가 중시된다.
④ 비일상적 기술의 사용 : 여러 분야의 전문가들이 모여 새로운 문제를 해결하기 때문에, 사용하는 기술은 비일상성과 비정형성을 띤다.

Adhocracy의 장점	Adhocracy의 단점
① 변화에 대한 신속한 대응능력과 조직구성원의 자율성 향유로 높은 적응도와 창의성을 발휘(기술혁신을 촉진)	① 조직 내에서 갈등과 긴장을 형식적으로 제도화하는 경향(업무의 표준화와 공식화 정도가 매우 낮아 구성원 간에 갈등과 마찰이 일어날 우려)
② 공동목표 달성을 위해 차출된 다양한 전문요원들의 조정과 협동을 촉진	② 관료제의 장점인 권한과 책임한계의 불분명
③ 기존의 조직 내 전문인력의 신축적 동원으로 인적자원의 경제적 활용	③ 이질적 배경을 가진 사람들이 모여 있기 때문에, 조정·통합과 커뮤니케이션 비용이 증대

2. Adhocracy의 유형

(1) 행렬조직(Matrix)

종적인 기능부서와 횡적인 사업부서(project 조직)를 결합시켜 조직의 신축성을 확보하도록 한, 이중지위의 조직구조

(2) 임시조직(project 조직과 태스크포스)

① project조직 : 특정 사업(project) 추진·과제해결을 위해서 전문가나 관계요원으로 구성되는 임시적·동태적 조직 ➔ 단시일 내 과업의 강력한 추진에 적합
② 과업집단(Task Force : TF) : 군대의 기동부대를 의미하는 것으로, 특별한 임무를 수행하기 위하여 편성되는 임시조직인 전문가조직 ➔ project조직과 유사한 임시조직이나 ㉠ 보다 대규모의 공식조직이며, ㉡ 구성원이 정규부서에서 이탈하여 전임제로 참여한다는 점 등에서 차이

Project Team과 Task Force의 비교

구 분	Project Team	Task Force
구 조	수평적 조직	수직적·입체적·계층적 조직
존속기간	임시적·단기적 성향 (목표달성 후 해체, 상설성이 약함)	장기적 성향 (목표달성 후 존속경향, 상설성이 강함)
규 모	소규모(부문 내에 설치)	대규모(부문 간에 설치)
소속관계	소속기관에서 탈퇴하지 않고 일시 차출	정규부서에서 이탈하여 전임제로 근무
성 격	인적 성격이 강함.	물적·조직적 성격이 강함.
특 징	단시일 내에 과업을 강력히 추진할 수 있는 문제해결에 적합한 조직	특별업무를 수행하기 위해 임시로 편성한 조직

(3) 위원회 구조

계층제 조직의 경직성을 완화하고 민주적 결정과 조정을 촉진하기 위하여, '동일한 계층과 지위에 있는 여러 사람들이 결정을 하고 그에 대해서 책임을 지는 합의제 조직' ⇔ 독임제(단독제) 조직에 대응되는 개념

(4) 동료조직(대학구조 : collegial structure)

대학, 연구소, 고급전문조직 등에서 활용되는 조직으로 공동의사결정과정을 중시하고, 높은 분권화, 최소한의 공식화, 많은 재량을 부여

제6절 지식정보사회형 미래조직

1. 학습조직 ★★

(1) 학습조직의 의미
① 학습조직이란 개방체제와 자기실현적 인간관을 바탕으로, 조직원이 새로운 '지식(문제해결책)'을 창출하는 한편 이를 조직 전체에 보급해 조직 자체의 성장·발전·업무수행능력을 증가시킬 수 있도록 '지속적인 학습활동'을 전개하는 유기적 조직을 의미
② 모든 조직구성원이 문제 인지와 해결에 관여하면서 조직능력을 제고하기 위해 시행착오를 거치면서 지속적으로 실험할 수 있는 조직으로, 효율성이라는 관료제모형의 궁극적 가치와는 달리 문제해결이 학습조직의 필수적 가치

(2) 학습조직의 성립에 필요한 5가지 수련(P. Senge)
① 자기완성(personal mastery) : 각 개인이 원하는 결과를 창출할 수 있는 자기역량의 확대방법을 학습하는 것
② 세계관·사고의 틀(mental-model) : 뇌리에 깊이 박힌 전제 또는 정신적 이미지를 성찰하고 새롭게 하는 것
③ 공동의 비전(shared vision) : 조직구성원들이 공동으로 추구하는 목표와 원칙에 관한 공감대를 형성하는 것
④ 집단적 학습(team learning) : 집단구성원들이 진정한 대화와 집단적인 사고의 과정을 통해 개인적 능력의 합계를 능가하는 지혜와 능력을 구축하는 것
⑤ 시스템적 사고(systems thinking) : 체제를 구성하는 여러 연관 요인들을 통합적인 이론체계 또는 실천체계로 융합시키는 능력을 키우는 것

(3) 유기적 조직의 한 유형인 학습조직의 특징
① 리더의 마음에서 출발한다(학습조직의 리더는 조직구성원을 안내할 목표·사명·핵심가치를 제시하는 '조직의 사회적 건축을 설계'하고, 구성원이 공유하는 미래에 대한 비전을 창조, 조직의 임무와 조직구성원을 지원하는 데 헌신).
② 조직구성원의 권한 강화를 강조한다.
③ 전략은 중앙집권적으로 수립되는 것이 아니라, 일선구성원·경쟁자 등 여러 방향에서 등장한다.
④ 부분보다 전체를 중시하고, 부서 간 경계를 최소화, 조직의 공동체 정신을 강조하는 '강한 조직문화'를 보유한다.
⑤ 정보의 홍수 속에서 정보공유를 강조한다.
⑥ 학습조직의 기본 구성 단위는 팀으로 수평적 조직구조를 강조하며, 신축성 제고를 위해 네트워크 조직과 가상조직을 활용하고, 보상체계에서 팀워크와 조직 전체를 강조하는 이윤공유보너스와 지식급제도를 도입한다.

(4) 지식의 창출과정(Nonaka와 Takeuchi)
① 지식의 창출은 인식론적 차원(암묵지와 형식지)과 존재론적 차원(개인지, 집단지, 조직지)의 상호작용에 의해 이루어진다.
② 형식지(= 언어화와 형식화가 가능한 객관적 지식)와 암묵지(= 언어화와 형식화가 곤란한 개인이나 조직의 경험과 같은 주관적·내재적 지식)의 상호작용 : **지식변환**

2. 기타 새로운 조직(→ 조직의 신축성과 유연성 극대화를 위해 '조직의 수평화·네트워크화'를 강조)

가상조직 (virtual Organization)	• 컴퓨터 네트워크에 의하여 형성된 가상의 공간에 존재하는 조직 • 조직의 물리적 요소가 극도로 약화되었거나 존재하지 않는 조직 : 조직의 물리적 요소는 추상화되고 인지적 측면이 더욱 강조(조직을 경계짓는 물리적 요소들이 존재하지 않으므로 조직의 경계를 확인하기 어렵고, 조직의 경계는 심리적으로 설정된 경계의 형태)
클로버형(삼엽) 조직	• 찰스 핸디(Handy)의 「비합리의 시대」에서 미래 조직은 세 잎의 클로버처럼, 핵심인력, 임시적 근로자, 용역근로자의 3부류의 집단으로 구성
후기 기업가조직	• 신속한 행동, 창의적인 탐색, 신축성, 직원과 고객의 밀접한 관계를 강조하는 조직형태 • 거대한 규모를 유지하면서도 유연성을 지닌, 코끼리가 생쥐처럼 유연하고 신속히 활동할 수 있는 조직
혼돈(chaos)정부	• 비선형적 동학을 적용하여 정부조직의 혼돈에 숨어 있는 질서를 발견하고, 조직 간 활동의 조정과 정부예산을 개혁을 도모하는 조직
공동(hollow)조직 (→ network조직)	• 정부가 공급하는 행정서비스의 생산 및 공급업무를 제3자에게 위임하여 정부기능은 줄어들고, 정부는 기획·조정·통제·감독 등의 중요한 업무만 수행

제7절 계선과 막료, 위원회조직

01 계선과 막료 ★

1. 계선과 막료의 의미

(1) 계선기관(line)

조직의 일차적 목적달성과 관련된 과업을 수행하는 단위로서, 조직의 명령계통하에서 상·하급기관이 직접적으로 연결되며, 조직의 결정권·집행권을 담당하는 기관(➔ 조직에서 본질적이고 중추적인 단위)

(2) 막료기관(staff)

계선기관이 효과적으로 조직의 목적을 달성하도록 계선기관에 대한 지원·보좌하는 역할을 담당하는 기관

> **PLUS 심화 막료의 유형**
>
> | | |
> |---|---|
> | 보조형 막료
(보조기관) | 인사·예산·조달·통계·사무관리 등 조직의 유지, 관리, 보조기능을 수행하는 기관
(군대의 특별참모)
➔ 보조형 막료는 계선기관에 봉사하는 것으로서 계선기관과 같은 단계에 설치❶ |
> | 자문형 막료 | 기획·조사·자문·연구 등의 기능을 담당하는 좁은 의미의 막료(군대의 일반참모)
➔ 계선기관 및 보조기관에 대해 조언과 권고를 하고, 조직의 최고관리자에게 직속된 전문지식을 가진 전문가(차관보, 담당관❷) |

❶ 정부조직법 제2조의 '보조기관' 개념은 보조형 막료를 포함하여 기관장에게 계층적으로 소속된 계선기관을 의미한다(차관, 차장, 실장, 국장, 과장 등).

❷ 정부조직법 제2조의 '보좌기관' 에는 ① 장관과 차관을 직접보좌하기 위하여 두는 1급의 차관보와 ② 장·차관, 실장·국장 밑에 정책의 기획, 계획의 입안, 연구·조사, 심사·평가 및 홍보를 통해 보좌하는 담당관(➔ 전문지식과 기술을 활용하여 계선의 장을 보좌하는 막료기관으로 도입되었으나, 사실상 계선화됨)이 있다.

계선의 특징	막료의 특징
계층제적 성격(장관, 차관, 실장, 계장 등)	비계층제적 성격
조직목표달성에 직접 기여	조직목표달성에 간접적으로 기여
국민과 직접 접촉	국민과 직접 접촉하지 않음.
명령·집행권을 행사	명령·집행권은 없음.
수직적 명령복종관계를 형성	수평 대등한 관계를 형성
일반행정가 중심	해당 분야 전문가 중심

✤ 우리나라 중앙정부조직에서 ① 계선부서는 보건복지부, 산업자원부, 노동부 등이 해당되고, ② 참모부서는 인력을 지원하는 인사혁신처 및 조직을 지원하는 행정안전부와 법령을 지원하는 법제처 등(➔ 중앙관리기관)이 해당된다.

2. 계선과 막료의 장·단점

구분	계 선	막 료
장점	① 명확한 권한과 책임으로 능률적 업무수행 ② 신속한 결정이 가능 ③ 업무가 단순하고 운영비용이 적게 드는 소규모 조직에 적합 ④ 명령복종관계에 의한 강력한 통솔력 행사	① 계선기관의 결함 보완, 기관장의 통솔범위 확대❶ ② 전문적 지식과 경험에 의한 합리적·창의적 의사결정 가능 ③ 계선기관 간의 업무 조정(수평적 업무조정 용이) ④ 대규모 조직에 적합 ⑤ 조직의 신축성·동태성 확보
단점	① 대규모 조직에서는 최고관리자의 과중한 업무 부담(총괄적 지휘와 감독으로) ② 최고관리자의 독단이 초래하는 위험 ③ 조직운영의 경직성 초래	① 참모기관설치로 인한 계선기관과의 대립·충돌 가능성 (예) 대통령의 막료와 장관과의 갈등) ② 참모기관에 소요되는 경비로 예산지출 증가 ③ 참모는 결과에 대해 책임지지 않고 계선의 권한만 침해 ④ 의사소통경로의 혼란 우려 ⑤ 참모의 권한 확대에 따른 중앙집권화의 경향 촉진

❶ 막료기관이 조직구조에 미치는 영향 : 막료조직이 확대되면 기관장의 통솔범위가 확대되고, 수평적인 업무의 조정과 협조가 순조롭게 된다. 이에 따라 기관장의 참모기관이 업무감독을 하게 되는 중앙집권화가 나타날 가능성이 높다.

02 위원회조직 ★

1. 위원회조직의 의미

위원회조직이란, ① 행정적 결정이 한 사람에 의해 이루어지는 **독임제(단독제)조직에 대응**되는 개념으로, ② 계층제 조직의 경직성을 완화하고 민주적 결정과 조정을 촉진하기 위하여, '동일한 계층과 지위에 있는 여러 사람들이 결정을 하고 그에 대해서 책임을 지는 **합의제조직**'을 의미

2. 위원회조직의 장·단점

장 점	단 점
① 행정의 중립성(독립된 기관으로 설치)과 정책의 계속성 확보 및 조직의 안정성과 지속성(일부 위원의 교체에도 업무와 조직의 안정성 유지)을 견지 ② 조정의 촉진과 행정의 민주성 도모(이해관계가 다른 사람들이 위원으로 참여하여 토론과 합의를 통해 의견대립을 조정하는 장치가 됨) ③ 조직의 경직성을 완화 ④ 결정의 합리성·신중성·공평성 향상	① 결정의 신속성·기밀성의 유지 곤란 ② 결정과정에서 과다한 경비지출(결정과정상의 비효율) ③ 이익집단의 활동무대 가능성 및 타협적 결정의 가능성 ④ 위원들 간의 책임전가로 책임의식 박약 ⑤ 독립성을 지닌 위원회의 경우 국정의 통합성 저해 가능

3. 위원회조직의 유형

위원회의 유형	특 징	예
자문위원회	자문기능을 수행하는 참모기관의 성격을 띤 합의제 조직	대다수의 정부위원회 (각종 정책자문위원회)
조정위원회	각 기관 간, 개인 간의 의견을 조정하기 위해 설치된 위원회 ➔ 의결은 대개 법적 구속력이 없고 건의의 효과만 지님.	차관회의, 경제장관회의
행정위원회 (합의제행정관청)	'행정관청'으로서의 성격을 갖고, 결정에 대한 법적 구속력이 있음.	행정심판위원회, 해난심판원, 소청심사위원회, 조세심판원, 금융위원회, 국민권익위원회, 방송통신위원회
독립규제위원회	① 행정위원회의 일종 ② 행정수반 및 의회로부터의 독립성을 갖고, 경제규제를 위한 준입법적·준사법적 기능수행 ③ 위원의 신분보장, 1887년 미국의 주간통상위원회가 시초 ('머리 없는 제4부'라고도 함)	공정거래위원회, 금융통화위원회, 중앙선거관리위원회, 중앙노동위원회

제8절 공기업

1. 공기업의 의미

① 공기업(public enterprise)의 개념 : 국가 또는 지방자치단체가 공공복리의 증진을 위해 기업적으로 운영하는 조직
② 공기업의 특징 : ㉠ 정부지배하의 조직(정부가 전부 또는 일부의 소유권을 가지고 있으며, 정부가 직·간접적으로 관리에 참여)이어야 하고, ㉡ 공공복리 증진을 목적으로 하며, ㉢ 기업적(수익적) 활동이 허용❶

> ❶ 공기업의 발달이유 : 행정국가시대의 산물 ➔ 최근에는 '공기업 민영화'가 주장됨.
> ① 공공의 수요는 있으나 민간자본의 부족으로 수행되지 못하는 사업
> ② 국방 및 전략상의 이유로 필요한 사업
> ③ 독점적 사업의 통제와 견제
> ④ 정치적 신념(좌파정권에 의한 공기업화) 등

2. 공기업의 유형

소유주체와 조직형태를 기준으로, ① 정부조직으로 되어 있는 정부기업형, ② 지분(주식)의 일부를 정부가 소유한 주식회사형, ③ 정부가 전액 출자하여 설립한 공사형의 3가지로 분류

구 분	정부부처형(정부기업)	주식회사형	공사형
독립성	없음 (법인격·당사자능력 없음)	있음 (법인격·당사자능력 있음)	
근거법	정부조직법	상법(회사법) 또는 특별법	특별법
재 원	정부예산(전액)	정부가 주식의 일부 소유	100% 정부출자
특 징	공공성 > 기업성	공공성 < 기업성	공공성 + 기업성
신 분	공무원	임원 : 준공무원, 직원 : 회사원	
예산회계	정부기업예산법(특별회계)	공공기관의 운영에 관한 법률(독립채산제)	
예산성립	국회의결 필요	국회의결 불필요(이사회 의결로 성립)	
조직특성	독임형(이사회 없음)	합의제 의결기관인 이사회와 사장 등 집행기관의 분리	
예	조달사업·우편사업·우체국예금사업·양곡관리사업(= 4대 정부기업), 책임운영기관특별회계기관	한국관광공사·한국도로공사 등	주택공사·무역진흥공사 등

제9절 책임운영기관(Agency)

01 책임운영기관의 의의 ★★

1. 책임운영기관의 의미

① NPM의 조직원리에 따라 등장한 새로운 형태의 정부조직으로, 정부조직의 기능을 정책결정(통제-steering)과 집행(서비스전달-rowing)으로 구분하여, **집행 및 서비스전달 업무를 담당하는 조직을 따로 분리**시켜 **집행의 재량을 부여하고 결과에 책임**을 지도록 설계된 성과지향의 행정기관이다.
② 기관장은 공개경쟁을 통한 계약제로 임용되어, 소속부처와 실적 계약을 맺고 임무를 수행하는 데 필요한 인사 및 예산상의 자율성을 누리는 대신, 사업성과에 대해 책임을 진다.

2. 책임운영기관의 도입배경

① 신공공관리론(행정에 경영기법 및 경쟁원리 도입과 기업가적 정부실현)
② 주인-대리인이론(대리인인 관료의 성과책임을 통해 대리인비용감소)
③ Dunleavy의 관청형성모형(사익을 추구하는 고위관료의 이익극대화전략으로 분봉 : hiving-off)
④ 투입중심적 전통적 관료제조직에 대한 반성으로 성과지향적 조직실현

3. 책임운영기관화 대상사무

① 성과관리가 유용한 분야
② 내부시장화가 필요한 분야 : 시장화가 필요하나 당장 외부시장화(민영화, 공사화, 민간위탁 등)의 추진이 곤란한 분야로서 여전히 공신력과 책임이 필요하고 유사기능을 수행하는 기관 상호 간에 경쟁을 통해 내부시장 창출이 가능한 분야
③ 자체재원 확보가 가능한 분야 : 사용료, 수수료 등 수익자부담주의가 적용되어 자체적으로 운영재원 전부 또는 일부를 충당할 수 있는 분야(독립채산이 가능한 분야 - 기상업무, 공무원시험, 국립중앙박물관, 운전면허시험장 등)
④ 서비스의 통합이 필요한 분야 : 기능이 다수 부처에 분산되어 통합적인 업무 수행이 효율적인 분야(출입국관리, 통관, 검역, 동식물검역 등의 기능과 농수산물과 식품에 대한 통합검사기능)

4. 책임운영기관 도입의 한계(고려요인)

① 정책결정(통제)과 집행(서비스전달)의 분리로 집행결과의 환류 및 정책통합을 저해
② 측정이 용이한 단기적인 성과에 집착, 공공성 저해 가능성
③ 성과평가에 대한 관료들의 저항
④ 공공분야에서 성과측정의 곤란성

5. 책임운영기관의 사례

① 영국에서 시작 : 1988년 「The Next Steps」 프로그램에 의해 Executive Agency(책임집행기관)라는 이름으로 설치 - 보건, 교도소 등 140여 개의 정부부서를 Executive Agency로 지정
② 뉴질랜드 : 1988년 정부부서 밖의 독립기관(민간인으로 구성)으로서 Crown Entities로 설치
③ 캐나다 : SOA(Special Operating Agency : 특별사업기관)으로 설치
④ 미국 : 1995년 NPR에 의해 PBO(Performance-Based Organization : 성과기반 조직)으로 설치
⑤ 한국 : 「책임운영기관의 설치·운영에 관한 법률, 1999년 제정」

각국의 책임운영기관

구 분	영 국	뉴질랜드	호 주
조직의 지위	정부부서 내 독립기관	정부부서 밖의 독립기관	정부부서 내 사업소 정부부서 밖의 독립기관
구성원의 신분	공무원	민간인	공무원/민간인
책임성 확보 방안	성과계약(장관)	성과계약(이사회)	성과계약(장관/재무부)

02 책임운영기관의 설치·운영에 관한 법률 ★★

1. 책임운영기관의 정의

'책임운영기관'이란 정부가 수행하는 사무 중 공공성을 유지하면서도 경쟁 원리에 따라 운영하는 것이 바람직하거나 전문성이 있어 성과관리를 강화할 필요가 있는 사무에 대하여 책임운영기관의 장에게 행정 및 재정상의 자율성을 부여하고 그 운영 성과에 대하여 책임을 지도록 하는 행정기관을 말한다(➔ 정부부서 내 독립기관).

2. 책임운영기관의 구분

(1) 기관의 지위에 따른 구분

① '소속'책임운영기관 : 중앙행정기관(= 부·처·청)의 소속기관으로서 책임운영기관으로 설치된 기관 ➔ 예 특허청 이외의 모든 책임운영기관(2021년 기준)
② '중앙'책임운영기관 : 중앙행정기관인 '청'으로서 책임운영기관으로 설치된 기관 ➔ 예 특허청

(2) 기관의 사무성격에 따른 구분

① 조사연구형(예 국립종자원 – 농림부 소속, 국립과학수사연구소 – 행안부 소속, 국립수목원 – 산림청 소속)
② 교육훈련형(예 국립국제교육원 – 교육부 소속)
③ 문화형(예 국립중앙극장/궁능유적본부 – 문광부 소속, 국립중앙과학관 – 과학기술정보통신부 소속)
④ 의료형(예 국립재활원 – 보건복지부 소속, 경찰병원 – 경찰청 소속)
⑤ 시설관리형(예 국립자연휴양림관리소 – 산림청 소속)
⑥ 그 밖에 대통령령으로 정하는 유형의 책임운영기관(예 특허청)

3. 책임운영기관의 설치 : 대통령령에 의한 설치

책임운영기관은 ㉠ 기관의 주된 사무가 사업적·집행적 성질의 행정 서비스를 제공하는 업무로서 성과 측정기준을 개발하여 성과를 측정할 수 있는 사무, ㉡ 기관 운영에 필요한 재정수입의 전부 또는 일부를 자체적으로 확보할 수 있는 사무 중 어느 하나에 맞는 경우에 대통령령으로 설치한다.

4. 소속책임운영기관의 장의 채용과 채용계약의 해지

① **책임운영기관장의 채용** : 책임운영기관장은 소속중앙행정기관장이 공개모집절차에 따라 '임기제공무원'으로 임용, 채용기간은 5년의 범위에서 2년 이상으로 소속중앙행정기관의 장이 정한다.
② 소속중앙행정기관의 장은 (책임운영기관운영위원회) 소속책임운영기관에 대한 종합평가 결과 사업실적이 매우 부진하게 나타나는 등 소속책임운영기관의 사업성과가 매우 불량한 경우에는, 소속책임운영기관운영심의회의 심의를 거쳐 그 기관장의 채용계약을 지체 없이 해지할 수 있다.

5. 소속책임운영기관의 운영 및 평가

① **기본운영규정의 작성**: 책임운영기관장은 소속책임운영기관의 조직 및 운영에 관한 기본운영규정을 작성하여 사전에 소속중앙행정기관의 장의 승인을 받아야 한다.

② **사업목표의 부여와 사업운영계획의 수립**: 중앙행정기관의 장은 소속책임운영기관별로 '재정의 경제성 제고, 서비스 수준의 향상, 경영합리화 등'에 관한 사업목표를 정하여 기관장에게 부여하여야 한다. 기관장은 부여된 사업목표를 달성하기 위하여, 구체적인 사업성과의 목표와 이를 객관적으로 측정할 수 있는 성과측정지표를 포함한 사업운영계획을 수립하여 소속중앙행정기관의 장의 승인(승인하는 경우에 소속책임운영기관운영심의회의 심의를 거쳐)을 얻어야 한다.

③ **소속책임운영기관운영심의회**: 소속책임운영기관의 사업성과를 평가하고 소속책임운영기관의 운영에 관한 중요 사항을 심의하기 위하여 중앙행정기관의 장의 소속으로 소속책임운영기관운영심의회를 둔다.

6. 소속책임운영기관의 조직 및 정원, 인사관리

① 소속책임운영기관에 두는 공무원의 총정원의 한도는 '대통령령'으로 정하고(= 책임운영기관법 시행령 별표 – 예 국립수목원 67명/궁능유적본부 219명), 종류별·계급별 또는 고위공무원단에 속하는 공무원의 정원은 총리령 또는 부령으로 정한다.

② **임용권자**: 중앙행정기관의 장은 소속책임운영기관 소속 공무원에 대한 일체의 임용권을 가진다. 이 경우 중앙행정기관의 장은 대통령령으로 정하는 바에 따라 그 임용권의 일부를 책임운영기관장에게 위임할 수 있다.

③ **임용시험**: 소속책임운영기관 소속공무원의 임용시험은 책임운영기관장이 실시한다.

7. 소속책임운영기관의 예산 및 회계

① **책임운영기관특별회계의 설치**: 기관 운영에 필요한 재정수입의 전부 또는 일부를 자체적으로 확보할 수 있는 사무를 주로 하는 소속책임운영기관의 사업을 효율적으로 운영하기 위하여 '책임운영기관특별회계'를 둔다. ➔ ㉠ 재정수입 중 자체 수입의 비율이 2분의 1 이상인 경우, ㉡ 2분의 1 미만이나 자체 수입 확대의 잠재성 및 기관 운영의 독립성 등을 고려하여 책임운영기관특별회계로 운영할 필요가 있다고 인정되는 경우

② 책임운영기관특별회계기관을 제외한 소속책임운영기관은 일반회계로 운영하되, 회계변경이 곤란한 특별한 사유가 있는 경우에는 다른 법률에 따라 설치된 특별회계로 운영할 수 있다.

③ **정부기업예산법의 적용**: 책임운영기관특별회계기관의 사업은 정부기업예산법의 정부기업으로 보며, 특별회계의 예산 및 회계에 관하여 이 법에 규정된 것 외에는 정부기업예산법을 적용한다.

8. 중앙책임운영기관

① 중앙책임운영기관장의 임기는 2년으로 하되, 1차에 한하여 연임할 수 있다.

② 중앙책임운영기관장은 국무총리가 부여한 사업목표를 성실히 이행하여야 하며, 국무총리가 부여한 사업목표달성을 위한 사업운영계획을 수립하여 소속중앙행정기관의 장을 거쳐 국무총리에게 제출하여야 한다.

③ 중앙책임운영기관의 사업성과의 평가 등을 심의하기 위하여 중앙책임운영기관의 장 소속하에 중앙책임운영기관심의회를 둔다.

제10절 중앙정부 조직도

1. 중앙정부 조직도(2025. 7. 정부조직법 기준) : 중앙행정기관 19부 3처 20청

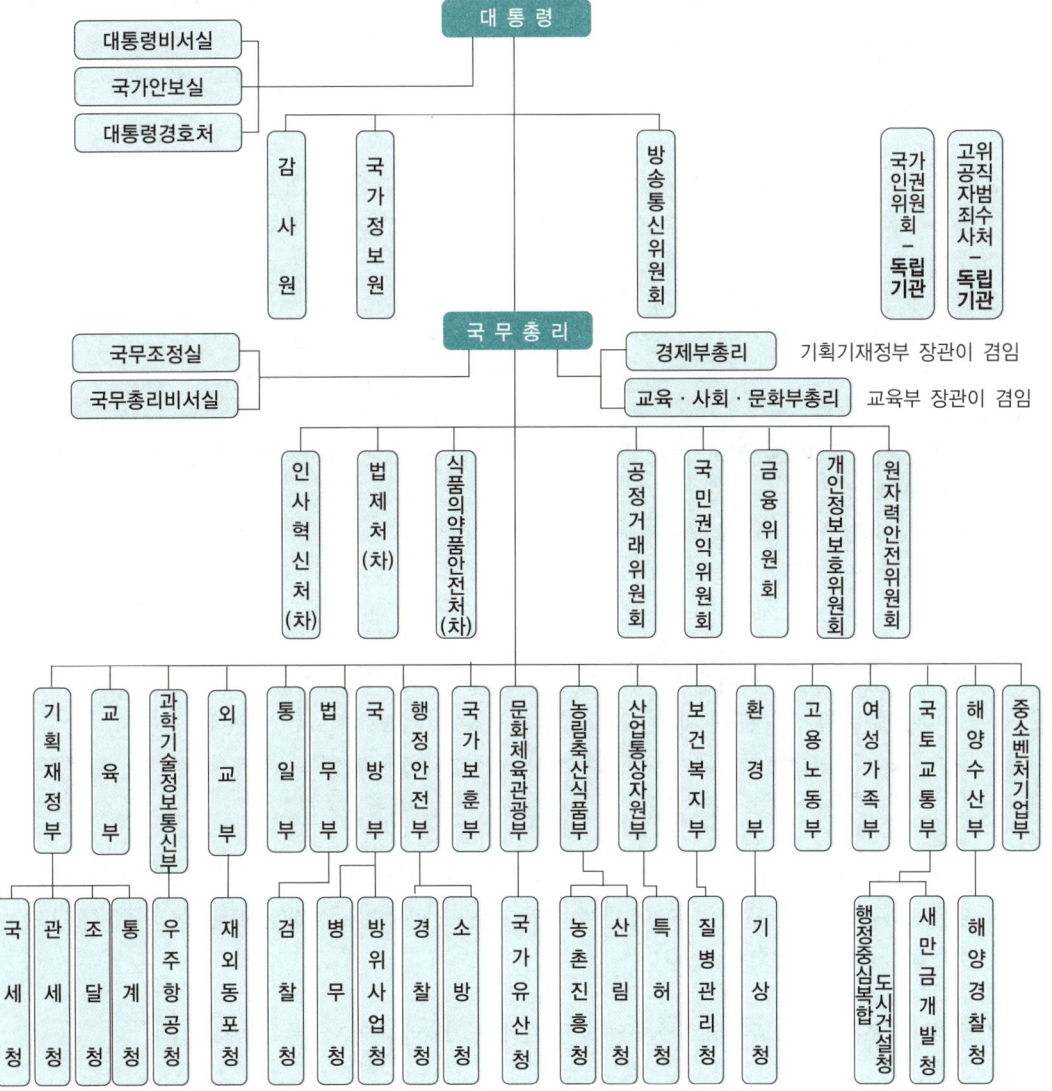

① **정부조직법상 '중앙행정기관'** : 중앙행정기관은 이 법과 다른 법률에 특별한 규정이 있는 경우를 제외하고는 '부·처·청'으로 한다.
→ 다른 법률에서 '중앙행정기관'으로 규정하고 있는 경우 : 6개의 행정위원회(공정거래위원회, 방송통신위원회, 금융위원회, 원자력안전위원회, 개인정보보호위원회, 국민권익위원회)
② 우주항공청과 행정중심복합도시건설청 및 새만금개발청은 「정부조직법」에 규정된 '청'이 아님(「우주항공청의 설치 및 운영에 관한 특별법」 등 개별법에 근거하여 설치됨).

빈출 핵심 지문

1. 조직구조의 복잡성은 조직이 얼마나 나누어지고 흩어져 있는가의 분화 정도를 말하며, 수평적 분화가 심할수록 전문성을 가진 부서 간 커뮤니케이션과 업무협조가 용이하다.
   → × / (Why?) 수평적 분화가 심할수록 부서 간 의사전달이 제약되어(수평적 의사전달의 제약 요인), 할거주의가 발생하고 업무협조는 어려워진다.

2. 공식화는 자원배분을 포함한 의사결정 권한이 조직의 상하직위 간에 어떻게 분배되어 있는가를 의미한다.
   → × / (Why?) 의사결정 권한의 분배는 공식화가 아니라 집권화(분권화)의 문제이다.

3. 조직의 규모가 커지면 집권화 되기 쉽다.
   → × / (Why?) 조직의 규모(= 조직구성원의 수)확대는 분권화를 초래한다. 조직의 규모가 커질수록 한 사람에게 권력을 집중시켜 모두 통제하는 것이 불가능하게 되기 때문에 권한위임이 불가피하게 된다.

4. 비일상기술은 과업의 다양성이 높고 성공적인 방법을 발견하는 탐색절차가 복잡하여 통제·규격화된 조직구조가 필요하다.
   → × / (Why?) Perrow의 기술과 조직구조의 상황이론에 따르면, 비일상기술을 사용하는 조직은 과업의 다양성이 높고 성공적인 방법을 발견하는 탐색절차가 복잡하여(문제의 분석가능성은 낮아), 관료제적 기계적 구조보다는 유기적 조직구조가 필요하다.

5. 톰슨(Thompson)은 업무 처리 과정에서 일어나는 조직 간·개인 간 상호의존도를 기준으로 기술을 분류하고, 종합병원처럼 집약기술이 필요한 조직은 수직적 조정이 중요하다고 주장하였다.
   → × / (Why?) 종합병원처럼 집약기술이 필요한 조직은 직접 대면에 의한 상호조정(부정기적 회의, 수평적 의사전달)이 필요하다. 수직적 조정이 중요한 것은 연속형 기술을 사용하는 조직이다.

6. 조직상황 요인과 조직구조 간의 관계에서 ① 조직환경이 불확실할수록, 분권화 정도는 높고 공식화 정도는 낮은 조직구조가 적합하고, ② 조직이 비일상적인 기술을 사용할수록, 분권화 정도는 높고 공식화 정도는 낮은 조직구조가 적합하다.

7. 유기적 구조는 넓은 직무범위, 다원화된 의사소통채널, 모호한 책임관계를 특징으로 한다.

8. 기능구조는 중복과 낭비를 예방하고 기능 내에서 규모의 경제를 구현할 수 있으나, 각 기능부서들 간의 조정과 협력이 요구되는 환경에 적응하기 곤란할 수 있다.

9. 사업별 구조(divisional structure)는 ① 사업부서 내의 기능 간 조정이 용이하고 변화하는 환경에 신속하게 대응할 수 있고, ② 성과책임의 소재가 분명해 성과관리 체제에 유리하며, ③ 중복과 낭비를 예방하고 기능 내에서 규모의 경제를 구현할 수 있다.
   → × / (Why?) ③은 틀린 내용이다. 기능 내에서 규모의 경제를 구현하는 것은 기능구조의 장점이다. 사업구조는 산출물별 생산라인의 중복에 따른 규모의 불경제를 가져온다.

10. 사업구조는 부서내 기능간 조정은 용이하나 부서간 조정이 곤란하여 사업영역간 갈등이 발생한다.

11. 복합구조(matrix structure)는 기술적 전문성이 높고 산출의 변동도 빈번해야 한다는 이원적 요구가 강력하고, 사업부서들이 사람과 장비 등을 함께 사용해야 할 필요가 클 때 유용하다.

12. 매트릭스(matrix) 조직구조에서 ① 잦은 대면과 회의를 통해 과업조정이 이루어지기 때문에 신속한 결정이 가능하고, ② 구성원들은 다양한 경험을 통해 전문기술을 개발하면서, 넓은 시야와 목표관을 가질 수 있다.
    → × / (Why?) ①은 틀린 서술이다. 매트릭스조직은 기능구조와 사업구조의 두 권한체계 간의 적절한 권력균형이 요구되고, 잦은 대면과 회의가 이루어지므로 신속한 의사결정은 어렵다.

13. 수평구조는 조직구성원을 핵심 업무과정 중심으로 조직화하는 방식이고, 네트워크 구조는 조직 자체 기능은 핵심역량 위주로 하고 여타 기능은 외부계약관계를 통해서 수행한다.

14. 정보화사회에서는 삼엽조직이나 공동화조직이 확대되고 기획 및 조정기능의 위임과 위탁을 통해 업무가 간소화되기도 한다.
    → × / (Why?) 공동화조직(네트워크 조직)은 조직 자체 기능은 핵심역량위주로 합리화하고, 여타 기능은 외부 기관들과 계약관계를 통해 수행하는 조직구조방식인데, 기획 및 조정기능은 자체적으로 수행하는 핵심역량이다.

15. 네트워크구조는 유기적 조직 유형의 하나라고 할 수 있고, 정보통신기술의 확산으로 채택된 새로운 조직구조접근법이며, 조직의 정체성이 약해 응집성 있는 조직문화를 가지기 어렵다.

16. 네트워크 조직에서 조직 간 연계장치는 수직적인 협력관계에 바탕을 두며, 조직의 경계는 유동적이며 모호하다.
    → × / (Why?) 네트워크 조직에서 조직 간 연계장치는 수평적인 협력관계에 바탕을 둔다.

빈출 핵심 지문

17. 분업의 원리에 따라 조직 전체의 업무를 종류와 성질별로 나누어 조직구성원이 가급적 한 가지의 주된 업무만을 전담하게 하면, 부서 간 의사소통과 조정의 필요성이 없어진다.
    → × / (Why?) 분화된 조직이 목표달성을 위해 통일적으로 업무를 처리하기 위해서는 분업화된 부서를 통합할 수 있는 의사소통과 조정이 필요하다.

18. 전문화는 수평적 측면에서 '직무의 범위'를 결정하고 수직적 측면에서 '직무의 깊이'를 결정하는데, ① 전문가적 직무는 수평적 전문화와 수직적 전문화가 모두 높은 경우에 효과적이고, ② 고위관리직무는 수평적 전문화와 수직적 전문화의 수준이 모두 낮은 경우에 효과적이다.
    → × / (Why?) ①은 틀린 내용이다. 전문가적 직무의 경우는 수평적 전문화는 높여주고, 수직적 전문화는 낮추어주는 것이 바람직하다.

19. 직무 확장(job enlargement)은 기존의 직무에 수평적으로 연관된 직무 요소 또는 기능들을 추가하는 수평적 직무재설계의 방법으로서, 수평적 전문화의 수준이 낮아지는 것이고, 직무풍요화(job enrichment)는 직무를 맡는 사람의 책임성과 자율성을 높이고, 직무수행에 관한 환류가 원활히 이루어지도록 직무를 재설계하는 방법으로서, 수직적 전문화의 수준이 낮아지는 것이다.

20. 조직관리에서 수직적 연결을 위한 조정기제로는 ① 계층제, ② 규칙과 계획, ③ 수직정보시스템, ④ 임시작업단(task force) 등이 있다.
    → × / (Why?) ④는 틀린 내용이다. 임시작업단은 조정기제로서 수평연결장치이다. 수직연결장치에는 계층제, 규칙과 계획, 계층직위의 추가, 수직정보시스템 등이 있고 수평연결장치에는 정보시스템, 직접접촉, 임시작업단, 프로젝트 매니저, 프로젝트 팀 등이 있다.

21. 통솔범위(span of control)가 넓은 조직은 일반적으로 고층구조의 형태를 보인다.
    → × / (Why?) 통솔범위와 계층제는 역의관계에 있다. 따라서 통솔범위가 넓어지면 계층의 수가 줄어들어 조직은 저층구조의 형태를 보인다.

22. 베버(M.Weber)의 관료제론에서, ① 개개 직위의 관할 범위는 법규에 의해서 규정되고, ② 이상적인 관료제는 비정의성(impersonality)에 따라 움직이며, ③ 이상적인 관료제는 정치적 전문성에 의해 충원되는 제도를 갖는다.
    → × / (Why?) ③은 틀린 내용이다. Weber의 이념형적 관료제는 정치적 전문성이 아니라 기술적 전문성에 입각해 충원된다.

23. 관료제 병리에 관한 연구에서 굿셀(Goodsell)은 계층제 조직의 구성원이 각자의 능력을 넘는 수준까지 승진하게 되는 병리현상이 나타난다고 한다.
→ × / (Why?) 계층제 조직의 구성원이 각자의 능력을 넘는 수준까지 승진하게 되는 병리현상은 굿셀(Goodsell)이 아니라 피터(Peter)가 주장한 Peter의 원칙이다.

24. 베버(Weber)의 관료제 모형은 관료제의 긍정적인 측면으로 목표대치 현상을 강조하였다.
→ × / (Why?) 베버(Weber)는 관료제를 이념형으로 파악하여, 관료제의 공식적·합리적·순기능적 측면만을 강조하였다. 관료제의 대표적인 역기능적 현상인 목표대치 현상은 주로 1930년대 관료제 비판이론가(대표적으로 Merton)들에 의해 지적되었다.

25. 관료제 병리현상에서 동조과잉과 형식주의로 인해 '전문화로 인한 무능' 현상이 발생한다.
→ × / (Why?) 동조과잉과 형식주의는 법과 규칙의 강조로 나타나는 병리이며, 전문화로 인한 무능은 분업과 전문화에 따른 병리현상이다.

26. 견인이론(Pull Theory)에 근거한 구조의 특성은 기능의 동질성과 일의 흐름을 중시한다.
→ × / (Why?) 견인이론은 일의 흐름을 중시하는 조직원리로, 전통적 관료제조직이 기능의 동일성에 입각하여 수평적 분화를 추진하였다면(기능분립주의) 견인이론에서는 일의 흐름을 기준으로 수평적 분화를 추진한다.

27. 애드호크라시는 공식화 정도가 높고 분권화되어 있으며, 수직적 분화가 심한 특징을 보여주고 있다.
→ × / (Why?) 애드호크라시는 공식화 정도가 낮고, 분권화, 그리고 수직적 분화가 약한 구조의 특성을 갖는다.

28. 태스크포스(Task Force)는 여러 부서에서 차출된 직원들로 구성되며 특정 과업이 해결된 후에는 해체된다.

29. 지식정보화 시대에 필요한 학습조직에서 조직의 기본구성 단위는 팀으로, 수직적 조직구조를 강조한다.
→ × / (Why?) 학습조직의 기본구성 단위는 팀으로, 수평적 조직구조를 강조한다.

30. 학습조직은 능률성보다는 문제해결을 필수적 가치로 추구하며, 조직 능력보다는 개인 능력을 제고하는 데 초점을 맞춘다.
→ × / (Why?) 학습조직은 개인의 학습역량을 통해 궁극적으로 조직능력을 제고하기 위해 시행착오를 거치면서 지속적으로 실험할 수 있는 조직이다.

빈출 핵심 지문

31. 학습조직은 ① 개방체계와 자아실현적 인간관에 기반하고, ② 자극·반응적 학습을 주된 방법으로 활용하며, ③ 역량기반 교육훈련제도의 대표적인 방식으로 활용되고 있으며, ④ 핵심가치는 의사소통과 수평적 협력을 통한 조직의 문제해결이다.
→ × / (Why?) ②는 틀린 내용이다. 자극·반응적 학습은 행태주의 학습이론(강화이론)을 말한다. 학습조직은 개방체제와 자기실현적 인간관을 바탕으로, 조직원이 새로운 '지식(문제해결책)'을 창출하는 한편 이를 조직 전체에 보급해 조직 자체의 성장·발전·업무수행능력을 증가시킬 수 있도록 '지속적인 학습활동'을 전개하는 유기적 조직을 의미한다. ③ 역량기반 교육훈련의 방법으로 멘토링, 학습조직, 액션 러닝, 워크아웃 등이 있다.

32. 참모는 조직의 운영에 융통성을 부여하고, 계선의 통솔범위를 확대시켜 주며, 합리적인 의사결정을 가능하게 한다.

33. 중앙행정기관의 차관·차관보·실장·국장은 보조기관이다.
→ × / (Why?) 정부조직법상 보조기관 개념은 보조형 막료를 포함하여 기관장에게 계층적으로 소속된 계선기관을 의미한다. 여기서 차관보는 보조기관(line)이 아니라 막료(staff)에 해당하는 보좌기관이다.

34. 보좌기관은 목표달성 및 정책수행에 간접적으로 기여하며, 보좌기관이 보조기관보다는 더 현실적이고 보수적인 속성을 가질 가능성이 높다.
→ × / (Why?) 후문은 틀린 내용이다. 보조기관은 계선조직이고 보좌기관은 참모조직을 말한다. 더 현실적이고 보수적인 속성을 갖는 것은 보조기관(계선)의 특징이다.

35. 방송통신위원회, 금융위원회, 국민권익위원회는 행정위원회에 해당된다.

36. 위원회(committee) 조직의 장점으로 ① 집단결정을 통해 행정의 안정성과 지속성을 확보할 수 있으며, ② 조직 각 부문 간의 조정을 촉진하며, ③ 의사결정과정이 신속하고 합의가 용이하다.
→ × / (Why?) ③은 틀린 내용이다. 위원회조직에서는 독임제조직에 비해 다수위원들에 의한 의사결정이 이루어지기 때문에 시간이 지체되고 합의가 어렵다.

37. 책임운영기관은 공공성이 강하고 성과관리가 어려운 분야에 적용할 필요가 있다.
→ × / (Why?) 책임운영기관은 기업경영원리를 단일사업에 대한 집행적 성격의 행정기관에 도입하는 것으로, 상대적으로 공공성이 약하고 성과관리가 용이한 분야에 적용된다.

38. 책임운영기관은 기관의 지위에 따라 소속책임운영기관과 중앙책임운영기관으로 구분되며, 중앙책임운영기관의 장의 임기는 2년으로 하되 한 차례만 연임할 수 있고, 소속책임운영기관의 장의 채용기간은 2년의 범위에서 소속중앙행정기관의 장이 정한다.
→ × / (Why?) 소속 책임운영기관장은 소속중앙행정기관장이 공개모집절차에 따라 '임기제공무원'으로 임용하고 채용기간은 5년의 범위에서 2년 이상으로 소속중앙행정기관의 장이 정한다.

39. 특허청은 행정 및 재정상의 자율성이 부여되고 성과에 대해 책임을 지도록 하는 책임운영기관에 해당한다.

제3장 조직과 인간

제1절 인간관

01 인간관(E. Schein의 4가지 인간관) ★★

1. **합리적·경제적 인간관**: 고전적 모형
    ① 조직 속의 인간은 경제적 욕구(자신의 물질적 이익을 극대화하기 위해 행동하는 존재)를 지니며, 경제적 유인에 의해서 동기가 부여
    ② 인간은 조직에 의해서 통제되고 동기화되는 수동적 인간(외재적 동기부여)
    ③ 인간은 합리적 존재이므로, 감정은 비합리적인 것이며 인간의 합리적 계산에 입각한 이익 추구를 방해
    ④ 조직 내의 인간은 원자적 개인으로 행동하며 조직구성원들은 심리적으로 상호 분리
    ⑤ 조직목표와 개인목표는 상충(사람들은 조직이 시키는 일을 고통으로 생각하기 때문)
    → 조직목표와 개인목표의 조화에 관한 **교환모형에 의해 동기부여**(기계적 생산체제를 확립하고, 교환형 관리에 의해 개인이 달성한 성과와 경제적 보상을 교환, 교환형 관리는 불신관리이므로 원자적 개인을 대상으로 교환의 약속을 지키는지 여부를 면밀히 감시·통제하는 강압형 전략)

2. **사회적 인간관**: 신고전적 모형
    ① 인간을 사회적 존재로 인식하여 인간은 사회적 욕구를 지니며, 사회적 유인에 의해 동기가 부여
    ② 조직구성원들은 개인으로서가 아니라 집단의 구성원으로 행동
    ③ **사회적 인간관과 합리적·경제적 인간관의 공통점**: 직무수행에 대한 인간의 피동성과 동기부여의 외재성, 개인목표와 조직목표의 상충성, 욕구체계의 획일성, 교환에 의한 관리
    → 조직목표와 개인목표의 조화에 관한 **교환모형에 의한 동기부여**(사회적 유인과 직무수행을 교환, 부드러운 접근방법)

3. **자기실현적 인간관**: 성장이론적 인간모형 ❶

    > ❶ 성장이론은 인간이 복수의 욕구를 지닌 존재라는 것을 인식하지만 인간의 자기실현적·성장적 측면을 강조하는 동기이론으로, '신인간관계론(= 후기 인간관계론)'이라 부르기도 한다.

    ① 단일의 욕구가 아닌 복수욕구의 체계가 있음을 인정하면서 고급의 인간속성(자기실현적 욕구)을 강조

② 직무수행에 대한 인간의 능동성
③ 내재적 동기부여
④ 개인목표와 조직목표의 통합가능성
⑤ 자율규제적 인간
→ 조직목표와 개인목표의 조화에 관한 **통합모형에 의한 동기부여**(참여와 자율적인 업무성취와 보람 있는 직업생활을 보장)

4. 복잡한 인간관
   ① 합리적 인간관이나 사회적 인간관, 자아실현적 인간관이 인간의 본질을 과도하게 단순화·일반화하고 있다는 문제점을 지적
   ② 사람은 다양한 욕구와 잠재력을 가졌고 그 발현은 때와 장소에 따라 달라지며 새로운 욕구를 배울 수 있는 복잡한 존재이고, 복잡성의 양태는 사람(개인)마다 다르다고 파악
   ③ Schein의 복잡인(complex man), Lawless의 Z이론
   → 동기유발전략 : 인간에 대한 통합적 관점과 상황적응적 관리전략을 처방

PLUS 심화   조직시민행동(OCB)

① **조직시민행동**(organizational citizenship behavior : OCB)의 개념 : 오건(Organ)에 따르면, OCB란 "개인의 자유재량으로 조직의 공식적인 보상 체계에 의해 보상되지 않는, 전체적으로 통합되어 조직이 효과적으로 기능하는데 도움이 되는 행동"을 말한다.

② **조직시민행동의 5가지 하위 요인** : ㉠ 이타주의(조직과 관련된 문제를 가진 특정 인물에 대해 기꺼이 도와주는 행동), ㉡ 성실성(양심성 : 시간을 정확하게 지키고, 조직의 규칙 등 요구하는 수준 이상의 역할을 수행), ㉢ 예의성 : 다른 사람의 권리를 염두에 두고 존중), ㉣ 스포츠맨십(불평, 험담을 하지 않고, 과장해서 이야기하지 않는 등 정당한 행동), ㉤ 시민정신(조직생활에 책임감을 갖고 참여하는 것) → 윌리엄스(Williams)와 앤더슨(Anderson)은 조직시민행동을 '개인에 대한' 조직시민행동(OCB-I ; 조직 내의 구성원을 돕는 행동)과 '조직에 대한' 조직시민행동(OCB-O ; 조직에 이익이 되는 행동) 두 가지로 구분했다. 오건이 분류했던 조직시민행동의 하위 구성 개념 중에서 '이타주의와 예의'는 OCB-I(Individual)에 속하며, '스포츠맨십과 시민 덕목, 성실성'은 OCB-O(Organization)에 속한다.

제2절 동기부여의 내용이론(욕구이론) ★★★

> ▶ **동기부여(motivation)이론**
> 조직목표달성을 위한 조직성원의 행동을 유발하고, 그것을 일정한 방향으로 유도하며, 지속시키는 조직과정
> ① 동기부여의 내용이론 : 동기유발 요인의 내용(= 욕구)에 초점 → 욕구이론
> ② 동기부여의 과정이론 : 욕구 등 동기유발요인들이 상호작용하여 동기를 유발하는 과정에 초점

1. 매슬로(Maslow)의 욕구 5단계론(욕구계층이론)

(1) **욕구 5단계론의 내용** : 인간이 보편적으로 지니고 있는 공통적인 욕구의 5계층

⑤ 자아실현욕구	자기완성에 대한 욕구(일을 통한 성장과 성숙) → 욕구충족을 위한 조직 요소 : 도전적인 직무 부여, 재량권 부여, 창의력을 발휘할 수 있는 기회 부여	
④ 존경과 긍지에 대한 욕구	㉠ 다른 사람이 자기를 존경해 주기 바라는 욕구(명예·신망·위신·지위·인정)와 ㉡ 스스로 자긍심을 가지려는 욕구 → 욕구충족을 위한 조직 요소 : 진급, 표창, 자신의 위신에 걸맞는 직무, 직급 명칭	
③ 사회적 욕구 (소속과 애정적 욕구)	사회적 동물로서 ㉠ 자기가 원하는 집단에 소속되어 소속감을 갖고, ㉡ 타인과 애정이 담긴 관계를 유지하는 욕구 → 욕구충족을 위한 조직 요소 : 공식적·비공식적 활동에의 참여 유도, 형제애 어린 감독	
② 안전욕구	안정, 보호, 공포와 혼란 및 불안으로부터의 해방, 강력한 보호자, 질서 등에 대한 욕구(육체적 안전과 심리적 안전을 추구하는 욕구) → 욕구충족을 위한 조직 요소 : 안전한 작업환경, 건강보험·퇴직연금 등 복지제도, 신분보장	
① 생리적 욕구	음식·주거·성·수면 등과 같이 가장 우선순위가 높은 욕구 → 욕구충족을 위한 조직 요소 : 보수, 급식보조, 주택지원, 좋은 작업환경	

❖ ① 결핍욕구(하위에 있는 생리적, 안전, 소속의 욕구는 한 개인이 기본적으로 편안하기 위해서 충족되어야 하는 것)와 ② 성장욕구(상위에 있는 존경욕구와 자아실현욕구는 개인적 성장과 발달에 초점)로 구분, Maslow는 복수욕구의 존재를 확인하고 자기실현의 욕구를 가장 인간적인 욕구로 부각시킴으로써 反전통적인 인간관리 전략의 개척을 선도하고 있다.

(2) **Maslow이론의 특징**
   ① 5가지 욕구는 '우성의 원리(하급의 욕구가 고급의 욕구보다 우성이 강력)'에 따라 계층을 형성하며, 인간의 동기는 5가지 욕구의 계층에 따라 **순차적으로 유발**된다(하위욕구 → 상위욕구).
   ② 충족(완전한·절대적 충족이 아닌)된 욕구는 **그 강도가 현저히 약화되어 동기유발요인으로서의 의미를 상실**하게 되고, 다음 단계 욕구가 새로운 동기유발 요인이 된다.

(3) **Maslow이론의 문제점**
   ① 인간의 욕구가 5가지 계층으로 존재한다는 것 자체가 의문대상이다. 연구결과 2가지의 욕구계층만이 존재한다는 주장도 있다.

② 모든 인간에게 5가지 욕구의 계층이 항상 고정된 것은 아니며, **욕구계층의 우선순위가 개인별로 바뀔 수도** 있다.
③ 지배적인 하나의 욕구가 하나의 행동을 유발한다고 보았으나, **2가지 이상의 복합적인 욕구가 하나의 행동을 유발**하기도 한다.
④ 충족되었다고 하더라도 그 욕구가 동기유발 요인으로서의 의미를 완전히 상실하는 것이 아니라, 강도가 약화되어 하나의 욕구로서 여전히 존재한다.
⑤ 욕구의 발로가 상위수준으로 전진하기만 한다고 했지만, **하위수준 욕구로 회귀하기도** 한다.

2. 앨더퍼(Alderfer)의 ERG이론

(1) **ERG이론의 내용** : Maslow의 욕구 5단계를 3단계로 수정

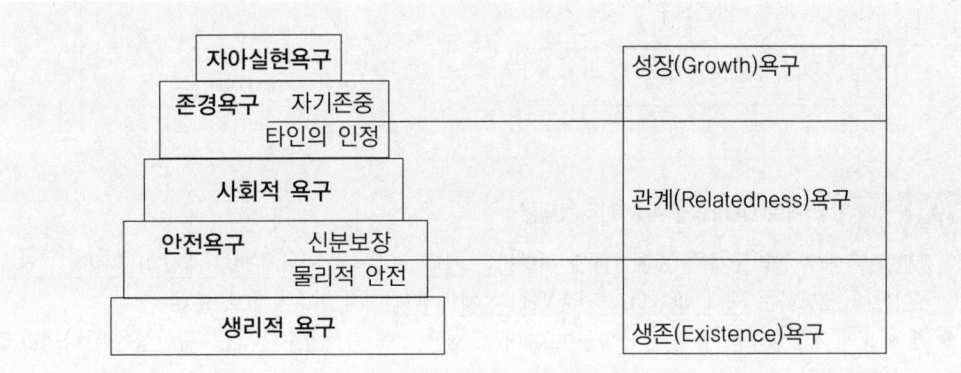

(2) **Maslow이론과의 차이**

Maslow와 같이 인간이 공통적으로 지닌 욕구를 계층화하고, 계층에 따라 욕구의 발로가 이루어진다고 보나, ① Maslow가 주장하는 욕구계층 간의 '만족 – 진행'만이 아니라, 상위욕구가 좌절될 때 하위 욕구를 더욱 충족시키고자 한다는 '**좌절 – 퇴행**'의 요소도 함께 고려하며, ② 2가지 이상의 욕구가 동시에 작용하여 하나의 행동을 유발한다는 **복합연결형의 욕구단계**를 주장

3. 맥그리거(McGregor)의 X이론과 Y이론

조직 내 인간을 X(성악설적 관점)나 Y(성선설적 관점) 2가지 중 하나로 가정하여, 그에 따라 조직의 관리방법이나 조직성원에 대한 동기부여 방법을 달리해야 한다고 주장

① X이론 : 인간을 일하기를 싫어하는 피동적인 존재로 보고, 인간의 하급 욕구에 착안하여 외재적 통제를 강조(Maslow의 욕구 가운데 생리적 욕구, 안전욕구, 일부의 애정적 욕구)
  → <u>교환에 의한 관리전략을 처방</u> : 인간의 하급욕구에 착안하여 권위주의적·통제지향적 접근, 대인관계 개선 등 인간관계론적 수단을 동원하는 부드러운 접근
② Y이론 : 인간을 본질적으로 성장과 발전의 잠재력을 갖춘 능동적인 행동주체로 보고, 구성원 스스로의 노력과 조직의 목표를 통합시키는 관리를 강조(Maslow의 욕구 가운데 일부의 애정적 요구, 존경욕구, 자기실현의 욕구)
  → <u>인간의 고급욕구에 착안한 통합형 관리전략을 처방</u> : 목표관리 및 자체평가제도 활성화, 민주적 leadership

의 확립, 분권화와 권한의 위임
❖ McGregor는 인간의 고급욕구에 착안한 통합형 관리전략을 처방하는 Y이론을 가장 이상적인 이론으로 제시

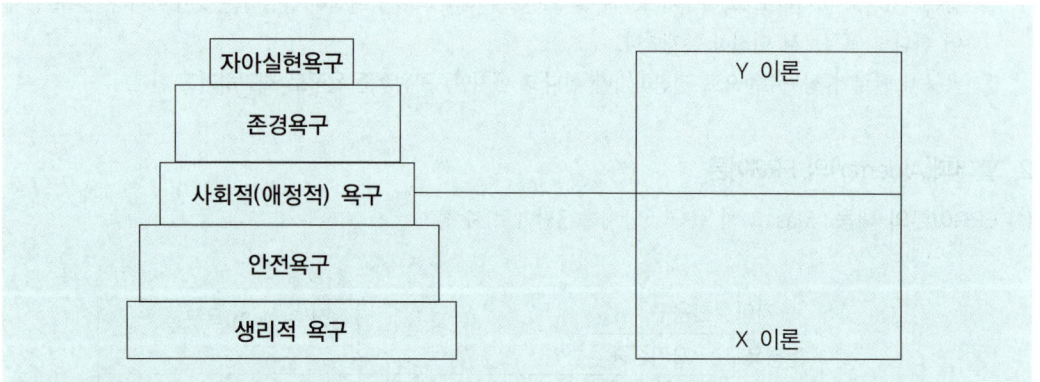

> **PLUS 심화** 리커트(Likert)의 4대 관리체제론
>
> 인간관을 토대로 관리체제를 ① X이론에 해당하는 체제 Ⅰ(수탈적 권위체제)와 체제 Ⅱ(온정적 권위체제), ② Y이론에 해당하는 체제 Ⅲ(협의적 민주체제)와 체제 Ⅳ(참여적 민주체제)로 분류
> → 체제 Ⅳ에 가까울수록 높은 생산성을 나타내고, 체제 Ⅰ에 가까울수록 낮은 생산성을 나타낸다고 보아 Y이론적인 관리방법으로 나아가야 한다고 주장

4. Z이론

① **Z이론** : McGregor의 X이론이나 Y이론에 부합되지 않는 조직관리상황을 발견하면서 등장한 다양한 이론들
② **Lundstedt의 Z이론**(= 자유방임형 조직양태) : McGregor의 X(독재형·권위형)이론, Y(민주형)이론의 관리체제 이외에 대학이나 실험실과 같은 자유방임형의 조직양태를 Z이론으로 제시
③ **Lawless의 Z이론**(= 상황적응적 관리) : Schein의 복잡한 인간관에 입각하여, 조직의 관리는 상황에 따라 융통성 있게 적용되어야 한다는 상황적응적 관리이론으로 Z이론을 제시
④ **오우치(Ouchi)의 Z이론**(= 미국사회에 적용된 일본식 조직형)

5. 허츠버그(Herzberg)의 욕구충족요인 2원론

인간의 욕구를 불만과 만족이라는 이원적 구조로 파악하여, ① 불만을 일으키는 요인(불만요인, 위생요인)과 ② 만족을 주는 요인(만족요인, 동기부여요인)을 '상호 독립적'으로 파악

불만요인 (위생요인)	불만을 느끼게 하거나 불만을 해소하는 데 작용하는 요인, 불만요인의 제거는 불만을 줄여 주는 소극적 효과를 가질 뿐이며 직무행태에 미치는 영향도 단기적임(충족되어도 적극적으로 만족감을 주거나 동기를 유발하지는 못함). → '환경적 요소'로서 ① 조직의 정책과 행정, ② 감독, ③ 보수, ④ 작업조건, ⑤ 대인관계, ⑥ 직위 ❖ Maslow의 욕구계층에서 생리적 욕구, 안전욕구, 사회적 욕구에 해당
만족요인 (동기요인)	만족을 주고 직무수행동기를 유발하는 데 작용하는 요인 → '직무요소'로서 ① 직무상의 성취, ② 직무성취에 대한 인정, ③ 보람 있는 직무(직무내용 자체), ④ 책임, ⑤ 성장 → 만족요인의 충족을 위해 직무확충(job enrichment)을 주장 ❖ Maslow의 욕구계층에서 존경욕구, 자아실현욕구에 해당

Maslow의 욕구계층	Herzberg의 욕구이원론	
	위생요인	동기요인
자기실현욕구		• 성취감 • 인정 • 책임감 • 승진 • 직무 자체
존경욕구		
사회적 욕구	• 기관의 정책 • 감독방식과 내용 • 대인관계 • 신분보장 • 보수 • 작업조건	
안전 욕구		
생리적 욕구		

6. 아지리스(Argyris)의 성숙 · 미성숙이론

인간은 미성숙상태(수동적, 의존적, 행동방법의 한정, 변덕스럽고 피상적 관심, 단기적 안목, 예속적 지위, 자아의식 결여)에서 성숙상태(능동적, 독립적, 다양한 행동능력, 깊고 강한 관심, 장기적인 안목, 대등하거나 우월한 지위, 자아의식)로 나아간다고 보고, **관리자의 역할은 구성원을 최대한 성숙상태로 나아가게 하는 것**이라고 주장한다.

❖ 공식조직(X이론적 고전적 원리에 입각한)의 본성은 인간의 미성숙상태를 고정시키거나 조장하는 것이라고 하며, 이를 대체하는 관리전략으로서 Y이론에 입각한 관리를 통해 성장 · 성숙의 분위기를 조성해야 한다고 주장

7. 맥클랜드(McClelland)의 학습된 욕구에 관한 이론(= 성취동기이론)

(1) 학습된 욕구이론의 내용

모든 사람이 공통적으로 비슷한 욕구의 계층을 가지고 있다고 보는 Maslow의 이론을 비판하며, **인간의 욕구는 사회 · 문화적으로 학습되는 것**이므로 **개인마다 그 욕구의 계층에 차이**가 있다고 주장한다.

(2) 사회·문화적으로 학습된 욕구의 3가지 범주

① **성취욕구** : 우수한 결과를 얻기 위하여 높은 기준을 설정하고 이를 달성하려는 욕구
  ➜ McClelland는 조직 내 성취욕구에 중점을 둔 <u>성취동기이론</u>을 제시❶
② **권력욕구** : 타인의 행동에 영향을 미치거나 통제하려는 욕구
③ **친교욕구** : 다른 사람과 따뜻하고 우호적인 관계를 만들고 유지하려는 욕구

✤ McClelland는 사람들이 삶의 경험을 통해 욕구를 배우는 것이라고 보기 때문에, 교육훈련을 통해 조직의 목표와 양립할 수 있도록 개인 욕구의 개선을 강조

❶ 성취동기가 강한 사람들의 특징 : McClelland는 성취동기가 강한 사람들은 ① 개인적으로 책임지는 상황을 좋아하고, ② 적정한 목표를 설정하고, 계산된 모험을 즐기는 경향이 있으며, ③ 자신이 수행한 일에 대한 정확한 환류가 제공되기를 원하는 특징이 있다고 한다.

8. 해크만(Hackman)과 올드햄(Oldham)의 직무특성이론

① 직무특성이론은 환경적 요인(외재적 동기유발요인 : **직무의 특성**)이 개인적 요인(내재적 동기유발요인 : **직무수행자의 성장욕구 수준**)에 <u>부합할</u> 때, 직무가 그 직무수행자에게 더 큰 의미와 책임감을 주고, 이로 인해 동기유발 측면에서 긍정적인 성과를 얻게 된다고 본다. 즉, 직무의 기본적 국면들(기술다양성, 과업중요성, 과업정체성, 자율성, 과업환류)이 개인의 심리적 상태를 유발(업무의 의미에 대한 경험, 업무성과에 대한 책임의 경험, 업무수행 결과에 대한 지식)하고, 그러한 심리적 상태는 직무성과를 가져온다는 것이다. <u>이 과정에서 사람의 성장욕구가 개입하여, 성장욕구가 강한 사람들은 그렇지 않은 사람들에 비해 높은 직무국면들에 더 적극적으로 반응한다.</u>

② 직무특성이론은 **직무수행자의 성장욕구 수준이라는 개인차를 고려**하고 구체적으로 직무특성, 심리상태 변수, 성과 변수 등의 관계를 제시했다는 측면에서 허즈버그의 욕구이원론보다 진일보한 것으로 볼 수 있다.

③ 잠재적 동기지수(= $\dfrac{기술다양성 + 직무정체성 + 직무중요성}{3}$ × 자율성 × 환류) : 5가지 직무특성이 서로 어떻게 작용하면서 동기부여를 하는지에 관해서는 '잠재적 동기지수'를 통해 제시되고 있다. 즉 어떤 직무가 갖는 잠재적 동기지수에는 5가지 직무특성이 모두 영향을 미치지만, 자율성과 환류의 중요성을 가장 강조하고 있다(자율성과 환류 중 어느 한 가지만 없어도 잠재적으로 동기가 전혀 부여되지 않음).

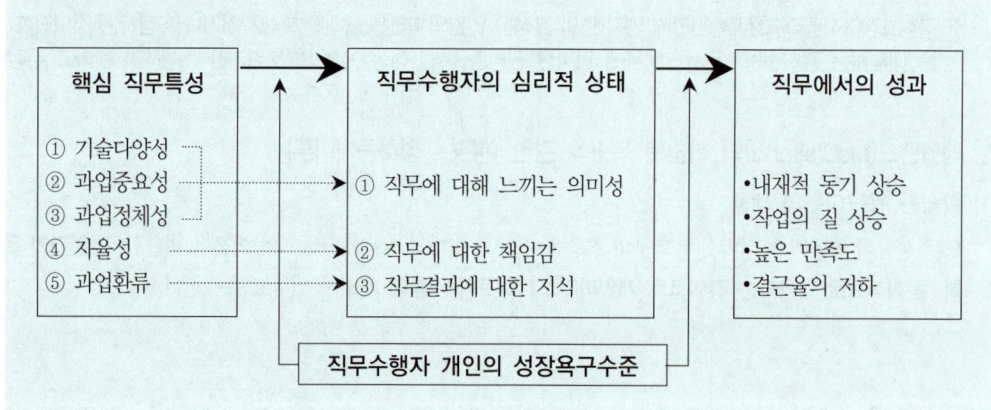

제3절 동기부여의 과정이론 ★★★

1. 기대이론

욕구충족과 직무수행 사이의 직접적이고 적극적인 상관관계에 회의를 표시하고, 욕구·만족·동기유발체계에 '기대라는 인식론적 개념'을 첨가하여 동기유발의 과정을 설명

(1) 브룸(Vroom)의 기대이론(선호·기대이론) : 동기유발의 3요소(VIE 모형)
① 유인가(Valence) : 행동이 가져올 가능성 있는 모든 결과에 대해 주관적으로 부여하는 가치
② 기대감(Expectancy) : 일정한 노력을 기울이면 업무성과(1차 수준의 결과)를 가져올 수 있으리라는 가능성에 대한 주관적인 확률과 관련된 믿음
③ 수단성(Instrumentality) : 1차 수준의 결과(높은 생산성이라는 업무성과)가 2차 수준의 결과(승진 등의 보상)를 가져오게 될 것이라는 개인의 믿음의 강도

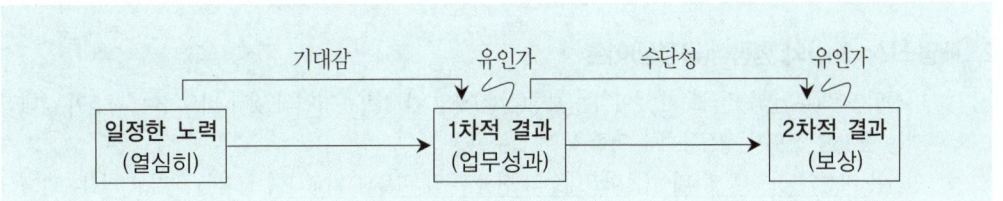

- 동기의 강도 : ① 결과에 대해 부여하는 가치(선호·유인가)에 ② 어떤 행동이 특정 결과를 가져올 것이라는 주관적인 믿음(기대 = 기대감 + 수단성)을 곱한 것의 합계에 의해 결정
  → $M = f[\Sigma(\text{유인가} \times \text{기대})]$

(2) 포터(Porter)와 롤러(Lawler)의 기대이론(업적·만족이론 : EPRS)

직무성과(업적)와 결부된 보상에 부여하는 유의성, 그리고 노력을 하면 보상이 있을 것이라는 기대가 직무수행노력을 좌우한다고 보며, 나아가 '보상에 대한 개인의 만족감'을 주요 변수로 삼아 Vroom의 기대이론을 보완❶

> ❶ 전통적 이론은 개인의 만족도에 의해 직무성과가 결정된다고 보았으나(만족 → 사기앙양 → 성과), Porter와 Lawler는 직무성과가 개인에게 만족을 줄 수 있으며 직무성과가 만족을 주는 힘은 성과에 결부된 공평한 보상에 대한 지각에 의하여 강화된다고 본다(업적·만족이론 : 노력 → 성과 → 보상 → 만족 → 환류).

- 동기유발 과정(EPRS)
① 특정인의 노력의 정도(E) : ㉠ 보상의 유의성과 ㉡ 노력을 하면 보상이 있을 것이라는 기대감에 의해 결정
② 노력과 성과(P)의 관계 : 노력의 결과 달성되는 직무성과는 ㉠ Vroom이 제시한 개인의 능력 외에도 ㉡ 개인의 특성과 ㉢ 역할인지(자신의 직무를 이해하는 정도)의 수준에 영향을 받으므로, 노력과 성과의 관계는 반드시 비례하는 것은 아님.
③ 성과에 따른 보상(R), 지각된 공정한 보상에 대한 만족(S) : 직무성과가 있으면 보상이 따르는데(㉠ 성취감이나 자아실현 등의 내재적 보상과 ㉡ 봉급이나 승진 등의 외재적 보상), 그 보상이 다른 직원의 보상과 비교하여 공정하다고 생각하면 '보상에 대해 만족'하게 됨.

④ **환류** : 보상에 대한 만족도는 앞으로의 동기유발과정에서 보상의 유의성에 영향을 주고, 노력의 결과 거둔 실제 성과는 앞으로 노력하면 성과가 있을 것이라는 기대감에 영향

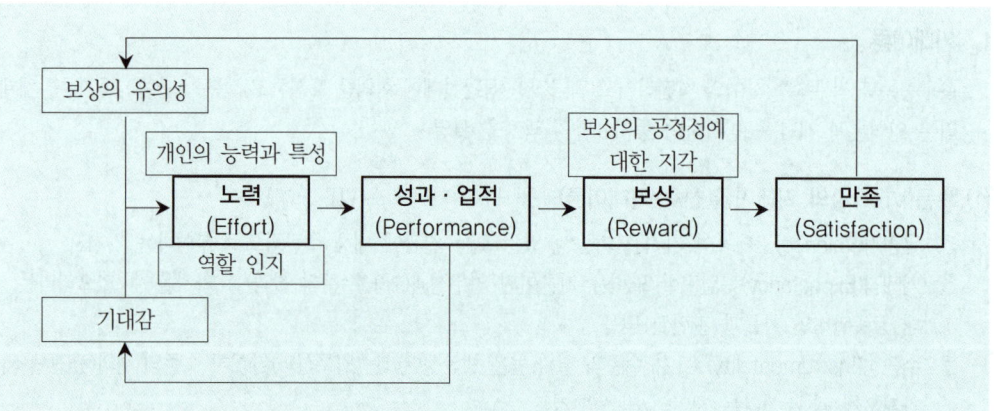

2. 애덤스(Adams)의 형평성(공정성)이론

① 자신의 노력(투입)과 결과로써 얻어지는 보상(산출)과의 관계를 준거인의 것과 비교하여, 자신이 상대적으로 느끼는 공평한 정도가 행동동기에 영향을 준다는 이론
② 인간은 자신의 산출/투입 비율을 비교대상의 산출/투입 비율과 비교하여 크거나 작다고 지각하면 불공정성을 느끼고, 이에 따른 심리적 불균형·긴장·불안감 등을 해소시키기 위해 형평성 추구의 행동을 작동시키는 동기가 유발된다고 파악

3. 로크(Locke)의 목표설정이론

목표를 가장 강력한 동기유발요인으로 보고 ① 목표의 곤란성(목표달성에 요구되는 노력의 정도)과 ② 목표의 구체성(목표의 명확성)에 따라 직무성과가 결정된다고 파악

4. 학습이론(강화이론)

(1) 학습이론의 내용

학습을 '경험의 결과로 행태에 비교적 항구적인 변화가 일어나는 과정'으로 보아, 이러한 학습이라는 개념을 사용하여 행태변화·행동유발을 설명하는 이론이다(인간의 내면적·심리적 과정보다는 행태변화에 초점을 두는 행태주의적 접근).

① **고전적 조건화이론** : Pavlov의 동물실험에 의해 개척된 이론으로, 고전적 조건화의 과정은 '조건화된 자극(종소리라는 중립적 자극)의 제시에 의해 조건화된 반응(타액분비)을 이끌어 내는 것이다.
② **조작적(operant) 조건화이론 = 강화이론** : 수단적 조건화이론과 효과의 법칙에 기초하여 Skinner에 의해 개척된 것으로, '행동의 결과를 조건화함으로써 행태적 반응을 유발'하는 과정을 설명한다(ABC). 강화이론은 행동의 원인보다 결과에 초점을 두며(인간의 행동은 행동에 결부되는 결과에 의해 영향을 받는다는 것), 좋은 결과를 낳는 행동은 반복되고 나쁜 결과를 가져오는 행동은 반복되지 않는다는(보상받는 행태는 반복되지만 보상받지 않는 행위는 중단된다는) '효과의 법칙'에 근거를 두고 있다.

③ 조작적 조건화이론에서 행태적 반응을 유발하는 과정(ABC) : ㉠ 선행자극(A : Antecedents – 상관의 업무지시라는 선행자극) ➔ ㉡ 행태적 반응(B : Behavior – 성실히 업무를 수행하는 반응) ➔ ㉢ 반응행동의 결과(C : Consequence로서의 유인기제 – 반응행동에 결부하여 제공되는 행동의 강화요인들)

(2) 조작적 조건화 이론의 유인기제(강화요인)

강화 요인 (유인 기제)	내 용
강화 (reinforcement)	• 적극적 강화(반응행동과 연계하여 보상을 제공)와 소극적 강화(반응행동과 연계해서 불쾌한 결과나 벌을 제거)를 통하여, 바람직한 행동이 야기될 확률을 높이는 유인기제 ① 적극적 강화 : 행위자가 원하는 상황을 제공하는 것 (선행자극에 대해, 바람직한 행동이라는 반응행동 ➔ 바람직한 결과를 제공하여 ➔ 바람직한 행동이 반복되도록 함) ② 소극적 강화 · 회피(avoidance) : 행위자가 싫어하는 상황을 제거해 주는 것(선행자극에 대해, 바람직한 행동이라는 반응행동 ➔ 바람직하지 않은 결과를 제거하여 ➔ 바람직한 행동이 반복되도록 함)
처벌 (punishment)	• 바람직하지 않은 행동에 결부하여, 바람직하지 않은 결과를 제시하거나 바람직한 결과를 제거함으로써, 바람직하지 않은 행동이 야기될 확률을 낮추는 유인기제(선행자극에 대해, 바람직하지 않은 반응행동 ➔ 바람직하지 않은 결과를 제공 ➔ 바람직하지 않은 행동의 감소) • 벌의 유효성을 극대화하기 위해서는 '뜨거운 난로의 법칙(즉시성, 사전경고, 사적 감정이 개입되지 않는 비인격성)'에 입각해야 함.
중단 · 소거 (extinction)	• 바람직하지 않은 행동(= 이전에 보상을 받아 강화된 행동이지만 이제는 그 정도가 지나쳐 바람직하지 않게 된 행동)에 대해, 행동과 과거 이를 강화하였던 유인기제 사이의 연계를 단절하여, 바람직하지 않은 행동의 확률을 낮추는 유인기제

✣ 선행자극과 반응행동의 연계를 강화하려면, 적극적 강화 또는 소극적 강화를 하도록 처방한다. 반면, 선행자극과 반응행동 사이의 연계를 약화시키려면 처벌이나 중단을 하도록 처방한다.

> **PLUS 심화** Perry & Wise의 공직동기이론(PSM ; Public Service Motivation)
>
> #### 1. 공직동기이론(PSM)의 의미
> 공공조직과 민간조직 종사자의 동기에 차이가 존재한다는 것이다. 즉, 공공부문 종사자들은 "봉사의식이 투철하고 공공문제에 더 큰 관심을 가지며 공공의 문제에 영향을 미칠 수 있다는 것에 큰 가치를 부여하고 있는 사람들"이라고 가정하여, 타인에 대한 봉사 동기와 공익우선의 동기를 민간기업 근로자의 일반적인 동기와 다른 공공부문 종사자들이 가지는 특유한 동기요인으로 제시한다.
>
> #### 2. 공직동기 · 공공서비스동기(PSM)의 차별적 요소
> ① 합리적 동기(개인의 효용극대화를 바탕으로 한 행동) : 합리적 차원에서 공공정책호감도(attraction to policy making)
> ② 규범적 동기(규범을 준수하려는 노력에 따른 행동) : 규범적 차원에서 공익몰입(commitment to public interest)
> ③ 정서적 동기(다양한 사회적 맥락에 감정적 반응을 바탕으로 한 행태) : 정서적 차원에서는 동정(compassion)과 자기희생(Self-Sacrifice)

빈출 핵심 지문

1. 매슬로우(Maslow)는 상위 차원의 욕구가 충족되지 못하거나 좌절될 경우, 하위 욕구를 더욱 더 충족시키고자 한다고 주장하였다.
   → X / Why, 매슬로우(Maslow)는 욕구계층간의 만족-진행(상위욕구로의 전진)만을 주장한다. 상위 차원의 욕구가 충족되지 못하거나 좌절될 경우, 하위 욕구를 더욱 더 충족시키고자 한다고 주장는 것은 앨더퍼(Alderfer)는 ERG이론의 특징인 '좌절-퇴행'이다.

2. 앨더퍼(C.P.Alderfer)는 ERG이론에서 두 가지 이상의 욕구가 동시에 작용되기도 한다고 주장한다.

3. 맥그리거(McGregor)의 X-이론 측면에서 조직의 관리전략은 ① 경제적 보상체계를 강화하고, ② 권위주의적 리더십을 확립하며, ③ 목표에 의한 관리체계를 구축하는 것이다.
   → X / Why, ③은 틀린 내용이다. 목표에 의한 관리체계의 구축(대표적으로 MBO)은 조직구성원의 참여와 자율성을 강조하는 Y이론적 관리에 해당된다.

4. 원만한 대인관계를 유지하고 있는 것은 욕구충족요인이원론에서 제시하는 동기요인이다.
   → X / Why, 원만한 대인관계 등 대인적 요인은 위생요인(불만요인)에 해당한다.

5. 허즈버그의 욕구충족요인 이원론에 의하면, 불만요인을 제거해야 조직원의 만족감을 높이고 동기가 유발된다는 것이다.
   → X / Why, Herzberg의 욕구충족요인 이원론은, 인간의 욕구를 불만과 만족이라는 이원적 구조로 파악하여, 불만을 일으키는 요인(불만요인, 위생요인)과 만족을 주는 요인(만족요인, 동기부여요인)을 '상호 독립적'으로 파악한다.

6. 허즈버그(Herzberg)의 욕구충족요인 이원론은 욕구의 계층화를 시도한 점에서 매슬로(Maslow)의 욕구단계이론과 유사하다.
   → X. Why, 허즈버그의 욕구충족요인 이원론은 인간은 이원적인 욕구구조를 갖고 있다는 것이고 불만과 만족은 별개의 차원에 있다는 것이지 욕구의 계층화를 시도하는 것은 아니다.

7. 맥클리랜드(D.McClelland)의 성취동기이론은 개인의 욕구를 성취욕구, 친교욕구, 권력욕구로 분류하고 권력욕구가 높을수록 생산성이 높아진다고 주장한다.
   → X. Why, 맥클리랜드(D.McClelland)는 개인의 욕구를 성취욕구, 친교욕구, 권력욕구로 분류하고, 권력욕구가 아니라 성취욕구가 높을수록 생산성이 높아진다는 성취동기이론을 주장한다.

8. 핵맨과 올드햄(Hackman & Oldham)의 직무특성이론에 의하면 직무특성을 결정하는 변수로 기술다양성, 직무정체성, 직무중요성, 자율성, 환류를 들고 있다.

9. 브룸(Vroom)의 기대이론에 따를 경우 조직구성원의 직무수행동기를 유발하기 위한 조건으로, ① 내가 노력하면 높은 등급의 실적평가를 받을 수 있다는 기대치(expectancy)가 충족되어야 하며, ② 내가 높은 등급의 실적평가를 받으면 많은 보상을 받을 수 있다는 수단치(instrumentality)가 충족되어야 하고, ③ 내가 받을 보상은 나에게 가치있는 것이라는 유인가(valence)가 충족되어야 한다. 또한 ④ 내가 투입한 노력과 그로 인하여 받은 보상의 비율이, 다른 사람과 비교하여 공평해야 한다는 균형성(balance)이 충족되어야 한다.
    → X / Why, ④의 내용은 조건에 해당되지 않는다. 브룸(Vroom)의 기대이론에서 직무수행동기를 유발하기 위한 조건은 VIE(valence, instrumentality, expectancy)이다. 공평해야 한다는 균형성(balance)은 형평성이론에서 중시되는 요인이다.

10. 아담스(J. Adams)는 자기의 노력과 그 결과로 얻어지는 보상을 준거인물과 비교하여 공정하다고 인식할 때 동기가 유발된다고 주장하였다.
    → X / Why, 아담스의 형평성 이론에서는 불공정하다고 인식할 때 동기가 유발된다.

제4장 조직의 관리

제1절 현대적 관리모형 : MBO와 TQM

01 목표관리(MBO : Management By Objectives) ★★★

1. MBO의 의의
① **MBO의 개념** : 드러커(P. Drucker)와 맥그리거(D. McGregor)에 의해 체계화된 관리이론으로, ㉠ **상하 조직구성원의 참여 과정**을 통해(상관과 부하의 협의를 거쳐) ㉡ 조직단위와 구성원들이 맡아야 할 생산활동의 **단기적 목표를 명확하게 설정**하고 ㉢ 목표가 설정된 다음에 이를 실현하는 사람은 그 수단을 선택하는 데 상당한 자율성을 가지고 목표추구활동을 하도록 하고, **활동의 결과를 목표에 비추어 평가·환류**시키는 관리체계
② Y이론적 인간관과 자기실현적 인간관에 근거하여, **분권화 및 참여를 바탕으로 한** 관리
③ 상관과 부하로 구성되는 하나의 조직단위를 기초로 하는 MBO 과정이 조직 전체에 걸쳐 서로 연결되고, 그것이 조직 내의 여러 하위체계들과 연계되면 MBO라는 '총체적 관리체제'가 성립
④ **MBO 과정에서 중시되는 목표는**, 조직단위와 구성원들의 책임을 밝히기 위해 '주로 측정가능하고 비교적 단기적인 구체적·계량적 목표(과업목표·생산작용목표)'를 의미

2. MBO의 장·단점

장 점	단 점
① 계획수립을 촉진하며 생산활동을 조직의 목표성취에 지향, 조직 내 목표들이 계층성·연관성을 갖도록 목표 간의 관리를 통해 조직 전체적 목표의 효율적 달성에 기여 ② 업적평가의 기준을 객관화(객관적 업무기준제시로)하여, 개인별 훈련수요 파악에 도움 ③ 직무수행·평가·보상체계를 연결하여 생산성과 직무만족을 동시에 향상 ④ 참여에 의한 목표설정으로 조직 내의 의사전달을 개선, 상호이해 증진, 조직에 대한 몰입촉진 ⑤ 뚜렷한 목표의 제시로 직무에 대한 안정감 향상, 개인의 권한과 책임한계를 명확히 규정(역할모호성·역할갈등을 감소) ⑥ 분권화와 참여관리를 촉진하여 관료제의 역기능(경직성, 권위주의적 행태 등) 개선	① 목표설정 자체의 곤란성 - 특히, <u>급격한 변화나 관리상황이 유동적인 조직에서는</u> 목표설정이 곤란하여 MBO 적용이 제약됨. ② 측정이 곤란한 질적 목표나 높은 수준의 목표설정을 회피하고, <u>계량적 측정이 가능한 단기적 목표에 주력하는 경향</u>(➔ 목표의 전환 발생) ③ 인간주의적·성과주의적 관리를 경험하지 못한 조직에서는 강한 저항 유발 ④ 도입에 과다한 시간과 노력(서류작업)이 소요

02 총체적 품질관리(TQM : Total Quality Management) ★

1. TQM의 의미

① 고객의 요구에 부응하는 품질달성을 최우선의 목표로 삼고, ② 서비스 품질과 업무수행방법의 지속적 개선을 위해 조직구성원의 폭넓은 참여와 효과적인 의사소통에 기초한(총체적·全社的) 관리개선기법

전통적 관리	총체적 품질관리
관리자·전문가에 의한 고객수요 결정	고객의 요구 존중 : 조직의 산출에 관한 결정을 고객이 주도
기준범위 내의 결점 용인	지속적인 개선 : 실책과 결점을 용납하지 않고 결점이 없어질 때까지 개선 활동을 반복(학습과 창의적 구성원의 노력에 의해)
개인적 업무수행을 대상을 한 관리	집단적 노력 강조 : 문제해결을 위해 집단적 과정과 팀워크를 강조
지배와 감시	신뢰관리 : 모든 계층의 구성원들 간에 개방적이고 신뢰하는 관계 설정
직감에 의한 의사결정	과학적 방법의 사용 : 사실자료에 기초한 과학적 품질관리
계획의 조직단위별 순차적 입안	총체적 적용 : 조직활동 전체에 대한 적용
X이론에 근거한 기계적 관리	인간주의 : Y이론에 근거하여 인간을 존중하고 조직구성원들에게 성장의 기회제공
단기적 계획과 사후적 통제	장기적 시계와 예방적 통제 : 장기적 성공을 위한 전략적 계획을 중시하고, 문제점에 대한 예방적 통제에 초점
계서적 조직구조	분권적 구조

2. MBO와 TQM의 비교

구 분	MBO	TQM
공통점	① 목표를 설정하고 결과를 측정 ② 직원의 참여 강조	
차이점	① 내향적 : 개인별 또는 조직단위별 통제와 성취에 초점을 둔 목표설정(내부관리초점) ② 목표로서 계량적인 목표달성 – 산출지향 ③ 단기적 관점	① 외향적 : 고객의 필요에 따른 목표설정 (외부의 고객초점) ② 목표로서 생산성보다 서비스의 품질개선을 중시 ❶ ③ 장기적 관점 – 거시적(총체적) 안목에서 과정과 절차의 지속적 개선을 중시하며, 개인보다는 집단적 과정과 팀워크를 중시

❶ TQM을 강조하는 데밍(Deming)은 "MBO는 수량적 목표의 성취에 치우쳐 품질의 저하를 초래할 수 있으며, 계량적 목표가 달성되는 한 관리상의 문제들이 은폐될 수 있다고 하면서, 이런 문제를 막기 위해서 MBO를 폐지하고 TQM이 도입되어야 한다."고 주장한다.

제2절 의사전달과 행정PR

01 의사전달

1. 의사전달의 의의

① 의사전달·소통(communication)의 개념: '조직 내에서' 전달자와 피전달자 간에 정보를 전달하는 과정
② 의사전달의 특성
  ㉠ 개인 간의 과정(사람과 사람 사이의 관계적인 정보 주고받기)
  ㉡ 목표가 있는 정보전달
  ㉢ 의사전달의 기본단위는 '발신자 · 수신자 · 매체 · 통로'
③ 공식적 의사전달과 비공식적 의사전달

공식적 의사전달	조직이 공식적으로 규정하는 바에 따르는 의사전달 ① 하향적 의사전달: 조직의 계층에 따라 상관이 부하에게 명령, 지시나 방침 등을 전달 ② 상향적 의사전달: 하급자의 보고, 제안, 직원의견, 고충 등 ③ 수평적 의사전달: 조직에서 위계수준이 같은 구성원이나 부처 간의 의사전달, 구성원 및 부처 간의 갈등을 관리하고 조정활동을 강화 ➡ 협력적 성격 ④ 대각선적 의사전달: 계층제상의 지위는 다르지만 직속상관과 직속부하의 관계에 있지 않은 사람들 사이의 의사전달 ➡ 공식적인 조직도에는 나타나지 않지만, 공식업무를 촉진하기 위한 것과 개인적·사회적 욕구의 충족을 위한 것으로 구분
비공식적 의사전달 (소문 · 풍문 – grapevine)	조직 내의 상호작용에 의해 자생적으로 형성되는 의사전달 • 순기능: ① 신속한 전달, ② 배후사정의 소상한 전달, ③ 의사소통과정에서의 긴장과 소외감을 극복하고 개인적 욕구 충족, ④ 공식적 의사전달을 보완, ⑤ 관리자에 대한 조언 역할 • 역기능: ① 책임소재가 불분명, ② 풍문유포로 공식적 의사소통체계 혼란 야기

2. 의사전달의 장애

의사전달의 장애요인	장애의 극복
(1) 구조적 장애요인 　① 집권적 계층구조: 의사전달의 지연과 왜곡발생 　② 할거주의, 전문화: 수평적 의사전달의 왜곡과 단절 (2) 과정적 장애요인 　① 왜곡: 메시지의 의미나 내용을 변화 　② 누락: 전달자가 의도한 메시지의 일부만이 수신자에게 전달 　③ 정보의 과부하 　④ 수용의 거부: 수신자가 전달자의 말이나 행동에 대해 신뢰하지 않는 경우 발생	(1) 왜곡과 누락에 대한 대처 　① 중복성(redundancy)의 방법 　② 메시지의 정확도를 보장하는 '확증'의 방법 　③ 의사전달의 흐름에서 중개자를 제거하는 '통과'의 방법(계층 수 축소, 건의함 설치) 　④ 사후검사와 환류(feedback) (2) 정보과부하에 대한 대처: 시기적 조절, 우선순위 설정, 조직을 분권화하여 상층부에 집중되는 정보를 분산, 비서나 참모의 활용 (3) 수용거부에 대한 대처: 신뢰적인 조직분위기 조성

02 행정PR(공공관계 : Public Relation)

① **행정PR의 개념** : 정부나 행정기관이 공중·국민에게 그가 가진 정보나 사실을 스스로 알리고 상호 간에 의사소통관계를 형성하여, 이해와 협조관계를 형성·유지시키는 관리작용 ➡ 정보투입(공청기능) 과정, 정보산출(공보기능) 과정을 통해 이루어짐.

② **행정 PR의 민주적 성격·특성** : ㉠ 수평성(정부가 국민에 대한 봉사자라는 지위의 수평적인 관계에서 전개), ㉡ 의무성(국민의 알 권리 보장 차원에서), ㉢ 상호교류성(민의를 듣고 이를 정책에 반영시키는 공청기능과, 정책홍보 등을 통해 국민에게 알리는 공보기능이 쌍방향적으로 전개), ㉣ 정보의 진실성·객관성, ㉤ 교육성(정부가 국민에게 전달하는 정보나 사실은 국민을 일깨우고 바르게 판단하도록 유도하는 성격)

제3절 리더십

01 리더십의 의의

① **리더십(Leadership)의 개념**: 리더가 일정한 상황하에서 특정한 목표(例 조직의 미션이나 비전)를 달성하기 위해, 부하(개인이나 집단)의 활동에 영향을 미치는 과정
② **리더십의 특성**
  ㉠ 지도자가 추종자에게 일방적으로 행동을 강요한다고 해서 발휘되는 것이 아니고, 리더와 부하 간 상호작용의 과정을 통해서 발휘되는 관계적 개념
  ㉡ 개인이나 집단의 활동(태도, 가치관, 신념, 행동)에 영향력을 미치는 과정으로, 영향력과 권한이 불균등하게 배분된 사람들 사이에서 발생
  ㉢ 구체적 상황에서 조직의 공식적 구조와 설계의 미비점을 보완하는 기능을 수행하며, 조직구성원의 동기를 유발시키고, 변화하는 환경에 조직이 효율적으로 적응하도록 함.

> **PLUS 심화 직권력과 리더십의 차이**
> 1. **직권력(Headship)**: 공식적 직위를 근거로 성립되는 것으로, 제도적 권위의 물리적·강제적·일방적 성격을 띤다.
> 2. **리더십(Leadership)**: 지도자 자신의 권위를 근거로 하여 구성원들을 자발적으로 행동하도록 지도자와 구성원 간에 심리적 공감과 일체감을 강하게 유도한다.
> ✦ 리더십은 직권력에 근거한 강요가 아니라, (공식적 직위뿐만 아니라 리더 개인에게서 나오는 것으로) 리더 개인이 부하의 자발적 변화를 일으킬 수 있는 영향력이다.

02 리더십이론의 전개 ★★

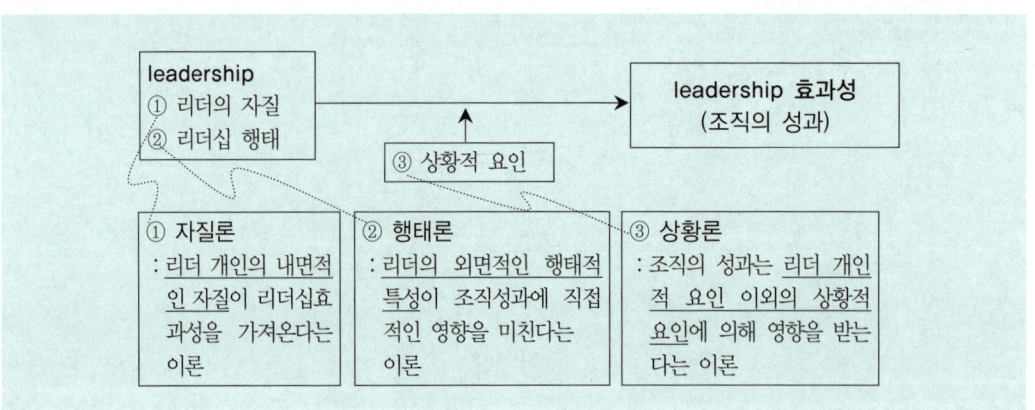

1. 자질론(특성론)

① 1930~40년대 초창기 리더십 연구에서 가장 많이 연구되었던 접근 방식으로, 리더 개인이 가지고 있는 <u>선천적 자질·특성</u>에 따라 효과적인 리더십이 발휘된다는 가정하에, 어떤 공통된 자질이 인간을 지도자로 만드느냐를 탐구하려는 이론(예 지적 능력, 자신감, 조직에 대한 열정, 인내력, 책임감 등)이다.

② 행태론에 의해 밀려났던 자질이론은 1970년대 이후 House의 위광적(카리스마적) 리더십이론, Burns의 변혁적 리더십이론 등으로 새롭게 등장했다.

2. 행태이론(행동이론)

① 1950년대 초 특성론을 비판하면서 등장한 접근방법으로, 관찰가능한 리더십행태에 착안한 접근방법이다. 즉, 리더의 자질보다 <u>리더의 실제 행동(행태적 특성)</u>이 조직성과에 직접적인 영향을 미친다는 리더십이론이다.

② 행태론적 접근에서는 ㉠ 리더의 행태적 특성을 '인간적 차원과 직무적 차원'으로 구분하여 리더십행태의 유형을 개발하고, ㉡ 리더십 행태와 추종자들의 행태적 반응 사이의 관계를 경험적 연구를 통해 실증하여, ㉢ 모든 상황에 효과적인 리더의 행동유형을 규명하고자 한다.

블레이크(Blake)와 머튼(Mouton)의 관리망(managerial grid)이론

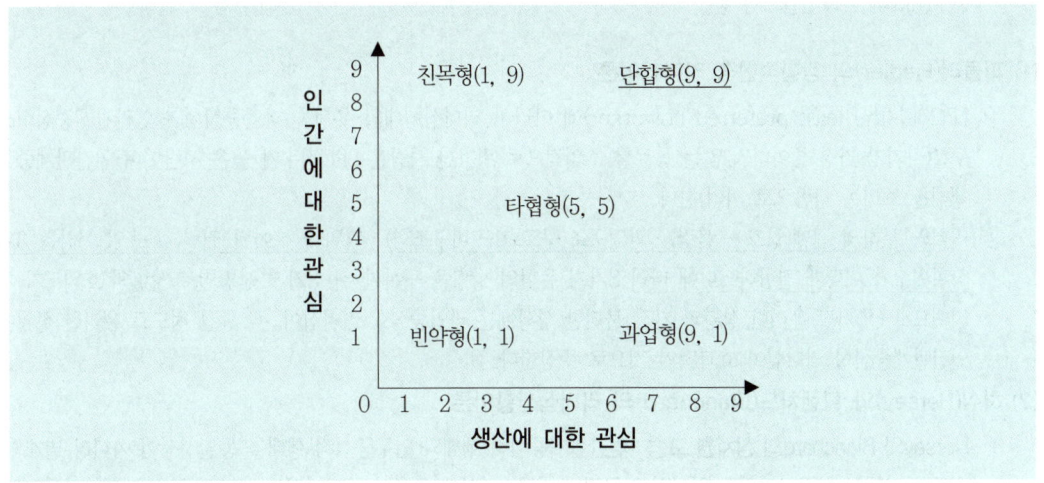

행태이론 (40년대 후반 ~ 60년대 후반)	Iowa 대학 (Lewin, Lippitt & White)	권위형, 민주형, 자유방임형(<u>리더십 1차원 모형</u>)	의사결정과정에의 참여기준 → 민주형 리더십하에서 사기와 생산성이 가장 높게 나타남.
	Michigan 대학	업무중심형, 직원중심형	직원중심형이 효과적
	Likert (관리체제모형)	착취적 권위형(체제 Ⅰ) 온정적 권위형(체제 Ⅱ) 협의적 민주형(체제 Ⅲ) 참여적 민주형(체제 Ⅳ)	착취적 권위형에서 참여적 민주형으로 갈수록 조직의 사기와 생산성이 향상
	Blake & Mouton (관리grid이론)	빈약형, 친목형, 과업형, 타협형, 단합형 (리더십 2차원 모형)	생산과 인간에 대한 관심이 모두 높은 '단합형 리더십'을 이상적 리더십유형으로 파악

3. 상황론 ★★★

① 자질론과 행태론이 상황적 조건에 관계없이 가장 효과적인 하나의 리더십의 특성(the one best way)을 주장한 반면, 리더십의 효과성은 리더의 속성과 행태뿐만 아니라 과업의 특성, 조직문화, 부하의 기대와 행태 등 상황적 요인에 따라 달라진다고 보아, 상황 유형별로 가장 효과적인 리더의 행태를 규명하고자 한다.

② 특성론에서 리더십은 단순히 리더와 추종자의 함수관계로 표현되나, 상황론에서 리더십은 지도자(leader : l)와 추종자(follower : f)의 상호작용이며 그 작용은 그들을 둘러싼 상황(situation : s) 속에서 발휘되는 것이다.

→ L = f(l, f, s)

③ 상황론적 접근법의 예
   ㉠ Fiedler의 상황적합적 리더십이론
   ㉡ House의 경로-목표모형
   ㉢ Vroom과 Yetton의 규범적 리더십모형(리더-참여모형 : 의사결정이 필요한 의제의 특성을 파악한 후에 리더는 부하직원에게 허용해야 할 참여의 정도를 결정)
   ㉣ Hersey & Blanchard의 리더십상황이론
   ㉤ Kerr와 Jermier의 리더십 대체물 접근법
   ㉥ Yukl의 다중연결모형 등

(1) 피들러(Fiedler)의 상황적합적 리더십이론

① LPC점수(the least preferred coworker)에 따라서 리더십행태의 유형을 과업중심형과 인간관계중심형으로 구분(자기가 가장 좋아하지 않는 동료를 호의적으로 평가한 사람은 LPC점수가 높은 사람이며 인간관계중심적 행태를 보이는 사람으로 파악)한다.

② 리더와 부하의 관계(양호 - 불량)·과업구조(구조화 - 비구조화)·지위에 부여된 권력(강 - 약)이라는 3가지 상황변수가 어떻게 결합하느냐에 따라 8가지 유형의 상황을 구분한 뒤, 8가지 상황별로 상황의 호의도가 차등적이므로 ㉠ 가장 유리한 상황과 가장 불리한 상황에는 과업중심형 리더십이, ㉡ 중간 정도로 유리한 상황에는 인간관계중심형 리더십이 효과적인 것으로 주장한다.

(2) 허쉬(Hersey)와 블랜차드(Blanchard)의 리더십상황이론

① Hersey와 Blanchard의 삼차원 모형 : 인간관계중심적 행태와 임무중심적 행태를 동일선상이 아니라 별개의 축으로 나타내야 할 2가지의 차원이라고 규정한 다음, 여기에 효율성 국면이라는 하나의 차원을 추가하여 리더십 유형 연구의 3차원모형을 정립하였다. 그리고 리더십 행태는 상황적 조건에 적합한 때만 효율적이고 한다.

② Hersey와 Blanchard의 생애주기이론 : 부하의 성숙단계에 따라 효율적인 리더십 스타일이 달라진다는 이론이다. 상황의 유형(성숙단계)마다 적합한 리더십 스타일을 ㉠ 성숙도가 아주 낮은 경우에 지시형(telling : 과업지향성 높음, 관계지향성 낮음) → ㉡ 성숙도가 낮은 경우에 설득형(selling : 과업지향성 높음, 관계지향성 높음) → ㉢ 성숙도가 높은 경우에 참여형(participating : 과업지향성 낮음, 관계지향성 높음) → ㉣ 성숙도가 아주 높은 경우에 위임형(delegating : 과업지향성 낮음, 관계지향성 낮음)을 제시하고 있다.

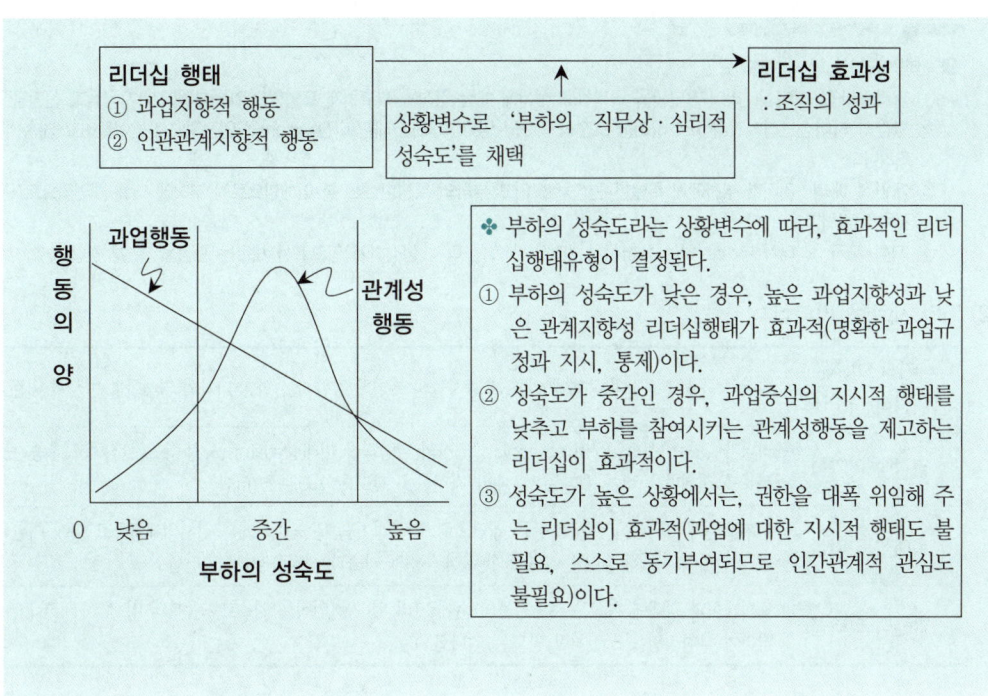

4. 새로운 리더십이론(현대적 접근법)

(1) Bass와 Burns의 변혁적 리더십(transformational leadership) ★★★

구별기준	거래적 리더십(전통적 리더십)	변혁적 리더십(새로운 리더십)
개념 및 특징	리더가 추종자들과 심리적으로 일체가 된 통합적인 관계를 설정하기보다 합리적·타산적 교환관계를 설정하는 리더십 • 특징: 보수적·현상유지적, 교환적 보상관계, 예외에 의한 관리	조직합병을 주도하고 신규부서를 만들어 내며, 조직문화를 새로 창출해 내는 등 조직에서 변화를 주도하고 관리하는 리더십 • 특징: ① 카리스마, ② 영감, ③ 개인적 배려, ④ 지적 자극❶
변화관	안정지향적, 폐쇄적	변동지향적, 개방체제적
초 점	하급관리자	최고관리층
동기부여	부하의 이익 자극	영감과 vision 제시 및 구성원 전체가 공유해야 할 가치의 내면화
관리전략	리더와 부하 간의 교환관계나 통제	업무할당 및 할당된 과제의 가치와 당위성 주지, 성공에 대한 기대 제공
이 념	능률지향	적응지향
조직구조	기계구조, 기계적 관료제에 적합	경계작용적 구조, 임시조직에 적합

❶ 변혁적 리더십의 네 가지 요인
① **카리스마적 리더십** : 리더가 난관을 극복하고 현상에 대한 각성을 확고하게 표명함으로써 부하에게 자긍심과 신념을 심어준다.
② **영감적 리더십** : 리더가 부하로 하여금 도전적 목표와 임무, 미래에 대한 비전(vision)을 열정적으로 받아들이고 계속 추구하도록 격려한다.
③ **개인적 배려** : 리더가 부하에게 특별한 관심을 보이고 부하의 특정한 요구를 이해함으로써 부하에 대해 개인적으로 존중한다는 것을 전달한다.
④ **지적 자극** : 리더가 부하로 하여금 형식적 관례와 사고를 다시 생각하게 함으로서 새로운 관념을 촉발시킨다.

(2) 기타 새로운 리더십

카리스마적 (위광적) 리더십	리더의 특출한 성격과 능력에 의해, 추종자들의 특별히 강한 헌신과 리더와의 일체화를 이끌어 내는 리더십
영감적 리더십	리더가 향상적 목표(uplifting goals : 조직의 바람직한 미래상·vision을 창출)를 설정하고 추종자들이 그 목표를 성취할 능력이 있다는 데 대한 자신감을 갖도록 만드는 리더십
촉매적 리더십	정부부문의 리더십을 준거로 삼는 개념으로, 연관성이 높은 공공문제를 정책의제화하고 그에 대한 해결책을 입안하여 시행해 나가는데 필요한 촉매작용적 기술과 성격을 지닌 리더십
발전적 리더십	조직개혁과 경쟁력 향상은 추종자들의 손에 달려 있다는 인식을 기초로, '종복의 정신(servantship)'에 입각하여 부하직원을 상전처럼 받드는 리더십

제4절 갈등관리

1. 갈등(Conflict)의 의미와 유형

① 개인, 집단, 조직 등 행동 주체 간의 대립적·적대적 상호작용(= 복수 주체 간의 갈등)
② 의사결정의 선택기준이 명확하지 못하여 개인이나 집단, 조직이 대안을 선택하는 데 곤란을 겪는 상황(= 의사결정과정에서의 갈등)

2. 갈등관의 변천(Robbins) ★★

① **전통적 관점** : 갈등은 악이기 때문에 직무의 명확한 규정 등을 통해 제거되어야 한다고 주장
② **행태주의적 관점** : 갈등이란 조직에서 자연적으로 일어나고 있는 것 ➡ 갈등은 조직의 성질상 불가피하기 때문에 갈등의 '용인·수용'을 주장
③ **상호작용주의적 관점**(현대적 갈등론) : 갈등이 조직 내에서 하나의 추진력으로 작용할 수 있다는 점에서 조직의 목표달성에 긍정적인 갈등은 어느 정도 조장하고, 부정적인 영향을 미치는 갈등은 제거되어야 한다고 주장(갈등의 용인에서 나아가 필요한 갈등의 '적극적 조장'까지 인정하는 견해)

✤ 결론적으로 모든 조직에는 갈등의 최적 수준이 존재한다. 조직에 갈등이 없으면 정체된 사고방식, 부적절한 의사결정, 독재와 획일주의, 조직의 침체가 발생하여 변화와 개혁 추진 시에 난점이 있게 되고 환경변화에 대한 적응력이 낮아져 결국 조직의 성과는 저하된다.

3. 복수주체 간 갈등의 발생요인과 갈등관리의 방법(= 해소방법과 조성방법) ★★

갈등의 발생요인 (갈등상황)	갈등의 해소방안 (갈등상황을 변동시키지 않고 대응하는 방안과 갈등상황을 제거하는 방안)

① 상충되는 목표추구로 인한 승패의 상황: win-lose situation
② 공동으로 의존하는 제한된 자원의 획득·사용에 관련된 경쟁
③ 직무설계상의 갈등요인
   ⊙ 분업(직무와 책임의 분할이 심하고 기능분립적인 조직단위의 구성)
   ⓒ 업무수행책임의 모호성
   ⓒ 업무의 상호의존성(상호의존성은 갈등의 원인이 되기도 하며, 동시에 협력의 유인이 됨)
④ 의사전달의 장애
⑤ 지위부조화: 선임순위에 의한 지위와 기술적 능력에 의한 지위의 불일치
⑥ 조직의 변동: 변동추구자들과 저항자들 간의 갈등
⑦ 갈등당사자들의 문제: 성격·태도·가치관·지각의 차이, 신뢰결여
	① 갈등당사자 간 문제의 공동해결: 공동의 노력으로 갈등상황을 제거하는 것
	② 공동으로 추구할 상위목표의 제시(공동의 적 설정): 행동주체들의 개별적 목표추구에서 야기되는 갈등을 완화
	③ 자원의 증대: 모두가 승자가 되어 갈등을 해소
	④ 회피(avoidance): 갈등을 야기할 수 있는 <u>의사결정의 보류, 접촉회피</u>, 갈등행동의 억압으로 단기적으로 갈등을 완화
	⑤ 완화(smoothing): 당사자들의 이견이나 상충되는 이익과 같은 차이를 억압하고 <u>유사성과 공동이익</u>을 강조
	⑥ 타협(compromise): 대립되는 주장을 <u>부분적으로 양보</u>하여 공동결정에 도달(상충되는 주장을 절충한 결정) ➡ 결정적인 승자나 완전한 패자가 뚜렷이 구분되지 않음(누구나 조금씩 승리하고 또 조금씩 패배함)
	⑦ 협상(negotiaion): 당사자들이 서로 다른 선호를 가지고 있을 때 공동의 결정을 해나가는 과정(당사자들은 서로 상대방에게 원하는 것을 얻으려 노력)❶
	⑧ 상관의 명령
	⑨ OD 등 행태과학적 기법을 통한 태도변화
	⑩ 구조적 요인의 개편: 인사교류, 조정담당직위의 설치, 갈등을 일으키는 조직단위의 합병(merge) 또는 분리(decoupling), 지위체제의 개편, 업무배분의 변경, 보상체제의 개편 등

❶ 협상에는 ① 당사자들이 승패를 판가름하려고 각기 자기 몫을 주장하는 '분배적 협상(distributive negotiation)'과 ② 당사자들이 모두 승리자가 될 수 있도록 공공이익 또는 효용을 키우는 방안을 탐색하는 '통합적 협상(integrative negotiation)'이 있다.

> **PLUS 심화** 복수주체 간 갈등의 해결방안: Thomas의 2차원 모형(개인 간에 발행하는 대인적 갈등의 관리방안)

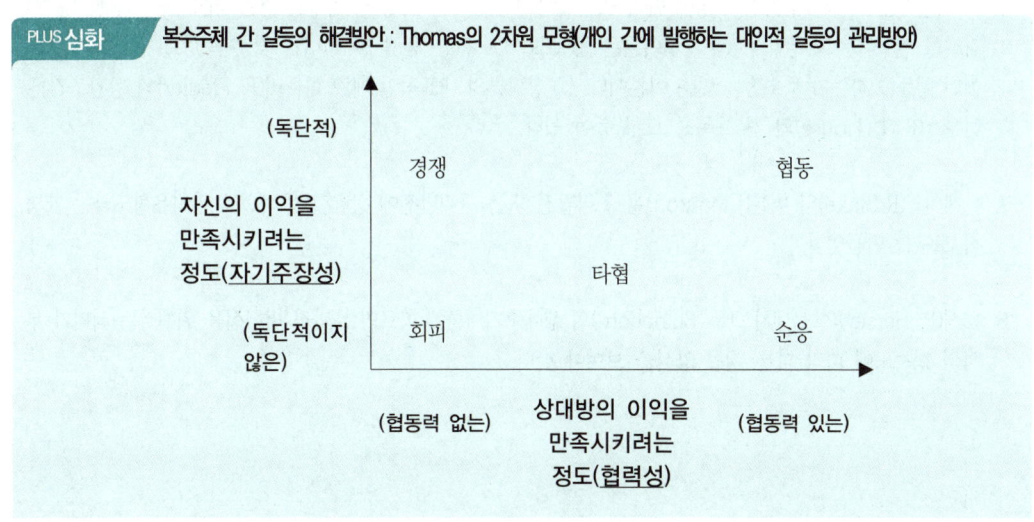

빈출 핵심 지문

1. 목표관리제(MBO)가 성공하기 쉬운 조직은 ① 집권화되어 있고 계층적 질서가 뚜렷하고, ② 성과와 관련 없이 보수를 균등하게 지급하며, ③ 목표를 계량적으로 측정하기가 용이하고, ④ 업무환경이 가변적이고 불확실성이 크다.
   → × / ①, ②, ④는 틀린 내용이다. ① 목표관리제(MBO)는 참여와 분권화를 전제로 하는 조직관리방식이다. ② 목표관리제는 개인 또는 조직단위별 목표설정과 평가 그리고 이에 근거한 보상체계가 갖추어질 때 효과적으로 작동된다. ④ 급격한 변화나 관리상황이 유동적인 조직에서는 목표설정이 곤란하여 MBO를 적용하기 어렵다.

2. 총체적 품질관리(TQM)은 ① 품질관리가 서비스 생산 및 공급이 이루어지는 과정의 매 단계에서 이루어지고, ② 계획과 문제해결의 주된 방법은 집단적 과정이며, ③ TQM의 관심은 내향적이어서 고객의 필요에 따라 목표를 설정하는 것을 강조한다.
   → × / (Why?) ③은 틀린 서술이다. TQM의 관심은 고객만족이므로 내향적이 아니라 외향적이다.

3. 총체적 품질관리(Total Quality Management)는 개인의 성과평가를 위한 도구로 도입되었다.
   → × / (Why?) 총체적 품질관리(Total Quality Management)는 개인의 성과평가를 위한 도구가 아니라, 조직전체적 차원에서 품질향상이라는 성과를 실현하기 위한 관리방식이다.

4. TQM이 팀 단위의 활동을 바탕으로 한다면, MBO는 개별 구성원의 활동을 바탕으로 한다.

5. 리더십 특성론적 접근법은 주로 업무의 특성과 리더십 스타일 사이의 관계에 초점을 맞춘다.
   → × / (Why?) 특성론적 접근법은 업무의 특성의 특성이 아니라 리더의 특성(자질)에 초점을 둔다.

6. ① 자질론은 지도자의 자질 특성에 따라 리더십이 발휘된다는 가정 하에, 지도자가 되게 하는 개인의 속성·자질을 연구하는 이론이다. ② 행태이론은 눈에 보이지 않는 능력 등 리더가 갖춘 속성보다 리더가 실제 어떤 행동을 하는가에 초점을 맞춘 이론이다. ③ 상황론의 대표적인 예로 피들러(F. Fiedler)의 상황조건론, 하우스(R. J. House)의 경로-목표 모형 등이 있다.

7. 블레이크(R.Blake)와 머튼(J.Mouton)은 조직발전 또는 관리발전에 활용할 목적으로 관리유형도라는 개념적 도구를 만들었다.

8. 허시(P. Hersey)와 블랜차드(K. Blanchard)의 생애주기이론에 따르면 효과적 리더십을 위해서는 리더가 부하의 성숙도에 따라 다른 행동 양식을 보여야 한다.

9. 바스(B. Bass) 등이 제시한 변혁적 리더십(Transformational Leadership)의 주된 요인으로 ① 영감적 리더십, ② 합리적 과정, ③ 카리스마적 리더십, ④ 개별적 배려가 있다.
    → × / (Why?) 합리적 교환관계를 중시하는 것은 전통적인 안정지향의 리더십인 거래적 리더십의 특징에 해당한다.

10. 변혁적 리더십은 거래적 리더십을 기반으로 하므로 거래적 리더십과 중첩되는 측면이 있다.
    → × / (Why?) 변혁적 리더십은 변화와 혁신을 목적으로 하는 새로운 리더십으로, 안정지향의 전통적인 거래적 리더십과는 완전히 구별된다.

11. 1970년대 중반 이후 각광을 받고 있는 상호주의적 견해는 갈등을 긍정적인 갈등과 부정적인 갈등으로 분류하고, 긍정적인 갈등은 조직 내에서 하나의 추진력으로 작용할 수 있다고 본다.

12. 업무의 상호의존성이 갈등상황을 발생시키는 원인이 될 수 있으며, 지위부조화는 행동주체 간의 교호작용을 예측불가능하게 하여 갈등을 야기한다.

13. 회피(avoiding)는 갈등 당사자들의 차이점을 감추고 유사성과 공동의 이익을 내세워 갈등을 해소하는 방안이다.
    → × / (Why?) 회피(avoiding)는 갈등을 야기할 수 있는 의사결정의 보류, 접촉회피 등을 통해 갈등을 단기적으로 완화하는 것이다. 유사성과 공동의 이익을 내세우는 것은 완화(smoothing)이다.

14. 갈등해소방안으로 통합적 협상은 재원이 제한되어 있어 제로섬(zero sum)방식을 기본 전제로 하는 협상이다.
    → × / (Why?) 자원이 제한되어 있어 제로섬 방식을 기본 전제로 하는 협상은 통합형 협상이 아니라 분배형 협상이다. 협상에는 당사자들이 승패를 판가름하려고 각기 자기 몫을 주장하는 '분배적 협상(distributive negotiation)'과 당사자들이 모두 승리자가 될 수 있도록 공공이익 또는 효용을 키우는 방안을 탐색하는 '통합적 협상(integrative negotiation)'이 있다. 통합적 협상은 win-win 방식의 협상을 말한다.

행정사 1차 행정학개론

PART 04

인사행정론

제1장 인사행정의 제도적 기반
제2장 인적 자원의 관리활동

제4편 '인사행정론'의 체계와 빈출내용 및 학습포인트

체계	테마	빈출내용 및 학습포인트
인사행정 제도	엽관주의	• 제도의 발달 : 직업공무원제 → 엽관(정실)주의 → 대표관료제와 적극적 인사행정 → 성과관리(MBO, CDP, 성과계약 등 평가와 근무성적평가, 다면평가) • 엽관주의(미국)·정실주의(영국)의 특징과 장·단점 vs. 실적주의와 비교를 통해
	실적주의	• 실적주의의 등장배경(反엽관주의), 특징과 장·단점 vs. 엽관주의와 비교를 통해
	대표관료제	• 대표관료제의 배경(=실적관료제의 비대표성 한계), 특징과 장·단점 vs. 실적주의(=실적관료제)와 비교를 통해. affirmative action(미국)과 균형인사(한국) • 대표의 의미 : 소극적 대표와 적극적 대표
	적극적 인사행정	• 전통적 실적주의(反엽관주의)의 소극성을 탈피하기 위해 : 실적주의에 엽관제, 인간관계론, 대표관료제를 가미
	직업공무원제	• 직업공무원제(계급제, 폐쇄형, generalist, 종신직) vs. 미국식 인사제도(직위분류제, 개방형, specialist) • 직업공무원제와 실적주의의 관계 : 양자는 별개의 제도
	중앙인사기관	• 조직형태 : 독립/합의형 vs. 비독립/단독형
	한국의 공무원 분류	• 경력직(일반직, 특정직) vs. 특수경력직(정무직, 별정직) : 실적주의와 직업공무원제의 적용여부를 기준으로
	공직분류 제도 : 직위분류제 vs. 계급제	• 직위분류제의 구조 : 직위/직급/직류/직렬/직군/등급 • 수립절차 : 직무조사 → 직무분석(직렬과 직군으로 수직적 분류) → 직무평가(등급과 직급으로 수평적 분류) → 직급명세서 작성 • 직무평가의 방법 : 서열법/분류법/점수법/요소비교법 • 계급제의 특징 vs. 직위분류제의 특징과 비교를 통해
	기타 제도	• 고위공무원단 제도, 개방형직위제도와 직위공모제, 개방형 vs. 폐쇄형
인적자원 관리	충원과 시험	• 인사행정의 3국면 : 충원(임용), 능력발전(CDP, 교육훈련, 근·평), 사기(보수) • 시험(측정)의 타당성 : ① 기준타당성, ② 내용타당성, ③ 구성타당성 • 시험의 신뢰성(일관성)
	내부임용	• 승진의 기준 : 경력 vs. 실적 • 전직과 전보, 경력개발(CDP)
	근무성적평정	• 근·평의 방법 : 도표식 평정척도법, 강제배분법, 목표관리평정(MBO), 다면평가제 • 성과계약 등 평가(직무성과계약제 : 4급이상 공무원)와 근무성적평가(5급이하) • 근·평의 오류 : 연쇄효과, 관대화 경향 등
	사기관리	• 동기부여, 고충처리, 제안제도, 보수와 연금
	공무원의 행동규범	• 공무원의 정치적 중립 의무, 단체행동 금지 의무(공무원 노동조합) • 공무원의 신분보장 : 징계(견/감/정/강/해/파), 직권면직

제1장 인사행정의 제도적 기반

▶ 인사행정의 의미
인사행정(public personnel administration)이란 '정부가 추구하는 행정목표의 달성을 위해 필요한 인적 자원(공무원)에 대한 관리활동'을 의미한다. 즉, 행정목표(최종적으로는 민주성과 효율성 등의 가치실현, 직접적으로는 공무원의 바람직한 활용에 의한 정부의 정책결정 및 집행능력의 향상) 달성에 필요한 인적 자원을 ① 충원하고, ② 능력을 발전시키며, ③ 근무의욕을 고취하고, ④ 행동규범을 확립·통제하는 동태적인 관리활동을 말한다.

▶ 인사행정제도의 발달
① 절대군주국가 시대부터 발달한 직업공무원제 ➡ ② 정치적 고려를 우선하는 엽관주의·정실주의(19C 초~) ➡ ③ 개인별 능력과 자격중심의 실적주의(19C 말 이후~) ➡ ④ 정부관료제의 대표성·형평성 확립에 중점을 두는 대표관료제(1960년대)의 순서로 발전하였으며, ⑤ 최근에는 인사행정체제가 변화하는 요청에 효과적으로 대응할 수 있도록 운영상의 융통성을 강조하는 관리융통성체제(Management Flexibility System)가 대두되고 있다.

제1절 엽관주의와 정실주의 ★★★

01 엽관주의·정실주의의 의미

엽관주의(spoils system)	정실주의(patronage system)❸
① 미국에서 발달	① 영국에서 발달
② 개념: 정당에 대한 충성심·공헌도를 <u>기준</u>으로 공직임용하는 제도(선거에서 승리한 정당이 모든 관직을 전리품-spoils-처럼 정당에 대한 공헌도와 충성도에 따라 임의적으로 처분) ➡ <u>Jackson 대통령, 교체임용주의(공직경질제), 4년 임기법</u>❶ ❷	② 개념: 인사권자에 대한 개인적 충성·혈연·학연 등(개인적인 친소관계)을 <u>기준</u>으로 공직임용하는 제도 ➡ <u>은혜적 정실주의</u>(국왕에 의한 정실주의)에서 <u>정치적 정실주의</u>(명예혁명 이후 의회다수당에 의한 정실주의)로 변화
③ 정권교체에 따른 광범위한 공직경질(신분보장 ✕)	③ 관직과 연금의 종신적 부여(신분보장) ➡ <u>직업공무원제적 성격</u>
④ 1883년 펜들턴법(Pendleton Act) 제정에 의해 실적주의로 대체	④ 1870년 추밀원령으로 실적주의로 대체

❶ 엽관주의는 워싱턴 대통령부터 시작되었으나(1820년 '4년 임기법' 제정 - 대통령이 임명하는 공직자의 임기를 대통령의 임기와 일치시키는 법), 당시 미국의 연방정부는 동부 상류계층에 의해 독점되었다. <u>1829년 Jackson이 대통령으로 취임하면서 엽관주의가 본격적으로 발달</u>하는데, Jackson은 자기를 지지해 준 서부개척민들에게 공직을 개방하는 것이 행정의 민주화와 지지에 대한 보상이라고 여겨, <u>엽관주의를 '민주주의의 실천적 정치원리'로 선언</u>하였다.

❷ Jackson 대통령의 연두교서(1829년): "공직에서 수행되는 모든 일은 평범하고 간단한 것들로서 기본적인 지적 능력을 갖춘 사람이면 누구나 노력만 하면 그 일을 수행할 수 있도록 되어 있습니다. 본인은 한 사람이 공직에 오래 근무하면서 오는 폐해가 그 사람이 경험의 축적을 통해 공직에 기여하는 것보다 훨씬 크다고 생각합니다."

❸ 엽관주의와 정실주의의 엄밀한 개념이나 발달배경은 국가마다 서로 다르나, 기본적으로 ① 실적이 아닌 다른 요소들을 공직의 기준으로 삼는다는 점과 ② 민주정치(= 정당정치)의 발달에 따라 관료기구와 국민과의 동질성을 확보하기 위한 수단으로 발전하였다는 점에서 같은 의미로 혼용된다.

02 엽관주의의 장점과 단점

엽관주의의 정당화 근거	• 엽관제가 추구하는 기본가치
	  – 교체임용주의에 의한 관료제의 정치적 대표성·대응성·책임성 확보
	  ① 민주정치의 기초가 되는 정당정치 발전에 기여(국민의사 존중, 책임정치)
	  ② 관료제의 민주화에 기여(공직의 개방, 공직경질로 관료제의 침체·특권화 방지, 대표성을 지니는 집권당이나 인사권자를 매개로 관료기구와 국민과의 동질성 확보)
	  ③ 국민으로부터 통치권을 위임받은 선출직 정치지도자들을 통해 관료집단에 대한 통제를 용이하게 하여 관료제의 부응성 제고(관리자의 리더십 강화), 중대한 정책변동에 대응 유리
	  ④ 정당이념의 철저한 실현과 공약의 강력한 추진
	  ⑤ 입법국가시대의 행정의 단순성·비전문성(공직의 아마추어리즘)에 기초

엽관주의의 폐단	정치·행정적 부패(매관매직 및 위인설관)와 비능률(행정의 계속성과 전문성 저해), 행정의 공공성 저해(정부관료제를 소수 정당간부의 특수이익을 위한 도구로 전락)

제2절 실적주의 ★★★

01 실적주의의 의미

1. 실적주의의 개념

실적주의(merit system)란, ① 정당에 대한 충성심·당파성이나 혈연·지연·학연 등의 정치적 요인이나 귀속적 요인에 의한 임용기준을 거부하고(反엽관주의), ② 실적(= 개인의 능력·자격)을 기준으로 인사관리하는 제도이다.

> **PLUS 심화 실적주의의 진화**
>
> ① **전통적 의미의 실적주의(反엽관주의라는 소극적 의미)** : 최초 실적주의는 공직임용에서 엽관주의를 비판하는 反엽관주의라는 소극적 의미로 출발(부당한 정치적 압력으로부터 공무원들을 보호하려는 '보호주의', 인사행정에 당파적 영향을 배제하려는 '중립주의')
> ② **오늘날의 실적주의(적극적·능률주의적 의미)** : 20C 초 이후 과학적 관리론의 영향으로 인사행정의 합리화·능률화를 도모하면서, 실적제의 적용범위가 신규채용 이외에 승진과 보수 등 인사행정의 여러 과정으로 확대되면서 적극적·능률주의적 실적제로 발전

2. 실적주의 성립배경

① 엽관주의 병폐극복 노력
② 19C 후반 행정국가의 출현(국가기능의 양적 확대와 질적 분화)과 행정의 전문성 요구
③ 1881년 엽관운동가에 의한 Garfield 대통령의 암살사건 발생
④ 행정능률화를 요구하는 진보주의운동(정부개혁운동)의 전개

3. 실적주의의 특성

① 과학적 관리론의 영향으로 인사행정의 합리화, 과학화, 객관화를 지향
② 공직취임의 기회균등
③ 임용에 있어 공개경쟁과 실적(= 개인의 능력·자격)기준 적용
④ 실적기준에 의한 인사관리와 퇴직관리 실시
⑤ 공무원의 정치적 중립(= 정당정치로부터의 중립)과 신분보장(= 인사권자의 정치적·자의적 판단에 의한 공무원의 신분박탈 금지 → 종신직 공무원제도를 의미하는 직업공무원제적 신분보장과 구별)을 강조
⑥ 초당적·중립적인 중앙인사기관 설치, 인사권의 집권화
⑦ 이념적으로 자유주의와 개인주의, 정치·행정 이원론을 배경

미국의 실적주의	영국의 실적주의
(1) 발전과정 　① <u>Pendleton법 제정(1883)</u>으로 실적주의가 시작 → ② Hatch법 제정(1939 : 공직에 대한 정당의 지배와 공무원의 정치활동 금지)으로 실적주의 확립 → ③ <u>공무원제도개혁법(1978)</u>으로 '적극적 인사행정'으로 확립 (2) Pendleton Act(연방공무원법)의 주요내용 　① 초당적·독립적 인사위원회(연방인사위원회 : Civil Service Commission) 설치 　② 공개경쟁채용시험(해당분야의 직무지식에 대한)에 의한 임용 　③ 제대군인 특혜인정 　④ 정치헌금·정치활동의 금지(정치적 중립) 　⑤ 조건부임용제(시보임용제) (3) 미국 실적주의의 특징 　反엽관주의로 실적주의를 도입하였으나, 과학적 인사관리에 입각한 직무중심의 직위분류제 및 개방형임용과 결합되어, 직업공무원제 확립에는 기여하지 못함.	(1) 발전과정 　① Northcote-Trevelyan 보고서와 1855년 추밀원령에 의해 실적주의의 기초 형성 → 　② <u>1870년 추밀원령에 의해 실적주의가 확립</u> → 　③ 1968년 Fulton 보고서의 인사개혁 (2) 1870년 추밀원령의 내용 　① 공개경쟁 시험(일반교양과목)에 의한 임용 　② 행정계급과 서기계급의 계급구분, 계급별 채용시험 실시 　③ 재무성의 인사권 강화(지원자의 자격과 시험을 행할 관직의 결정에 관한 동의권) (3) 영국 실적주의의 특징 계급제와 재직자중심의 폐쇄형 충원에 근거함으로써 공무원의 신분보장을 통한 직업공무원제 확립에 기여(기존의 직업공무원제를 토대로 실적주의 인사원칙이 도입된 형태)

02 실적주의의 장점과 단점

실적주의의 장점	• 실적제가 추구하는 기본가치 – 행정의 능률성과 전문성·계속성·중립성확보 ① 공개경쟁시험으로 유능한 인재를 임용하여 행정의 능률성 제고 ② 공무원의 정치적 중립을 통해 행정의 공정성 확보 ③ 공무원의 신분보장을 통해 행정의 안정성과 계속성 확보 ④ 공직의 상품화를 봉쇄하여 정치·행정적 부패 감소
실적주의의 단점	① 기회균등의 비현실성(형식적 기회균등에 초점을 두어 실질적 기회균등에 무력) ② 국민에 대한 관료제의 비대표성 ➜ 대표관료제론 제기 ③ 반엽관주의적 소극성·경직성(엽관과 정실의 배제에만 초점을 두어 적극적으로 유능한 인재를 공직에 유치하는 데 소홀) ④ 인사권의 집권화로, 각 부처의 실정에 맞는 신축적인 인사행정 곤란 ⑤ 신분보장과 정치적 중립의 요구로, ㉠ 공무원에 대한 정치지도자의 통제와 리더십확보의 곤란, ㉡ 국민요구에 둔감한 폐쇄집단화 초래 ⑥ 실적주의와 결합된 과학적 인사관리(예 직위분류제)에 의한 공무원의 비인간화

※ **실적주의의 새로운 경향** : 적극적 인사행정과 관리융통성체제(= 실적주의의 문제점을 극복하기 위하여, 실적의 개념을 좀 더 적극적으로 해석하고 인사행정의 운영에 대한 신축성과 경쟁성을 확대하려는 경향)

제3절 대표관료제 ★★★

01 대표관료제의 의미

1. 대표관료제의 대두배경

대표관료제는 ① D. Kingsley의 「대표관료제 : 영국관료제의 해석, 1944」에서 정부관료제가 사회·경제·정치세력들을 적극적으로 대표해야 한다고 주장하면서 제기되었으며, ② 현실적으로는 **실적관료제의 한계에 대한 비판**(실질적인 대표성·형평성 등의 민주적 가치 구현에 미흡)에서 출발

2. 대표관료제의 개념

① 대표관료제란 (지역·성별·인종·종교·사회적 출신배경 등에 따른) 다양한 사회집단들이 전체인구에서 차지하는 비율에 따라 **정부 내 모든 직위와 계층에 비례적으로 충원·배치**하여, **그 사회의 모든 계층과 집단에 공평하게 대응하는 정부관료제**를 의미
② 인적 구성면이나 정책지향면에서 사회세력 전체의 축소판 같은 정부관료제(사회 내의 중요한 세력들은 반영하는 관료제 – D. Kingsley)

3. 대표관료제의 두가지 측면

① 피동적·소극적·배경적 대표(stand for : passive representation) : 각 사회집단·계층에 비례해서 관료제의 모든 계층과 직위를 구성하는 것(= 구성론적 대표)

② 능동적·적극적·실질적 대표(act for : active representation) : 비례적으로 구성된 관료가 실질적으로 출신집단의 요구나 이익을 행동으로 대변하는 것(= 역할론적 대표)

✤ 대표관료제이론은 인력구성의 비례적 대표성인 소극적 대표성이, 관료들이 출신집단의 이익을 정책에 대변하는 적극적 대표성으로 연결됨을 전제한다.

02 대표관료제의 실천수단과 사례

1. 대표관료제의 실천수단

모집방법의 확대(적극적 모집)·교육훈련기회 확대·인사조치에서 차별금지 등 부드러운 방법과, 사회적 출신 집단별 공직임용할당제와 같은 강경한 방법

2. 미국의 대표관료제

Carter 정부의 우대정책(Affirmative action program : 소수민족 임용확대와 차별철폐조치)

3. 한국의 대표관료제 : 통합인사지침(인사혁신처 예규)

① 실질적인 양성평등 실현과 ② 장애인·지역인재·이공계전공자·사회통합형 인재 등 사회적 소수집단의 공직임용을 지원하고, 다양한 인재가 공직 내에서 차별 없이 능력을 발휘할 수 있는 근무여건 조성을 위한 채용·승진·보직관리 등 인사관리의 기본 방향을 제시하여 공직 내 형평성과 공정성 등 사회적 가치를 실현하기 위함❶

> ❶ 국가공무원법상 임용원칙과 적극적인 정책
> ① 공무원의 임용은 시험성적·근무성적, 그 밖의 능력의 실증에 따르나, 장애인·이공계전공자·저소득층·다자녀양육자 등에 대한 채용·승진·전보 등 인사관리상의 우대와 실질적인 양성 평등을 구현하기 위한 적극적인 정책을 실시할 수 있다(제26조).
> ② 지역인재의 추천채용 및 수습근무(제26조의4)

① 양성평등 인사관리
  ㉠ 양성평등채용목표제 : 남·녀 각각 합격비율이 30% 미달 시 미달인원만큼 추가합격
  ㉡ 양성평등을 위한 인사관리 : 여성관리자 임용 확대 등

② 장애인 공무원 인사관리
  ㉠ 장애인 의무고용율 : 2024년 이후 신규채용인원의 3.8% 이상을 장애인으로 채용(의무고용율 미달기관은 2024년 이후 7.6% 채용)
  ㉡ 구분모집의 실시

③ 지방·전국 지역인재 인사관리
  ㉠ 지방인재채용목표제 : 5급 공무원 공개경쟁채용시험과 외교관후보자 선발시험 및 7급 공무원 공개경쟁채용

시험에서, 서울을 제외한 지방학교 출신자의 합격비율이 20%(7급 공무원 시험은 30%) 미달 시, 미달인원 만큼 추가합격
  - ⓒ 전국 지역인재추천채용제 : ⓐ 전국 지역인재 7급 수습직원(전국의 대학졸업자 중에서 학교장의 추천을 받아 수습직원으로 선발하고, 수습을 거쳐 7급 공무원으로 임용, ⓑ 전국 지역인재 9급 수습직원(전국의 고등학교졸업자 중에서 학교장의 추천을 받아 수습직원으로 선발하고 수습을 거쳐 9급 공무원으로 임용)
④ 이공계공무원(과학기술직군 공무원, 이공계분야 학위 또는 자격증 소지자) 인사관리
  - ⊙ 신규채용 : 정부 전체 5급 및 이에 준하는 신규채용 총 인원의 40%를 이공계 인력으로 채용하도록 노력
  - ⓒ 이공계 고위공무원 임용확대
⑤ 사회통합형 인재 인사관리
  - ⊙ 저소득층 채용 : 9급 공개경쟁채용시험에서 선발예정인원의 2% 이상 채용
  - ⓒ 사회적 소수집단(북한이탈주민, 다문화가족) : 중앙행정기관 등의 장은 사회적 소수집단의 공직 임용 확대를 위하여 노력하여야 함

03 대표관료제의 순기능과 한계

대표관료제의 순기능	① 관료들의 '주관적 책임성(출신집단의 요구에 관료 스스로 반응하는)을 통해' 국민의 다양한 요구에 대한 정부대응성 향상 → 특히, 행정의 전문화로 직업공무원에 대한 정치적 상관이 통제가 어려운 상황에서 유용 ② 기회균등의 적극적 보장으로 관료제의 국민대표성과 사회적 형평성 제고 → 역평등(수직적 형평 : 사회적 약자에 대한 배려) 실현 ③ 다양한 집단의 참여로 정부관료제의 민주화 ④ 소외집단의 요구에 대한 정책대응성을 높임으로써 정책집행을 용이하게 하여 정부활동의 능률성 향상 ⑤ 대중통제를 정부관료제에 내재화 : 출신집단의 가치와 이익에 대한 '심리적 책임'을 지려하기 때문에 관료 상호 간의 견제를 통해 관료제의 내적 통제를 강화
대표관료제의 한계	① 소극적 대표가 적극적 대표를 보장하지 못함('임용 후 가치관·행태변화 – 재사회화'로 인하여 : Mosher) ② 적극적 대표가 민주주의에 위협요소로 작용(공직에 대한 통제는 대통령과 의회에 의한 통제가 민주적이며, 공직 내부의 인적 대표성에 의한 공무원의 자율통제에 맡기는 것은 <u>국민주권원리에 어긋나 비민주적</u>) ③ 집단중심으로 형평성을 추구로 실적주의(자유주의) 원칙과 갈등, 행정의 전문성 저해(실적기준의 적용을 제약하여)로 인한 행정능률 저하 ④ 역차별에 의한 사회분열 위험 ⑤ 대표성과 영향력의 불균등(적극적 대표가 지나치게 활성화되어 각 집단이 자신들의 이익극대화를 위해 경쟁할 경우, 소수집단에 오히려 불리한 결과 초래)

인사제도	기본내용
엽관제	민주성, 행정의 정치성, 복수정당제 확립, 공직경질제(교체임용주의)
실적제	능률성, 정치와 행정의 분리, '개인' 실적 중심, 전문성, 도구성, 소극성
대표관료제	대표성·대응성·참여성, '집단주의'에 의한 공정성, 적극적 인사, 민주성

제4절 적극적 인사행정

1. 적극적 인사행정의 개념

① 적극적 인사행정(positive personnel administration)이란, ㉠ <u>실적주의를 인사행정의 기초로 하면서도</u>, ㉡ <u>실적주의의 소극성·비융통성·집권성과 과학적 인사관리로 인한 비인간화를 탈피하기 위하여, 엽관주의적 요소와 인간관계론적 요소의 보완을 통하여</u> 인사행정의 인간화와 적극적·신축적·분권적 인사원칙을 추구하는 인사행정을 의미

② 적극적 인사행정은 실적주의의 문제점을 극복하기 위해 미국에서 1935년경 대두하여 1978년 「공무원제도개혁법」의 실적주의 원칙에 반영된 것으로 이해됨. 따라서 적극적 인사행정에는 1960년대 대표관료제 도입을 내용으로 하는 신인사관리도 포함하기도 함.

2. 적극적 인사행정의 주요방안

① 적극적 모집 활동
② **엽관주의적 요소의 활용** : 고위직에 행정수반과 이념을 같이하는 자를 신축성 있게 정치적 임명
③ **재직자의 능력발전** : 교육훈련, 승진, 전직, 근무성적평정의 합리적 운영을 통해 공무원의 능력발전과 잠재력을 계발
④ **인사행정의 분권화** : 중앙인사기관에 집중되었던 인사권과 인사기능을 각 부처로 분권화하여 각 부처의 자율성을 증대
⑤ **행정의 인간화** : 공무원의 사기, 인사상담제도, 공무원단체의 인정, 하의상달의 촉진, 민주적 리더십 등을 통해 인사관리의 민주화를 지향
⑥ **과학적 인사관리의 완화** : 과학적 인사관리의 실현을 위해 발전시켰던 직위분류제 등의 지나친 합리성을 완화시킨다.
⑦ 대표관료제의 가미

제5절 직업공무원제 ★★

01 직업공무원제의 의미

1. 직업공무원제의 개념

직업공무원제(career civil service system)란, ① 공직이 유능한 젊은 인재에게 개방되고, ② 적극적 능력발전과 승진의 기회가 부여되어, ③ **공직이 전 생애를 바칠 만한 보람 있는 직업이 되도록 운영되는 제도**를 의미

→ 직업공무원제는 공무원의 장기근속과 성실한 직무수행을 유도하기 위해 ① 계급제, ② 폐쇄형 충원, ③ 일반능력자주의, ④ 종신직 공무원제도(종신형의 신분보장)를 '본질적인 특성'으로 하는 제도 ⇔ ① 직위분류제, ② 개방형 충원, ③ 전문가주의를 특색으로 하는 미국식 인사제도와 구별

> **PLUS 심화 직업공무원제의 변화**
> ① 직업공무원제는 본래 유럽에서 절대군주국가의 통치체제 구축을 위한 관료제와 맞물려 태동하였으며, 관료가 군주에 대해 절대적인 충성이라는 의무(관료는 '군주의 사용인')를 지는 대신 군주로부터 일정한 특권과 신분을 보장받는 것을 특징으로 하였다.
> ② 이후 민주주의 확립에 따라, 직업공무원제도는 공무원들로 하여금 정권의 변동에도 불구하고 신분보장(= 종신고용)을 받으면서 '국민 전체에 대한 봉사자'로서 계속 봉사하게 함으로써 행정의 계속성과 안정성을 유지하는 인사제도로 오늘날까지 유지되고 있다.

2. 직업공무원제의 본질적 특징

① 젊고 유능한 인재 유치(→ 연령과 학력 엄격히 제한)와 공무원의 장기근무
② 채용기준으로 채용당시의 직무능력보다 장래의 발전가능성·잠재력 중시, 그리고 공직에서의 능력발전(승진·전보·훈련 등을 통한) 강조
③ 계급제에 입각한 공직분류 : 공무원의 개인적 특성(신분·능력·학력 등)을 기준으로 계급을 형성하고 동일한 계급 내에서는 어느 자리로나 이동할 수 있게 하는 사람중심적 공직분류인 '계급제'에 근거하여, 능력발전과 장기근무를 도모
④ 폐쇄형 임용체제 : 공직의 중간계층에 빈자리가 생겼을 때, 이를 내부의 승진으로 채우고 외부로부터의 신규채용을 허용하지 않는 폐쇄형 충원방식에 근거하여 장기 근무를 통한 승진으로(승진에 대한 기대충족), 공직이 전 생애의 보람 있는 직업이 되도록 함.
  → 직위분류제를 채택하고 개방형 임용주의를 따르고 있는 '미국'은 직업공무원제 발달의 조건을 갖추지 못함.
⑤ 일반행정가(generalist)의 양성 : 공무원이 장기간 공직에 근무하면서 여러 분야에서 다양한 경험을 쌓게 하여 능력발전을 도모하므로, 직위분류제에서 요구하는 전문가적 행정가(specialist)보다는 폭넓은 안목을 지닌 일반행정가 양성에 주력
⑥ 종신형 신분보장을 통한 행정의 안정성과 계속성 확보

02 직업공무원제와 실적주의의 관계

오늘날 직업공무원제도 **인사행정의 원칙으로 대체로 실적주의에 입각**(시대적 상황에 따른 전통적 직업공무원제의 현대적 수정의 결과로)하고 있으나, **양자는 개념적·제도적으로 구별**된다.

① 역사적 배경의 차이
  ㉠ 영국 등 유럽에서 종신직공무원제도는 절대군주국가 시대부터 발달하였으나(이때 관리임용의 기준은 정실주의), 실적주의는 19C 후반에 확립되었다(→ 기존의 직업공무원제를 토대로 실적주의가 가미되는 형태).
  ㉡ 반면 미국에서 실적주의는 1883년 Pendleton법에 의해 실적주의 원칙이 먼저 도입되고, 우수한 젊은 인재 공직유치를 위해 폐쇄형 등 직업공무원제에 대한 관심은 1930년대 이후에 제기되었다(→ 실적주의를 바탕으로 직업공무원제가 요청되는 형태).
② 실적주의의 본질적 특성인 정치적 중립의 요구 여부 : 실적주의는 정치적 중립을 기본원칙으로 하지만, 직업공무원제도는 유럽국가들의 경우에서 보듯이 반드시 정치적 중립을 요구하지 않는다.
  ✤ 오늘날 '직업공무원제'는 기존의 직업공무원제의 특성(계급제와 폐쇄형 및 일반행정가주의)을 토대로 실적주의 인사원칙이 도입된 형태로, 실적주의 기반하에 직위분류제와 개방형 및 전문가주의의 특성을 지니는 '미국식 인사제도'와 대비된다.

03 직업공무원제의 장·단점

직업공무원제의 장점	① 공무원 집단의 일체감 형성과 전문직업 의식 고취로, 공무원의 사기 제고 ② 공직에 대한 자부심과 일체감이 강화되어, 높은 수준의 봉사정신과 행동규범(국민전체에 대한 봉사자로서) 유지 ③ 장기적인 근무에 따른 행정의 안정성과 일관성 유지(특히, 내각제국가에서 잦은 내각교체에 따른 국정의 공백과 혼란 예방) ④ 폭넓은 능력발전이 가능해, 정책결정 및 관리기능을 담당하는 고급공무원양성에 유리
직업공무원제의 단점	① 폐쇄형 임용으로, 외부 전문가 채용의 곤란, 또한 공직의 침체·공무원집단의 관료주의화 → 공무원의 전반적인 질적 수준 저하 ② 공무원에 대한 지나친 신분보장(종신고용)으로, 외부환경변화에 둔감하고 변화에 저항하는 병리현상 초래 ③ 일반행정가의 양성으로, 행정의 전문화 요구에 역행

제6절 중앙인사행정기관

01 중앙인사기관의 의미

(1) 중앙인사기관의 개념

중앙인사기관이란 정부의 인사행정을 전문적·집중적으로 통괄하는 기관(한국의 인사혁신처)이다.

(2) 중앙인사기관의 구체적 기능

① **준입법적 기능** : 법률의 범위 내에서 인사행정 전반에 관한 인사규칙 제정 ➡ 총리령을 통해 제정
② **준사법적 기능** : 징계 기타 공무원에 대한 불이익 처분에 대한 심판기능 ➡ 인사혁신처에 설치된 독립적인 소청심사위원회의 소청심사제도
③ **집행기능**
④ **감사기능** : 부처인사기관의 인사사무에 대한 통제 기능

02 중앙인사기관의 조직 형태 ★★

구 분	합의성(= 위원회)	단독성(= 독임제)
독립성	독립합의형	(독립단독형)
비독립성	(비독립합의형)	비독립단독형

① **독립합의형** : 인사행정의 엽관주의·정실주의의 폐해를 방지하고 인사행정의 정치적 중립성을 보장하기 위해 고안된 조직형태(행정수반으로부터 독립된 지위를 지니며, 합의제로 구성)
  ➡ 1883~1978년까지 존속하였던 미국의 연방인사위원회(CSC)와 1978년에 설립된 실적제보호위원회(MSPB)
② **비독립단독형** : 행정수반의 직접적 통제를 받으며, 의사결정도 행정수반에 의해 임명된 한 사람의 기관장이 하는 일반행정부처와 같은 조직형태
  ➡ 한국의 인사혁신처, 1978년에 설립된 미국의 인사관리처(OPM), 영국의 공무원 장관실, 일본의 총무성(인사·은급국)

03 주요 국가의 중앙인사기관

1. 미국 ★

1883년 Pendleton Act에 의해 독립성과 합의성을 가진 중앙인사기관으로 연방인사위원회(CSC : Civil Service Commission)가 설치 ➔ 1978년 「공무원제도개혁법」에 의해 연방인사위원회(CSC)가 폐지되고, 대신 ① 대통령 직속기관으로 인사관리처(OPM : Office of Personnel Management)와 ② 독립적 합의제기관으로 실적제도보호위원회(MSPB : Merit Systems Protection Board), ③ 연방노사관계청(FLRA : 연방 내의 노사분쟁의 재결) 등 복수로 설치하여 운영하고 있다.

2. 한국

한국에서 행정부 전체의 인사행정을 총괄하는 중앙인사기관은 인사혁신처장이다.

(1) 정부조직법상 인사혁신처의 기능

공무원의 인사·윤리·복무 및 연금에 관한 사무를 관장하기 위하여 국무총리 소속으로 인사혁신처를 둔다(정부조직법 제22조의 3). 인사혁신처에 처장 1명과 차장 1명을 두되, 처장은 정무직으로 하고, 차장은 고위공무원단에 속하는 일반직공무원으로 보한다.

(2) 인사혁신처의 소속기관(중앙인사기관으로서 관장사무 지원을 위한)

① 국가공무원인재개발원, ② 소청심사위원회(➔ 미국의 MSPB와 유사한 것으로, 행정기관 소속 공무원의 징계처분, 그 밖에 그 의사에 반하는 불리한 처분이나 부작위에 대한 소청을 심사·결정하게 하기 위하여 인사혁신처에 소청심사위원회를 둔다)가 있다.

제7절 국가공무원법상 공직분류 ★★

> ▶ **국가공무원법상의 공직분류**
> 실적주의와 직업공무원제도의 적용여부에 따라, ① 실적주의와 직업공무원제가 획일적으로 적용되는 '경력직 공무원'과 ② 그렇지 않은 '특수경력직 공무원'으로 분류

1. 경력직 공무원

경력직 공무원	실적과 자격에 의해 임용되고 신분이 보장되며 평생토록(근무기간을 정하여 임용하는 공무원의 경우에는 그 기간 동안) 공무원으로 근무할 것이 예정되는 공무원	
(1) 일반직 공무원	• 기술·연구 또는 행정 일반에 대한 업무를 담당하는 공무원 - 일반직 공무원의 계급 구분 등 : 1급부터 9급까지의 계급으로 구분하며, 직군과 직렬별로 분류(단, 고위공무원단에 속하는 공무원은 그러하지 아니함) - 일반직 공무원의 계급 구분이나 직군 및 직렬의 분류를 적용하지 아니 일반직 공무원 : ① 우정직(우정1급~우정9급), ② 연구직 및 지도직(연구관과 연구사, 지도관과 지도사), ③ 전문경력관, ④ 전문직(수석전문관과 전문관)	• 행정직군(행정직렬 등), 과학기술직군(공업직렬 등), 관리운영직군(사무운영직렬 등)
(2) 특정직 공무원	• 특수 분야 업무를 담당하는 공무원으로서 다른 법률이 특정직 공무원으로 지정하는 공무원	• 법관, 검사, 외무공무원, 경찰공무원, 소방공무원, 교육공무원, 군인, 군무원, 헌법재판소 헌법연구관, 국정원의 직원, 경호공무원

(1) 임기제 공무원의 유형

- **임기제 공무원** : 임용권자는 <u>전문지식·기술이 요구되거나 임용관리에 특수성이 요구되는 업무를 담당하게 하기 위하여 '경력직 공무원을 임용할 때'</u> 일정기간을 정하여 근무하는 공무원(=임기제 공무원을 임용할 수 있다(「국가공무원법」 제26조의 5). 임기제 공무원의 근무기간은 <u>5년의 범위</u>에서 해당 사업을 수행하는 데 필요한 기간으로 하며, 한시임기제 공무원의 근무기간은 <u>1년 6개월의 범위</u>에서 업무를 대행하는 데 필요한 기간으로 한다.
  ① **일반임기제 공무원** : 직제 등 법령에 규정된 경력직 공무원의 정원에 해당하는 직위와 책임운영기관의 장의 직위에 임용되는 임기제 공무원
  ② **전문임기제 공무원** : 특정 분야에 대한 전문적 지식이나 기술 등이 요구되는 업무를 수행하기 위하여 임용되는 임기제 공무원
  ③ **시간선택제 임기제 공무원** : 통상적인 근무시간보다 짧은 시간(주당 15시간 이상 35시간 이하의 범위에서)을 근무하는 공무원으로 임용되는 일반임기제 공무원 또는 전문임기제 공무원
  ④ **한시 임기제 공무원** : 휴직을 하거나 30일 이상의 휴가를 실시하는 공무원의 업무를 대행하기 위하여 1년 6개월 이내의 기간 동안 임용되는 공무원

(2) 전문경력관
  ① 계급 구분과 직군 및 직렬의 분류를 적용하지 아니하는 직위에 임용되는 일반직공무원(전문경력관규정 제1조)

② 소속 장관은 해당 기관의 일반직공무원 직위 중 <u>순환보직이 곤란하거나 장기 재직 등이 필요한 특수 업무 분야의 직위</u>를 인사혁신처장과 협의하여 전문경력관직위로 지정할 수 있다.
③ 전문경력관직위의 군은 직무의 특성·난이도 및 직무에 요구되는 숙련도 등에 따라 가군, 나군 및 다군으로 구분하며, 직위군이 가군인 전문경력관은 5급 이상에 상당하는 공무원으로 한다.

2. 특수경력직 공무원

특수경력직 공무원	실적주의와 직업공무원제의 획일적 적용을 받지 않는, 경력직 공무원 이외의 공무원	
(1) 정무직 공무원	• 선거로 취임하거나 임명할 때 국회의 동의가 필요한 공무원 • 고도의 정책결정 업무를 담당하거나 이러한 업무를 보조하는 공무원으로서, 법률이나 대통령령에서 정무직으로 지정하는 공무원	• 선거에 의해 취임하거나(대통령, 국회의원, 자치단체장, 지방의회 의원) 임명에 국회 동의가 요구되는 공무원 • 국무총리, 국무위원(각부장관), 각부의 차관·처의 처장(법제처장·인사혁신처장)·청장(경찰청장 및 해양경찰청장 제외), 국가정보원 원장·차장, 국무총리실장 • 감사원의 원장·감사위원 및 사무총장, 국회의 사무총장·차장·도서관장 및 의정연수원장, 헌법재판소의 재판관 및 사무처장, 중앙선관위의 상임위원·사무총장 및 차장 • 정부부처의 차관급 이상 공무원과 특별시의 행정부시장과 정무부시장 등'의 고급공무원
(2) 별정직 공무원	• 비서관·비서 등 보좌업무 등을 수행하거나 특정한 업무 수행을 위하여 법령에서 별정직으로 지정하는 공무원	• 국회 수석전문위원, 국가정보원 기획조정실장 • 비서관·비서 • 중앙행정기관의 차관보, 실·국장 및 이에 상당하는 보좌기관 • 광역시·도의 정무부시장·부지사❶

❶ 서울특별시의 3인의 행정부시장과 정무부시장은 모두 정무직 공무원(2인의 행정부시장은 정무직 국가공무원, 1인의 정무부시장은 정무직 지방공무원)이다. 광역시·도의 2인의 부시장(부지사) 중에 행정부시장은 일반직 국가공무원, 정무부시장은 별정직 지방공무원이다.

제8절 직위분류제 ★★★

> ▶ **공직분류**
> 채용과 대우 등 인사관리의 편의와 효율화를 위하여 공무원들을 일정한 기준(사람의 특성 또는 직무의 특성)에 따라 분류·관리하는 것
> ▶ **공직분류의 방식** : 직위분류제 vs. 계급제
> 어떤 조직이든 ① '직위'가 있고 ② '그 직위를 수행하는 사람(공무원)'이 있다. 경력직 공무원을 분류하는 방법으로 ① 직위가 내포하는 객관적 직무를 중심으로 공직을 분류하는 방법인 '<u>직위분류제(position classification)</u>'와 ② 공무원개인의 능력·자격 등 사람의 특성을 중심으로 계층제적 구조를 형성하는 분류방법인 '<u>계급제(rank-in-person)</u>'가 있다.

01 직위분류제의 의미

① **직위분류제의 개념** : 정부조직의 각 직위(position)에 내포되는 ㉠ <u>직무의 종류와 곤란도·책임도를 기준으로</u>(= 객관적인 직무중심의 분류), ㉡ 직무의 종류에 따라, <u>직렬과 직군으로 종적·수직적으로 분류</u>(➡ 직무분석)하고, ㉢ 직무의 곤란도·책임도에 따라, <u>등급과 직급으로 횡적·수평적으로 분류</u>(➡ 직무평가)하여, ㉣ <u>동일 직렬 내에서만 인사이동</u>(= 인사배치의 비신축성 : specialist 양성)하는 제도
② 직위분류제는 (공무원 개인의 신분이나 능력을 기준으로 공직을 분류하는 계급제와 달리) <u>직위가 지닌 객관적인 직무를 분석·평가하고 거기에 적합한 지식과 기술을 가진 사람을 임용·근무하게 하여</u>, **객관적인 실적기준의 정립**과 **보수공평화**(동일직무에 대한 동일보수 지급이라는 직무급 확립) 등 인사행정의 합리화를 위한 제도
③ 과학적 관리론의 영향과 농업사회적 관료제의 전통이 약한(실적주의와 합리성에 입각한 인사관리를 강조하는) **미국, 캐나다 등에서 발달**[1] ➡ 마치 잘 만들어 놓은 기계 속에 그 일을 할 수 있는 사람을 끼워 맞추는 식의 직위분류제는, Taylor의 과학적 관리론(time & motion study에 근거한 직무분석에 의해 미리 잘 짜여진 일련의 계획에 따라 직무를 수행토록 하는)을 그대로 적용한 것

> ❶ 과학적 관리론의 영향으로 미국의 사기업에서 최초 채택된 직위분류제는, 1912년 Chicago 시정부에 의해 정부부문에 최초로 도입되었고, 1923년 「직위분류법」이 제정되어 연방정부에 적용되어 현재까지 이어지고 있다.

02 직위분류제의 구조

1. 직위분류제의 구조적 특징

① 사회적 출신배경이나 학력 등과 관계없이 개인이 지닌 담당 직무의 수행능력과 지식·기술을 중시한다.
② 외부인사의 자유로운 충원이 가능한 개방형을 채택한다.
③ <u>기본구조인 직급이나 등급은 직무의 책임도나 곤란도에 의해 구분되는 것</u>으로 점직자의 사회적 신분이나 지위를 나타내지 않아, 상·하위직 간의 계급의식이나 위화감이 크지 않다.
④ <u>분업과 전문화에 근거한 분류</u>(➡ <u>동일한 직무분야·직렬 내에서만 인사이동</u>)로 일반행정가(generalist)보다 전문행정가(specialist)를 양성한다.

2. 직위분류제의 기본구조

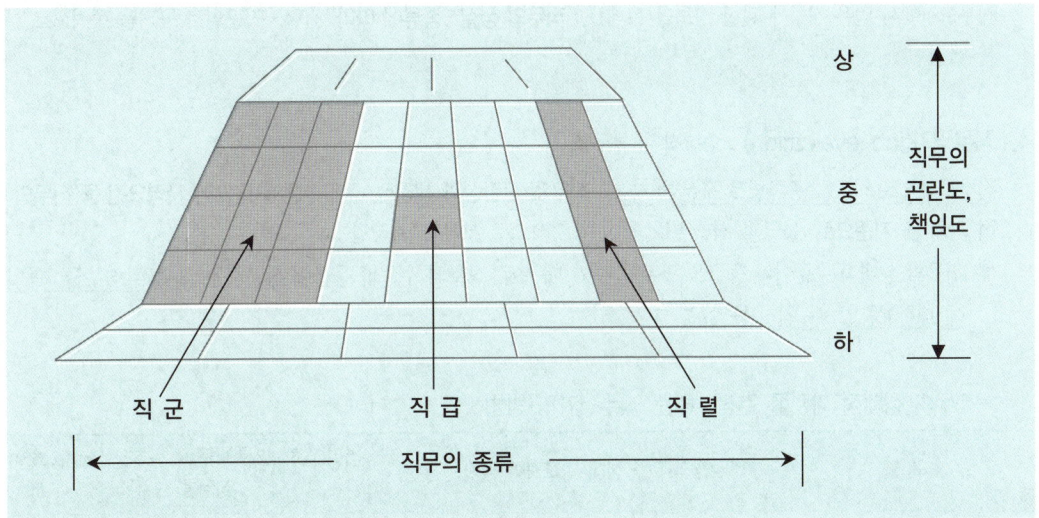

① 직위(position) : 한 사람의 근무를 필요로 하는 직무와 책임
② 직급(class) : 직위에 내포되는 직무의 종류와 곤란성·책임도가 유사한 직위의 군
③ 직렬(series) : 직무의 곤란성·책임도는 상이하나 직무의 종류는 유사한 직급의 군(예 감사직렬, 행정직렬, 세무직렬) ➜ 동일 직렬 내에서만 인사이동 가능(수평적 폐쇄성)
④ 직류(sub-series) : 동일한 직렬 내에서 담당분야가 동일한 직무의 군 - 직렬의 세분화
  (예 행정직렬 내의 일반행정직류, 재경직류, 법무행정직류, 국제통상직류)
⑤ 직군(group) : 직무의 종류가 유사한 직렬의 군(예 행정직군 = 행정직렬+세무직렬+감사직렬)
⑥ 직무 등급(grade) : 직무의 곤란성과 책임도가 유사한 직위의 군 ➜ 직무의 종류는 다르지만 직무의 곤란성·책임도가 유사하여 동일한 보수(= 직무급)를 줄 수 있는 모든 직위

❖ 한국의 공직분류체계는 계급제를 기본으로 하면서 직위분류제 요소가 부분적으로 가미된 절충형이다. 정부수립 이후 유지되던 계급제를 1963년 「직위분류법」 제정으로 극복하고자 하였으나, 동법은 1973년 폐지되고 「국가공무원법」상 직위분류제 원칙조항으로 잔존하면서 강한 계급제적 전통하에 유지되고 있다.

03 직위분류제의 수립절차

1. 준비작업

2. 직무조사(직무기술서 작성)

직무분석과 직무평가를 위해 **분류될 직위에 대한 객관적 정보**(직무의 내용, 책임도, 곤란성, 자격요건 등)를 수집·조사하는 작업

3. 직무분석(job analysis) : 수직적 분류구조

직무조사에서 얻은 직무에 관한 정보를 토대로, '**직무의 성질·종류에 따라**' 직렬·직군별로 공직을 종적으로 분류하는 작업

4. 직무평가(job evaluation) : 수평적 분류구조

직무분석으로 직무를 종류별로 구분한 다음, '**직무의 곤란성과 책임성, 직무수행에 필요한 자격요건 등(직무의 상대적 가치)을 기준으로**' 등급과 직급별로 공직을 횡적으로 분류하는 작업

→ 직무의 상대적 수준이나 등급을 구분해 주기 때문에, 직무의 수준과 등급에 상응하는 보수(= 직무급 : 동일직무에 대한 동일보수 원칙)를 확립

'직무의 상대적 가치를 결정' 하는 직무평가의 방법 **

구 분	직무와 직무를 상대 비교하여 평가	미리 정해 놓은 기준표(= 척도)와 비교하여 직무를 평가
비계량적 방법 (= 직무전체를 한꺼번에 두루뭉술하게 평가, 개괄적 판단에 의지)	(1) 서열법 : 직무와 직무를 총괄적으로 비교하여, 서열을 정하는 가장 단순한 방법(쌍쌍비교법)	(2) 분류법·등급법 : 직무내용·책임도·자격요건 등에 관해 미리 작성된 '등급기준표'의 각 등급에 직무를 총괄적으로 배치
계량적 방법 (= 직무를 구성하는 요소를 하나하나 분리하여 평가, 수량적 분석에 의지)	(4) 요소비교법 : 대표적이라고 생각하는 기준직위를 선정하고, 기준직위의 평가요소들에 부여된 수량적 가치에 대비시켜 다른 직위의 평가요소들을 배점(가장 늦게 고안된 직무평가방법)	(3) 점수법 : 직무를 구성하는 평가요소를 선정하고, '직무평가기준표'를 작성한 뒤 직무를 평가요소별로 배점하여 점수를 총합

5. 직급명세서(class specification)의 작성

직급별로 직급명세서가 작성되는데, 인사행정의 기초가 되는 직급명세서에는 직급명, 직책의 개요, 최저자격요건, 채용방법, 보수액 등이 명시된다.

6. 정급과 유지 및 관리

모든 직위를 각각 해당 직군·직렬·직류와 등급·직급에 배정(정급)된다.

제9절 계급제 ★★★

01 계급제의 의미

1. 계급제의 개념

① 계급제의 개념 : ㉠ 공무원이 가지는 개인적 특성(신분, 학력, 경력 등)을 기준으로(= 사람중심적 분류), ㉡ 유사한 개인적 특성을 가진 공무원을 하나의 범주나 집단으로 구분하여 '계급을 형성'하고, ㉢ 동일 계급 내에서는 어느 직위로나 이동(= 인사배치의 신축성 : generalist 양성 예 '인사과장 ⇆ 건축과장'으로 과장계급 내에서 수평적 이동)할 수 있는 제도

② 동일한 계급에 속한 사람들은 직무의 성격에 무관하게 모두 동일한 능력을 갖춘 것으로 간주

③ 직업분화가 심하지 않았던 농업사회적 관료제 전통을 가진 유럽과 한국, 일본 등에서 발달

2. 계급제의 특징

① **4대 계급제** : 대개 교육제도(고등학교, 전문대학, 대학교, 대학원 등)와 맞물려 4대 계급으로 분류 ➔ 한국의 현행 9계급도 그 기본유형은 4대 계급(9급과 8급, 7급과 6급, 5급과 4급, 3급~1급의 구분)이다.

② **폐쇄형의 충원방식과 강한 신분보장** : 신규채용되는 공무원은 해당계급의 최하위직에 임용되고 상위직위는 내부승진에 의하여 충원되며, 외부인사가 동일계급의 중간 계층에 신규임용되는 것을 허용하지 않는다.

③ **계급의 신분화와 계급 간의 차별, 고급공무원의 엘리트화** : 계급 간 사회적 평가·보수·자격요건 등에서 심한 차이, 계급 간 승진을 어렵게 함. ➔ 한국도 5급 이상은 고급공무원으로 간주하여 보수나 교육에서 특별관리를 한다.

④ **일반행정가(generalist) 지향** : 특정직위가 요구하는 지식과 기술을 가진 사람을 그 직위에 임용(직위분류제)하는 것이 아니라, 장래의 발전가능성과 잠재력을 중시하여 공직에서 다양한 직무경험과 지식을 축적(신축적 인사배치와 경력발전)시켜 조직 전체의 시각에서 업무를 처리할 수 있는 '일반행정가(generalist)'를 지향한다.

02 직위분류제와 계급제의 비교 ★★★

기 준	직위분류제	계급제
분류기준	직무의 종류와 곤란도·책임도	공무원 개인의 능력·자격·신분
발달배경	산업사회적 전통 (미국·캐나다·필리핀)	신분사회의 농업사회적 전통 (영국·독일·일본)
채용기준과 경력발전	특정 직위가 요구하는 능력·자격 ➔ 전문행정가(specialist) 양성	공무원의 장기적 발전가능성과 잠재력 ➔ 일반행정가(generalist) 양성

인사이동	제한적·경직적(동일직렬 내에서만 이동)
	➔ 수평적 폐쇄성
	   (다른 직렬로의 수평적 이동 제한)
		광범위·신축적(동일한 계급 내에서 어떤 직위
		로든 이동 - 전보와 전직)
		➔ 수직적 폐쇄성
		   (계급 간 수직적 이동은 제한)

조직계획	조직의 현재직무를 기준으로 분류하여 특정 직위에 대한 직무능력 중시 ➔ 단기적 합리성 추구(정원관리의 효율화)	공무원의 잠재적·일반적 능력을 중시 ➔ 장기적 조직계획의 수립과 발전에 기여 (장기적 관점에서 유능한 인재 공직 흡수)
보 수	직무급(동일직무 동일보수 원칙) ➔ 보수의 형평성 높음	생활급(직무의 양이나 성격과 관계없이, 동일계급 동일보수) ➔ 보수의 형평성 낮음

인사관리	직무와 관련된 객관적 기준에 근거한 실적관리(근
	평, 훈련수요파악 등)
	➔ 인사배치에서 상관의 정실·자의성 방지, 채
	   용과 승진 등 보직관리의 합리화
		동일계급 내에서 직무의 종류에 관계없이 탄력적
		이동과 연공서열 중심
		➔ 인사배치에서 상관의 자의성 개입 용이, 실
		   적주의 확립을 저해

공무원의 시각	부분적·협소(전문행정가적 시야) ➔ 거시적 차원의 통합·조정 곤란	종합적·광범위(일반행정가의 넓은 시야) ➔ 다른 부서와의 조정·통합이 원활하나, 행정 전문화·능률화에 불리

행정상 조정	엄격한 전문화로 권한과 책임한계 명확
	➔ 사후적 조정 곤란(직무한계의 명확성으로 갈등
	   의 사전 예방은 가능)
		폭넓은 안목과 이해로 융통성·신축성 발휘
		➔ 사후적 조정 및 협조가 용이(직무구분의 모호
		   성으로 갈등의 예방은 곤란)

신분보장	공무원의 신분보장이 직위에 연동
	➔ 조직개편에 따른 신분보장의 위협으로 직업
	   공무원제 확립 곤란
		신분이 특정 직위에 좌우되지 않음.
		➔ 공무원의 신분보장이 강하고 직업공무원제
		   확립에 기여

외부환경 대응력	강함(개방형에 근거하여).❶	약함(폐쇄형, 신분보장에 따른 공무원의 특권집단 화로 환경의 변화에 둔감).
인사권자의 리더십	낮음.	높음(직위분류제의 직급명세서와 관계없이 인사권 자의 재량에 따른 탄력적 배치).
몰입감	담당 직무에 대한 몰입감 (조직에 대한 자발적 헌신과 단결심 저해)	조직에 대한 몰입감 (공무원의 직업적 연대의식과 일체감 형성)
제도유지 비용	비싼 편❷	저렴

❶ 직위분류제는 개방형 충원방식에 의해 국민의 요구에 보다 민감하게 반응토록 정부조직의 능력을 제고한다. 그러나 지나친 전문화와 직무구조의 편협성, 비신축적 분류체계 때문에, 직위분류제가 새로운 직무의 등장 등 변화하는 상황에 신속하게 대응하지 못하는 문제점도 있다(직위분류제 자체의 상황에 대한 대응능력 부족).

❷ 직위분류제는 끊임없이 소멸하고 생기는 직무들에 대한 성격을 파악하고 현재 직위들의 등급과 가치를 매기는 지속적인 작업을 필요로 하기 때문에, 지속적인 정부예산의 투입이 요구된다.

03 공직분류의 발전방향 : 직위분류제와 계급제의 조화

① 직위분류제의 본고장인 미국은 지나친 직무분화로 인한 행정의 통합성과 신축성 결여(특히, 기관장의 탄력적 인사관리 곤란)라는 직위분류제의 한계를 극복하기 위해 계급제적 요소를 도입하고 있다. → 예 고위공무원단(SES)제도

② 계급제적 전통이 강한 영국은 사회의 분화에 따른 행정의 전문화와 기술화를 위해 직위분류제적 요소를 도입하고 있다.

제10절 고위공무원단제도 ★★

▶ **고위공무원단제도** : 정부조직 내의 상위관리자(한국의 경우 3급 이상 공무원)들에 대한 인사관리에 있어서 임면, 평가, 보상 등을 중·하위직과 구분하여 통합적으로 관리함으로써 경쟁, 책임성, 성과를 극대화하고자 하는 인사행정의 틀

→ 고위공무원에 대해서는 신분안전성을 약화시키는 대신 권한과 자율성, 책임을 극대화하여 효율성을 높이고 정부조직 전체에 대하여 개방성과 경쟁적 요소를 주입하려는 의도이다.

01 주요국의 고위공무원단제도

1. 미국의 고위공무원단(SES : Senior Executive Service)

(1) **도입배경** : 계급제적 요소의 도입

엄격한 직위분류제로 인해 발생하는 문제점을 극복하고, **행정관리에 대한 폭넓은 시야와 다양한 행정경험을 갖춘 고위공무원(일반행정가)을 양성**하고, 그들에 대한 **인력관리를 융통성 있게** 하기 위해 설치 – 1978년 「공무원제도개혁법」

(2) **내용**
① 구성 : 직급과 보수등급을 기준으로 GS1~GS18등급으로 구분된 공무원분류체계에서 관리·감독·정책직위에 해당하는 GS16~GS18등급의 직위를 SES로 편입, 경력직(임용기간 내에 신분이 보장)·비경력직(기관장의 재량에 맡겨 신분보장이 안 됨)·계약직(3년간 임용)·임시계약직(18개월 임용)의 4가지 직위로 분류

② **인사이동** : 기관 내에서나 기관 간의 자유로운 횡적이동(기관장의 탄력적 인사관리)
③ **성과관리와 보수** : 업무성과와 고객 및 직원의견을 기초로 성과평가하며, 6개 등급별로 동일한 기본급이 지급되나, 연간 보수의 5~20%를 성과급의 형태로 지급(ES-1등급에서 ES-6등급까지)

2. 영국의 고위공무원단(SCS : Senior Civil Service)

(1) 도입배경 : 폐쇄적인 계급제의 근간 붕괴

전통적인 계급제의 폐쇄성과 비전문성을 극복하기 위한 **개방형 임용의 확대과정**(행정계급을 7개 등급을 가진 개방구조로 설치)에서, 고위직 공무원 상호 간·범정부적 연계성과 통합성, 전문성을 제고하기 위해 설치 – 1996년 도입

(2) 내용

① **구성** : 개방구조하에 있던 7등급까지의 고위공무원들 중에서 5등급(과장급) 이상 공무원의 계급을 폐지하고 하나의 관리계층(고위공무원단)으로 통합관리, 직종·직군·계급 대신 보수와 책임도에 의하여 구분
② **인사이동** : 실적에 바탕을 둔 공개경쟁으로 선발, 부처 간 이동을 통한 탄력적 인사관리
③ **성과관리와 보수** : 달성목표와 역량개발 등을 포함한 성과 계약서를 작성하고, 개인의 능력과 성과에 따른 보수 지불

> **PLUS 심화   서구 고위공무원단제도의 공통적 특성**
> ① 고위공무원에 대한 정부 전체적 차원에서의 통합관리
> ② 고위공무원의 부처 간·부처 내 이동성
> ③ 공직 내외의 공개경쟁을 통한 우수인력 유치를 위한 개방성
> ④ 성과와 결과에 대한 책임성을 강조하는 성과관리
> ⑤ 고위공무원의 관리능력과 리더십 등 능력개발을 중시

02 한국의 고위공무원단 ★★★

1. 도입배경 : 고위공무원에 대한 계급폐지와 직무와 직위에 따른 인사관리

기존의 연공서열식 계급제에 의한 승진, 미약한 성과관리, 부처별 할거주의에 입각한 폐쇄형 전보, 전문성과 경쟁력의 부족, 전략적 역량개발의 부재 등을 해결하여, 국가의 고위 공무원에 대한 '① 성과와 책임 강화, ② 고위직의 개방과 경쟁을 확대, ③ 범정부적 통합과 교류의 촉진'을 목적으로 도입

2. 한국의 고위공무원단제도의 내용

(1) 고위공무원단의 구성

고위공무원단 직위(= ① 중앙행정기관의 실·국장 직위 및 이에 상당하는 보좌기관과 ② 국가공무원으로 보하는 지방자치단체 및 지방교육행정기관의 고위직위 – 부시장, 부지사 및 부교육감)에 임용되어 있는 기존의 1~3급의

일반직 · 별정직 · 특정직(외무직) 공무원
→ 계급구분(1~3급)을 폐지하고, '고위공무원단 소속공무원'으로 풀(pool)로 관리❶

> ❶ 고위공무원단(국가공무원법 제2조의2)
> ① 국가의 고위공무원을 범정부적 차원에서 효율적으로 인사관리하여 정부의 경쟁력을 높이기 위하여 고위공무원단을 구성한다.
> ② 고위공무원단이란, 직무의 곤란성과 책임도가 높은 다음 각 호의 직위(=고위공무원단 직위)에 임용되어 재직 중이거나 파견 · 휴직 등으로 인사관리되고 있는 일반직공무원, 별정직공무원 및 특정직공무원의 군(群)을 말한다.
> 1. 「정부조직법」 제2조에 따른 중앙행정기관의 실장 · 국장 및 이에 상당하는 보좌기관
> 2. 행정부 각급 기관의 직위 중 제1호의 직위에 상당하는 직위
> 3. 국가공무원으로 보하는 지방자치단체 및 지방교육행정기관의 직위 중 제1호의 직위에 상당하는 직위

(2) 직무등급 부여

신분적 계급 대신 직위의 직무값에 따라 부여되는 '직무등급'을 기준으로 인사관리 → 가, 나의 2등급의 직무등급은 직위분류제적 요소에 해당한다.

(3) 고위공무원에 대한 인사권
① 각 부처 장관은 소속과 계급에 관계없이 직위에 대한 적임자를 pool에서 선발하여 대통령에게 임용 제청
② 고위공무원단으로의 진입(=신규채용·고위공무원단 직위로의 승진)은 인사혁신처에 설치된 고위공무원임용심사위원회의 인사심사(=고위공무원단에 속하는 공무원의 채용과 고위공무원단 직위로의 승진임용 및 고위공무원으로서 적격한지 여부를 심사하기 위하여 인사혁신처에 고위공무원임용심사위원회를 둔다)를 받아야 하나, 부처로 배치된 고위공무원에 대한 교육훈련·성과관리 등 인사와 복무에 관한 권한은 소속장관에게 위임 → 부처 인사의 자율성을 확대

(4) 고위공무원단으로의 진입경로와 진입요건
① 민간부문과의 경쟁을 통한 **개방형 임용**(20% 범위 안에서), 부처 간 경쟁을 통한 **직위공모제**(30% 범위 안에서), 경력경쟁채용·승진임용·전보 등 **부처의 자율 인사**(50%)
② 기존의 실·국장 재직자는 고위공무원단으로 일괄 편입되고, 고위공무원단으로의 신규진입은 고위공무원에 필요한 역량을 함양하기 위한 '후보자교육' 이수와 '역량평가'를 받아야 가능

(5) 성과관리와 보수
① 성과계약 등 평가(직무성과계약제) : 고위공무원은 평가자와 기관의 임무 등을 기초로 한 성과목표에 관한 성과계약을 체결하고, 성과목표달성도 등 객관적인 지표에 따라 매우 우수·우수·보통·미흡·매우 미흡의 5단계 중 하나로 평가
② 보수 : '직무성과급적 연봉제(= 기본연봉 + 성과연봉)'로 지급

(6) 고위공무원단에 속하는 일반직 공무원에 대한 적격심사

고위공무원단에 속하는 일반직 공무원은 다음 어느 하나에 해당하면, 인사혁신처에 설치된 고위공무원임용심사위원회에서 고위공무원으로서 적격한지 여부에 대한 심사(= 적격심사)를 받아야 한다(「국가공무원법」 제70조의 2). 적격심사결과, 부적격 결정을 받은 때에는 직권면직을 받게 된다.

① 근무성적평정에서 최하위 등급의 평정을 총 2년 이상 받은 때
② 대통령령으로 정하는 정당한 사유 없이 직위를 부여받지 못한 기간이 총 1년에 이른 때
③ 다음의 모두에 해당할 때 : ㉠ 근무성적평정에서 최하위 등급을 1년 이상 받은 사실이 있는 경우 ㉡ 대통령령으로 정하는 정당한 사유 없이 6개월 이상 직위를 부여받지 못한 사실이 있는 경우
④ 조건부 적격자가 교육훈련을 이수하지 아니하거나 연구과제를 수행하지 아니한 때
➜ 적격심사를 요구받은 자에게는 직위를 부여하지 아니할 수 있다(= 직위해제).

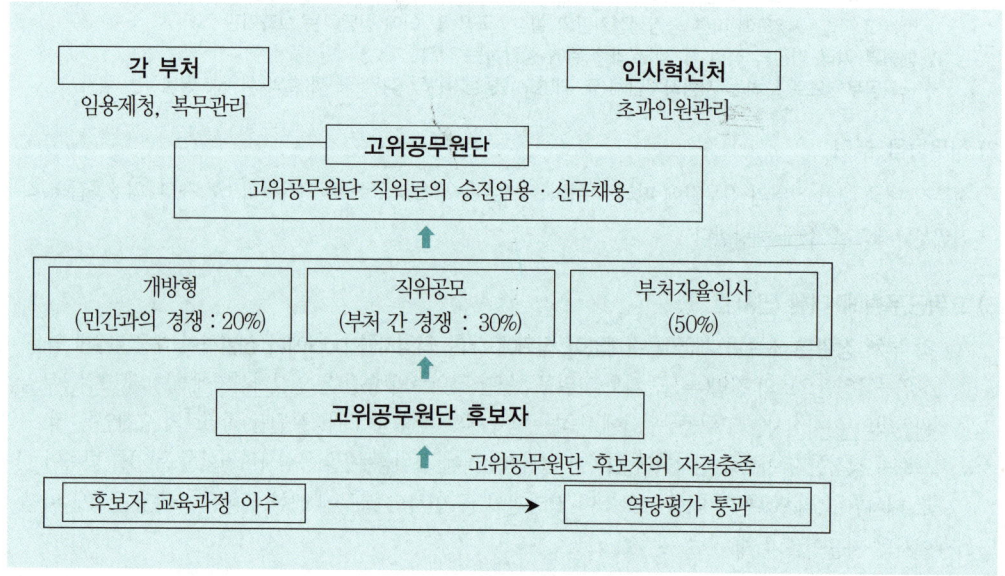

제11절 개방형직위제도와 직위공모제 ★★

1. 개방형직위제도

소극적인 실적주의나 폐쇄적인 직업공무원제의 문제점을 극복하고 **공직의 전문성 강화 및 경쟁력 제고**를 위하여, 공직내부공무원과 외부민간전문가를 대상으로 공개모집에 의한 시험을 거쳐 적격자를 선발하는 '개방형직위제'를 도입(1999년 「국가공무원법」 개정, 「개방형직위 및 공모직위의 운영 등에 관한 규정」)

(1) 개방형직위의 지정
① 소속 장관별로 <u>고위공무원단 직위 총수의 100분의 20의 범위에서 개방형직위를 지정</u>하되, 중앙행정기관과 소속 기관 간 균형을 유지하도록 하여야 한다.
   → 1999년 도입 당시에는 중앙행정기관 1~3급 실·국장 전체 직위의 20%를 공직 내외에 개방하는 것이었으나, 2006년 고위공무원단제도가 출범하면서 여기에 흡수되었다.
② 소속 장관은 <u>중앙행정기관의 실장·국장 밑에 두는 보조기관 또는 이에 상응하는 직위(= 과장급직위) 총수의 100분의 20의 범위에서 개방형직위를 지정</u>하되, 그 실시 성과가 크다고 판단되는 기관, 공무원의 종류 또는 직무 분야 등을 고려하여야 한다.
③ **경력개방형 직위** : 소속 장관은 제1항 및 제2항에 따른 <u>개방형 직위 중 특히 공직 외부의 경험과 전문성을 적극 활용할 필요가 있는 직위를 공직 외부에서만 적격자를 선발하는 개방형 직위(=경력개방형 직위)로 지정</u>할 수 있다.
④ **지방자치단체** : 시·도는 1~5급, 시·군·자치구는 2~5급의 공무원으로 보할 수 있는 직위 총수의 10% 범위 안에서 개방형직위를 지정할 수 있다.

(2) 선발절차
① 소속장관은 개방형직위에 공무원을 임용하려는 경우에는, 공직 내부(기존 공무원)와 외부(민간전문가)를 대상으로 공개모집한 후 개방형직위 중앙선발시험위원회가 실시하는 선발시험을 거쳐 적격자를 선발하여야 한다.
② 인사혁신처장 소속으로 개방형직위 중앙선발시험위원회를 둔다.

(3) 임용방법
개방형직위에 임용되는 공무원은 '임기제 공무원'으로 하나, 개방형임용 당시 경력직 공무원인 사람은 전보·전직·승진의 방법에 의하여 경력직 공무원으로 임용될 수 있다.

(4) 근무조건
임용기간은 5년의 범위에서 소속장관이 정하되 최소한 2년 이상으로 하여야 하며, 보수는 직무성과급제로 정한다.

> **PLUS 심화** **개방형과 폐쇄형**
>
> 1. **개방형**(open career system) : 공직의 모든 계급이나 직위를 불문하고 공직 내·외로부터 신규채용이 허용되는 인사제도로, 미국처럼 직위분류제 국가에서 주로 채택
> 2. **폐쇄형**(closed career system) : 공직에의 신규채용이 최하위계층에만 인정되며 내부승진으로 상위계층까지 올라가는 인사제도(외부인사의 동일계급 내 중간직 임용 불가)로, 계급제에 토대
>
> | 개방형 | 폐쇄형 |
> | --- | --- |
> | ① 외부 전문가나 경력자에게 공직문호를 개방하여 새로운 지식과 기술 도입
② 활발한 신진대사로 관료제 침체·경직화 방지, 재직자의 자기개발노력 촉진
③ 공무원의 질적 향상, 행정능률화에 기여
④ 국민에 대한 반응성 제고, 행정에 대한 민주통제 용이
⑤ 폐쇄형에 비해 정실임용의 우려(문제점) | ① 재직자의 승진기회가 많아져 사기앙양
② 계급제기반의 일반행정가 중심의 인사체제
③ 공무원의 사기제고와 장기근무 장려로 행정의 안정성 제고
④ 낮은 공직이직률로 직업공무원제 확립에 기여
⑤ 승진기준으로 경력을 중시하여 인사행정의 객관성에 기여
⑥ 조직에의 높은 일체감으로 행정능률 향상
⑦ 관료제의 침체와 무사안일, 국민의 요구에 둔감한 특권집단화의 우려(문제점) |

2. 직위공모제(job posting)

① 정부인력의 효율적 활용을 위해, 결원발생 시 **정부 내(해당기관 내부·외부)의 공무원을 대상으로 공개모집**에 의한 시험을 거쳐 해당 직위에 가장 적합한 자격과 능력을 구비한 자를 선발·임용하는 제도이다.
② 연공서열에 의한 순환보직과 폐쇄적인 인사운영의 문제점 해소, 고위공무원 인사의 공정성과 타당성 확보, 정부부처 간 인사교류의 활성화를 통해 상호이해 증진 및 정책협조를 강화, 우수인재의 적재적소 배치를 목적으로 2001년부터 시행되었다.

✤ 개방형직위제가 정부 내·외부에서 공개경쟁모집이라면, 직위공모제는 행정부 내에서 공무원에 대한 공개경쟁모집이다.

(1) 직위공모제 적용대상 직위

① 소속장관은 소속장관별로 경력직 공무원으로 임명할 수 있는 <u>고위공무원단 직위 총수의 100분의 30의 범위</u> 안에서 공모직위를 지정하되, 중앙행정기관과 소속 기관 간의 균형을 유지하여야 한다.
② 소속장관은 경력직 공무원으로 임명할 수 있는 <u>과장급직위 총수의 100분의 20의 범위</u>에서 공모직위를 지정하되, 그 실시 성과가 크다고 판단되는 기관, 공무원의 종류 또는 직무분야 등을 고려하여야 한다.
③ **지방자치단체** : 임용권자는 필요하다고 인정하는 경우 경력직 공무원으로 보할 수 있는 직위(개방형직위 제외)를 공모직위로 지정할 수 있다.

(2) 선발 및 임용

소속 장관은 공모직위에 공무원을 임용하려는 경우에는, 다음 어느 하나에 해당하는 공무원(해당 직급에 상응하는 경력직 공무원, 승진요건을 갖춘 일반직 공무원, 승진요건을 갖춘 연구직 및 지도직 공무원, 해당 직급에 상응하는

지방자치단체 또는 지방교육행정기관의 직위에 근무한 경력이 있는 지방공무원)을 대상으로, 공개모집에 의한 시험(서류전형과 면접시험)을 거쳐 적격자를 선발하여야 한다.

개방형직위와 공모직위의 비교

구 분	개방형직위	공모직위
경쟁범위	공직 내부와 외부(공무원과 민간전문가)를 대상으로 공개경쟁모집	해당 기관 내부와 외부(공직 내부의 공무원)를 대상으로 공개경쟁모집
지정요건	전문성이 특히 요구되거나 효율적인 정책수립을 위해, 적격자를 임용할 필요가 있는 직위	효율적인 정책수립 또는 관리를 위하여, 적격자를 임용할 필요가 있는 직위
대 상	소속장관별로, 고위공무원단 직위 총수의 20% 범위 안에서, 과장급 직위 총수의 20% 범위 안에서 지정해야 함.	소속장관별로, 경력직고위공무원단 직위 총수의 30% 범위 안에서, 과장급 직위 총수의 20% 범위 안에서 지정해야 함.
지방자치단체의 대상직위	시·도는 1~5급, 시·군·자치구는 2~5급의 공무원으로 보할 수 있는 직위 총수의 10% 범위 안에서 지정 가능	경력직 공무원으로 보할 수 있는 직위에 대해 지정 가능
임용기간	5년의 범위 안에서 2년 이상	임용된 날부터 2년 이내에 다른 직위에 임용 제한

빈출 핵심 지문

1. 엽관주의는 정당에의 충성도와 공헌도를 임용 기준으로 삼는 인사행정제도로 행정의 민주화에 공헌한다는 장점이 있다.
   → O / 엽관주의는 대표성을 지니는 집권당이나 인사권자를 매개로 관료기구(집권당에 대한 충성심을 기준으로 임용된)와 국민과의 동질성 확보하여 정부관료제의 민주화에 기여한다.

2. 엽관주의 인사는 ① 행정의 안정성을 저해할 수 있고, ② 공무원의 정치적 중립을 저해하며, ③ 행정의 전문성을 저하시킬 수 있고, ④ 행정에 대한 민주적 통제를 약화시킨다.
   → × / (Why?) ④는 잘못된 내용이다. 엽관주의는 정치적 기준에 의한 공무원임용으로 행정에 대한 민주적 통제를 강화한다. 즉, 엽관제는 관료집단에 대한 정치적 통제를 용이하게 한다.

3. 팬들턴법과 4년임기법으로 미국의 실적주의가 더욱 강화되었다.
   → × / (Why?) 4년임기법은 대통령이 임명하는 공직자의 임기를 대통령의 임기와 일치시키는 법으로 엽관주의를 상징하는 법률이다.

4. 실적주의는 ① 행정의 대응성 확보, ② 공직취임의 기회균등보장, ③ 공무원의 신분보장, ④ 행정의 전문화 촉진, ⑤ 공무원의 자질향상과 업무능률증진의 장점을 지닌다.
   → × / (Why?) ①이 틀렸다. 실적주의의 장점 또는 기본적 가치는 주로 능률성에 기여한다는 것으로, 대신 대표성과 대응성 등 민주성 측면에 한계를 갖고 있다.

5. 대표관료제(Representative Bureaucracy)는 킹슬리(Kingsley)가 처음 사용한 용어로서 엽관주의 인사제도의 폐단을 극복하기 위해 등장하였다.
   → × / (Why?) 대표관료제는 엽관주의가 아니라 실적관료제(실적주의)의 한계에 대한 비판으로 등장하였다.

6. 대표관료제의 장점은 사회의 인구 구성적 특징을 반영하는 소극적 측면의 확보를 통해서 관료들이 출신 집단의 이익을 위해 적극적으로 행동하는 적극적인 측면을 자동적으로 확보하는 데 있다.
   → × / 지문은 대표관료제 이론이 주장하는 전제이고, 대표관료제의 소극적 측면이 적극적 측면으로 자동으로 확보하지 못하고 있다는 점에서 비판받고 있다.

7. 대표관료제는 전체 국민에 대한 정부의 대응성을 향상시키고 실적주의를 강화하여 행정의 능률성을 향상시키는 장점이 있다.
   → × / (Why?) 대표관료제는 실적주의를 약화하여 행정의 능률성을 저해하는 문제점이 있다.

8. 양성평등채용목표제, 지방인재채용목표제, 장애인 고용촉진제는 모두 대표관료제와 관련된 제도이다.

9. 관료들이 출신 집단의 이익을 위해 적극적으로 행동하는 적극적 대표는 민주주의에 위협요소로 작용할 수 있다.

10. 적극적 인사행정의 방안으로 모집방법의 다양화, 인사의 분권화, 정치적 임용의 부분적 허용, 실적주의의 비융통성 보완 등이 있다.

11. 직업공무원제는 장기근무를 장려하고 행정의 계속성과 일관성을 유지하는 데 긍정적인 제도로 개방형 인사제도 및 전문행정가주의에 입각하고 있다.
    → × / (Why?) 직업공무원제는 폐쇄형 인사제도 및 일반행정가주의에 입각하고 있다.

12. 실적주의는 필연적으로 직업공무원제도를 동반한다.
    → × / (Why?) 실적주의와 직업공무원제는 별개의 제도이다. 실적주의가 직업공무원제를 필수적 기반으로 하는 것이 아니고, 직업공무원제가 실적주의를 필수적 기반으로 하는 것도 아니다. 현대의 직업공무원제도 시대적 상황의 변화에 따라 인사행정의 원칙으로 실적주의에 입각하고 있으나, 절대군주시절의 직업공무원제는 오히려 정실주의에 기초하였다.

13. 현재 우리나라와 같은 유형의 중앙인사기관이 갖는 특성으로 인사에 대한 의사결정이 신속하고, 책임소재의 명확화가 가능하며, 1883년 펜들톤(Pendleton)법에 의해 창설된 미국의 연방인사기구가 이 유형에 속한다.
    → × / (Why?) 현재 우리나라의 중앙인사기관은 비독립단독형이다(인사혁신처). 독임제는 위원회형에 비해 인사에 대한 의사결정이 신속하고 책임소재가 명확한 유형이다. 1883년 펜들톤(Pendleton)법에 의해 창설된 미국의 연방인사기구는 독립합의형(위원회형)이다.

14. 경력직 공무원은 실적과 자격에 의해서 임용되고 신분이 보장되며 정년까지 공무원으로 근무할 것이 예정되는 공무원으로, 특정직 공무원, 경찰공무원과 소방공무원, 별정직 공무원이 있다.
    → × / (Why?) 별정직 공무원은 경력직이 아니라, 특수경력직 공무원이다.

15. 국가공무원은 경력직공무원과 특수경력직공무원으로 구분하고, 경력직공무원은 다시 일반직공무원과 특정직공무원으로 나뉘며, 개방형직위로 지정된 직위에는 외부 적격자뿐만 아니라 내부적격자도 임용할 수 있다.

16. 직위분류제의 출발에 영향을 미친 것은 과학적 관리론, 보수의 형평성 요구, 실적주의(merit system) 요구 등이다.
    → O / 미국에서 직위분류제가 확립되게 된 직접적 배경은 '동일업무에 대한 동일보수'라는 보수의 형평성 요구(엽관주의에 의한 직책배분과 보수책정에 있어서 과도한 정치적 영향과 불평등을 제거-보수의 불평등 제거)이다.

빈출 핵심 지문

17. 직급은 직무의 종류는 다르지만 그 곤란성·책임도 및 자격수준이 상당히 유사하여 동일한 보수를 지급할 수 있는 모든 직위를 포함하는 것이다.
→ × / (Why?) 직무의 종류는 다르지만 그 곤란성·책임도 및 자격수준이 상당히 유사하여 동일한 보수를 지급할 수 있는 모든 직위를 포함하는 것은 직급이 아니라 등급이다.

18. 직류는 직무 종류가 광범위하게 유사한 직렬의 군이다.
→ × / 직렬의 군은 직군이다.

19. 직위분류제에 있어서 직무의 난이도와 책임의 경중에 따라 직위의 상대적 수준과 등급을 구분하는 것은 직무분석(job analysis)이다.
→ × / (Why?) 직무평가를 말한다.

20. 직위분류제에서는 직무의 종류나 성격에 관계없이 폭넓은 인사이동이 가능하다.
→ × / (Why?) 직위분류제는 동일한 직렬내에서의 이동이라는 수평적 폐쇄성(수평적 전문화)으로 인하여, 직무영역간 또는 조직단위간의 수평적 의사전달을 어렵게 한다. 조직의 횡적 의사소통을 원활히 하는 것은 계급제이다.

21. ① 직무 전체를 종합적으로 판단해 미리 정해 놓은 등급기준표와 비교해가면서 등급을 결정한다. ② 대표가 될 만한 직무들을 선정하여 기준직무(key job)로 정해놓고 각 요소별로 평가할 직무와 기준 직무를 비교해가며 점수를 부여한다. ③ 비계량적 방법을 통해 직무기술서의 정보를 검토한 후 직무 상호 간에 직무 전체의 중요도를 종합적으로 비교한다. ④ 직무평가표에 따라 직무의 세부 구성요소들을 구분한 후 요소별 가치를 점수화하여 측정하는데, 요소별 점수를 합산한 총점이 직무의 상대적 가치를 나타낸다.

22. 직위분류제는 특정 직위에 맞는 사람을 배치하는 제도이기 때문에 직위나 직무의 변화상황에 신속히 대처할 수 있는 상황적응적인 인사제도라고 할 수 있다.
→ × / (Why?) 직위분류제는 지나친 전문화와 직무구조의 편협성대문에 새로운 직무의 등장 등 변화하는 상황에 신속하게 대응하지 못하는 문제점이 있다.

23. 계급제의 장점으로 ① 공무원의 신분안정과 직업공무원제 확립에 기여하고, ② 인력활용의 신축성과 융통성이 높으며, ③ 정치적 중립 확보를 통해 행정의 전문성을 제고할 수 있으며, ④ 단체정신과 조직에 대한 충성심 확보에 유리하다.
→ × / (Why?) ③은 틀린 내용이다. 계급제는 정치적 중립을 필수적 요소로 하고 있지 않으며, 또한 일반능력가주의(generalist)를 지향하므로 행정의 전문성을 저해한다. ④ 계급제는 사람의 특성을 기준으로 한 단순한 공직분류로서, 규모가 작고 단순한 조직에 적합하다. 그리고 직위분류제하에서 조직구성원들의 몰입감은 직무에 대해서 이루어진다(반면, 계급제에서는 조직에 대한 몰입감).

24. 한국의 공무원제도는 계급제적 토대 위에 직위분류제적 요소가 가미된 혼합형 인사체계이다.

25. 고위공무원단제도는 ① 국가의 고위공무원을 범정부적 차원에서 효율적으로 인사관리 하기 위하여 도입하였고, ② 개방형임용 방법, 직위공모 방법, 자율임용 방법을 실시하며, ③ 국가공무원으로 보하는 부시장, 부지사, 부교육감 등은 해당되지 않으며, ④ 원칙적으로 직무성과급적 연봉제를 적용한다.
→ × / (Why?) ③은 틀린 내용이다. 중앙행정기관의 실·국장직위만이 아니라 국가공무원으로 보하는 지방자치단체 및 지방교육행정기관의 고위직위(부시장, 부지사, 부교육감 등)도 고위공무원단의 대상직위이다.

26. 고위공무원단제도는 ① 전(全)정부적으로 통합 관리되는 공무원 집단이고, ② 계급제나 직위분류제적 제약이 약화되어 인사 운영의 융통성이 강화되며, ③ 고위공무원단에 속하는 모든 일반직 공무원의 신규채용 임용권은 각 부처의 장관이 가지고, ④ 성과계약을 통해 고위직에 대한 성과관리가 강화된다.
→ × / (Why?) ③은 틀린 내용이다. 5급 이상 공무원 및 고위공무원단에 속하는 일반직 공무원은 소속장관 제청으로 인사혁신처장과 협의를 거쳐 대통령이 임명(소속장관은 나머지 소속 공무원에 대해 일체의 임용권을 지님)한다(국가공무원법 제32조).

27. 개방형 인사제도는 ① 폭넓은 지식을 갖춘 일반행정가를 육성하는 데에 효과적이나, ② 정실주의로 전락할 가능성이 있다.
→ × / (Why?) ①은 틀린 서술이다. 개방형인사제도의 목적은 외부전문가 영입을 쉽게 하여 공직의 전문성을 높이는 것이다.

28. 경력개방형직위제도는 공무원과 민간인이 경쟁하여 최적임자를 선발하는 것이다.
→ × / (Why?) 공무원과 민간인이 경쟁하는 것은 일반적 개방형직위제도이고, 경력개방형직위는 개방형 직위 중 특히 공직 외부의 경험과 전문성을 적극 활용할 필요가 있는 직위를 공직 외부에서만 적격자를 선발하는 개방형 직위이다.

제2장 인적 자원의 관리활동

제1절 임용(공직에의 충원)과 시험

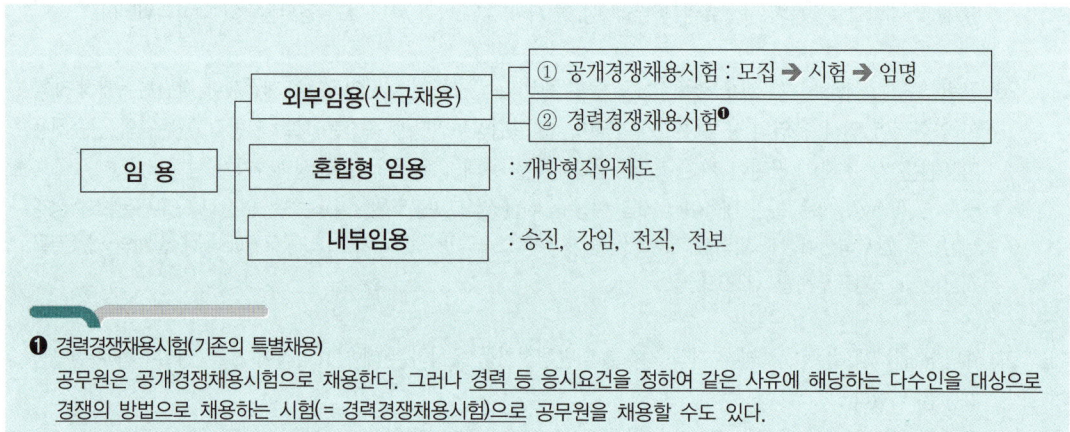

❶ 경력경쟁채용시험(기존의 특별채용)
공무원은 공개경쟁채용시험으로 채용한다. 그러나 경력 등 응시요건을 정하여 같은 사유에 해당하는 다수인을 대상으로 경쟁의 방법으로 채용하는 시험(= 경력경쟁채용시험)으로 공무원을 채용할 수도 있다.

01 시험의 효용성 기준

1. 시험의 타당성 ★★★

(1) 시험의 타당성(= 측정의 타당성)의 의미

① 시험의 타당성(= 측정의 타당성) : '시험이라는 측정도구가 측정하고자 하는 것을 얼마나 실제에 가깝게 측정하고 있는가의 정도'를 말한다. 측정의 타당성은 조사연구의 타당성보다 좁은 개념으로, 조사연구의 타당성 중에서 구성적(구성개념) 타당성에 해당한다.

② 시험의 타당성의 유형 : ㉠ 기준타당성, ㉡ 내용타당성, ㉢ 구성(구성개념)타당성 등이 있다.

(2) 기준타당성(criterion validity)

① 기준타당성의 의미
시험성적과 시험으로 예측하고자 했던 실적기준(criterion of performance)과 얼마나 부합하느냐를 말한다. 즉, 시험이라는 예측치(predictor : 시험점수)와 직무수행실적이라는 기준(criterion : 직무수행실적을 보여주는 측정기준치로는 근무실적, 이직률, 결근율 등을 사용)의 두 요소 간의 상관계수로써 측정된다.

② 기준타당성의 검증 : 둘 간의 상관계수를 측정하려면 예측치와 기준에 대한 측정치(기준치)가 필요한데, 검증방

법은 자료수집의 시차에 따라 동시적 타당성 검증과 예측적 타당성 검증이 있다.
- ㉠ **동시적 타당성 검증** : 시험성적과 근무실적에 대한 자료를 동시에 수집하여 상관관계를 검토하는 것으로, 시험성적과 근무실적을 동시에 얻는 방법은 현재 근무하고 있는 재직자에게 시행예정인 시험을 실시하는 것이다.
- ㉡ **예측적 타당성 검증** : 시험합격자를 대상으로 시험성적과 근무실적에 관한 자료를 시차를 두고 수집하여 비교하는 것이다. 시험성적은 바로 구할 수 있으나, 근무실적은 어느 정도 시간이 지나 실적이 평가되어야 가능하다.

(3) 내용타당성(content validity)
① **내용타당성의 의미** : 직무를 성공적으로 수행하는 데 필요한 지식이나 기술의 내용(직무분석을 통해 규정된)을 시험의 내용에 얼마나 반영하고 있는가의 정도를 말한다.
② **내용타당성의 검증** : 직무에 정통한 전문가집단이 시험의 구체적 내용과 직무내용과의 적합성을 판정하여 시험의 내용타당성을 검증하는 것이다.

(4) 구성타당성(construct validity)
① **구성(구성개념) 타당성의 의미**
  - ㉠ 성공적 직무수행과 관련 있다고 '이론적으로 구성한' 능력요소를 시험이 얼마나 정확히 측정할 수 있느냐에 관한 것이다.
  - ㉡ 연구자가 측정하고자 하는 이론적 구성개념(추상화의 정도가 높은 개념)을 실제로 측정도구에 의해 제대로 측정되었는지의 정도를 의미한다.
② **구성타당성의 검증** : 구성개념 타당성이 확보되려면 측정도구의 수렴적 타당성과 차별적 타당성이 높아야 한다.
  - ㉠ **수렴적 타당성** : '동일한 이론적 구성개념을' 상이한 측정방법으로 측정했을 때 그 측정값 사이의 상관관계 정도 · 수렴성을 의미한다(예 대학원생의 수학능력을 주관식 시험과 상호토론이라는 두 측정도구로 측정할 때).
  - ㉡ **차별적 타당성** : '서로 상이한 이론적 구성개념을' 측정하는 지표들 간의 상관관계가 낮은 정도 · 차별성을 의미한다(예 보수주의를 측정하는 지표와 진보주의를 측정하는 지표 사이에 차별성이 나타나야).

2. 신뢰성(일관성) ★
① **신뢰성(reliability)** : 측정도구의 측정결과가 보여주는 일관성(시험결과로 나온 성적의 일관성 → 신뢰성이 높은 시험은, 우연적 요소의 영향을 가장 덜 받는 시험이며, 동일한 사람이 동일한 시험을 시간을 달리하여 치른다 해도 그 성적차이가 근소함을 의미한다.
② **신뢰성과 타당성의 관계** : 신뢰성은 타당성의 전제조건이다. 그러나 신뢰성이 있다고 항상 타당한 시험이 되는 것은 아니다. → 즉, 신뢰성은 시험이 타당할 수 있는 필요조건이지만 충분조건은 아닌 것이다.
③ **시험의 신뢰성 검증방법** : ㉠ 재시험법, ㉡ 동질이형법, ㉢ 이분법 등이 있다.

> **PLUS 심화** 　시험의 신뢰성 검증방법
>
> ① **재시험법** : 시험의 종적 일관성을 조사하는 것이다. 시험을 본 수험자에게 일정한 시간이 지난 뒤에 다시 같은 문제로 시험을 보게 하여 두 점수 간의 일관성을 검토하는 것이다.
> ② **동질이형법(同質異形法)** : 문제의 수준이 비슷한 동질의 두 개 시험유형(A, B)을 개발하여 동일 통제집단을 대상으로 시험을 보게 한 후 A와 B의 성적 간 상관관계를 분석하는 방법이다. 종적 일관성과 횡적 일관성을 모두 검증할 수 있다.
> ③ **이분법** : 하나의 시험지 내에서 문항만을 두 집단으로 나누어 이들 문항집단 간의 성적을 상호 비교하는 것이다. 이 방법의 가장 일반적인 형태는 문제의 문항을 무작위로 배열한 두 짝수항 전체의 점수와 홀수항 전체의 점수 간에 상관관계를 조사하는 것이다.

3. 기타 효용성 기준

객관성	시험성적이 채점자에 따라 심한 차이가 나지 않도록 하는 것
난이도	응시자의 능력 차이를 구별할 수 있도록 성적분포가 한쪽에 몰리지 않도록 하는 것

02　시보임용 및 임명

1. 시보임용

① ㉠ 시험실시기관은 합격자를 대상으로 성적순에 따라 '채용후보자 명부'를 작성 ➡ ㉡ 채용후보자를 임용권자에 추천 ➡ ㉢ 임용권자는 추천후보자 중에서 적격자를 선발하여 일정기간 동안 시보공무원(probationer)으로 임용하고, 그 기간 중에 근무성적이 좋은 경우에 정규공무원으로 임명한다.
② **신규채용에서 적용** : 5급 공무원을 신규채용하는 경우에는 1년, 6급 이하 공무원을 신규채용하는 경우에는 6개월간 각각 시보로 임용하고, 그 기간의 근무성적·교육훈련성적과 공무원으로서의 자질을 고려하여 정규 공무원으로 임용한다.
③ 시보공무원은 정규공무원과 같은 신분보장이 되지 않는다. 즉, 시보 임용 기간 중에 있는 공무원이 근무성적·교육훈련성적이 나쁘거나 이 법 또는 이 법에 따른 명령을 위반하여 공무원으로서의 자질이 부족하다고 판단되는 경우에는 제68조(공무원의 신분보장)와 제70조(직권면직)에도 불구하고 면직시키거나 면직을 제청할 수 있다.

2. 임명 및 보직

① **임용권자** : ㉠ 행정기관 소속 5급 이상 공무원 및 고위공무원단에 속하는 일반직 공무원은 소속장관 제청으로 인사혁신처장과 협의를 거친 후에 국무총리를 거쳐 **대통령이 임용**하고 ㉡ **소속장관은** 나머지 소속 공무원에 대해 일체의 임용권을 가진다.❶

> ❶ 「공무원임용령」 제2조(정의) : "소속 장관"은 다음과 같다. 중앙행정기관인 부·처·청의 장과 대통령비서실장, 대통령경호처장, 감사원장, 국가인권위원회위원장, 방송통신위원회위원장, 원자력안전위원회위원장, 국무조정실장, 공정거래위원회위원장, 금융위원회위원장, 국민권익위원회위원장 및 민주평화통일자문회의사무처장

② 임명과 보직 : 임명은 특정인에게 공무원의 신분을 부여하는 신분설정행위이며, 보직(placement)은 공무원을 일정한 직위에 배치하는 행정행위이다.

제2절 내부임용 : 승진과 전보·전직

▶ 내부임용(인사이동 : 정부조직 안에서 사람을 움직여 쓰는 활동)의 유형
① 수직적 이동 : 승진(지위의 상승이동) ⇔ 강임(지위의 하강이동)
② 수평적 이동 : 전직, 전보, 파견, 겸임
③ 해직 및 복직 : 휴직, 직위해제, 정직·해임·파면, 면직, 복직

01 승진 : 수직적 이동

1. 승진의 의미

① 승진(promotion)의 개념 : 하위직급에서 직무의 곤란도와 책임도가 높은 상위직급으로의 수직적 이동
② 승진의 의미 : ① 공무원 개인의 입장에서, 공무원 개인의 성공에 대한 기대감을 충족시켜 사기를 제고하고, 능력발전의 유인을 제공하며, ② 조직(정부)의 입장에서 상위직에 능력 있는 공무원을 임용(적재적소에 배치)함으로써 인적자원의 효율적 활용과 업무의 능률화를 도모

2. 승진의 범위 및 기준 ★

(1) 승진경쟁의 부처 간 개방 범위

① 폐쇄주의(재직자 간의 승진경쟁의 범위를 해당 부처 내의 공무원에게만 허용)와 ② 개방주의(직위공모제-job posting-의 실시)가 있다.

폐쇄주의의 논거	폐쇄주의의 문제점
① 기득의식 존중으로 승진에 대한 저항을 최소화, 조직에 안정감 부여 ② 해당 부처의 업무내용과 분위기 파악으로 업무부적응의 문제 해소, 행정의 전문성·능률성 제고 ③ 해당 부처직원의 사기 제고	① 유능한 공무원 선발 원칙과 모순 ② 승진이 어려운 기관에 근무하는 공무원의 승진상의 기회 불균등 및 사기 저하, 승진이 어려운 기관에 대한 근무기피로 부처 간 공무원의 질적 균형 유지 곤란 ③ 공무원의 다양한 경험 축적의 기회가 적어, 부처 간 조정과 협조 곤란

(2) 승진의 기준

구 분	경력(연공서열)	실 적
승진 요소	근무연수, 근무경력, 학력, 연령	직무수행능력, 직무수행실적이나 시험성적 • **주관적인 실적기준** : 근무성적평정, 교육훈련성적, 승진심사위원회의 결정(인사권자의 판단) • **객관적인 실적기준** : 승진시험 성적
장 점	① 객관성 확보로, 승진결정의 정실을 배제하고 불공정성 방지 ② 행정의 안정성 유지 ③ 직업공무원제 확립(성실한 장기근속자의 사기제고)	① 조직의 효율성 관점에서 합리적, 공정성 관점에서도 합당(적재적소 원칙에 입각) ② **승진 시험의 경우** : 지적 수준이 높은 공무원 발굴, 관료주의화 방지, 정실차단으로 승진의 공정성 확보
단 점	① 유능한 인재등용 곤란 ② 기관장의 부하통솔 곤란 ③ 실적 좋은 사람의 동기 저하로 능력의 하향평준화를 결과 ④ 공직의 관료주의화·침체 ⑤ 행정의 비능률	① 객관적 실적기준 설정과 실적평가의 곤란 ② 실적평가에 대한 주관성 개입 → 승진결정에 대한 불공정성 야기 ③ 경쟁초래로 조직의 결속력 저해 ④ **승진 시험의 경우** : 시험의 타당성 문제(상위직에 대한 적격성을 완전히 나타내지 못함), 승진시험 준비로 인한 근무소홀
적용대상	조직하위층(일반직종, 단순기능업무)	조직상위층(전문직종)

3. 한국의 공무원 승진제도

(1) 일반승진

임용권자가 인사심사 또는 승진후보자명부의 순위에 따라 적격자를 승진임용하는 가장 보편적인 승진방법

① **1급~3급 공무원으로의 승진, 고위공무원단 직위로의 승진** : 소속장관은 승진후보자 중에서 능력·전공·인품·적성 등을 고려하여 인사혁신처의 승진심사를 거쳐 임용제청
② **4급 공무원으로의 승진** : 당해기관의 승진후보자명부의 순위에 따라 보통승진심사위원회의 승진심사를 거쳐 임용
③ **5급 공무원으로의 승진** : 6급 공무원을 5급 공무원으로 승진임용하려는 경우에는 승진시험 또는 보통승진심사위원회의 심사를 거쳐 임용하여야 한다.
④ **6급 이하 공무원으로의 승진** : 당해기관의 승진후보자명부의 순위에 따라 보통승진심사위원회의 승진심사를 거쳐 임용

(2) 특별승진

청백리상 수상자나 소속장관에 의하여 특별한 공적이 있다고 인정받거나 행정발전에 지대한 공헌이 있다고 인정받은 공무원 및 창안 등급 동상 이상을 받은 공무원에 대하여, 승진소요 최저연수의 단축 또는 승진후보자명부의 순위에 관계없이 승진임용

02 수평적 이동(배치전환 : 보수나 계급의 변동 없이 수평적으로 직위를 옮기는 것) ★

① **전직과 전보** : ㉠ 전직이란, '직렬의 경계를 넘어 다른 직렬의 동일 계급으로 수평 이동하는 것'으로, 직무의 성격이 다른 직렬로의 이동이므로 전직시험을 거쳐야 한다. ㉡ 전보란, '동일 직급 내에서 직위만 변동되는 수평적 이동'이다.❶

> ❶ 전보 · 전직을 위한 최저 재임기간
> ① 특별채용의 경우 3년간 다른 직렬로 전직 불가
> ② 일반직 공무원은 당해 직위에 임용된 날로부터 2년 이내에 다른 직위에 전보 불가

② **인사교류와 전입·전출** : ㉠ 인사교류란, 기관상호 간(중앙정부의 부처 간, 중앙정부와 지방정부 간, 지방정부 간)에 직무분야가 유사한 범위 내에서 공무원의 수평적 이동을 허용하는 제도이다. ㉡ 전입·전출이란, 인사관할을 달리하는 입법부·행정부·사법부 사이에 다른 기관소속공무원을 이동시켜 받아들이는 것이다.

③ **겸임과 파견** : ㉠ 겸임이란, 한 사람이 둘 이상의 직위에 임명되는 것이다. ㉡ 파견이란, 기관 간 업무의 공동수행이나 업무량이 과다한 다른 기관의 행정지원 등을 위하여, 공무원의 소속을 바꾸지 않고 일시적으로 다른 기관이나 국가기관 이외의 기관 및 단체에서 근무하게 하는 것이다.

제3절 교육훈련

> ▶ **교육훈련**
> 공무원의 직무수행능력을 향상시키기 위해 직무수행상 필요한 지식 · 기술, 태도와 가치관을 발전적으로 변화시키는 활동

1. **교육훈련 수요조사** : 체계적 교육훈련을 위한 첫 번째 과정
   ① 공무원들이 어떤 내용의 교육훈련을 어느 정도 필요로 하는 가를 파악하는 체계적 교육훈련을 위한 첫 번째 과정
   ② 훈련 수요 : 직무가 요구하는 지식·기술·능력과 이들 요소에 대해 공무원이 현재 갖고 있는 상태의 차이(훈련수요 = 직무가 요구하는 능력 − 공무원 개인의 현재 능력)

2. **교육훈련의 방법**❶

> ❶ 교육훈련의 목적에 따른 교육훈련의 방법 분류
> ① 지식습득을 위한 방법 : 강의, 토론회, 사례연구, 시찰, 시청각 교육 등
> ② 기술연마를 위한 방법 : 사례연구, 모의연습, 현장훈련, 전보·순환보직, 실무실습, 시청각 교육 등
> ③ 태도·행동 교정을 위한 방법 : 사례연구, 역할연기, 감수성 훈련

① 강의식(lecture) : 가장 보편적인 교육훈련 방법
② 회의식(conference) : 12명~25명의 참가자들이 모여 사회자의 사회로 토의
③ 토론회(panel, symposium, forum, syndicate) : 피훈련자들을 대상으로 소수의 연사들이 토론·발표하는 방식
④ 사례연구(case study) : 사전에 선정된 특정 사례를 여러 사람이 사회자의 지도하에 토의하는 것
⑤ 역할연기(role playing) : 어떤 사례(주로 인간관계)를 몇 명의 피훈련자가 청중들 앞에서 실제 행동으로 연기하고, 사회자가 청중들에게 그 연기내용을 비평·토론하도록 한 후 결론적인 설명을 하는 교육훈련
⑥ 현장훈련(OJT : On the Job Training) : 피훈련자가 실제 직무를 수행하면서 상관 등으로부터 직무수행에 관한 지식과 기술을 배우는 것. OJT는 공무원의 신분을 획득한 뒤 해당 직책을 맡아 실제 직무를 수행하면서 훈련받는 점에서, 정식으로 공무원의 신분을 획득하지 않은 사람들에 대한 훈련인 실무수습(internship)과 구별됨.
⑦ 전보·순환보직

> **PLUS 심화 교육훈련 방법 : OJT와 Off JT**
>
> 1. **OJT 교육훈련 방법** : 평상시 근무하면서 일을 배우는 '직장 내 훈련'
>   ① 실무지도(coaching) : 일상근무 중 상관이 부하에게 각종 지도
>   ② 직무순환(rotation) : 여러 분야의 직무를 직접 경험시키는 실무훈련
>   ③ 임시배정 : 특수직위나 위원회 등에 잠시 배정하여 경험을 쌓게 함.
>   ④ 인턴십 : 조직의 전반적인 구조·문화에 대한 이해와 간단한 업무를 경험할 기회를 부여
> 2. **Off JT 교육훈련 방법** : 교육훈련만을 목적으로 '특별한 장소와 시설(= 교육원)에서 훈련'
>   ① 프로그램화 학습
>   ② 시청각 교육
>   ③ 사례연구(case study)
>   ④ 감수성 훈련(T-group 훈련)
>   ⑤ 역할연기(role playing)

> **PLUS 심화 역량기반 교육훈련제도 : 역량진단을 통한 문제해결 및 현실적용성 제고를 위한 방안**
>
> ① 멘토링(mentoring) : 조직내에서 직무에 대한 경험과 전문지식을 갖고 있는 멘토가 일대일의 방식으로 멘티를 지도함으로써 조직 내 업무 역량을 조기에 배양시킬 수 있는 학습활동
> ② 학습조직 : 조직 내 모든 구성원의 학습과 개발을 촉진시키는 조직형태로 지식의 창출 및 공유와 상시적 관리역량을 갖춘 조직
> ③ 액션 러닝(action learning) : 이론과 지식 전달 위주의 전통적 강의식 교육의 한계를 극복하고 참여와 성과 중심의 교육훈련을 지향하는 것으로, 정책현안에 대한 현장방문, 사례조사와 성찰미팅을 통해 문제 해결 능력을 함양
> ④ 워크아웃 프로그램(work-out program) : 정책현안에 대한 각종 워크숍의 운영을 통해 집단적 토론과 함께 문제 해결방안을 모색하고, 개별 공무원의 업무역량을 제고

제4절 **근무성적평정** ★★

01 근무성적평정의 의의

1. 근무성적평정(근·평)의 개념

개별 공무원의 근무실적, 근무수행능력, 근무태도 등을 공식적·체계적으로 평가하는 것

2. 근무성적평정의 필요성 및 용도

(1) **인사행정의 기준 제공** : 근무성적평정의 결과는 승진·전보·보수(성과상여금 등)·훈련·면직 등 공정한 인사처리의 기준을 제시하며, 교육훈련수요의 파악에 도움

(2) **공무원 개인의 능력 발전** : 인간의 성장을 강조해 온 후기 인간관계론과 함께, 근무성적평정을 상벌의 통제수단이 아니라, 개인의 뛰어난 점과 부족한 점을 발견하여 피드백시켜 줌으로써 개인 스스로 자신의 능력과 적성을 적극 발전시켜 나갈 수 있도록 활용

(3) **시험의 타당도 측정기준과 교육훈련수요조사에 정보 제공** : 채용시험성적과 임용 후 근무성적의 비교를 통해 시험의 타당도를 측정하고, 현재 부족한 지식, 기술, 능력이 무엇인지를 파악함으로써 교육훈련의 수요를 예측하는 데 정보를 제공

(4) 공무원의 근무능률 향상, 감독자와 부하직원 간 의사소통의 활성화 및 인간관계 개선에 활용

02 근무성적평정의 유형

1. 방법을 기준으로 한 분류 ★★

(1) **도표식 평정척도법(graphic rating scales)**

① 한편에는 다수의 평정요소(예 직무 및 사람과 관련된 실적·능력·태도를 구체적으로 평가할 수 있는 항목)를 나열하고 다른 한편에는 각 평정요소마다 그 우열의 등급(예 수·우·미·양·가)을 표시하는 평정척도를 그린 평정표를 사용한다.

② 평정자는 각 평정요소마다 평정자를 관찰한 뒤 해당하는 등급에 표시하게 되며, 표시된 등급의 점수를 모두 합산한 것이 평정대상자에 대한 종합평정점이 된다.

③ **가장 보편적으로 사용되는 방식**으로, 현재 한국의 5급 이하 공무원의 평정에서 사용된다.❶

> ❶ 도표식 평정척도법의 장·단점
> • 장점
> ① 직무분석에 기초하기보다 직관을 바탕으로 평정요소가 결정되어 평정표 작성이 빠르고, 쉬우며, 경제적이다.
> ② 평가요소가 모든 직무 및 사람에게 일반적으로 나타나는 공통적인 속성에 근거하기 때문에 적용의 범위가 넓다.
> ③ 평정의 결과가 점수로 환산되기 때문에 평정대상자에 대한 상대평가를 확실히 할 수 있어 상벌결정의 목적으로 사용하는 데 효과적이다.

- **단점**: 평정요소와 등급의 추상성이 높아 평정자의 자의적 해석에 의한 평가가 이루어지기 쉽고, 연쇄효과(halo effect)나 집중화·관대화 경향 등의 오류가 발생할 수 있다.

(2) **강제배분법**: 도표식 평정척도법에서 흔히 나타날 수 있는 관대화 경향이나 집중화 경향을 줄이기 위해 사용되는 방법으로, 평정점수의 분포비율을 획일적으로 미리 정해 놓는 방법이다.

(3) **check list법(Probst식 평정법)**: 공무원을 평가하는 데 적절하다고 판단되는 표준행동 목록(check list)을 미리 작성해두고, 이 목록에 단순히 '가/부(Yes/No)'를 표시하게 하는 방법이다. 나열항목의 중요성에 따라 가중치를 부여하는 것이 일반적이다(➔ 이 방식을 가중체크리스트법이라 함).

(4) **강제선택법**: check list법의 변형으로, 4~5개의 항목으로 구성된 각 기술항목 조(組)에서 피평정자의 특성에 가까운 항목을 강제적으로 선택하여 표시하도록 하는 평정방법(강제선택식 check list법)이다.

(5) **목표관리 평정법(MBO)**
① 조직 계층의 상·하급자 간의 협의(참여)를 통하여 부서나 개인의 목표를 명확히 설정하고, 평가자와 수행자가 목표달성에 관하여 의견교환을 통해서 평가하여 그 결과를 환류하는 방법이다.
② 현재 4급 이상 공무원에게 적용하는 성과계약평가가 이에 해당한다.

(6) **사실기록법**: 평정과 관련된 구체적 사실(작업량)을 기록하여 평가하는 것이다(예 산출기록법, 근태기록법 등).

(7) **서열법**: 평정대상자를 상대적으로 비교하여 서열을 정하는 방법(직무평가에서의 서열법과 기본구성이 동일)이다.

(8) **중요사건 기록법**: 평정대상자의 직무수행과 관련된 중요사건을 관찰하여 평정기간 동안 일시적으로 기록해 놓았다가 누적된 사건기록을 중심으로 평정하는 방법이다.

(9) **행태기준 평정척도법(BARS : Behaviorally Anchored Rating Scales)**
① 도표식 평정척도법이 갖는 평정요소 및 등급의 모호성과 해석상 주관적 판단 개입, 그리고 중요사건 기록법이 갖는 상호비교의 곤란성을 보완하기 위하여 두 방법의 장점을 통합시킨 것이다.
② 주관적 판단 배제를 위해 직무분석에 기초하여 직무와 관련된 중요 과업분야를 선정하고, 각 과업분야에 대해 이상적 과업 행태에서 바람직하지 못한 행태까지로 등급 구분된 평정표(실제로 관찰할 수 있는 행태를 기준으로 각 등급을 명확히 서술한)를 사용[1]

❶ BARS의 적용례 : 문제해결을 위한 협조성(평정요소, 중요 과업분야)
7등급 – 행태유형 : 부하직원과 상세하게 대화를 나누고 그에 대한 해결방안을 내놓는다.
1등급 – 행태유형 : 어떤 결정을 내려야 할 상황인데 결정을 회피한다.

2. 평정자를 기준으로 한 분류

(1) **자기평정법** : 피평정자가 자신의 근무성적을 스스로 평가하는 방법

(2) **동료평정법** : 집단 내에서 동등한 위치에 있는 피평정자들이 서로를 평정하는 일종의 집단평정방법

(3) **감독자평정법** : 상관인 감독자가 평정하는 방법, 각국에서 원칙적으로 사용되는 방식

(4) **부하평정법** : 부하들이 상관을 평정하는 방법

(5) 다면평가제(복수평정법, 집단평정법, 360°평정법)

3. 다면평가제 ★★

① 직속 상사만이 평가하는 **일면평가**가 아니라, **피평정자의 직무수행과 관련된 여러 분야의 사람들(상사, 동료, 부하 및 민원인 등)이 참여하여 평정**하는 방법 → 상급자에 의한 일방평가보다 평가의 공정성·객관성·신뢰성을 확보할 수 있는 평가방법

② 「공무원 성과평가 등에 관한 규정」에서는 다면평가와 관련하여 일률적인 방법을 요구하지 않고, 각 기관별로 실정에 적합한 방식으로 자체적으로 운영하도록 장려❶

---

❶「공무원 성과평가 등에 관한 규정」 제28조(다면평가)
① 소속 장관은 소속 공무원에 대한 능력개발 및 인사관리 등을 위하여 해당 공무원의 상급 또는 상위 공무원, 동료, 하급 또는 하위 공무원 및 민원인 등에 의한 다면평가를 실시할 수 있다.

다면평가제의 장점	다면평가제의 문제점
① 평가에 참여하는 소수인(감독자)의 주관과 편견, 그리고 이들 간의 개인편차를 줄임으로써 '평정의 객관성과 공정성'을 높임. ② 조직구성원의 평정에의 관심과 조직에의 일체감을 증진 ③ 분권적 평가에 유리한 조건을 형성 → 팀워크가 강조되는 현대 사회의 조직유형(팀제)에 부합 ④ 평가결과의 수용성이 높아, 구성원의 자기개발(능력발전)을 위한 동기유발이 가능 ⑤ 조직 내 상하 간·동료 간 원활한 의사전달이 이루어져 업무의 효율성과 이해 제고	① 권위주의적 행정문화와 마찰 ② 평가단 선정이 객관적이지 않을 수 있으며, 평정참여자의 지나친 확대가 오히려 평정의 정확성을 저하시킬 가능성(→ 피평정자를 직접 관찰하고 평가할 수 있는 사람들로 평가자의 범위 제한 필요) ③ 목표의 성취보다는 원만한 대인관계 유지에만 급급(조직 내 포퓰리즘 조성) → 인기투표로 나타날 가능성

03 한국의 근무성적평정제도 : 공무원 성과평가 등에 관한 규정(대통령령) ★

- 근무성적평정의 대상 : 일반직(연구·지도직, 전문직 공무원 포함) 국가공무원
- 평정의 공정성 확보를 위하여 '이중평정' 실시 : 평가자는 평가대상공무원의 업무수행과정 및 성과를 관찰할 수 있는 상위감독자 중에서, 확인자(2차 평가자)는 평가자의 상위감독자 중에서 소속장관이 지정
- 근무성적평정을 ① 성과계약등 평가와 ② 근무성적평가로 구분
    ① 고위공무원을 포함한 4급 이상 공무원에게 적용되는 '성과계약등 평가(직무성과계약제)'는 평가대상자와 평가자가 성과계약을 맺고 성과목표달성도를 평가하는 것으로 일의 결과에 평가의 초점을 맞춘다.
    ② 5급 이하 공무원에게 적용되는 '근무성적평가'는 평가대상자의 근무실적과 직무수행능력을 중심으로 평가하고 직무수행태도를 제한적으로 포함시킬 수 있도록 한 것으로 일의 결과뿐만 아니라 개인의 투입요소를 함께 평가하는 것이다.
- 평정방법
    ① 근무성적평가에서는 도표식 평정척도법을, 성과계약등 평가에서는 목표관리평정법을 기본으로 하고 있으며, 여기에 자기평정법, 다면평정법, 서술법, 가점법, 강제배분법 등을 보완적으로 활용하고 있다.
    ② 현행 성과계약서(성과계약 등 평가에서)와 성과계획서(근무성적평가에서)는 성과목표, 실행계획, 성과목표 및 산출물을 평정대상자가 직접 서술하도록 함으로써 '자기평정법'과 '서술법'을 채택하고 있다.

1. 성과계약 등 평가(4급 이상 공무원과 연구관·지도관 및 전문직공무원) :

성과계약에 의한 목표달성도의 평가, 연 1회 평가(12월 31일 기준으로 실시)

(1) 성과계약 등 평가의 평가항목

소속장관은 ① 성과목표 달성도, ② 부서단위의 운영 평가결과, ③ 그 밖에 직무수행과 관련된 자질 또는 능력 등에 대한 평가결과 중에서 하나 또는 그 이상으로 평가항목 선정

(2) 성과계약의 체결

소속장관은 해당 기관의 임무(mission) 등을 기초로 하여, 평가대상공무원과 평가자 간에 성과계약을 체결토록 함.
➔ 예 실·국장급의 목표를 정하는 성과계약을 부기관장과 실·국장 간에 체결, 과장급의 목표를 정하는 성과계약을 실·국장과 과장 간에 체결

(3) 중간점검과 성과면담 및 최종평가

① 평가자는 성과계약의 성과목표 달성도 등을 감안하여 평가하되, 평가등급의 수는 3개 이상으로 한다(고위공무원에 대해서는 매우우수·우수·보통·미흡·매우미흡의 5단계 중 하나로 평가).
② 고위공무원단에 속하는 공무원에 대한 성과계약 등 평가의 평가등급별 인원 분포 비율은 소속 장관이 정하나, 최상위 등급의 인원은 평가 대상 공무원 수의 상위 20퍼센트 이하의 비율로, 하위 2개 등급(미흡 및 매우미흡

의 등급)의 인원은 평가 대상 공무원 수의 하위 10퍼센트 이상의 비율로 분포하도록 하여야 한다.

> **PLUS 심화 직무성과계약제도(4급 이상 공무원의 성과계약 등 평가를 위한 제도)의 운영절차**
>
> 직무성과계약제도는 조직이 고위관리자에게 업무수행과 관련된 성과계약을 사전에 체결토록 하고, 이에 근거하여 평가, 보상, 인사관리를 하는 제도이다. 미국은 GPRA에 의해, 한국은 성과계약 등 평가로 활용되고 있다.
> → 유사개념으로 '직무성과 관리제도'가 있다.
> ① 전략기획 수립단계(기관의 mission설정 → 전략적 방향의 설정 → 전략목표의 설정) : 조직이 중·장기적(3~5년)으로 나아갈 방향과 비전(vision)을 정립하는 것이다. 조직구성원 개인의 성과목표를 도출하는 토대이며, SWOT이나 BSC(Balanced Score Card) 등 다양한 전략기획 방법론을 활용한다.
> ② 개인별 성과목표의 설정단계(성과계약서상 개인의 목표를 설정) : 전략기획에서 설정된 기관의 mission으로부터 개인의 업무목표를 추출하는 단계이다. 전략기획 과정을 통해 도출된 조직목표와 유기적으로 연계한다. → 상향적(Bottom-up) 목표설정 방식을 중시한 나머지 조직과 기관의 전략적 임무와 목표를 소홀히 취급한 종래의 목표관리제(MBO)의 문제점을 극복하기 위해, 하향적(top-down) 목표 수립의 과정으로 조직의 상위목표가 하위목표에 침투한다.
> ③ 중간점검과 성과면담 및 최종평가단계

2. 근무성적평가(5급 이하 공무원, 우정직공무원, 연구사·지도사, 전문경력관) :

근무실적 및 능력에 대한 평정, 연 2회 정기평가(6월 30일과 12월 31일 기준으로 실시)와 수시평가

(1) 근무성적평가의 평가항목

근무실적 및 직무수행능력을 기본항목(100점의 총점에서 하나의 항목이 70%를 초과하지 않도록)으로 하되, 소속장관이 필요하다고 인정하는 경우에는 직무수행태도를 평가항목에 추가(10% 이내로)
① 근무실적에 대한 평가 : 연초에 수립된 성과목표에 대한 업무실적을 평가요소(업무난이도, 완성도, 적시성)로 평가
② 직무수행능력 평가 : 평가요소(기획력, 의사전달력, 협상력, 고객지향성 등)별로 5단계로 평가

(2) 성과목표의 선정

① 매년 초 평가대상 공무원은 본인의 1년간의 업무목표에 관한 성과계획을 작성하여 평가자 및 확인자와의 면담을 통해 합의된 성과목표 등을 선정(성과목표를 설정하기 곤란한 경우에는 성과목표 대신 단위과제를 설정)
② 평가대상자는 평가자와 함께 성과계획서를 작성

(3) 근무성적평가 절차

① 평가자의 평가 : 평가자는 평가대상기간 중에 평가대상자의 업무수행상황 점검 및 성과면담을 실시하고, 확인자와 협의된 평가방향에 따라 평가하되 소관 평가대상 공무원에 대한 평가는 독자적으로 함
② 평가단위에서의 평가 : 직급별로 구성한 평가단위별로 평가를 실시하되, 확인자는 평가자가 평가한 평가등급 등을 확인하고, 평가자와 함께 평가단위별 평가결과를 작성하여 근무성적평가위원회에 제출
③ 근무성적평가위원회에서의 평가 : ㉠ 근무성적평가위원회(승진후보자명부 작성단위 기관별로 설치)는 전체 평가대상 공무원들을 평가단위에서 제출한 평가등급에 따라 나누고, 등급 내에서 평가대상 공무원들을 상대평가하여 순위를 정함. ㉡ 평가등급의 수는 3개 이상으로 하며, 최상위 등급의 인원은 평가 단위별 인원수의 상위 20

퍼센트의 비율로, 최하위 등급의 인원은 하위 10퍼센트의 비율로 분포하도록 평가한다.

3. 근무성적평정의 공통절차
① 성과면담 등의 실시(평가자는 근무성적평정이 공정하고 타당성 있게 실시될 수 있도록 근무성적평정 대상공무원과 성과면담을 실시하여야 함)
② 근무성적평정결과의 본인공개 원칙
③ 평정결과에 대해 확인자에게 이의신청
   (➡ 이의신청결과에 불복 시, 근평위원회에 결과의 조정신청)
④ 평가결과의 활용(승진임용·교육훈련·보직관리·특별승급 및 성과상여금 지급 등)

4. 기타 평정
① **경력평정** : ㉠ 승진소요 최저연수에 도달한 5급 이하 공무원, 연구사·지도사에 대하여 그 경력 평정하여 승진임용에 반영하는 제도, ㉡ 정기평정(6월30일, 12월31일 기준으로 연2회)
② **가점평정** : 가점부여 항목(직무관련 자격증, 특정직위에서의 근무경력, 특수지에서의 근무경력, 업무혁신 등)
③ **다면평가** : 다면평가 결과는 역량개발, 교육훈련, 승진, 전보, 성과급 지급 등에 활용 가능

5. 승진후보자명부의 작성
① 1월 31일과 7월 31일 기준으로 작성함
② 승진후보자명부 총 평정점 : ㉠ 근무성적평가 점수와 경력평정점을 합산한 100점을 만점으로 한다(5점 범위에서 가점 추가 합산 가능). ㉡ 근무성적평가 점수의 반영비율은 95퍼센트 이상으로, 경력평정점의 반영비율은 5퍼센트 이하로 하여 작성한다.

04 근무성적평정의 오류 ★★

① **연쇄효과·후광효과(halo effect)** : 한 평정요소에 대한 평정자의 판단이(또는 일반적 인상이) 연쇄적으로 다른 평정요소의 평정에 영향을 주는 현상, 도표식 평정방법에서 많이 발생 ➡ 연쇄효과방지를 위해, checklist 방법 또는 강제선택법을 사용
② **관대화 경향** : 평정등급이 전반적으로 높아지는 현상
③ **엄격화 경향** : 전반적으로 낮은 점수를 주는 것
④ **집중화 효과** : 무난하게 주로 중간등급을 주는 현상 ➡ 관대화나 집중화 경향을 방지를 위해, 강제배분법을 사용
⑤ **규칙적 오차** : 다른 평정자들 보다 언제나 후하거나 나쁜 점수를 주는 것, 평정자의 가치관 및 평정기준의 차이에서 비롯
⑥ **총합적 오차** : 평정자의 평정기준이 일정하지 않아, 관대화 경향과 엄격화 경향이 불규칙하게 나타나는 것
⑦ **논리적 오차** : 평정요소 간 논리적 상관관계가 있다는 관념에 의한 오차로, 상관관계가 있는 한 요소의 평정점수에 의해 다른 요소의 평정점수가 결정되는 것

⑧ 근접효과(recency effect)·시간적 오류 : 쉽게 기억할 수 있는 최근의 실적과 능력 중심으로 평가하는 것으로, 이를 시정하기 위해 목표관리평정, 중요사건기록법 등을 사용
⑨ 선입견·고정관념(personal bias) : 평정대상자의 개인적 특성인 종교·성·출신학교·지역 등에 대하여 평정자가 평소 가지고 있는 편견이 평정과정에 반영되는 것 ➡ 예 유사성 효과(similar-to-me-effect : 자신을 기준으로 하여 특성이나 행동이 유사한 사람을 더 우호적으로 평가하는 경우)
⑩ 유형화의 착오·상동적 오차(Stereotyping) : 사람을 평가할 때, 그들이 속한 집단(범주)에 대한 고정관념에 비추어 지각함으로써 부정확하게 지각

제5절 사기앙양 : 보수와 연금

01 사기(morale)

1. 사기의 의미
① 사기 : 조직의 목표 달성에 자발적으로 기여하려는 개인과 집단의 근무의욕·직무수행동기
➡ 사기의 요인은 동기이론에 따르면 인간의 기본적인 욕구와 관련되고, 사기의 앙양과정은 기대이론과 맥락을 같이한다.
② 사기와 생산성과의 관계 : 일반적으로 사기가 높으면 생산성이 높아진다고 인식되고 있으나, 사기는 생산성에 영향을 미치는 복합적 요인 중 하나에 불과하다.

2. 사기관리의 수단
(1) 인사상담
욕구불만·갈등·정서적 혼란 등 부적응 문제를 가진 조직구성원이 스스로 문제를 해결하는 데 상담자(counselor)가 협조(심리적 지원)하기 위한 개인적 면담 절차

(2) 고충처리
① 조직구성원들이 조직생활과 관련하여 제기하는 '고충(= 직무조건, 인사관리, 기타 신상문제에 대한 불평·불만)'을 심사하고 그 해결책을 강구하는 절차
② 고충심사(국가공무원법 제 76조의 2) : ㉠ 공무원은 누구나 인사·조직·처우 등 각종 직무 조건과 그 밖에 신상 문제에 대하여 인사 상담이나 고충 심사를 청구할 수 있으며, 청구를 받은 중앙인사관장기관의 장, 임용권자 또는 임용제청권자는 이를 고충심사위원회에 부쳐 심사하게 하거나 소속 공무원에게 상담하게 하고, 그 결과에 따라 고충의 해소 등 공정한 처리를 위하여 노력하여야 한다. ➡ <u>고충심사위원회의 결정은 기속력은 없으나 임용권자에게 결정 결과에 따라 고충 해소를 위해 노력할 의무를 부과한다.</u>
③ 고충심사기관 : 공무원의 고충을 심사하기 위하여 중앙인사관장기관에 <u>중앙고충심사위원회</u>(보통고충심사위원회를 거친 재심청구와 5급 이상 공무원의 고충을 심사)를, 임용권자 또는 임용제청권자 단위로 <u>보통고충심사위원회</u>(각 부처에 설치, 6급 이하 공무원의 고충을 심사)를 두되, 중앙고충심사위원회의 기능은 소청심사위원회에서

관장한다.

(3) 제안제도(suggestion system)
① 공무원에게 창의적 의견과 고안을 장려하고 개발해 행정과 정책에 반영함으로써 행정의 능률화와 경비절약을 기하며, 공무원의 참여의식과 과학적 문제해결능력 증진, 사기앙양 등을 목적으로 시행되는 제도 ➜ 사업개선, 예산절약 등 업무에 도움이 될 수 있는 것에 한정❶

> ❶ 국가공무원법 제53조(제안제도)
> ① 행정 운영의 능률화와 경제화를 위한 공무원의 창의적인 의견이나 고안을 계발하고 이를 채택하여 행정 운영의 개선에 반영하도록 하기 위하여 제안 제도를 둔다.
> ② 제안이 채택되고 시행되어 국가 예산을 절약하는 등 행정 운영 발전에 뚜렷한 실적이 있는 자에게는 상여금을 지급할 수 있으며 특별승진이나 특별승급을 시킬 수 있다.
> ③ 제2항에 따른 상여금이나 그 밖에 제안 제도의 운영에 필요한 사항은 대통령령(=공무원제안규정)으로 정한다.

(4) 참여관리
① 제안제도, ② 목표관리(MBO), ③ 품질개선집단(품질관리 서클), ④ 생산성협상, ⑤ 공무원단체

(5) 직무개선 ★
① **직무확장(job enlargement)** : 기존의 직무에 '수평적으로' 연관된 직무요소나 기능을 첨가하는 수평적 직무부가의 방법
② **직무충실(job enrichment)** : 직무를 맡은 사람의 책임성과 자율성을 높이고 직무에 관한 환류가 원활히 이루어지도록 '수직적으로' 직무를 재설계하는 것
③ 자율근무제, 압축근무, 순환보직 등

(6) 인간적이고 진보적인 작업환경조성을 위한 직업생활의 질(QWL) 제고

(7) 경제적 보상 및 보수의 적정화

02 보수 = 기본급(봉급) + 부가급(수당·상여금)

1. 공무원 보수의 특징(민간부문의 임금에 대한)
① **노동에 대한 반대급적 성격과 생활보장급적 성격** : 보수의 일반적 성격인 노동에 대한 반대급부적 측면 이외에, 공무원과 그 가족의 최저생활을 보장하기 위한 생활보장적 급부의 성격을 지닌다.
② **노동가치의 시장평가 곤란(비시장성)** : 노동에 대한 반대급부의 성격을 가진다 하더라도 노동의 가치를 정확하게 계산할 수 없어 합리적 보수수준이 어느 정도인지 결정하기 곤란하다.
③ **공무원 보수의 경직성** : 보수수준의 결정에서 상당한 법적·정치적·경제적 환경의 외부영향을 받기 때문에 공무원 보수는 경직성이 강하게 나타난다.
④ **정부에 의한 일방적 결정** : 노사협약에 의해 결정되는 민간부문의 임금과는 달리 공무원 보수는 노사협상의 대

상에서 제외되거나 협약을 맺었다 해도 우리나라처럼 법적 구속력을 인정하지 않는다(공무원 노조법상 단체협약의 효력이 부정되는 경우).

2. 바람직한 보수관리의 원칙

① 보수의 적정성(공무원의 최소한의 생계를 보장 ➡ 근무전념 확보)
② 대외적 형평성(민간부문의 보수수준과의 균형 ➡ 우수인력의 확보와 유지)
③ 대내적 형평성(대내 공무원 간의 보수 공정성 ➡ 동기부여)
④ 조직의 생산성에 대한 효과성

3. 보수의 일반수준 결정 시 고려요인 ★

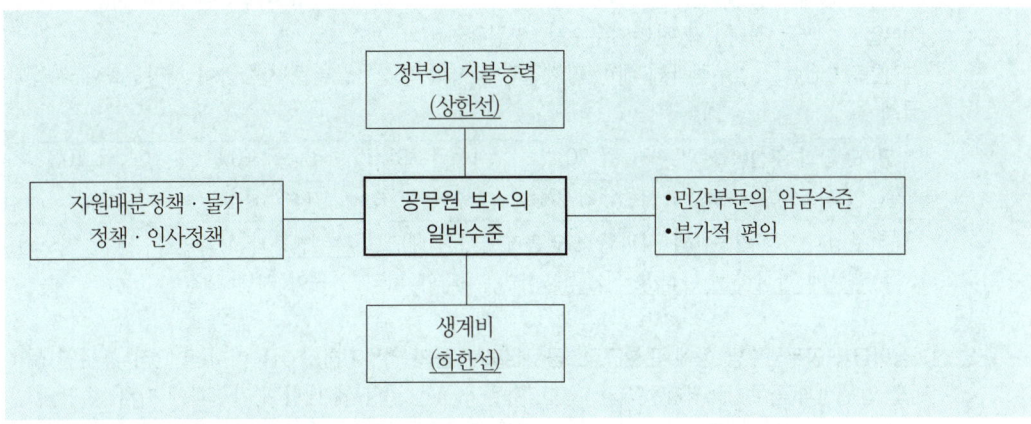

4. 보수(기본급) 결정기준에 따른 보수의 분류

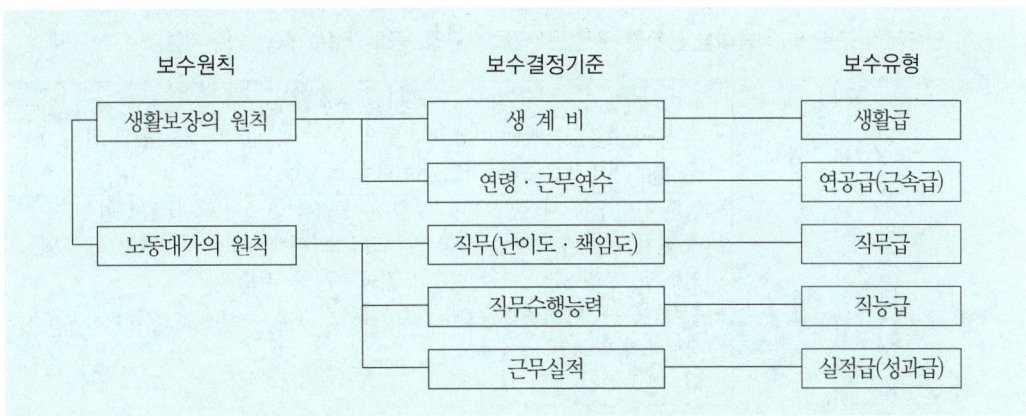

PLUS 심화   우리나라의 성과급제도

1. **직무성과급적 연봉제(= 기본연봉+성과연봉)** : 고위공무원단 공무원에게 적용
   ① 기본연봉(= 기준급 + 직무급) : 개인의 경력 및 누적성과를 반영하여 책정되는 속인적 성격의 기본급여인 '기준급'과 직무의 곤란성 및 책임의 정도를 반영하여 직무등급에 따라 책정되는 기본급여 '직무급'으로 구성
   ② 성과연봉 : 해당연도 업무실적에 대한 평가결과에 따라 평가등급별로 차등하여 다음 연도에 지급

성과계약 등 평가결과	매우우수	우수	보통	미흡 및 매우미흡
성과연봉지급률	기준액의 18%	기준액의 12%	기준액의 8%	0%

2. **성과급적 연봉제(= 기본연봉+성과연봉)** : 1급~5급 공무원 및 경찰·소방공무원에게 적용
   ① 기본연봉 : 봉급·정근수당·관리업무수당·명절휴가비의 연액으로 책정
   ② 성과연봉 : 전년도 업무성과에 대한 평가결과에 따라 평가등급별로 차등하여 해당연도에 지급되는 금액

평가등급과 구성비율	S등급 20%	A등급 30%	B등급 40%	C등급 10%
등급별 성과연봉지급률	기준액의 7%	기준액의 5%	기준액의 3%	0%

   → 직무성과급적 연봉제와 성과급적 연봉제에서 <u>당해연도 기본연봉과 성과연봉은 다음연도의 기본연봉에 합산하는 누적방식을 적용</u>하여, 성과에 따라 연봉이 매년 조정

3. **성과상여금제(공무원수당 등에 관한규정, 공무원보수 등의 업무지침)** : 6급 이하 일반직 공무원 등 전년도 업무성과(근무성적평가결과와 다면평가결과 등을 활용)에 대한 평가결과에 따라, 수당의 일종인 성과상여금을 등급별로 차등 지급한다. <u>지급된 성과상여금은 성과연봉과는 달리 기본급에 누적되지 않는다.</u>

4. **연봉제의 구분 및 적용대상 공무원 구분(공무원보수규정, 공무원보수 등의 업무지침)**

구분	적용대상 공무원
고정급적 연봉제	- <u>정무직공무원</u> : 차관급 이상의 정무직 공무원은 일반직 공무원과 달리 성과측정이 어렵기 때문에 개별 직위마다 고정된 연봉을 책정
성과급적 연봉제	- 일반직·별정직·재외공무원·군무원 중 1급(상당)~5급(상당) 공무원 - 경찰(치안정감부터 경정까지) 및 소방(소방정감부터 소방령까지) 공무원 - 연구직공무원 중 연구관 및 지도직공무원 중 지도관 - 수석전문관 및 전문관에 해당하는 공무원 - 국립대학의 교원 - 임기제공무원
직무성과급적 연봉제	- 고위공무원단에 속하는 공무원

5. 보수표의 작성

(1) **보수표** : 기본급의 전모를 체계적으로 표시한 금액표이다. 직종에 따라 보수표는 다원화되어 있다(한국정부도 일반직, 공안직, 경찰, 군인, 연구직 등 직종별 봉급표에 의해 보수제도를 운용).

(2) **등급** : 공무원이 받는 보수액의 격차에 관한 단계구분
① 직위분류제의 경우는 직무의 곤란도와 책임도에 따라서 등급을 구분하고, 계급제에서는 계급에 따라서 구분하며 계급이란 용어를 사용 ➡ 계급제하에서는 직위분류제보다 등급의 수가 적게 구성(한국의 일반직은 9, 미국의 GS는 16)
② 보수등급은 직무평가에서의 등급이기 때문에 승진의 단계이며, 계급제에서는 신분을 대변

(3) **호봉** : 등급 내 보수의 차이
① 등급 내에서 호봉을 구분하는 것은 계급제적 요소(동일등급이지만 근무연한에 따라 공무원의 능력이 향상되는 것이므로, 이를 봉급에 반영시켜 근무의욕을 자극하고 장기근속을 유인)
② 승급(➡ 승진과 구별됨) : 동일한 직급·등급 내에서 호봉이 올라감에 따라 보수액이 증가되는 것

03 연금제도

1. 연금의 성격

① 연금 : 공무원이 노령·질병·부상 등으로 퇴직하거나 사망한 경우, 본인 또는 유족의 생계를 위해서 금전을 지급하는 제도(➡ 퇴직연금을 의미)
② 거치보수설·보수후불설(defered wage theory) : 일정 기간 동안 보수의 일부가 지급되지 않고 적립되었다가 퇴직 이후에 지급되는 것 ➡ 연금의 성격에 관한 일반적인 견해

2. 연금재정운용방식(재원조달방식)

(1) 적립방식·기금제 (funded system)	① 공무원으로 재직기간 중 보수의 일부를 갹출하고 여기에 정부의 부담금을 합하여 '기금으로 적립'해 가는 방식(미국, 한국). ② 장래에 소요될 연금급여비용 부담액을 제도가입기간 동안의 평준화된 보험료로 적립시키도록 계획된 재정방식 ➡ 적립방식은 노인소비의 재원을 자신의 생산활동기간 동안의 저축으로 해결하려는 데 기본이념을 두고 있음에 반해, 부과방식은 자식세대의 생산활동으로부터의 분배에 기초 ③ 평균수명의 연장에 따라 연금수혜자가 계속 누적되어 가면서, 기금고갈의 위기 발생
(2) 부과방식·비기금제 (pay-as-you- go system)	① 당해 연도의 연금급여지출을 그 해에 조달하는 방식. 현재 재직 중인 공무원으로부터 갹출한 수입과 당해 정부예산에서 연금급여 지출에 소요되는 재원을 충당하는 방식으로, 일정 기간 내에서(보통 1년) 수지균형을 맞추어 나감(pay-as-you-go). ② 기금의 적립은 이루어지지 않으며 비상시를 대비한 지불준비금만을 보유(프랑스, 독일 등 대부분의 유럽국가). ③ 어느 한 시점에서 노령자의 생활유지에 필요한 연금급여의 재원을 그 당시 근로세대의 보험료에서 구하는 것으로 '세대간 부양'을 기초로 운영되는 재정방식

3. 비용부담방식

(1) 기여제·갹출제 (contributory system)	① 연금급여에 소요되는 비용을 정부와 공무원이 공동으로 부담하는 제도 ② 한국은 공무원과 정부가 호혜의 원칙에 따라 1:1 같은 비중으로 재원조달에 참여하고 있음. 즉, 공무원이 매월 현행 기준소득월액의 9%를 '기여금'으로 납부하고, 국가 또는 지방자치단체가 보수예산의 9%를 '부담금'으로 납부
(2) 비기여제 (non-contributory system)	① 공무원은 비용을 부담하지 않고 국가나 지방자치단체가 소요 비용 전액을 부담하는 제도

4. 한국의 공무원연금법

① **동법 상 공무원**: 「국가공무원법」, 「지방공무원법」 등 법률에 따른 공무원이며, 군인과 선거에 의하여 취임하는 공무원은 제외한다.
② **기여율 및 부담률**: 퇴직급여 및 유족급여, 공무외의 사유로 인한 장애급여는, 공무원 본인이 납부하는 기여금('기준소득월액'의 9%)과 국가 및 지방자치단체가 부담하는 연금부담금(보수예산의 9%)을 재원으로 하며, 보족분이 있는 경우 정부가 추가로 부담(보전금)한다. 기여금은 공무원으로 임명된 날이 속하는 달부터 퇴직한 날의 전날이 속하는 달까지 월별로 내야 한다(단, 기여금 납부기간이 36년을 초과한 자는 기여금을 내지 아니한다).
③ 퇴직연금은 공무원이 10년 이상 재직하고 퇴직한 경우에, 퇴직일시금은 10년 미만 재직하고 퇴직한 경우에, 퇴직수당은 1년 이상 재직하고 퇴직한 경우에 지급한다.
④ **퇴직연금 또는 퇴직연금일시금**: 공무원이 10년 이상 재직하고 퇴직한 경우에는, ㉠ 65세가 되었을 때, ㉡ 정년을 60세 미만으로 정한 경우에는 그 정년에서 5년이 경과한 때부터, 사망할 때까지 퇴직연금을 지급한다.
⑤ **급여액 산정**: 퇴직연금 및 유족연금의 산정은 '평균기준소득월액'을 기초로 한다. 평균기준소득월액은 재직기간 중 매년 기준소득월액을 공무원보수인상률 등을 고려하여 급여의 사유가 발생한 날의 현재가치로 환산한 후 합한 금액을, 재직기간으로 나눈 금액을 말한다.
⑥ **퇴직연금액 인하(연금지급률 인하)**: 현행 '재직기간 1년 당 1.9%'인 연금지급률이 '재직기간 1년당 1.7%'로 2035년까지 단계적으로 인하된다.

제6절 공무원의 정치적 중립

1. 공무원의 정치적 중립의 의미

① **공무원의 정치적 중립의 개념**: 공무원이 정치(정책결정과 가치판단)에 개입하지 않는다는 의미가 아니고, 공무원은 어느 정당이 집권하든 성실하게 봉사해야 하며 부당하게 정파적 특수이익과 결탁하여 공평성을 상실하거나 정쟁에 개입해서는 안 된다는 '당파적 중립성·불편부당성(不偏不黨性: 정당정치로 부터의 중립)'을 의미한다.
② **엽관주의 폐해방지와 실적주의 확립을 위해 필수적**: ㉠ 엽관주의의 폐단을 심하게 겪었던 나라는 비교적 엄격하게 정치활동을 제한하고(미국: 1883년 Pendleton Act에서 최초로 공무원의 정치적 중립이 규정, 1939년 Hatch 법에서 공무원의 정치활동을 광범위하게 제한), ㉡ 직업공무원제의 전통이 강한 나라(유럽제국)는 정치활동의 허용범위가 상대적으로 광범위한 편이다.

2. **한국의 정치적 중립** : 내용적으로 상당히 엄격하게 규정
   ① 헌법 제7조 : 공무원은 국민전체에 대한 봉사자로서 국민에 대하여 책임을 진다고 규정
   ② 국가공무원법 제65조(정치 운동의 금지)
      ㉠ 공무원은 정당이나 그 밖의 정치단체의 결성에 관여하거나 이에 가입할 수 없다.
      ㉡ 공무원은 선거에서 특정 정당 또는 특정인을 지지 또는 반대하기 위한 다음의 행위를 하여서는 아니 된다.
         1. 투표를 하거나 하지 아니하도록 권유 운동을 하는 것
         2. 서명 운동을 기도 · 주재하거나 권유하는 것
         3. 문서나 도서를 공공시설 등에 게시하거나 게시하게 하는 것
         4. 기부금을 모집 또는 모집하게 하거나, 공공자금을 이용 또는 이용하게 하는 것
         5. 타인에게 정당이나 그 밖의 정치단체에 가입하게 하거나 가입하지 아니하도록 권유 운동을 하는 것
      ㉢ 공무원은 다른 공무원에게 이러한 금지조항에 위배되는 행위를 하도록 요구하거나, 정치적 행위에 대한 보상 또는 보복으로서 이익 또는 불이익을 약속하여서는 아니 된다.

제7절 공무원단체(공무원노조) ★

1. 공무원단체의 의의
① **공무원단체의 개념** : 공무원들이 자주적으로 단결하여 근로조건의 유지·개선과 복지증진, 기타 경제적·사회적 지위향상 등을 목적으로 조직하는 단체 → 협의의 공무원단체는 공무원 노동조합(labor union)을 의미한다.
② **국가공무원법 제66조(집단 행위의 금지)** : 공무원은 노동운동이나 그 밖에 공무 외의 일을 위한 집단 행위를 하여서는 아니 된다. 다만, 사실상 노무에 종사하는 공무원은 예외로 한다.

2. 공무원의 노동조합 설립 및 운영 등에 관한 법률(공무원노조법)

(1) 노조설립의 최소단위
① 공무원이 노동조합을 설립하려는 경우에는 국회, 법원, 헌법재판소, 선거관리위원회, 행정부, 시·도와 시·군·자치구, 광역시·도의 교육청을 단위로 한다.
② 노동조합을 설립하려는 사람은 고용노동부장관에게 설립신고서를 제출하여야 한다.

(2) 노조가입대상
① 일반직공무원
② 특정직공무원 중 외무영사직렬·외교정보기술직렬 외무공무원, 소방공무원 및 교육공무원(교원은 제외)
③ 별정직공무원
④ ①부터 ③까지의 어느 하나에 해당하는 공무원이었던 사람으로서 노동조합 규약으로 정하는 사람

❶ 공무원 노조 가입금지 대상
① 업무의 주된 내용이 다른 공무원에 대하여 지휘·감독권을 행사하거나 다른 공무원의 업무를 총괄하는 업무에 종사하는 공무원
② 업무의 주된 내용이 인사·보수 또는 노동관계의 조정·감독 등 노동조합의 조합원 지위를 가지고 수행하기에 적절하지 아니한 업무에 종사하는 공무원
③ 교정·수사 등 공공의 안녕과 국가안전보장에 관한 업무에 종사하는 공무원

(3) 노동조합 전임자의 지위
공무원은 임용권자의 동의를 받아 노동조합으로부터 급여를 지급받으면서 노동조합의 업무에만 종사할 수 있으며, 노동조합의 업무에만 종사하는 사람(= 전임자)에 대하여는 그 기간 중 휴직명령을 하여야 한다.

(4) 단체교섭과 단체협약 체결권 부여
① **교섭구조** : 노동조합의 대표자는 정부교섭대표(국회사무총장, 법원행정처장, 인사혁신처장 — 행정부대표, 특별·광역시장, 도지사, 시장·군수·구청장, 교육감 등)와 각각 교섭하고 단체협약을 체결할 권한을 가진다.
② **단체교섭사항** : 노동조합에 관한 사항 또는 공무원의 보수·복지, 그 밖의 근무조건에 관한 사항❸

❸ 단체교섭 제외사항
① 법령 등에 따라 국가나 지방자치단체가 그 권한으로 행하는 정책결정에 관한 사항
② 임용권의 행사 등 그 기관의 관리·운영에 관한 사항으로서 근무조건과 직접 관련되지 아니하는 사항
③ **단체협약의 효력이 부정되는 경우** : 체결된 단체협약의 내용 중 법령·조례·예산에 의하여 규정되는 내용(예 공무원 보수)과 법령·조례에 의한 위임을 받아 규정되는 내용은, 단체협약으로서의 효력을 가지지 아니한다. 정부교섭대표는 단체협약으로서의 효력을 가지지 아니하는 내용에 대하여는 그 내용이 이행될 수 있도록 성실하게 노력하여야 한다.

(5) 노동쟁의 조정과 중재
① 단체교섭이 결렬된 경우에는 당사자 어느 한쪽 또는 양쪽은 중앙노동위원회에 조정(調停)을 신청할 수 있다.
② 중앙노동위원회는, 단체교섭이 결렬되어 관계 당사자 양쪽이 함께 중재를 신청한 경우 또는 조정이 이루어지지 아니하여 공무원 노동관계 조정위원회 전원회의에서 중재 회부를 결정한 경우에는 지체 없이 중재(仲裁)를 한다.

(6) 노동조합과 조합원의 정치활동 및 단체행동권(쟁의행위) 금지 등
① 노동조합과 그 조합원은 파업, 태업 또는 그 밖에 업무의 정상적인 운영을 방해하는 일체의 행위를 하여서는 아니 된다.
② 이 법의 규정은 공무원이 「공무원직장협의회의 설립·운영에 관한 법률」에 따라 직장협의회를 설립·운영하는 것을 방해하지 아니한다.

제8절 공무원의 신분보장과 징계

1. 공무원의 신분보장의 의미

① 공무원 신분보장 : 공무원이 법에 정하는 사유에 의하지 않고는 임의적으로 퇴직당하거나 신분상의 불이익을 받지 않도록 하는 것이다.

② 국가공무원법 제68조(의사에 반한 신분 조치) : 공무원은 형의 선고, 징계처분 또는 이 법에서 정하는 사유에 따르지 아니하고는 본인의 의사에 반하여 휴직·강임 또는 면직을 당하지 아니한다. 다만, 1급 공무원과 직무등급이 가장 높은 등급의 직위에 임용된 고위공무원단에 속하는 공무원은 그러하지 아니하다.

2. 공무원 징계(국가공무원법) ★★

(1) 징계의 사유

① 이 법 및 이 법에 의한 명령에 위반하였을 때
② 직무상의 의무에 위반하거나 직무에 태만하였을 때
③ 직무의 내외를 불문하고, 그 체면 또는 위신을 손상하는 행위

➔ 징계사유가 존재하는 경우에 징계권자는 징계의결의 요구를 하여야 하고(징계의결 요구의 소멸시효는 징계사유가 발생한 날로부터 3년 : 금품수수나 공금횡령의 경우는 5년), 징계의결의 결과에 따라 징계처분을 하여야 한다.

(2) 공무원 징계의 종류(견책과 감봉은 경징계, 그 이상은 중징계)

① 견책 : 전과에 대해 훈계하고 회개하게 하는 것으로, 공식적인 징계절차로 처분하고 그 결과를 인사기록에 기재하며, 징계처분의 집행이 끝난 날로부터 6개월 간 승진이 제한된다.

② 감봉 : 1개월 이상~3개월 이하의 기간 동안 보수의 1/3을 삭감하며, 징계처분의 집행이 끝난 날로부터 12개월 간 승진이 제한된다.

③ 정직 : 1개월 이상~3개월 이하의 기간 동안 공무원의 신분은 보유하지만 직무에 종사할 수 없도록 하는 것이다. 정직기간 중 보수 전액을 삭감하며, 징계처분의 집행이 끝난 날로부터 18개월 간 승진이 제한된다.

④ 강등 : 1계급 아래로 직급을 내리고, 3개월 간 직무에 종사하지 못하며 그 기간 중 보수 전액을 삭감하며, 징계처분의 집행이 끝난 날로부터 18개월 간 승진이 제한된다.

⑤ 해임 : 공무원 신분을 상실하게 하는 처분이다. ➔ 해임 후 3년 내에는 공무원으로 재임용될 수 없으며, 연금법상의 불이익은 없다(단, 금품 및 향응수수, 공금의 횡령·유용으로 해임된 경우에는, 재직기간이 5년 이상인 자는 퇴직급여액의 1/4을, 재직기간이 5년 미만인 자는 1/8을 감액하여 지급한다).

⑥ 파면 : 공무원 신분을 상실하게 하는 처분이다. ➔ 5년 내에는 공무원으로 재임용될 수 없고, 연금법상의 불이익이 수반된다(재직기간이 5년 이상인 자는 퇴직급여액의 1/2을, 재직기간이 5년 미만인 자는 1/4을 감액하여 지급한다).

3. 공무원관계의 변경

(1) 승진, 전보와 전직, 복직

(2) 휴직, 강임
① 휴직 : 공무원으로서 신분을 보유하면서 직무담임을 일시적으로 해제하는 것이다.
② 강임 : 징계로 이루어지는 '강등'과 구별되는 것으로, 임용권자는 직제 또는 정원의 변경이나 예산의 감소 등으로 직위가 폐직되거나 하위의 직위로 변경되어 과원이 된 경우 또는 본인이 동의한 경우에는 소속 공무원을 '강임'할 수 있다.

(3) 직위해제
① 직위를 계속 유지시킬 수 없다고 인정되는 사유가 있는 때, 공무원으로서의 신분은 보전시키되 직위를 부여하지 않는 처분이다.
② 직위해제의 사유 : 임용권자는 다음 어느 하나에 해당하는 자에게는 직위를 부여하지 아니할 수 있다. ➔ ㉠ 직무수행 능력이 부족하거나 근무성적이 극히 나쁜 자, ㉡ 파면·해임·강등·정직에 해당하는 징계 의결이 요구 중인 자, ㉢ 형사 사건으로 기소된 자, ㉣ 고위공무원단에 속하는 일반직공무원으로 적격심사를 요구받은 자

4. 공무원관계의 소멸(당연퇴직과 면직)

(1) 당연퇴직
① 임용권자의 처분에 의해서가 아니고 법률에 규정된 일정한 사유의 발생(형사처벌, 사망, 국적상실 등)으로 인하여 공무원 관계가 소멸되는 경우이다.
② 공무원이 임용결격사유(국가공무원법 제33조)에 해당할 때에는 당연히 퇴직한다.

(2) 직권면직
공무원이 일정 사유에 해당하였을 경우에 본인의 의사와는 관계없이 임용권자가 공무원 신분을 박탈하여 공직으로부터 배제하는 것
① 직제·정원의 개폐, 예산의 감소 등에 의하여 폐직 또는 과원이 되었을 때
② 휴직기간의 만료 또는 휴직사유가 소멸된 후에도 복귀하지 아니할 때
③ 직위해제처분에 따라 대기명령 받은 자가 그 기간 중 능력의 향상 또는 개전의 정이 없다고 인정될 때
④ 전직시험에서 3회 이상 불합격한 자로서 직무수행능력이 부족하다고 인정된 때
⑤ 고위공무원단에 속하는 공무원이 고위공무원 적격심사 결과 부적격 결정을 받은 때

(3) 징계면직 : 파면과 해임

5. 소청심사
① 징계처분 기타 그 의사에 반하는 불리한 처분을 받은 공무원이 그에 불복하여 이의를 제기하는 경우 이를 심사하여 구제하는 절차(= 특별행정심판)
② 인사혁신처에 소청심사위원회를 두고, 광역지방자치단체에 지방공무원소청심사위원회를 두며, 군인 및 군무원, 입법부공무원, 법원 소속 공무원의 소청심사를 위한 별도의 소청심사기관을 설치한다.

빈출 핵심 지문

1. 역량평가제도는 대상자의 과거 성과를 평가하는 것이고, 성과에 대한 외부 변수를 통제하지 않는다.
   → × / (Why?) 역량평가제도는 근무 실적 수준만을 평가하는 것이 아니다. 즉 역량평가제도는 단순한 근무 실적 수준을 넘어 해당 업무 수행을 위한 충분한 역량을 보유하고 있는지에 대한 평가로, 현재 고위공무원으로서 요구되는 역량의 '사전적 검증장치'로 도입되어 있다. 따라서 역량평가는 대상자의 과거 성과를 평가하는 것이 아니라 미래 행동에 대한 잠재력을 측정하는 것이며, 성과에 대한 외부 변수를 통제함으로써 개인의 역량에 대한 객관적 평가가 가능하다.

2. 근무성적평정 결과와 공무원채용시험 성적의 일치성이 높을수록 시험의 타당성이 높다고 할 수 있다.

3. 어떤 개념의 측정지표와 이미 타당성이 검증된 다른 기준과의 상관성 정도를 내용 타당성이라 한다.
   → × / (Why?) 기준타당성에 대한 설명이다. 기준타당성은 이미 타당성이 경험적으로 입증된 기준(ex / 근무성적)과 비교한 측정도구(ex / 시험성적이라는 측정치)의 타당성을 검증하기 때문에 경험적 타당성이라고도 한다.

4. 시험에 합격한 사람이 일정한 기간 직장생활을 한 다음에 그의 채용시험성적과 업무실적을 비교하여 양자의 상관관계를 확인하여 검증하는 것은 예측적 타당성이다.

5. 소방공무원을 선발하고자 할 때 그 직무에 정통한 전문가의 의견을 들어 선발시험의 내용을 구성하는 것은 내용타당성을 확보하기 위해서이다.

6. 추상적 개념과 측정지표 간의 일치 정도를 구성개념 타당성이라 한다.

7. 기준타당성은 소방직 시험에 합격한 사람들에게 3개월 뒤 같은 문제로 시험을 보게 하여 두 점수간의 상관관계를 분석한다.
   → × / (Why?) 설문은 기준타당도가 아니라 신뢰도를 검증하는 방법이다.

8. 승진의 기준으로 공무원 근무경력만을 중시하는 경우 행정의 능률성을 저하시킬 수 있으며, 승진경쟁의 범위를 당해 부처의 직원으로 한정시키면 행정의 침체를 초래하기 쉽다.

9. 공무원을 수직적으로 이동시키는 내부 임용의 방법으로는 전직과 전보가 있다.
   → × / (Why?) 전직과 전보는 내부임용의 유형에서 수평적 인사이동이다.

빈출 핵심 지문

10. 체크리스트법(check list)은 피평정자의 근무실적에 큰 영향을 주는 사건들을 평정자로 하여금 기술하게 하는 방법이다.
→ × / (Why?) 피평정자의 근무실적에 큰 영향을 주는 사건들을 평정자로 하여금 기술하게 하는 방법은 중요사건기록법이다. 체크리스트법(check list) 평정법은 평정자가 평정표(평정서)에 나열된 평정요소에 대한 설명 또는 질문을 보고 피평정자에게 해당되는 것을 골라 표시를 하는 평정방법이다.

11. 행태기준척도법은 평정의 임의성과 주관성을 배제하기 위하여 도표식평정척도법에 중요사건기록법을 가미한 방식이다.

12. 다면평가제도는 다수의 평가자가 참여해 합의를 통해 평가 결과를 도출하는 체계이며, 개별평가자의 오류를 방지하고 평가의 공정성을 확보할 수 있다.
→ × / (Why?) 다면평가제는 다수의 평가자가 다양한 방향에서의 평가를 통해 평가의 객관성과 공정성을 확보하는 제도이지, 다수의 평가자가 참여해 합의를 통해 평가 결과를 도출하는 것은 아니다.

13. 다면평가제와 관련하여 우리나라에서는 평가자를 행정기관 내부자에 국한하며, 피평가자를 업무목표의 성취보다 원만한 대인관계 유지에 급급하도록 만들 우려가 있다.
→ × / (Why?) 우리나라 다면평가에서는 평가자를 행정기관 내부자에 국한하지 않는다. 소속 장관은 소속 공무원에 대한 능력개발 및 인사관리 등을 위하여 해당 공무원의 상급 또는 상위 공무원, 동료, 하급 또는 하위 공무원 및 민원인 등에 의한 다면평가를 실시할 수 있다.

14. 근무성적평가제도는 4급 이상 고위공무원단을 대상으로 시행하고, 현행 평가제도는 직급에 따라 차별적 평가체제를 적용하고 있다.
→ × / (Why?)근무성적평가는 5급 이하 공무원에게 적용되고, 4급 이상 고위공무원단을 대상으로 하는 것은 성과계약 등 평가이다.

15. ① 직무성과계약제는 상·하급자 간의 합의를 통해 목표를 설정하고 성과계약의 내용이 구체적이며 상향식으로 체결된다는 점에서 목표관리제(MBO)와 유사하며, ② 직무성과계약제는 주로 개인의 성과평가제도로 조직 전반의 성과관리를 중심으로 하는 균형성과지표(BSC)와 구분된다.
→ × / Why ①은 잘못된 내용이다. 상·하급자 간의 합의를 통해 목표를 설정하고 성과계약의 내용이 구체적이며 상향식으로 체결된다는 점에서 목표관리제(MBO)의 특징이다. 직무성과계약제는 조직의 미션과 비전으로부터 이를 달성하기 위한 부서 단위의 목표와 성과지표, 개인 단위의 목표와 성과지표를 제시한다는 점에서 연역적·하향적(top-down) 접근이라는 점에서 다르다.

16. 어느 하나의 평정요소에 대한 평정자의 판단이 다른 평정요소의 평정에 영향을 미치는 현상을 연쇄적 착오(halo effect)라 한다. 연쇄효과이다.

17. 근무성적평정 오차 중 사람에 대한 경직적 편견이나 고정 관념 때문에 발생하는 오차는 상동적 오차(error of stereotyping)이다.

18. 근무성적평정의 오류 중 관대화 경향, 엄격화 경향, 집중화 경향을 방지할 수 있는 방법 중 가장 효과적인 것은 강제배분법이다.

19. 공무원의 권익보호를 위한 제도로 고충심사위원회와 소청심사위원회의 결정은 관계기관의 장을 기속한다.
    → × / (Why?) 소청심사제도는 공무원이 징계처분 기타 그 의사에 반하는 불이익 처분에 대해 이의를 제기하는 경우 이를 심사·결정하는 특별행정심판제도로 구속력이 있지만, 고충심사위원회의 결정은 구속력이 없다. 중앙인사관장기관(=인사혁신처)에 중앙고충심사위원회를 두되, 중앙고충심사위원회의 기능은 소청심사위원회에서 관장한다.

20. 고위공무원단 소속 공무원에 적용되는 직무성과급적 연봉제에서, 기본연봉은 기준급과 직무급으로 구성되고, 기준급은 개인의 경력 및 누적성과를 반영하여 책정되며 직무급은 직무의 곤란성 및 책임의 정도를 반영하여 직무등급에 따라 책정된다.

21. 성과상여금제도는 공직의 경쟁력을 높이기 위하여 공무원 인사와 급여체계를 사람과 연공 중심으로 개편한 것이다.
    → × / (Why?) 성과상여금제도는 공직의 경쟁력을 높이기 위하여 공무원 인사와 급여체계를 사람과 연공 중심에서 성과와 능력 중심으로 개편하면서 연봉제와 함께 도입된 것이다.

22. 사실상 노무에 종사하는 공무원으로서 노동조합에 가입된 자가 조합 업무에 전임하려면 노동부장관의 허가를 받아야 한다.
    → × / (Why?) 노동조합에 가입된 자 중 노동조합업무에 전임하고자하는 공무원은 노동부장관이 아니라 임용권자의 허가를 받아야 한다.

23. 공무원의 노동조합 설립 및 운영에서 ① 단체협약의 내용 중 법령, 조례, 예산에 의하여 규정되는 내용은 단체협약으로서의 효력을 인정하지 아니하며, ② 인사·보수에 관한 업무를 수행하는 공무원 등 노동조합과의 관계에서 행정기관의 입장에서 업무를 수행하는 공무원은 노동조합에 가입할 수 없다.

24. 국가공무원법에 의거한 징계의 종류에는 파면·해임·강등·정직·감봉·견책이 있다.

빈출 핵심 지문

25. 「국가공무원법」상 징계로서 강등은 1계급 아래로 직급을 내리고 공무원의 신분은 보유하나 3개월간 직무에 종사하지 못하며 그 기간 중 보수의 3분의 2를 감한다.
→ × / (Why?) 강등은 보수의 3분의 2가 아니라 전액을 감한다.

26. 직권면직은 국가공무원법 상 징계의 한 종류로서, 임용권자가 특정한 사유에 해당되는 공무원을 직권으로 면직시키는 것이다. 그리고 해임처분을 받은 때부터 3년, 파면처분을 받은 때부터 5년이 지나지 아니한 자는 공무원으로 임용될 수 없다.
→ × / (Why?) 직권면직은 징계가 아닌 강제퇴직제도이다.

27. 임용권자는 직제 또는 정원이 변경되거나 예산의 감소 등으로 직위가 폐직되었을 경우 또는 본인이 동의한 경우에는 소속 공무원을 강임할 수 있다.

memo.

행정사 1차 행정학개론

PART 05

재무행정론

제1장 재무행정의 기초
제2장 예산과정론과 예산제도론

| 제5편 | '재무행정론'의 체계와 빈출내용 및 학습포인트 |

체계	테마	빈출내용 및 학습포인트
재무행정의 기초	예산의 기능	• 예산(=정부의 세입과 세출에 대한 예측된 계산)=정책=경제원리 vs. 정치원리 • 예산의 3대 기능 : ① 경제적 기능, ② 관리적 기능, ③ 정치적 기능
	예산원칙	• 전통적 예산원칙(=공/명/완/단/한/통/사/정) vs. 현대적 예산원칙
	정부회계제도	• 거래인식 기준 : 현금주의(현금의 입·출금) vs. 발생주의(자산 증감변동의 발생) • 기장방식 기준 : 단식부기 vs. 복식부기
	예산의 법적기초	• 국가재정법(예산과 기금 등 국가재정에 관한 일반법), 정부기업예산법(우편/우체국예금/양곡관리/조달 4대 정부기업 특별회계 규율) • 공공기관의 운영에 관한 법률 : 공기업(시장형과 준시장형), 준정부기관(기금관리형과 위탁집행형), 기타 공공기관
	예산의 종류	• 세입·세출의 성질 기준 : 일반회계와 특별회계 • 제3의 정부예산(=기금) vs. 일반회계 vs. 특별회계 3자의 상대적 비교 • 통합재정·예산, 조세지출예산제도, 지출통제예산(총괄배정예산, 운영예산, 총액인건비제도) • 성립시기를 기준 : 본예산, 수정예산, 추가경정예산 • 예산불성립시 예산집행 : 준예산 vs. 잠정예산 vs. 가예산
예산과정론	예산편성	• 한국의 예산편성단계 : 중기사업계획서제출(1/31일) → 예산안편성지침통보(3/31) → 예산요구서제출(5/31) → 예산사정(6~8월) → 예산안 국회제출(회계연도120일전까지) • 한국의 예산편성제도(4대 재정혁신) : 국가재정운용계획-예산총액배분자율편성(top-down)-성과관리-디지털예산회계시스템 • 재정사업의 성과관리제도(국가재정법 8조, 3년 주기) : 성과계획 수립(미션 → 전략목표 → 성과목표 수립) - 사업집행 - 성과평가와 성과보고서 제출 • 성과(=결과 : outcome)지표와 균형성과표(BSC : 재무/고객/내부프로세스/학습과 성장)
	예산심의	• 국정감사 → 시정연설 → 상임위원회의 예비심사 → 예산결산특별위원회의 종합심사 → 본회의 의결
	예산집행	• 예산집행의 2 목적 : ① 예산통제 vs. ② 예산집행의 신축성 유지 • 예산통제 : 예산 배정과 재배정, 지출원인행위통제, 기록 및 보고 등 • 예산집행의 신축성 유지 : 이용과 전용, 예산의 이체, 예비비, 이월(명시이월과 사고이월), 계속비, 국고채무부담행위, 총액계상예산, 수입대체경비 등 • 민간자본 유치 방식 : 기존의 BTO vs. 새로운 BTL
	결산	• 결산의 과정, 세계잉여금, 회계검사
예산제도론	예산제도의 개혁(미국)	• 예산결정이론 : 합리주의(PPBS, ZBB) vs. 점증주의(LIBS, PBS) • A. Schick : 통제지향(LIBS) → 관리지향(PBS) → 기획지향(PPBS) • 품목별 예산제도(LIBS) : 품목(투입)에 대한 통제. 예산과 산출의 연계성 결여 • 성과주의 예산(PBS) : 활동·산출(output)별로, 단위원가×업무량 = 예산액. 점증주의에 근거 • 계획예산(PPBS) : Planning-Programming(category → sub-category → element의 사업구조 작성)-Budgeting(최적대안에 실행예산배정)에 의해, Pareto 최적의 자원배분 실현. 정보와 권력의 중앙집권화(하향식 의사결정) • 영기준예산(ZBB) : 의사결정단위 선정 → 의사결정패키지 작성 → B/C 분석에 의한 우선순위 결정 → 상향적 반복과 최종적 우선순위에 따른 예산배정에 의해, 감축실현과 조직관리의 효율화. ZBB와 일몰법의 비교 • 신성과주의 예산 : 1990년대 이후의 성과관리제도(결과-outcome중심 예산) • 자본예산제도 : 자본적 지출은 국·공채발행으로 충당, 불경기극복과 수익자부담의 균등화(비용부담의 세대간 형평)

제1장 재무행정의 기초

제1절 예산과 예산의 기능

01 재무행정과 예산의 의미

① **재무행정의 개념** : 재무행정이란 '정부가 사용하는 재정자원(물적 자원)을 관리하는 활동'이다. 따라서 재무행정은 정부의 수입·지출과 정책(사업)을 연결 짓는 과정, 그리고 그와 연계된 여러 활동국면을 대상으로 한다. 재무행정의 주된 관심사는 정부의 수입·지출에 관한 '예산'의 관리에 있다.

② **정부예산(豫算 : Budget)의 개념** : 예산이란 정부가 일정기간(회계연도) 동안에, 공공서비스 공급을 위해 징수할 수입(➔ 세입)과 지출(➔ 세출)의 내역 및 규모에 대한 계획이다.
  ➔ 장차 도래할 회계연도의 정부 세입과 세출에 대한 예측된 계산

> **PLUS 심화 재정의 범위에 따른 예산(= 재정활동에 대한 계획서)의 유형**
>
> 1. **재정(public finance)** : 공공부문이 공공욕구를 충족시키기 위해 수행하는 모든 경제적 활동(수입·지출 활동) ➔ 공공부문의 예산(= 정부부문의 예산 + 정부부문의 기금 + 공기업·준정부기관 등 공공기관의 예산)
> 2. **통합재정** : 정부부문의 수입·지출활동 ➔ 통합예산(= 정부부문의 예산 + 정부부문의 기금)
> 3. **예산** : ➔ 정부부문의 예산(= 일반회계 + 특별회계)
>
>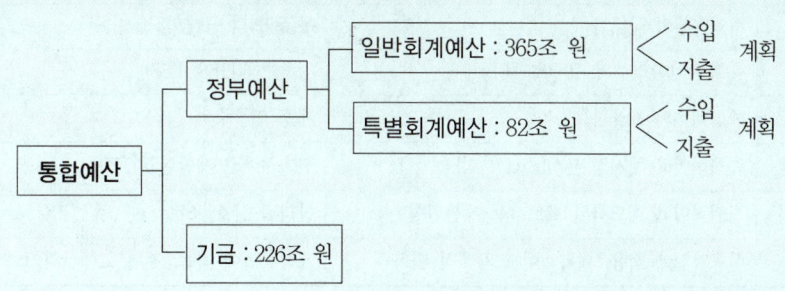
>
> ※ 2025 회계연도 예산(총지출) 기준 : 총 673조 원
> (출처 : 2025년 나라살림 개요)

02 예산의 속성 ★

1. 세입예산과 세출예산으로 구성[1]

① 세입예산 : 정부사업을 위한 재원 동원 방법을 표시, 세입예산의 수치는 경제적 여건을 고려한 수입의 추정치로서 법적 구속력을 갖지 않음(→ 정부의 주된 수입인 조세는 세입예산과는 별개로 조세법률주의에 의해 법률에 의해 부과·징수).

② 세출예산 : 정부가 국가의 기능을 수행하는 데 필요한 재원의 지출용도를 표시, 세출예산의 수치는 입법부의 심의를 거쳐 확정된 것으로 지출목적·지출금액·지출시기 면에서 법적 구속력을 지님.

[1] 한국의 예산구조는 예산이 세입예산과 세출예산으로 구성되고(세입·세출을 동시에 편성해 국회심의), 세입·세출예산 모두 단일예산으로 구성되어 있다. 반면, 미국의 경우는 예산이 세출예산만으로 구성되고(세입은 세입법의 제·개정으로 대신), 세출예산은 소관별로 별개의 법률로 이루어져 13개의 세출예산법이 성립된다.

2. 예산은 정부사업에 대한 계획

예산은 다음 1회계연도 동안 정부가 벌이는 사업·정책에 대한 계획서이기도 하다. 따라서 예산결정은 정책 또는 정부사업에 대한 결정이며 동시에 금액에 대한 결정이라는 2가지 차원의 결정으로 이루어져 있다(예 초고속정보통신망 사업 – 2,000억 원).

3. 예산배분을 둘러싼 경제원리와 정치원리의 작용

구 분	경제원리	정치원리
기 준	경제적 합리성 : Pareto효율성	정치적 합리성 : 형평성, 정당성
방 법	분석적 기법, 계획된 행동, 체계적 결정	정치과정(협상·타협), 단편적 결정
행동원리	시장 감각 : 최적화의 원리	게임 감각 : 균형화의 원리
행 태	사회후생의 극대화	몫(득표)의 극대화
이 론	총체주의(합리주의: PPBS, ZBB)	점증주의(LIBS, PBS)
개혁목표	예산배분의 효율성	재정 민주주의
미시적 과정	총체적이고 체계적 분석(B/C 분석)	연속적이고 제한된 비교
거시적 과정	집권적이고 제도화된 프로그램 예산편성	당파적 상호 조정
결과	신규사업에 적용, 대폭적이고 체계적 변화	계속사업에 적용, 전년도 예산의 소폭적 변화

4. 정보제공의 도구

예산은 정부의 재정상태와 재원획득 및 지출, 각종 정책과 관련된 정보를 제공하며, 이를 통해 통제·관리·기획 등의 기능을 수행할 수 있게 한다.

03 예산의 기능 ★★

1. 경제적·재정적 기능

'정부의 예산이 재정정책의 수단으로 기능하는 것'❶ ➔ 구체적으로 예산은 ① 자원배분, ② 소득재분배, ③ 경제안정(Musgrave가 제시한 예산의 3대 경제적 기능), ④ 경제성장을 위한 재정정책의 수단기능을 수행한다.

> ❶ 재정정책이란 정부의 수입과 지출(정부재정 : 조세와 정부지출)을 통해 국민경제에 영향을 미치는 정부정책으로, 중앙은행이 수행하는 금융정책(이자율 조절 등을 통한 민간의 통화량 조절)과 더불어 정부가 시장에 개입하는 대표적 경제정책이다.

① **자원배분 기능** : 시장경제에 의해 생산되지 않는 공공재 생산 등 한정된 자원을 정부예산을 통해 사회적으로 적재적소의 부문에 할당하는 기능
② **소득재분배 기능** : 시장경쟁에 의해 이루어진 불공평한 소득분배 상태를 정부예산(누진세 수입과 복지비지출 등)을 통해 사회계층 간에 재분배하는 기능
③ **경제안정화 기능** : 시장경제의 호황·불황을 정부예산(긴축정책·확대정책)을 통해 안정화
④ **경제성장 기능** : 주로 개발도상국에서 정부예산을 통해 SOC 구축, 과학·기술 개발에의 투자를 통해 경제성장의 터전을 마련하는 자본형성 기능

2. 관리적·행정적 기능

예산이 행정목표달성을 위한 행정관리(plan ➔ do ➔ see)의 수단이 되는 기능이다. 즉, 예산에 기반한 정부사업의 운영으로 ① 사업의 계획성을 높이고(plan), ② 사업집행을 효율적으로 집행하며(do), ③ 관리상의 책임성을 확보하는 통제기능(see)을 수행한다.❶

➔ Schick의 예산의 3대 기능(통제, 관리, 계획)

> ❶ 예산의 관리적 기능에서 말하는 통제기능은 재정민주주의 실현차원의 '정치적 통제'와 구별되는 '관리통제'를 의미한다. 즉, 담당공무원(각 부처)으로 하여금 상사(대통령이나 중앙예산기관)가 결정한 정책이나 계획에 따르도록 하는 과정으로 ① 예산편성과정에서 중앙예산기관의 예산편성지침에 따라 예산편성을 하고 예산요구서 서식 등을 준수하는 것, ② 예산집행과정에서 자금배정, 이용·전용 등에 대한 각종 통제와 보고절차, ③ 회계검사를 통한 환류 등이 여기에 해당된다.

3. 정치적 기능

① 예산이 의회가 행정부의 활동을 통제하는 수단으로서의 정치적 통제기능(재정 민주주의 실현-예산제도는 영국의 의회주의 성립과정에서, 의회가 국왕의 과세권을 제약하는 수단으로 출발)
② 예산은 희소한 재정자원의 배분에 관한 권위적 결정이므로 '예산배분을 둘러싼 이해관계자들의 대립·갈등과 타협·조정'과 관련된 기능(A. Wildavsky)을 수행하는 것이다.

제2절 예산원칙 ★★★

전통적 예산원칙	입법부 우위의 예산원칙, 행정부에 대한 입법부의 통제에 초점(19C 입법국가 시대), Neumark와 Sundelson이 주장
① 공개성 원칙	• 예산의 편성·심의·집행 등에 관한 정보를 공개해야 한다는 원칙 • 예외 : 신임예산❶
② 명료성 원칙	• 예산은 모든 국민이 쉽게 이해할 수 있도록 편성되어야 한다는 원칙❷ • 예외 : 최근 항목별로 예산을 구분하지 않는 총괄예산
③ 엄밀성(정확성) 원칙	• 예산은 계획한 대로 정확히 지출하여 가급적 결산과 일치해야 한다는 원칙
④ 완전성(포괄성) 원칙, 예산총계주의	• 세입과 세출은 모두 예산에 계상되어야 한다(총계예산)는 원칙으로, 징세비를 제외한 조세의 순수입만을 예산에 계상하는 '순계예산'을 사용해서는 안 된다는 것 ➔ 국가재정의 모든 수지를 예산에 계상함으로써 특정 경비의 은폐·누락을 방지하여 국회와 국민의 재정상의 감독을 용이케 하자는 것 • 예외 : ㉠ 기금, ㉡ 국가의 현물출자, ㉢ 외국차관의 전대(전대차관), ㉣ 차관물자대에서 초과세입의 세출예산 초과지출, ㉤ 수입대체경비에 있어서 초과수입, ➔ 이상은 세입세출예산 외로 처리, ㉥ 순계예산
⑤ 통일성 원칙	• 특정 수입과 특정 지출이 연계되어서는 안 되며, 국가의 모든 수입은 일단 국고에 편입되고 여기서부터 모든 지출이 이루어져야 한다는 원칙('한 주머니'에서만 입출이 되어야 한다는 것) • 비영향의 원칙 : 특정 세입이 직접 특정 세출에 영향을 미쳐서는 안 됨. • 예외 : 특별회계예산, 기금, 목적세, 수입대체경비
⑥ 사전의결 원칙	• 예산은 집행이 이루어지기 전에 입법부에 제출되고 심의·의결되어야 한다는 원칙 • 예외 : 준예산, 공기업 등 공공기관예산, 예비비 지출, 사고이월, 전용, 긴급재정·경제명령

⑦ 한정성 원칙	• 예산은 주어진 목적, 금액, 시간에 따라 한정된 범위 내에서 집행되어야 한다는 원칙으로 3가지 한정성으로 구분
	  ㉠ 예산의 목적 외 사용금지(▶ 예외 : 이용, 전용)
	  ㉡ 초과지출 금지(▶ 예외 : 예비비, 추가경정예산),
	  ㉢ 회계연도 경과금지 또는 회계연도 독립원칙 준수(▶ 예외 : 이월, 계속비, 과년도 수입 및 지출, 앞당기어 충당·사용❸)

⑧ 단일성 원칙	• 예산은 모든 재정활동을 포괄하는 단일의 회계 내에서 정리되어야 한다는 원칙 • 예외 : 특별회계, 기금, 추가경정예산

❶ 신임예산 : 지출내용과 액수를 미리 추측하기 어려운 전시나 국가의 안전보장 때문에 그 내용을 밝히기 곤란할 경우 적용되는 예산제도(공개성 원칙의 예외), 국회는 총액만 결정하고 예산 각항의 실질적인 내용은 행정부가 결정하여 지출토록 하는 것이다(예 1, 2차 세계대전 중 영국과 캐나다의 군사비).

❷ 명료성 원칙 : 예산내용이 지나치게 세분되어 있으면 국민들이 예산의 개괄적 내용을 쉽게 파악하기 어려우며, 반대로 지나치게 개괄적이면 세부적인 내용을 이해하기 어렵게 된다.

❸ 앞당기어 충당 · 사용(기존의 조상충용) : 당해 연도의 세입으로 세출을 충당하지 못할 경우, 다음 연도의 세입을 미리 당겨 충당 · 사용하는 것이다.

현대적 예산원칙❹	행정부 우위의 예산원칙, 행정부의 재량과 전문성을 보장하고 자원관리의 효율성과 계획성 강조(20C 행정국가 시대), H. Smith가 주창

① 행정부 계획의 원칙, ② 행정부 책임의 원칙, ③ 보고의 원칙, ④ 다원적 절차의 원칙, ⑤ 적절한 수단구비의 원칙, ⑥ 시기 신축성의 원칙, ⑦ 행정부 재량의 원칙, ⑧ 예산기구 상호교류의 원칙

❹ 현대적 예산원칙의 등장배경 : ① 행정기능의 확대·강화(재정규모 확대) 및 전문성 증대, ② 정부기업과 같은 공기업의 존재로 예산통일 원칙의 타당범위 감소, ③ 경제상황의 변동에 따라 수입과 지출의 조절 필요성 제기

→ 결론적으로 전통적 예산원칙과 현대적 예산원칙은 대립적인 관계가 아니라 상호 보완관계로 이해된다. 따라서 정부 전체수준에서는 입법부 우위의 예산원칙이, 부처단위에서는 현대적인 행정부 우위의 예산원칙이 강조된다.

제3절 예산과 법률

1. 예산의 법적 형식

(1) 법률주의 : 법률과 동일한 형식(세입법·세출법)
　① 예산이 세입법과 세출법의 형식을 취하여, 세입예산과 세출예산을 매년 입법부가 법률로 제정하여 법적 구속력을 부여(미국, 영국, 프랑스, 독일)한다.
　② 징세의 근거가 되는 조세법은 세입예산과 함께 매년 법률로 제정되므로, 1년세주의가 된다.
　③ 예산이 법률의 형식을 취하면, 행정수반은 의회를 통과한 예산법안이 자기의 의사에 반할 때 일반 법률에 대한 것과 마찬가지로 거부권을 행사할 수 있다.

(2) 예산주의(의결주의) : 법률과 다른 예산이라는 법형식
　① 예산이 법률과는 별도의 예산이라는 국법형식으로 성립되어, 법률과는 별개의 법적 효력을 보유(한국, 일본) ➔ 세출예산은 구체적 지출에 대한 법적 구속력을 지니나, 세입예산은 법적 구속력이 없는 단순한 세입의 예상견적에 불과하다.
　② 여기서 징세의 근거가 되는 조세법은 세입예산과 함께 매년 제정되는 1년세주의가 아니라, 세입예산과는 별개의 영구세주의가 된다. 영구세주의에 따라, 세입예산에 계상되어 있지 않은 수입도 조세법률주의에 의해 조세법의 근거만으로 징수가 가능하게 된다.

2. 예산과 법률의 차이(한국)

구 분			예 산	법 률
헌법적 근거			예산의결권 : 헌법 제54조	법률의결권 : 헌법 제53조
성립절차	제출권자		정부	국회와 정부
	제출기한		회계연도 개시 90일 전	제한 없음.
	심의	기한	회계연도 개시 30일 전	제한 없음.
		범위	정부동의 없이 증액 및 신비목 설치 불가	국회의 자유로운 수정 가능
	거부권 행사		대통령의 거부권행사 불가	대통령의 거부권행사 가능
	공포		공포 불요, 의결로 확정(행정부는 공고)	공포로서 효력발생
효력	시간적 효력		회계연도에 국한	계속적 효력 발생(폐지 시까지)
	대인적 효력		국가기관만 구속	국가기관·국민 모두 구속
	지역적 효력		국내외 불구 효력 발생	원칙상 국내에 한정
	형식적 효력		예산으로 법률 개폐 불가	법률로써 예산 변경 불가

제4절 정부회계제도 ★★

> ▶ **정부회계**
> 정부조직의 경제적 사건(= 거래)을 기록, 분석·평가·해석하고 그 결과를 보고하는 기술
> → 정보이용자의 경제적 의사결정에 유용한 정보를 제공

1. 거래의 인식기준에 의한 구분 : 현금주의와 발생주의

거래의 인식기준	현금주의 (형식주의)	발생주의 (채권채무주의, 실질주의)
특 징	① '현금을 수취하거나 지급한 시점'을 기준으로 거래를 인식하는 방식(= 현금을 수취했을 때 수익으로 인식, 현금을 지불했을 때 비용으로 인식) ② 단식부기 적용 　㉠ 외상거래의 경우, 현금의 지불 전까지는 비용으로 간주되지 않음. 　㉡ 미지급비용·미수수익 → 인식 안 됨. 　㉢ 감가상각 → 인식 안 됨.	① '근원적으로 자산과 부채에 영향을 미치는 사건'을 기준으로 거래를 인식하는 방식(= 현금의 수불과 관계없이, 실질적으로 수익이 획득되거나 비용이 발생한 사건을 기준으로 인식) ② 복식부기(기업회계방식) 적용 　㉠ 외상거래도 현금의 지불은 없지만 거래의 성립 때에 비용으로 인식 　㉡ 미지급비용·미수수익 → 부채와 자산으로 인식 　㉢ 감가상각 → 비용으로 인식
적용 대상❶	① 사업적 성격이 없는 일반행정부문 : 기존의 일반회계	① 사업적 성격이 강한 회계부문 : 민간기업 및 공공기관(공기업, 준정부기관 등) ② 일반회계와 특별회계 ③ 정부기금 ④ 지방재정
장 점	① 이해가 쉽다(절차와 운용 간편) ② 자의적 회계처리가 불가능하여 통제가 용이 ③ 현금 흐름파악 용이	① 자산과 부채에 대한 효율적 관리 ② 원가계산·감가상각의 채택으로 효과와 효율(사업성과)에 대한 평가 가능 ③ 부채규모 파악으로 재정 건전성 확보
단 점	① 자산 및 부채의 비효율적 관리 ② 경영성과 측정이 곤란(기간별 재무성과 비교 불가능) ③ 거래의 실질 등 미반영(감가상각과 미지급금 등의 인식 불가)	기업 활동의 전 과정에서 발생하는 수익과 비용을 인식하여 추정, 그 과정에서 ① 채권·채무판단 및 감가상각 등에 있어 자의성이 개입될 여지가 있음. ② 절차가 복잡

❶ **국가회계법**
(1) **국가회계기준 제정** : 국가의 재정활동에서 발생하는 경제적 거래 등을 발생 사실에 따라 복식부기 방식으로 회계처리하는 데에 필요한 기준을 기획재정부령으로 정한다.
(2) **적용범위** : 국가재정법상의 일반회계·특별회계 및 기금의 회계 및 결산 → '발생주의 및 복식부기원칙'에 따라 '결산'을 수행
(3) **결산의 수행** : ① 중앙관서의 장은 회계연도마다 그 소관에 속하는 일반회계·특별회계 및 기금을 통합한 '중앙관서결산보고서'를 작성, 기획재정부장관에게 제출(다음 회계연도 2월 말일까지) → ② 국가결산보고서 작성(기획재정부장관)

→ ③ 결산검사(감사원) → ④ 국회 제출(다음 회계연도 5월31일까지)
(4) **결산보고서의 구성** : ① 결산개요, ② 세입·세출결산(기금의 수입지출결산 포함), ③ 재무제표(= 재정상태표, 재정운영표, 순자산변동표, 현금흐름표 - 국가회계기준에 따라 작성), ④ 성과보고서(국가재정법상 성과계획서에서 정한 성과목표와 실적을 대비하여 작성)

2. 기장(장부기입)방식에 의한 구분 : 단식부기와 복식부기

(1) 단식부기

① '차변과 대변의 구분 없이, 현금수지와 같이 단일항목의 증감을 중심으로 기록하는 방식'
  → 예 현금출납장, 가계부 등
② 현금주의에서 주로 채택
③ 사용하기 편리한 장점이 있으나 복식부기에 비해 정확성이 떨어져 거래의 오류나 탈루 파악 곤란(오차나 누락에 대한 사후점검 곤란)

(2) 복식부기

① '경제의 일반 현상인 거래의 이중성을 회계처리에 반영하여 차변(왼쪽)과 대변(오른쪽)으로 나누어 기록하는 방식' → 예 대차대조표
② 발생주의에서 주로 채택
③ 자산, 부채, 자본을 인식하여 거래의 이중성에 따라 거래를 차변과 대변으로 계상하고, 차변의 합계와 대변의 합계가 반드시 일치하는 '**대차균형의 원리**'에 의해 **자기 검증기능**을 수행

거래의 8요소와 거래요소의 결합관계

차변(거래의 겉으로 드러난 것)	대변(거래의 속에 숨겨진 것)
자산의 증가(예 상품증가)	자산의 감소(예 현금감소)
부채의 감소	부채의 증가
자본의 감소	자본의 증가
비용의 발생	수익의 발생

3. 재무제표

정부 구분	재무제표
중앙정부 (국가회계법)	재정상태표, 재정운영표, 순자산변동표, 현금흐름표
지방정부 (지방회계법)	재정상태표, 재정운영표, 순자산변동표

(1) 재정상태표

① 기업의 대차대조표에 해당하는 것 : 기업의 대차대조표란, 일정 시점(t)에서의 기업의 재무상태(자산·부채·자본의 상태 : 자산 = 자본+부채)를 나타내는 표로서, 일정 시점이라는 특정 시점에서 측정되므로 저량(stock) 개념에 의해 측정된다.
② **재정상태표** : 재정상태표일 현재의 자산과 부채의 명세 및 상호관계 등 재정 상태를 나타내는 재무제표로서 '자

산, 부채 및 순자산'으로 구성된다. ➔ 자산에서 부채를 뺀 금액을 '순자산'으로 표시하여, 기업의 '자본'과는 다른 특성을 지닌다.

(2) 재정운영표
① **기업의 손익계산서에 해당하는 것**: 기업의 손익계산서란, 일정 기간(t_1~t_2)의 기업의 경영성과(수익-비용 = 순이익)를 나타내는 표로서, 수익과 비용이라는 경영활동의 흐름을 일정 기간 집계해 나타낸 유량(flow) 개념의 계산서이다.
② **재정운영표**: 회계연도 동안 수행한 정책 또는 사업의 원가와 재정운영에 따른 원가의 회수명세 등을 포함한 재정운영결과(운영차액 = 수익−비용)를 나타내는 재무제표를 말한다.

(3) 순자산변동표
: 회계연도 동안 순자산의 변동명세를 표시하는 재무제표이다.

제5절 예산의 법적 기초

01 국가재정법(예산과 기금 등 국가재정에 관한 기본법)

국가의 예산·기금·결산·성과관리 및 국가채무 등 재정에 관한 사항을 정함으로써 효율적이고 성과 지향적이며 투명한 재정운용과 건전재정의 기틀을 확립하고 재정운용의 공공성을 증진하는 것을 목적(「국가재정법」 제1조)으로 하는 국가재정에 관한 일반법(2007. 1. 1 시행)

「국가재정법」

제1장(총칙) : ① 회계연도 독립의 원칙, ② 국가재정운용계획의 수립, ③ 재정정보의 공표, ④ 회계 및 기금 간 여유재원의 신축적인 운용, ⑤ 특별회계 및 기금의 신설에 대한 심사, 통합·폐지
제2장(예산) : ① 예산의 원칙과 예산총계주의, ② 성인지 예산서 작성, ③ 온실가스감축인지 예산서 ④ 조세지출예산서 작성, ⑤ 예산총액배분·자율편성제도, ⑥ 예산의 목적 외 사용금지의 원칙 등
제3장(결산) : ① 성인지결산서 작성, ② 결산보고서 작성과 감사원의 결산검사, ③ 결산의 국회제출(다음연도 5월 31일까지) 등
제4장(기금) : ① 기금운용계획안의 수립과 국회제출, ② 기금별로 기금운용심의회, 기획재정부장관 소속의 기금정책심의회 설치 등
제4장2(성과관리) : ① 재정사업의 성과관리(성과목표관리와 성과평가). ② 성과목표관리를 위한 성과계획서 및 성과보고서의 작성·제출, ③ 재정사업 성과평가(재정사업 자율평가와 심층평가)
제5장(재정건전화) : ① 국세감면의 제한, ② 추경예산안 편성 제한, ③ 세계잉여금 처리, ④ 국가채무관리 등

02 정부기업예산법

(1) 정부기업예산법의 의미

기업형태로 운영되는 정부사업(정부기업 : 정부부처형태의 공기업 - ① 우편사업, ② 우체국예금사업, ③ 양곡관리사업, ④ 조달사업의 4대 기업특별회계와 책임운영기관특별회계)의 예산운용에 관한 사항을 규정하여, 정부기업의 경영합리화와 운영의 투명성 제고를 위해 제정된, 국가재정법에 대한 특별법적 법률

(2) 정부기업예산법의 특징

① 특별회계예산으로 운영(독립채산제는 아님)
② 관계 중앙관서의 장이 관리·운용
③ 특별회계부담으로 일시적인 자금차입
④ 수입금 마련지출제도(수요의 증가로 인한 예산초과수입 또는 초과할 것이 예측되는 수입을 그 초과수입에 직접적으로 관련되는 비용에 사용)
⑤ 세항·목 간 전용요건의 완화(중앙관서장의 자체전용 후 기획재정부장관 등에게 사후에 명세서 송부)

03 공공기관의 운영에 관한 법률 ★★

공기업과 준정부기관 등 공공기관의 자율책임경영체제 확립과 대국민 서비스 증진을 위해, 공공기관의 운영 전반에 관하여 필요한 사항을 정한 공공기관의 운영의 기본법(2007. 4. 1 시행)
→ 기존의 정부투자기관관리기본법과 정부산하기관관리기본법은 폐지

(1) 공공기관의 정의

국가나 지방자치단체가 아닌 법인·단체 또는 기관으로서, ① 다른 법률에 의해 직접 설립되고 정부가 출연한 기관, ② 정부지원액이 총수입액의 1/2을 초과하는 기관, ③ 정부나 공공기관이 50% 이상의 지분을 가지고 있거나, 30% 이상의 지분을 가지고 임원임명권의 행사 등을 통해 당해 기관의 정책결정에 사실상 지배력을 확보하고 있는 기관 중에서, 기획재정부장관이 '공공기관'으로 지정한 기관

(2) 공공기관의 구분 :

※ 공기업 및 준정부기관의 공통 지정 요건 : 직원 정원-300인 이상, 총수입액-200억원 이상, 자산규모-30억원 이상

① **공기업** : 총수입액 중 자체수입액이 1/2 이상인 공공기관 중에서 지정
  ㉠ 자산규모가 2조 원 이상이고 자체수입액이 대통령령이 정하는 기준(85%) 이상인 기관인 '시장형 공기업'
  ㉡ 시장형 공기업이 아닌 '준시장형 공기업'
② **준정부기관** : 공기업이 아닌 공공기관 중에서 지정
  ㉠ 「국가재정법」에 따라 기금을 관리하거나 관리를 위탁받은 '기금관리형 준정부기관'
  ㉡ 기금관리형 기관이 아닌 '위탁집행형 준정부기관'
③ **기타 공공기관** : 공기업과 준정부기관을 제외한 공공기관
  → 동법상 '이사회 설치, 임원임면, 예산회계, 경영평가와 감독 규정'의 비적용

(3) 특징

① 공공기관 신설 시 기획재정부장관의 신설에 대한 타당성 심사
② 경영공시와 고객헌장 제정·공표, 고객만족도 조사 실시
③ **이사회 중심의 책임경영체제**를 확립, 공공기관의 자율적 운영 보장
④ 주무기관의 장과 공공기관장의 성과계약 체결, 기획재정부장관의 경영실적평가(성과계약의 이행보고서·경영목표·경영실적보고서 등을 기초로)
⑤ 공공기관의 예산을 **국가재정으로부터 분리**하여 운영(= 독립채산제 적용)
⑥ 기관장이 경영목표(기관장이 설정하여 이사회 의결로 확정된 3회계연도 이상의 중장기 경영목표)와 경영지침(기획재정부장관으로부터 통보받은)에 따라 예산안을 편성, 이사회의 의결로 예산안 확정 → 국회의 심의 불요
⑦ 기업회계원칙(발생주의 회계)에 입각한 회계처리
⑧ 감사원 감사(공공기관의 결산검사 포함)

공공기관 지정 현황(2025년 기준-총 331개)

시장형 공기업 (14개)	• 산업부 산하 : 한국가스공사, 한국남동발전(주), 한국남부발전(주), 한국동서발전(주), 한국서부발전(주), 한국석유공사, 한국수력원자력(주), 한국전력공사, 한국중부발전(주), 한국지역난방공사, (주)강원랜드 • 국토부 산하 : 인천국제공항공사, 한국공항공사, 한국도로공사
준시장형 공기업 (17개)	• 기재부 산하 : 한국조폐공사 • 문체부 산하 : 그랜드코리아레저(주) • 농식품부 산하 : 한국마사회 • 산업부 산하 : ㈜한국가스기술공사, 한국광해광업공단, 한국전력기술(주), 한전KDN(주), 한전KPS(주) • 환경부 산하 : 한국수자원공사 • 국토부 산하 : 제주국제자유도시개발센터, 주택도시보증공사, 한국부동산원, 한국철도공사, 한국토지주택공사, 주식회사 에스알 • 해수부 산하 : 해양환경공단 • 방통위 산하 : 한국방송광고진흥공사

제6절 중앙예산기관

01 재무행정조직 : 재무행정의 트로이카 ★

① 중앙예산기관 : 정부의 예산편성과 집행을 총괄하는 기관(미국의 대통령직속 관리예산처 – OMB ; Office of Management and Budget, 일본의 재무성 – 과거 대장성, 한국의 기획재정부)
② 수입지출총괄기관 : 정부의 수입과 지출을 총괄하는 기관(한국의 기획재정부, 일본의 재무성)
③ 중앙은행 : 국고금의 예치와 수납 및 출납업무를 대행한다.

02 중앙예산기관의 유형 : 삼원체제와 이원체제 – 중앙예산기관과 국고수지총괄기관의 분리/통합

구 분	삼원체제(분리형)	이원체제(통합형)
의 미	• 중앙예산기관이 대통령에 직속(또는 중앙기획기구와 같은 대통령직속기관에 소속)된, 주로 대통령중심제 국가에서 발견되는 조직체계 • 예산을 담당하는 중앙예산기관과 국고수지총괄기관인 재무부가 분리된 형태 ➡ 미국(OMB – 재무부 – FRB), 노무현 정부(기획예산처 – 재경부 – 한국은행)	• 중앙예산기관이 국고수지를 총괄하는 재무부에 소속된, 주로 내각책임제 국가에서 나타나는 조직체계 ➡ 일본의 재무성, 이명박 정부의 기획재정부(기획예산처+재경부)
장 점	① 대통령의 행정관리능력 제고(강력한 행정) ② 부처 간 예산쟁탈전에 대한 초월적 입장 견지 ③ 부처할거주의(sectionalism)의 방지 ④ 예산의 국가 전체적 성격 견지(효율적인 자원배분 : Pareto 최적의 달성)	① 행정수반에 대한 재정 권력의 집중화 방지와 재정민주주의 실천에 기여 ② 세입과 세출의 유기적 연계성 확보 ③ 재무부와 같은 특정 부처로 재정 권력을 집중시키는 super부처화(문제점)

제7절 예산의 종류 ★★

01 세입·세출의 성질에 따른 종류 : 일반회계예산과 특별회계예산

1. **일반회계예산** : 일반적 의미의 예산❶

   일반적 국가활동에 관한 총세입과 총세출을 망라하여 편성한 예산으로 '일반적 세입(조세수입)'으로 '일반적 지출(국가고유의 기능수행을 위한 지출)'에 충당하는 예산 ➜ 예산통일의 원칙과 예산단일의 원칙에 입각(통제지향적 관점)

   > ❶ 회계구분(「국가재정법」 제4조)
   > ① 국가의 회계는 일반회계와 특별회계로 구분한다.
   > ② 일반회계는 조세수입 등을 주요 세입으로 하여 국가의 일반적인 세출에 충당하기 위하여 설치한다.
   > ③ 특별회계는 국가에서 특정한 사업을 운영하고자 할 때, 특정한 자금을 보유하여 운용하고자 할 때, 특정한 세입으로 특정한 세출에 충당함으로써 일반회계와 구분하여 계리할 필요가 있을 때에 법률로써 설치하되, 별표 1에 규정된 법률에 의하지 아니하고는 이를 설치할 수 없다.

2. **특별회계예산**

   정부예산이 하나로 통일되어 계리되는 일반회계와는 달리, **특정한 목적을 위한 세입과 세출을 별도로 계리하는 예산제도** ➜ 예산통일원칙과 예산단일원칙의 예외

국가재정법(제4조)상 특별회계 설치요건		특별회계의 종류	주요 수입원
① 국가가 특정 목적의 사업을 운영하는 경우		정부기업예산법상 4대 기업특별회계(우편사업, 우체국예금사업, 조달사업, 양곡관리사업)와 책임운영기관특별회계	사업수입
② 특정 자금을 보유·운영하는 경우		-	-
③ 특정 세입으로 특정 세출에 충당하는 기타 특별회계	목적세	교통시설특별회계	교통세
	부담금	환경개선특별회계	배출부과금
	수수료	등기특별회계	등기수수료
	기 타	교도작업특별회계	교도작업으로 생산된 제품 및 서비스의 판매 수입금

   (1) 특별회계의 특징
   ① 예산단일원칙과 예산통일원칙의 예외이다.
   ② 특별회계는 정부기업예산법과 교통시설특별회계법, 우체국보험특별회계법 등 **개별법률에 의하여 설치·운영**되며, 관계중앙관서의 장이 관리한다.

(2) 일반회계와 특별회계의 교류 및 전출입

① 정부는 **국가재정의 효율적 운용을 위하여** 필요한 경우에는 다른 법률의 규정에도 불구하고 회계 및 기금의 목적 수행에 지장을 초래하지 아니하는 범위 안에서 회계와 기금 간 또는 회계 및 기금 상호 간에 여유재원을 전입 또는 전출하여 **통합적으로 활용**할 수 있다(「국가재정법」 제13조).
② 예산총계와 예산순계 : 일반회계와 특별회계의 각각 계상된 예산을 모두 합한 것을 '예산총계'라 한다. 그리고 일반회계와 특별회계 또는 특별회계 상호 간에 세입·세출의 전출과 전입이 있는 경우, 중복금액을 공제한 것을 **'예산순계'**라 한다.

(3) 특별회계의 장·단점

장점	단점
① 정부가 운영하는 특정 사업의 재정수지가 명확 ② 사업을 운영하는 행정기관의 재량범위를 넓혀 줌으로써 능률의 증진과 경영의 합리화 추구 가능	① 예산구조를 복잡하게 하여 예산의 심의·관리 및 재정경제정책과의 연계운영이 곤란 ② 국가재정의 전체적인 관련성을 명확하지 않게 하여 재정의 통합성을 저해 ③ 입법부의 예산통제 또는 국민의 행정통제가 곤란

02 기금

1. 기금의 의미

① 기금의 개념 : 연금사업이나 보험사업 등과 같은 **특수한 정책목적사업을 예산원칙의 일반적인 제약으로부터 벗어나 신축적으로 운용**될 수 있도록, **법률로 설치**되어 **'예산 외(off budget)로 보유·운용'**되는 자금❶
② 기금은 예산통일원칙의 예외이고, 통합예산의 구성요소가 되며, 기금관리주체인 각 중앙관서의 장이 기금운용계획안을 작성·국회의 의결을 받는다.

> ❶ 기금의 설치(「국가재정법」 제5조)
> ① 기금은 국가가 특정한 목적을 위하여 특정한 자금을 신축적으로 운용할 필요가 있을 때에 한하여 법률로써 설치하되, 정부의 출연금 또는 법률에 따른 민간부담금을 재원으로 하는 기금은 별표 2에 규정된 법률에 의하지 아니하고는 이를 설치할 수 없다.
> ② 제1항의 규정에 따른 기금은 세입세출예산에 의하지 아니하고 운용할 수 있다.

2. 기금의 문제점

① 예산 외로 운용되기 때문에 통제가 미흡하고 예산과 중복되며 연계성이 부족
② 재정체계의 복잡 다기화로 재정의 통합성과 투명성이 저해
③ 예산에 비해 소관 부처의 재량과 탄력성이 많기 때문에 각 부처는 기금의 설립과 확충에 집착하여, 재정운영의 효율성을 저해

3. 기금과 예산

(1) 기금과 예산과의 공통점

① 기금과 예산(일반회계, 특별회계)은 모두 정부의 재정활동의 수단으로서 '**통합예산**'**의 구성요소**가 되며, ② 기금 운용계획안에 대해 예산안과 마찬가지로 **매년 국회의 심의·의결**을 받도록 하고 있다(국회에 의한 통제).

(2) 기금과 예산의 차이점

① 국가고유의 일반적 재정활동에 초점을 둔 예산과 달리, 기금은 보험·연금과 같은 국가의 특정 목적사업을 위해 운용되는 특정자금으로 '예산 외'로 운영된다.
② 예산이 회계연도 내의 세입이 그 해에 모두 지출되는 데 반해, 기금은 조성된 자금을 회계연도 내에 운용하여 새로 조성된 자금을 계속 적립해 나간다. ➔ 기금은 정부예산과 상이한 수지체계를 가지고 있어, 일정기간의 운용 상황을 나타내는 '운용'과 일정시점의 재산 상태를 나타내는 '조성'으로 나누어 계획을 수립한다.
③ 예산이 조세수입을 주된 재원으로 하여 무상급부를 원칙으로 하는 반면, 기금은 정부출연금·민간부담금·운용수입 등 다양한 수입원을 토대로 융자사업 등 유상적 급부를 제공한다.
④ 예산은 합법성 통제에 초점을 두는 반면, 기금은 합목적성 차원에서 상대적으로 자율성과 탄력성이 강하다.

일반회계와 특별회계, 그리고 기금의 비교

구 분	예 산		기 금
	일반회계	특별회계	
1. 설치사유	• 국가 고유의 일반적 재정활동	• 특정 사업 운영 • 특정 자금 보유운용 • 특정 세입으로 특정 세출에 충당	• 특정 목적을 위해 특정 자금을 조성할 필요가 있을 때(일정 자금을 활용하여 특정 사업을 안정적으로 운영)
2. 재원조달 및 운용형태	• 공권력에 의한 조세수입과 무상급부 제공 원칙	• 일반회계와 기금 운용 형태가 혼재	• 부담금·출연금 등 다양한 수입원을 토대로 융자사업 등 유상적 급부를 제공
3. 확정절차	• 부처의 예산 요구 • 기획재정부가 정부예산안 편성 • 국회 심의·의결로 확정	• 일반회계와 동일	• 기금관리주체(각 중앙관서장)가 기금운용계획(안) 수립 • 기획재정부장관과 협의·조정 • 국회 심의·의결로 확정
4. 집행절차	• 집행과정에서 합법성에 입각하여 엄격한 통제 : 예산의 목적 외 사용금지 원칙	• 일반회계와 동일하나(합법성 통제), 운영상 신축성확보 장치 인정(정부기업예산법)	• 합목적성 차원에서 상대적으로 넓게 자율성과 탄력성을 보장
5. 수입과 지출의 연계	• 특정한 세입과 세출의 연결 배제	• 특정한 세입과 세출의 연결	• 특정한 세입과 세출의 연결 (특별회계와 동일)
6. 계획변경	• 추경예산의 편성	• 추경예산의 편성 (일반회계와 동일)	• 기금운용계획 중 주요항목 지출금액을 변경할 때에는 국회의결 필요 ➔ 단, 주요항목 지출금액의 20% 이하(금융성 기금은 30% 이하)와 세부항목 지출금액은 대통령령에 따라 탄력적 변경 가능

| 7. 정부예산에의 포함 여부 | • 포함 | • 포함 | • 포함하지 않음. |

03 통합예산

1. 통합재정의 의의

(1) 통합예산(통합재정)

'중앙정부와 지방정부'의 일반회계, 특별회계, 기금을 모두 포함하는 정부의 재정활동(= 비금융 공공부부문)

(2) 통합예산 작성 근거

① 정부예산규모의 정확한 이해, ② 세계 각국 간 재정규모의 비교, ③ 정부재정이 국민소득, 통화, 국제수지 등의 국민경제에 미치는 효과를 파악하기 위한 제도(조세지출예산, 지출통제예산과 더불어 재정정책 지향적인 예산으로 분류)

2. 통합예산의 특징

① 포괄성 : 국가재정의 총체적 파악을 위해 일반회계, 특별회계, 기금을 모두 포함
② 예산의 이중적 계상의 조정(순계개념 도입) : 세입과 세출을 순계개념(= 일반회계와 특별회계, 기금 간의 중복분 차감)으로 파악
③ 경제적 분류에 근거 : 재정의 국민경제적 효과를 분석할 수 있도록 세입과 세출을 경상거래와 자본거래로 구분하는 경제적 분류로 작성

> **PLUS 심화** 한국의 통합예산 : 비금융 공공부문 = 일반정부 + 비금융공기업
>
> 중앙정부와 지방정부의 일반회계예산 + 특별회계예산 + 기금(공금융기금 제외, 공공기관의 운영에 관한 법률의 적용을 받는 공공기관예산도 제외)

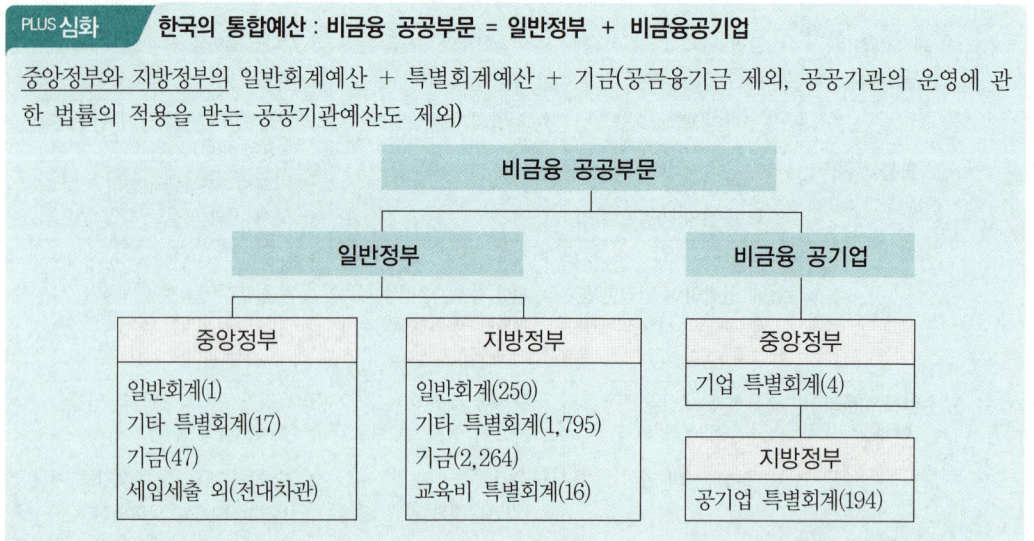

04 조세지출예산

1. 조세지출예산(tax expenditure budget)의 의미

① 조세지출예산제도의 개념 : 조세감면의 구체적 내역을 예산구조를 통해 밝힌 것
② 조세지출(= 조세감면, 조세특혜)은 보조금과 동일한 경제적 효과를 갖는 것(숨겨진 보조금)으로, 세출예산상의 **직접지출인 보조금**이 입법부의 심의를 거치는 것처럼 동일한 효과를 갖는 **간접지출인 조세지출**도 입법부의 통제를 받아야 한다는 인식에서 조세지출예산이 탄생
③ 조세지출예산은 **1967년 서독**에서 처음 도입되었다. 한국은 **재정의 건전성 및 효율성 제고**와 개별적 필요에 따라 이루어지던 조세감면제도를 종합적으로 관리하기 위해, **2011회계연도부터** 조세지출예산서의 작성과 국회제출이 의무화되어 있음.

2. 한국의 조세지출예산제도

① 조세지출예산서의 작성과 국회 제출 의무화(국가재정법 제27조)
② 지방세지출보고서의 작성과 지방의회 제출 의무화(지방세특례제한법 제5조)

3. 조세지출의 문제점과 조세지출예산제도의 필요성

조세지출의 문제점	조세지출예산의 필요성
① 특정 산업 육성을 위한 유효한 정책수단이나, 국고수입 상실과 과세의 불공평 초래(고소득층일수록 더 많은 혜택을 보는 역진적 효과, 비납세자의 제외) ② 조세지출은 예산지출보다 잘 눈에 띄지 않는 까닭에(낮은 가시성), 그리고 한 번 법률로 정해지면 예산지출보다 지속성과 경직성이 크기 때문에(높은 경직성), 정치적으로 이용될 가능성	각종 조세감면 실태를 파악할 수 있기 때문에, ① 조세감면이 국가수입에서 차지하는 비율을 쉽게 알 수 있고, 과세의 수직적·수평적 형평을 파악 ② 조세감면의 경제적 효과를 판단하기 위한 기초자료 ③ 예산과정에 의한 통제가 가능 ④ 결국, 조세감면에 따른 국민의혹 해소, 국고수입 증대, 자원배분의 효율성과 과세형평성 증진에 기여

05 지출통제예산(expenditure control budget)

1. 지출통제예산

개개의 항목에 대한 통제가 아니라, 예산총액만 통제하고 구체적인 항목별 지출에 대해서는 집행부의 재량을 확대하는 성과지향적 예산제도(총괄예산, 캐나다의 지출대예산, 운영예산 ➔ NPM적 행정개혁의 일환으로 도입)

2. 한국의 총액인건비제도 : 자율성과 책임성의 조화, 기관운영의 효율화를 통한 성과향상

(1) 도입 목적

인력과 예산운영의 효율성을 제고하고 조직의 성과를 향상하기 위하여 각 시행기관(중앙행정기관과 책임운영기관)이 당해 연도에 편성된 총액인건비 예산의 범위 안에서 '기구·정원, 보수, 예산의 운영에 관한 자율성'을 가지되, 그 결과에 대해 책임을 지는 제도

(2) **예산운영 분야** : 총액인건비 대상 경비·예산 = 인건비＋기관의 운영경비
   ① 총액인건비에 포함된 경비 간의 전용을, 다음의 경우에 시행기관의 장에게 위임 : ㉠ 총액인건비에 대한 의도적 절감노력에 의해 발생한 잉여재원과 ㉡ 각 경비에 불가피한 사유로 인해 부족이 발생한 경우에, 인건비와 운영경비 간 전용이 가능
   ② 총인건비 규모 억제를 위해, 사업비에서 인건비로의 이·전용이나 예비비의 사용은 원칙적으로 금지

(3) **보수운영 분야**
   시행기관은 총액인건비 세부운영계획에 따른 의도적 절감노력에 의해 확보한 재원을 자율항목에 속하는 수당 등의 신설·조정, 성과급(성과상여금 및 성과연봉) 추가지급, 맞춤형 복지예산 증액, 인력증원 등에 활용

(4) **조직·정원 분야**
   ① 각 시행기관은 직제에 규정된 총정원의 3% 이내에서 직제시행규칙을 통해 자율적으로 인력 증원
   ② 각 시행기관은 직제에 규정된 정원 범위 안에서 필요한 경우 3·4급 이하 정원에 대해 직제시행규칙으로 계급별·직급별 정원을 상향 또는 하향 조정
   ③ 각 시행기관은 과(팀)단위 기구를 자율적으로 설치

06 성립시기를 기준으로 한 예산의 종류

1. 본예산
① 정부는 회계연도마다 예산안을 편성하여 회계연도 개시 90일 전까지 국회에 제출하고, 국회는 회계연도 개시 30일 전까지 이를 의결하여야 한다(헌법 제54조).
② 국가재정법상 정부가 다음 회계연도 개시 120일 전까지 정기국회에 제출하여, 회계연도 개시 30일 전(12월 2일)까지 국회에서 심의·확정된 예산 : 당초예산(본예산)
→ 불가피한 경우 본예산을 수정할 필요에서 나온 예산 : ㉠ 수정예산 ㉡ 추가경정예산

2. 수정예산(국회통과 전의 예산안 수정)
정부가 예산안을 국회에 제출한 후 국회가 이를 심의·확정하기 전에 그 내용의 일부를 수정하여 국회에 제출하는 예산

3. 추가경정예산(국회를 통과하여 성립된 후의 예산 변경)
① 추경예산은 예산단일성원칙의 예외로서 빈번히 편성될 경우 국회의 행정부통제가 약화되고, 국민의 예산에 대한 이해를 곤란하게 하며, 예산팽창의 원인이 된다(우리나라에서는 거의 매년 추경예산을 편성).
② 추경예산은 본예산과 별개로 성립되지만(예산단일성원칙의 예외) 성립되면 본예산과 추경예산은 하나로 통합되어 운영된다.

> **PLUS 심화**　추경예산안 편성 사유(국가재정법 제89조)
>
> ① 전쟁이나 대규모 자연재해가 발생한 경우, ② 경기침체, 대량실업, 남북관계변화, 경제협력과 같은 대내·외 여건에 중대한 변화가 발생하였거나 발생할 우려가 있는 경우, ③ 법령에 따라 국가가 지급하여야 하는 지출이 발생하거나 증가하는 경우에 해당되어, <u>이미 확정된 예산에 변경을 가할 필요가 있는 경우</u>에 정부는 추경예산안을 편성할 수 있다.

07 예산 불성립 시의 예산집행 : 회계연도 개시 전까지 예산안이 국회에서 의결되지 않은 경우의 대처방안

종류	주요 내용
준예산	• 회계연도 개시 전까지 예산이 입법부를 통과하지 못한 경우에, 예산안이 입법부에서 의결될 때까지, 특정 경비에 한해, 전년도 예산에 준하여 집행할 수 있는 제도 → 사전의결원칙의 예외(<u>준예산은 행정부가 국회의 의결 없이 집행</u>)이므로 적용되는 영역이 ① 헌법이나 법률에 의하여 설치된 기관 또는 시설의 유지비·운영비, ② 법률상 지출 의무가 있는 경비, ③ 이미 예산으로 승인된 사업의 계속을 위한 경비 등으로 한정(헌법 제54조 제3항) • 제2공화국(1960년 제3차 헌법개정으로 도입) 이래 현재 한국, 독일
잠정예산	• 회계연도 개시 전까지 예산이 입법부를 통과하지 못한 경우에, <u>일정기간 동안(기간 제한 없음)</u>의 예산 집행을 의회의 의결을 얻어 허용하는 제도(사전의결원칙의 예외가 아님) • 영국, 캐나다의 잠정예산 : 회계연도 개시일 전에 본예산이 의회를 통과하는 일이 거의 없어 상례적으로 사용 • 일본의 잠정예산 : 부득이한 경우에 예외적으로 사용 • 미국의 잠정예산 : 13개 세출예산법이 회계연도 개시 전까지 성립되지 않는 경우가 많아, 전년도 세출예산을 기준으로 상·하원의 합동결의를 거쳐 잠정예산법안을 작성 → 전년도 예산의 답습을 허용(= 답습예산)
가예산	• 회계연도 개시 전까지 예산이 입법부를 통과하지 못한 경우에, 국회가 <u>1개월 이내의</u> 가예산을 의결하고 1개월의 기간 내에 본예산을 의결하도록 하는 제도(사전의결원칙의 예외가 아님) → 잠정예산과 유사하나 사용기간이 1개월로 국한 • 프랑스, 한국 제1공화국

제8절 예산의 분류

1. 기능별 분류

정부의 <u>주요 기능(장)</u>별로 예산을 분류하는 방법 ➔ 한국은 ① 방위비, ② 교육비, ③ 사회개발, ④ 경제개발, ⑤ 일반행정, ⑥ 지방행정지원, ⑦ 채무상환 및 기타의 7개 영역으로 구분

기능별 분류의 장·단점

장 점	단 점
① 사업계획 및 예산정책의 수립을 용이하게 하고, 입법부의 예산심의를 지원 ② 장기간에 걸쳐 연차적으로 정부활동 분석에 효과적 ③ 정부활동에 대한 일반적이며 총체적인 내용을 보여주어 국민이 정부의 예산내용을 쉽게 이해(➔ '시민을 위한 분류')	① 하나의 기능에 수개부처의 예산이 포함되어, 회계책임 확보가 곤란 ② 기관별 예산흐름 파악이 곤란 ③ 예산이 국민경제에 미치는 영향 파악이 곤란

2. 조직별 분류

① 예산을 편성·집행하는 <u>정부의 조직단위별로</u> 예산을 분류한 것(소관별 분류)
② 조직별 분류에서의 독립적인 예산편성 및 집행단위를 중앙관서(부·처·청 등의 중앙행정기관)와 독립기관(국회·대법원·헌법재판소 및 중앙선거관리위원회)이라 함.❶

> ❶ 정부는 헌법상 독립기관의 예산도 편성하여 국회에 제출하는데, 독립기관의 예산편성에 있어서는 독립기관의 장의 의견을 최대한 존중하여야 하며, 정부가 독립기관(감사원 포함)의 세출예산요구액을 감액하고자 할 때에는 국무회의에서 당해 독립기관의 장의 의견을 구하여야 한다.

조직별 분류의 장·단점

장 점	단 점
① 입법부의 예산심의, 회계검사가 용이하여 입법부의 예산통제에 가장 효과적 ② 경비지출의 책임소재가 분명	① 경비지출의 목적을 밝힐 수 없음 ② 경제에 미치는 영향 파악이 곤란 ③ 사업의 우선순위를 확정하기 곤란

3. 품목별 분류(지출대상별 분류)

① 정부의 <u>구체적인 지출항목별로</u> 예산을 분류하는 방법
  ➔ 한국의 예산과목인 장 – 관 – 항 – 세항 – 목 가운데, '목'이 품목별분류(예 인건비, 물건비 등)
② 행정부에 대한 입법부의 지위와 세출에 대한 통제를 강화

품목별 분류의 장·단점

장 점	단 점
① 예산집행자의 회계책임을 명확히 함. ② 인사행정에 유용한 정보 제공(인건비가 하나의 항목으로 구성되어 있기 때문) ③ 지출의 합법성에 치중하는 회계검사가 용이 ④ 행정의 재량범위를 줄여 행정부통제가 용이	① 정부지출의 전모와 지출목적 및 사업의 우선순위 파악이 곤란 ② 예산집행의 신축성 저해 ③ 정책수립에 도움 되는 자료를 제공하지 못함 ④ 국민들이 이해하기 어려움

4. 경제성질별 분류

예산이 국민경제에 미치는 영향을 분석하고 정부의 정책결정에 필요한 자료를 제공하기 위해, <u>예산항목의 경제적 성질을 기준으로 분류하는 방법</u> ➡ 예 ① 예산을 경상계정과 자본계정으로 분류하거나 ② 국민소득계정과 연계하여 분류하는 것

경제성질별 분류의 장·단점

장 점	단 점
① 정부예산이 거시적인 국민경제(실업, 물가, 국제수지 등)에 미치는 영향 파악이 가능 ② 정부거래의 경제적 효과분석이 용이 ③ 경제정책·재정정책 수립에 유용	① 세입·세출의 양과 구조의 변화로 인한 영향만 측정(세입·세출 이외의 요인 분석 곤란) ② 소득배분에 대한 정부활동의 영향을 밝혀주지 못함. ③ 재정정책을 수립하는 고위직에만 유용 ④ 자체만으로는 완전하지 않으므로 항상 다른 예산분류방법과 병용되어야 함.

제9절 한국의 예산과목 분류체계 : 프로그램예산

1. 예산과목 분류체계 : 프로그램예산 ★★

(1) 국가재정법상 예산과목 분류 : 프로그램예산제도

① 국가재정법 제21조 : 세입세출예산은 독립기관 및 중앙관서의 소관(조직)별로 구분한 후 소관 내에서 일반회계·특별회계로 구분하고, ㉠ **세입예산**은 그 내용을 정부수입의 성질별로 관·항으로 구분하고, ㉡ **세출예산**은 그 내용을 기능별·성질별 또는 기관별로 장·관·항으로 구분한다.

② 세출예산과목의 구분 : 장·관·항·세항·목으로 구분되는데, <u>장·관·항</u>은 입법과목(국회의 심의·의결의 대상이 되는 예산과목으로, 국회의결 없이 과목 상호 간의 융통이나 신설 또는 변경이 불가능)으로 국가재정법에 의거해 구분하고, <u>세항·목</u>은 행정과목(입법과목의 하위체계로서 일정한 요건하에 행정부의 재량으로 운용)으로 기획재정부장관이 구분한다. ❶

③ 프로그램예산제도에서의 예산과목 체계 : '장 – 관 – 항 – 세항 – 세세항 – 목 – 세목'의 예산과목 체계를, 프로그램예산에서는 '<u>분야 – 부문 – 프로그램 – 단위사업 – 목</u>'의 단순한 체계로 운영된다.

장	관		항		세 항	세세항	목	세목
분야	부문	(실·국/과)	프로그램	(회계/기금)	단위사업	(세부사업)	편성비목	통계비목
사회복지	노인	사회서비스 정책관	노인의료보장	일반회계	노인돌보미 바우처	– 사업운영 – 지자체보조 …	– 인건비 – 물건비 …	…
기능별 분류	조직별 분류		사업별 분류	회계분류	사업별 분류		품목별 분류	

❶ 예산과목 간의 상호융통은 원칙적으로 허용되지 않으나(한정성 원칙 : 예산의 목적 외 사용금지), 예외적으로 이루어지는 <u>입법과목 간의 상호융통</u>을 '이용'이라 하고, <u>행정과목 간의 상호융통</u>을 '전용'이라 한다.

(2) 지방재정법상 예산과목 분류 : 사업예산제도

장·관·항·세항·목으로 구분하였던 기존의 세출예산을, 그 내용의 기능별·사업별 또는 성질별로 <u>주요항목 및 세부항목</u>으로 구분한다. 이 경우 주요항목은 <u>분야·부문·정책사업</u>으로 구분하고, 세부항목은 <u>단위사업·세부사업·목</u>으로 구분한다(지방재정법 제41조).

2. 프로그램예산제도

① 프로그램(= 사업)을 중심으로 예산을 편성하는 제도, 프로그램이란 '<u>동일한 정책을 수행하는 단위사업의 묶음</u>'
→ 프로그램 중심의 예산편성으로 성과지향적 예산운용이 가능
② 프로그램예산의 기본구조 : '정부의 기능 – 정책 – 프로그램 – 단위사업'의 계층구조
③ 중앙정부는 2007년, 지방정부(사업예산제도라는 명칭 사용)는 2008년부터 공식 도입

빈출 핵심 지문

1. 머스그레이브(R.A.Musgrave)가 주장한 재정의 3대 기능 중 '공공재의 외부효과 및 소비의 비경합성과 비배재성에 기인한 시장실패(market failure)를 재정을 통해서 교정하고 사회적 최적 생산과 소비수준이 이루어지도록 한다'는 것은 자원 배분 기능이다.

2. 이로운 외부효과가 발생하는 서비스에 정부보조금을 제공하는 것은 정부예산의 정치적 기능에 속한다.
   → × / (Why?) 이로운 외부효과가 발생하는 서비스에 정부보조금을 제공하는 것은 과소생산되는 재화에 대한 효율적 자원배분이 이루어지도록 하는 일종의 교정과세로서, 정치적 기능이 아닌 경제적 기능(자원배분 기능)에 속한다.

3. 재정 민주주의는 '대표 없이 과세 없다' 라는 표현에서 나타나듯이 재정 주권이 납세자인 국민에게 있다는 의미를 내포하며, 납세자인 시민이 국가 또는 지방자치단체의 재정지출과 관련된 부정과 낭비를 감시하는 납세자 소송제도는 재정 민주주의의 본질을 잘 반영하고 있다.

4. 공공부문에서의 희소성의 법칙은 항상 절대적으로 받아들여지는 것은 아니며, 희소성의 유형중에서 완화된 희소성(relaxed scarcity)의 상태는 정부가 현존 사업을 계속하고 새로운 예산 공약을 떠맡을 수 있는 충분한 자원을 가지고 있는 상황이다.

5. "한 회계연도의 모든 수입을 세입으로 하고, 모든 지출을 세출로 한다. 한 회계연도의 세입과 세출은 모두 예산에 계상하여야 한다"는 원칙의 예외로 ① 수입대체경비에 있어 초과수입을 초과수입에 직접 관련되는 경비에 초과지출, ② 국가가 현물로 출자하는 경우, ③ 국가가 외국차관을 도입하여 전대하는 경우가 있다.

6. 예산은 주어진 목적, 규모 그리고 시간에 따라 집행되어야 한다는 원칙은 예산총계주의이다.
   → × / (Why?) 한정성의 원칙에 대한 것이다.

7. 국가정보원 예산의 비공개는 예산 공개의 원칙에 대한 예외이고, 특별회계와 추가경정예산은 예산 단일성의 원칙에 대한 예외이다.

8. 대통령은 국회가 확정한 본예산에 대하여 재의를 요구할 수 있다.
   → × / (Why?) 대통령은 국회가 확정한 본예산에 대하여 재의를 요구할 수 없다. 한국에서 헌법상 예산은 법률형식이 아니라 의결(예산)형식이므로, 대통령의 법률안 거부권의 대상이 아니다(국회가 확정한 본예산에 대한 대통령의 거부권 행사 불가). 더불어 재의요구는 단체장이 지방의회의 의결에 대해 행사하는 권한이다.

빈출 핵심 지문

9. 복식부기의 장점으로 ① 정부재정 활동의 효율성, 투명성, 책임성을 제고할 수 있고, ② 공공부문의 생산성 향상을 위한 유용한 회계정보의 활용을 기대할 수 있으며, ③ 상당액의 부채가 존재해도 현금으로 지출되지 않은 경우 재정건전 상태로 결산이 가능하다.
   → × / (Why?) ③은 틀린 내용이다. 현금의 입출금을 중심으로 거래를 인식하는 현금주의의 특징이다. 즉, 현금주의에서는 현금의 출금전까지는 부채를 인식하지 못한다.

10. 단식부기 회계방식은 재정의 투명성을 높이고 회계의 자기검증기능을 통해 예산집행의 오류 및 비리와 부정을 줄일 수 있다.
    → × / (Why?) 회계의 자기검증기능을 수행하는 것은 복식부기이다.

11. 우리나라 정부회계에 대해, ① 재무제표는 재정상태표, 재정운영표, 순자산변동표로 구성되며, 재무제표에 대한 주석을 포함하며, ② 재정운영표의 모든 수익과 비용은 발생주의 원칙에 따라 거래나 사실이 발생한 기간에 표시하고, ③ 재정상태표는 재정상태표일 현재의 자산과 부채의 명세 및 상호관계 등 재정상태를 나타내는 재무제표로서 자산, 부채 및 순자산으로 구성된다.

12. 우편사업, 우체국예금사업, 양곡관리사업, 조달사업을 수행하기 위한 특별회계예산의 운용에 관한 사항을 규정하고 있는 현행법은 정부기업예산법이다.

13. 준정부기관은 시장형과 비시장형으로 구분할 수 있다.
    → × / (Why?) 시장형과 준시장형으로 구분되는 것은 공기업이다.

14. 특정한 세입으로 특정한 세출에 충당함으로써 일반회계와 별도로 구분해서 경리할 필요가 있을 때 특별회계예산을 설치하며, 특별회계예산은 국가에서 특정사업을 운영할 때 대통령령으로 설치한다.
    → × / (Why?) 특별회계는 대통령령이 아니라 정부기업예산법과 개별 특별회계법에 의해 설치되고 운영된다.

15. 중앙정부의 기업특별회계에는 책임운영기관특별회계와 「정부기업예산법」의 적용을 받는 우편사업·우체국예금·양곡관리·조달특별회계가 있으며, 「지방공기업법」에 따라 설립된 모든 지방직영기업은 지방자치단체 공기업특별회계 대상이다.

16. 우리나라 특별회계는 ① 예산 단일성과 예산 통일성 원칙에 대한 예외이며, ② 일반회계와 구분해 경리할 필요가 있을 때 설치하므로, 일반회계로부터 전입은 금지된다.
    → × / (Why?) ②은 틀린 내용이다. 일반회계와 특별회계, 기금 상호간에는 교류 및 전출입이 허용된다. 정부는 국가재정의 효율적 운용을 위하여 필요한 경우에는 다른 법률의 규정에도 불구하고 회계 및 기금의 목적 수행에 지장을 초래하지 아니하는 범위 안에서 회계와 기금 간 또는 회계 및 기금 상호 간에 여유재원을 전입 또는 전출하여 통합적으로 활용할 수 있다(국가재정법 제13조).

17. 국가가 특정한 목적을 위하여 특정한 자금을 신축적으로 운용할 필요가 있을 때에 법률로써 설치하는 기금은, 세입세출예산에 의하지 아니하고 운용할 수 있다.

18. 기금에 대하여 ① 정부는 매년 기금운용계획안을 마련하여 국무회의의 의결을 받아야 하며, 국회에 제출할 필요는 없고, ② 출연금, 부담금 등 다양한 재원으로 융자 사업 등을 수행하며, ③ 특정 수입과 지출을 연계한다는 점에서 특별회계와 공통점이 있으며, ④ 합목적성 차원에서 예산에 비하여 운영의 자율성과 탄력성이 높다.
　→ × / (Why?) ①은 틀린 내용이다. 기금운용계획안에 대해 예산안과 마찬가지로 매년 국회의 심의·의결을 받도록 하고 있다(국회에 의한 통제).

19. 통합재정 또는 통합예산은 ① 국가예산의 세입, 세출을 총계 개념으로 파악하여 재정 건전성을 판단하며, ② 중앙재정을 일반회계와 특별회계 외에 기금 및 세입세출외 자금을 포함해 파악하고, ③ 중앙재정, 지방재정, 지방교육재정(교육비특별회계)을 포함하며, ④ 재정이 국민 경제에 미치는 효과를 효과적으로 파악하게 한다.
　→ × / (Why?) ①은 틀린 서술이다. 통합예산은 일반회계와 특별회계, 기금 간의 중복분을 차감하여 세입과 세출을 순계개념으로 파악한다.

20. 지출통제예산은 구체적 항목별 지출에 대한 집행부의 재량행위를 통제하기 위한 예산이고, 조세지출예산 제도는 국회 차원에서 조세감면의 내역을 통제하고 정책효과를 판단하기 위한 제도이다.
　→ × / (Why?) 전문은 틀린 서술이다. 지출통제예산은 예산 총액만 통제하고 구체적인 항목별 지출에 대해서는 집행부에 재량을 확대하는 성과지향적 예산제도이다.

21. ① 수정예산은 예산안 편성이 끝나고 정부가 예산안을 국회에 제출한 이후 국회 의결 전에 기존 예산안 내용의 일부를 수정하여 다시 제출한 예산안을 의미한다. ② 추가경정예산은 국회에서 확정되기 전에 정부가 미리 배정하거나 집행할 수 있는 예산을 의미한다. ③ 준예산은 새로운 회계연도 개시 전까지 국회에서 예산안이 의결되지 못할 때 정부가 일정한 범위 내에서 전 회계연도의 예산에 준해 집행하는 잠정적 예산을 의미한다.
　→ × / (Why?) ②는 틀린 내용이다. 추가경정예산은 예산이 국회에서 의결되어 성립된 예산에 대해 수정을 가하는 것이다.

22. 정부활동의 일반적이며 총체적인 내용을 보여 주어 일반납세자가 정부의 예산내용을 쉽게 이해할 수 있도록 설계된 예산의 분류 방법은, 기능별 분류이다.

빈출 핵심 지문

23. 예산집행 시 회계책임을 명확히 하기 위한 분류로 옳지 않은 것은 기능별 분류이다.
➔ O / 기능별 분류는 하나의 기능에 수개부처의 예산이 포함되어, 회계책임 확보가 곤란하다.

24. 우리나라 정부예산의 과목구조와 관련하여 기능을 중심으로 장은 부문, 관은 분야, 항은 프로그램, 세항은 단위사업을 의미한다.
➔ × / (Why?) 장은 부문, 관은 분야, 항은 프로그램, 세항은 단위사업을 의미하는 것은 기능을 중심으로 하는 것이 아니라 프로그램 예산제도에서 프로그램을 중심으로 보는 것이다.

제2장 예산과정론과 예산제도론

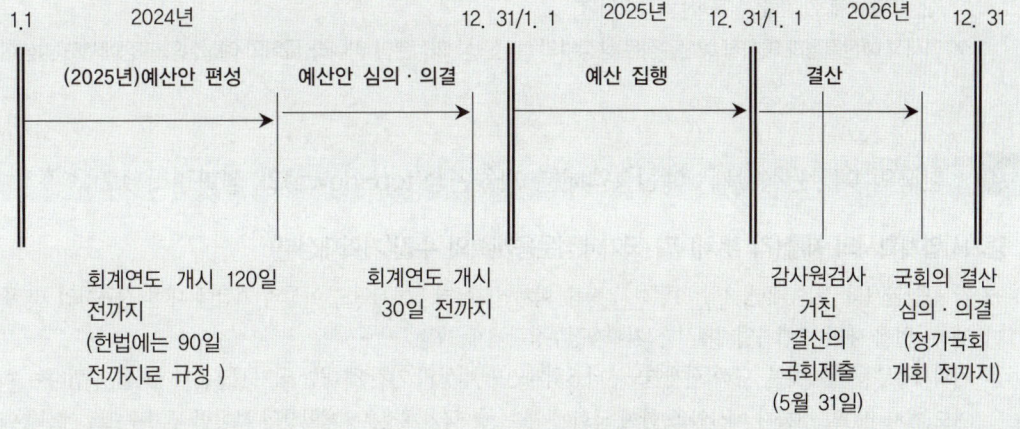

▶ **예산과정**(예산의 순기)
2025년 예산은, 1회계년도를 단위로 ① 행정부의 예산편성과 ② 입법부의 예산심의(2024년) ➡ ③ 행정부의 예산집행(2025년) ➡ ④ 결산 및 회계검사(2026년)를 통해 3년의 주기로 운영된다.
  ➡ 예산과정은, ① 한정된 자원을 최적의 사업에 배분하려고 노력하는 '합리성' 과 ② 자원배분을 둘러싼 이해관계의 대립·조정이라는 '정치성(A. Wildavsky)', ③ '주요정책의 결정과정'의 특성을 지닌다.

▶ 정부는 회계연도마다 예산안을 편성하여 회계연도 개시 90일 전까지 국회에 제출하고, 국회는 회계연도 개시 30일 전까지 이를 의결하여야 한다(헌법 제54조).

제1절 예산편성 ★★

01 예산편성의 의미

① **예산편성의 개념** : 행정부에서 예산안을 만들어 국회에 제출할 때까지의 활동으로, 정부가 수행하고자 하는 계획과 사업을 재정적인 용어와 금액으로 구체화하는 과정(= 최초로 정책과 예산을 잠정적으로 연결시키는 과정)을 말한다. ➡ (입법부의 예산심의·의결의 형식화로 인하여) 예산편성단계에서 실질적인 예산 및 정책의 결정이 이루어진다.

② **정치적 성격** : 정부가 쓸 수 있는 재원은 한정되어 있기 때문에, 예산편성 과정은 필연적으로 각 부처와 중앙예산기관이 자원배분을 놓고 설득·호소·압력 등 다양한 수단을 동원하여 벌이는 정치적 과정이다.

③ **행정부의 예산편성** : 예산편성은 실제 정책을 만들고 집행하는 행정부의 책임이다. 이를 위해 정부는 예산에 관한 모든 일을 총괄(= 예산편성을 포함해서 집행 및 통제에 관한 전반적인 책임을 지는)하는 '중앙예산기관'을 둔다.❶

> ❶ 행정부편성(제출)예산제도
> 예산을 행정부가 편성하여 입법부에 제출하는 '행정부편성예산제도'는 현대 행정국가의 일반적 추세이나, 미국에서 1921년 예산회계법 제정 전에는 예산을 각 부처의 요구에 따라 의회에서 직접 편성했다.

④ **거시적 예산결정과 미시적 예산결정이 이루어지는 과정**
  ㉠ 거시적 예산결정(macro-budgeting)이란, 하향식(top-down) 의사결정으로 대통령실과 중앙예산기관을 중심으로 정부의 재정 및 경제정책과 관련된 예산운용 전반에 대한 결정이다. 총체적 재정규율에 해당하는 예산총액의 결정에 초점을 둔다.
  ㉡ 미시적 예산결정(micro-budgeting)이란, 상향식(bottom-up) 의사결정으로 각 행정기관이 자신의 관할 사업들에 재원을 배분하는 결정이다.
  ✤ 거시적 예산결정과 미시적 예산결정은 행정부의 예산편성 과정뿐만 아니라 국회의 예산심의 과정에서도 발생한다.

02 한국의 예산편성단계 : 예산총액배분 자율편성(top-down)과 성과관리제도 ★★★

1. 중기사업계획서의 제출(각 부처) 및 국가재정운용계획의 수립(기획재정부)

① 각 중앙관서의 장은 매년, <u>1월 31일까지</u> 당해 회계연도부터 5회계연도 이상의 기간에 대한 신규사업 및 주요 계속사업에 대한 중기사업계획서를 기획재정부장관에게 제출
② 기획재정부장관은 매년, 당해 회계연도부터 5회계연도 이상의 기간에 대한 국가재정운영계획을 수립하여 <u>회계연도 개시 120일 전까지</u> 예산안과 함께 국회에 제출 ➔ 국가재정운용계획상의 분야별 투자규모는 예산총액배분 자율편성제도(Top-down 제도)의 부처별 지출한도로 활용하여, 단년도 예산편성 및 기금운용계획수립과 연계

2. 예산안 편성지침의 통보

① 기획재정부장관은 매년, <u>3월 31일까지</u> 다음연도의 예산안 편성지침(기금운용계획안 작성지침)을 국무회의 심의와 대통령의 승인을 받아 각 중앙관서의 장에게 통보
② 예산안 편성지침(기금운용계획안 작성지침)에는 **국가재정운용계획과 단년도 예산편성의 연계를 위하여 '중앙관서별 예산의 총액 및 지출한도(기금별 지출한도)'를** 포함하여 통보
③ 예산편성지침은 기본적으로 경제성장률, 세입증가율, 세출소요 등 거시적인 재정여건과 대통령의 정책방향을 뒷받침할 수 있는 자원배분의 기본방향을 토대로 작성하는 하향식 접근

3. 예산요구서 작성과 제출

① 각 중앙관서는 예산안 편성지침에 따라 다음연도의 세입·세출예산, 계속비, 명시이월비 및 국고채무부담행위 요

구서(기금운용계획안)를 작성하여 매년 5월 31일까지 기획재정부장관에게 제출
② 각 중앙관서의 장(기금운영주체)은 예산요구서(기금운용계획안)를 제출할 때에, 다음연도 예산의 성과계획서(기금의 성과계획서) 및 전년도 예산의 성과보고서(기금의 성과보고서)를 함께 제출하여야 함.

4. 기획재정부의 예산사정

각 부처가 요구한 예산액을 삭감하고 조정하는 작업으로(6월 ~ 8월), 이 과정에서 사업의 타당성과 우선순위가 검토되며 대통령의 정책의지가 반영되고 예산관련 여러 이해관계가 조정된다.

5. 정부예산안의 확정 및 국회제출❶

① 기획재정부장관은 정부예산안을 편성(기금관리주체와 협의·조정하여 기금운용계획안을 마련)하여, 국무회의의 심의와 대통령의 승인을 얻어 회계연도 개시 120일 전까지 **예산안 첨부서류(➜ 세입세출예산 총계표 및 순계표, 성과계획서, 성인지예산서, 온실가스감축인지예산서, 조세지출예산서 등)**를 첨부하여 국회에 제출한다.
② 기획재정부는 각 부처의 성과계획서(예산 및 기금)를 취합하여 예산안 및 기금운용계획안 첨부서류로 국회에 제출하고, 국회는 성과계획서를 참고하여 예산심의를 한다.

❶ 행정부가 편성해서 국회에 제출하는 예산의 내용(**국가재정법 제19조**)
① 예산 총칙, ② 세입·세출 예산, ③ 계속비, ④ 명시이월비, ⑤ 국고채무부담행위

한국의 예산 편성 과정

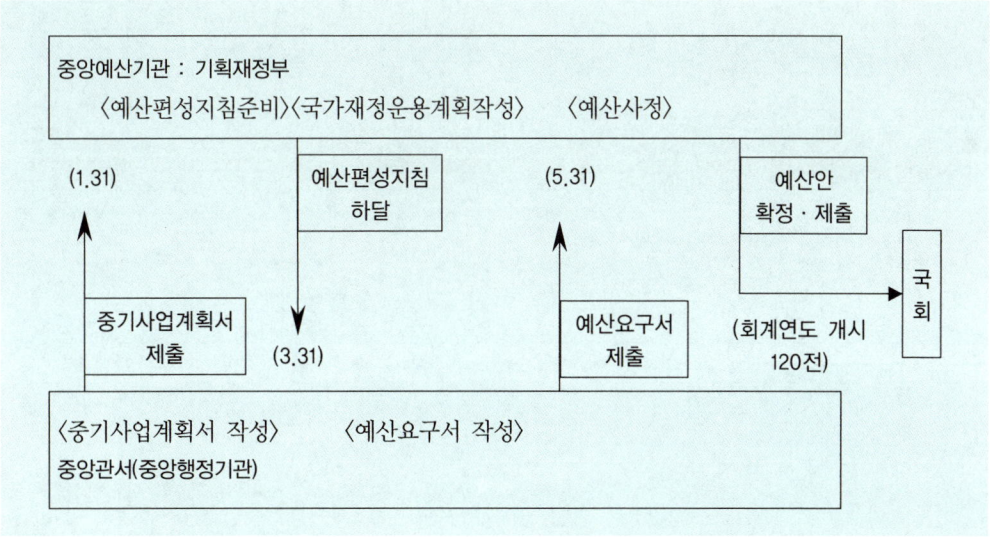

03 성인지(性認知) 예산과 온실가스감축인지 예산

1. 성인지 예산(gender budgeting)
① 성인지 예산(gender예산)은 일반정책의 입안단계에서부터 정책시행이 남녀에게 미치는 효과를 분석해 평등하게 되도록 조절한 예산으로, 1984년 오스트레일리아에서 처음으로 성인지 예산에 대한 분석이 시작되었으며, 영국과 독일 등 40여 국가에서 일반화되어 있다.
② 성인지 예산서의 작성(「국가재정법」제26조) : 정부는 예산이 여성과 남성에게 미칠 영향을 미리 분석한 보고서(성인지예산서)를 작성하여야 하며, 성인지 예산서에는 성평등 기대효과, 성과목표, 성별 수혜분석 등을 포함하여야 한다.
③ 성인지 결산서의 작성(「국가재정법」제57조) : 정부는 여성과 남성이 동등하게 예산의 수혜를 받고 예산이 성차별을 개선하는 방향으로 집행되었는지를 평가하는 보고서(성인지 결산서)를 작성하여야 한다.

2. 온실가스감축인지 예산
① 온실가스감축인지 예산서의 작성(「국가재정법」제27조) : 정부는 예산이 온실가스 감축에 미칠 영향을 미리 분석한 보고서(온실가스감축인지 예산서)를 작성하여야 하며, **온실가스감축인지 예산서에는 온실가스 감축에 대한 기대효과, 성과목표, 효과분석 등을 포함하여야 한다.**
② 온실가스감축인지 결산서의 작성(「국가재정법」제27조) : 정부는 예산이 온실가스를 감축하는 방향으로 집행되었는지를 평가하는 보고서(온실가스감축인지 결산서)를 작성하여야 한다.

제2절 예산편성 방식의 혁신 : 4대 재정혁신 *

▶ **4대 재무행정제도의 의의**
종래의 단년도 · 통제 · 투입중심의 예산체계를 중장기 · 자율 · 성과중심의 예산체계로 개편하기 위하여 ① 국가재정운용계획, ② 예산총액배분 자율편성제도(Top-down 제도), ③ 성과관리제도, ④ 디지털예산회계시스템(dBrain)을 시행하고 있으며, 이러한 4대 재정혁신을 법제화한 것이 2007년부터 시행되는 「국가재정법」이다.

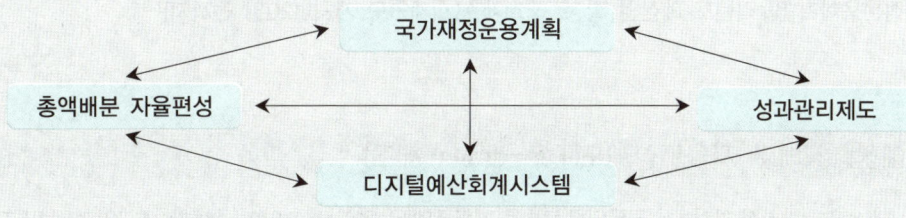

01 국가재정운용계획

1. 국가재정운용계획의 개요
기획재정부장관이 작성하여 국회에 제출되는 **국가정책의 vision과 재정투자계획을 제시하는 5년 단위의 중장기계획**으로, **단년도 예산편성 및 기금운영계획과 연계하고(지출한도 설정)**, 매년 수정 · 보완하여(rolling plan) 국가재정운용의 기본 틀로 활용되는 계획

2. 국가재정운용계획의 특징
① 5년 단위의 국가 재정운용(수입·지출)에 관한 계획의 수립과 국회제출 : 중장기적 시계에서 국가재원의 전략적 배분을 위해, 기획재정부장관은 매년 당해 회계연도부터 5회계연도 이상의 기간에 대한 국가재정운용계획을 수립하여, 예산안과 함께 국회에 제출
② 연동식 계획 : 매년 새로운 1년을 추가하고 지나간 1년을 삭제하여 5년의 계획기간이 계속 지속되는 연동식 계획(rolling plan)
③ 국가재정운용계획의 포괄범위 : 국가재정의 전반적 규모와 구조의 정확한 파악, 재원배분과 재정수지의 전략적 운영을 위해, 일반회계, 특별회계, 기금을 포괄하는 '통합재정'을 기준으로 작성
④ 예산총액배분 자율편성제도(Top-down 제도)의 부처별 지출한도로 활용 : 국가재정운용계획상의 분야별 투자규모는 Top-down 제도의 '부처별 지출한도'로 활용하여 단년도 예산편성 및 기금운용계획수립과 연계

3. 국가재정운용계획의 수립과정(예산총액배분 자율편성 과정)
(1) 국가재정운용계획안 마련
① 부처별 중기사업계획서 제출 : 1월 31일까지

② 국가재정운용계획 시안 작성, 분야별 공개토론회, 국무위원 재원배분회의 : 2월~3월
③ 국가재정운용계획안 마련 및 단년도 지출한도 수립(예산안 편성지침 통보) : 3월 31일까지

(2) 익년도 예산편성 및 국가재정운용계획안 보완
① 각 부처 자율예산편성과 예산요구 : 5월 31일까지
② 기획재정부와 예산안 협의·조정(국가재정운용계획 보완 병행)

(3) 국가재정운용계획 및 익년도 예산안 확정, 국회제출(회계연도 개시 120일 전까지)

02 예산총액배분 자율편성제도(Top-down 제도)

① 국가재정운용계획 작성 과정에서 **국무위원 토론을 거쳐 정책우선순위와 분야별·부처별 예산의 총액 및 지출한도가 결정**되고, ② **각 부처는 주어진 지출한도 내에서 자율적으로 예산을 편성**하되, 기획재정부가 부처 간 협의와 보완을 거쳐 정부예산안을 최종적으로 작성하는 제도

03 성과관리제도 ★★

1. 성과관리제도의 개요

① 재정사업으로 달성하고자 하는 **목표와 성과지표를 사전에 설정**하고, ② **사업시행결과를 성과지표에 의해 평가**하여 그 결과를 재정운영에 환류하는 제도

✤ 예산총액배분 자율편성(Top-down)제도의 도입으로 각 부처의 예산편성 자율권이 대폭 확대됨에 따라, 이에 상응하여 재정집행에 대한 부처의 책임성을 제고하기 위한 제도

2. 성과관리 과정

성과관리는「예산편성 – 예산집행 – 결산」의 예산주기와 결합되어, 3년을 주기로 하여「성과계획 수립(성과계획서 작성) – 당해 연도 사업집행 – 성과측정·평가(성과보고서 작성)」의 과정으로 이루어진다.❶

---

❶ *「국가재정법」제85조의2(재정사업의 성과관리)
  ① 정부는 성과중심의 재정운용을 위하여 다음 각 호의 성과목표관리 및 성과평가를 내용으로 하는 재정사업의 성과관리를 시행한다.
  1. 성과목표관리: 재정사업에 대한 성과목표, 성과지표 등의 설정 및 그 달성을 위한 집행과정·결과의 관리
  2. 성과평가: 재정사업의 계획 수립, 집행과정 및 결과 등에 대한 점검·분석·평가

 *「국가재정법」제85조의6(성과목표관리를 위한 성과계획서 및 성과보고서의 작성)
  ① 각 중앙관서의 장 및 기금관리주체는 재정사업 성과목표관리를 위하여 매년 예산 및 기금에 관한 성과목표·성과지표가 포함된 성과계획서 및 성과보고서를 작성하여야 한다.
  ② 성과목표는 기관의 임무 및 상위·하위 목표와 연계되어야 하며, 성과지표를 통하여 성과목표의 달성 여부를 측정할 수 있도록 구체적이고 결과지향적으로 설정되어야 한다.

*「**국가재정법**」 제85조의7(성과계획서 및 성과보고서의 제출)
　　각 중앙관서의 장(기금관리주체)은 예산요구서(기금운용계획안)를 제출할 때, 다음 연도 예산(기금)의 성과계획서 및 전년도 예산(기금)의 성과보고서를 함께 제출하여야 한다.

*「**국가재정법**」 제85조의8(재정사업 성과평가)
　① 기획재정부장관은 대통령령으로 정하는 바에 따라 재정사업에 대한 성과평가를 실시할 수 있다.
　② 재정사업 성과평가의 종류 : ㉠ 재정사업 자율평가 : <u>사업 수행부처가</u>, 소관 재정사업을 자율적으로 평가하고, 평가결과를 재정운용에 활용하는 평가, ㉡ 재정사업 심층평가 : <u>기획재정부장관이</u>, 재정사업자율평가 결과 추가적인 평가가 필요하다고 판단되는 사업, 부처간 유사·중복 사업 또는 비효율적인 사업추진으로 예산낭비의 소지가 있는 사업 등 대해 수행하는 평가

(1) **성과계획 수립** : 각 부처가 기관전체 업무를 대상으로 목표체계(미션 ➔ 전략목표 ➔ 성과목표 ➔ 사업)와 이에 상응하는 성과지표를 구축하는 것이다.

(2) **성과측정·평가, 환류** : 성과지표에 근거한 성과평가와 성과보고서 작성, 그리고 성과결과의 환류가 이루어진다.

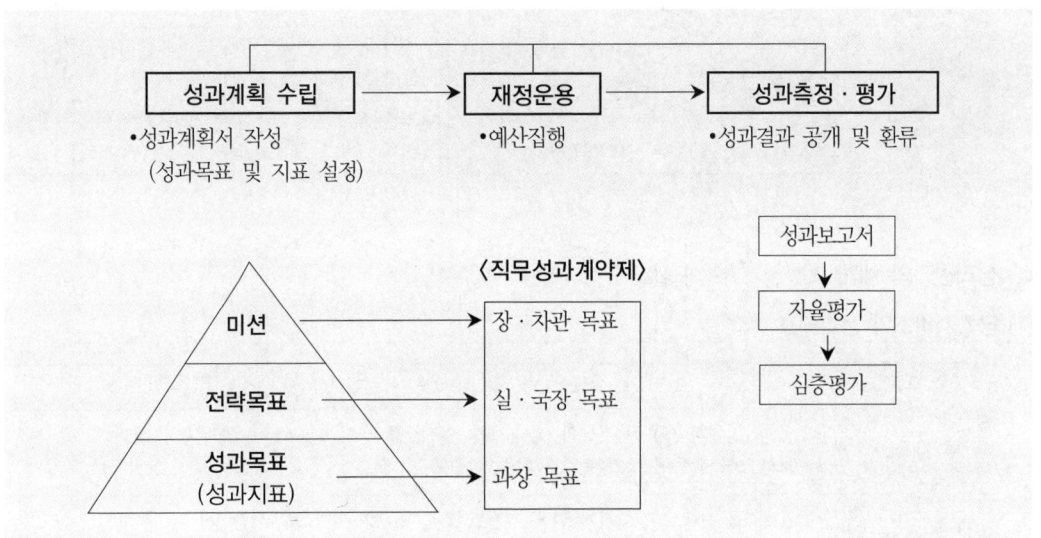

3. **성과관리의 체계(Ⅰ)** : 목표체계 수립(전략기획)

(1) **전략기획의 수립** : 하향식 목표 수립(미션 ➔ 비전 ➔ 전략목표 ➔ 성과목표 ➔ 성과지표)
　① 국가, 중앙정부부처, 자치단체, 실·국 등의 조직단위가 주체가 되어 외부환경을 고려하면서 조직의 미래모습과 이를 달성하기 위한 구체적인 실행방법을 결정하는 것이다.
　② 기존의 <u>목표관리제(MBO)</u>가 하급자의 참여를 통한 협력적 목표 설정이라는 점에서 상향식(bottom-up) 접근에 근거한다면, <u>성과관리</u>는 조직의 미션과 비전으로부터 이를 달성하기 위한 부서 단위의 목표와 성과지표, 개인 단위의 목표와 성과지표를 제시한다는 점에서 연역적·하향적(top-down) 접근에서 출발한다.

(2) **전략기획의 방법** : SWOT 분석
　전략기획(strategic planning)이란, 일반적 기획에 비해 환경요소에 대한 체계적인 분석과 조직 내부에 대한 종합

적인 진단 등을 통해, 조직의 mission과 vision을 실현하기 위한 실행 가능한 장기계획을 수립하는 것이다. ➔ 전략기획의 대표적 방법으로는 'SWOT 분석'이 있다.

> **PLUS 심화 SWOT 분석**
>
> 조직, 팀, 개인 등 하나의 분석단위를 중심으로, ① 조직의 외부환경을 분석하여 기회(Opportunity)요인과 위협(Threat)요인을, ② 그리고 조직 내부를 분석하여 강점(Strength)요인과 약점(Weakness)요인을 찾아내, 환경에 보다 효과적으로 대응하기 위한 조직의 전략적 방향선택을 위한 도구
> ① 기회는 조직에 우호적인 여건으로 성공가능성을 높여주는 요인이며, ② 위협은 조직 활동을 위축시키거나 장애가 되는 요인이다. 그리고 ③ 강점과 약점은 조직 내부의 요인들(리더십, 구성원의 역량, 가용자원, 보유기술과 정보, 조직구조 등)에 대한 장·단점이다.
>
> **SW와 OT의 조합에 따른 조직의 대응 전략**
>
> | 구 분 | 강점(S) | 약점(W) |
> |---|---|---|
> | 기회(O) | • 공격적 전략 : 강점을 가지고 기회를 살리는 전략(SO전략) | • 방향전환 전략 : 약점을 보완하여 기회를 살리는 전략(WO전략) |
> | 위협(T) | • 다양화 전략 : 강점을 가지고 위협을 회피하거나 최소화하는 전략(ST전략) | • 방어적 전략 : 약점을 보완하면서 위협을 회피하거나 최소화하는 전략(WT전략) |

4. 성과관리의 체계(Ⅱ) : 성과지표의 설정과 성과평가

(1) 공공서비스의 성과지표

성과지표	의미와 예시 – 경찰 부서
투입(input)	• 생산과정에서 사용된 것들의 명세(재원, 인력, 장비) • 예시 : 조사활동에 투입된 경찰·차량의 규모
과정(process)	• 원재료를 산출로 전환하기 위해 추진된 조직 내부의 활동(업무시간 등) • 예시 : 담당 사건 수
산출(output)	• 생산 과정과 활동에서 창출된 직접적인 생산물 • 예시 : 범인 체포 건수
결과(outcome)	• 산출물이 창출한 조직환경(사회)에서의 직접적인 변화 • 예시 : 범죄율 감소
영향(impact)	• 조직 또는 사업의 궁극적인 사회·경제적인 효과(결과와 영향은 시간 범주에 따른 구분) • 예시 : 지역사회 안전성

※ 성과관리의 목적상 성과지표의 핵심은, 투입이나 전환과정보다는 산출(output)과 결과(outcome)에 있기 때문에 ㉠ 투입이 산출에 기여한 정도를 의미하는 '능률성 차원의 평가'와 ㉡ 산출이 성과목표(결과)에 기여한 정도를 말하는 '효과성 차원의 평가'가 성과평가의 초점이다.
➔ 특히, 신성과주의에서 지향하는 성과지표는 output보다는 outcome을 중시한다.

(2) 성과평가시스템 : 균형성과표(BSC)

성과평가의 핵심은 '성과지표'가 분명히 설정되어야 하며, 그것도 '미션 ➡ 비전 ➡ 전략목표 ➡ 성과목표 ➡ 성과지표'로 이어지는 하향식(top-down)의 연역적 추론과정을 거쳐 개발되어 전략과 시스템적으로 연결되어야 한다. 성과평과를 조직의 전략과 체계적으로 연결시키는 대표적 방법이 BSC이다.

> **PLUS 심화** 균형성과표(BSC : Balanced Score Card)
>
> **1. BSC의 의미**
> BSC(Balanced Score Card)란 Kaplan과 Norton에 의해 개발된 것으로, 조직의 목표와 성과를 ① 재무, ② 고객, ③ 내부 프로세스, ④ 학습 및 성장 등의 4가지 관점에서 균형 있게 평가하는 새로운 전략적 성과평가시스템이다.
> BSC는 ① 종래 기업의 성과평가가 재무적 관점만을 반영함으로써 인적자산과 같은 무형의 비재무적 가치를 경시하고 있음을 지적하면서 재무적 시각뿐만 아니라 비재무적 시각(고객, 내부프로세스, 학습 및 성장)에서 기업의 성과를 보다 균형 있게 평가하고, ② 나아가 기업의 장기적인 전략을 중심으로 성과지표를 도출하여 그 성과를 평가하는 전략적 성과관리·성과평가시스템이다.
>
> **2. BSC의 특성** : 균형, 전략, 시스템
> ① 단기적인 재무적 성과와 장기적인 비재무적 성과 간, 내부의 관점과 외부관점 간, 과정과 결과의 균형을 강조한다.
> ② 성과지표와 전략의 연계를 강조한다. '미션 ➡ 비전 ➡ 전략목표 ➡ 성과목표 ➡ 성과지표'로 이어지는 목표−수단 또는 원인−결과의 논리구조를 유지함으로써 비전과 전략이 모든 성과평가의 지침이 되도록 한다.
> ③ 4대 관점의 성과지표와 전략을 시스템적으로 연결시킨다.

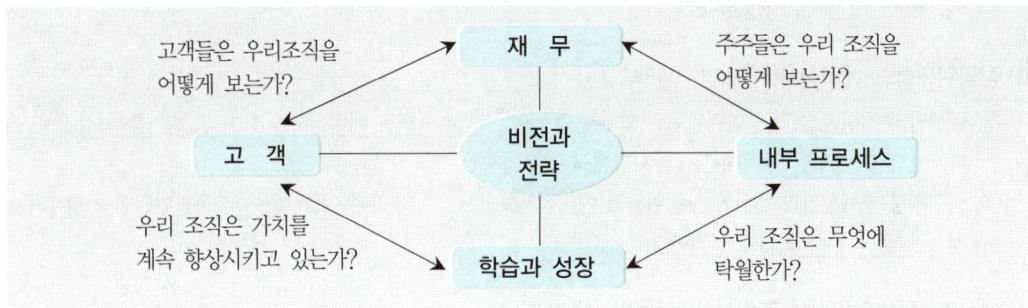

04 디지털예산회계시스템(dBrain)

1. 디지털예산회계시스템의 개요

① 중앙정부·지방정부, 정부산하기관, 공기업 등 전 공공부문을 대상으로, 세입징수부터 예산편성·집행·결산·평가에 이르기까지 재정의 모든 과정을 실시간으로 분석하여 필요한 정보를 제공할 수 있는 '통합재정정보시스템'
② 공공부문의 성과관리체제 구축 등 상호연계된 4대 재정혁신을 위한 기본 인프라의 의미를 지닌다.

제3절 예산심의

01 예산심의의 의미

① 예산심의의 개념 : 입법부가 재정감독권을 행사하여 행정부가 작성한 예산안을 심사하는 정치적 과정(재정민주주의 실현과정) ➔ 오늘날 행정국가에서는 의회의 예산심의가 형식화되고 그 기능이 저하되고 있는 것이 일반적 현상이다.
② 예산심의는 행정부 통제 기능 이외에, 정책결정(가치배분의 최종적 결정)기능을 수행한다.

02 예산심의의 과정 ★★

(1) 국정감사
① 국회는 국정전반에 관하여 소관 상임위원회별로 매년 정기회 집회일 이전에 <u>감사시작일부터 30일 이내의 기간을 정하여</u> 감사를 실시한다. 다만, 본회의 의결로 정기회 기간 중에 감사를 실시할 수 있다.(「국감국조법」 제2조)
② 대통령의 시정연설보다 국정감사가 먼저 실시되고 있으며, 국정감사는 예산심의와 직접적으로 관련된 것은 아니지만 이를 통해 예산에 반영할 정책자료를 획득하는 점에서 예산심의의 한 과정이라고 볼 수 있다.

(2) 시정연설
① 예산안이 국회에 제출되면, 본회의 보고 후 대통령의 시정연설이 있게 된다.
② 시정연설의 내용은 추상적으로 표현되어 있고 구속력을 갖지 않으나 예산심의 과정에서 정부의 국정운영 방향에 대한 참고자료로 활용된다.

(3) 상임위원회의 예비심사(「국회법」 제84조)
① 예산안과 결산은 소관 상임위원회에 회부하고, <u>소관 상임위원회는 예비심사를 하여 그 결과를 의장에게 보고</u>한다. 이 경우 예산안에 대해서는 본회의에서 정부의 시정연설을 듣는다.
② 국회의장은 예산안과 결산에 상임위원회 예비심사보고서를 첨부하여 <u>이를 예산결산특별위원회에 회부하고, 그 심사가 끝난 후 본회의에 부의</u>한다.

(4) 예산결산특별위원회의 종합심사(「국회법」 제84조)
① 예산결산특별위원회는 임의기구가 아닌 강제적 특별위원회로 2000년부터 상설화됨(위원 수는 50인, 위원임기 1년의 상설화된 강제기구 - 「국회법」제45조)
② 예산결산특별위원회(예결위)의 예산안 및 결산심사는 '기획재정부장관의 제안설명 ➔ 전문위원의 검토보고 ➔ 종합정책질의 ➔ 부별 심의 또는 분과위원회 심사 ➔ 찬반토론을 거쳐 표결'로 진행되는데, <u>예결위 내에 설치되는 예산안조정소위원회</u>의 <u>계수조정(감액, 증액)</u>이 예산심의의 핵심 과정이다.
③ <u>예비심사와 종합심사의 관계</u> : 예산결산특별위원회는 소관상임위원회의 예비심사내용을 존중하여야 하며, <u>소관상임위원회에서 삭감한 세출예산 각항의 금액을 증가하게 하거나 새 비목을 설치할 경우에는 소관상임위원회의</u>

동의를 얻어야 한다.
④ **예산안 등 본회의 자동부의제도** : 위원회는 예산안, 기금운용계획안, 임대형 민자사업 한도액안 및 세입예산안 부수 법률안으로 지정된 법률안에 대한 심사를 매년 11월 30일까지 마쳐야 하고, 기한 내에 심사를 마치지 아니한 때에는 그 다음 날에 위원회에서 심사를 마치고 바로 본회의에 부의된 것으로 본다(「국회법」 제85조의 3).

(5) 본회의 의결로 예산확정(대통령의 공포 불필요)

03 한국 예산심의의 특징 및 문제점 ★

① **예산 수정의 권한 제약** : 국회는 정부의 동의 없이 정부가 제출한 지출예산 각항의 금액을 증가하거나 새비목을 설치할 수 없다(헌법 제57조).
② **예산과 법률의 관계(법률과 별개의 형식)** : 예산이 영미국가와 달리 예산의 형식으로 의결되며, 예산은 법률보다 하위의 효력을 갖는다.
③ **예산위와 결산위의 미분리, 결산기능의 소홀, 전문성 부족** : 예산심의과정에서 예산결산특별위원회는 핵심적 역할을 수행하지만 예산위와 결산위가 분리되지 않고, 전문성도 부족하다.

제4절 예산집행

01 예산집행의 의미

① **예산집행의 개념** : 예산상의 국가의 수입·지출을 실행하고 관리하는 모든 행위
② 예산집행에는 국고의 수납 및 지출행위뿐만 아니라 국고채무부담행위와 지출원인행위도 포함된다.

02 예산집행의 두 가지 국면 (예산집행의 목적 : ① 예산통제와 ② 신축성 유지) ★★★

1. 예산통제(입법부의 의도 구현과 재정적 한계 엄수)의 방법

(1) 예산배정(재배정)과 자금배정
① 기획재정부는 '**예산배정**(= 중앙예산기관이 중앙관서에 집행할 수 있는 예산액을 분기별로 정해주는 것, 각 부처는 배정받은 예산의 범위 내에서 계약 등 지출원인행위 가능)'을 통해 예산집행을 분기별로 통제하며, 각 중앙관서장은 '**예산재배정**(= 기획재정부장관이 각 중앙관서의 장에게 배정한 예산을 각 중앙관서의 장이 재무관별로 다시 배정하는 것)'을 통해 예산집행을 감독·통제한다.
② 기획재정부는 (월별)자금배정계획을 수립하여 실제자금을 지출기관에 교부한다.

❖ ① 예산배정 : 각 부처에서 예산을 사용할 수 있는 권리를 부여하는 것으로써 예산배정이 이루어져야 계약 등 지출원인행위 가능. ② 자금배정: 각 부처에서 자금을 사용할 수 있는 권리를 부여하는 것으로써 자금배정이 이루어져야 예산집행 가능.

(2) 계약 등 지출원인행위 통제(일정액 이상의 계약에 대한 상급기관의 승인)

(3) 기록 및 보고제도(집행에 대한 기록 및 보고를 통해 예산집행과정의 투명성 확보)

(4) 국고채무부담행위의 통제(예산 이외의 채무부담에 대한 국회의 사전의결)

(5) 정원과 보수에 대한 통제
공무원의 정원이나 보수의 증가는 기관운영비와 인건비의 증대를 초래하기 때문에, 공무원의 정원과 보수를 변경할 때 행정안전부장관과 인사혁신처장은 기획재정부장관과 사전에 협의해야 한다.

(6) 감사원의 회계감사

(7) 의무적인 예비타당성 조사제도
기획재정부장관은 총사업비 500억 원 이상이고 국가의 재정지원 규모가 300억 원 이상인 신규사업에 대한 예산을 편성하기 위하여, 미리 경제적 타당성 조사를 실시하고, 그 결과를 요약하여 국회 소관 상임위원회와 예산결산특별위원회에 제출하여야 한다(국가재정법 제38조).❶

❶ 예비타당성 조사
사업 주무 부처에서 수행하는 타당성 조사의 문제점(= 사업 추진을 기정 사실화하고 기술적인 검토와 예비설계에 초점)을 보완하기 위해여, 기획재정부에서 시행하는 예비타당성 조사는 본격적인 타당성 조사 이전에 국민 경제적 차원에서 대상 사업의 정책적 의의와 경제성을 판단하는 것이다.

2. 예산집행의 신축성 유지(예산성립 이후의 사정변화에 대한 적응과 효율적 예산집행) 방안

(1) 이용과 전용
목적 외 사용금지라는 예산한정성 원칙의 예외에 해당하는 제도
① 예산의 이용 : 입법과목인 기관·장·관·항 간에 상호 융통 ➔ 예산의 이용은 입법과목에 대한 변경이기 때문에 원칙적으로 허용되지 않는다. 다만, 재해대책 재원 등으로 사용할 시급한 필요가 있는 경우 등에 한정하여 미리 예산으로서 국회의 의결을 얻은 때에는, 기획재정부장관의 승인을 얻어 이용할 수 있다(국가재정법 제47조).
② 예산의 전용 : 행정과목인 세항·목 간에 상호 융통 ➔ 각 중앙관서의 장은, 예산의 목적범위 안에서 재원의 효율적 활용을 위하여, (국회의 의결 없이) 기획재정부장관의 승인을 얻어 각 세항 또는 목의 금액을 전용할 수 있다(국가재정법 제46조).

(2) 예산의 이체(移替)
정부조직 등에 관한 법령의 제·개정이나 폐지로 그 직무와 권한에 변동이 있을 때, 중앙관서의 장의 요구에 의해 기획재정부장관이 예산의 책임소관을 변경시키는 것으로, 예산의 이용 또는 전용을 수반하는 경우가 많다.

(3) 예비비제도

예측할 수 없는 예산 외의 지출이나 예산초과지출에 충당하기 위하여(예산한정성 원칙의 예외), 정부가 일반회계 예산총액의 100분의 1 이내의 금액을 세입·세출 예산에 계상해 국회의 의결을 받은 것이다.

① 예비비는 기획재정부장관이 관리하며, **지출된 예비비는 차기연도 국회의 승인을 얻어** 책임이 해제 ➡ 사전의결원칙의 예외로 파악

② 공무원 보수 인상을 위한 인건비 충당(국가재정법 제22조), 국회에서 부결한 용도, 국회 회기 중의 거액 지출, 예산성립 전부터 존재하던 사태의 경우에는 예비비 사용이 제한

(4) 예산의 이월

매 회계연도의 세출예산은 다음 연도에 이월하여 사용할 수 없다. 그러나 예외적으로 세출예산을 다음해로 넘겨 차기 연도의 예산으로 사용하는 것이다(한정성 원칙 – 회계연도 독립원칙의 예외).

① **명시이월** : 세출예산 중 경비의 성질상 연내에 그 지출을 끝내지 못할 것이 예측된 경비로서 그 취지를 세입·세출예산 명시하여 **미리 국회의 의결을 얻어** 다음 연도에 사용, 명시이월된 경비는 1회에 한하여 사고이월(재이월)이 가능

② **사고이월** : 예산성립 후 연도 내에 지출원인행위를 하고 불가피한 사유로 지출하지 못한 경비와 지출원인행위를 하지 아니한 그 부대경비의 금액에 대한 이월로(**국회의결 없이 이월**), 이월은 계속비와 달리 1년도에 국한되므로 한번 사고이월한 금액을 재차 사고이월(재이월)하는 것은 금지되고, 예견 가능한 사유로는 사고이월이 불가하다.

(5) 계속비

① 완성에 수 년도를 요하는 공사나 제조 및 연구개발 사업의 경우, 그 경비의 총액과 연부액을 정해 미리 국회의 의결을 얻은 범위 안에서 수년에 걸쳐 지출할 수 있도록 한 예산(회계연도 독립원칙의 예외)이다.

② 원칙적으로 계속비의 사용기간은 5년 이내로 제한되어 있으나(사업규모 및 국가재원 여건상 필요한 경우에는 예외적으로 10년 이내로), 국회의 의결이 있으면 연장이 가능하다.

(6) 국고채무부담행위

① 법률에 의한 것과 세출예산금액 또는 계속비총액 **범위 안의 것 이외에** 국가가 채무를 부담하는 행위를 할 때에는 미리 예산으로 국회의 의결을 얻어야 한다(국가재정법 제25조). ➡ 이 규정에 따라 국가가 채무를 부담하는 행위를 국고채무부담행위라 하며, 그 채무이행의 책임은 다음 연도 이후에 부담됨이 원칙이다(**예** 2년 이상의 기간으로 건물을 임차할 경우 2021년도 부담으로 2020년도에 지출원인행위를 하는 것).

② 국고채무부담행위 의결을 얻음으로써 **다음 연도 이후에 지출할 수 있는 권한까지 부여받은 것은 아니고** 다만 **채무를 부담할 권한만 부여받은 것**이므로, 현실적으로 지출이 이루어지기 위해서는 다음 회계연도 이후에 세출예산으로 다시 국회의 의결을 받아야 한다.

(7) 총액계상예산

① 총액규모만 예산에 반영하고 세부사업별 지출은 집행부서에 위임하는 방식으로, 기획재정부장관은 대통령령으로 정하는 사업으로서 세부내용을 미리 확정하기 곤란한 사업의 경우에는 이를 총액으로 예산에 계상할 수 있다(국가재정법 제37조).

② 대통령령이 정하는 사업(= 총액계상사업)이라 함은 도로보수사업, 도로안전 및 환경개선사업, 항만시설 유지보수사업, 수리시설 개보수사업 등의 대규모 투자 또는 보조사업으로 기획재정부장관이 정하는 사업이다.

(8) 수입대체경비
① 용역 또는 시설을 제공하여 발생하는 수입과 관련되는 경비(지출이 직접 수입을 수반하는 경비)로서 기획재정부장관이 정하는 경비
② 수입대체경비는 국고금관리법 제7조의 국고통일주의에 대한 예외로서, 수입이 확보되는 범위 안에서 자체수입으로 관련경비에 직접 지출할 수 있도록 한 제도(예 대법원 등기소 등기부등본 발행경비, 외교부 여권발급경비 등)이다.
③ 그러나 국가재정법 제53조에는, 수입이 예산을 초과하거나 초과할 것이 예상되는 경우에는 그 초과수입을 당해 초과수입에 직접 관련되는 경비 및 이에 수반되는 경비에 초과 지출할 수 있다고 '예산총계주의(완전성 원칙)의 예외'로 규정하고 있다.

(9) 회계·기금 간 여유재원의 신축적 운용

(10) 신축적인 예산배정제도(연간배정계획에 의해 이루어지는 정기배정에 대한 예외)
① 회계연도 개시 전에 배정하는 **긴급배정**(➔ 외국에서 지급하는 경비, 경제정책상 조기집행을 필요로 하는 공공사업비, 재해복구사업에 소요되는 경비 등)
② 연간 예산을 주로 상반기에 집중적으로 배정하는 조기배정

(11) 기타 신축성 유지방안
① 신성과주의 예산(다회계연도예산, 총괄배정예산, 지출통제예산, 운영예산)
② 수입의 특례(과년도 수입, 지출금 반납)
③ 지출의 특례(관서운영경비, 선금급, 개산급, 과년도 지출, 수입대체경비)
④ 대통령의 재정·경제에 관한 긴급명령권
⑤ 추가경정예산

03 세출예산의 집행 절차

(1) 세출예산의 집행 절차
① 기획재정부의 예산의 배정(배정받은 예산액 범위 내에서 지출원인행위 가능) ➔ ② 기획재정부의 자금배정 ➔ ③ 재무관의 지출원인행위 ➔ ④ 지출관의 계좌이체를 통한 국고금 지출

(2) 지출의 원칙
① 계좌이체가 원칙이며, 전산장애 등의 경우에는 예외적으로 현금을 지급한다.
② 당해 연도 세입예산으로부터 지출하여야 한다(회계연도독립의 원칙).

③ 회계연도 개시 후에 지출해야 한다.
④ 채무액이 확정되어 있어야 한다.
⑤ 채무이행기가 도래하여야 한다.

❖ **지출의 특례** : 선금급, 개산급, 관서운영경비(필요한 자금을 출납공무원으로 하여금 지출관으로부터 교부받아 지급하는 것으로, 관서운영경비를 지급하려는 경우에는 정부구매카드를 사용하여야 함), 과년도 지출(전년도에 채무를 부담하여 지출이 확정된 금액을 현 연도 예산으로 지출)

(3) 예산성과금

각 중앙관서의 장은 예산의 집행방법 또는 제도의 개선 등으로 인하여 수입이 증대되거나 지출이 절약된 때에는,
① 이에 기여한 자(공무원과 민간인)에게 성과금을 지급할 수 있으며 ② 절약된 예산을 다른 사업에 사용할 수 있다 (국가재정법 제49조).

04 조달행정

1. 조달제도(구매제도)의 유형

① **집중조달(집중구매)제도** : 필요한 물품 및 서비스를 중앙조달기관에서 일괄적으로 조달하여 각 수요기관에 공급하는 제도
② **분산조달(분산구매)제도** : 각 수요기관(행정관서)에서 직접 재화를 조달하는 제도

집중구매의 장점(VS. 분산구매의 단점)	집중구매의 단점(VS. 분산구매의 장점)
① 대량구매를 통한 단가할인에 의한 비용절감 ② 조달행정의 전문성 확보 ③ 조달물품 및 절차의 표준화(부처에 공통된 물품의 표준화를 통해 규격을 통일하여, 입찰업무의 능률화, 일정한 품질 보장, 물품 검사의 신속성 확보) ④ 장기적이고 종합적인 구매정책 수립 가능 ⑤ 조달업무의 통제 및 조정 용이(정실구매 방지) ⑥ 공급자(특히, 대기업)에 유리 ⑦ 신축성 유지(집중구매에 의한 집중보관을 통해, 긴급수요나 예상 외의 수요에 대하여 임기응변으로 대응)	① 조달 행정 절차의 관료화(중앙구매기관의 대조직화로 red tape가 형성되고 절차가 복잡해져, 구매에서의 신속성 감소) ② 특수품목 구입에 부적절하여 각 수요기관의 선호에 대응하기 곤란(➔ 한국의 조달청은 원칙적으로 공통품목의 구매만 담당하고 있다.) ③ 적기공급의 곤란(중앙관서나 지방관서가 소요로 하는 물품에 대한) ④ 대기업 편중 우려(물품조달 시 중소기업에 불리)

2. 한국의 중앙조달기관 - 조달청

① **조달사업의 원활한 운영을 위한 조달특별회계** : 조달청장은 조달사업에 관해 수요기관으로부터 수수료를 징수 (➔ '조달특별회계'의 수입원)
② **국가종합전자조달시스템(G2B, 나라장터)** : 모든 공공기관의 조달정보를 한 곳에서 제공하고, 구매결정, 입찰 및 대금지불까지 전 계약과정을 인터넷에서 수행하도록 구성된 공공조달의 단일창구

제5절 민간자금 투자 방식 : 임대형 민자사업(BTL)제도

> **민간투자사업의 추진방식(「사회기반시설에 대한 민간투자법」제4조)**
> ① 사회기반시설의 준공과 동시에 해당 시설의 소유권이 국가 또는 지방자치단체에 귀속되며, 사업시행자에게 일정기간의 시설관리운영권을 인정하는 방식 : BTO(Build-Transfer-Operate) 방식
> ② 사회기반시설의 준공과 동시에 해당 시설의 소유권이 국가 또는 지방자치단체에 귀속되며, 사업시행자에게 일정기간의 시설관리운영권을 인정하되, 그 시설을 국가 또는 지방자치단체 등이 협약에서 정한 기간 동안 임차하여 사용·수익하는 방식 : BTL(Build-Transfer-Lease) 방식
> ③ 사회기반시설의 준공 후 일정기간 동안 사업시행자에게 해당 시설의 소유권이 인정되며 그 기간이 만료되면 시설소유권이 국가 또는 지방자치단체에 귀속되는 방식 : BOT(Build-Own-Transfer) 방식
> ④ 사회기반시설의 준공과 동시에 사업시행자에게 해당 시설의 소유권이 인정되는 방식 : BOO(Build-Own-Operate ; 민간투자회사가 SOC 시설을 건설하고 소유하여 그 시설을 운영) 방식

1. 민간이 공공시설에 자본을 투자하는 방식 : 기존의 BTO(Build-Transfer-Operate)

① **BTO의 개념** : ㉠ 민간이 자금을 투자하여 도로·철도 등 사회기반시설을 건설(Build)하고 ㉡ 소유권은 정부로 이전(Transfer : 기부채납)되며 그 대가로 민간사업자에게는 일정기간 동안 사용수익권이 인정된다. ㉢ **민간사업자는 동 시설을 운영(Operate)**하면서 **시설이용자로부터 사용료를 직접 징수하여 투자비를 회수**하는 방식이다.
② 주로 도로, 철도 등 수익(통행료 등) 창출이 용이한 시설에 적용되는 방식이며, 시설사용료 부과가 어려운 경우나 사용료만으로 투자자금 회수가 불충분할 경우(학교시설이나 복지시설 등) 민간기업의 공공시설 투자기피 문제가 발생한다.

2. 새로운 '임대형 민자사업(BTL : Build-Transfer-Lease)'

① **BTL의 개념** : ㉠ 민간이 자금을 투자하여 사회기반시설을 건설(Build)하고 ㉡ 소유권은 정부로 이전(Transfer : 기부채납)되며 그 대가로 민간사업자에게는 시설의 관리운영권이 인정된다. ㉢ **민간사업자는 관리운영권 행사의 방법으로 약정한 기간 동안(약 20년간) 정부에 시설을 임대(Lease)**하고 **약정된 임대료 수입을 통해 투자비를 회수**하는 방식이다.
② 학교, 문화시설 등 이용자(학생, 관람객 등)에게 사용료 부과로는 투자비 회수가 어려운 시설에 적용되는 방식이다.

BTO와 BTL의 비교 ★★

구 분		수익형 민자사업(BTO)	임대형 민자사업(BTL)
소유권	준공 시	정부	정부
	운용기간 종료 후	정부	정부
관리운영권		민간 사업자	민간 사업자
대상시설		최종사용자에게 사용료 부과로 투자비 회수가 가능한 시설(도로, 철도, 항만 등)	최종사용자에게 사용료 부과로 투자비 회수가 어려운 시설(교육, 문화, 복지시설 – 학교, 박물관, 군인아파트)
투자비 회수		최종이용자의 사용료	정부의 시설임대료
사업리스크		민간이 시설에 대한 수요변동위험을 부담	민간의 수요위험 배제(시설에 대한 수요변동위험을 정부에서 부담)
사용료(임대료) 산정		• 총사업비 기준 • 사용료는 이용자가 부담	• 총민간투자비 기준 • 임대료는 정부가 지급
재정지원		• 운영기간 중 운영수입보장 : 기존의 최소운영수입보장제도(MRG) 폐지되고, 손익공유형(BTO-a) 도입 예정	• 토지 무상 제공 등

제6절 결산 및 회계검사

01 결산

1. 결산의 의미와 성격

- **결산(決算)의 개념**: 예산집행이 완료되면 1회계연도 내에서의 세입·세출예산의 모든 수입과 지출을 확정적 계수로 표시하는 행위(기획재정부 담당)
① **예산주기의 마지막 과정**: 국회가 결산을 승인한다는 의미는 예산집행에 대한 최종 승인을 국민으로부터 받는다는 것(재정 민주주의의 실현)이고, 정부의 예산집행의 책임을 해제하는 효과를 갖는다.
② **정치적 성격**: 결산은 위법 또는 부당한 지출이 지적되어도 그것을 무효로 하거나 취소하는 법적 효력이 없다. 따라서 예산집행상 위법 부당한 사실이 있을 때 감사원과 국회는 정부에 정치적·도의적 책임을 추궁하게 된다는 점에서 정치적인 성격을 갖는다.

2. 결산의 과정 ★

① 출납정리기한(= 세입금의 수납과 세출금의 지급이 완료되어야 하는 기한 - 당해 회계연도 말일까지이나, 일정한 경우 다음 회계연도 1월 15일까지)과 출납기한(= 한 회계연도 동안의 세입·세출의 출납에 관한 사무가 완결되어야 하는 기한 - 다음연도 2월 10일까지)
② 「국가회계법」에서 정하는 바에 따라 결산을 수행하여, ㉠ 중앙관서의 장은 회계연도마다 그 소관에 속하는 일반회계·특별회계 및 기금을 통합한 '중앙관서결산보고서'를 작성, 기획재정부장관에게 제출(다음 회계연도 2월 말일까지) ➜ ㉡ 기획재정부장관은 '국가결산보고서'를 작성,❶ 감사원 제출(4월 10일까지)

> ❶ 국가회계법상 결산보고서의 구성
> ① 결산개요, ② 세입·세출결산(기금의 수입지출결산 포함), ③ (= 재정상태표, 재정운영표, 순자산변동표, 현금흐름표 - 국가회계기준에 따라 작성), ④ 성과보고서(국가재정법상 성과계획서에서 정한 성과목표와 실적을 대비하여 작성)

③ 감사원은 제출된 국가결산보고서를 검사(회계검사)하고 검사보고서를 5월 20일까지 기획재정부장관에게 송부
④ 정부는 감사원 검사를 거친 국가결산보고서를 다음 연도 5월 31일까지 국회에 제출, 국회의 결산심사(소관 상임위의 예비심사 ➜ 예결위의 종합심사 ➜ 본회의의 의결)를 거쳐 확정됨. 국회는 결산에 대한 심의·의결을 정기국회 개회 전까지 완료하여야 함.

PLUS 심화 **세계잉여금**

1. **세계잉여금의 일반적 의미**
   회계연도에 수납된 세입액으로부터 지출된 세출액을 차감한 잔액(= 결산상 잉여금)
   → ① 초과세입액이 있거나, ② 세출에서 이월액이나 불용액이 있는 경우 발생

2. **세계잉여금의 처리방법**(국가재정법 제90조)
   (1) 해당연도에 이미 발행한 국채에 우선 상환
   (2) 매 회계연도 세입세출의 결산상 잉여금 중 다른 법률에 따른 것과 이월액을 공제한 금액(= 국가재정법 상 '세계잉여금' 개념)은 지방교부세의 정산 및 지방교육재정교부금의 정산에 사용
   (3) 지방교부세 및 지방교육재정교부금의 정산에 사용한 금액을 제외한 세계잉여금의 30/100 이상을 공적자금상환기금에 우선적으로 출연
   (4) 남은 세계잉여금은 30/100 이상을 다음 채무를 상환하는 데 사용
      ① 국채 또는 차입금의 원리금
      ② 국가배상법에 따라 확정된 국가배상금
      ③ 공적자금관리기금 융자계정의 차입금의 원리금
   (5) 그리고 남은 세계잉여금은 추가경정예산편성에 사용
   (6) 그리고 남은 세계잉여금은 다음연도의 세입에 이입

02 회계검사

▶ **회계검사**
정부조직의 재정 활동과 회계 기록에 관한 사실을 독립된 제3자가 체계적으로 검토하여 검토내용에 대한 비판적 의견을 제시하는 것
→ 한국은 감사원에서 담당(감사원의 권한 : ① 세입·세출 결산의 확인–결산검사, ② 국가 및 공공단체에 대한 회계검사, ③ 행정부 공무원에 대한 직무감찰)

전통적 회계검사와 새로운 회계검사의 비교

구 분	전통적 회계검사	새로운 회계검사
회계검사의 기준	합법성 검사 ❶	경제성·능률성·효과성 등 3E 검사(성과 검사) ❷
회계검사의 대상	회계감사	업무감사·정책감사
책임성의 확보	회계책임	관리책임, 사업·정책책임
회계검사의 기능	적발기능·비판기능	지도기능·환류기능
전산화		전산검사의 확대

❶ 합법성 검사 : 회계기록의 옳고 그름을 검증하고 지출이나 수입이 법령과 예산에 위배되는지의 여부를 검사하는 것
❷ 성과 검사 : 검사 대상기관의 업무수행이 의도했던 목표를 달성했는지 여부를 사후에 검토하고 문제점을 파악하여 대안을 제시하는 검사하는 것

제7절 예산제도론(예산제도의 개혁) ★★★

▶ **예산결정이론**
예산 배분을 둘러싼 기준과 유형에 관한 이론으로, "어떤 근거로 X달러를 B사업 대신 A사업에 배분하도록 결정하는가"의 V. O. Key가 제시한 물음(Key's Question)에 대한 설명 방식이 다양한 예산결정이론으로 발전
→ 예산결정이론은 크게 ① 경제논리에 따른 경제적 합리성을 강조하여 예산결정을 합리적 의사결정의 결과로 보는 합리주의·총체주의이론(PPBS와 ZBB)과, ② 정치논리에 따른 정치적 합리성을 강조하여 예산결정을 정치적 타협과 조정의 결과로 보는 점증주의이론(LIBS와 PBS)으로 구분된다.

▶ **예산제도의 변천**
A. Schick는 미국 예산개혁의 단계를 '통제지향(LIBS) → 관리지향(PBS) → 기획지향(PPBS)'으로 구분했으며, 여기에 '감축지향, 관리·계획 통합'을 추가하기도 한다.

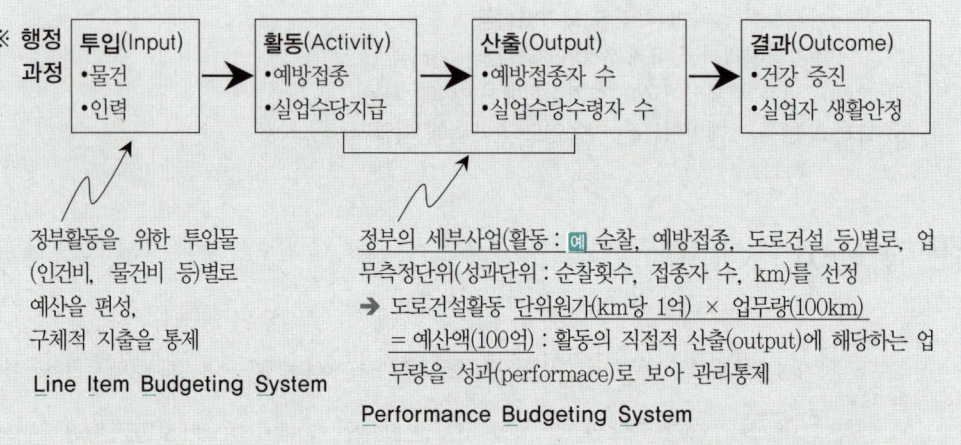

01 품목별 예산제도(LIBS) : 투입중심의 예산개혁(1921년 미국의 예산회계법제정으로 도입)

1. 품목별 예산의 의의

① 품목별 예산제도(LIBS : Line Item Budgeting System) : 세입과 세출을 표시하면서 기관별 예산, 그리고 기관의 운영과 행정활동에 소요되는 품목·지출대상(인건비·물건비 등 '목'에 해당하는 투입요소)별로 분류하여 예산을 편성하는 제도이다.

② 통제지향의 예산 : 예산액을 **지출대상별 한계를 명확히 정하여 배정**함으로써 관료권한과 재량을 제한하는 '통제지향' → 개별부서의 지출을 통제하고 공무원들로 하여금 회계적 책임에 민감하도록 회계감사를 수행, 입법부의 재정통제를 통한 재정민주주의 실현수단으로 등장(예산운영의 목적은 지출의 한계 준수)했다.

③ 투입지향적 예산제도 : 사업의 성과나 예산운영 방식보다는 투입물인 지출대상의 비용(단연도 지출)에 초점을 두며, 관리나 계획에 대한 관심은 적다.

④ 점증주의 예산과 동일한 의미로 해석 : 예산담당자들은 전년도에 비해 개별 품목들이 얼마나 증가되었는지를 확인할 뿐 특정 사업에 대한 성과확보 여부는 고려하지 않는다.

2. **품목별 예산의 장·단점** : 투입의 엄격한 통제는 좋지만 산출과의 연계성 부족

장 점	단 점
① 회계책임과 예산통제를 용이 　㉠ 집행자의 회계책임을 명확히 (지출의 합법성에 치중하는 회계검사가 용이하여 예산집행자의 회계책임을 명확히) 하고 　㉡ 관료의 재량범위를 줄이고 예산남용 방지 ② 의회의 예산심의를 용이하게 함으로써 행정부에 대한 의회의 권한 강화(지출항목이 단순하여 전문성이 부족해도 예산을 쉽게 이해할 수 있기 때문에 정치인들이 지지) ③ 예산삭감 시 이익집단의 저항을 덜 받는다는 정치적 이점	① 지출목적 및 사업의 우선순위 파악이 곤란(사업에 관한 정보 확인 불가), 정책과 계획수립 곤란 → 정부가 무엇을 구매하는지는 밝혀지지만, '왜 구매하는지'는 밝혀지지 않음. ② 사업의 성과와 생산성에 대한 평가 곤란 ③ 예산집행의 신축성 저해(지출대상과 지출금액에 대한 명확한 한계 설정으로)

02 성과주의 예산제도(PBS) : 활동·산출중심의 예산(1950년 Truman 대통령)

1. 성과주의 예산의 의의

① 성과주의 예산제도(PBS : Performance Budgeting System) : 사업의 목적과 목표에 대한 기술하에 세부사업(활동)별로 분류된 각 사업마다 ㉠ '업무측정단위(성과단위 : 업무를 계량적으로 표시할 수 있는 단위)'를 선정하여, ㉡ 하나의 업무측정단위에 대한 원가를 계산(단위원가)하고, ㉢ 업무를 양적으로 표시(업무량)하여, ㉣ 예산액을 산출
　➔ 세부사업(활동)별로, 단위원가 × 업무량 = 예산액

② 관리지향의 예산 : 업무측정단위의 단위원가 계산(➔ 낭비 없는 최저비용으로 효율성 측정)과 산출된 업무량(➔ 사업의 목표달성 여부·성과를 판단하는 효과성 측정)을 측정하여, 계량화된 관리상의 정보가 예산에 표시되기 때문에 '관리의 능률성 제고'에 기여

성과주의 예산편성 사례

사업명	사업목적	업무측정단위	단위원가($)	실적(업무량)	금액($)	변화율
긴급출동	비상시 6분 내 현장까지 출동	출동 횟수	100	1,904건	190,400	+10.0%
일반순찰	24시간 계속 순찰	순찰 시간	25	2,232시간	55,800	+7.8%
범죄예방	강력범죄 발생률 10% 감소	투입 시간	30	2,327시간	69,800	+26.7%
계					316,000	

2. 성과주의 예산의 장·단점

장 점	단 점
① 정부 각 기관의 사업과 사업목적에 대한 이해 → 구입한 품목을 통해 '무엇을 생산하는지' 확인 가능 ② 예산과 정부사업의 연계(정책과 계획 수립 용이) ③ 업무측정단위 선정과 단위원가의 과학적 계산에 근거하여 좀 더 합리적인 기초하에 효율적인 자원배분 가능, 그리고 투입되는 예산의 성과(산출-output) 파악 → 단위사업의 능률성과 효과성 제고 ④ 예산의 집행에 있어서 신축성을 부여 ⑤ 실적분석의 결과자료를 다음 회계연도예산에 직접 반영하여, 행정관리에 있어서 계획과 통제를 내재적으로 활용	① 업무측정단위 선정의 곤란, 단위원가산출의 곤란 ② 품목이 아닌 사업에 초점을 두어 입법부의 예산심의는 간편하나, 입법부의 예산통제가 곤란하고 회계책임의 한계가 모호 ③ 점증적인 단위사업에만 초점을 두어 전략적인 목표의식이나 장기적인 계획과의 연계성이 결여 ④ 단위원가 계산에 근거한 낭비제거와 효율성 측정을 강조하나, 유사한 사업들에 대해 제한된 자원의 최적배분(자원배분의 효율성·Pareto 효율성)을 보장 못함. → 대안적인 사업들 간에 최적대안 선택을 위해 PPBS 도입

03 계획예산제도(PPBS) : 계획과 예산의 연계(1960년대 Johnson대통령)

1. 계획예산제도의 의의

① 계획예산제도(PPBS : Planning & Programming Budgeting System) : '장기계획수립(Planning) → 프로그램작성(Programming : Program structure의 작성) → 예산편성(Budgeting)의 단계'를 거쳐, 의사결정과 자원배분의 합리성을 실현하고자 하는 예산제도

② 총체적·합리적인 의사결정방법을 예산결정에 적용(PPBS의 3대 기본요소) : ㉠ 정확한 목표의 파악, ㉡ B/C분석 등을 통한 목표를 달성하기 위한 각종 대안의 체계적 검토, ㉢ 다년간에 걸쳐 사업계획을 수립하는 장기적인 시계 → PPBS는 사업에 초점을 맞춘다는 점에서 PBS와 비슷하지만, 최종 단위사업을 결정하는 과정이 연역적이고 시스템적이며 장기적 시계를 가지고 있다는(조직의 목표·미션을 중심으로 목표-수단의 계층제를 단계적으로 발전시켜 나가는) 점에서 다르다.

③ 하향식(Top-down) 접근 : 품목별 예산은 상향식 예산과정을 수반하지만, PPBS는 하향식 접근에 근거(품목별 예산과 달리 부서별로 예산을 배정하는 것이 아니라 정책별로 예산을 배분하며, 사업의 대안들을 제시하도록 하고 B/C분석 등을 통해 가장 효과적이 프로그램에 대해 자원배분을 선택)

2. PPBS의 수립단계

(1) Planning(장기적 시계를 반영한 사업 - 재정계획 수립)

다년간의 걸쳐 사업의 산출계획과 사업의 소요자금을 추정한 자금계획 수립

(2) Programming(= 'Program structure; 사업구조'의 작성)

① 목표를 구체화하며, 목표달성을 위한 대안을 체계적으로 검토하여 확정하는 작업 → 조직의 목표(mission)를

중심으로 '목표-수단의 계층제 관계'를 단계적으로 발전시켜 가는 '연역적·합리적 의사결정 방식'
② 다년도에 걸친 장기계획수립과 상위목표의 정확한 파악 하에, 목표달성을 위한 정책대안에 대한 체계적 검토와 B/C 분석에 의해, 최적대안(사업요소) 선택 ➡ 분석적 측면에서 목표달성을 위한 사업계획을 마련할 때 여러 대안을 체계적으로 분석 검토하는 작업을 거치는데, 이 때 체제분석(system analysis) 또는 비용-편익 분석 기법 등이 사용된다.

사업구조 (목표-수단의 계층제)	내 용
사업범주 (program category)	각 기관의 목표나 임무를 나타내는 프로그램 체계의 최상위 수준의 분류 (예) '복지'라는 program structure에서 '사회보장')
하위사업 (sub-category)	사업범주(program category)를 세분한 사업군으로, 유사한 사업요소(program element)를 묶어 놓은 것(예) '사회보장'이라는 최종목표의 달성을 위한 중간목표로서 '노인복지, 장애인복지, 아동복지…')
사업요소 (program element)	사업구조의 기본단위이며, 최종 산물을 생산하는 부처의 활동(예) '노인복지'라는 중간목표 달성을 위한 하위수단으로서 '양로원 건립, 노인수발보험, 노인수당…') ➡ 명확히 정의·계량화할 수 있는 최종 산출물로서 투입과 연계되는 요소

노동부의 program 체계 사례

Program Category	Sub-Category	Program Element
1. 노동력 개발 원조	1-1. 훈련	1-1-1. 직장 내 훈련 1-1-2. 공공직업훈련
	1-2. 노동력 관리정보체계	·
2. 취업원조	2-1. 노동시장정보	·

(3) Budgeting(최적대안에 대한 실행예산 배정)

상위목표 달성을 최적대안(사업요소)에 대해 실행예산을 배정, 그리고 **조직의 최종목표 달성도인 효과(effect)를 성과로 평가**하여 자원배분의 합리화 도모

> **PLUS 심화**   계획예산과 성과주의예산과의 차이점
>
> ① PBS는 점증적 결정방식에 근거하나, PPBS는 합리적 결정모형에 근거한다.
> ② PBS는 산출(output)을 중심으로 투입과 산출을 비교하여 효율성에 초점을 두나, PPBS는 결과(result)·효과(effect)를 중심으로 의도한 결과·목표를 달성하였는가의 효과성에 초점을 둔다.

3. PPBS의 장점과 단점

장 점	단 점
① 자원배분의 합리화 : 목표달성을 위한 여러 사업들 중 최적대안에 대한 예산배정으로 Pareto 효율적 자원배분 실현 ② 의사결정의 일원화 : 정보와 권한이 단일의 의사결정중추에 집중되어, 합리적·총체적 의사결정을 가능하게 함.	① 지나친 집권화의 초래(하향적·일방적 의사결정) : 총체적·합리적 자원배분을 위한 정보와 의사결정권의 중앙집권화, 분석적 작업의 막료중심운영으로 최고관리층의 권한을 강화(하급공무원 및 계선기관의 참여가 곤란) ② 환산작업과 성과계량화의 곤란, 과다한 문서와 정보량의 요구, 복잡한 분석기법에 따른 공무원과 의회의 이해 부족 ③ 명확한 목표설정의 곤란 ④ PPBS에 대한 의회의 소극적인 태도 : 의원들은 과학적 방법에 의해 제시된 예산안을 인정할 수밖에 없으므로, 입법부의 예산심의가 부실해지고 입법부의 지위 약화(의회의 재량권 제한) 가능성 존재

04 목표관리예산(MBO) : 목표와 예산의 연계, 참여에 근거한 예산편성(Nixon 대통령)

① 목표관리(MBO : Management By Objective) : 조직관리기법으로서의 MBO를 행정관리의 개선을 위한 예산기법으로 도입한 것
② PBS, PPBS 등은 자원배분을 주된 기능으로 삼고 있는 데 비해, MBO는 자원배분보다는 진행 중인 사업의 모니터링을 위한 관리도구로서 참여를 통한 예산의 집행과 더 밀접한 관련
③ 목표관리예산의 장점 : ㉠ 참여적 관리를 가능케 하고, ㉡ 목표달성을 촉진하고, ㉢ 예산의 집행을 위한 신축성 높은 제도이고, ㉣ 업무량이 적다는 장점

05 영기준예산제도(ZBB) : 감축지향(1970년대 Carter 대통령)

1. 영기준예산제도의 의미

① 영기준예산제도(ZBB : Zero Base Budget) : 과거의 관행을 고려하지 않고 목적과 방법·자원, 사업에 대한 근본적인 재평가를 바탕으로(➔ 이것이 Zero Base의 의미, 반드시 0의 상태에서 출발하는 것이 아님) 각 사업과 계획에 대한 우선순위를 부여하고, 우선순위가 높은 사업에 예산을 편성하는 제도이다. 영기준 예산은 모든 사업계획이 아닌 선정된 사업계획에 대해 꼭 영기준일 필요는 없고 예산 기준 영역의 한 지점으로부터 검토하는 것이다.
② 감축지향과 조직관리의 효율화 수단 : ZBB는 경제적 합리성을 제도화하여 점증주의를 극복하기 위한 제도(**자원난 시대에 비효율적 사업과 정책의 감축실현**)이나, 단순히 예산삭감을 위한 기법으로서 뿐만 아니라 **관리의 능률을 달성하는 관리도구**(예산·계획·통제의 연계 강화)로 활용

2. 영기준예산의 절차

① 개별 의사결정단위(사업, 조직 등) 선정 : 각 부처는 우선 독자적으로 예산을 편성하여 사업을 책임지고 수행해 나갈 수 있는 적절한 조직단위(= 의사결정단위·예산운영단위)를 구성한다.

② 의사결정단위별로 의사결정 package 작성 : ㉠ 사업대안 패키지 작성과 최적 사업대안 선택(일정한 재원으로 A사업 또는 B사업에 배분할 것인가의 결정으로, B/C 분석으로 최적 사업대안 선택) ➡ ㉡ 증액대안 패키지 작성(선정된 최적 사업대안에 대해 '예산투입수준별 대안' 검토 : 예산투입의 수준은 현행수준보다 낮은 최저수준을 설정하고, 최저 수준에서 점증적으로 수준을 높여 나가는 방식으로 결정하여 '최저수준, 현행수준, 증액수준'의 3개의 수준으로 구분)
  ❖ PPBS가 사업에 대한 결정에 초점을 맞춘 제도라면, ZBB는 사업대안에 대한 결정뿐만 아니라 금액대안에 대한 결정에도 초점
③ 증액대안에 대한 우선순위 결정과 우선순위결정과정의 상향적(bottom-up) 반복
④ 최종적 우선순위결정에 따라 실행예산의 편성

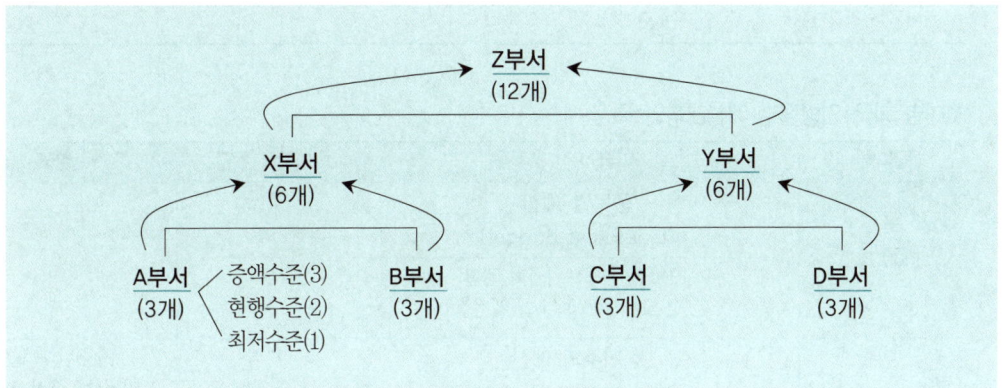

PLUS 심화 일몰법(sun-set law)

일정기간(3~7년)이 경과된 특정한 행정기관이나 사업을 주기적으로 평가하여 입법부의 재보증을 얻지 못한 경우 이들을 자동적으로 종결시키는 법률 또는 법률조항(정책이나 사업의 자동적 종결과 주기적 재검토)

비교기준		일몰법	영기준예산제도
차이점	성 격	법률	예산제도
	과 정	예산 심의·통제를 위한 입법과정	예산편성에 관련된 행정과정
	주 기	3~7년의 장기	매년
	계 층	최상위 계층의 주요정책 심사	조직의 하층구조에서 적용되는 관리도구
	심사범위	최상위 정책	모든 정책
공통점		① 사업의 지속 여부를 결정하기 위한 재심사 ② 기득권의식을 없애고 자원의 합리적 배분 ③ 자원난 시대에 대비하는 감축관리의 일환	

3. ZBB의 장점과 문제점

장점	단점
① 우선순위가 낮은 사업의 폐지를 통한 예산절감과 자원난 극복(전년도 답습주의로 인한 재정의 경직성 타파) ② 자원의 합리적 배분(대안의 분석 및 평가와 대안에 대한 우선순위결정과정을 통해서 효율적이고 합리적인 자원배분 실현) ③ 각 수준 관리자의 참여(계선중심의 상향적 의사결정에 근거 ⇔ 막료중심의 하향적 의사결정에 근거한 PPBS와 구별) ④ 예산운영의 다양성과 신축성(조직단위, 사업단위, 활동 등이 의사결정단위로 될 수 있다는 점에서)	① 업무량 폭주에 따른 과다한 노력과 시간 낭비 ② 우선순위 결정의 곤란(주관성 개입) : 객관적 기준을 사용하는 PPBS와 달리 ZBB는 의사결정자의 주관적 판단에 의해 우선순위를 결정 ③ 사업폐지 곤란, 소규모조직의 희생가능성 ④ 장기적 목표의 경시(관리의 능률을 달성하는 관리도구로서는 성공하였으나, 장기계획이나 기본정책 문제 경시)

시대별 미국 연방정부 예산개혁의 특징

연대별	미국 예산제도	개혁의 초점	한국
1900 초반	품목별 예산 (Line-Item Budget) 1912년 태프트위원회 권고 1921년 예산회계법 제정	통제	
1950	성과주의 예산 (Performance Budget) 1949년 제1차 후버위원회 권고 1951년 예산회계법 개정(Truman 행정부)	관리 효율성	1960년대 도입 1961년 예산회계법
1960	계획예산(PPBS) 1950년 미국 랜드연구소 1966년 미국 Johnson행정부	기획·평가 효과성	제1차 경제개발계획 국방부 PPBS 도입
1970~1980	영기준예산(Zero Base Budget) 1976년 Carter행정부	기획 우선순위 예산감축	ZBB 서울시 시범사업
1990~	결과지향예산(Result-oriented Budget) 1993년 GPRA(Clinton 행정부) 2002년 PART(Bush 행정부)	집행재량 성과책임 성과계약	기획예산처 시범사업 국가재정법(2007)

06 신성과주의 예산 : 총괄배정예산, 지출통제예산, 결과중심예산(1990년대 OECD 국가)

> ▶ 결과중심의 예산(Outcome-Based Budgeting)
> 국정 전반의 성과관리체계를 강조하여 자율과 책임의 조화를 도모하고자 하는 예산제도 ➡ 미국의 「정부성과 및 결과에 관한 법(GPRA : Government Performance and Results Act)」을 통해 체계화

① 부처별로 총괄 배정된 예산범위 내에서 자율적·신축적 예산운영을 보장(예 미국의 총괄경상비제도와 영국·호주의 효율성 배당제도)
② 전략기획(SWOT, BSC)을 통해 조직의 임무(mission)를 명확히 설정하고, 사업의 진정한 성과라 할 수 있는 임무와 목표의 달성이라는 결과(outcome, result)를 성과로 평가하여 예산운영에 대한 책임성 확보
③ 성과협약을 체결, 경영성과를 분명히 하기 위해 발생주의 회계방식 도입
④ 예산과 아울러 조직, 인사, 감사, 정보관리 등 행정전반의 성과관리체제와의 연계를 강조
  ⇔ 예산과정에 국한되는 50년대 성과주의 예산제도와 구별

비교기준	성과주의	신성과주의
시 대	1950년대 행정국가	1980년대 신행정국가
이 념	통제와 감독	자율과 책임
성과관리	단순한 성과관리 – 산출(output)을 성과로 파악	성과의 제고 – 진정한 의미의 성과인 결과(outcome)를 성과로 파악
초 점	활동과 비용정보(단위 비용)의 연결	사업 또는 활동과 결과의 연결

07 자본예산(CBS) : 전략 투자를 위한 장치

1. 자본예산제도의 의미

① 자본예산제도(CBS : Capital Budgeting System)의 개념 : ㉠ 정부예산을 단기적인 경상계정과 장기적인 자본계정으로 구분하여 ㉡ 경상지출(예 공무원급여)은 경상적 수입(조세수입)으로 충당하며 균형이 되어야 하나, 자본적 지출(예 교량건설 등 투자적 지출)은 대부분 국·공채의 발행에 의하여 충당하는 복식예산
② 자본지출과 경상지출을 구분하여 소요경비의 충당방법을 달리하는 자본예산제도는, 자본지출과 경상지출의 차이점에 대한 인식에서 출발
③ 자본적 지출의 특수성에 따라 정부지출 구조를 양분하여 **국가채무·재정적자를 정당화하려는 필요에서 등장**한 제도 ➡ ㉠ 일반적 경상적 지출과 달리 자본적 지출은 자산의 증가를 가져오기 때문에 국·공채에 의해 충당되어도 상관없으며(공채발행으로 인한 부채가 자산취득을 위한 투자적 지출이라면 결과적으로 자산의 증가를 가져와 '국가의 순자산은 불변'), ㉡ 자본예산은 반드시 1년을 중심으로 균형성을 유지할 필요가 없고 한 경기변동기를 중심으로 균형을 이루면 된다는 순환적 균형예산제(불경기 극복 또는 공공사업의 확충을 위해 공채를 발행하여 적자예산을 편성하나 경기가 회복된 후에 흑자예산으로 상환)를 채택한 것
④ 도입동기 : ㉠ 1930년대 스웨덴 중앙정부의 자본예산(불경기 극복 목적 – 예산의 경기대책기능)과 ㉡ 2차 대전 후 미국 자치단체 등의 자본예산(공공시설의 투자자금 조달 목적)에서 도입

2. 자본예산제도의 장·단점

장점(정당화 근거)	단 점
① 불경기의 극복수단(적자재정의 정당화) : 공채를 통해 필요한 예산을 조달하여 유효수요를 증가시켜 경기회복에 이바지 ② 수익자부담의 균등화 : 현재 건립하는 공공시설이나 교량은 현세대뿐만 아니라 미래세대도 사용하는데, 여기에 소요되는 비용을 공채로 충당하게 되면 미래세대도 비용부담하게 됨. ➜ <u>비용부담의 세대 간 형평</u> ③ 국가재정의 기본구조에 대한 명확한 파악 가능 : 자본적 지출을 별도로 관리하여 시민과 공무원이 국가의 재정상황 이해용이 ④ 국가자산상태에 대한 명확한 파악 : 정부의 순자산상태의 변동과 자본축적을 표시 ⑤ 자본적 지출에 대한 전문적 분석과 심의 가능 ⑥ 정부의 재정계획 수립에 편의 제공과 장기적 관점의 정부지출의 기복 조절 : 장기적 사업의 일관성 있는 추진	① 자원배분의 불합리(선심성 공공사업 등에 지출하여 자원배분을 왜곡할 우려) ② 정치적 이용(적자재정 은폐 수단), 인플레이션 조장 우려 ③ <u>경제안정 효과의 감소</u>(불경기에 대한 경기대책으로, 자본적 지출 증가보다 경상적 지출 증가나 세율인하가 보다 신속하고 신축성 있는 방법인 경우가 많다) ④ 경상지출과 자본지출 간 계정구분의 불명확성

빈출 핵심 지문

1. 각 중앙관서의 장은 매년 1월 31일까지 당해 회계연도부터 5회계연도 이상의 기간 동안의 신규사업 및 기획재정부장관이 정하는 주요 계속사업에 대한 중기사업계획서를 기획재정부장관에게 제출하여야 한다.

2. 예산집행의 신축성을 확보하기 위한 장치로는 계속비, 예산의 배정과 재배정, 예산의 이용(移用)과 전용(轉用), 예산의 이체(移替)와 이월(移越) 등이 있다.
   → × / (Why?) 예산의 배정과 재배정은 예산집행의 신축성이 아니라 예산집행에 대한 통제장치이다.

3. 전용이란 입법 과목 간 상호 융통으로, 각 중앙관서의 장은 예산의 목적범위 안에서 재원의 효율적 활용을 위하여 기획재정부장관의 승인을 얻어 각 세항 또는 목의 금액을 전용할 수 있다.
   → × / (Why?) 전용이란 입법 과목이 아니라 행정과목 간 상호 융통을 말한다. 예산의 전용(轉用)은 행정 과목 간의 융통을 뜻하며, 이용(移用)은 입법 과목 간의 융통을 뜻한다.

4. 완성에 수년도를 요하는 공사나 제조 및 연구개발사업은 그 경비의 총액과 연부액을 정하여 미리 국회의 의결을 얻는 범위 안에서 그 회계연도부터 10년 이내로 정하여 수년도에 걸쳐서 지출할 수 있다고 보는 것이 원칙이다.
   → × / (Why?) 원칙적으로 계속비의 사용기간은 5년 이내로 제한되어 있으며, 사업규모 및 국가재원 여건상 필요한 경우에는 예외적으로 10년 이내로 할 수 있다.

5. 국고채무부담행위는 법률에 의한 것, 세출예산금액, 그리고 계속비 범위 이외의 것에 한하여 사전에 국회의 의결을 얻어 지출할 수 있는 권한이다.
   → × / (Why?) 국고채무부담행위 의결을 얻음으로써 다음 연도 이후에 지출할 수 있는 권한까지 부여받은 것은 아니고 다만 채무를 부담할 권한만 부여받은 것이므로, 현실적으로 지출이 이루어지기 위해서는 다음 회계연도 이후에 세출예산으로 다시 국회의 의결을 받아야 한다.

6. 결산심의에서 위법하거나 부당한 지출이 지적되면 그 정부활동은 무효나 취소가 된다.
   → × / (Why?) 국회는 결산심의를 통해 정부에 정치적·도의적 책임 추궁만 할 뿐이지, 위법하거나 부당한 지출을 무효나 취소할 수는 없다.

7. 세계잉여금은 지방교부세 및 지방교육재정교부금의 정산에 사용할 수 있으며, 추가경정예산안의 편성에 사용할 수 있고, 사용하거나 출연한 금액을 공제한 잔액은 다음 연도의 세입에 이입하여야 한다.

8. 쉬크(Schick)는 통제-관리-기획이라는 예산의 세가지 지향(orientation)을 제시하였다.

빈출 핵심 지문

9. 성과주의 예산은 사업의 대안들을 제시하도록 하고 가장 효과적인 프로그램에 대해 재원배분을 선택하도록 한다.
→ × / (Why?) 성과주의 예산제도는 점증주의에 근거한다. 사업의 대안들을 제시하도록 하고 가장 효과적인 프로그램에 대해 재원배분을 선택하도록 하는 것은 합리모형의 특징으로 PPBS(계획예산)에 대한 설명이다.

10. 성과주의 예산에서는 장기적인 계획과의 연계를 중시하여 전략적인 목표의식을 지니고 있다.
→ × / (Why?) PPBS(계획예산)에 대한 설명이다. 성과주의 예산은 점증주의에 근거하여 장기적인 계획과의 연계보다는 단위사업만을 중시하기 때문에 전략적인 목표의식이 결여될 수 있다.

11. 계획예산제도(PPBS)는 계획(plan) - 사업(program) - 예산(budget)의 체계적 연계를 강조한다.

12. 계획예산제도는 의사결정이 다원화되어 있는 편이어서 사업의 계획, 목적, 대안, 효과, 소요자원을 산출하면 다양한 계층이 참여하여 예산을 결정한다.
→ × / (Why?) 계획예산제도는 정보와 의사결정권이 중앙집권화된 하향식 의사결정으로 일선계선기관의 참여가 어렵다. 또한 PPBS는 총체주의적·집권적 의사결정 방식에 입각하며, 국가목표의 결정단위가 하위부서의 업무가 아닌 정부상층부의 업무이기 때문에 국/과보다는 장관에게, 정책결정단위의 중앙집권화를 가져온다.

13. 영기준예산제도(ZBB)가 단위사업을 사업-재정계획에 따라 장기적인 예산편성 쪽으로 방향을 잡았다면, 계획예산제도(PPBS)는 당해 연도의 예산 제약조건을 먼저 고려한다.
→ × / (Why?) 반대로 서술되어 있다. 단위사업을 사업-재정계획에 따라 장기적인 예산편성 쪽으로 방향을 잡은 것은 계획예산제도(PPBS)이고, 반면, 영기준예산제도(ZBB)는 감축지향으로 당해 연도의 예산 제약조건을 먼저 고려한다.

memo.

행정사 1차 행정학개론

PART
06

행정책임과 행정개혁론

제6편 '행정책임과 행정개혁론'의 체계와 빈출내용 및 학습포인트

체계	테마	빈출내용 및 학습포인트
행정책임 (행정통제)론	행정윤리	• 공직자윤리법 : 이해충돌방지, 고위공직자 재산등록과 공개, 퇴직공무원 취업제한, 주식의 매각 또는 백지신탁 • 부패방지 및 국민권익위원회 설치 법률 : 부패행위 신고자(내부고발자) 보호 • 청탁금지법과 공직자의 이해충돌 방지법 • 부패의 유형 : 백색/회색/흑색 부패, 사기형/거래형 부패, 일탈형/제도화된 부패
	행정책임과 행정통제	• 제도적·객관적 책임(accountability) vs. 자율적·주관적 책임(responsibility) • 행정통제 : 외부통제(민주통제) vs. 내부통제(관리통제) • 옴부즈만 제도
행정개혁론과 전자정부론	행정개혁	• 행정개혁의 접근방법 : ① 구조적 방법, ② 과정적(기술적) 방법, ③ 행태적 방법(=조직발전 : OD) • 개혁에 대한 저항 극복 전략 : ① 강제적 방법, ② 공리적·기술적 방법, ③ 규범적 방법
	전자정부론	• 정보화에 따른 조직의 변화 : 구조, 권력관계, 조직행태의 변화 • 정부혁신 전략으로 전자정부 : 전자정부의 의미, 지식행정(형식지와 암묵지), 전자정부법 • 정보공개제도 : 공공기관의 정보공개에 관한 법률

제1장 행정책임과 행정개혁론

제1절 행정윤리(공직윤리)와 부패

01 행정윤리(공직윤리)

1. 행정윤리의 의미
① 행정윤리의 개념 : 공무원이 행정업무를 수행할 때 지켜야 하는 행동규범·직업윤리
② 소극적 행정윤리 : 부정부패 방지, 직권남용이나 무사안일의 억제 등 ➡ 법령적 규제(국가공무원법, 공직자윤리법, 부패방지법 등)에 의존
③ 적극적 행정윤리 : 공익성과 국민에 대한 봉사성 등 ➡ 자율적 규제(공무원윤리헌장, 공무원의 신조, 취임선서, 공무원행동강령 등)에 의존

2. 행정권의 오용(비윤리적 일탈행위)
① 부정행위 : 공무원의 횡령·사기·수뢰 등
② 비윤리적 행위 : 특혜의 대가로 금전을 수수하지는 않더라도, 친구나 특정 정파에 호의를 베풀거나 자신의 경제적 이익을 위해 어떤 결정을 내리는 행위
③ 법규의 경시 : 법규를 무시하거나 자신의 행위를 정당화하는 방향으로 법규를 해석
④ 입법의도의 무시 : 법의 테두리 안에서 행동하였으나 법제정 의도를 편향되게 해석하거나 관련이익을 고려하지 않은 경우
⑤ 불공정한 인사
⑥ 무능
⑦ 실책의 은폐
⑧ 무사안일 : 부여된 재량권을 행사하지 않고 적극적 조치를 꺼림

3. 한국 공무원에게 요구되는 공직윤리(법령적 규제) ★★

(1) 국가공무원법 제55조~제66조(공무원복무)

① 선서의무, ② 성실의무(모든 공무원은 법령을 준수하며, 성실히 직무를 수행하여야 한다), ③ 직무상 명령에 대한 복종의무, ④ 직장이탈금지의무, ⑤ 친절·공정의무, ⑥ 종교중립의 의미, ⑦ 비밀엄수의무, ⑧ 청렴의무, ⑨ 외부정부로부터 영예나 증여받는 경우 대통령허가, ⑩ 품위유지의무, ⑪ 영리업무 및 겸직금지, ⑫ 정치운동 금지, ⑬ 집단행위금지

(2) 공직자윤리법

① **이해충돌 방지 의무** : 공직자는 자신이 수행하는 직무가 자신의 재산상 이해와 관련되어 공정한 직무수행이 어려운 상황이 일어나지 아니하도록 직무수행의 적정성을 확보하여 공익을 우선으로 성실하게 직무를 수행하여야 한다(제2조의2).

② **고위공직자 재산등록**(4급 이상 공무원과 공직유관단체 임원)**과 공직자윤리위원회의 등록재산 공개**(1급 이상 공무원과 공직유관단체 임원) : 재산등록 및 공개, 취업제한 승인 등의 사항을 심사·결정하기 위하여 국회·대법원·헌법재판소·중앙선거관리위원회·정부·지방자치단체 및 시·도교육청에 각각 공직자윤리위원회를 둔다.

③ **외국정부로부터의 선물수령 시 신고와 국고귀속**

④ **퇴직공직자의 취업제한** : 등록의무자인 공무원과 공직유관단체의 임원은, <u>퇴직일로부터 3년 간, 취업심사대상기관</u>(일정규모 이상의 영리사기업체, 법무법인, 시장형공기업 등)<u>에 취업할 수 없다</u>. 다만, 관할 공직자윤리위원회로부터 취업심사대상자가 퇴직 전 5년 동안 소속하였던 부서 또는 기관의 업무와 취업심사대상기관 간에 밀접한 관련성이 없다는 확인을 받거나 취업승인을 받은 때에는 취업할 수 있다.

⑤ **주식의 매각 또는 백지신탁** : 재산공개대상자와 기획재정부 및 금융위원회 소속공무원 중 대통령령으로 정하는 사람은, 본인 및 그 이해관계자 모두가 보유한 주식의 총가액이 1천만 원~5천만 원의 범위 안에서 대통령령이 정하는 금액(3천만 원)을 초과하는 경우에는, 주식백지신탁심사위원회(인사혁신처에 설치)가 직무관련성이 없다고 결정한 때를 제외하고는, 해당 주식을 매각하거나 수탁기관과 주식백지신탁계약(= 수탁기관은 신탁계약이 체결된 날부터 60일 이내에 신탁된 주식을 처분할 것 등을 내용으로 하는 계약)을 체결해야 한다.

(3) 부패방지법

① 공무원의 부패행위 신고의무, ② 부패행위 신고자(내부고발자) 보호❶, ③ 국민감사청구

---

❶ **내부고발(whistle-blowing) 제도**
조직구성원인 개인·집단이 조직내부에서 일어나는 불법·부당·비윤리적인 일을 외부에 공개해 시정을 요구하는 행위
➔ ① 공익을 위한 이타적 행위이며, ② 개인의 양심이나 직업윤리 등에 근거한 도덕적 행위이며(악의적 보복을 위한 조직비리의 공개행위는 내부고발에 포함 안 됨), ③ 조직 내부 비리의 대외적 폭로(국회·사법기관·언론뿐만 아니라 단위조직의 상급기관 관리자에게 하는 공표도 포함)이며, ④ 제도화된 부패와 같이 만연된 비윤리적 상황을 타파하기 위해 특히 필요하다.

PLUS 심화 　**부패방지 및 국민권익위원회 설치·운영에 관한 법률(부패방지편)**

1. **국민권익위원회 설치목적**
   ① 고충민원의 처리와 이에 관련된 불합리한 행정제도의 개선(= 기존의 국민고충처리위원회의 기능), ② 부패의 발생을 예방하며 부패행위를 효율적으로 규제(= 기존의 국가청렴위원회의 기능)하도록 하기 위해, 국무총리소속으로 설치 ➜ 위원회는 그 권한에 속하는 업무를 독립적으로 수행한다.

2. **국민권익위원회의 조직**
   ① 위원회는 위원장 1명을 포함한 15명의 위원으로 구성한다.
   ② 부위원장 3인은 각각 고충민원, 부패방지 업무, 중앙행정심판위원회의 운영업무로 분장하여 위원장을 보좌한다.
   ③ 위원장과 부위원장(모두 정무직)은 국무총리제청으로 대통령이 임명

3. **관할 대상 부패행위**
   ① 직접적 부패행위
      ㉠ 공직자가 직무와 관련하여 지위·권한을 남용하거나 법령을 위반하여 자기 또는 제3자의 이익을 도모하는 행위
      ㉡ 공공기관의 예산사용이나 계약의 체결·이행에 있어서 법령에 위반하여 공공기관에 대하여 재산상 손해를 가하는 행위
   ② 간접적 부패행위 : 직접적 부패행위나 그 은폐를 강요, 권고, 제의, 유인하는 행위

4. **부패행위 신고와 처리**
   ① 신고의 주체 : 모든 국민은 부패행위를 기명의 문서로 위원회에 신고할 수 있고, 공직자에 대해서는 부패행위에 대한 신고를 의무화 함.
   ② 신고의 처리 : 위원회는 접수된 신고사항에 대하여 일정사항을 확인한 후, 조사가 필요한 경우 감사원·수사기관 또는 해당 공공기관의 감독기관(조사기관)에 이첩

5. **내부고발자 보호제도**
   ① 신고자 및 협조자 신분보장
      ㉠ 신고자는 신고와 관련하여 소속기관·단체·기업 등으로부터 징계 등 신분상 불이익을 받지 않으며, 불이익이 예상되는 경우 위원회에 신분보장조치요구
      ㉡ 위원회의 신분보장조치 요구에 대한 소속기관의 이행의무 부과
      ㉢ 신고자의 경찰 신변보호조치 요구권
   ② 신고자에 대한 포상 및 보상 : 부패신고에 대한 포상과 포상금지급, 신고로 공공기관의 수입회복 등을 가져온 경우 보상금지급

6. **국민감사청구제 규정**
   19세 이상의 국민은 공공기관의 사무처리가 법령위반 또는 부패행위로 인하여 공익을 현저히 해하는 경우 대통령령이 정하는 일정한 수 이상의 연서로 감사원에 감사를 청구

7. **비위면직자의 취업제한**
   공직자가 재직 중 직무와 관련된 부패행위로 파면·해임된 경우에는 공공기관이나, 퇴직 전 3년간 소속하였던 부서의 업무와 밀접한 관련이 있는 일정규모 이상의 영리사기업체 등에 퇴직일부터 5년간 취업제한

(4) 부정청탁 및 금품등 수수의 금지에 관한 법률(청탁금지법)

① 부정청탁의 금지 : 누구든지, 직접 또는 제3자를 통하여, 직무를 수행하는 <u>공직자 등</u>(= 공무원, 공직유관단체 및 기관의 장과 임직원, 각급 학교의 장과 교직원 및 학교법인의 임직원, 언론사의 대표자와 그 임직원)에게, 다음에 해당하는 <u>부정청탁</u>(= 인·허가에서 법령을 위반하여 처리하도록 하는 행위, 공직자 등의 인사에 관하여 법령을 위반하여 개입하거나 영향을 미치도록 하는 행위 등)을 해서는 아니 된다.❶

> ❶ 청탁금지법이 적용되지 아니하는 경우(=부정청탁이 아닌 경우)
> ① 「청원법」등 법령·기준에서 정하는 절차·방법에 따라 권리침해의 구제·해결을 요구하거나 그와 관련된 법령·기준의 제정·개정·폐지를 제안·건의하는 등 특정한 행위를 요구하는 행위
> ② 공개적으로 공직자 등에게 특정한 행위를 요구하는 행위
> ③ 선출직 공직자, 정당, 시민단체 등이 공익적인 목적으로 제3자의 고충민원을 전달하거나 법령·기준의 제정·개정·폐지 또는 정책·사업·제도 및 그 운영 등의 개선에 관하여 제안·건의하는 행위
> ④ 공공기관에 직무를 법정기한 안에 처리하여 줄 것을 신청·요구하거나 그 진행상황·조치결과 등에 대하여 확인·문의 등을 하는 행위
> ⑤ 직무 또는 법률관계에 관한 확인·증명 등을 신청·요구하는 행위
> ⑥ 질의 또는 상담형식을 통하여 직무에 관한 법령·제도·절차 등에 대하여 설명이나 해석을 요구하는 행위
> ⑦ 그 밖에 사회상규에 위배되지 아니하는 것으로 인정되는 행위

② 금품 등의 수수 금지 : ㉠ 공직자 등은 <u>직무 관련 여부 및 기부·후원·증여 등 그 명목에 관계없이</u> 동일인으로부터 1회에 100만원 또는 매 회계연도에 300만원을 초과하는 금품 등을 받거나 요구 또는 약속해서는 아니 된다. ㉡ 공직자 등은 <u>직무와 관련하여</u> 대가성 여부를 불문하고 제1항에서 정한 금액 이하의 금품 등을 받거나 요구 또는 약속해서는 아니 된다.❷

> ❷ 수수 금지 금품 등에 해당하지 아니하는 경우
> ① 공공기관이 소속 공직자 등에게 지급하거나 상급 공직자 등이 위로·격려·포상 등의 목적으로 하급 공직자 등에게 제공하는 금품 등
> ② 원활한 직무수행 또는 사교·의례 또는 부조의 목적으로 제공되는 음식물·경조사비·선물 등으로서 대통령령으로 정하는 가액 범위 안의 금품 등 → 음식물 : 5만원, 경조사비 : 5만원(화환은 10만원), 선물 : 5만원(농수산가공품은 10만원)
> ③ 사적 거래(증여는 제외한다)로 인한 채무의 이행 등 정당한 권원에 의하여 제공되는 금품 등
> ④ 공직자 등의 친족이 제공하는 금품 등
> ⑤ 공직자등과 관련된 직원상조회·동호인회·동창회·향우회·친목회·종교단체·사회단체 등이 정하는 기준에 따라 구성원에게 제공하는 금품 등 및 그 소속 구성원 등 공직자등과 특별히 장기적·지속적인 친분관계를 맺고 있는 자가 질병·재난 등으로 어려운 처지에 있는 공직자등에게 제공하는 금품 등
> ⑥ 공직자 등의 직무와 관련된 공식적인 행사에서 주최자가 참석자에게 통상적인 범위에서 일률적으로 제공하는 교통, 숙박, 음식물 등의 금품 등
> ⑦ 불특정 다수인에게 배포하기 위한 기념품 또는 홍보용품 등이나 경연·추첨을 통하여 받는 보상 또는 상품 등
> ⑧ 그 밖에 다른 법령·기준 또는 사회상규에 따라 허용되는 금품 등
> ⑨ 외부강의 등의 대가로서 사례금 수수

(5) 공직자의 이해충돌 방지법(2022. 5월 시행)❸

> ❸ 사전적 윤리관리 : 이해충돌방지법과 공직자윤리법
> 이해충돌방지법과 공직자윤리법에 규정된 제도들은 적발과 처벌 중심의 사후통제적 윤리관리가 아니라, 기본적으로 행위의 '결과'보다 '동기'에 초점을 두며 동기의 부도덕한 실현을 사전에 제어하는 데 초점을 두는 사전적인 윤리관리에 입각한다.

① 목적 : "공직자"의 직무수행과 관련한 사적 이익추구를 금지함으로써 공직자의 직무수행 중 발생할 수 있는 이해충돌을 방지하여, 공정한 직무수행을 보장하고 공공기관에 대한 국민의 신뢰를 확보(제1조)
  • "공직자"란 공무원, 공공기관의 장과 그 임직원, 각급 국·공립 학교의 장과 교직원
② 공직자의 이해충돌방지 의무 : 공직자는 사적 이해관계로 인하여 공정하고 청렴한 직무수행이 곤란하다고 판단하는 경우에는 직무수행을 회피하는 등 이해충돌을 방지하여야 한다.(제4조)
③ 공직자의 사적이해관계자 신고 및 회피 신청 의무 : ㉠ 공직자는 "직무관련자"가 "사적이해관계자"임을 안 경우 그 사실을 14일 이내에 소속기관장에게 신고하고 회피를 신청하여야 한다.(제5조) ㉡ 신고·회피신청을 받은 소속기관장은 해당 공직자의 직무수행에 지장이 있다고 인정하는 경우에는, 직무수행의 일시 중지 명령, 직무 대리자 또는 직무 공동수행자의 지정, 직무 재배정, 전보 중 어느 하나에 해당하는 조치를 하여야 한다.(제7조)
  • "직무관련자"란 공직자의 직무수행과 관련하여, 일정한 행위나 조치를 요구하는(또는 이익 또는 불이익을 직접적으로 받는) 개인이나 법인 또는 단체 등
  • "사적이해관계자"란 ㉠ 공직자 자신 또는 그 가족, ㉡ 공직자 자신 또는 그 가족이, 임원 등으로 재직하고 있는(또는 대리하거나 고문·자문 등을 제공하는, 또는 일정 비율 이상의 주식등을 소유하고 있는) 법인 또는 단체 등
④ 직무관련자와의 거래 신고 의무 : 공직자는, 자신 · 배우자 · 직계존비속 · 특수관계사업자가 공직자 자신의 직무관련자와 거래 행위(=금전을 빌리거나 빌려주는 행위, 부동산을 거래하는 행위, 물품·용역·공사 등의 계약을 체결하는 행위)를 한다는 것을 사전에 안 경우에는, 안 날부터 14일 이내에 소속기관장에게 그 사실을 서면으로 신고하여야 한다.
⑤ 직무 관련 외부활동의 제한 : 공직자는 ㉠ 직무관련자에게 사적으로 노무 또는 조언·자문 등을 제공하고 대가를 받는 행위, ㉡ 소속 공공기관의 소관 직무와 관련된 지식이나 정보를 타인에게 제공하고 대가를 받는 행위 등을 하여서는 아니 된다.
⑥ 직무상 비밀이나 미공개 정보 이용 금지 : 공직자는 직무수행 중 알게 된 비밀 또는 소속 공공기관의 미공개정보를 사적 이익을 위하여 이용하거나 제3자로 하여금 이용하게 하여서는 아니 된다.
⑦ 퇴직자 사적 접촉 신고 의무 : 공직자는 직무관련자인 소속 기관의 퇴직자(퇴직일부터 2년이 지나지 아니한 사람만)와 사적 접촉을 하는 경우, 소속기관장에게 신고하여야 한다.

02 공무원 부패 ★★

1. 공무원 부패(corruption)의 의미
공무원이 직무와 관련된 권력을 부당하게 행사하여(법규나 도덕규범을 위반해) 사익을 추구하거나 또는 공익을 침해하는 것

2. 공무원 부패의 접근방법
① 도덕적 접근법 : 공무원 부패를 개인행동의 결과로 보아, 부패의 원인을 개인들의 윤리, 자질의 탓으로 돌리는 입장
② 사회문화적 접근법 : 특정한 지배적 관습이나 경험적 습성과 같은 것이 부패를 조장한다고 보는 입장(예 전통적인 선물관행이나 보은 의식과 인사문화 등)

③ **제도적 접근법** : 사회의 법과 제도상의 결함이나 부작용들이 부정부패의 원인으로 작용한다고 보는 입장 (**예** 행정통제 장치의 미비)
④ **체제론적 접근법** : 부패는 어느 하나의 변수에 의해 설명되는 것이 아니라, 문화적 특성, 제도상의 결함, 구조상 모순, 그리고, 공무원의 부정적 행태 등 다양한 요인에 의해 복합적으로 나타난다는 입장

3. 부패의 유형

(1) 부패발생의 수준 : 개인부패와 조직부패
① **개인부패** : 공무원의 개인적 일탈 수준에서 부패가 발생하는 경우
② **조직부패** : 하나의 부패사건에 여러 사람이 조직적(집단적)으로 연루되어 있는 경우

(2) 부패의 제도화 정도 : 일탈형 부패와 제도화된 부패
① **일탈형 부패** : 개인부패에서 많이 발생하는 것으로, 부정적인 관행이나 구조보다는 개인의 윤리적 일탈에 의해 발생
② **제도화된 부패**(institutionalized corruption) **또는 체제적 부패**(systemic corruption) : 행정체제 내에서 부패가 원칙적이며 실질적인 규범이 되고, 조직의 본래적 임무수행에 필요한 행동규범은 오히려 예외적인 것으로 전락되어 있는 상황

(3) 부패의 영향 : 백색부패와 흑색부패, 회색부패(Heidenheimer)
① **백색부패** : 사익이 아닌 공적 이익을 위한 공직자의 거짓말과 같이 '선의'의 목적으로 행해지는 부패, 용인될 수 있는 것은 아님.
② **흑색부패** : 부당하게 사익을 추구하는 명백한 부패, 대개 형법 등에 의해 규제
③ **회색부패** : 백색과 흑색의 중간지대에서 발생하는 부패로, 과도한 선물수수와 같이 흑색부패로 보기에 아직 일부 논란이 있거나 가치판단을 요하는 부패, 주로 윤리강령 등에 규정

(4) 부패의 내용
① **직무유기형 부패** : 시민이 개입하지 않는 공무원단독의 부패(복지부동 등)로서, 공익을 해치는 행위
② **후원형 부패** : 공무원이 정실이나 학연 등을 토대로 불법적인 후원을 하는 행위
③ **사기형 부패** : 공무원이 공금이나 예산을 횡령하거나 유용하는 행위
④ **거래형 부패** : 공무원과 시민이 뇌물을 매개로, 이권이나 특혜 등을 주고받는 행위

제2절 행정책임과 행정통제

01 행정책임의 의미

① **행정책임의 개념** : 행정관료가 직무를 수행함에 있어서, 국민에 대한 공복으로서 도덕적·법률적 규범에 따라 행동해야 하는 국민에 대한 의무
② **행정책임의 기본적 특성**
  ㉠ 행정상의 일정한 의무를 전제로 발생
  ㉡ 일정한 재량권의 여지가 있을 때 발생
  ㉢ 개인적 요구보다 공익적 요구에 반응하는 것
  ㉣ 행동의 결과에 대해 발생(결과책임뿐만 아니라 절차에 대한 과정책임도 포함)
  ㉤ 행정책임확보를 위해 행정통제가 이루어짐.

02 행정책임의 종류 ★★

1. **제도적 책임성 또는 객관적 책임성(accountability)**
  ① 전통적인 정치·행정 이원론의 행정관에서는 보는 책임성으로, 관료의 역할은 기본적으로 의회가 제정한 법률을 그 입법취지에 맞게 효율적으로 집행하는 것으로 파악
  ② 대의제 원리하에서 법률로 나타나는 의회의 의사나 계층제상 최고관리자의 지시와 같이, 관료가 **외부의 요구에 대해** 지는 '**공식적 책임 및 법적 책임**' : 정치적 책임(공무원 ➡ 장관 ➡ 수상 ➡ 의회 ➡ 국민)과 행정행위로 인해 국민들이 입은 손해에 대한 보상을 요구하는 법적 책임
  ③ 공식적인 각종 제도적 장치를 통해 표출된 국민의 요구를 충족시켜 주기 위해 정부와 공무원이 임무를 수행하는, 타율적·수동적 책임 ➡ X 이론적 인간관에 근거
  ④ 객관적 책임성의 확보방안 : 공식적인 외부통제기제의 강화 ➡ ㉠ W. Wilson은 '권한의 집중에 의한 계층제적 통제(계층제적 상관의 명령과 복종의 체계)', ㉡ Finer는 '국민과 국민이 선출한 대의기관에 의한 직접적 통제 및 법적 처벌'을 주장

2. **자율적 책임성 또는 주관적 책임성(responsibility)**
  ① 현대 행정에서의 복잡성·전문기술성의 증대에 따른 객관적 책임성의 실효성 약화에 대한 방안으로 강조
  ② 관료들이 **스스로 내면의 가치와 기준에 따라 자발적으로 적극적인 재량을 발휘하여 합리적인 대안을 선택**하고, **국민들의 요구와 기대를 정확하게 인식해서 이에 능동적으로 대응**하는 것
    ➡ Y 이론적 인간관에 근거
  ③ 주관적 책임성의 확보방안 : 사회화과정, 교육훈련, 전문직업적 기준·행정윤리 확립을 통해 관료의 개인적 성격에 영향 ➡ ㉠ Friedrich의 기능적 책임성에서는 '관료의 전문적 지식과 국민적 정서'에 의한 행정책임을, ㉡ 신행정론자들은 '행정윤리의 확립'을 통한 행정책임의 담보를 강조

④ 정부가 국민의 요구에 즉각 응하여 이를 충족시켜주기 위해 노력하는 '민의에의 **대응성**(respon siveness)'도 포함

제도적 책임성과 자율적 책임성의 비교

제도적 책임성(accountability)	자율적 책임성(responsibility)
• 문책자의 외재성 • 절차의 중시 • 공식적·제도적인 통제 • 판단기준과 절차의 객관화 • 제재의 존재	• 문책자의 내재화 또는 부재 • 절차의 준수와 책임완수는 별개 • 공식적 제도에 의해 달성할 수 없음 • 객관적으로 확정할 수 있는 기준 없음 • 제재의 부재

03 행정통제

1. 행정통제의 특성

① 행정통제의 개념 : 행정책임을 확보하기 위한 방안으로서, 행정의 목표와 그 실천행동을 부합시키려는 활동이다. ➡ 조직목표의 효율적 달성을 위해 조직 내부에서 행정관리층이 행하는 '관리통제'뿐만 아니라, 행정이 국민의 기대와 요구에 부응하여야 할 책임을 확보하는 데 목적이 있는 '민주적·정치적 통제'를 포함한 제반활동

② '목표와 기준의 설정 ➡ 성과측정 및 기준과의 비교·평가 ➡ 시정조치(평가의 환류를 통한 행정개선)'이라는 통제과정이 동태적·순환적으로 전개

2. 행정통제의 유형(Gilbert) ★★

구 분	외부통제(민주통제)❶	내부통제(관리통제)❷
공식적(제도적) 통제	① 입법부에 의한 통제 ② 사법부에 의한 통제 ③ 옴부즈만(Ombudsman)에 의한 통제	① 계층제를 통한 통제 ② 감사원에 의한 감찰 통제 ③ 행정수반에 의한 통제
비공식적(비제도적) 통제	① 민중통제 - 선거, 공청회, 시민단체 ② 이익집단에 의한 통제 ③ 여론과 매스컴에 의한 통제	① 행정윤리의 확립을 통한 통제 ② 공무원단체를 통한 통제 ③ 대표관료제 확립을 통한 통제

❶ 외부통제 : 국회나 사법부와 같은 행정조직 외부의 사람이나 기관에 의한 통제이며, 비교적 행정이 단순했던 입법국가시대에 중시

❷ 내부통제 : 행정조직구성원에 의한 통제로서, 행정의 전문성과 복잡성이 심화되는 현대 행정국가 시대에 외부통제의 실효성약화에 따라 강조 ➡ ① 일반계서, ② 교차기능조직(= 조직·인사·재무 등 행정체제 전반에 걸쳐 관리작용을 분담하여 수행하는 참모적 조직단위로 정부관료제의 계서적 명령통로를 가로지는 작용), ③ 독립통제기관(= 일반행정계서와는 어느 정도 분리되는 독자성과 자율성 보유, 감사원과 국민고충처리위원회)

PLUS 심화   옴부즈만(Ombudsman) ★★

1. 옴부즈만의 일반적 특징
　① 의회에서 선출하는 의회의 기관(1809년 최초 채택된 스웨덴의 옴부즈만)이나, 직무수행의 독립성 보유 ➜ 원래 옴부즈만은 입법기관에서 임명하는 것이었으나, 국가별로 행정수반이 임명하기도 한다.
　② 합법성뿐만 아니라, 합목적성 통제도 가능하다.
　③ 일반적으로 시민의 신청에 의한 활동을 시작하나, 직권에 의한 조사 착수도 가능하다.
　④ 행정행위에 대한 직접적 취소나 변경 불가(단지, 사실조사와 시정조치권고 또는 조사결과의 외부공표 등 간접적 통제권한만 보유) ➜ 이러한 측면에서 옴부즈만을 '이빨 빠진 개(dog without teeth)'라고 폄하기도 한다.
　⑤ 민원에 대한 신속하고 저렴한 처리가 가능하다.

2. 한국의 옴부즈만 : 국민권익위원회 - 「부패방지 및 국민권익위원회의 설치·운영에 관한 법률」
　① 국무총리소속하에 설치된 위원회조직(대통령이 임명하는 옴부즈만, 행정체제 내의 독립통제기관)이다.
　② 고충민원의 제기라는 신청에 의한 조사만 가능(직권조사는 불가)하다.
　③ 고충민원의 조사결과 위법·부당한 처분에 대한 시정조치권고, 제도에 대한 시정조치권고만 가능(행정작용에 대한 취소, 변경이나 감사권 없음)하다.
　④ 시민고충처리위원회 설치 : 지방자치단체 및 그 소속 기관에 관한 고충민원의 처리와 행정제도의 개선 등을 위해 각 지방자치단체에 설치한다.

제3절 행정개혁

01 행정개혁의 의미

① 행정개혁(administrative reform)의 개념 : 행정체제(정부관료제)를 어떤 하나의 상태에서 그보다 나은 다른 하나의 상태로 변동시키는 것
② 행정개혁의 특성
  ㉠ 조직의 바람직한 변동
  ㉡ 목표지향성과 가치기준의 인도를 받는 계획적 변동
  ㉢ 현상유지 세력의 저항 유발
  ㉣ 개방체제적 관점에서 행정 내부적 요인들과 환경적 요인의 포괄적 연관성
  ㉤ 장기적·지속적 과정
  ㉥ 동태성·행동지향성
  ㉦ 공공적 상황(정치적 상황)하에서 전개

02 행정개혁의 접근방법

1. 구조적 접근방법

① 행정체제의 구조설계를 개선함으로써 행정개혁의 목표를 달성하려는 접근방법(→ 행정학의 고전기에 중시된 전통적 접근방법)
② 개선 대상 : 규모의 축소나 확대, 분권화의 확대, 통솔범위의 재조정, 명령계통의 수정 등

2. 과정적(기술적) 접근방법

① 행정체제의 과정 또는 일의 흐름을 개선하여 개혁의 행정을 바람직한 상태로 변화시키려는 접근방법
② 개선 대상 : 의사결정·의사전달·통제 등의 과정과 기타 일의 흐름, 결부된 기술 → 예 업무수행과정에 능률성을 향상시키기 위해 정보기술(IT) 도입에 의한 BPR(Business Process Re-engineering)❶, 관리과학이나 체제분석 등 계량적 기법에 의한 의사결정과정의 합리화

> ❶ 리엔지니어링(BPR)
> 비용, 품질, 서비스, 속도 같은 중요한 성과척도에서 극적인 개선을 이루기 위해 사업절차를 근본적으로 재고하여 재설계하는 것
> ① 기능이 아닌 고객이나 절차를 중심으로 조직을 형성
> ② 연속적 업무절차를 병렬로 진행

3. 행태적 접근방법

① 조직구성원의 행태(가치관·태도 등)를 변화시켜 조직 전체의 개혁을 추구하는 인간중심적 접근방법
② 개선 대상 : 조직구성원인 인간의 태도와 행동 → 예 조직발전(OD : 감수성 훈련 등 행태과학의 지식과 기법을 활용하여 조직의 목표에 개인의 성장의욕을 결부시킴으로써 조직을 개혁하려는 접근방법)

> **PLUS 심화**   조직발전(OD : Organizational Development) ★

1. 조직발전(OD)의 의미
행태과학적 지식과 기술을 활용하여 조직의 목표와 개인의 성장욕구를 결합시킴으로써 조직개혁을 성취하려는 과정 → 조직 내의 인간적 가치를 향상시키면서(Y이론적 인간관 전제) 동시에 조직 전체의 효율성을 높이는 접근방법
① **행태과학의 응용**: 행태과학의 지식과 기술을 응용하여 계획적인 개입을 통해 사람들의 가치관·태도·행동 등을 변화시켜 조직을 개혁하려는 접근방법
② **집단의 중요성과 과정지향성**: 조직 내의 집단적 요소를 중시하며, 대인관계나 집단 및 조직의 제과정(특히, 인간적·사회적 과정과 문제해결을 지향하는 협동적 과정)에 초점을 두어 이러한 과정에 인간주의적 가치체계 도입을 시도
③ 행태과학적 외부전문가(상담자)의 활용과 관련자들의 참여와 협동적 노력

2. 조직발전의 주요기법
① **감수성훈련(실험실훈련, T-Group Study)**: 소수인원으로 구성된 집단을 대상으로 인위적인 상황(실험실 상황)하에서 실시하는 훈련으로, 참여자들이 스스로의 태도와 행동을 반성하고 자신의 행동이 다른 사람들에게 미치는 영향을 검토하도록 유도하여 태도와 행동을 변화(대인관계에 대한 감수성 제고)시키는 기법
② **팀 발전(team building)**: 팀 구성원들이 상호협조적인 관계를 형성하여 임무수행의 효율화를 도모하는 기법
③ **과정상담(Process Consultation)**: 개인 또는 집단이 조직 내의 과정적 문제(특히, 조직 내의 인간적 과정)를 지각하고 이해하며 해결할 수 있도록 제3자인 상담자가 도와주는 활동
④ **태도조사 환류기법**: 조직의 모든 구성원의 태도와 감정·가치관을 철저히 조사하여 이를 관계된 모든 사람들에게 환류시키고 그들의 태도변화를 유도
⑤ **Blake와 Mouton의 관리망 훈련**: 생산에 대한 관심과 인간에 대한 관심을 기준으로 구분된 5가지 관리유형(빈약형, 친목형, 과업형, 타협형, 단합형)에서, 계획적이고 체계적인 훈련계획을 통하여 단계적으로 사람과 생산의 관련성을 극대화하는 단합형 관리로 유도

❖ 기술적·구조적 변동을 통한 조직발전의 기법 : 직무확장과 직무충실

⑥ **직무확장(job enlargement)**: 기존의 직무에 '수평적으로' 연관된 직무요소나 기능을 첨가하는 수평적 직무부가의 방법 → 한 가지 업무만을 수행하면서 나타나는 권태감·단조로움을 제거하기 위한 것이나, 권태로운 일을 여럿 부과하여 권태로움을 단순히 농축시키는 것으로 개인의 동기유발에 유효한 방법이 아니라는 비판
⑦ **직무충실(job enrichment)**: 직무를 맡은 사람의 책임성과 자율성을 높이고 직무에 관한 환류가 원활히 이루어지도록 '수직적으로' 직무를 재설계하는 것 → 직무확장이 불만은 제거하지만 동기를 유발하지 못하는 문제를 해결하기 위해 Herzberg에 의해 제시된 것으로, 사람들이 직무수행 그 자체로부터 만족을 얻고 직무에 관하여 내재적으로 동기를 유발할 수 있다고 보는 Herzberg의 욕구충족요인 2원론에 기초

03 행정개혁에 대한 저항 ★

1. 개혁에 대한 저항의 발생원인
① 개혁으로 인한 기득권의 침해
② 관료조직의 현상유지적·보수적인 성향에 의한 타성
③ 개혁내용의 불확실성과 미지의 상황에 대한 불안감
④ 행정부처와 관련된 고객집단의 저항

2. 저항의 극복방안
① **강제적 방법** : 개혁추진자가 강압적 권력으로 제재를 가하거나 위협, 명령권의 일방적 행사를 통해 저항을 극복하는 방법(예 공식적 권한에 의한 명령, 신분상의 불이익처분, 긴장의 조성, 권력구조개편에 의한 저항집단의 세력약화) → 저항을 근본적으로 해결하지 못하는 단기적·피상적 방법
② **공리적·기술적 방법** : 관련자들의 이익침해를 방지·보상하고, 개혁과정의 기술적 요인을 조정하여 저항을 극복하거나 회피하는 방법(예 경제적 손실에 대한 보상, 신분과 보수유지에 대한 약속, 개혁이 가져올 가치나 개인적 이익의 실증, 개혁의 시기조절, 개혁절차나 방법의 적응성 있는 운영) → 비용이 많이 들고 장기적 효과를 기대하기 곤란, 저항을 본질적 극복이 아니라 저항에 양보·굴복하는 결과를 초래
③ **규범적·사회적 방법** : 이해관계자들의 참여를 확대하고 개혁에 대한 정보를 제공하여 개혁의 규범적 정당성에 대한 인식을 높여, 자발적 협력과 개혁의 수용을 유도하는 방법(예 개혁지도자의 신망 개선, 의사전달과 참여의 원활화, 사명감 고취, 불만을 해소할 수 있는 기회제공, 개혁수용에 필요한 시간의 허용, 개혁의 가치와 기존가치의 양립가능성 강조, 교육훈련과 자기개발 촉진 등) → 저항의 가장 근본적 해결책으로 오늘날 가장 선호되는 방법이나 많은 시간과 노력이 소요

제4절 정보화와 전자정부

01 정보화

1. 지식·정보사회
- **지식·정보사회의 개념** : 지식과 정보가 물질이나 에너지 못지않게 중요한 자원으로 활용되는 사회❶

> ❶ 정보와 지식의 의미
> ① **자료(data)** : 사물이나 사실을 기호(문자, 소리, 이미지, 화상 등)로 표시한 것을 의미하며, 이러한 자료는 가공되기 전까지는 그 자체로써 사용자에게 특정한 의미를 주지 못한다.
> ② **정보(information)** : 자료가 사용자에게 의미 있는 형태로 가공된 것이다.
> ③ **지식(knowledge)** : 정보가 의사결정이나 문제해결에 사용될 수 있도록 '사용자에게 내부화된 상태(사용자가 정보를 완전히 이해하여 자신의 것으로 만드는 것)'를 말한다. 내부화 과정을 통해 정보는 새로운 지식으로 축적되거나 기존의 지식구조를 수정하게 된다.

2. 정보화에 따른 조직의 변화 ★★

정보화에 따른 조직의 변화	
조직구조	① 조직구조의 탈관료제화 　㉠ 피라미드 구조가 종형으로 변형❶ 　㉡ 중간관리층과 지원인력의 감축으로 조직의 소규모화와 저층구조화 ② 조직의 수평화와 네트워크화 　㉠ 환경에 대한 신속한 적응(유연성과 신축성)을 위해, 수직적 계층제의 완화 및 수평적 상호작용 증가 ➡ 　　예 수평적으로 연결된 Network구조(공동조직)나 가상조직, 후기 기업가조직, 삼엽조직, 혼돈조직 등 　㉡ 이음매 없는 조직(= 직무 간, 기능 간 경계가 흐려지고 일의 흐름과 협동적 문제해결이 중요시)의 구현 ③ IT에 근거하여 조직 간 연계성 증가 : ㉠ 정부와 시민의 연계(G2C), ㉡ 정부와 기업의 연계(G2B), ㉢ 정부조직 간의 연계(G2G)
권력관계	① 의사결정의 집권화를 촉진한다는 견해 : 일상적인 결정은 컴퓨터가 하고 중요한 결정은 최상층부에서 수행하여, 집권화 초래 ② 폭포효과 발생으로 인해 분권화를 촉진한다는 견해 : 중하위계층 업무가 사라지게 되고, 상층부의 권한을 아래로 폭포처럼 내려 보내, 분권화 초래 ✤ 정보화에 따른 의사결정의 집권화와 분권화 주장이 대립되나, 이는 관리자의 철학과 조직문화의 문제이며, 상대적으로 <u>분권화 주장이 일반적이다</u>(➡ 정보화사회에서 고객의 다양한 요구에 대한 신속한 대응과 급변하는 환경에 유연한 대처를 위해).
조직행태	① 경쟁가속화 : 정보화의 영향으로 조직 간 또는 조직 내 개인 간의 경쟁 가속화 ② 노동력 구성의 질적 변화 : 전문성을 갖춘 집단과 임시적·계약직 근로자집단으로 이원화, 노동력의 이동성 증가로 조직에 대한 전통적인 충성심 변화 ③ 동기유발의 패러다임 변화 : 연공서열에 의한 보상보다 개인의 전문적 기술과 능력에 의한 보상체계로 변화 ④ 조직문화의 변화 : 강한 문화에서 여성적인 유연한 문화로 변화 ⑤ 조직 내 개인의 자율성 향상 : IT에 근거한 재택근무의 확산이나 근로시간의 자유로운 선택

❶ 정보화가 조직구조의 형태에 미치는 영향(Leavitt와 Whisler의 모형) : 정보화에 따라 중간관리자층이 조직 내에서 차지하는 비중이 상대적으로 줄어(중간관리자층의 반복적·일상적 업무가 IT에 의해 자동처리), 조직구조가 전통적인 피라미드형태에서 '종(bell) 위에 럭비공을 올려놓은 것과 같은 형태'로 변화

02 행정정보화와 전자정부

1. 전자정부(Electronic Government)의 의미 ★★

(1) 전자정부의 개념

① 탈산업시대·탈관료화시대를 배경으로 한 정보사회형 정부개념으로, 미국의 Clinton 행정부가 **정보기술을 활용한 정부혁신**(= 작지만 효율적인 정부구축을 위한 정부재창조)**전략**으로 추진하면서 등장한 개념이다.
② 전자정부는 단순히 정보기술을 도입함으로써 구현될 수는 없으며, <u>IT를 활용하여 '행정활동의 모든 과정을 혁신(BPR : Business Process Re-engineering)'하여</u>❶ ㉠ 행정업무의 효율화와 정책결정의 합리화를 통해 효율적으로 행정서비스를 생산하고(= 정부 내부의 생산성을 극대화하는 **효율적 정부**), ㉡ 정부와 국민이 IT기반에 연결되어 언제·어디서나 필요한 행정서비스를 제공하는 **고객지향적 정부**이며, ㉢ 국민이 정부의 의사결정에 참여

하게 되는 계기가 되는 **투명하게 열린 정부**(전자민주주의를 실현하는 정부)를 말한다. ➔ 전자정부의 유형으로는 ㉠ 능률형 전자정부, ㉡ 서비스형 전자정부, ㉢ 민주형 전자정부로 구분된다.

③ 최근 정보통신기술 패러다임이 인터넷에서 모바일로, 모바일에서 다시 유비쿼터스 컴퓨팅·네트워크 기술로 진화함에 따라, 전자정부(e-government)에서 유비쿼터스정부(u-government : 언제, 어디서나, 어떤 기기를 통해서도 연결되는)로 진화해 가고 있다. 최근에는 인공지능(AI)를 활용하는 지능형 전자정부로 발전하고 있다. ❶

> ❶ 「전자정부법」의 유비쿼터스 기반의 전자정부와 지능형 전자정부
> ① 유비쿼터스 기반의 전자정부 서비스 도입·활용(전자정부법 제18조) : 행정기관 등의 장은 첨단 정보통신기술을 활용하여 국민·기업 등이 언제 어디서나 활용할 수 있는 행정·교통·복지·환경·재난안전 등의 서비스(=유비쿼터스 기반의 전자정부서비스)를 제공하여야 하며, 이에 필요한 시책을 마련하여야 한다.
> ② 지능형 전자정부서비스의 제공(전자정부법 제18조의2) : 행정기관등의 장은 인공지능 등의 기술을 활용하여 전자정부서비스를 제공할 수 있다. ➔ 전자정부서비스 제공에 활용할 수 있는 인공지능 등의 기술 : 1. 자연어 처리, 2. 음성인식, 3. 영상인식, 4. 그 밖에 전자적 방법으로 학습·추론·판단 등을 구현하는 기술

(2) 전자정부의 개념의 세 가지 차원 : 효율성 - 민주성 - 성찰성

① **효율성 차원의 전자정부** : 정부 내부의 효율성(정부혁신, 정부개혁, 정부생산성) 제고라는 관점에서 파악되는 개념으로서, ㉠ 국민의 편의가 극대화되는 정부(one stop, non stop, any stop), ㉡ 종이 없는 사무실, ㉢ 깨끗하고 투명한 정부, ㉣ 디지털 신경망 정부 등으로 구성되어 있다.

② **민주성 차원의 전자정부** : 정부 외부와의 인터페이스 관점에서 정부 - 국민 간의 정부권력의 전통적 관계를 민주적으로 복원시키는 의미에서 전자민주주의를 실현하는 정부로 규정된다.

(3) 전자정부의 개념 요소

① 전자정부는 행정업무에 정보기술을 활용하여 행정업무의 효율성을 제고시킨다.
② 전자정부는 정보기술을 활용하여 신속·정확한 대국민 서비스를 실현한다.
③ 전자정부는 행정업무의 처리절차를 재설계하여 정부혁신을 유도한다.
④ 전자정부는 정보화로 인한 국가경쟁력의 향상을 가져온다.
⑤ 전자정부는 정보사회에 맞는 정부의 역할변화를 수반한다.
⑥ 전자정부의 구현은 정보기술의 도입이 아닌 BPR에 의한 행정개혁에 의해 달성된다.
⑦ 전자정부는 단순한 행정업무의 전산화가 아니라 민주주의 이념하에서 확대된 보편적 서비스를 제공하여 사회적 형평성을 제고하는 미래 정보사회의 정부이다.

2. 전자정부의 vision : 정부혁신의 관점

① 종이 없는 사무실로 비용을 절감하고, 생산성이 제고되는 '효율적 정부'
② 민원편의가 극대화되는 고객지향적 정부(One·Non·Any Stop Service Government)❶
③ 투명한 열린 정부, 전자민주주의(tele-democracy) 실현
④ 지식정부(Knowledge Government)

> ❶ ① One-stop Service : 행정기관의 기능을 전산망을 통해 횡적으로 연계하여 국민 개개인이 어떤 행정기관을 통해서든 해당 공공서

비스를 한 번에 일괄적으로 받는 것
② Non-stop Service : '24시간 열린 행정'을 위해 국민의 행정서비스 이용시간대를 확대하여, 시간에 구애받지 않고 편리한 시간대에 서비스를 제공받는 것

3. 전자정부의 vision으로서 지식행정 · 지식정부 ★★

(1) 지식정부와 지식관리시스템의 개념
① 지식정부 : 지식과 정보가 높은 부가가치를 창출하는 지식기반사회에서, 정부 내 산재해 있는 정보와 지식(형식지와 암묵지)이 IT와 netwok를 통해 전파되고 공유되어, '지식의 창출 – 축적 – 공유 – 학습 – 활용'이라는 지식활동이 원활히 이루어져 정책결정역량이 높아지는 정부를 말한다.
② 지식관리시스템(KMS : Knowledge Management Sysem) : 지식이 높은 가치를 지니는 지식경영에 있어서, 조직 내 효율적인 지식활동이 이루어지도록 지식(지식 자산)을 관리하는 시스템이다. 그리고 지식 경영을 총괄하게 되는 최상위직인 CKO(Chief Knowledge Officer)가 있다.

(2) 지식의 유형(Nonaka)
① 형식지(explicit knowledge) : 언어화와 형식화가 가능한 객관적 지식, 책을 읽거나 D/B에 접속하는 등의 방식으로 얻어질 수 있는 지식(예 문제해결과 관련된 조직의 문서나 보고서, 규정, 매뉴얼 등)
② 암묵지(tacit knowledge) : 언어화와 형식화가 곤란한 개인이나 조직의 경험과 같은 주관적·내재적 지식, 주로 실제 경험에 의해 얻어지는 지식(예 문제해결과 관련된 개인의 노하우나 숙련된 기능, 조직의 경험 등)

지식관리의 방법

형식지의 관리방법	암묵지의 관리방법
① data warehousing(자료의 Data Base) 활용 ② data mining(수많은 자료들의 유형과 패턴을 분석하여 문제해결을 위한 지식발굴) 활용 ③ 지식지도(어떤 지식이 조직에 어디에 있으며, 어떻게 접근할 수 있는 지를 기술) 작성	① 대화 ② 경험담 듣기와 역사학습 ③ 실천공동체(경험공동체) : 유사한 문제에 직면한 사람들이 해결방안을 함께 탐색하기 위해 자발적, 비공식적으로 구성

4. 전자정부의 원칙(전자정부법 제4조)
① 행정기관 등은 전자정부의 구현·운영 및 발전을 추진할 때 다음 각 호의 사항을 우선적으로 고려하고 이에 필요한 대책을 마련하여야 한다.
  1. 대민서비스의 전자화 및 국민편익의 증진
  2. 행정업무의 혁신 및 생산성 · 효율성의 향상
  3. 정보시스템의 안전성 · 신뢰성의 확보
  4. 개인정보 및 사생활의 보호
  5. 행정정보의 공개 및 공동이용의 확대
  6. 중복투자의 방지 및 상호운용성 증진
② 행정기관 등은 전자정부의 구현·운영 및 발전을 추진할 때 정보기술 아키텍처를 기반으로 하여야 한다.
③ 행정기관 등은 상호 간에 행정정보의 공동이용을 통하여 전자적으로 확인할 수 있는 사항을 민원인에게 제출하

도록 요구하여서는 아니 된다(= 행정정보공동이용과 행정기관확인의 원칙). ❶
④ 행정기관 등이 보유·관리하는 개인정보는 법령에서 정하는 경우를 제외하고는 당사자의 의사에 반하여 사용되어서는 아니 된다.

❶ 행정정보 공동활용
① 행정정보 공동활용이란, 국가기관과 공공기관이 각 기관별로 업무 수행 목적상 보유하고 있는 전자적 정보를 효율적인 업무 수행과 행정의 투명성 확보 및 대민 서비스를 제공하기 위해 기관 간에 정보를 공동으로 사용하는 것을 말한다.
② 정보의 공동활용을 가능케 하는 정부정보연계센터는 각 정부기관이 개별적으로 구축한 데이터베이스 중에서 공동활용이 필요한 정보를 수요기관이 상시 이용할 수 있도록 제공하는 기능을 수행한다. 이로써 정보의 공동 활용에 의한 정부의 생산성이 획기적으로 제고될 뿐만 아니라 원스톱·논스톱과 같은 민원 서비스의 제공을 가능하게 한다.

03 행정정보공개제도 ★

(1) 정보공개의 의미
① 광의의 정보공개 : 정부 또는 행정기관이 보유하고 있는 정보를 외부인에게 공개하는 일체의 행위를 말한다.
→ 국민의 공개청구권에 의해 공개(좁은 의미의 정보공개)뿐만 아니라, 행정기관에 의한 자발적·능동적 정보제공(정보공표)을 포함한다.
② 협의의 정보공개(제도화된 의미의 정보공개) : 정부 또는 행정기관이 보유하고 있는 정보를 국민의 청구에 따라 공개하는 것을 말한다. 즉, 국민이 행정기관 보유의 정보에 접근하여 이용할 수 있는 권리를 부여하고, 행정기관에는 정보공개의 의무를 부과하는 제도이다.

(2) 우리나라의 행정정보공개제도 : 공공기관의 정보공개에 관한 법률
① 공개대상 정보
㉠ 공공기관(= 국가기관 또는 지방자치단체, 공공기관운영에 관한 법률에 따른 공공기관, 각급학교, 지방공사와 지방공단 등)이, 직무상 작성 또는 취득하여 관리하고 있는 문서·도면 등에 기록된 사항을 말한다.
㉡ 그러나 동법 제9조에서 정보공개의 예외가 되는 '비공개대상정보'의 범주를 정하고 있다.
② 정보공개청구권자 : 모든 국민은 정보공개를 청구할 청구권자가 된다. 외국인의 경우는, 대통령령으로 정한다(국내에 일정한 주소를 두고 거주하거나 학술·연구를 위하여 일시적으로 체류하는 자 또는 국내에 사무소를 두고 있는 법인 또는 단체로 한정).
③ 정보공개 절차와 방법
㉠ 정보공개청구를 받은 공공기관은 원칙적으로 10일 이내에 공개 여부를 결정하여야 한다(10일 이내에 범위 내에서 연장가능).
㉡ 정보공개의 방법으로는 청구된 내용을 전부 공개하는 방법과, 청구된 내용에 비공개정보가 포함된 경우 그 부분을 제외한 나머지를 공개하는 부분공개의 방법이 있다.

빈출 핵심 지문

1. 행정윤리의 개념은 이를 넓게 해석하여 공무원의 부정부패와 관련된 적극적인 측면으로 이해되기도 한다.
   → X / Why, 부정부패방지와 관련된 행정윤리의 개념은 최소한 확보되어야 하는 행정윤리의 '소극적 측면'이다. 적극적 행정윤리란 업무수행과정상 공익성과 국민에 대한 봉사성을 실현하는 것이다.

2. '공직자윤리법'에는 ① 이해충돌 방지 의무, ② 정무직공무원 등의 재산등록 의무, ③ 외국 정부 등으로부터 받은 선물의 신고, ④ 비위면직자의 취업제한 등이 규정되어 있다.
   → X / Why, ④는 틀린 내용이다. 공직자윤리법에는 퇴직공무원의 취업제한이 규정되어 있으며, 비위면직자의 취업제한은 공직자윤리법이 아니라 부패방지 및 국민권익위원회 설치운영에 관한 법률에 규정되어 있다.

3. 공금횡령, 개인적 이익의 편취, 회계 부정 등은 사기형 부패(비거래형 부패)에 해당하고, 뇌물을 주고받음으로써 금전적 이익을 보는 사람과 이를 대가로 특혜를 제공받은 사람 간에 발생하는 부패를 거래형 부패라고 한다.

4. 금융위기가 심각함에도 불구하고 국민들의 동요나 기업활동의 위축을 막기 위해 공직자가 거짓말을 하는 것은 회색부패에 해당한다.
   → X / Why, 백색부패를 말한다. 백색부패는 '부패의 정도에 따른 유형분류(백색, 흑색, 회색)'에서, 사익이 아닌 공적 이익을 위한 공직자의 거짓말과 같이 '선의'의 목적으로 행해지는 부패를 말한다.

5. ① 제도적 책임성이란 공무원이 전문가로서의 직업윤리와 책임감에 기초해서 자발적인 재량을 발휘해 확보되는 행정책임을 의미한다. ② 결과주의에 근거한 윤리평가는 사후적인 것이며 문제의 해결보다는 행위 혹은 그 결과에 대한 처벌에 중점을 둔다.
   → X / Why, ①은 잘못된 지문이다. 공무원이 전문가로서의 직업윤리와 책임감에 기초해서 자발적인 재량을 발휘해 확보되는 행정책임은 제도적 책임성이 아니라, 자율적 책임성이다.

6. 제도적 책임성(accountability)은 객관적으로 기준을 확정하기 곤란하므로, 내면의 가치와 기준에 따르는 것이다.
   → X / Why, 객관적으로 기준을 확정이 어려워 공무원 스스로의 내면의 가치와 기준에 따르는 것은 자율적 책임성(responsibility)이다.

7. 감사원의 직무감찰은 외부통제에 해당한다.
   → X / Why, 감사원에 의한 통제는 내부·공식적 통제이다.

빈출 핵심 지문

8. 행정이 전문성과 복잡성을 띠게 된 현대 행정국가 시대에는 내부 통제보다 외부 통제가 점차 강조되고 있다.
→ X / Why, 행정이 전문성과 복잡성을 띠게 된 현대 행정국가 시대에는 외부 통제보다 내부 통제가 강조되고 있다. 외부통제는 비교적 행정이 단순했던 입법국가시대에 중시되었다.

9. 옴부즈만 제도는 정부 행정활동의 비약적인 증대에 따른 시민의 권리침해 가능성에 대해 충분한 구제제도를 두기 위하여 핀란드에서 최초로 도입되었고, 옴부즈만은 행정행위의 합법성뿐만 아니라 합목적성 여부도 다룰 수 있으며, 우리나라의 경우 대통령 직속의 국민권익위원회가 옴부즈만에 해당한다.
→ X / Why, 옴부즈만 제도는 핀란드가 아니라 스웨덴에서 최초 채택된 제도이다. 또한 우리나라의 국민권익위원회는 국무총리 소속하에 설치되어 있다.

10. 조직발전(OD)에서, ① 감수성훈련은 동료 간ㆍ동료와 상사 간의 상호작용을 진작시키기 위한 실제 근무상황에서 실시하는 기법이며, ② 블레이크와 머튼(Blake & Mouton)은 과업형리더를 가장 효과적인 관리유형으로 꼽았고, ③ 변화관리자의 도움으로 단기간에 급진적 조직변화를 추구한다.
→ X / Why, ② 감수성훈련은 실제상황이 아니라 인위적인 상황(실험실 상황)에서 실시한다. ② 블레이크와 머튼(Blake & Mouton)은 과업형리더가 아니라 단합형리더를 가장 효과적인 관리유형으로 꼽았다. ③ 조직발전은 가치관과 태도개선을 도모하는 것으로 단기간에 급진적 조직변화를 추구하기 곤란하다.

11. 행정개혁에 대한 저항 극복전략으로, 공리적·기술적 방법에는 개혁의 시기조정, 경제적 손실에 대한 보상, 개혁이 가져오는 가치와 개인적 이득의 실증 등이 있고, 규범적·사회적 방법에는 개혁지도자의 신망 개선, 의사전달과 참여의 원활화, 사명감 고취와 자존적 욕구의 충족 등이 있다. 여기서 저항을 가장 근본적으로 해결하는 방법은 공리적·기술적 방법이다.
→ X / Why, 저항을 가장 근본적으로 해결하는 방법은 규범적·사회적 전략이다.

12. 전자정부(e-government) 구현과정에서 예측되는 현상으로 ① 직무 간 경계와 기능 간 경계가 점점 명확해지고, ② 조직규모가 줄어들고 수평적 관계가 중요해지며, ③ 중간관리층 규모가 축소되고 행정농도가 낮아지고, ④ 분권화를 촉진시키지만 집권화를 위해서 사용될 수도 있다.
→ X / Why, ①은 틀린 내용이다. 정보화에 따른 조직구조의 변화로는 조직구조가 탈관료제화, 조직의 수평화 네트워크화 되는 것이다. 사람이 직접 수행하는 업무는 다기능화 수준이 높아져 직무간 경계가 기능 간 경계는 모호해진다.

13. 전통적 행정관리와 비교한 새로운 지식행정관리는 ① 공유를 통한 지식가치 향상 및 확대 재생산, ② 지식의 조직 공동재산화, ③ 계층제적 조직 기반, ④ 구성원의 전문가적 자질 향상을 특징으로 한다.
→ X / Why, 지식활동과 지식행정관리를 특징으로 하는 학습조직은 대표적인 유기적 구조로 수직적인 계층제의 성격이 약화된다. 지식정부를 실현하기 위해서는 학습조직의 구축이 선행되어야 하는데, 이러한 학습조직의 조직구성원들의 자율성·창의성에 기반한 유기적 구조이다. 계층제적 조직구조의 강화는 계층제적 경직성으로 인해, 효율적인 지식활동(지식의 창출-축적-공유-활용-학습)에 저해요인이 된다.

14. 조직의 경험, 숙련된 기능, 개인적 노하우(know-how)는 암묵지이고, 업무매뉴얼, 컴퓨터 프로그램, 정부 보고서는 형식지에 해당한다.

15. 빅데이터(big data)의 3대 특징은 크기, 정형성, 임시성이다.
→ X / Why, 빅데이터는 기존의 기업환경에서 사용되는 '정형화된 데이터'는 물론 메타 정보와 센서 데이터, 공정제어 데이터 등 미처 활용하지 못하고 있는 '반정형화된 데이터', 여기에 사진과 이미지처럼 그동안 기업에서 활용하기 어려웠던 멀티미디어 데이터인 '비정형 데이터'를 모두 포함한다. 빅데이터는 초대용량의 데이터 양(volume), 다양한 형태(variety), 빠른 생성 속도(velocity)의 특징을 지닌다.

행정사 1차 행정학개론

PART

07

지방행정론

제7편 '지방행정론'의 체계와 빈출내용 및 학습포인트

체계	테마	빈출내용 및 학습포인트
지방행정론	지방자치	• 주민자치(영미계) vs. 단체자치(대륙계) • 지방자치와 민주주의(관계긍정설 vs. 관계부정설) • 지방자치와 효율성 : 티부가설–발로하는 투표(Tiebout 모형의 성립 조건) • 신중앙집권 vs. 신지방분권
	지방자치단체	• 보통 지방자치단체(광역 : 특별시, 광역시, 특별자치시, 도, 특별자치도 – 기초 : 시, 군, 자치구) vs. 특별 지방자치단체(=지방자치단체조합) • 보통 지방자치단체의 계층구조 : 단층제 vs. 중층제의 장·단점 • 지방자치단체의 구역개편의 법적 수단과 절차
	지방자치단체의 기관	• 기관구성 형태 : 기관통합형 vs. 기관대립형(집행기관 직선형)의 장·단점 • 의결기관(지방의회의 권한) : ① 지방의회의 필수적 의결사항, ② 행정사무감사 및 조사 • 집행기관(단체장의 권한) : ① 지방의회 의결에 대한 단체장의 재의요구권, 제소권, ② 선결처분권, 자치행정조직(보조기관, 소속행정기관, 하부행정기관)
	주민참여	• Arnstein의 주민참여의 8단계 : 조치/정상유/협권주 • 주민의 직접참정제도 : ① 주민투표제도, ② 조례의 제정·개폐청구권(주민발안)과 주민감사청구권, ③ 주민소송(납세자소송)제도, ④ 주민소환제도
	자치권 (자치입법권)	• 조례와 규칙 • 조례제정권의 범위 : 지방자치단체의 사무–자치사무와 단체위임사무에 대하여 • 조례제정권의 한계 : 법령의 범위안에서, 주민의 권리제한·의무부과·벌칙을 조례로 정할 때에는 법률의 위임이 있어야 • 조례의 제정절차 : 발안 → 지방의회의결 → 단체장의 공포 또는 재의요구 → 지방의회 재의결로 조례확정 → 단체장의 대법원 제소
	지방자치단체의 사무와 기능배분	• 기능배분의 방식 : 개별적 수권방식 vs. 포괄적 수권방식 • 기능배분의 원칙 : 보충성의 원칙 등 • 지방자치단체의 사무 : 자치사무 vs. 단체위임사무 vs. 기관위임사무의 상대적 비교
	지방재정	• 지방세입 : 자주재원(지방세와 세외수입) vs. 의존재원(지방교부세와 국고보조금) • 지방세 : 지방세의 원칙, 한국의 지방세(보통세 9개와 목적세 2개), 지방세의 문제점 • 세외수입 : 사용료/수수료/분담금, 지방채 • 지방교부세(보통/특별/부동산/소방안전 교부세) vs. 국고보조금(협의/부담금/교부금) • 지방재정분석·진단, 지방재정위기관리 • 재정자립도와 재정자주도
	광역행정	• 구조적 방법(합병, 시·군통합, 연합) vs. 기능적 방법 • 특별지방행정기관의 필요성과 문제점 • 행정협의회와 지방자치단체 조합의 비교 • 정부간관계(Wright 모형 3개) : ① 포괄권위, ② 분리권위, ③ 중첩권위
	중앙통제	• 입법통제/사법통제/행정통제 • 위법·부당한 명령·처분에 대한 주무부장관의 시정명령 및 취소·정지 • 직무이행명령 • 지방의회 의결에 대한 재의요구명령, 제소지시, 직접제소

제1장 지방행정론

제1절 지방자치

01 지방자치의 의미

① **지방자치의 개념**: ㉠ 국가 내 일정한 지역을 대상으로 ㉡ 그 지역의 주민들(➜ 지방자치의 본질적 요소)이 ㉢ 그들의 대표로 구성된 지방정부·지방자치단체(➜ 지방자치의 형식적·법제적 요소)를 통하여, ㉣ 지역적 성격의 문제를 자주적으로 처리하는 통치양식

② **지방자치의 구성요소**
  ㉠ 구역(공간적 구성요소 – 동급 지방정부 간에는 그 지리적 영역이 겹쳐지지 않는다는 상호배타성을 지니나, 지방정부 간의 합의에 의해 공동의 관할구역을 설정하기도 한다)
  ㉡ 주민(인적 구성요소 – 자치권의 궁극적 주체이자 객체)
  ㉢ 지방자치단체·지방정부(지역단위의 공적 결정기구 – 공법인)
  ㉣ 자치권(자치입법권, 자치행정권, 자치사법권, 자치조직권, 자치재정권 등을 포함하나, 이러한 권한이 모두 완벽하게 주어져야 지방자치를 하는 것은 아니다)

02 지방자치의 양대 계보: ① 주민자치와 ② 단체자치 – 연혁상의 차이 ★★

1. **주민자치**: 영미형 지방자치 – 지방정부가 자치정부라는 단일지위를 가지는 형태
   ① 중앙정부의 지방행정체계가 자리 잡지 않은 상태에서 지역주민들이 스스로 자치기구를 결성하여 자치를 행하는 방식 ➜ 주로 중앙정부의 통치력이 강하지 못했던 국가나 중앙정부의 지방행정체계가 제대로 갖춰지지 않은 영국, 미국 등에서 발달
   ② 지방정부는 자치정부라는 단일 지위를 가지며, 사무 또한 원칙적으로 자치사무만을 수행.
   ③ 지방자치란 '지역주민이 지역의 행정을 자치정부를 통해 자기들의 의사와 책임으로 처리하는 것'으로 이해 ➜ 지방자치단체와 주민의 관계라는 대내적 측면에서 **'주민참여(주민에 의한 행정)'를 중심으로 지방자치를 이해**

2. **단체자치**: 대륙형 지방자치 – 지방정부가 이중적 지위를 가지는 형태
   ① 중앙정부가 지역단위의 종합지방행정기관을 설치한 후, 이에 자치정부로서의 법인격과 일정한 사무에 대한 자치권을 부여하는 방식 ➜ 주로 중앙집권적 경향이 강했거나 중앙정부의 지역단위 종합행정기관이 잘 정비되어 있는 한국, 일본, 독일, 프랑스 등에서 발달

② 지방정부는 중앙정부의 지역단위 종합지방행정기관이라는 본래적 지위와 중앙정부가 새로 부여한 자치정부라는 이중적 지위를 보유. 따라서 사무도 중앙정부의 지휘감독 아래 처리하는 국가사무와 자치권을 가지고 처리하는 자치사무로 구분

③ 지방자치란 '국가로부터 독립된 법인격을 부여받은 지방자치단체가 지역의 행정을 자신의 권능과 책임으로 처리하는 것'으로 이해 ➔ 지방자치단체와 중앙정부의 관계라는 대외적 측면에서 '**국가로부터 독립된 자치단체의 자치권**'을 중심으로 지방자치를 이해

3. **주민자치와 단체자치의 조화** : 지방자치의 실제적 경향

① 주민자치는 주민의 행정참여를 보장하는 민주주의의 실천원리로서 '지방자치의 본질적 요소' ② 단체자치는 지방자치의 본질인 주민자치를 실현하기 위한 '형식적·법제적 요소'

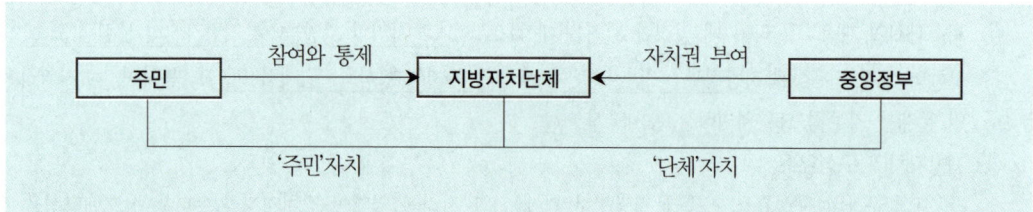

구 분	주민 자치	단체 자치
자치의 의미	정치적 의미의 자치	법률적 의미의 자치
이 념	민주주의 사상	지방분권 사상
자치권 인정의 주체	주민	중앙정부(국가)
자치권의 인식	자연법상의 천부적 권리 (고유권설=지방권설)	실정법상 국가에 의해 주어진 권리 (전래설=국권설)
자치의 중점	지방자치단체와 주민과의 관계 (주민에 의한 행정, 지방정치와 행정에 주민참여 – 주민의 권리를 중시)	지방자치단체와 국가와의 관계 (자치단체에 의한 행정, 국가로부터 자치단체의 독립성 – 자치단체의 권능·자치권을 중시)
자치권의 범위	광범 (자치권이 주민으로부터 연원하므로)	협소 (자치권이 중앙정부로부터 연원하므로)
권한부여 방식	개별적 수권(지정)주의	포괄적 수권(위임)주의
중앙통제의 방식	입법적·사법적 통제	행정적 통제
지방정부의 형태	기관통합형(의회제·위원회제), 의결기관 우월주의	기관대립형(시장제), 집행기관 우월주의
사무구분	자치사무와 국가위임사무 비구분 (위임사무 부존재)	자치사무와 국가위임사무 구분
조세제도	독립세주의	부가세주의
중앙·지방 간 관계	기능적 협력관계	권력적 감독관계

위법행위 통제장치	사법재판소	행정재판소
자치단체의 지위	단일적 성격 (순수한 자치단체)	이중적 성격 (자치단체인 동시에 국가의 하급행정기관)
주요 국가	영국, 미국 등	독일, 프랑스 등 대륙계 국가
민주주의와의 상관관계	인정	부정

03 티부(Tiebout) 가설 : 발로 하는 투표(voting with feet) ★★

(1) 의미
① '모든 주민은 항상 생활환경과 업무환경이 유리한 지방자치단체의 구역으로 옮겨가서 생활하고자 하는 경향(발로 하는 투표 - voting with feet)을 지닌다'는 가설로, '지방공공재의 경우 각 지방정부가 독자적으로 그 공급에 대한 결정을 내리는 분권화된 체제가 효율적인 자원배분을 가져온다는 것'이다.

② 지역 간 이동에 특별한 제약이 존재하지 않는 경우 주민들은 자신들의 욕구에 부합하지 않는 지역을 떠나 적은 조세 부담으로 높은 수준의 공공서비스를 제공하는 지역으로 이동(= 발로 하는 투표)하게 된다. 즉, 유권자인 동시에 소비자인 지역주민들은 거주지의 선택을 통해 지방공공재에 대한 자신의 선호를 표시할 수 있다는 것이다.

③ 그 결과, ⊙ 모든 지방정부는 더 적은 비용으로 양질의 공공서비스를 공급하기 위해 노력하게 되고, ⓒ 소비자가 시장에서 최대 효용을 제공하는 민간재를 구입하여 효용극대화를 실현하듯이 주민들의 '발에 의한 투표'를 통해 최선의 지방정부를 선택하여 지방공공재에 대한 효용극대화를 실현한다는 것이다.

(2) Tiebout모형 성립의 기본가정
① 시민의 이동성 : 거래비용 없이 자유롭게 옮겨 살 수 있는 완전한 이동성이 있어야 한다(주민들의 이주가 자유롭고, 그들의 선호를 가장 적절하게 충족시켜 줄 수 있는 지방정부로 이주할 수 있어야 한다).

② 완전정보 : 주민들은 각 지방정부에서 제공되는 공공서비스와 지방세 수준에 관해 완벽한 정보를 갖고 있어야 한다.

③ 다수의 지방정부 : 주민이 선택할 수 있는 상이한 지방공공재를 제공하는 여러 개의 지방정부가 존재하여야 한다.

④ 배당수입에 의한 소득(고용기회가 거주지 선택에 영향을 미치지 않음) : 모든 시민은 배당수입(dividend)에 의존하여 생계를 유지한다. 이는 거주지 선정에 고용기회가 아무런 영향을 미치지 못하도록 하기 위한 조건으로, 거주지 선정의 기준은 순전히 지방정부가 제공하는 공공서비스임을 뜻한다.

⑤ 외부효과의 배제 : 지방정부 간 공공서비스의 외부경제나 외부불경제가 존재하지 말아야 한다.

⑥ 최적규모의 추구(규모수익 불변) : 모든 지방정부는 최적의 생산규모(최저 평균비용 생산)를 추구하여, 최적 규모보다 작은 지방정부는 평균비용을 감소시키기 위해 더 많은 주민을 유입하려고 노력하고 최적 규모보다 큰 지방정부는 자신의 주민을 감소시키려고 노력한다.

⑦ 고정적 생산요소의 존재 : 모든 지방정부는 최소한 한 가지의 고정적인 생산요소를 갖는다. 이와 같은 제약으로 인해 각 지방정부는 최적 규모(일정 수준의 지방공공재가 최저 평균비용으로 생산될 수 있는 인구규모)를 갖게 된다.

(3) Tiebout모형의 결론

① 티부모형의 균형은, 여러 개의 지방정부가 각기 다른 재정 프로그램을 제시하고 주민들은 자신의 선호에 부합하는 지역에 골라 거주하게 되어, 지방정부마다 최적의 지방공공재 공급과 선택이 이루어져 더 이상의 개선의 여지가 없는 Pareto 효율적 자원배분이 실현된다.
② 이러한 균형상태에서 각 지역에 비슷한 기호와 소득을 갖고 있는 사람들이 모여 사는 분화(어떤 지역에는 부유한 사람이 모여 살고, 다른 지역에는 빈곤한 사람이 모여 사는) 현상이 발생한다.

제2절 신중앙집권과 신지방분권

국가관과 중앙-지방 간 역학관계의 변천

18C ~	(시민혁명 후) 19C ~	(산업화와 시장실패 후) 20C ~	(정부실패와 세계화) 1980년대 ~
절대국가	자유방임국가	행정국가 (케인즈주의적 복지국가)	신행정국가
중앙집권화 ➡ 권력적·규제적 집권	지방분권과 지방자치화 ➡ 중앙집권화된 권력에 대해 시민적 자유회복을 위한, 절대적·항거적·배타적·소극적 분권	신중앙집권화 ➡ 기술적·지식적·협동적 집권	신지방분권화 (glo+calization)❶ ➡ 상대적·참여적·협력적·적극적 분권

❶ glocalization(globalization + localization ; 세방화) : 세계화와 지방화의 동시적 진행현상

01 신중앙집권화

1. 신중앙집권의 의미

① 지방자치가 확고한 뿌리를 내린 국가에서, **20C 행정국가화 현상 및 광역행정에 따른 복지국가의 건설 · 행정의 능률성 확보 · 지방자치의 보완을 위하여**, 중앙정부가 지방정부에 대하여 기술적·재정적 지원을 증대하거나 지방기능의 중앙 이관 등 '행정능률의 향상을 위한 집권'
② 신중앙집권화는 군주국가시대의 권력적·관료적·지배적 집권이 아니라 **기술적 · 지식적 · 협동적 집권**을 의미하며, 지방자치의 부정이 아니라 지방행정에 있어서 **지방분권(지방자치)에 의한 민주성과 중앙집권에 의한 능률성을 동시에 확보**하기 위한 노력 ➡ '권력의 분산과 기술의 집중(J. S. Mill)'을 의미
③ 기술적·지식적·협동적 집권 : 중앙정부는 행정계획의 수립 및 사후통제기능을 담당하고 지방정부는 구체적 실행을 담당함으로써 기능적 협력관계를 유지하며, 지방정부에 대한 중앙정부의 지시와 통제는 비권력적·기술적인 것(예 행정기술의 제공, 권고와 정보제공 등)이어야 함.

2. 신중앙집권의 대두배경

① 과학기술의 발달과 교통·통신의 발달
② 국민생활권의 확대
③ 지방경제로부터 국민경제로의 발전
④ 산업화에 따른 행정기능의 양적 증대와 질적 변화(야경국가에서 복지국가·적극국가로 국가이념의 변화)
⑤ 복지국가 실현정책에 따른 국민적 최저수준(national minimum)의 유지
⑥ 지방재정의 취약성(특히, 세원의 편재에 따른 지방자치단체 간의 재정력 격차)
⑦ 국제정세의 불안정과 긴장에 따른 국가적 대처노력
⑧ 광역적 처리에 따른 경제성(= 규모의 경제) 요청

02 신지방분권화 ★

1. 신지방분권의 의미

① 1970년대 이후 세계화나 신자유주의의 영향 아래, **국가의 역할을 국방·외교 등과 같은 외치에 국한하고 그 밖에 내치에 관한 권한은 지방에 완전히 이양**하려는 움직임 → 지방자치단체의 자치권 회복, 지방자치의 부활
② 시민의 자유를 억압하던 중앙집권적 권력을 극복하는데 존재의의가 있었던 근대적 지방분권과 달리, **중앙정부와 지방정부가** 국가통치기구의 일환으로서 국민복지 증진이라는 공동목표를 위해 **기능을 분담하면서 상호협력**하는 **상대적·참여적·협력적·적극적 지방분권**
③ 지식정보화에 따른 복잡한 사회문제에 대해 중앙집권적인 획일적 사고방식에 의한 문제해결보다, 중앙정부·지방정부·시장·시민사회가 함께 문제 해결을 위해 노력하는 'governance 시스템' 요구

2. 신지방분권의 대두배경

① 중앙집권의 폐해(중앙정부의 계획행정에 의한 획일적 운영으로 국가행정의 관료주의화)
② 중앙정부의 비대화와 재정적자(복지국가의 위기와 중앙정부의 실패)
③ 세계화에 따른 경쟁가속화(국가를 통한 참여보다 지방의 직접적 참여의 필요성) → 세계화와 지방화가 동시에 진행되는 globalization 현상 출현
④ 정보화의 가속화
⑤ 사회적 욕구의 다원화와 Fordism적 생산양식(= 소품종 대량생산체제)의 붕괴, 그리고 탈Fordism적 생산양식(= 다품종 소량생산체제)의 등장
⑥ 도시화의 진전(도시화의 진전에 따른 각종 도시문제의 해결을 위해 중앙정부보다는 지방정부의 역할이 중시)

03 지방자치분권 및 지역균형발전에 관한 특별법('23년 6월 제정)

1. 지방분권과 균형발전의 통합 추진 기구

지방자치분권 및 지역균형발전을 추진하기 위하여 대통령 소속으로 '지방시대위원회(심의·의결기관)'를 둔다.

2. 지방시대 종합계획의 수립

지방시대위원회는 지방자치분권 및 지역균형발전을 효과적으로 추진하기 위하여 관계 중앙행정기관의 장과 협의하고 지방자치단체의 의견을 수렴한 후 5년을 단위로 하는 지방시대 종합계획을 수립한다.

3. 지역균형발전시책의 추진

① 지역혁신체계의 구축, ② 주민 생활기반 확충과 지역 발전역량 강화, ③ 지역 산업 육성 및 일자리 창출 등 지역경제 활성화 촉진, ④ 지역 교육여건 개선과 인재 양성, ⑤ 지역과학기술 및 정보통신의 진흥, ⑥ 지역균형발전 거점 육성과 교통·물류망 확충, ⑦ 지역문화·관광의 육성 및 환경 보전, ⑧ 지역의 복지 및 보건의료의 확충, ⑨ 성장촉진지역 등의 개발, ⑩ 인구감소지역등에 대한 시책 추진 및 지원, ⑪ 기회발전특구의 지정 및 지원, ⑫ 기업 및 대학의 지방이전, ⑬ 공공기관의 지방이전 및 혁신도시 활성화

4. 지방자치분권 과제의 추진

① 권한이양 및 사무구분체계의 정비 : 국가는 「지방자치법」 제11조에 따른 사무배분의 기본원칙에 따라 그 권한 및 사무를 적극적으로 지방자치단체에 이양하여야 하며, 그 과정에서 국가사무 또는 시·도의 사무로서 시·도 또는 시·군·구의 장에게 위임된 사무(=기관위임사무)는 원칙적으로 폐지하고 '자치사무와 국가사무'로 이분화하여야 한다.
② 특별지방행정기관의 정비 : 국가는 「정부조직법」 제3조에 따른 특별지방행정기관이 수행하고 있는 사무 중 지방자치단체가 수행하는 것이 더 효율적인 사무는 지방자치단체가 담당하도록 하여야 한다.
③ 지방재정의 확충과 건전성 강화 : ㉠ 국가는 지방세의 비율을 확대하도록 국세를 지방세로 전환하기 위한 새로운 세목의 확보, 낙후지역에 대한 재정조정책임을 강화하여야 한다(국가의 의무). ㉡ 지방자치단체는 자치사무를 원활히 수행할 수 있도록 자체세입을 확충하여 지방재정의 안정성을 도모하고 예산지출의 합리성을 확보하기 위하여 노력하여야 하며, 예산·회계제도를 합리적으로 개선하여 건전성을 강화하는 등 지방재정의 발전방안을 마련하여야 한다(자치단체의 의무).
④ 지방의회의 활성화와 지방선거제도 개선
⑤ 주민참여의 확대 : 주민참여의 활성화를 위하여 주민투표제도·주민소환제도·주민소송제도·주민발의제도 보완 등 주민직접참여제도를 강화해야 한다.
⑥ 주민자치회의 설치 : 풀뿌리자치의 활성화와 민주적 참여의식 고양을 위하여 읍·면·동에 해당 행정구역의 주민으로 구성되는 주민자치회를 둘 수 있다.

5. 통합 지방자치단체의 설치 및 대도시 특례

(1) 통합 지방자치단체의 설치
① "지방자치단체의 통합"이란「지방자치법」제2조 제1항 제2호에서 정한 지방자치단체(= 시, 군, 자치구) 중에서 2개 이상의 지방자치단체가 통합하여 새로운 지방자치단체를 설치하는 것을 말한다.
② 통합 지방자치단체는「지방자치법」제2조제1항제2호에서 정한 지방자치단체로 설치한다.

(2) 대도시 특례
① 특별시와 광역시가 아닌 대도시(1. 인구 50만 이상 대도시, 2. 인구 100만 이상의 대도시인 특례시)의 행정·재정 운영 및 지도·감독에 대해서는 그 특성을 고려하여 관계 법률에서 정하는 바에 따라 특례를 둘 수 있다.
② 특례시(인구 100만 이상의 대도시)의 사무특례 :「지방공기업법」에 따른 지역개발채권의 발행,「건축법」에 따른 건축물에 대한 허가(51층 이상인 경우는 도지사의 승인 필요) 등
③ 특례시의 보조기관 :「지방자치법」에도 불구하고 특례시의 부시장은 2명으로 한다.

6. 지역균형발전특별회계의 설치
① 지방시대 종합계획 및 지역균형발전시책 지원 관련 사업을 효율적으로 추진하기 위하여 지역균형발전특별회계를 설치한다.
② 지역균형발전특별회계는 기획재정부장관이 관리·운용한다.
③ 지역균형발전특별회계의 계정의 구분 : 지역자율계정, 지역지원계정, 제주특별자치도계정 및 세종특별자치시계정으로 구분한다.

제3절 지방자치단체의 종류와 계층구조, 구역

01 지방자치단체의 종류 ★★

① **지방자치단체의 개념**: 국가 내의 일정한 지역을 기초로, 그 구역내 주민을 구성원으로 하여, 국가로부터 어느 정도 독립된 일정한 자치권을 갖는 공공단체 ➡ ㉠ 지역단체, ㉡ 공법인, ㉢ 통치단체, ㉣ 지방자치의 필수적 요소로서 헌법상의 기관(헌법 117조 ①)
② **지방자치단체의 종류**: ㉠ 보통지방자치단체와 ㉡ 특별지방자치단체❶

---

❶ 지방자치법 제2조(지방자치단체의 종류)
① 지방자치단체는 다음의 두 가지 종류로 구분한다.
1. 특별시, 광역시, 특별자치시, 도, 특별자치도
2. 시, 군, 구
② 지방자치단체인 구(이하 "자치구"라 한다)는 특별시와 광역시의 관할 구역의 구만을 말하며, 자치구의 자치권의 범위는 법령으로 정하는 바에 따라 시·군과 다르게 할 수 있다.
③ 제1항의 지방자치단체 외에 특정한 목적을 수행하기 위하여 필요하면 따로 특별지방자치단체를 설치할 수 있다. 이 경우 특별지방자치단체의 설치 등에 관하여는 제12장에서 정하는 바에 따른다.

---

1. 보통지방자치단체

① **보통지방자치단체**: 존립목적·조직·기능에 있어서 일반적·종합적 성격을 가지며, 전국적·보편적으로 존재하고 있는 지방자치단체이다. 즉 교통·환경·주택 등 지역주민의 생활과 관련된 사무 전반에 대해 '종합적'인 기능을 수행한다.
② 헌법 제117조 2항(지방자치단체의 종류는 법률로 정한다)에 근거하여, 지방자치법상 보통지방자치단체를 ㉠ 광역자치단체(특별시, 광역시, 특별자치시, 도, 특별자치도)와 ㉡ 기초자치단체(시·군·자치구)의 2단계로 구성하고 있다.
③ 광역과 기초자치단체는 성격·기능면에서 차이가 있으나 자치권을 지닌 독립된 공법인으로 상하복종관계에 있는 것은 아니다. 다만, 사무처리(특히 위임사무)에 관한 지도·감독관계를 법령에서 규정하고 있는 경우, 예외적으로 상하관계가 존재하게 된다.

2. 보통지방자치단체의 설치: 자치계층은 2층제

(1) 광역자치단체: 특별시, 광역시, 특별자치시, 도, 특별자치도 ➡ 정부직할로 설치

① **특별시**: 「서울특별시행정특례에 관한 법률」에 의해 수도로서의 특수한 지위를 보유하며, 일정한 행정상의 특례가 인정된다.
② **광역시**: 대도시(일반적으로 인구 100만 이상의 시)가운데 법률에 의하여 '도'로부터 분리되어, 도와 동등한 지위를 부여받은 지방자치단체 ➡ 광역시 설치에 관한 구체적인 기준은 법제화되어 있지 않아, 정치적 판단에 따른 개별 법률의 제정에 의해 설치한다.
③ **세종특별자치시(➡ 단층제)**: 「세종특별자치시 설치 등에 관한 특별법」에 따라 세종특별자치시의 관할구역에는 「지방자치법」 제2조 제1항 제2호의 지방자치단체(= 시·군·자치구)를 두지 아니하며, 세종특별자치시의 관할구

역에 도시의 형태를 갖춘 지역에는 동을 두고, 그 밖의 지역에는 읍·면을 둔다.
④ 도 : 최광역의 지방자치단체로서, 지역주민의 생활권을 중심으로 형성된 것이 아니라 국가의 행정적 편의에 따라 설치한 것이다.
⑤ 제주특별자치도(➔ 단층제) : 「제주도 행정체제 등에 관한 법률」에 따라 제주특별자치도는 그 관할 구역에 지방자치단체인 시와 군을 두지 아니하고, 제주특별자치도 관할구역 내에는 '지방자치단체가 아닌 시(행정시)'를 둔다.
⑥ 강원특별자치도와 전북특별자치도(➔ '도'와 동일한 중층제) : 강원특별자치도 설치 및 미래산업글로벌도시 조성을 위한 특별법('23년 6월 설치), 전북특별자치도 설치 및 글로벌생명경제도시 조성을 위한 특별법('24년 1월 설치)

(2) 기초자치단체 : 시·군·자치구
① '시'는 도 또는 특별자치도의 관할 구역 안에, '군'은 광역시·도 또는 특별자치도의 관할 구역 안에 두며, '자치구'는 특별시와 광역시의 관할 구역 안에 둔다. 다만, 특별자치도의 경우에는 법률이 정하는 바에 따라 관할 구역 안에 시 또는 군을 두지 아니할 수 있다.(예 : 「제주특별자치도 설치 및 국제자유도시 조성을 위한 특별법」)
② 시(市) : 도 또는 특별자치도의 관할 구역 안에 그 대부분이 도시의 형태를 갖추고 인구 5만 이상인 지역을 '시'로 정한다.
②의 2 특별시·광역시 또는 특별자치시가 아닌 '인구 50만 이상의 시'(인구 100만 이상의 대도시인 '특례시' 포함) : '자치구가 아닌 구(행정구)'를 둘 수 있다.❶
②의 3 도·농 복합형태의 시(市) : ㉠ 시와 군을 통합한 지역, ㉡ 인구 5만 이상의 도시형태를 갖춘 지역이 있는 군 등을 도농복합시로 할 수 있다.
③ 군(郡) : 광역시·도 또는 특별자치도의 관할 구역 내 농촌지역에 설치된 기초자치단체이다.
④ 자치구(自治區) : ㉠ 대도시행정의 효율적 수행을 위해 인위적으로 획정된 자치단체이기 때문에, 시·군과는 다른 자치구의 특례가 인정(자치구의 사무를 일반 시·군에 비해 제한하여 자치구의 사무 중 일부는 자치구가 처리하지 않고 특별시와 광역시에서 처리). ㉡ 특별시장 및 광역시장으로 하여 시세수입 중의 일정비율을 확보하여 조례로 정하는 바에 따라 당해 관할구역 안에 있는 자치구 상호 간의 재원을 조정하여야 한다(자치구 조정교부금).

❶ 특별시·광역시·특별자치시를 제외한 대도시 등에 대한 특례
① '인구 50만 이상의 대도시' 특례 : ㉠ 인구 50만 이상 대도시의 행정, 재정 운영 및 국가의 지도·감독에 대해서는 그 특성을 고려하여 관계 법률로 정하는 바에 따라 특례를 둘 수 있다(지방자치법 제98조). ㉡ '인구 50만 이상의 시(市)'에는 자치구 아닌 구(=행정구)를 둘 수 있다(지방자치법 제3조의 조직상의 특례). ㉢ '인구 50만 이상의 시'는 도가 처리하는 사무의 일부를 직접 처리할 수 있다(지방자치법 제14조의 사무배분의 특례).
② '인구 100만 이상의 대도시(=특례시)' 특례 : 대도시의 행정, 재정 운영 및 국가의 지도·감독에 대해서는 그 특성을 고려하여 관계 법률로 정하는 바에 따라 추가로 특례를 둘 수 있다.

3. 특별지방자치단체

(1) 특별지방자치단체의 의미
① 특별지방자치단체 : 보통지방자치단체와 달리, 조직·기능이 특수하고 단일적인 지방자치단체를 말한다.
② 특별지방자치단체의 유형 : ㉠ 정책적 견지에서 특정목적이나 특수사무의 수행을 위해(특수사무단체 – 미국의 학교구, 소방구, 상하수도구 등 특별구, 영국의 특별행정기관) 또는 ㉡ 광역행정방식에 입각한 행정사무의 공동

처리를 위해(광역사무단체 – 프랑스의 Commune 조합, 한국의 지방자치단체조합) 설치되며, 상수도 관리, 하천관리, 소방, 교육 등 특정한 기능을 수행한다.

특별지방자치 단체의 필요성	① 광역행정문제의 합리적 해결 ② 사무처리에서의 경제성 제고(규모의 경제) : 설립주체의 의지에 따라 효율적인 서비스 규모를 탄력적으로 선택 ③ 사무처리 및 관리상의 탄력성 확보 : 운영상의 독자적 권한을 바탕으로 보통지방자치단체에 적용되는 법적 제약 회피(독자적인 전문성, 정치적 중립성 유지)
특별지방자치 단체의 한계	① 지방자치단체의 난립을 가져와 구역·조직·재무 등 지방제도의 혼란초래 ② 행정기능 간의 조정·종합 곤란(할거주의 유발) ③ 설립주체 간 마찰과 책임소재 불분명, 주민통제 미흡(보통지방정부와 달리 주민의 직접적인 통제에서 벗어남) ④ 특수기능 중심의 정책으로 특수전문가나 특수이해당사자에 의한 정책좌우

(2) 한국의 특별지방자치단체 ❶

> ❶ 지방자치법 제2조(지방자치단체의 종류)
> ③ 제1항의 지방자치단체 외에 특정한 목적을 수행하기 위하여 필요하면 따로 특별지방자치단체를 설치할 수 있다. 이 경우 특별지방자치단체의 설치 등에 관하여는 제12장(제199조 이하)에서 정하는 바에 따른다.

① **특별지방자치단체의 설치(지방자치법 제 199조)** : ㉠ 2개 이상의 지방자치단체가(주체), 공동으로 특정한 목적을 위하여 광역적으로 사무를 처리할 필요가 있을 때에는(목적), 특별지방자치단체를 설치할 수 있다. ㉡ 이 경우 특별지방자치단체를 구성하는 지방자치단체는 상호 협의에 따른 규약을 정하여, 구성 지방자치단체의 지방의회 의결을 거쳐, 행정안전부장관의 승인(절차)을 받아야 한다. ㉢ 특별지방자치단체는 법인으로 한다.

② **행안부장관의 설치 권고** : 행정안전부장관은 공익상 필요하다고 인정할 때에는 관계 지방자치단체에 대하여 특별지방자치단체의 설치, 해산 또는 규약 변경을 권고할 수 있다. → 지방자치단체조합과 달리 행정안전부장관에 의한 강제설립 및 해산 인정 안됨.

③ **보통지방자치단체와 차이점** : 특별지방자치단체는 고유의 구역, 권능, 사무, 기구 및 재산을 보유하지만, ㉠ 주민을 갖지 않으며(주민이 구성원이 아니라 공법인인 지방자치단체를 구성원으로 함), ㉡ 기능 내지 목적이 일반적·종합적이 아니라 특정적·한정적이고, ㉢ 존재도 보편적이 아니라 2차적·예외적이며, ㉣ 권능도 포괄적이 아니라 개별적이고, ㉤ 해산의 임의성이 인정되고 있음.

④ **특별지방자치단체의 규약에 포함되어야 할 사항** : ㉠ 특별지방자치단체의 목적, ㉡ 명칭, ㉢ 구성 지방자치단체, ㉣ 관할 구역, ㉤ 사무소의 위치, ㉥ 사무, ㉦ 사무처리를 위한 기본계획에 포함되어야 할 사항, ㉧ 지방의회와 집행기관의 조직 및 의원과 장의 선임방법, ㉨ 경비의 부담 및 지출방법, ㉩ 사무처리 개시일

⑤ **특별지방자치단체의 조직** : ㉠ '특별지방자치단체의 의회'는 규약으로 정하는 바에 따라 구성 지방자치단체의 의회 의원으로 구성한다. ㉡ '특별지방자치단체의 장'은 규약으로 정하는 바에 따라 특별지방자치단체의 의회에서 선출한다. → 구성 지방자치단체의 의회 의원은 특별지방자치단체의 의회 의원을 겸할 수 있고, 구성 지방자치단체의 장은 특별지방자치단체의 장을 겸할 수 있다.

⑥ **기본계획** : 특별지방자치단체의 장은 소관 사무를 처리하기 위한 기본계획을 수립하여 특별지방자치단체 의회의 의결을 받아야 한다. 특별지방자치단체는 기본계획에 따라 사무를 처리하여야 한다.

⑦ **경비부담** : 특별지방자치단체의 운영 및 사무처리에 필요한 경비는 구성 지방자치단체의 인구, 사무처리의 수혜범위 등을 고려하여 규약으로 정하는 바에 따라 구성 지방자치단체가 분담한다. 구성 지방자치단체는 경비에 대하여 특별회계를 설치하여 운영하여야 한다.

4. **지방자치단체조합** : **특별지방자치단체의 한 형태**
   ① **지방자치단체조합의 설립(지방자치법 제176조)** : 2개 이상의 지방자치단체가(주체), 하나 또는 둘 이상의 사무를 공동으로 처리할 필요가 있을 때(목적), 규약을 정하여 당해 지방의회의 의결과 시·도는 행안부장관의 승인, 시·군·자치구는 시·도지사의 승인을 거쳐(절차) 설립되는 법인 ➡ 예 서울시·경기도·인천시를 구성원으로 하는 수도권교통조합
   ② **행정협의회(지방자치법 제169조)와 차이점** : 지방자치단체의 협력방식이라는 점에서 지방자치단체 간의 행정협의회와 그 성격은 같지만, 조합이 독립된 법인격을 인정받는 점에서(=지방자치단체조합은 법인으로 한다.) 행정협의회와 차이가 있음
   ③ 조합은 관계 지방자치단체의 합의에 의하여 설립(=임의설립)되는 것이 원칙이나, 예외적으로 공익상 필요한 경우 행정안전부장관에 의한 강제설립 및 해산 인정(=행정안전부장관은 공익상 필요하면 지방자치단체조합의 설립이나 해산 또는 규약 변경을 명할 수 있다.)
   ④ 공동처리하는 업무는 고유사무, 단체위임사무, 기관위임사무이건 상관이 없지만, 조합규약에 정해진 사무에 대해서만 업무수행권이 인정
   ⑤ 관계 자치단체사무의 일부를 공동처리하기 위해 설립되는 '일부사무조합'과 사무의 전부를 공동처리하기 위하여 설치되는 '전부사무조합'으로 구분 ➡ 일부사무조합이 일반적, 전부사무조합은 사실상 기존 자치단체의 소멸을 가져오는 것으로 현행 지방자치법상 인정 안 됨.
   ⑥ **지방자치단체조합의 조직** : 지방자치단체조합에는 ㉠ 의결기관으로서 '조합회의'와 ㉡ 집행기관 및 대표기관으로서 '조합장'을 둠.
   ⑦ **조합설립의 효과** : 조합이 설립되면 규약으로 정한 공동처리사무의 처리권능은 관계 지방자치단체로부터 조합으로 이관됨.

02 보통지방자치단체의 계층구조 : 단층제와 중층제 ★★

구 분	단층제 (국가와의 관계에서 하나의 지방자치단체만 설치)	중층제 (한 구역에 2개 이상의 지방자치단체가 중첩되어 있는 경우)
장 점	① 층제가 초래하는 이중행정 및 이중감독(기초지방정부에 대한 중앙정부와 광역지방정부의 이중감독, 광역과 기초정부 간의 권한 중첩)과 그로 인한 행정지연과 낭비를 방지 ② 행정책임을 보다 명확화 ③ 기초자치단체의 자치권이나 지역의 특수성 및 개별성 존중(중층제에서 광역단체는 관할 구역내 사무를 획일적으로 처리하여 기초 지역의 특수성 경시) ④ 중앙정부와 주민 간의 의사소통 원활, 업무수행의 신속성 확보(중층제에서는 경유계층이 많아 의사전달의 시간적 지체와 왜곡, 주민의사의 누수현상 발생)	중간에 광역지방자치단체가 존재하여 ① 지방자치의 틀 속에서 광역적 사무의 원활한 수행이 가능(기초와 광역 간의 기능적 분업에 의한 능률의 확보) ② 광역단체가 기초단체의 능력과 기능을 보완, 기초자치단체 간의 갈등과 대립을 조정 ③ 광역단체가 기초단체에 대한 보다 철저한 감독으로 기초단체에 대한 국가의 감독기능의 유지할 수 있어서, 국가의 강력한 간섭으로부터 기초자치단체를 보호(국가기능의 필요이상 확대 방지) ④ 기초자치단체 간의 협력이나 중앙정부와 기초단체 간의 의사전달 원활화
단 점	① 광역사업의 처리 곤란, 광역적 사무처리를 위한 중앙정부의 직접개입으로 중앙집권화 우려 ② 자치단체 간 분쟁발생 시, 적절한 조정기관 부족 ③ 기초자치단체와 중앙정부 간 의사전달이 원활하지 못할 가능성(기초정부의 의사를 모아 전달하는 상급정부의 부재로) ④ 국토가 넓고 인구가 많은 나라에서는 채택 곤란(작은 규모로 많은 수로 나눠진 기초정부를 상급지방정부가 조정·종합하는 것이 필요하므로)	① 행정기능의 중첩현상(이중행정)으로 인한 행정낭비와 지연 ② 중첩현상으로 권한과 책임의 불분명 ③ 기초단체에 대한 이중감독과 이중규제 ④ 중간자치단체의 경유로 인한 중앙정부와 기초단체 간 의사전달의 왜곡 ⑤ 중앙정부에 대한 주민의사의 전달과 주민에 대한 중앙행정의 침투가 느리고 왜곡되기 쉬움

03 지방자치단체의 구역(자치단체의 통치권·자치권이 미치는 공간적 범위)

1. 구역개편의 유형

① 폐치와 분합 : 지방자치단체의 폐지하거나 설치 또는 나누거나 합치는 구역변경으로, 법인격의 변동을 수반한다. ➜ 폐치·분합에는 ㉠ 설치와 폐지, ㉡ 분할(하나의 자치단체를 2개 이상의 자치단체로 나눔), ㉢ 분립(하나의 자치단체의 일부구역을 나누어 새로운 자치단체를 설립), ㉣ 합체·신설합병(2개 이상의 자치단체를 합하여 하나의 자치단체를 설립), ㉤ 편입·흡수합병(하나의 자치단체를 다른 자치단체에 흡수) 등이 있다.

② 경계변경(=구역변경 중 관할 구역 경계변경) : 기존 지방자치단체의 법인격 변동없이 다만 경계의 변경만을 가져오는 구역개편을 의미한다(예 어느 자치단체의 구역의 일부를 다른 자치단체의 구역에 이전시키는 것).

2. 지방자치단체의 명칭변경과 구역변경 등 절차

① **명칭변경과 구역변경, 폐치·분합** : 지방자치단체의 명칭과 구역을 바꾸거나 지방자치단체를 폐지하거나 설치하거나 나누거나 합칠 때(폐치·분합)에는, 주민투표법 제8조에 따라 주민투표를 실시한 경우를 제외하고 관계 지방의회의 의견을 들어야 하며(→ 한자명칭변경은 포함, 경계변경은 제외), '법률'로 정한다.

② **관할구역 경계변경** : 다만, 지방자치단체의 구역변경 중 관할구역 경계변경과 한자명칭변경은 '대통령령'으로 정한다.

3. 자치구가 아닌 구와 읍·면·동(행정계층)의 명칭변경과 구역변경 등 절차

① 자치구가 아닌 구와 읍·면·동의 **폐치·분합**은 행정안전부장관의 승인을 얻어 당해 지방자치단체의 '조례'로 정하며, **명칭과 구역변경은** 조례로 정하고 그 결과를 시·도지사에게 보고하여야 한다.

② 행정면, 행정동·행정리 : 그 지방자치단체의 조례로 정하는 바에 따라, 2개 이상의 면을 하나의 면으로 운영하는 '행정면', 하나의 동·리를 2개 이상의 동·리로 운영하거나 2개 이상의 동·리를 하나의 동·리로 운영하는 '행정동·행정리'를 따로 둘 수 있다.

제4절 지방자치단체의 기관 ★★

01 지방자치단체의 기관구성 형태 ★★

1. 기관통합형(기관일원형)

(1) 기관통합형의 개념

권력통합주의에 입각하여 지방의회가 자치단체의 의결기능과 집행기능을 모두 담당하는 형태이다. 즉 주민에 의해 선출된 대표기구(= 지방의회 : council)가 의결기능과 집행기능을 함께 수행하는 형태이다. 따라서 council은 지방의회라기보다는 지방정부의 성격을 가진다.

(2) 기관통합형의 유형

① 영국의 의회형(parliamentary system) : 영국의 지방의회는 의결기관인 동시에 집행기관이기 때문에 지방의회와 대립되는 집행기관이 별도로 없음을 특질로 한다. 단체의 장이 별도로 존재하지 않으며, 시장이 있는 경우 의회의장이 시장을 겸직하면서 자치단체를 의례적으로 대표하는 상징적인 존재로 인식된다.

② 미국의 위원회형(commission plan) : 1901년 Galveston에서 시작된 형태로, 주민에 의해 직접 선출된 3~7명의 위원들(commissioner)이 위원회(commission – 의회)를 구성하여 의결기능과 집행기능을 함께 수행하는 방식이다.

2. 기관분리형(기관대립형 : 기관이원형)

① **개념** : 권력분립주의에 입각하여 자치단체의 의결기능과 집행기능을 각각 다른 기관에 분담시키고(의결기능은 의회에, 집행기능은 집행기관에), 이들 상호 간의 견제와 균형을 통하여 자치행정을 수행해 나가는 형태이다.

② **기관분리형의 유형** : '집행기관 구성방법(선임방식)'을 기준으로 ㉠ 집행기관 직선형, ㉡ 집행기관 간선형 (예 프랑스의 시·읍·면장 − 의회형, 독일의 장 − 의회형) 등으로 나뉜다.

3. 우리나라 지방자치단체의 기관구성 : 기관 대립주의

① ㉠ 자치단체장의 권한이 강한 수장 우위적 형태를 취하고, ㉡ 교육·학예에 관한 사무를 제외하고는 집행기관 단일주의에 입각하여 모든 행정기능을 자치단체장이 관장하도록 하고 있다.

② 지방자치법은 기관대립주의(대통령제적 조직원리)에 입각하여, ㉠ 단체의사를 결정하는 의결기관인 '지방의회' 와 ㉡ 의결기관의 결정과 기타 전결사항을 집행하는 집행기관인 '자치단체의 장'을 두고 있다.

③ **지방자치단체의 기관구성 형태의 특례(지방자치법 제4조)** : 지방의회와 집행기관에 관한 이 법의 규정에도 불구하고 따로 법률로 정하는 바에 따라 지방자치단체의 장의 선임방법을 포함한 지방자치단체의 기관구성 형태를 달리 할 수 있다. 지방의회와 집행기관의 구성을 달리하려는 경우에는 「주민투표법」에 따른 주민투표를 거쳐야 한다.

기관통합형과 기관대립형의 비교

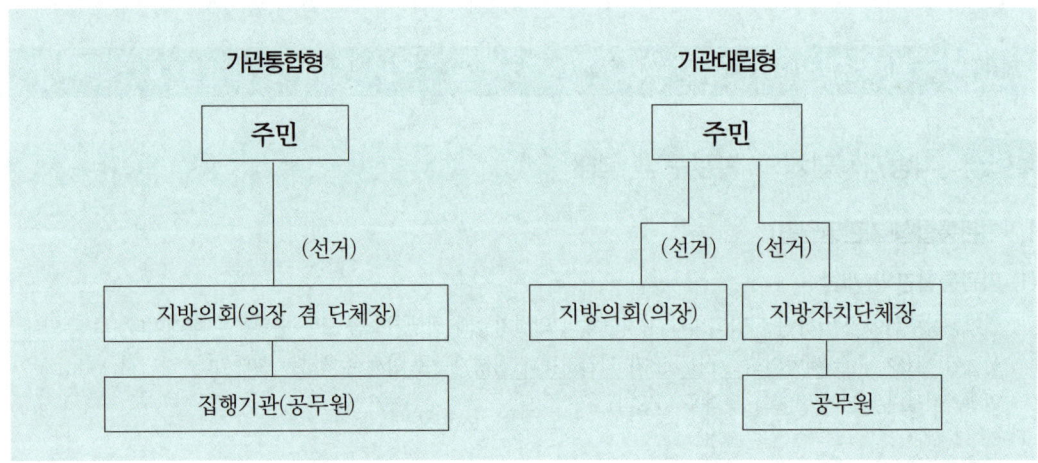

기관통합형과 기관대립형의 장·단점 **

구 분	기관통합형	기관대립형(집행기관 직선형)
장 점	① 지방행정의 권한과 책임이 주민의 대의기관에 집중되어 민주정치와 책임정치구현에 적합 ② 의결기관과 집행기관 간의 대립의 여지가 없으므로 지방행정의 안정성 확보 ③ 다수의원의 의사에 따라 정책을 결정·집행하므로, 공정하고 신중한 자치행정수행 ④ 소규모의 자치단체에 적합 ⑤ 미국의 위원회형(주민에 의하여 선출된 3~5인의 위원으로 구성되는 위원회가 행정권과 입법권을 모두 행사)의 경우, 소수의 위원으로 구성되어 경제적	① 의결기관과 집행기관을 주민이 직접 선출하므로 실질적인 주민통제 가능 ② 시장의 임기동안 신분안정으로 행정시책의 강력한 추진 ③ 의결기관과 집행기관의 상호분리로, 견제와 균형에 의한 권력의 전횡 방지 ④ 시장이 주민대표로서의 정치적 리더십 발휘, 시장과 주민의 접근으로 민의를 자치행정에 반영 ⑤ 의결기관과 집행기관의 분리로 행정의 정치적 중립성 확보 ⑥ 지방행정의 종합성 보장
단 점	① 단일기관에의 권력집중으로 견제와 균형을 도모하기 어려워 권력남용의 우려 ② 지방행정을 총괄·조정할 단일지도자나 집행책임자가 없으므로 행정의 종합성·통일성 유지 곤란 ③ 동일한 기관이 정치와 행정기능을 같이 수행하므로 지방행정에 정치적 요소가 개입되기 쉽고, 주민에 의해 선출된 의원이 행정을 담당하여 행정의 전문화를 저해 ④ 3~5인의 위원으로 구성되는 위원회형의 경우, 시의 다양한 이익집단과 사회계층의 이익대표에 부적합	① 의회와 수장 간의 대립으로 인한 행정의 혼란과 마비 ② 단체장이 연임을 위해 인기에 영합하는 행정을 수행할 가능성 ③ 수장직선제의 경우, 선거과정에 정치적 영향력 개입으로 행정능력이 우수한 인재선출 곤란 ④ 집행기관 내부에서 자치단체장과 전문적 관료조직과의 갈등

02 지방의회

1. 지방의회의 지위

① 헌법상의 기관 : 헌법은 '지방자치단체에 의회를 둔다.'고 규정
② 주민대표기관 : 지방의회는 자치단체의 주민이 보통·평등·비밀·직접선거에 의해 선출한 의원으로 구성
③ 의결기관 : 법령의 범위 안에서 지방자치단체의 의사를 결정하는 의결기관이자 정책결정기관
④ 입법기관 : 법령의 범위 안에서 지방자치단체의 사무에 관한 조례를 제정
⑤ 비판·감시기관 : 집행기관의 행정사무집행을 감시하는 지위

2. 지방의회 의원

(1) 선거

① 광역의원 선거 : ㉠ 지역구 선거 - 소선거구(1선거구에서 1명의 당선자), ㉡ 비례대표 광역의원 - 지역구 시·도 의원 정수의 100분의 10(정당명부식으로 당선자 결정)

② **기초의원 선거** : ㉠ 지역구 선거 - 중선거구(1선거구에서 2인 이상 4인 이하의 당선자), ㉡ 비례대표 기초의원 - 지역구 시·도의원 정수의 100분의 10(정당명부식으로 당선자 결정)
③ **지방선거에서 정당참여** : 2006년부터 광역단체장과 기초단체장, 그리고 광역의원과 기초의원 선거 모두에서 정당참여(교육감 선거에서는 정당추천 배제)

(2) 임기 등

① 지방의원은 임기 4년의 정무직 지방공무원
② **지방의원에게 지급되는 비용** : ㉠ 의정활동비(매월 의정자료의 수집 등에 소요되는 비용을 보전), ㉡ 월정수당(직무활동에 대하여 지급), ㉢ 공무여행상의 여비 ➜ 공무상 여비를 제외하고, 비용은 <u>대통령령으로 정하는 기준을 고려하여 해당 지방자치단체의 의정비심의위원회에서 결정하는 금액 이내에서 지방자치단체의 조례로 정한다.</u>
③ **의원의 정책지원 전문인력** : 지방의회의원 정수의 2분의 1 범위에서 해당 지방자치단체의 조례로 정하는 바에 따라 지방의회에 정책지원 전문인력(지방공무원으로 보함)을 둘 수 있다.
④ **의무** : 겸직금지의무(국회의원, 다른 지방의회의 의원, 선관위위원과 교육위원, 국가공무원과 지방공무원, 공공기관의 임·직원, 지방공사와 지방공단의 임·직원 등)를 지며, 지방자치단체와 영리를 목적으로 하는 거래금지, 공직자윤리법상의 재산등록의무 등

03 집행기관 - 지방자치단체의 장 ★★

1. 자치단체장의 지위

① 기본적으로 지방정부의 수장(자치단체장)의 지위와 집행기관장으로서의 지위가 부여된다.
② **지방자치단체의 대표로서의 지위** : 자치단체장은 대외적으로 당해 지방자치단체를 대표하는 대표로서의 지위를 지닌다.
③ **지방자치단체의 집행기관(집행기관의 장)으로서의 지위** : 지방정부의 내부기관인 '집행기관'의 장으로서의 지위를 지닌다. 집행기관장으로서 집행기관과 대칭적 위치에 있는 지방의회와 적절한 관계를 유지하며, 특별기관의 권한에 속하는 것을 제외한 지방정부의 사무(자치사무와 단체위임사무)를 통할·관리·집행한다.
④ **국가의 지방행정기관(국가의 일선 지방행정기관장)으로서의 지위** : 기관위임사무를 처리함에 있어서 자치단체장은 중앙정부의 일선 종합지방행정기관장의 지위를 지니게 된다.
⑤ 단체장은 주민의 선거에 의하여 선출되는 정무직 지방공무원이며, 임기는 4년(계속 재임은 3기에 한함)이다. 당선이 결정된 때부터 인수위원회를 설치할 수 있다.

2. 지방자치단체장의 권한

(1) 지방자치단체의 통할·대표권

자치단체장은 대내적으로 행정기능 전반을 종합·조정하고, 대외적으로 자치단체의 의사를 표시할 수 있는 권한을 지닌다.

(2) 사무의 관리집행권

자치단체장은 그 지방자치단체의 사무(=자치사무와 단체위임사무)와, 법령에 따라 그 지방자치단체의 장에게 위임된 사무(=기관위임사무)를 관리하고 집행한다.

(3) 규칙제정권

자치단체장은 '법령이나 조례가 위임한 범위 내에서' 그 권한에 속하는 사무에 관하여 규칙을 정할 수 있다. 그 권한에 속하는 사무에는 자치사무와 단체위임사무뿐만 아니라 기관위임된 국가사무도 포함된다.

(4) 임면권

① 자치단체의 장은 소속 직원(지방의회의 사무직원은 제외)을 지휘·감독하고 법령과 조례·규칙으로 정하는 바에 따라 그 임면·교육훈련·복무·징계 등에 관한 사항을 처리한다.

② 임면권의 예외 : ㉠ 시·도의 부시장·부지사(특별시는 3명의 범위 내, 광역시와 도는 2명의 범위 내)는 정무직 또는 일반직 국가공무원으로 보(= 행정부시장)하는데, ㉡ 시·도의 부시장·부지사를 2명이나 3명 두는 경우에 1명은 정무직·일반직 또는 별정직 지방공무원으로 보(= 정무부시장)한다. 여기서 정무직 또는 일반직 국가공무원으로 보하는 부시장·부지사(= 행정부시장)는 시·도지사의 제청으로 행정안전부장관을 거쳐 대통령이 임명한다.

(5) 지휘·감독권

① 자치단체장은 부시장·부지사·부구청장 등 보조기관과 그 직원들을 지휘·감독한다.

② 기초단체에 대한 광역단체장의 감독권 : 시·도지사는, 국가와 시·도가 시·군·자치구나 그 장에게 위임한 사무의 처리와 관련하여 그 관할구역 내에서 시·군·자치구를 지도·감독하는 권한을 갖는다(예 시정명령과 취소·정지, 지방의회의결에 대한 재의요구 지시 및 제소권, 직무이행명령 및 대집행 등). → 계층적 지도·감독의 논리에 따라 주무부장관이 시·도지사에 대해 가지는 지도·감독권을, 시·군·자치구에 대해서는 시·도지사가 행사토록 하고 있다.

(6) 사무위임권

자치단체장은 조례나 규칙이 정하는 바에 따라 그 권한에 속하는 사무의 일부를 보조기관, 소속 행정기관 또는 하부 행정기관에 위임할 수 있다.

(7) 주민투표 부의권

자치단체장은 주민에게 과도한 부담을 주거나 중대한 영향을 미치는 지방자치단체의 주요 결정사항 등에 대하여 주민투표에 부칠 수 있다.

3. **자치행정조직** : 보조기관과 소속행정기관 및 하부행정기관

자치행정조직	유 형

(1) 보조기관	① 부단체장
	   ㉠ 특별시의 부시장(3인) : 정무직 국가공무원으로 보하는 2인의 행정부시장과 정무직 지방공무원으로 보하는 1인의 정무부시장
	   ㉡ 광역시와 도의 부시장(2인) : 1급의 일반직 국가공무원으로 보하는 1인의 행정부시장(부지사)과 별정직 지방공무원으로 보하는 1인의 정무부시장(부지사)
	   ㉢ 시·군·자치구의 부단체장(1인) : 일반직 지방공무원
	② 단체장의 권한대행(궐위 등)과 직무대리(휴가 등 일시적 사유) : 부단체장이 권한을 대행하거나 직무를 대리한다(부지사나 부시장이 2명 이상인 시·도에서는 대통령령으로 정하는 순서에 따라 : 행정1부시장-행정2부시장-정무부시장).
	③ 행정기구와 소속공무원 : 지방자치단체는 그 사무를 분장하기 위하여 필요한 행정기구와 지방공무원을 두며, 행정기구의 설치와 지방공무원의 정원은 인건비 등 대통령령으로 정하는 기준에 따라 그 지방자치단체의 조례로 정한다.

(2) 소속 행정기관	① 직속기관 : 대통령령으로 정하는 범위에서 그 지방자치단체의 조례로, 자치경찰기관(제주특별자치도만 해당), 소방기관, 교육훈련기관, 보건진료기관, 시험연구기관 및 중소기업지도기관을 단체장의 소속하에 설치 ② 사업소 : 특정 업무의 효율적 수행을 위해 설치 ③ 출장소 : 외진 곳의 주민의 편의와 특정지역의 개발촉진을 위하여 설치 ④ 합의제 행정기관 : 소관 사무의 일부를 독립하여 수행할 필요가 있을 때 설치 예 선거관리위원회, 인사위원회, 소청심사위원회❶ ⑤ 자문기관
(3) 하부 행정기관	① 지방자치단체의 행정사무를 지역적으로 분담·처리함으로써 대외적으로 지방자치단체의 의사를 표시하는 행정청 ② 행정구청장, 읍장, 면장, 동장(일반직 지방공무원, 자치단체장이 임명)

❶ 지방자치단체의 인사기관
  ① 인사위원회 : 임용권자별로 설치하되, 시·도에는 필요하면 제1인사위원회와 제2인사위원회를 둘 수 있다.
  ② 소청심사위원회 : 시·도에 설치하는 지방소청심사위원회와 교육소청심사위원회

04 지방의회와 단체장의 관계 ★★

지방의회의 단체장에 대한 견제수단	단체장의 지방의회에 대한 견제수단
① 조례제정 및 개폐권 ② 예산심의·확정권, 결산승인권 ③ 제한적으로 열거된 사항에 대한 의결권(지방자치법 제47조에 한정적으로 열거 – 열거된 사항 이외에 대해서는 의결권 배제)❶❷ ④ 행정사무 감사·조사❸ ⑤ 단체장 또는 관계공무원에 대한 출석 및 답변요구권 ⑥ 단체장에 대한 서류제출요구권 ⑦ 청원의 수리·심사권 ⑧ 의견표명권 ⑨ 지방의회의장의 조례공포 대행권(확정된 조례안을 단체장이 공포하지 않는 경우) ⑩ 내부자율권(의장 및 부의장 선출과 불신임, 의회규칙과 회의규칙제정권, 의원의 자격심사권·징계권·사직허가권), 지방의회의 사무기구 직원에 대한 임명권	① 임시회소집요구권 ② 의회 출석 및 진술권 ③ 재의요구 및 제소권❹ ④ 조례안 및 지방의회 의안 발의, 예산안의 편성 및 제출 ⑤ 조례의 공포권 ⑥ 선결처분권 : ㉠ 의원의 구속 등의 사유로 의결정족수에 미달하여 지방의회가 성립되지 않은 때와, ㉡ 지방의회의 의결사항 중 주민의 생명과 재산보호를 위해 긴급하게 필요한 사항으로서 지방의회를 소집할 여유가 없을 때 또는 지방의회 의결이 지체될 때에는, 단체장은 선결처분을 할 수 있다. → 사후적으로 지방의회의 승인을 받지 못하면 효력 상실

❶ 지방의회의 의결권
  ① 동의적 성격의 의결권(일반적인 의결권, 의회가 사전에 의결해 주어야 효력 발생 – 지방자치법 제47조에 한정적으로 열거된 사항)과 ② 승인적 성격의 의결권(사후 의결로서의 효력을 발생, 결산의 승인, 예비비 지출 승인, 자치단체장의 선결처분에 대한 승인)으로 구분

❷ 지방의회의 필수적 의결사항(지방자치법 제47조) – 제한적 열거주의
  ① 조례의 제정 및 개폐
  ② 예산의 심의·확정, 결산의 승인
  ③ 법령에 규정된 것 이외의 사용료·수수료·분담금·지방세 또는 가입금의 부과와 징수
  ④ 기금의 설치·운용
  ⑤ 대통령령으로 정하는 중요재산의 취득·처분, 대통령령으로 정하는 공공시설의 설치·관리·처분
  ⑥ 법령과 조례에 규정된 것을 제외한 예산외 의무부담이나 권리의 포기
  ⑦ 청원의 수리와 처리
  ⑧ 외국지방자치단체와의 교류협력에 관한 사항
  ⑨ 그 밖에 법령에 의하여 그 권한에 속하는 사항

❸ 행정사무감사 및 조사(지방자치법 제49조)
  ① **사무감사** : 지방자치단체의 사무에 대하여(사무 전반을 대상으로), 매년 1회(지방자치단체의 조례에서 정하는 바에 따라 매년 제1차 또는 제2차 정례회의 회기 내에), 시·도에서는 14일의 범위에서, 시·군 및 자치구에서는 9일의 범위에서 실시
  ② **사무조사** : '지방자치단체의 사무 중 특정 사안에 관하여, 필요에 따라 수시로(재적 3분의 1 이상의 연서로 그 이유를 명시한 서면으로 발의, 그리고 본회의 의결), 기간에 있어 특별한 제한 없이 실시
  ③ 감사 · 조사의 범위와 한계
      ㉠ 감사의 경우, 지방자치단체 및 그 장이 위임받아 처리하는 국가사무와 시·도 사무에 대하여, 국회와 시·도 의회가 직접 감사하기로 한 사무 외에는, 당해 지방의회가 감사할 수 있다.
      ㉡ 조사의 경우는 그 범위를 여전히 '지방자치단체의 사무(자치사무와 단체위임사무)'로 제한하고 있다.

❹ 지방의회 의결에 대한 단체장의 재의요구권과 제소권
  ① 단체장은 이송받은 ㉠ 조례안에 대해 이의가 있거나, ㉡ 지방의회의결이 월권 또는 법령에 위반되거나 공익을 현저히 해한

다고 인정되는 때, ⓒ 지방의회의결이 예산상 집행할 수 없는 경비를 포함하거나, 법령에 따른 의무적 부담경비와 비상재해로 인한 시설의 응급복구 비용경비를 줄이는 의결을 할 때, 이송받은 날로부터 20일 이내에, 이유를 붙여 지방의회에 재의를 요구할 수 있다.

② 단체장은 재의결로 확정된 조례나 의결이 법령에 위반된다고 판단되면, 재의결된 날로부터 20일 이내에 대법원에 소를 제기할 수 있으며, 필요하다고 인정되면 그 의결의 집행을 정지하는 집행정지결정을 신청할 수 있다.

③ 지방의회와 단체장의 비상적 관계에 대한 해결수단 : 지방의회의 단체장 불신임의결권과 단체장의 의회해산권 등이 있으나, 현 지방자치법상 ⓐ 단체장의 재의요구권과 선결처분권, ⓑ 의회의장의 조례공포대행권이 인정된다.

05 경찰집행기관 : 국가경찰제와 자치경찰제

1. 국가경찰과 자치경찰의 조직 및 운영에 관한 법률 : 경찰의 사무를 국가경찰사무와 자치경찰사무로 구분

(1) 경찰의 조직

① 치안에 관한 사무를 관장하게 하기 위하여 행정안전부장관 소속으로 경찰청을 두고, 시·도에 시·도경찰청을 둔다. → 경찰공무원은 경찰공무원법에 의해, 총경 이상 경찰공무원은 대통령이 임용하고, 경정 이하의 경찰공무원은 경찰청장 또는 해양경찰청장이 임용한다(국가공무원법상 특정직 공무원).

② 시·도경찰청장은 ⓐ 국가경찰사무에 대해서는 '경찰청장'의 지휘·감독을, ⓑ 자치경찰사무에 대해서는 '시·도자치경찰위원회'의 지휘·감독을, ⓒ 형사소송법에 따른 경찰의 수사에 관한 사무에 대해서는 '국가수사본부장(경찰청에 설치)'의 지휘·감독을 받아 관할구역의 소관 사무를 관장하고 소속 공무원 및 소속 경찰기관의 장을 지휘·감독한다.

③ 시·도자치경찰위원회의 설치(법 제18조) : ⓐ 자치경찰사무를 관장하게 하기 위하여, 시·도지사 소속으로 설치된 합의제 행정기관으로서 그 권한에 속하는 업무를 독립적으로 수행한다. ⓑ 시·도자치경찰위원회 위원은 시·도의회가 추천하는 사람 등을 시·도지사가 임명한다. 위원장과 상임위원은 지방자치단체의 공무원으로 한다.

④ 자치경찰사무의 예산 : 자치경찰사무의 수행에 필요한 예산은 시·도자치경찰위원회의 심의·의결을 거쳐 시·도지사가 수립한다.

(2) 자치경찰사무 : 경찰의 임무 범위에서 관할 지역의 생활안전·교통·경비·수사 등에 관한 사무

① **지역 내 주민의 생활안전 활동에 관한 사무** : ⓐ 생활안전을 위한 순찰 및 시설의 운영, ⓑ 주민참여 방범활동의 지원 및 지도, ⓒ 안전사고 및 재해·재난 시 긴급구조지원, ⓓ 아동·청소년 등 사회적 보호가 필요한 사람에 대한 보호 업무 및 가정폭력·학교폭력·성폭력 등의 예방, ⓔ 주민의 일상생활과 관련된 사회질서의 유지 및 그 위반행위의 지도·단속.

② **지역 내 교통활동에 관한 사무** : ⓐ 교통법규 위반에 대한 지도·단속, ⓑ 교통안전시설 및 무인 교통단속용 장비의 심의·설치·관리, ⓒ 교통안전에 대한 교육 및 홍보, ⓓ 주민참여 지역 교통활동의 지원 및 지도, ⓔ 통행허가, 어린이 통학버스의 신고, 긴급자동차의 지정 신청 등 각종 허가 및 신고에 관한 사무.

③ **지역 내 다중운집 행사 관련 혼잡 교통 및 안전 관리**

④ **다음에 해당하는 수사사무** : ⓐ 학교폭력 등 소년범죄, ⓑ 가정폭력, 아동학대 범죄, ⓒ 교통사고 및 교통 관련 범죄, ⓓ 공연음란 범죄, ⓔ 경범죄 및 기초질서 관련 범죄, ⓕ 가출인 및 실종아동 등 관련 수색 및 범죄

2. **제주자치도 자치경찰 : 제주특별자치도 설치 및 국제자유도시 조성을 위한 특별법**

① 자치경찰사무를 처리하기 위하여 「국가경찰과 자치경찰의 조직 및 운영에 관한 법률」 제18조에 따라 설치되는 제주특별자치도자치경찰위원회 소속으로 자치경찰단을 둔다. 자치경찰단장은 도지사가 임명하며, 자치경찰위원회의 지휘·감독을 받는다. ➡ 자치경찰공무원은 제주특별법에 따라 계급구분이 이루어지며, 도지사는 소속 자치경찰공무원의 임명·휴직·면직과 징계를 할 권한을 가진다(지방공무원법상 특정직 공무원).❶

❶ 지방공무원법상 경력직공무원
  1. 일반직공무원 : 기술·연구 또는 행정 일반에 대한 업무를 담당하는 공무원
  2. 특정직공무원 : 공립 대학 및 전문대학에 근무하는 교육공무원, 교육감 소속의 교육전문직원 및 자치경찰공무원과 그 밖에 특수 분야의 업무를 담당하는 공무원으로서 다른 법률에서 특정직공무원으로 지정하는 공무원

② **자치경찰의 사무** : ㉠ 주민의 생활안전활동에 관한 사무, ㉡ 지역교통활동에 관한 사무, ㉢ 공공시설 및 지역행사장 등의 지역경비에 관한 사무, ㉣ 자치경찰공무원의 직무로 규정하고 있는 사법경찰관리의 직무 등이다.

> **PLUS 심화** 한국의 교육자치제(지방교육자치에 관한 법률)
> 1. **시·도 단위의 교육자치 실시** : 지방자치단체의 교육·학예사무는 특별시·광역시·도의 사무로 함.
> 2. **지방교육자치기관** : ㉠ 의결기관으로서 시·도의회 상임위원회와 ㉡ 집행기관으로서 교육감
> 3. **교육감** : 임기 4년(계속 재임 3기), 주민의 직접선거로 선출 ➡ 교육감의 하급행정청으로 교육청
> 4. **교육감에 대한 주민소환제** : 주민소환의 절차에 관하여는 「주민소환에 관한 법률」의 시·도지사에 관한 규정을 준용
> 5. **교육감 선거의 정치적 중립** : 선거에서 정당추천 배제

제5절 주민참여

01 주민참여

1. Arnstein의 주민참여의 8단계 ★

실질적 참여 (주민권력)	• 주민통제(citizen control) - 8단계 : 주민이 정부의 진정한 주인으로 모든 결정을 주도하는 단계	→ 시민들이 정책결정과정에 참여하여 실질적인 권한을 보유·행사 및 주도(주민권력의 상태)
	• 권한위임(delegated power) - 7단계 : 동반자 관계를 넘어 주민이 결정을 주도하는 단계	
	• 협력(partnership) - 6단계 : 결정권의 소재에 대한 합의와 정책 결정을 공동으로 하기 위한 공동위원회 등 제도적인 틀이 마련되는 단계	
명목적 참여	• 유화(placation) - 5단계 : 참여가 이루어지는 듯 하나 실질적으로는 의사결정에 영향을 미치지 못하는 단계 예 위원회를 만들어 결정하게 하나, 이를 받아들이는 권한은 지방정부가 보유	→ 주민이 지방정부로부터 정보를 받고, 공청회나 위원회에 참여하여 의견제시가 이루어지나, 판단결정권은 지방정부에 유보
	• 상담·의견수렴(consultation) - 4단계 : 정부가 보다 적극적으로 주민의 의견 청취 예 공청회나 설문조사를 통해 의견청취만 함.	
	• 정보제공(informing) - 3단계 : 지방정부가 지역주민에게 정보를 일방적으로 제공하는 단계(양방향 의사소통이나 협상 불허)	
비참여	• 치료(therapy) - 2단계 : 참여라는 이름 아래 주민들의 태도나 행태 교정	→ 목적이 주민을 참여시키는 것이 아니라 지방정부가 시민의 의사를 조작하거나 계몽·치료
	• 조작(manipulation) - 1단계 : 주민이 지방정부의 활동에 관심을 두지 않은 상태에서 공공부문이 주도적으로 주민을 접촉하는 단계 예 주민자문위원회를 설치하여 주민대표들을 가르치고 설득, 도장 찍는 역할	

2. 주민의 권리와 의무(지방자치법 제16조 이하)

주민의 권리	① 지방자치단체의 정책의 결정 및 집행과정에 참여할 권리 ② 소속 지방자치단체의 재산과 공공시설을 이용할 권리와 그 지방자치단체로부터 균등하게 행정의 혜택을 받을 권리 ③ 법령에서 정하는 바에 따라 지방선거에 참여할 권리❷ ④ 주민투표권, 조례제정과 개폐청구권, 규칙제정과 개폐 의견제출권, 주민감사청구권, 주민소송권, 주민소환권
주민의 의무	① 주민은 법령으로 정하는 바에 따라 소속 지방자치단체의 비용을 분담하여야 하는 의무를 진다. ② 공공시설의 이용강제의무 - 공설화장장 등

❶ 지방선거의 선거권
  18세 이상의 사람으로서 선거인명부작성기준일 현재 ① 해당 지방자치단체의 관할 구역에 주민등록 되어 있는 사람(주민등록되어 있는 재외국민 포함), ② 영주의 체류자격 취득일 후 3년이 경과한 외국인으로서 해당 지방자치단체의 외국인등록대장에 올라 있는 사람
❷ 지방선거의 피선거권
  선거일 현재 60일 이상 당해 지방자치단체의 관할구역 안에 주민등록이 되어 있는 주민으로서, 25세 이상의 국민

02 우리나라에서의 직접참정제 ★★★

1. 주민투표제도(지방자치법 제18조❶, 주민투표법)

> ❶ 지방자치법 제18조(주민투표)
> ① 지방자치단체의 장은 주민에게 과도한 부담을 주거나 중대한 영향을 미치는 지방자치단체의 주요 결정사항 등에 대하여 주민투표에 부칠 수 있다.
> ② 주민투표의 대상·발의자·발의요건, 그 밖에 투표절차 등에 관한 사항은 따로 법률(=주민투표법)로 정한다.

(1) 주민투표권자

18세 이상의 주민 중 투표인명부 작성기준일 현재 ① 그 지방자치단체의 관할 구역에 주민등록이 되어 있는 사람(주민등록된 재외국민 포함), ② 대한민국에 계속 거주할 자격을 갖춘 외국인으로서 조례로 정한 사람.

(2) 주민투표의 대상

① 주민에게 과도한 부담을 주거나 중대한 영향을 미치는 지방자치단체의 주요결정사항은 주민투표에 부칠 수 있다(주민투표법 제7조)❷
② 중앙행정기관의 장은 지방자치단체의 폐치·분합 또는 구역변경, 주요시설의 설치 등 국가정책의 수립에 관하여 주민의 의견을 듣기 위하여 필요하다고 인정하는 때에는 행안부 장관과의 협의를 거쳐 관계 지방자치단체의 장에게 주민투표의 실시를 '요구'할 수 있다(주민투표법 제8조 국가정책의 수립에 참고하기 위한 주민투표).

> ❷ 주민투표 대상에서 제외되는 사항
> ① 법령에 위반되거나 재판 중인 사항, ② 국가 또는 다른 지방자치단체의 권한 또는 사무에 속하는 사항, ③ 지방자치단체의 예산편성·의결·집행과 회계·계약 및 재산관리에 관한 사항, 지방세·사용료·수수료·분담금 등 각종 공과금의 부과 또는 감면에 관한 사항, ④ 행정기구의 설치·변경에 관한 사항과 공무원의 인사·정원 등 신분과 보수에 관한 사항, ⑤ 다른 법률에 의하여 주민대표가 직접 의사결정주체로서 참여할 수 있는 공공시설의 설치에 관한 사항, ⑥ 동일한 사항(그 사항과 취지가 동일한 경우를 포함)에 대하여 주민투표가 실시된 후 2년이 경과되지 아니한 사항 등은 주민투표에 부칠 수 없다.

(3) 주민투표의 실시요건

지방자치단체의 장은 ① 주민이 주민투표의 실시를 청구하는 경우, ② 지방의회가 주민투표의 실시를 청구하는 경우에는, 주민투표를 실시하여야 한다. 또한, 단체의 장은 ③ 단체장이 주민의 의견을 듣기 위하여 필요하다고 판단하는 경우에는(지방의회 재적 과반수의 출석과 출석 과반수의 동의를 얻어) 주민투표를 실시할 수 있다.

(4) 주민투표결과의 확정

① 주민투표권자 총수의 3분의 1 이상의 투표와 유효투표수의 과반수 득표로 확정된다.
② 지방자치단체의 장 및 지방의회는 주민투표의 결과 확정된 내용대로 행정·재정상의 필요한 조치를 하여야 하며(국가정책에 관한 주민투표의 결과에는 적용 안됨), 주민투표결과 확정된 사항에 대하여 2년 이내에는 이를 변경하거나 새로운 결정을 할 수 없다.
③ 전체 투표수가 주민투표권자 총수의 3분의 1에 미달되는 때에는 개표를 하지 아니한다.

2. 조례의 제정·개폐청구권(주민조례청구권, 주민발안)[1]과 주민감사청구권

> **❶ 지방자치법 제19조(조례의 제정과 개정·폐지 청구)**
> ① 주민은 지방자치단체의 조례를 제정하거나 개정하거나 폐지할 것을 청구할 수 있다.
> ② 조례의 제정·개정 또는 폐지 청구의 청구권자·청구대상·청구요건 및 절차 등에 관한 사항은 따로 법률(=주민조례발안에 관한 법률)로 정한다.

구 분	주민조례청구권 (지방자치법 제20조, 주민조례발안에 관한 법률)	주민감사청구권 (지방자치법 제21조)
청구 권자	18세 이상의 주민으로서 ① 해당 자치단체의 관할구역에 주민등록 되어 있는 사람, ② 영주의 체류자격 취득일 후 3년이 경과한 외국인으로서 해당 자치단체의 외국인등록대장에 올라 있는 사람	
정족수 요건	다음 각 호의 기준 이내에서, 해당 지방자치단체의 조례로 정하는 청구권자 수 이상이 연대 서명하여 1. 특별시 및 인구 800만 이상의 광역시나 도 : 청구권자 총수의 200분의 1[2]	① 시·도는 300명, 50만 이상 대도시는 200명, ② 시·군 및 자치구는 150명 이내에서, 그 지방자치단체의 조례로 정하는 수 이상의 주민이 연대 서명하여
청구 대상	'지방의회'에 청구 : 청구권자가 주민조례청구를 하려는 경우에는 청구인의 대표자를 선정하여야 하며, 선정된 대표자는 청구서와 주민청구조례안을 첨부하여 지방의회 의장에게 대표자 증명서 발급을 신청	'감독기관(주무부장관, 시·도지사)'에게 청구 : 당해 지방자치단체와 그 장의 권한에 속하는 사무(→기관위임사무도 가능)의 처리가 법령에 위반·공익을 현저히 해한다고 인정되는 경우
청구 제외 대상	① 법령에 위반하는 사항 ② 지방세·사용료·수수료·부담금의 부과·징수·감면에 관한 사항 ③ 행정기구의 설치·변경에 관한 사항 또는 공공시설의 설치를 반대하는 사항	① 수사 또는 재판에 관여하게 되는 사항 ② 개인의 사생활 침해 우려가 있는 사항 ③ 다른 기관에서 감사하였거나 감사 중인 사항 ④ 동일사항에 대하여 소송이 계속 중이거나 판결이 확정된 사항
처 리	① 지방의회 의장은, 청구인명부 서명에 대한 이의신청이 없거나 이의신청이 이유 없다고 결정이 끝난 경우로서, 법적 요건에 적합한 경우에는 주민조례청구를 수리하여야 한다(반대의 경우 각하). ② 지방의회는 주민청구조례안이 수리된 날부터 1년 이내에 주민청구조례안을 의결하여야 한다.	① 주무부장관 또는 시·도지사는, 감사청구를 수리한 날부터 60일 이내에 감사청구된 사항에 대하여 감사를 종료하여야 하며, 그 감사결과를 청구인의 대표자와 당해 지방자치단체의 장에게 서면으로 통지·공표하여야 한다. ② 주무부장관 또는 시·도지사는 감사결과에 따라 기간을 정하여 단체장에게 필요한 조치를 요구할 수 있고, 단체장은 이를 성실히 이행하여야 하고 그 결과를 지방의회와 감독기관에 보고하여야 한다.

> **❷ 주민조례청구권의 정족수**
> 2. 인구 800만 미만의 광역시·도, 특별자치시, 특별자치도 및 인구 100만 이상의 시 : 청구권자 총수의 150분의 1
> 3. 인구 50만 이상 100만 미만의 시·군 및 자치구 : 청구권자 총수의 100분의 1
> 4. 인구 10만 이상 50만 미만의 시·군 및 자치구 : 청구권자 총수의 70분의 1

5. 인구 5만 이상 10만 미만의 시·군 및 자치구 : 청구권자 총수의 50분의 1
6. 인구 5만 미만의 시·군 및 자치구: 청구권자 총수의 20분의 1

> **PLUS 심화** 규칙의 제정과 개정·폐지 의견 제출권(지방자치법 제20조)
> ① 주민은 제29조에 따른 규칙(권리·의무와 직접 관련되는 사항으로 한정한다)의 제정, 개정 또는 폐지와 관련된 의견을 해당 지방자치단체의 장에게 제출할 수 있다.
> ② 법령이나 조례를 위반하거나 법령이나 조례에서 위임한 범위를 벗어나는 사항은 제1항에 따른 의견 제출 대상에서 제외한다.
> ③ 지방자치단체의 장은 제1항에 따라 제출된 의견에 대하여 의견이 제출된 날부터 30일 이내에 검토 결과를 그 의견을 제출한 주민에게 통보하여야 한다.

3. 주민소송 : 지방자치법 제22조(단체장의 위법한 재무행위 시정을 위한 객관소송)

(1) 주민소송의 대상과 제소사유

공금의 지출에 관한 사항, 재산의 취득·관리·처분에 관한 사항, 당해 지방자치단체를 당사자로 하는 매매 등 계약의 체결·이행에 관한 사항 또는 지방세·사용료·수수료·과태료 등의 부과·징수의 해태에 관한 사항을 **감사청구한 주민은** ① 주무부장관 또는 시·도지사가 감사청구를 수리한 날부터 60일을 경과하여도 감사를 종료하지 아니한 경우, ② 감사결과 또는 감사결과에 따른 조치요구에 불복이 있는 경우, ③ 감사결과에 따른 조치요구를 단체장이 이행하지 아니한 경우, ④ 조치요구에 대한 단체장의 이행조치에 불복이 있는 경우에, 감사청구한 사항과 관련 있는 '위법한 행위나 업무를 게을리 한(해태) 사실'에 대하여 당해 지방자치단체의 장을 상대방으로 하여 소송을 제기할 수 있다.

(2) 주민소송의 원고와 피고

제소대상을 감사청구한 주민이라면 누구나 원고가 되며, 1인에 의한 제소도 가능하다. 피고는 해당 지방자치단체의 장이 된다.

4. 주민소환제 : 지방자치법 제25조❶, 주민소환에 관한 법률

❶ 지방자치법 제205(주민소환)
① 주민은 그 지방자치단체의 장 및 지방의회의원(비례대표 지방의회의원은 제외한다)을 소환할 권리를 가진다.
② 주민소환의 투표 청구권자·청구요건·절차 및 효력 등에 관하여는 따로 법률(=주민소환에 관한 법률)로 정한다.

(1) 주민소환투표의 청구 절차

① 18세 이상의 주민으로서 ㉠ 해당 자치단체의 관할구역에 주민등록 되어 있는 사람, ㉡ 영주의 체류자격 취득일 후 3년이 경과한 외국인으로서 해당 자치단체의 외국인등록대장에 올라 있는 사람은, ② 지방자치단체의 장과 지방의회의원(비례대표의원 제외), 그리고 교육감에 대하여, ③ 일정 주민의 서명으로 그 소환사유를 서면에 구체적으로 명시하여, ④ 관할선거관리위원회에 주민소환투표의 실시를 청구❶

❶ 남용방지를 위한 주민소환투표의 청구 제한
① 선출직 지방공직자의 임기개시일로부터 1년이 경과하지 아니한 때, ② 임기만료 1년 미만일 때, ③ 해당 선출직 지방공직자에 대한 주민소환투표를 실시한 날로부터 1년 이내인 때에는, 주민소환투표를 청구할 수 없다.

(2) 주민소환투표 청구의 효과
주민소환투표대상자는 관할선관위가 주민소환투표안을 공고한 때부터 주민소환투표결과를 공표할 때까지 '권한행사가 정지'

(3) 주민소환투표결과의 확정
주민소환투표권자 총수의 3분의 1 이상의 투표와 유효투표 총수 과반수의 찬성으로 확정

(4) 주민소환투표의 효력
주민소환이 확정된 때에는 주민소환투표대상자는 그 결과가 공표된 시점부터 그 직을 상실

제6절 지방자치단체의 자치권과 자치입법권

01 자치권 ★

▶ 자치권 : 지방자치단체가 그 소관사무를 스스로의 책임하에 처리할 수 있는 권능
→ ① 자치입법권, ② 자치행정권, ③ 자치조직권, ④ 자치재정권, ⑤ 자치사법권(한국은 자치사법권 인정 안됨) 등

1. 지방자치권의 성질

고유권설	지방자치단체가 본래 향유하는 고유한 기본적 권리(전국가적인 자연권으로서의 지방권)로 파악 → 지방권의 독립성을 강조하는 '독립설'
전래권설	국가의 통치권에서 전래되고 국가에 의해 승인된 것으로 파악(국권설)
제도적 보장설	헌법에 의하여 특별한 제도적 보장을 받는 권력(통설) → 헌법상 제도로서 규정되어 있는 이상(헌법 제117조, 제118조), 입법자가 이를 법률로 폐지할 수는 없고, 제한하더라도 그 본질적 내용에 대한 침해는 불가

2. 미국 자치권이론의 발전과정

(1) **딜론의 원칙(Dillon's rule)** : 지방정부가 가진 고유의 자치권은 없다는 의미
1865년 아이오와(Iowa) 주의 대법원장이었던 John Dillon의 판결에서 정립된 주(州)정부와 지방정부 간의 권력관

계를 설정한 원칙으로, "지방정부에 대한 궁극적인 권한은 주(州)의회에 있으며, 지방정부는 주(州)의회가 명시적으로 부여한 권한과 이 권한을 수행하기 위해 필요한 최소한도의 부수적인 권한만을 수행할 수 있다"는 것. Jackson 민주주의(엽관주의)에 기초하여 구성되는 지방정치의 부패와 지방정부의 비효율에 대한 비판과 냉소를 배경으로 하여 등장

(2) 쿨리 독트린(Cooley doctrine) : 지방정부의 자치권을 고유한 것으로 인정하는 원칙

3년 뒤인 1871년 미시간(Michigan) 주의 대법관이었던 Thomas Cooley의 판결에서 제시된 것으로, "지방정부의 자치권은 절대적인 것이며 주(州)는 이를 앗아갈 수 없다"는 것

(3) 자치헌장(Home rule)제도의 등장

20C 들어 'Dillon의 원칙'을 건드리지 않으면서 지방정부의 권한을 강화시킬 수 있는 방법으로 '주(州)가 헌법이나 법률로 지방정부의 권한을 폭넓게 인정해주는 한편, 지방정부는 이러한 법적 보장 위에 스스로 헌장을 만들어 폭넓은 영역의 사무를 자치적으로 처리하는 관행'을 정립시킴. ➡ 지방정부에 실질적인 자치권이 부여되는 것으로 형식은 '딜론'에 실질은 '쿨리'에 부합, 1875년에 미주리(Missouri) 주(州)정부가 최초로 채택한 이래 오늘날 가장 보편적인 헌장 제정방식

02 자치입법권 ★★

▶ **자치입법권** : 지방자치단체가 법령의 범위 안에서 자치에 관한 규정을 정립할 수 있는 권능(헌법 제117조 ①, 지방자치법 제28조와 제29조)
➔ 현행 지방자치법은 자치법규로서 '조례와 규칙'을, 지방교육자치법은 '교육규칙'을 인정하고 있다.

1. 조례

지방자치단체가 법령(헌법과 법률·명령)의 범위 안에서 그 권한에 속하는 사무에 관하여 지방의회의 의결로써 제정하는 자치법규 ➔ 조례는 원칙적으로 대외적 효력을 갖는 법규적 성질의 것(주민의 권리·의무에 관한 사항을 규정)이지만, 지방자치단체의 조직내부에서 효력을 갖는 행정규칙적 성질의 것도 있다.

(1) 조례제정권의 범위
① 지방자치단체는 **그 권한에 속하는 사무(자치사무와 단체위임사무)**에 관하여 조례를 제정할 수 있다.
② **'기관위임사무'**는 지방자치단체의 사무가 아니므로 조례제정사항(= 자치조례)에서 제외된다.
③ 그러나 기관위임사무에 있어서도 개별법령의 위임이 있는 경우에는 그에 기하여 이른바 '위임조례'를 제정할 수 있다.

(2) 법령우위의 원칙(조례는 법령의 범위 안에서만 제정)
① 조례는 '법령의 범위 안에서' 자주적으로 제정할 수 있으며, 그에 대한 법령의 위임이 있어야 하는 것은 아니다.

➡ 이런 점에서 조례는 행정입법으로서의 위임명령과는 달리 법률에 준하는 성질을 지닌다.
② 이에 따라 ㉠ 조례로 규정하려는 사항이 이미 법령에 규정되어 있는 경우, ㉡ 법령으로 규정해야 할 사항을 명백히 한 경우, ㉢ 조례로 규정할 것을 금지한 경우에는, 조례를 제정할 수 없다.

(3) 법률유보의 원칙
① 주민의 권리제한 또는 의무부과에 관한 사항이나 벌칙을 조례로 정할 때에는 법률의 위임이 있어야 한다(지방자치법 제28조 ① 단서). 여기서의 위임은 반드시 구체적으로 범위를 정할 필요는 없으며 포괄적인 위임으로 족하다(➡ 조례는 위임명령과는 달리 지방자치단체의 의회가 제정하는 자주법으로서의 성질을 지니므로).
② 조례와 벌칙 : 지방자치법은 '조례로', ㉠ 조례위반행위에 대하여 천만 원 이하의 과태료를, ㉡ 부정한 방법으로 사용료·수수료·분담금의 징수를 면한 자에 대하여 면한 금액의 5배 이내의 과태료, 공공시설을 부정사용한 자에 대하여 50만 원 이하의 과태료를, 벌칙으로 규정할 수 있도록 하고 있다.

(4) 광역자치단체와 기초자치단체의 조례의 관계
시·군·자치구의 조례나 규칙은 특별시·광역시·도의 조례나 규칙을 위반하여서는 안 된다.

(5) 조례의 제정절차(지방자치법 제32조)
① 조례안의 발안(의안의 발안 – 제76조) : 단체의 장(교육·학예에 관한 것에 한하여 '교육감'), 재적의원 5분의 1 이상 또는 의원 10인 이상의 연서, 지방의회의 위원회(위원회의 직무에 속하는 사항에 한해)가 의안을 제출할 수 있다.
② 조례안의 심의·의결(의결정족수 – 제73조) : 재적의원 과반수 출석과 출석의원 과반수 찬성으로 의결, 가부동수인 때에는 부결된 것으로 본다. 단, 재의요구된 조례안은 재적의원 과반수 출석과 출석의원 3분의 2이상의 찬성으로 같은 의결(재의결)을 하면 조례로서 확정된다.
③ 조례안의 이송 : 조례안이 의결되면 의장은 의결된 날로부터 5일 이내에 단체장에게 이송한다.
④ 조례안의 공포 또는 재의요구 : 조례안을 이송받으면 단체장은 20일 이내에 공포하거나, 조례안에 대해 이의가 있으면 20일 이내에 지방의회로 환부하고 재의를 요구한다(조례안의 일부에 대하여 또는 조례안을 수정하여 재의요구 불가). ➡ 20일 이내에 공포나 재의요구를 하지 아니한 때에는 조례로 확정한다.
⑤ 지방의회의장에 의한 예외적인 공포 : 20일 이내에 공포나 재의요구를 하지 아니하여 조례가 확정된 후 또는 재의결에 따른 확정조례가 단체장에게 이송된 후 5일 이내에 단체장이 공포하지 아니하면 지방의회 의장이 공포한다.
⑥ 제소 : 지방의회의 재의결로 확정된 의결(조례)이 법령에 위반된다고 판단되는 경우 단체장은 재의결된 날로부터 20일 이내에 대법원 제소할 수 있으며(필요한 경우 집행정지결정 신청), 주무부장관(시·도지사)은 단체장이 소를 제기하지 않으면 단체장에게 제소를 지시하거나 직접제소한다.

2. 규칙
지방자치단체의 장이 **법령 또는 조례가 위임한 범위 안에서 그 권한에 속하는 사무에 관하여 제정**하는 자치법규(시·도의 교육·학예에 관한 사무의 집행기관인 교육감이 제정하는 '교육규칙')
① 법규적 성질의 규칙과 행정규칙적 성질의 규칙이 있다.
② 규칙제정사항 : 규칙은, 교육·학예에 관한 사항을 제외하고는 단체장의 권한에 속하는 모든 사항이며, 자치사무,

단체위임사무, 기관위임사무를 모두 포함한다. 그러나 규칙에 대하여는 벌칙을 위임하고 있지 아니하므로, 규칙으로 벌칙을 정할 수 없다.
③ 규칙(위임규칙)은 원칙적으로 상위법령 또는 조례의 개별적·구체적 위임이 있는 경우에만 가능하다(= 포괄위임 불가). 다만 조례의 집행을 위해 필요한 사항은 명시적 위임이 없더라도 직권규칙을 제정할 수 있다.

제7절 지방자치단체의 사무와 기능배분

01 정부 간 기능(사무)배분

1. 기능배분의 방식 ★

(1) 개별적 배분(수권) 방식
① 중앙정부 또는 중앙정부의 의회가 지방정부가 수행할 수 있는 사무를 하나하나 개별적으로 지정해 주는 방식
→ 영국과 미국이 대표적
② 개별적 수권 방식이 지방정부의 기능에 관한 '일반법률'의 형태로 이루어지기도 하지만, 개별 지방정부를 위한 '특별법'의 형태로 이루어지는 경우가 많음.

(2) 포괄적 배분(수권) 방식
① 사무 자체를 구체적으로 하나하나 명시함이 없이 지방자치에 관한 일반법에서 지역적 성격을 띤 사무에 관한 처리권을 일괄적으로 부여하고, 지방정부는 법령이 금지한 사항이나 국가에 배타적으로 주어진 기능을 제외하고 어떤 사무도 처리할 수 있게 하는 배분 방식 → 독일, 1983년 이전의 프랑스, 1988년 이전의 한국
② 이 경우 실질적인 사무배분은 각 업무영역별로 제정되는 개별법령에 의해 이루어짐.

(3) 혼합방식 - 예시적 포괄배분 방식
① 지방정부가 처리하는 사무의 영역을 포괄적으로 규정하되 그 일부를 예시해 주는 방식
② 포괄적인 규정을 둠으로써 사무배분의 유연성을 확보하는 한편, 일부 중요한 사무를 예시해 줌으로써 최소한 이들 사무에 대해서는 중앙정부가 침투하지 못하게 벽을 쌓아두는 방식 → 오스트리아, 스페인, 한국

2. 한국의 사무배분 방식 : (1) 포괄적 예시주의(일반적 틀) + (2) 특례주의 ★★

(1) 포괄적 예시주의
① '지방자치단체는 관할구역의 자치사무와 법령에 따라 지방자치단체에 속하는 사무를 처리한다'는 포괄적 배분 방식을 그대로 유지하면서(「지방자치법」 제13조 제1항), '제1항에 따른 지방자치단체의 사무를 기능·영역별로 예시(자치사무와 단체위임사무를 구분하지 않고)'하고 있다(「지방자치법」 제13조 제2항).
② 예시된 사무가 언제나 지방자치단체의 사무(또는 자치사무)의 성질을 가지는 것은 아니다. 왜냐하면, 「지방자치법」 제13조 제2항 단서에 "법률에 이와 다른 규정이 있으면 그러하지 아니하다"라고 규정하고 있기 때문이다.

(2) 특례주의

광역지방정부와 기초지방정부 사이의 사무배분에 있어, 특정 부류의 기초지방정부의 특수성을 감안하는 2가지의 특례가 인정되고 있다.

① **자치구에 대한 특례** : '자치구의 자치권의 범위는 법령이 정하는 바에 의하여 시·군과 다르게 할 수 있다(「지방자치법」 제2조 2항)'고 규정한다. 자치구는 시·군과 달리 생활권을 단위로 성립된 것이 아니라 행정적 편의를 위해 인위적으로 설정해 놓은 행정구역이므로, 자치구의 사무를 일반 시·군에 비해 제한(➜ 특례로 인정되는 사무는 자치구의 상급지방정부인 특별시와 광역시에서 수행)한다.

② **인구 50만 이상 시의 특례** : 인구규모에 따른 차이를 반영하여 '인구 50만 명 이상의 시에 대해서는 도가 처리하는 사무의 일부를 직접 처리하게 할 수 있다(「지방자치법」 제14조 제1항)'고 규정

3. 기능배분의 원칙 ★

(1) 일반적 원칙 : 일본의 기능배분원칙

Shoup 사절단의 권고(1949)	임시행정조사위원회의 원칙
① 행정책임 명확화의 원칙 : 국가와 자치단체별 사무를 명확히 배정하여 책임을 명확화 ② 능률의 원칙 ③ 기초자치단체 우선의 원칙 : 주민의 복리 및 생활편의와 직접 관련된 사무는 기초단체에 우선적으로 배분하고, 사무가 경합하는 경우 기초자치단체에서 우선적으로 처리	① 현지성의 원칙 : 지역사회에 가깝고, 주민의 통제가 용이한 단위의 정부에 사무를 우선적으로 배분 ② 종합성의 원칙 : 중앙정부의 특별지방행정기관보다 일반목적의 지방자치단체에 배분 ③ 경제성의 원칙 : 지방자치단체의 이해관계, 행정적·재정적 능력 등을 감안하여 최소비용으로 최대의 성과를 얻을 수 있도록 배분

※ **보충성 원칙**(1990년대 이후 강조되는 원칙) : 중층의 국가공동체에서 하급단위에서 잘 처리할 수 있는 업무를 상급단위에서 직접 처리해서는 안 된다는 원칙 ➜ 보충성 원칙은 ① 소극적 의미에서 기초공동체 또는 기초정부가 할 수 있는 일을 상급정부가 관여해서는 안 된다는 것을 의미하고, ② 적극적 의미에서 상급정부는 기초정부가 일차적으로 활동할 수 있는 조건을 갖출 수 있도록 지원해 주어야 한다는 것(예 재정적인 여건 조성)을 의미한다.

(2) 지방자치법상의 사무배분의 기본원칙(제11조)

① **비중복성 원칙** : 국가는 지방자치단체가 사무를 종합적·자율적으로 수행할 수 있도록 국가와 지방자치단체 간 또는 지방자치단체 상호 간의 사무를 주민의 편익증진, 집행의 효과 등을 고려하여 서로 중복되지 아니하도록 배분하여야 한다.

② **기초자치단체 우선의 원칙과 보충성 원칙** : 국가는 사무를 배분하는 경우 지역주민생활과 밀접한 관련이 있는 사무는 원칙적으로 시·군 및 자치구의 사무로, 시·군 및 자치구가 처리하기 어려운 사무는 시·도의 사무로, 시·도가 처리하기 어려운 사무는 국가의 사무로 각각 배분하여야 한다.

③ **포괄배분의 원칙** : 국가가 지방자치단체에 사무를 배분하거나 지방자치단체가 사무를 다른 지방자치단체에 재배분할 때에는 사무를 배분받거나 재배분받는 지방자치단체가 그 사무를 자기의 책임하에 종합적으로 처리할 수 있도록 관련 사무를 포괄적으로 배분하여야 한다.

02 지방자치단체의 사무 ★★

① 지방자치단체의 사무는 자치사무(고유사무), 단체위임사무, 기관위임사무로 구분한다.
② 지방자치법은 '지방자치단체의 사무'를 '자치사무'와 '단체위임사무'로 한정 ➔ "지방자치단체는 관할구역 안의 자치사무와 법령에 따라 지방자치단체에 속하는 사무를 처리한다(지방자치법 제13조 제1항)."
③ 기관위임사무 : "시·도와 시·군·자치구에서 시행하는 국가사무는 법령에 다른 규정이 없으면 시·도지사와 시장·군수·자치구청장에게 위임하여 행한다(지방자치법 제115조).", "자치단체의 장은 그 지방자치단체의 사무와 법령에 따라 그 지방자치단체의 장에게 위임된 사무를 관리하고 집행한다(지방자치법 제116조)." ➔ 기관위임사무는 당해 지방자치단체의 사무가 아니라 위임자인 국가사무 또는 다른 자치단체의 사무이며, 기관위임사무를 처리하는 단체의 장은 국가 또는 상급지방자치단체의 하급행정기관의 지위에서 사무를 수행한다.

구 분	자치사무 ❶	단체위임사무 ❷	기관위임사무 ❸
사무내용	자치단체가 자기책임과 부담하에 '주민의 복리를 위하여' 처리하는 자치단체의 존립목적이 되는 '고유사무'	법령에 의하여 국가 또는 다른 지방자치단체로부터 당해 지방자치단체에게 위임된 사무	법령에 의하여 국가 또는 다른 지방자치단체로부터 자치단체의 장에게 위임된 사무
이해관계	지방적 이해관계가 큰 사무	지방적 이해관계와 국가적 이해관계가 같이 걸린 사무	국가적 차원의 이해관계가 현저한 국가사무
경비부담	지방정부 부담 원칙 ➔ 지방교부세나 국가보조금 지원 가능	중앙정부와 지방정부가 같이 부담 ➔ 위임자인 국가가 경비의 전부 또는 일부를 부담(지방재정법 제21조 부담금)	중앙정부 부담 원칙 ➔ 소요되는 경비는 국가가 전부를 교부(지방재정법 제21조의 교부금)
국가의 감독	합법성 통제, 사후교정적 통제에 국한 ➔ 합목적성 감독은 불가 (지방자치법 제188조 제5항)	합법성 통제뿐만 아니라 합목적성 통제 ➔ 사후교정적 통제 중심(사전예방적 통제는 배제)	합법성 통제뿐만 아니라 합목적성 통제, 사전예방적 통제
지방의회 관여	가능 ➔ 의결권, 조례제정, 행정사무조사 및 감사권 행사	가능 ➔ 조례제정, 행정사무조사 및 감사권 행사(국회와 시·도의회가 직접 감사하기로 한 사무를 제외하고)	원칙 배제 ➔ 그러나 행정사무감사권 행사(국회와 시·도의회가 직접 감사하기로 한 사무를 제외하고)

❶ 자치사무의 유형 : 자치사무는 헌법 제117조 제1항이 규정하고 있는 바와 같이 '주민의 복리증진에 관한 사무'와 이를 위한 조직을 갖추고 재산을 관리하고 자치법규를 제정하는 사무 등이다.
　① 임의적 사무(수의사무) : 지방자치단체가 사무수행 여부 및 방법을 스스로 결정하는 사무, 법령에 규정되지 않은 경우가 대부분이며 법령에 규정된 경우에도 수행의무가 부과되지 않은 경우도 해당.
　② 의무적 사무(필요사무) : 그 수행의무가 법률에 규정된 사무(수행방법에 대해서만 재량이 부여됨), 필요사무의 예로는 초등학교의 설치·운영(초·중등교육법), 오물의 처리(폐기물관리법), 상·하수도의 설치와 관리(수도법과 하수도법)
❷ 단체위임사무 : 단체위임사무에 대한 지방자치단체의 권한은 법령이 정하는 범위에 의해 제한된다는 점에서 전권한성을 내용으로 하는 자치사무와는 다르다. 그러나 일단 위임이 되면 자치사무와 동일하게 취급(단체위임사무를 처리함에 있어서 위임자인 국가의 지시를

받지만 상당한 자율성과 독자성을 보유)된다. 단체위임사무의 예로는 ① 시·도의 국가하천의 점용료·사용료 징수사무, ② 시·도의 국세징수사무, ③ 시·군의 도세징수사무, ④ 시·군이 다른 시·군에 의무교육학령아동 일부에 대한 교육사무 위탁 등이 있다.

❸ 기관위임사무의 유형 : 병역자원관리, 중앙선거사무, 인구조사, 국세조사, 각종 인·허가사무 등 → 현재 우리나라에서 지방자치단체가 수행하는 사무의 주종은 기관위임사무이며, 그 비율은 70%에 달한다.

제8절 지방재정 ★★★

중앙재정에 대한 지방재정의 특성

구 분	중앙재정	지방재정
재정의 기능	포괄적 기능(자원배분기능, 소득재분기능, 경제안정화기능)	자원배분기능(지방공공재 공급)에 치중
서비스의 성격	순수공공재적 성격	'비경합성과 비배제성'이 상대적으로 작은 공공재(=준공공재)
재원조달 방식	조세의존적	다양한 세입원(조세뿐만 아니라 수수료 등 세외수입과 각종 의존재원)
보상 관계	일반적 보상관계 위주	개별적 보상관계 첨가
부담 구조	능력중심 응능(應能)부담의 원칙이 중시	편익중심 응익(應益)부담의 원칙의 가미
평가기준	공평성	효율성
대표성 수준	일반적 국민 대표성	지역적 주민 대표성

지방정부의 세입체계❶

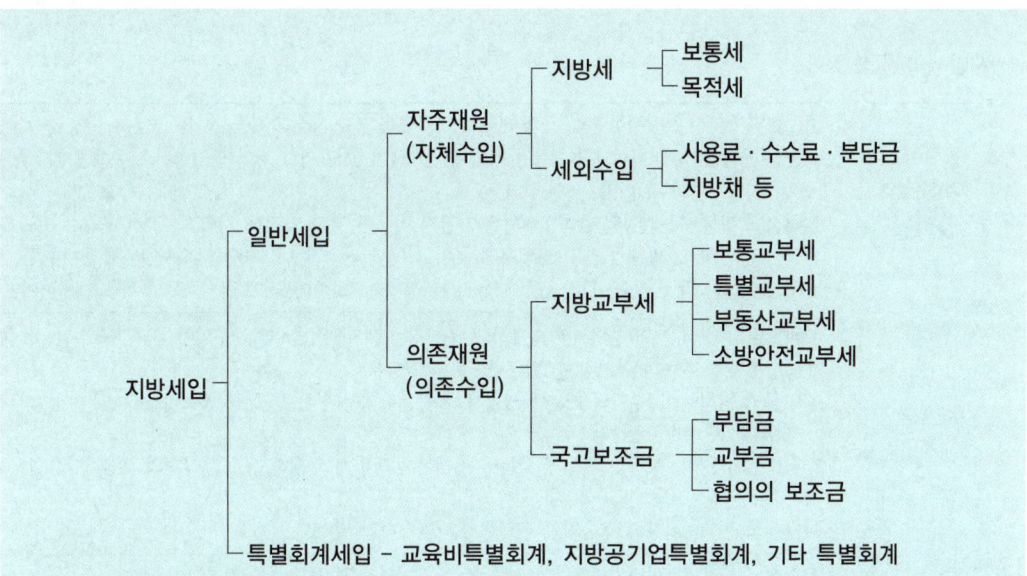

① **자주재원(자체수입)** : 지방자치단체가 직접 징수하는 수입으로 '지방세와 세외수입'으로 구성된다.
② **의존재원(의존수입)** : 국가나 상급자치단체로부터 제공받은 수입으로서 '지방교부세, 국고보조금, 국가균형발전특별회계 등'으로 구성된다.

---

❶ 자금용도의 특정성 여부를 기준으로, ① 일반재원(자금용도가 정해져 있지 않고 지방자치단체가 그 예산과정을 통하여 용도를 결정할 수 있는 재량의 범위가 넓은 재원으로, 지방세 중 보통세, 세외수입, 지방교부세 등)과 ② 특정재원(자금용도가 지정되어 있어서 지방자치단체가 임의로 자금용도를 결정할 수 없는 재원이며, 지방세 중 목적세와 국고보조금 등)이 있다.

수입의 안정성과 규칙성 기준으로, ① 경상재원(회계연도마다 계속적·안정적으로 확보할 수 있는 재원 예 지방세, 사용료·수수료, 보통교부세, 재산임대수입 등), ② 임시재원(회계연도에 따라 불규칙적·가변적으로 확보하는 재원 예 특별교부세, 분담금, 지방채, 재산매각수입 등) 이 있다.

01 자주재원

1. 지방세

- **지방세의 개념** : 지방자치단체가 그 기능을 수행하는 데 소요되는 일반적 경비를 조달하기 위해 당해 구역 내의 주민으로부터 개별적 보상 없이 강제적으로 부과·징수하는 조세이다.
  → 지방세는 개별적 보상 또는 서비스 제공을 전제로 하는 '사용료·수수료'와 구별된다.
① 과세주체가 지방자치단체라는 점에서 과세주체가 국가인 국세와 구별된다.
② 지방자치단체의 과세권에 근거하여 강제적으로 부과·징수하는 것으로 "조세의 종목과 세율은 법률로 정한다."는 헌법상의 조세법률주의 원칙에 따라 반드시 법률에 근거(한국은 법정세만 인정됨)
③ **지방세의 부과·징수에 관한 조례** : 지방자치단체는 지방세의 세목(稅目), 과세대상, 과세표준, 세율, 그 밖에 부과·징수에 필요한 사항을 정할 때에는 이 법 또는 지방세관계법에서 정하는 범위에서 조례로 정하여야 한다(지방세기본법 제5조).

(1) 지방세의 원칙

재정수입의 측면	① 충분성의 원칙 : 지방재정수요를 충족시키는 데 충분한 수입을 가져올 것 ② 보편성(균형성)의 원칙 : 세원이 특정 지역에 편재하지 않고 어느 지역에 있어서도 존재할 것 → 자치단체 간 세수입의 균형성 ③ 정착성(국지성, 지역성)의 원칙 : 세원은 가급적 이동이 적고 일정한 지역 내에 정착되어 있을 것 ④ 안정성의 원칙 : 지방세가 경기에 좌우되지 않고 매년 안정적으로 조달할 수 있는 세수여야 함. ⑤ 신축성(신장성)의 원칙 : 지역의 행정수요와 사회경제적 기반의 변화에 탄력적으로 적응(증가)하여야 함.
주민부담의 측면	① 부담분임의 원칙 : 지역 행정서비스에 소요되는 경비는 가능한 한 많은 주민이 분담하도록 할 것 → 지방행정에 대한 참여의식 고취 예 인두세, 주민세균등분 ② 응익성의 원칙 : 조세부담의 배분에 있어서, 지불능력(응능과세)보다는 공공서비스를 받는 이익의 정도 근거로 할 것 ③ 부담보편의 원칙 : 동등한 지위에 있는 자에게는 동등하게 과세하고, 조세감면의 폭을 너무 넓혀서는 안 된다는 것 ④ 효율성의 원칙 : 시장의 효율적인 선택행위를 침해하지 말 것
과세행정의 측면	① 자주성의 원칙 : 지방자치단체가 과세행정상 자주성을 가질 수 있을 것 ② 간소성 및 최소비용의 원칙 : 징세사무의 절차가 간편하고 경비가 적게 들 것 ③ 확실성의 원칙 : 징세가 확실히 시행될 것

(2) 한국의 지방세 체계

구 분	특별시세·광역시세❶	도세	자치구세	시·군세(광역시의 군세 포함)
보통세 (9개)	취득세, 레저세, 담배소비세, 지방소비세, 주민세, 지방소득세, 자동차세	취득세, 등록면허세, 레저세, 지방소비세	등록면허세, 재산세❷	담배소비세, 주민세, 지방소득세, 재산세, 자동차세
목적세 (2개)	지역자원시설세, 지방교육세	지역자원시설세, 지방교육세		

❶ 광역시
   광역시의 군(郡) 지역에서는 도세를 광역시세로 한다.(ex. 인천광역시 강화군에서는 도세인 '취·등·레·비'가 광역시세가 됨)
❷ 특별시의 관할구역 안 재산세의 공동과세
  ① 특별시의 관할구역 안에 있는 구의 재산세는 "특별시세 및 구세인 재산세"로 함.
  ② 재산세액의 50%를 각각 '특별시분 재산세(보통세인 특별시세)'와 '구분 재산세(보통세인 구세)'로 하며, 특별시장은 특별시분 재산세 전액을 관할 구역 안의 자치구에 교부(교부기준은 자치구의 지방세수 등을 감안하여 특별시의 조례로 정하나, 교부기준을 정하지 아니한 경우에는 자치구에 균등배분) → 교부받은 재산세는 당해 자치구의 재산세의 세입으로 봄.

2. 세외수입

① 사용료와 수수료 : ㉠ 사용료는 지방자치단체가 설치한 공공시설의 이용이나 재산의 사용에 대한 반대급부로써 징수하는 것(예 시민회관 사용료)이며, ㉡ 수수료는 자치단체의 사무가 특정인을 위한 일일 경우 개별적으로 이익을 누리게 되는 사람으로부터 그 비용의 일부나 전부를 반대급부로 징수하는 것(예 증명서 발급 수수료)
② 분담금(부담금) : 넓은 의미에서 목적세의 일종인데, ㉠ 지방자치단체의 재산 또는 공공시설의 설치로 인하여 주민의 일부가 특히 이익을 받는 경우에, 당해 사업에 필요한 비용의 일부를 부담시키기 위해 이익을 받는 자로부터 그 이익의 범위 내에서 징수하는 공과금(수익자 부담금 예 개발부담금). ㉡ 부담금은 또한 지방자치단체로 하여금 특정한 사업을 하게 만든 원인을 제공한 개인이나 단체에도 부과(원인자 부담금 예 환경오염부담금, 교통유발부담금)
③ 지방정부의 사업경영수익, 재산임대·매각수입, 예탁금 및 예수금 등

3. 지방채

(1) 지방채의 의미

① 지방채의 개념 : ㉠ 부족한 재정수입 보전, ㉡ 규모가 큰 사업에 필요한 경비충당, ㉢ 그리고 주민 간 부담공평을 위하여, '지방정부가 국내외 정부나 민간자본시장으로부터 빌려오는 차입금'으로써, **상환이 복수회계연도에 걸쳐 이루어지며 증서차입 또는 증권발행 형식의 채무**
② 1회계연도 안에서 이루어지는 일시차입금(그 채무를 당해 회계연도 수입으로 상환)은 지방채 개념에 포함되지 않으며, 지방채는 통상 2회계연도 이상에 걸쳐 상환이 이루어지는 차입금

(2) 지방채의 법적 근거
① 지방채 발행의 사유(지방재정법 제11조 제1항) : 지방자치단체의 장은 다음 각 호를 위한 자금 조달에 필요할 때에는 지방채를 발행할 수 있다.
  1. 공유재산의 조성 등 소관 재정투자사업과 그에 직접적으로 수반되는 경비의 충당
  2. 재해예방 및 복구사업
  3. 천재지변으로 발생한 예측할 수 없었던 세입결함의 보전
  4. 지방채의 차환
② 지방채발행 총액한도제(지방재정법 제11조 제2항) : 지방자치단체의 장은 지방채를 발행하고자 하는 경우에는 재정상황 및 채무규모 등을 고려하여 '대통령령이 정하는 지방채 발행 한도액의 범위 안에서' 지방의회의 의결을 얻어야 함. 다만, 지방채 발행 한도액의 범위 안이라도 외채를 발행하는 경우에는 지방의회의 의결을 거치기 전에 행정안전부장관의 승인을 얻어야 함.

02 의존재원 (지방재정조정제도 : 지방교부세와 국고보조금)

▶ **지방재정 조정제도** : 지방정부의 기능수행에 필요한 자체재원의 부족분을 보충해 주고, 지방정부 간의 재정력격차를 조정하기 위하여, 중앙정부가 지방정부에게 또는 지방정부 상호간에 재정을 조정하는 제도(한국의 지방교부세와 국고보조금, 그리고 조정교부금)
▶ **지방재정 조정제도의 유형**
① 중앙정부가 지방자치단체에게 또는 광역단체가 기초단체에게 재원을 공여하거나 자치단체 간의 재원불균형을 조정 해주는 '수직적 재정조정제도(지방교부세, 국고보조금, 조정교부금 등)'
② 재정력이 강한 자치단체가 약한 자치단체에 실시하는 동급 지방정부 간의 '수평적 재정조정제도'

1. 한국의 지방교부세

(1) 지방교부세의 의미
① 지방교부세의 개념 : ㉠ 자치단체의 기본 행정 운영에 필요한 최소한의 재원을 보장하고, 지역 간의 재정 불균형을 시정하기 위하여(= 지방교부세의 목적) ㉡ 재정력이 약한 자치단체에게 ㉢ 국가가 '내국세 총액의 일정비율 (19.24%)'을 ㉣ 용도를 정하지 않고 교부하는 자금 ➔ 「지방교부세법」에 근거
② 중앙정부와 지방정부 간의 공유 재원(= 공유적 독립재원) : 지방교부세는 국가로부터의 단순한 교부금이 아니고 본래 지방자치단체의 공유적인 고유재원. 독립재원으로서의 특성은 교부세율·국가와 지방자치단체 간의 세원배분율이 「지방교부세법」에 고정(교부세의 재원은 내국세의 19.24%에 해당하는 금액으로 한다)되어 있다는 점에서 파악
③ 지방정부의 일반재원으로서 비도제한이 금지 : 지방교부세는 형식적으로 중앙정부의 일반회계에서 지출되지만, 국가가 지방교부세를 교부할 때 일정한 조건을 붙이거나 용도제한을 할 수 없음.
✤ 지방교부세는 의존재원으로 분류되나, 지방자치단체의 자주재원의 성격을 지녀 자치단체의 재정자율성을 제고하는 기능

(2) 지방교부세의 기능

① 지방자치단체 간의 재원균형화 기능
② 지방자치단체의 재원보장 기능 : 지방자치단체의 기본행정에 필요한 최소한의 재원을 보전
③ 지방자치단체의 재정자율성제고 기능

(3) 지방교부세의 종류

① 보통교부세 : 교부세 총액의 97/100
   ㉠ 지방자치단체가 기본적인 행정수준의 유지를 위해 일반재원으로 사용할 수 있도록, '매년도 기준재정수입액이 기준재정수요액에 미달하는(재정력지수가 1 미만인) 자치단체를 대상으로, 미달액(= 재정부족액)을 기초로 산정'하여 교부하는 재원❶
   ㉡ 당연히 기준재정 수입액이 기준재정 수요액을 상회하는 재원초과단체에 대해서는 보통교부세가 교부되지 않음(= 불교부단체). ➔ 지방자치단체가 기본적인 행정수요 유지를 위해 용도를 제한하지 않고 자주적으로 사용할 수 있는 일반재원.

   ❶ 재정력지수와 재정부족액
   ① 지방교부세 교부 시 사용되는 기준지표가 '재정력 지수(= $\frac{기준재정수입액}{기준재정수요액}$)'이다. 따라서 재정력 지수가 1이 넘는 지방자치단체는 보통교부세를 교부받지 못한다.
   ② **재정부족액(미달액)** = 기준재정 수요액 − 기준재정 수입액

② 특별교부세 : 교부세 총액의 3/100
   ㉠ 보통교부세의 획일적인 기준재정수요액의 산정방법으로써 포착할 수 없는 특별한 지역현안수요가 있는 경우(특별교부세 재원의 100분의 40)
   ㉡ 보통교부세의 산정기일 후에 발생한 재난을 복구하거나 재난 및 안전관리를 위한 특별한 재정수요가 있거나 재정수입의 감소가 있을 때(특별교부세 재원의 100분의 50)
   ㉢ 국가적 장려사업, 국가와 지방자치단체 간에 시급한 협력이 필요한 사업, 지역 역점시책 또는 지방행정 및 재정운용 실적이 우수한 지방자치단체에 재정지원 등 특별한 재정수요가 있을 경우(특별교부세 재원의 100분의 10)
   ➔ 그 사용에 관하여 조건을 붙이거나 용도를 제한할 수 있으며, 보통교부세 불교부 단체에도 요건 해당 시 특별교부세를 교부
③ 부동산교부세 : 종합부동산세 총액과 정산액
④ 소방안전교부세 : 담배에 부과되는 개별소비세 총액의 100분의 45

(4) 지방교부세와 유사제도 : 조정교부금

① 시·군 조정교부금 : ㉠ 시·도지사(특별시장 제외)가, 관할 시·군 간의 재정력 격차를 조정하기 위해, 시·군에서 징수하는 광역시세·도세의 일부를, 관할 시·군에게 교부하는 제도(지방재정법 제29조). ㉡ 재원 : 시·군에서 징수하는 광역시세·도세의 총액의 27%에 해당하는 금액. ㉢ 일반조정교부금(조정교부금 총액의 90%)과 특별조정교부금(조정교부금 총액의 10%)으로 구분

② **자치구 조정교부금**: ㉠ 자치구의 기본 행정운영에 필요한 최소한의 재원을 보장하고 자치구간의 재정 불균형을 시정하기 위하여, 특별시·광역시의 시세 중 보통세의 일부를 관할 자치구에 교부하는 제도(지방재정법 제29조의 2). ㉡ 재원: 특별시·광역시의 시세(市稅) 중 「지방세기본법」에 따른 보통세(= 취,레,담,비,주,득,자). ㉢ 자치구 일반조정교부금(조정교부금 총액의 90%)과 자치구 특별조정교부금(조정교부금 총액의 10%)으로 구분

2. 한국의 국고보조금

(1) 협의의 국고보조금: 중앙정부가 특정사업의 수행과 관련하여 용도를 지정하여 지방정부에 교부하는 자금

① 중앙정부가 특정 사업을 장려하기 위하여(= 장려적 보조금), 또는 지방정부의 재정상 특별한 필요가 있다고 인정될 때(= 지방재정보전 보조금), 지방정부에 그 사업의 시행을 위해 제공하는 자금
② 「지방재정법」 제23조 제1항: '국가는 시책 상 필요하다고 인정되는 때' 또는 '지방자치단체의 재정사정상 특히 필요하다고 인정되는 때'에는 '예산의 범위 안에서' 지방자치단체에 보조금(= 장려적 보조금과 지방재정보전 보조금)을 교부할 수 있다.

(2) 국고보조금의 특성

① **특정 재원**: 국고보조금은 특정 용도가 지정된다는 점에서 지방교부세와 다르며, 재원이 미리 국세의 일정 부분으로 정해져 있지 않음(중앙정부의 예산의 범위 내에서 지급). ➡ 지방정부가 자율적으로 사용 목적을 변경할 수 없고, 중앙정부는 자금이 제대로 집행되는 지를 감시·감독(지방정부의 자율성 제약)
② **국고보조금의 절차**(보조금관리에 관한 법률): 국고보조금은 매년 자치단체장의 신청에 의하여 주어지는 경상수입이며, 중앙관서의 보조금 예산 편성과 보조금 교부신청 및 중앙관서장의 교부결정에 의해 지급되는 의존재원의 전형
③ **분담금부 지원금**: 국고보조금은 지방비 부담이라는 전제조건(국가가 전액 지원하는 국고보조사업의 경우는 제외)이 있기 때문에 지방재정력이 양호한 자치단체는 큰 문제가 없으나, 재정력이 약한 자치단체는 지방비 부담능력 부족으로 국고보조사업을 포기하는 문제 ➡ 국고보조사업에 있어 지방정부 간 재정력 격차가 반영
④ **경상재원**: 국고보조금은 매년 경상적으로 수입되는 경상수입으로 재산매각수입, 기부금, 이월금과 같은 임시수입과 구별된다.

> **PLUS 심화** 자치단체의 '재정능력' 파악을 위한 지표로서 '재정자립도'의 문제점과 '재정자주도' ★★
>
> **1. 재정자립도의 문제점**
>
> - 지방재정자립도(%) = $\dfrac{\text{지방세 + 세외수입 - 지방채}}{\text{일반회계예산}} \times 100$
>
> - 기존의 재정자립도개념은 지방세입 총액 중에서 자주재원(지방채 수입을 산입)의 비율을 의미하는 것이었으나, 2008. 2월 개정된 현행 「지방자치법 시행령」 제7조에 따르면 지방자치단체의 일반회계예산 중에서 지방채를 공제한 자체수입이 차지하는 비율을 말한다.

① 지방자치단체 간의 상대적 재정규모를 무시 : 서울특별시와 서귀포시의 재정자립도가 90%라 하더라도, 양자 간의 재정규모의 차이에 따른 '대규모사업의 수행능력'을 고려하지 못함.
② 세출구조의 불고려 : 재정지출의 내역(질)이나 탄력성(소비지출을 줄이고 투자적 지출의 확대능력)을 고려하고 있지 못함.
③ 중앙정부에 의한 재정지원을 '의존재원'으로 일괄처리하는 문제 : 중앙정부의 재정지원도 국고보조금과 같이 자치권을 제약하는 것이 있으나, 자주재원의 성격을 지니는 지방교부세의 효과를 반영하지 못하는 문제점
④ 일반회계만을 고려하는 문제 : 일반회계만을 고려함으로써 자치단체의 특별회계와 기금이라는 또 다른 재정적 변수를 종합적으로 고려하지 못하여, 실제 재정력보다 과소평가되는 문제점

2. 재정자주도

- 재정자주도(%) = $\dfrac{\text{지방세} + \text{세외수입} + \text{지방교부세} + \text{재정보전금} + \text{조정교부금}}{\text{일반회계예산}} \times 100$

- 2008년부터는 '도·농복합형태의 시' 설치기준 등에 있어서는 기존대로 재정자립도를 사용(해당 군의 재정자립도가 전국 군 재정자립도의 평균치 이상일 것)하고 있으나, 자치단체에 대한 보조율 적용기준에 있어서는 지방교부세 등을 포함하는 포괄적 지표인 '재정자주도'를 사용하도록 하고 있다.

03 지방공기업

▶ **지방공기업**
지방자치발전과 주민의 복리증진을 위해 지방자치단체가 직접 설치·경영하거나, 법인을 설립하여 경영하는 기업(지방공기업법 제1조)

1. 지방공기업법의 당연적용사업 : 지방공기업법 제2조 1항의 사업

사업명
1. 수도사업(마을상수도사업 제외)
2. 공업용수사업
3. 궤도사업(도시철도사업 포함)
4. 자동차운송사업
5. 지방도로사업(유료도로사업만 해당)
6. 하수도사업
7. 주택사업
8. 토지개발사업
9. 주택·토지 또는 공용·공공용건축물의 관리 등의 수탁
10. 공공재개발사업 및 공공재건축사업
11. 신에너지 및 재생에너지의 기술개발 및 발전·이용·보급에 필요한 사업
12. 내항 정기 여객운송사업

2. 지방공기업법상의 경영(조직)형태 : 지방직영기업, 지방공사, 지방공단

(1) 지방직영기업 : 지방정부가 그 소속의 행정기관으로 설치하여 직접 운영하는 형태
① 행정기관으로서의 성격을 지닌 만큼 별도의 법인격이 부여되지 않으며, 최고관리자와 일반직원 모두 당해 지방정부의 공무원으로 임명(지방정부의 사업본부, 사업단, 사업소, 국·과 조직)한다. ➔ 예 상수도, 하수도, 공영개발, 지역개발기금
② 관리자는 당해 지방자치단체의 공무원 중 지방직영기업의 경영에 관하여 지식과 경험이 풍부한 자중에서 지방자치단체의 장이 임명하며, 임기제로 할 수 있다.
③ 지방자치단체는 지방직영사업마다 특별회계를 설치하여야 하며, 지방직영기업의 특별회계에서 그 경비는 당해 기업의 수입으로 충당하여야 한다.

(2) 지방공사와 지방공단 : 별도의 독립법인을 설립하여 운영하는 형태
① 서울의 지하철공사나 도시철도공사와 같이 지방정부가 별도의 법인을 설립하여 간접적으로 운영하는 방식이다.
② 출자비율에 따라 지방정부가 전액출자, 지방정부가 50% 이상 출자, 지방정부가 50% 미만 출자법인으로 구분되는데, 지방정부가 전액 출자한 지방공단과 지방공사를 제외한 나머지를 '민관공동 출자기업(제3섹터)'라 한다.
③ **지방공단** : 원칙적으로 지방정부가 위탁한 사무만을 처리하여 일종의 공공기관으로서 회사형태로 불가가 불가능. 지방공단의 자본금은 지방정부가 100% 출자한다. ➔ 예 시설관리공단
④ **지방공사** : 지방정부의 위탁과 관계없이 자율적인 독립사업을 경영하고(업무영역 확장 가능) 회사형태로 불가가 가능한 조직. 일종의 회사로 독립된 사업을 경영하기 때문에 지방자치단체가 전액 출자하는 것이나 50% 이상 출자할 수도 있다. ➔ 예 도시개발, 지하철
⑤ **지방공단과 지방공사의 사업분야** : 「지방공기업법」 제2조에 열거된 모든 사업을 담당할 수 있으므로 사업분야에 있어서 지방직영기업과는 다를 바 없다.

제9절 정부 간 분쟁(갈등) 해결제도

1. 중앙정부와 지방자치단체 간의 분쟁조정제도

(1) 행정적 분쟁조정제도
① 중앙지방협력회의 설치 : 국가와 지방자치단체 간의 협력을 도모하고 지방자치 발전과 지역 간 균형발전에 관련되는 중요 정책을 심의하기 위하여 중앙지방협력회의를 둔다(지방자치법 제186조).❶

> ❶ **중앙지방협력회의의 구성 및 운영에 관한 법률**
> * 제2조(중앙지방협력회의의 기능) 중앙지방협력회의는 다음 각 호의 사항을 심의한다.
>   1. 국가와 지방자치단체 간 협력에 관한 사항
>   2. 국가와 지방자치단체의 권한, 사무 및 재원의 배분에 관한 사항
>   3. 지역 간 균형발전에 관한 사항
>   4. 지방자치단체의 재정 및 세제에 영향을 미치는 국가 정책에 관한 사항
>   5. 그 밖에 지방자치 발전에 관한 사항
> * 제3조(구성 및 운영) ① 협력회의는 대통령, 국무총리, 기획재정부장관, 교육부장관, 행정안전부장관, 국무조정실장, 법제

처장, 시·도지사, 전국적 협의체(시·도의회의 의장 협의체, 시장·군수 및 자치구청장 협의체, 시·군 및 자치구의회의 의장 협의체)의 대표자 등으로 구성한다. ② 협력회의의 의장은 대통령이 된다.

② **중앙행정기관과 지방자치단체 간의 협의·조정** : 중앙행정기관의 장과 지방자치단체의 장이 사무를 처리함에 있어 의견을 달리하는 경우, 협의·조정을 위해 국무총리소속하에 '행정협의·조정위원회'를 둔다(지방자치법 제187조).

(2) 사법적 분쟁조정제도
① 헌법재판소의 권한쟁의심판(중앙정부와 지방자치단체 간)
② 대법원의 이의소송에 대한 심판(중앙정부의 취소·정지처분이나 직무이행명령에 대해 자치단체장이 제기한)

2. 지방자치단체 상호 간의 분쟁조정제도

(1) 당사자 간 분쟁조정
분쟁당사자 간의 자율적 분쟁해결을 위해 ① 행정협의회, ② 지방자치단체조합, ③ 단체장 등의 전국적 협의체의 활용❷

> ❷ **지방자치단체의 장 등의 전국적 협의체(지방자치법 제182조)**
> 1. 시·도지사 협의체, 2. 시·도의회의 의장 협의체, 3. 시장·군수·자치구청장 협의체, 4. 시·군·자치구의회의 의장 협의체

(2) 제3자에 의한 분쟁조정제도
① 감독기관(행정안전부장관 및 시·도지사)의 분쟁조정
  ㉠ 지방자치단체 상호 간(또는 단체장 상호 간)에 분쟁이 있는 경우, 행정안전부장관 및 시·도지사는 당사자의 신청이나 직권에 의하여 조정
  ㉡ 관계중앙행정기관의 장과의 협의를 거쳐 중앙분쟁조정위원회(행안부장관 소속) 또는 지방분쟁조정위원회(시·도지사 소속)의 의결에 따라, 조정
  ㉢ 행정안전부장관 또는 시·도지사의 조정결정을 통보받은 지방자치단체의 장은 그 조정결정 사항을 이행하여야 하며, 이행하지 않는 경우 직무이행명령과 대집행을 준용하여 이행하게 할 수 있다.
② 환경분쟁조정위원회(환경과 관련된 분쟁조정을 위해 환경부와 시·도에 설치)
③ 헌법재판소(지방자치단체 상호 간 권한쟁의심판)

행정사 1차 행정학개론

제10절 광역행정(regional adminstration) ★★

> **광역행정** : 행정의 민주성·효과성·능률성을 제고하기 위하여 지방자치단체의 구역을 넘어 넓은 지역(廣域)에 걸쳐서 일정한 행정사무를 종합적·통일적으로 처리하려는 행정기능의 수행방식을 의미한다.

01 광역행정의 촉진요인(필요성)

① 생활권·경제권의 확대와 균질화
② 도시와 농촌 간의 행정서비스의 평준화(복지국가의 이념 실현-national minimum)
③ 대도시화의 진전(광역도시문제 해결의 필요성)
④ 균형있는 지역개발과 계획행정의 필요(산업·경제의 발달)
⑤ 중앙집권과 지방분권의 조화와 균형의 모색

광역행정의 필요성

(1) 정치적 동기	지역개발과 복지서비스의 균등화를 통한 계층분리현상, 지방정부 간 정치적 분절 등의 갈등 극복
(2) 행정적 동기	① 교통·통신의 발달에 따른 생활권 확대, 행정구역의 광역화를 통한 생활권과 행정권일치로 행정의 효율성과 주민편의 증대 ② 산업화의 진전 및 대도시화에 기인한 광역적인 도시문제해결(예 도시의 재정위기, 도로, 교통 등)
(3) 경제적 동기	① 공동문제의 상호공동처리를 통한 경비의 절약과 능률 증진(규모의 경제) ② 행정서비스의 비용부담과 편익형성 범위를 일치시켜 외부효과에 대처

02 광역행정의 방식

1. 구조적·종합적 접근방법 : 행정구역의 변화를 수반

① **합병**(annexation) : 중심도시에 외곽지역을 합병(도시정부로 군소 자치단체를 흡수통합)하는 도시권 통합
② **시·군 통합**(consolidation) : 카운티와 도시정부가 통폐합하여, 하나의 법인격을 가진 단일정부를 신설하는 방식
③ **연합**(federation) : 2개 이상의 지방자치단체가 각자 독립적인 법인격을 유지하면서, 광역도시권에 새로운 정부 연합체를 설치하여 도시연합으로 하여 광역적 업무를 처리하게 하는 방식

2. 기능적·점진적 접근방법 : 행정구역의 변화를 수반하지 않고 기능을 협력

① **정부 간 협정** : 2개 이상의 정부 간에 단일·복수의 서비스를 제공하기 위해 공법상의 행정협정 체결
② **사무의 위탁** : 지방자치단체(장)가 소관사무의 일부를 다른 지방자치단체(장)에게 위탁하여 처리하게 하는 제도
③ **행정협의회** : 광역문제를 공동으로 해결하기 위한 자발적인 정부간 협의체
④ **지방자치단체조합** : 2개 이상의 지방자치단체가 하나 또는 둘 이상의 사무를 공동으로 처리하기 위해 규약을

정하여 당해 지방의회의 의결과 행안부장관의 승인(시·군·자치구는 시·도지사의 승인)을 얻어 설치하는 특별지방자치단체
⑤ **특별행정기관의 설치** : 특정한 광역행정사무를 처리하기 위해 특정 기능만을 수행하는 국가행정기관을 일반행정기관과 별도로 설치하는 방식

03 한국의 광역행정 방식

1. 구역변경에 의한 광역행정
① 우리나라에서 가장 많이 이용되어 온 광역행정 방식으로, 주로 대도시의 성장에 따라 합병(편입), 분리의 형태로 이루어져 왔다
② 일반시는 인구 100만명을 초과하게 되면 도에서 분리하여 '광역시'로 승격, 읍은 인구 5만 명 이상이 되면 군에서 분리하여 '시'로 승격되고, 1990년대 이후 시·군통합에 의해 '통합시'가 설치되었다.

2. 특별지방행정기관의 설치 – 국가적 차원에서의 광역적 처리방법
① 국가의 특정한 중앙행정기관에 소속되어, 당해 관할구역 내에서 시행되는 소속 중앙행정기관의 권한에 속하는 행정사무를 관장하는 '국가의 지방행정기관' ➡ 예 노동부의 지방노동청, 국가보훈처의 지방보훈청, 경찰청의 지방경찰청과 경찰서, 국토교통부의 지방국토관리청, 환경부의 지방환경청
② 소속 중앙행정기관의 사무를 관장하는 국가의 일선기관으로 중앙행정기관의 권력적 통제를 상징하며, 주민의 참여를 제한한다는 비판 제기

특별 지방행정 기관의 필요성	① 중앙행정기관의 업무 중 전국적으로 통일적인 집행이 필요한 경우 ② 특정한 행정기능을 광역적으로 집행해야 하는 경우 ③ 업무내용이 특수하거나 전문적인 경우(특정 행정업무의 전문성을 보다 효율적으로 수행) ④ 명령계통을 일원화함으로써 효율성을 높일 수 있는 경우 ⑤ 집행기능을 일선조직이 담당케 함으로써 중앙의 정책기능을 강화할 필요가 있는 경우
특별 지방행정 기관의 문제점	① 지방자치단체와 특별지방행정기관 간의 업무중복으로 이중행정의 폐해와 비효율성 ② 소속 중앙행정기관의 구체적·획일적 지시에 따른 업무수행으로, 지역주민의 참여 제한 ③ 특별지방행정기관에 의한 특정 정책의 개별적 수행은 지방자치단체의 종합행정을 저해 ④ 중앙부처의 할거주의가 그대로 지역행정에 반영되어 지역단위로 특별행정기관 상호 간의 수평적 조정 곤란 ⑤ 지방자치의 원리와의 마찰(중앙정부의 통제 강화), 중앙정부규모 확대 등

3. 사무의 위탁
① 지방자치단체나 그 장은 소관 사무의 일부를 다른 지방자치단체나 그 장에게 위탁하여 처리하게 할 수 있다(지방자치법 제168조).
② 위탁한 지방자치단체는 위탁한 범위 내에서 그 사무에 관하여는 법령상의 권한을 상실함과 동시에 책임을 지지 않으며, 수탁한 지방자치단체가 그 이름으로 위탁한 지방자치단체의 구역에서 수탁사무를 처리하게 된다.
③ 사무를 위탁하고자 하는 때에는 관계지방자치단체와의 협의에 따라 규약을 정하여 이를 고시하여야 한다.

4. 행정협의회

① 지방자치단체는 2개 이상의 지방자치단체에 관련된 사무의 일부를 공동으로 처리하기 위하여 관계 지방자치단체 간의 행정협의회를 구성할 수 있다. 이 경우 각각 그 감독관청인 행안부장관과 중앙행정기관장에게, 그리고 시·도지사에게 이를 보고하여야 한다.
② 행정협의회는 별개의 법인격을 갖지 않는다는 점에서 지방자치단체의 업무를 공동으로 처리하기 위한 비교적 느슨한 법적 형태이다.
③ 행정협의회는 법인격을 갖지 않아 권리·의무의 귀속주체가 될 수 없다. 따라서 행정협의회의 활동은 외부적으로 법적 구속력을 갖지 않고, 그에 참여한 지방자치단체를 직접 구속하지 않음이 원칙이다. 그러나 「지방자치법」은 행정협의회에 일정한 권한을 부여하고 있다. 행정협의회는 사무처리를 위하여 필요한 경우 관계 지방자치단체장에게 자료의 제출, 의견개진, 기타 필요한 협조를 요구할 수 있으며, 협의회를 구성한 관계지방자치단체는 협의회가 결정한 사항에 따라 그 사무를 처리하여야 한다.
④ 지방자치단체는 협의회를 구성하려면, 관계 지방자치단체 간의 협의에 따라 규약을 정하여 관계 지방의회의 의결을 거친 다음 고시하여야 한다.

5. 지방자치단체조합 : 특별지방자치단체 part 참조

> **PLUS 심화** 정부 간 관계론(IGR : Inter-Governmental Relationship) : 라이트(Wright)의 모형
>
> Wright는 중앙정부와 지방정부의 권력관계 및 기능적 상호의존관계를 기준으로, 미국의 연방제하에 연방정부와 주정부 그리고 지방정부의 관계를 ① 분리권위형, ② 포괄권위형, ③ 중첩권위형으로 구분한다.

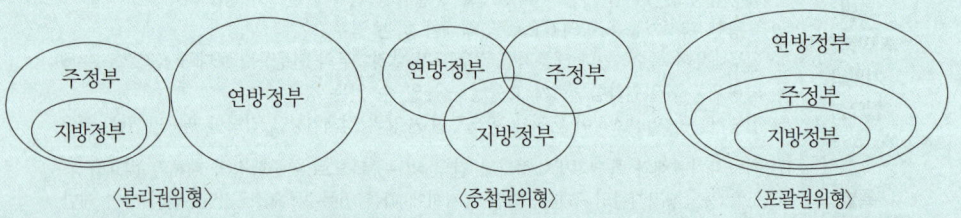

	분리권위형	포괄권위형	중첩권위형
정부 간 관계	독립적	포괄·종속적	상호의존적
권위	독립형(완전자치·자율)	계층형(중앙집권적)	협상형
재정 및 인사	완전 분리	완전 종속	상호 의존

제11절 중앙통제(국가의 지방자치단체에 대한 관여) : 행정통제

▶ **중앙통제** : 지방자치단체에 대한 중앙정부의 통제(기초자치단체에 대한 상급자치단체의 통제를 포함)
▶ **중앙통제의 필요성**
① 국가의 존립목적과 통일성 유지
② 국민최저수준의 보장
③ 지방자치단체의 보호·육성(지역 간 균형성 유지)
④ 법령의 준수

> **PLUS 심화 지방자치단체에 대한 행정적 감독기관**
>
> ① **주무부 장관(시·도지사)** : ㉠ 지방자치단체나 그 장이 위임받아 처리하는 국가사무에 관하여 시·도에서는 주무부장관의, 시·군 및 자치구에서는 1차로 시·도지사의, 2차로 주무부장관의 지도·감독을 받는다. ㉡ 시·군 및 자치구나 그 장이 위임받아 처리하는 시·도의 사무에 관하여는 시·도지사의 지도·감독을 받는다.
> ② **행정안전부 장관** : 「정부조직법」상 행정안전부 장관은 자치단체에 대한 일반적 감독권을 갖는다.
> ③ **교육부 장관** : 국가의 위임사무의 집행에 관하여 교육감에 대한 지휘·감독권을 가진다.
> ④ **감사원** : 감사원법상 감사원은 자치단체의 회계검사와 직무감찰에 관한 권한을 갖는다.

1. 행정전반에 대한 통제

법령이 정한 바에 의하여 행정기관이 지방자치단체에 대하여 행하는 감독·지도로서, ① 감독·통제라는 권력적 수단뿐만 아니라 ② 조언·지원 등의 비권력적 수단을 포함한다.

(1) 중앙행정기관장의 조언·권고 및 지도, 자료제출요구, 재정·기술 지원

중앙행정기관의 장이나 시·도지사는 지방자치단체의 사무(자치사무 포함)에 관하여 조언·권고 및 지도, 자료제출요구, 재정지원이나 기술지원을 할 수 있다(지방자치법 제184조). ➔ 조언·권고 및 지도는 대표적인 비권력적 수단에 해당된다.

(2) 위법·부당한 명령·처분에 대한 주무부장관의 시정명령 및 취소·정지(지방자치법 제188조)

① 지방자치단체의 사무에 관한 그 장의 명령이나 처분이, 법령에 위반되거나 현저히 부당하여 공익을 해친다고 인정되면 시·도에 대하여는 주무부장관(시·군 및 자치구에 대하여는 시·도지사)이, 기간을 정하여 서면으로 시정할 것을 명하고, 그 기간에 이행하지 아니하면 이를 취소하거나 정지할 수 있다.
② **주무부장관은**, 지방자치단체의 사무에 관한 시장·군수 및 자치구의 구청장의 명령이나 처분이 법령에 위반되거나 현저히 부당하여 공익을 해침에도 불구하고 시·도지사가 제1항에 따른 시정명령을 하지 아니하면, 시·도지사에게 기간을 정하여 시정명령을 하도록 명할 수 있다.
③ **주무부장관은**, 시·도지사가 제2항에 따른 기간에 시정명령을 하지 아니하면 제2항에 따른 기간이 지난 날부터 7일 이내에 직접 시장·군수 및 자치구의 구청장에게 기간을 정하여 서면으로 시정할 것을 명하고, 그 기간에 이행하지 아니하면 주무부장관이 시장·군수 및 자치구의 구청장의 명령이나 처분을 취소하거나 정지할 수 있다.

④ **주무부장관은**, 시·도지사가 시장·군수 및 자치구의 구청장에게 제1항에 따라 시정명령을 하였으나 이를 이행하지 아니한 데 따른 취소·정지를 하지 아니하는 경우에는 시·도지사에게 기간을 정하여 시장·군수 및 자치구의 구청장의 명령이나 처분을 취소하거나 정지할 것을 명하고, 그 기간에 이행하지 아니하면 주무부장관이 이를 직접 취소하거나 정지할 수 있다.

⑤ 제1항부터 제4항까지의 규정에 따른 자치사무에 관한 명령이나 처분에 대한 주무부장관 또는 시·도지사의 시정명령, 취소 또는 정지는 '법령을 위반한 것에 한정'한다. ➔ 위임사무에 있어서는 위법·부당성이 시정명령의 대상이 되나, 자치사무의 경우는 위법성만이 시정명령의 대상이 된다.

⑥ 지방자치단체의 장은, 제1항, 제3항 또는 제4항에 따른 자치사무에 관한 명령이나 처분의 '취소 또는 정지'에 대하여 이의가 있으면 그 취소처분 또는 정지처분을 통보받은 날부터 15일 이내에 대법원에 소를 제기할 수 있다. ➔ '시정명령'에 대하여는 소송을 제기할 수 없다.

(3) 직무이행명령(지방자치법 제189조)

① 지방자치단체의 장이 법령의 규정에 따라 그 의무에 속하는 국가위임사무나 시·도위임사무의 관리와 집행을 명백히 게을리하고 있다고 인정되면, 시·도에 대하여는 주무부장관(시·군 및 자치구에 대하여는 시·도지사)이, 기간을 정하여 서면으로 이행할 사항을 명령할 수 있다. ➔ 직무이행명령의 대상이 되는 국가위임사무 또는 시·도위임사무는 기관위임사무만을 의미한다고 보는 것이 다수의 견해이다.

② 주무부장관이나 시·도지사는 해당 지방자치단체의 장이 제1항의 기간에 이행명령을 이행하지 아니하면 그 지방자치단체의 비용부담으로 대집행하거나 행정상·재정상 필요한 조치를 할 수 있다.

③ **주무부장관은**, 시장·군수 및 자치구의 구청장이 법령에 따라 그 의무에 속하는 국가위임사무의 관리와 집행을 명백히 게을리하고 있다고 인정됨에도 불구하고 시·도지사가 제1항에 따른 이행명령을 하지 아니하는 경우, 시·도지사에게 기간을 정하여 이행명령을 하도록 명할 수 있다.

④ **주무부장관은**, 시·도지사가 제3항에 따른 기간에 이행명령을 하지 아니하면 제3항에 따른 기간이 지난 날부터 7일 이내에 직접 시장·군수 및 자치구의 구청장에게 기간을 정하여 이행명령을 하고, 그 기간에 이행하지 아니하면 주무부장관이 직접 대집행 등을 할 수 있다.

⑤ **주무부장관은**, 시·도지사가 시장·군수 및 자치구의 구청장에게 제1항에 따라 이행명령을 하였으나 이를 이행하지 아니한 데 따른 대집행등을 하지 아니하는 경우에는 시·도지사에게 기간을 정하여 대집행 등을 하도록 명하고, 그 기간에 대집행 등을 하지 아니하면 주무부장관이 직접 대집행 등을 할 수 있다.

⑥ 지방자치단체의 장은, 제1항 또는 제4항에 따른 이행명령에 이의가 있으면, 이행명령서를 접수한 날부터 15일 이내에 대법원에 소를 제기할 수 있다. 이 경우 지방자치단체의 장은 이행명령의 집행을 정지하게 하는 집행정지결정을 신청할 수 있다.

(4) 지방의회 의결에 대한 재의요구명령, 제소지시, 직접제소(지방자치법 제192조)

① 지방의회의 의결이 법령에 위반되거나 공익을 현저히 해친다고 판단되면, 시·도에 대하여는 주무부장관(시·군 및 자치구에 대하여는 시·도지사)이, 재의를 요구하게 할 수 있고, 재의요구를 받은 지방자치단체의 장은 의결사항을 이송받은 날부터 20일 이내에 지방의회에 이유를 붙여 재의를 요구하여야 한다.

② 제1항의 요구에 대하여 재의의 결과 재적의원 과반수의 출석과 출석의원 3분의 2 이상의 찬성으로 전과 같은 의결을 하면 그 의결사항은 확정된다.

③ 지방자치단체의 장은 제2항에 따라 재의결된 사항이 법령에 위반된다고 판단되면, 재의결된 날부터 20일 이내

에 대법원에 소를 제기할 수 있다. 이 경우 필요하다고 인정되면 그 의결의 집행을 정지하게 하는 집행정지결정을 신청할 수 있다.
④ 주무부장관이나 시·도지사는 <u>재의결</u>된 사항이 법령에 <u>위반된다고</u> 판단됨에도 불구하고 해당 <u>지방자치단체의 장이 소를 제기하지 아니하면</u>, 그 지방자치단체의 장에게 <u>제소를 지시하거나</u> <u>직접 제소 및 집행정지결정을 신청할 수 있다.</u>
⑤ 제1항에 따라 지방의회의 의결이 법령에 위반된다고 판단되어 주무부장관이나 시·도지사로부터 재의요구지시를 받은 지방자치단체의 장이 재의를 요구하지 아니하는 경우(법령에 위반되는 지방의회의 의결사항이 조례안인 경우로서 재의요구지시를 받기 전에 그 조례안을 공포한 경우를 포함)에는 주무부장관이나 시·도지사는 제1항에 따른 기간이 지난 날부터 7일 이내에 대법원에 직접 제소 및 집행정지결정을 신청할 수 있다.

(5) 자치사무에 대한 감사
① 행정안전부장관이나 시·도지사는, <u>지방자치단체의 자치사무에 관하여</u> 보고를 받거나 서류·장부 또는 회계를 감사할 수 있다. 이 경우 <u>감사는 법령위반사항에 대하여만 실시한다</u>(지방자치법 제190조). ➔
② 행정안전부장관 또는 시·도지사는 제1항에 따라 감사를 하기 전에 해당 사무의 처리가 법령에 위반되는지 등을 확인하여야 한다.
③ 감사원에 의한 회계검사 및 직무감찰(감사원법)을 받는다.

(6) 승인
① 국가는 지방자치단체의 일정한 법적 행위에 대하여 법률로 승인권을 유보함으로써 지방자치단체의 행정작용을 사전적으로 통제할 수 있다. 현행법상으로는 사전적 승인만이 있다. 법률의 규정에 의해 승인받아야 할 행위를 승인받지 않고 행한 지방자치단체의 행위는 위법한 행위가 되며, 공법상의 행위에 있어서는 승인은 효력요건에 해당하기 때문에 승인없이 한 행위는 효력을 발생하지 않는다.
② 현행법상 감독청의 승인을 요하는 행위에는 ㉠ 자치구 아닌 구와 읍·면·동의 폐치·분합(행정안전부장관의 승인을 받아 그 지방자치단체의 조례로 정한다), ㉡ 외채를 발행하는 경우와 지방채발행한도액을 초과한 지방채발행 그리고 지방자치단체조합의 지방채발행(행정안전부장관의 승인을 얻은 범위 안에서 지방의회 의결을 거쳐 지방채를 발행한다), ㉢ 지방자치단체조합의 설립(지방의회의 의결을 거쳐 행정안전부장관/시·도지사의 승인을 받아 설립한다) 등이 있다.

2. 조직·인사상 관여
① <u>대통령령에 의한 지방행정기구 설치 및 지방공무원 정원 규율</u> : 지방자치단체의 행정기구 설치와 지방공무원의 정원은 인건비 등 대통령령이 정하는 기준에 따라 조례로 정하도록 하고 있다.❶
② 자치단체에 두는 국가공무원의 임명 및 감독 : 5급 이상은 당해 자치단체의 장의 제청으로 대통령이, 6급 이하는 당해 자치단체 장의 제청으로 소속장관이 각각 임명한다.

3. 재정상 관여
① 행정안전부장관 및 시·도지사에게 성립된 예산과 승인된 결산의 보고
② 지방자치단체의 보조금 사용에 대한 중앙행정기관장의 감독

③ 행정안전부 장관의 연도별 지방자치단체재정운용업무편람 작성권과 행안부령으로 지방자치단체예산편성기준을 작성할 의무 부과(지방재정법 제38조)
④ 지방자치단체의 예산은 지방자치단체예산편성기준 및 과목구분에 의해 작성되어야 한다고 규정

빈출 핵심 지문

1. 티부(Tiebout) 모형의 가정(assumptions)은 ① 충분히 많은 수의 지방정부가 존재하며, ② 공급되는 공공서비스는 지방정부 간에 파급효과 및 외부효과를 발생시키고, ③ 주민들은 언제나 자유롭게 이동할 수 있으며, ④ 주민들은 지방정부들의 세입과 지출 패턴에 관하여 완전히 알고 있다는 것이다.
   → × / (Why?) ②는 틀린 내용이다. 티부모형의 조건은 완전경쟁시장의 성립조건과 동일하다. 지방정부 간 외부효과가 발생하지 않아야 한다.

2. 소규모 자치행정 구역을 지지하는 논리와 적합한 것은 ① 티부(Tiebout) 모형을 지지하는 공공선택이론가들의 관점과 ② 새뮤얼슨(Samuelson)의 공공재 공급 이론 등이 있다.
   → × / (Why?) ②는 틀린 내용이다. 티부(Tiebout) 모형은 소규모 자치행정 구역에 의한 지방분권의 근거가 된다. 그러나 새뮤얼슨(Samuelson)의 공공재 공급 이론에 따르면, 공공재의 경우 주민들의 진정한 선호파악이 어렵고 무임승차가 가능하기 때문에 공공재의 공급은 현실적으로 집권화된 중앙정부의 배분체계에 의존할 수밖에 없다고 본다.

3. 최근의 신지방분권화의 촉진요인으로는 ① 중앙집권에 따른 과밀, 과소의 폐해, ② 탈냉전체제로의 국제정세 변화, ③ 대량문화에 따른 개성상실의 회복 지향, ④ 정보화의 진전에 따른 재택근무의 보편화, ⑤ 국민적 최저수준 유지의 필요성이 있다.
   → × / (Why?) ⑤는 틀린 내용이다. 국민적 최저수준 유지의 필요성은 20세기 복지국가적 요청에 따른 신중앙집권의 배경이다.

4. 제주특별자치도는 자치계층 측면에서 단층제로 운영되고 있으며, 자치계층으로 군을 두고 있는 광역시가 있다.

5. 지방자치단체인 구는 특별시와 광역시의 관할 구역 안의 구만을 말한다.

6. 우리나라의 지방자치단체와 관련하여 ① 특별자치시와 특별자치도에는 자치구를 두고 있고, ② 특별시·광역시 및 특별자치시가 아닌 인구 50만 이상의 시에는 행정구를 둘 수 있으며, ③ 도농복합형태의 시에서 도시의 형태를 갖춘 지역에는 동을, 그 밖의 지역에는 읍·면을 둔다.
   → × / (Why?) ①은 틀린 내용이다. 특별자치시와 특별자치도는 단층제이다. 「세종특별자치시 설치 등에 관한 특별법」에 의해 세종특별자치시의 관할구역에는 「지방자치법」 제2조 제1항 제2호의 지방자치단체(= 시·군·자치구)를 두지 아니하며, 「제주도 행정체제 등에 관한 법률」에 의해 제주특별자치도 관할구역 내에는 '지방자치단체가 아닌 시(행정시)'를 둔다.

빈출 핵심 지문

7. ① 중층제에서는 단층제에서보다 기초자치단체와 중앙정부의 의사소통이 원활하지 못할 수 있으며, ② 단층제는 중층제보다 중복행정으로 인한 행정지연의 낭비를 줄일 수 있고, ③ 중층제는 단층제보다 행정책임을 보다 명확하게 할 수 있다.
   → × / (Why?) ③은 틀린 내용이다. 중층제는 기초단체와 광역단체의 관할권의 중첩과 중복이 이루어져 단층제에 비해 행정책임을 명확히 하기 어렵다.

8. 자치구의 자치권 범위는 시·군의 경우와 같다.
   → × / (Why?) 자치구의 자치권의 범위는 법령이 정하는 바에 의하여 시·군과 다르게 할 수 있다(지방자치법 제2조 2항)'고 규정하고 있다. 자치구는 시·군과 달리 생활권을 단위로 성립된 것이 아니라 행정적 편의를 위해 인위적으로 설정해 놓은 행정구역이므로, 자치구의 사무를 일반 시·군에 비해 제한(⇨ 특례로 인정되는 사무는 자치구의 상급지방정부인 특별시와 광역시에서 수행)하는 것이다.

9. 자치구가 아닌 구의 명칭과 구역의 변경은 그 지방자치단체의 조례로 정한다.

10. 지방자치단체의 기관구성형태 중 기관통합형의 특징으로는 ① 견제와 균형에 유리하고, ② 기관통합형 중 특히 위원회형은 소규모의 지방자치단체에 적합하며, ③ 지방행정의 권한과 책임이 의회에 집중되고, ④ 정책결정과 집행의 유기적 관련성을 제고시킨다.
    → × / (Why?) ①은 기관대립형의 특징으로 잘못된 것이다. 기관통합형은 의원내각제방식의 기관구성으로 집행기관과 의결기관의 견제와 균형이 나타나지 않는다.

11. 지방자치법상 지방자치단체장에게 부여된 권한 중 지방의회와 지방자치단체장이 대립, 갈등하는 경우의 비상적 해결수단에는 ① 재의 요구, ② 직무이행명령, ③ 준예산 집행, ④ 선결처분 등이 있다.
    → × / (Why?) ②는 틀린 내용이다. 직무이행명령이란 지방자치단체의 장이 그 의무에 속하는 국가위임사무의 관리 및 집행을 해태한 때에 주무부장관이 그 이행을 명령하는 제도로, 지방자치단체에 대한 중앙통제의 수단이다.

12. 우리나라 지방의회의 기능 또는 권한으로는 ① 정책의 심의 및 결정, ② 예산안 의결, ③ 집행부 견제 및 감시, ④ 조례제정, ⑤ 선결처분 등이 있다.
    → × / (Why?) ⑤ 선결처분권은 지방자치단체장의 권한이다.

13. ① 예산의 심의·확정, ② 법령에 규정된 수수료의 부과 및 징수, ③ 외국 지방자치단체와의 교류협력에 관한 사항은 지방의회의 필수적 의결사항이다.
    → × / (Why?) ②는 틀린 내용이다. 법령에 규정된 것 이외의 사용료, 수수료, 분담금, 지방세 또는 가입금의 부과와 징수가 지방의회의 필수적 의결사항이다.

14. 주민투표제도는 주민에게 과도한 부담을 주거나 중대한 영향을 미치는 지방자치단체의 주요 결정사항으로서, 그 지방자치단체의 조례로 정하는 사항을 주민이 직접 결정하는 제도이다.

15. 지방자치단체장 및 지방의회는 주민투표 결과 확정된 사항에 대해 원칙적으로 2년 이내에는 이를 변경하거나 새로운 결정을 할 수 없으며, 주민투표에 부쳐진 사항은 주민투표권자 총수의 3분의 1 이상의 투표와 유효 투표수 3분의 2 이상의 득표로 확정된다.
➔ × / (Why?) 주민투표에 부쳐진 사항은 주민투표권자 총수의 3분의 1 이상의 투표와 유효 투표수 3분의 2 이상이 아니라, 유효투표수 과반수의 득표로 확정된다.

16. 주민발의제도는 주민이 직접 조례의 제정 및 개폐를 청구할 수 있는 제도로, 주민은 지방의회에 이를 청구하게 되어 있다.
➔ × / (Why?) 조례개폐청구제도(주민발의)는 일정수 이상의 주민이 지방의회가 아니라 아니고 자치단체장에게 청구하도록 되어 있다.

17. 우리나라 주민감사청구 제도는 ① 19세 이상의 주민은 50만 이상의 대도시의 경우에는 19세 이상 주민 500명을 넘지 않는 범위 내에서 해당 지방자치단체가 조례로 정하는 주민 수 이상의 연서로 청구할 수 있으며, ② 주무부장관이나 시·도지사는 감사청구를 수리한 날부터 60일 이내에 감사 청구된 사항에 대하여 감사를 끝내야 한다.
➔ × / (Why?) ①은 틀린 내용이다. 50만 이상의 대도시의 경우에는 19세 이상 주민 300명을 넘지 않는 범위 내에서 정해진다.

18. 우리나라의 주민소환제도에서 ① 주민은 그 지방자치단체의 장 및 비례대표 지방의회의원을 포함한 지방의회의원을 소환할 권리를 가지며, ② 주민소환의 방식은 해당 관할구역의 주민들이 자율적으로 정한다.
➔ × / (Why?) 모두 잘못된 내용이다. ① 주민소환대상에서 비례대표 지방의회의원은 제외된다. ② 주민소환 방식과 절차 요건 등은 주민소환에관한법률에 규정되어 있다. 주민들이 자율적으로 주민소환의 방식을 결정할 수는 없다.

19. ① 주민투표는 자치단체장에게, 주민감사청구는 감사원에, 주민소송은 관할 행정법원에, 주민소환은 관할 선거관리위원회에 청구하며, ② 주민소송의 소송 대상은 주민감사를 청구한 사항 중 공금지출에 관한 사항, 해당 지방자치단체를 당사자로 하는 매매·임차·도급계약에 관한 사항 등 재무·회계에 관한 사항이다.
➔ × / (Why?) ①은 틀린 내용이다. 주민감사청구는 감사원이 아니라, 감독기관(주무부 장관, 시·도지사)에게 한다.

빈출 핵심 지문

20. 우리나라 지방자치제에서 ① 지방자치단체와 지방의회는 기관 대립형이고, ② 지방자치단체는 법인으로 하며, ③ 자치입법권, 자치조직권, 자치재정권, 자치사법권을 인정하고 있다.
→ × / (Why?) ③은 틀린 내용이다. 우리나라 지방자치단체의 자치권에는 자치사법권이 포함되지 않고 있다.

21. ① 지방자치단체의 장은 법령의 범위 안에서 그 사무에 관하여 조례를 정할 수 있으며, ② 조례를 정할 때, 주민의 권리제한에 관한 사항은 법률의 위임이 있어야 하고, ③ 시·군 및 자치구의 조례나 규칙은 시·도의 조례나 규칙을 위반하여서는 안 되며, ④ 지방자치단체 조례를 위반한 행위에 대하여 조례로써 과태료를 정할 수 있다.
→ × / (Why?) ①은 틀린 내용이다. '지방자치단체의 장'이 아니라 '지방자치단체'이다. 조례제정의 주체(=문장의 주어)를 지방의회로 알고 있는 학생들이 있는데, 지방의회가 아니라 '지방자치단체'이다.

22. 자치사무(고유사무)와 달리 법령에 의하여 지방자치단체에 속하는 사무(단체위임사무)에 관해서는 조례로 규정할 수 없다.
→ × / (Why?) 조례제정권의 범위는 '지방자치단체의 사무(자치사무와 단체위임사무)'이다. 따라서 법령에 의하여 지방자치단체에 속하는 사무(단체위임사무)에 관해서도 조례를 규정할 수 있다.

23. ① 지방의회에서 의결된 조례안은 10일 이내에 지방자치단체의 장에게 이송되어야 하며, ② 재의요구를 받은 조례안은 재적의원 과반수의 출석과 출석의원 과반수의 찬성으로 재의요구를 받기 전과 같이 의결되면, 조례로 확정되고, ③ 지방자치단체의 장은 재의결된 조례가 법령에 위반된다고 판단되면 재의결된 날부터 20일 이내에 대법원에 제소할 수 있다.
→ × / (Why?) ①과 ②는 틀린 내용이다. ① 10일 이내가 아니라 5일 이내에 단체장에게 이송하여야 한다. ② 조례안에 대한 재의결 정족수는 재적 과반 출석과 출석 2/3 이상의 찬성이 있어야 한다.

24. 우리나라의 지방자치에서 지방분권화의 세계적 흐름에 따라 지방사무의 배분방식은 제한적 열거방식을 채택하고 있다.
→ × / (Why?) 우리나라의 지방자치법 상 사무배분방식은 포괄적 예시주의이다.

25. 보충성의 원칙에 따라 중앙정부가 처리하기 곤란한 사무는 지방자치단체가 보충적으로 처리해야 한다.
→ × / (Why?) 보충성의 원칙이란 중층의 국가공동체 조직에서 하급단위에서 잘 처리할 수 있는 업무를 상급단위에서 직접처리해서는 안된다는 원칙이다.

26. 자치사무와 단체위임사무는 자치단체가 전액 경비를 부담하며, 기관위임사무는 원칙적으로 자치단체와 위임기관이 공동으로 부담한다.
→ × / (Why?) 자치사무만 자치단체가 전액경비를 부담하고, 단체위임사무은 위임자인 국가가 경비의 전부 또는 일부를 부담하며(부담금), 기관위임사무에서 소요되는 경비는 위임자인 국가가 전부를 교부한다(교부금).